岳阳市屈原管理区志

（1978～2011）

岳阳市屈原管理区地方志编纂委员会编

方志出版社

图书在版编目（CIP）数据

岳阳市屈原管理区志：1978~2011 / 屈原管理区地方志编纂委员会编.--北京：方志出版社，2015.10
ISBN 978-7-5144-1748-7

Ⅰ.①岳… Ⅱ.①屈… Ⅲ.①岳阳市—地方志—1978 ~ 2011 Ⅳ.①K296.43

中国版本图书馆CIP数据核字（2015）第245701号

岳阳市屈原管理区志（1978~2011）

编　　者：屈原管理区地方志编纂委员会

责任编辑：何明忠

出 版 人：冀祥德
出 版 者：方志出版社
地址　北京市朝阳区潘家园东里9号（国家方志馆4层）
邮编　100021
网址　http://www.fzph.org
发　　行：方志出版社发行中心
电话　（010）67110500
经　　销：各地新华书店
印　　刷：岳阳鑫容印刷有限公司

开　　本：889 × 1194　　1/16
印　　张：38
字　　数：1067千字
版　　次：2015年10月第1版　　2015年10月第1次印刷
印　　数：0001 ~ 2500册

ISBN 978-7-5144-1748-7　　定价：368.00元

岳阳市屈原管理区地方志编纂委员会

（2012年6月）

名誉主任 孔福建　许平亚

主　　任 吴奋发

副 主 任 田　荣

顾　　问 周尚文

（2015年5月）

名誉主任 邱　虹　金　晨

主　　任 田　荣

副 主 任 曹正平

顾　　问 周尚文

委　　员（按姓氏笔画排列）

丁文涛　王水平　王锦虔　毛　群　邓昌华　龙德华　刘明崔　刘建云
刘献文　杨友成　杨自辉　杨德科　李子高　李羽翔　李华贵　李明辉
吴　军　吴　伟　吴　慧　吴茂胜　邹　敏　邱建良　张建平　张南芳
张益民　陈正勇　陈岳飞　陈度怀　罗中华　罗正祥　罗序进　易送军
易雄军　周立伟　周建平　郑湘林　孟小平　胡凡科　柳中南　钟孟雄
夏　伟　徐扩军　徐仲康　郭少舟　曹正平　曹驰飞　曹昔元　黄目文
黄荣国　盛岳楼　彭　伟　韩德辉　湛　江　谢远东　蔡艳华　熊瑞明
黎定军

办公室主任 吴茂胜

办公室副主任 吴　平

《岳阳市屈原管理区志》编辑部

主　　编　金　晨
常务副主编　田　荣　曹正平
执行副主编　吴　平
副 主 编　李年华　刘电高
特约审稿　涂山河
校　　对　刘桂兰

终审验收

中共岳阳市委党史地方志办公室

主　审　陈念军　周友珍　曹春友　刘桂兰
验　收　陈念军　易　林　曹春友

湖南省地方志编纂委员会

验　收　易介南　邓建平　杨盛让　杨　帆　李章进

主要供稿人

（按姓氏笔画排列）

丁智勇　王锦虔　方　明　龙楚宇　龙群丽　田平英　田祝常　田德升
冯仕章　宁桂娇　朱　中　朱　琦　任　传　刘　佳　刘　翱　刘　艳
刘　超　刘正祥　刘扩军　刘仲华　刘红旗　刘建军　关亚雄　阳　明
汤　威　汤凤姿　汤秀英　汤桂云　杨　冰　杨　剑　杨友成　杨吉美
杨旭山　杨伯文　杨昔坤　杨德运　李朝艳　吴　仪　吴玉章　吴扩军
吴学良　吴孟泉　余建军　余道容　何中卫　何四维　何志政　何佳文
宋正章　宋政军　张亚军　陈　杜　陈　佳　陈　维　易　可　易　甜
易降鹏　罗　姣　罗序进　罗昔文　罗建勋　周　佳　周　炼　周岳飞
郑　龙　郑　林　赵茹志　赵耿夫　胡卫魁　胡祥权　柳　洪　柳　璋
柳光明　柳纯英　钟晓华　骆东岔　姚　敏　姚东炼　姚红波　姚家淑
聂拥军　晏家勋　徐　军　徐正国　曹　丹　曹红波　曹治电　曹独犊
黄　懿　黄放华　黄细乐　黄务本　黄盛德　彪型斌　彭方平　彭艺军
覃　力　蒋　杰　蒋正清　葛　卉　葛腊庚　湛中华　湛亚新　湛细田
赖迈成　蔡庆云　廖永华　熊　波　熊运南　熊国强　熊瑞明　黎国华
黎胜文　霍少云

岳阳市屈原管理区区域图

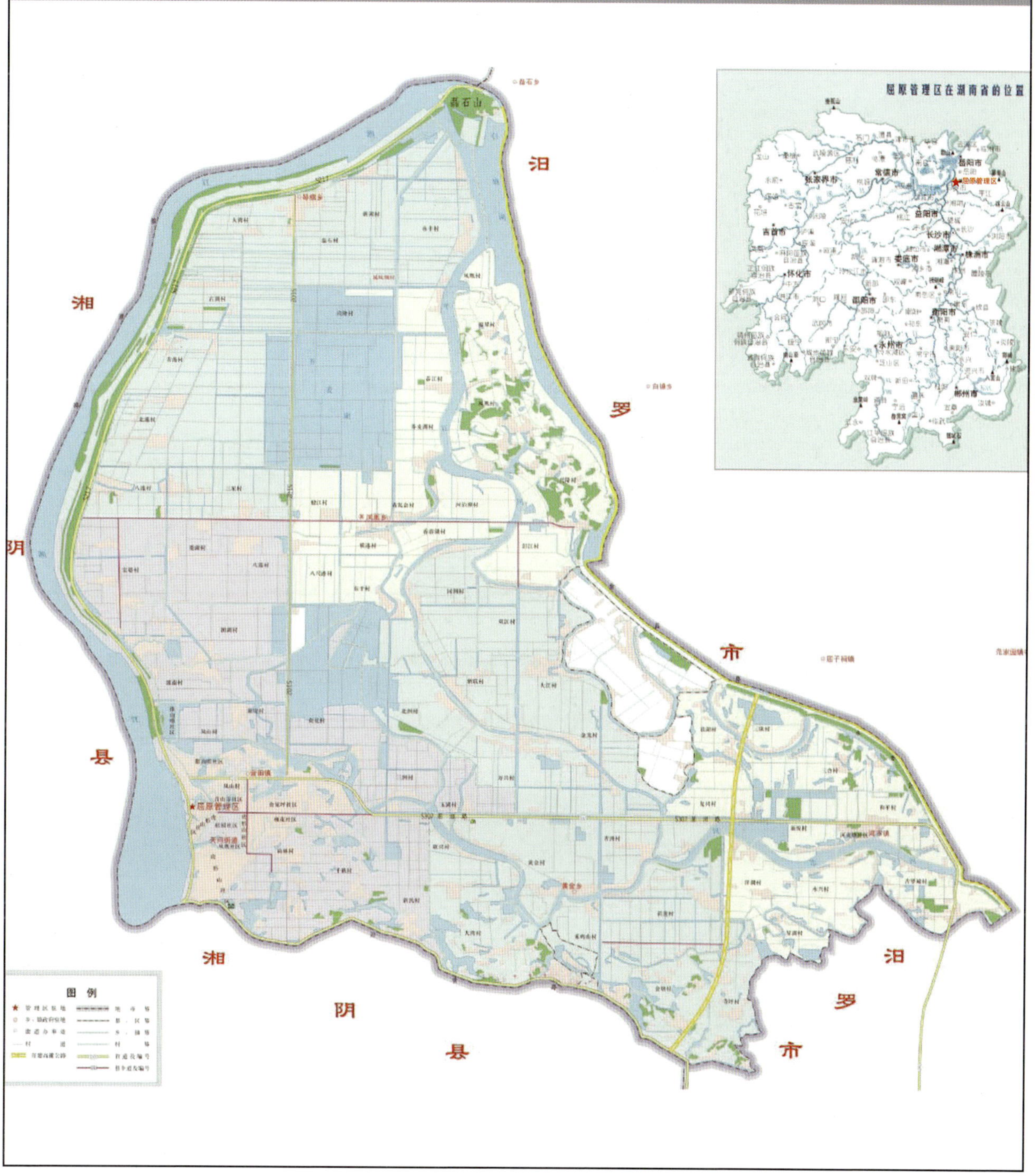

地图审图号：湘S（2012）14号，湖南地图出版社编制

屈原管理区中心城区一角　（宋政军2011年摄）

1998年7月28日，省委副书记储波（右一）在屈原行政区考察工作 （彪型斌摄）

1998年9月20日，省委书记杨正午（前排右一）在屈原行政区指导防汛抢险（彪型斌摄）

2002年8月19日，国家防汛抗旱指挥部总指挥、水利部部长汪恕诚（右二）在屈原管理区指导防汛救灾

（彪型斌摄）

2002年8月25日，省长周伯华（前排左二）在屈原管理区考察标准化大堤建设情况

（彪型斌摄）

2007年6月20日，农业部部长孙政才（右一）在屈原管理区调研现代农业发展情况

（宋政军摄）

2009年6月30日，省政协主席胡彪（前排左三）在屈原管理区调研新型工业化情况

（宋政军摄）

秋收　　（2011年摄宋政军供）

洞庭秀色　　（2011年摄宋政军供）

荷塘春色　　（宋政军2000年摄）

夏日赏荷　　（1990年彪型斌摄）

秋色怡人　（宋政军2011年摄）

洞庭冬雪　（宋政军2008年摄）

田园风光　（宋政军2011年摄）

水稻丰产片

工厂化育秧　　（宋政军2011年摄）

（宋政军2011年摄）

机械化收割　　（宋政军2011年摄）

机械化插秧　　（宋政军2011年摄）

稻谷烘干　　（宋政军2011年摄）

礼品西瓜　（宋政军2011年摄）

大棚蔬菜

苗木花卉

（宋政军2011年摄）

生态茶园　（彭太和2011年摄）

（宋政军2011年摄）

大堤防浪林　（1998年摄宋政军供）

百里意杨林带　（2008年摄宋政军供）

生态养鸭　（宋政军2005年摄）

标准化生猪养殖

健康水产养殖基地　（熊运南2011年摄）

牧场欢歌　（刘昔根1995年摄）

规模化养鸡场　（宋政军2011年摄）

宋政军2011年摄）

正虹集团40万吨饲料生产基地——营田分公司　（太和　建华2011年摄）

湖南正虹科技发展有限公司饲料生产车间　（宋政军2011年摄）

天问广场　　（宋政军2011年摄）

屈原供水公司　　（宋政军2011年摄）

屈原电信大楼　（彭太和2011年摄）

屈原电视台　（宋政军2011年摄）

标准防洪大堤　（宋政军2011年摄）

磊石电排　（湛中柏2000年摄）

屈原供电枢纽中心——110千伏变电站　（宋政军2011年摄）

惠众农庄　　（宋政军2014年摄）

鸿天楼超市　　（宋政军2011年摄）

誉园宾馆　　（周光武2000年摄）

明珠大酒店　　（湛中柏2011年摄）

屈原一中　　（朱瑞年2011年摄）

屈原二中实验室　　（2011年摄宋政军供）

世纪星幼儿园　　（李合皋2011年摄）

区人民医院住院综合大楼　　（宋政军2013年摄）

区人民医院医师下乡义诊
（宋政军2011年摄）

春节舞龙　（宋政军2000年摄）

首届“屈原杯”自行车大赛（黄新华1993年摄）

钓鱼比赛　（易伯达2005年摄）

广场文化　（宋政军2011年摄）

端午赛龙舟　（2010年摄宋政军供）

社会保障服务大厅　（宋政军2011年摄）

老干乐园　（蔡新华2000年摄）

慈善助学　（宋政军2011年摄）

秀美村庄　（钟汉文2011年摄）

农民新居　（宋政军2011年摄）

凤凰古樟
（彭太和2011年摄）

芳草湿地
（宋政军1998年摄）

绿色长廊
（宋政军2011年摄）

营田抗日阵亡烈士墓
（宋政军2011年摄）

武穆寺
（彭太和2011年摄）

磊石山抗日哨所
（宋政军2011年摄）

屈子庙旧貌 （1959年摄彪型斌供）

2014年10月，《岳阳市屈原管理区志（1978~2011）》评审会议合影　　（宋政军摄）

区领导与《岳阳市屈原管理区志（1978~2011）》编修人员合影　左起：刘电高　李年华　田　荣　周尚文　邱　虹　金　晨　曹正平　吴茂胜　吴　平　戴金丹　　（宋政军摄）

序

邱 虹

新到屈原管理区任职，恰逢《岳阳市屈原管理区志（1978～2011）》编竣付梓，欣邀作序，甚感荣幸。

屈原管理区历史悠久。早在远古时就有先民在此繁衍生息、耕稼渔猎。据文物部门考证发现境内有多处新石器时代村落遗址及文化区。战国《庄子》、汉代《史记》都记有黄帝到境内上凤凰台，登磊石山，《水经注》载罗子国的国都就建在境内河市镇罗城村。秦汉境内分隶罗城县、长沙郡，隋唐隶巴陵、岳州，五代至1958年隶湘阴县，此后为省属国有农场。2000年撤场设管理区。纵跨千年、横列百业，纷繁浩瀚、翔实壮阔，阅后令人掩卷深思、百感交集。

屈原管理区文化厚重。境内有屈原故宅遗址，自沉的罗渊滩，安放屈原遗体的晒尸墩，作《离骚》的笔架山，写《九歌》的钓鱼台，贾谊凭吊的读洣港以及古罗城遗址等皆为名胜。屈原管理区作为古代文学煌煌巨著《楚辞》的原创地和龙舟故里，有渊远流长的湘楚文化、湖乡文化和龙舟竞渡文化。新志对这部分记述文简、意博、理奥、趣深，持此志可探古索源，可景仰圣贤。

盛世修志，志传盛世。《岳阳市屈原管理区志》洋洋百万言。记地理人口，能晓区情大貌；述党派群团，能知民心向背；叙改革开放，能显德能勤绩；阐管理举措，能彰成果机制；载各行各业，能悉发展变迁；写文物掌故，能钟地方灵秀；纂人物名流，能扬传统美德；书民族宗教，能传和谐遗风；阅图表传录，能知兴衰更替；看篇章节目，浑然一体。寄喜怒于字里行间，寓褒贬于成败得失，读标格于古训之上，谕教化于史实之中。所记刻意研精，探微索隐，字字铿锵，句句洗炼，不失为记录屈原管理区改革发展变迁的一部好书。

焚膏继晷，披沙拣金。修志者们为编修《岳阳市屈原管理区志》历经艰辛，既记录了历史真实的足迹，又为后人留下了珍贵财富，所记史实均再现了屈原人民艰苦创业勇于探索的历史，以及改革开放特别是设立管理区后，屈原大地各个领域、各个行业的沧桑巨变，体现了“路漫漫其修远兮，吾将上下而求索”的探索精神。新志书的编纂出版，饱含着编修人员的心血和汗水。在此，我代表全区人民真诚地道一声：“你们辛苦了！”

《岳阳市屈原管理区志》是昨天的烙印，今天的宝镜，明天的基石。古人云：“前事不忘，后事之师。”愿后来者以此为鉴，知兴替，明得失，谋发展；愿屈原各项事业兴旺发达，人民福祉，万年昌延。

是为序。

（作者系中共屈原管理区党委书记）

2015年5月

凡　例

一、《岳阳市屈原管理区志》（1978～2011）的编纂，坚持以马克思列宁主义、毛泽东思想、邓小平理论、“三个代表”重要思想和科学发展观为指导，运用辩证唯物主义和历史唯物主义的立场、观点和方法，坚持实事求是、秉笔直书的原则，记述岳阳市屈原管理区1978～2011年自然、政治、经济、文化、社会发展变化，力求史料性、知识性、可读性相结合，起资政、存史、育人作用。

二、本志时限，上限1978年（与前志《屈原农场志》下限1988年有10年重合），下限2011年。为确保记事完整性，适当上溯或下延。

三、本志由序、凡例、概述、大事记、志、人物、附录、索引、后记组成。以志为主，以事分类，以时为序，横排竖写，并配以照片和图表。专志分为篇、章、节、目，目以下（含目）视情况用条目体。对需要重点记述的事件，特设专记。全书除概述、大事记、人物、附录、索引、专记外，共22篇91章。

四、本志《人物》设传记、简介和表录。坚持生不立传、正面为主原则。对立传人物的排名，以卒年为序。对在世的党政界副厅（局）级以上，部队副师职以上，工商金融界知名企业家、金融家，教育科技界博士生导师，全国英模，全国人大代表及其他对国家、地方有突出贡献的人物简介，分门别类后，以姓氏笔画为序。农场党政主要负责人，区党委、区管委会、区人大政协工委主职人物简介，以任职先后为序。区外屈原籍副县（团）级以上职务人员名表、区外屈原籍副高级专业技术人员名表，以姓氏笔画为序。

五、本志中各种名称，第一次出现时用全称，名称过繁者加括注，再次出现时用简称。湖南省、岳阳市等，在志中简称“省”“市”，中共湖南省委、中共岳阳市委，简称“省委”“市委”，省、市人民政府简称省、市政府。1978～1993年为屈原农场，简称农场；1994～1999年为屈原行政区，简称行政区；2000年始为屈原管理区，简称管理区。

六、本志执行中国地方志指导小组颁布的《地方志书质量标准》。用字用词执行2001年1月1日起施行的《中华人民共和国国家通用语言文字法》，新闻出版署、国家语言文字工作委员会1992年发布的《出版物汉字使用管理规定》。计量单位以国家技术监督局1993年发布的《量和单位》之规定为准；为便于表达和为世人所了解，部分使用市制。数字以国家技术监督局1995年12月发布的《出版物上数字用法的规定》为准。标点符号执行新闻出版署1995年发布的《标点符号用法》。

七、本志纪年，一般使用公元纪年。旧制纪年一律括注公元纪年。凡20世纪中所属年代，均省略“20世纪”，直标各年代。历史人物传记中，用所处朝代年号纪年。

八、本志所采用的数据，多以统计部门数据为准。未列入统计部门单位的数据，以本单位提供的数据为准，个别数据为事件当事人所提供。各统计表的数据截止于2011年年底。

九、本志资料由区内各部门单位提供，或由编纂人员调查、搜集、整理。志稿撰写署名，统一编排在“主要供稿人”内。所述内容经考证鉴别后载入，一般不注明出处。

目 录

第一篇 地 理

第二篇 人 口

第三篇 中共地方组织

第四篇　人大政协

第五篇 政府行政

第六篇 群众团体

第七篇 武 装

第八篇 法 治

第九篇 编制·人事

第十篇 民政·劳动与社会保障

第十一篇 经济综述

第十二篇 经济综合管理

第十三篇 农业与农村经济

第十四篇　工　业

第十五篇　商贸·旅游

第十六篇　交通·电力·通信

第十七篇 城乡建设·环境保护

第十八篇 财税·金融

第十九篇 教育·科技

第二十篇 卫生·血防

第二十一篇 文化·体育

第二十二篇 社 会

人 物

附　录

索　引

概　述

一

岳阳市屈原管理区于2000年由国有屈原农场改制而成。位于岳阳市中南部，东接汨罗，南连湘阴，西倚湘江，北濒洞庭。地跨北纬28° 47′ 30"～29° 08′，东经112° 55′ ～113° 4′ 。区境东西最大横距19.25公里，南北最大纵距20.75公里。集雨面积201.365平方公里，其中平原面积190.39平方公里。东有京广铁路、省道201线相切，西有黄金水道环绕，内有岳长高速纵贯南北、省道307线横贯东西。区管委会驻地设营田镇小边山，东距汨罗市19公里，南距湘阴县20公里、省会长沙市70公里，北距岳阳市59公里。

管理区处洞庭湖下沉过渡性地带，自东南向西北东洞庭湖倾斜的元宝型盆地，属淤积冲积平原，散布低丘岗地。湖洼众多、塘坝棋布、河道回旋、沟渠交错。境内主要水系河市河、黄金河、灰滩河、三洲河、平江河，有灌溉、调蓄、养殖等多种功效。有古湖、荞麦湖等大小内湖、塘坝12个，水面3169.23公顷，可调蓄水量1520万立方米，系全区河渠汇注处和水产品生产基地。

管理区属亚热带湿润季风气候，具有四季分明、光照充足、热量丰富、雨水充沛、雨热同期、无霜期长等特征。境内年均气温17.3℃，春夏秋冬季平均气温分别是11.6℃、26.1℃、22.5℃、6.8℃。年均无霜期259天，变幅在230～289天之间。年均日照1739.6小时，日照率为39%。年均降雨量1415.2毫米，多集中春夏两季。相对湿度81%。主要灾害性天气有暴雨、寒潮、冰雹和飓线风。

管理区气候温和，雨量充沛，适宜于植物生长，植被种类繁多。蕨类植物15科24种，裸子植物7科14种，被子植物88科360种。其中属国家一级保护的有木本植物银杏、水杉、红豆杉等，属国家二级保护的有樟树、金钱杉等。水生植物经济价值较高的有湘莲、茭白、芡实、水芹等，生长于洲滩和湖泊。境域属洞庭湖湿地生态类型，鸟类和鱼类资源丰富。鸟类资源有27科52种，属国家二级保护动物有猴面鹰等。鱼类资源有12目22科97种，其中属国家一级保护的有中华鲟、白鲟等。哺乳类动物有10科20种，其中属国家一级保护的有江豚等。两栖类和爬行类有22种。昆虫类有65科171种。地下矿产物主要有黄金、沙砾石、黏土和风化石。境内土壤有3个大类、5个亚类、14个土属、30个土种、4个变种，其中水稻土壤和潮土面积占86%，加上土质肥沃，光照充足，适宜水稻、甘蔗、玉米、蔬菜、瓜果等作物种植，有利于发展高产高效农业。

管理区取名于世界历史文化名人屈原。境域历史悠久，称之“楚辞”的故乡、湖乡文化的重要溯源地，龙舟故里。琴棋乡磊石山下江南堤和营田镇推山咀发现的新石器时代村落遗址和文化区证实，远古就有先民在境域繁衍生息，耕稼渔猎。战国《庄子》、汉代《史记》集引和清光绪《湘阴县图志》均载：“轩辕黄帝南巡，张乐洞庭之野，朝登磊石岭，暮上凤凰台。有凤凰十二鸣集此山，雌雄各六，以应律吕。”境内凤凰山因此而得名。境域夏商属荆州，春秋属楚，秦置罗县，县治古罗城（位于境内河市镇古罗城村，现为全国重点文物保护单位）。西汉隶长沙国，东汉为长沙郡。南北朝宋元徽二年（474）始为湘阴县，县治于境内琴棋乡琴棋望。隋开皇九年（589）隶巴陵郡，唐武德六年（623）改为岳州，自五代至1960年分立建置前，隶属湘阴县。1958年为湘阴县地方国营屈原农场，1960年改为湖南省辖，始称国营屈原农场。1969年改隶岳阳专署。1986年2月，岳阳撤地并市改由岳阳市辖。2011年，管理区辖2镇3乡1街道，下设62个村，8个居委会，年末总户数33092户，人口83860人，其中非农业人口78873人。人口以汉族为主，占总人口的99.48%，少数民族有10个。人口密度每平方公里417人。

二

中共十一届三中全会后，农场党委认真贯彻中央和省、市委重大决策，纠正“文化大革命”极左错误，实现党的政治路线和思想路线的拨乱反正。1979年撤销各级革命委员会（简称革委会），实行党委领导下的场长负责制，转用经济手段治场，实现扭亏为盈。1981年，推行农业联产承包责任制，带来农业经济大发展。1983年，在全场全面实行家庭联产承包制。1986年后，相继在企业中推行经营承包制、厂长（经理）聘任制、职工合同制、薪酬浮动制，给企业松绑放权后，生产经营活力得到极大提高。进入90年代中期，随着市场经济体制逐步形成，场办国有工业企业既承担上缴国家税收任务，又要上缴农场利润，加之农业职工不愿接受农场指令为工业提供原料，国有工业企业运转艰难，多数企业资不抵债。1998年，行政区党委、区管委会启动对国有工商企业“两个置换”为主线的产权制度改革，推进了全区国有、集体、工商企业向私营、股份制、股份合作制等多种经营形式转变，为全市率先完成企业改制单位。1992年，以打破“铁交椅、铁工资、铁饭碗、铁身份”为内容的机关事业单位人事制度改革全面实行，建立“定岗定编、双向选择、优化组合”用人机制。1994年始，在中央和省、市委及政府的指导与支持下，在全国率先探索国有农场体制改革。2000年12月，实行撤场建管理区。按照政企分开、职能配套、权力和责任对等、事权和财权统一的原则，设立管理区管理委员会（简称管委会），赋予县级政府管理职能。建立健全司法、财政体制。2003年，合并农场所属办事处，建立乡镇。召开第一届乡镇人民代表大会，建立乡镇人民政府，终止政企合一的管理体制。2005年，设立管理区人大政协工作委员会，授权依法行使重大事项决定权和监督权、依章参政议政。政法机关依法独立行使检察权和审判权。2007年始，实施《村民自治法》，至2011年，全区先后组织2次村民委员会（简称村委会）和2次居民委员会（简称居委会）换届选举，围绕“民主选举、民主决策、民主管理、民主监督”开展村民自我管理、自我教育、自我服务活动，使村级管理机构转变成自治组织。工会、团委、妇联、科协、残联等群团组织和社会团体相继恢复和建立后，既依法维权又依章自律，有效缓解了改革开放中出现的党群、干群矛盾，维护了社会稳定与和谐。

1978年始，历届党委坚持一手抓党的建设，一手抓精神文明建设，为改革开放提供强有力的组织领导和精神动力。经常性开展“创建先进党支部，争当优秀党员”“党员亮身份、创红旗、奔小康”等活动，坚持民主评议党员和处置不合格党员制度，建立健全述职、述廉和领导干部任期经济责任审计等制度，完善惩治和预防腐败体系。进入21世纪后，在全区开展“把共产党员培训成经济能人，把经济能人培养成共产党员”的教育培训活动。2000~2011年，全区发展新党员1424人，其中75%以上是具有一技之长的致富能手和有真才实学的业务骨干。全区32家非公有制企业全部建立党组织。2011年，全区有基层党委14个、党总支11个、党支部194个，党员总数5654人。1979年，明确将以“五讲”“四美”为主要内容的文明礼貌活动纳入精神文明建设的活动内容，坚持在干部群众中，把以“五讲”“四美”为中心的讲公德、重奉献作为一项长期性任务来抓。全面推行农村家庭联产承包责任制后，开展创办家庭农场以及评选“致富能手”和“五好家庭”等活动，在引导职工创业致富的同时，坚持社会主义核心价值。1986年始，推行文明单位创建工作，文明单位、文明家庭、文明乡（镇）、文明班组、文明小区、文明窗口等评选活动不断深入。1997年后，明确精神文明建设全面实施“七项工程”，探讨社会主义市场经济条件下，精神文明建设的规律性和新途径。2000年始，全区开展创建十星级农户和五星级居民户活动。2009～2011年，连续评选两届“十佳道德标兵”，成功举办三届广场文化艺术节。境内居民时事政治讨论活动、文化艺术创作活动、帮扶弱势群体的志愿者服务活动以及未成年人思想道德教育活动丰富多彩，大大提升了屈原人民的道德素质和文化修养。

三

1978～2011年，历届党委、管委会以经济建设为中心，突出开放引进、科技兴区，经济和社会得到长足发展。2011年，全区实现国民生产总值566260万元，比1988年增长86.44倍，其中第一、二、三产业分别为71878万元、407369万元、87013万元，分别比1988年增长20.33倍、207.91倍和74.27倍。三次产业结构比例由52.1：30.1：17.8转变为12.69：71.94：15.36。财政总收入23482万元，比建立一级财政体制初期的2001年增长4.69倍。城乡居民年末储蓄余额129792万元，比2000年增长5.68倍。农村居民人均收入11450元，比1978年增长32.88倍；城镇居民人均收入21558元，比1978年增长36.17倍。人均居住面积44平方米，是1978年的3.96倍。管理区不仅实现了由贫困到温饱再向小康迈进的巨大变化，而且正在由传统农业企业向农业产业化、新型工业化、农村城镇化小区的深刻转变。

现代农业雏形正在凸现。1981年始，农场依靠国家调整农业政策和扩大农民生产自主权的条件，以指导性计划安排农业生产，发展多种经营，不断改良品种，改革耕作制度，改善生产条件，先后把屈原建成湖南省粮食、蚕桑、茶叶、生猪等生产基地。1997年后，重点引导发展水稻生产和生猪养殖，形成农业经济两条产业链：在水稻生产中大力推广两系杂交和超级杂交稻，提升水稻品种质量；全面推广工厂化育秧、软盘抛秧、机械插秧，推行土地流转、鼓励田地向种田能手集中，粮食生产朝着品种布局区域化、种植面积规模化、耕作程序机械化、产品质量标准化方向发展。在生猪生产中，建立“公司+农户”运作模式，鼓励规模化、标准化、生态化养殖，先后制定养殖标准147个，发展年出栏50头以上大户3927户。2011年，全区粮食总产115286吨，比1978年增长2.11倍，其商品率、规模化率、“双季双杂”率、全程机械化率，分别达到86.3%、41%、98.2%、93.1%；发展生猪97.86万头，出栏69.75万头，分别比1978年增长10.61倍、16.86倍，生猪养殖规模化、标准化、健康化、品牌化、信息化水平稳居全国领先水平。农业经济在主导产业的带动下，得到平衡发展，主宗产品中，油料总产963吨，比1978年增长107.54%；蔬菜12540吨，比1978年增长3.07倍；西瓜26000吨，比1978年增长73.50倍；发展家禽69.98万羽，比1978年增长3.8倍；蛋品4415吨，比1978年增长3倍；水产品产量7300吨，比1978年增长13.52倍；森林面积4783.4公顷，比1978年增长4.74倍，森林覆盖率23.84%，比1978年提高14.5个百分点。

新型工业提速增效。改革开放后，在“围绕农业办工业，办好工业促农业”，以及“四个轮子一起转”（总场、分场、联户、个体工业）的前提下发展工业。至1988年，境内出现兴工壮农可喜局面，一个以食糖、食品、饲料、建材为主体，以机械加工、纺织、印刷、化工为辅的工业体系基本形成。同时引导企业运用新工艺、新技术、新产品改造传统产业。从1984年研制出“203”“204”生猪混合料到

“QF-001”猪高蛋白营养添加料的研制成功，不仅填补了全省生猪浓缩饲料的空白，而且使饲料工业继食糖工业后成为境内又一支柱产业。1994年始，鼓励党政干部下海分流创办经济实体，支持农民进镇务工经商，积极招商引资，发动社会资本办工业。1996年，推进正虹饲料股份有限公司成功上市，成为全省第一家农业板块的上市公司，也是全国饲料行业的第一股。2001年，区管委会出台《关于大力发展民营企业的若干意见》，将民营企业作为工业主干力量，在资金周转、经营管理、技术创新、市场策划、政策环境等方面给予支持，民营企业得到快速发展，工业经济所有制结构由国有一统天下转变为以民营化为主导。至2011年，形成以饲料生产、农副产品加工为龙头，以电子产品、化工原料、船舶制造、生物发电、纺织印染等现代工业为支撑的工业结构。全区注册登记国有、集体企业144家，非公有制企业占99%，注册资金85985万元，其中规模以上企业36家。有高新技术企业和科技型企业8家，国家授权专利26件，创省级名牌6个，省以上著名商标3个，国家免检产品2个。2011年，实现工业生产总值407369万元，是1978年的1074.85倍。

水患得到基本控制。管理区处湘江、汨罗江交汇之险，居八百里洞庭之要，且三面环水，一区一垸。水为最大资源，又为最大忧患，防洪保安成为境内水利建设第一要务。建场初期，农场百废待兴，农垦先驱弘扬屈原“路漫漫其修远兮，吾将上下而求索”的精神，筑堤、垦荒与生产同时进行。环水筑起57.5公里长的防洪大堤，垦荒造田10667公顷，兴修大、中型电排9座，开凿贯穿全境的大型沟渠10余条，改变了汨罗江千古流向，送走了肆虐横行的血吸虫瘟神，解除了外洪内渍的威胁。进入80年代，农场过分依赖建场初期的水利设施，防洪排涝能力下降。经历1983年特大洪涝灾害后，痛定思痛，在抓“农业升温”中重新发动和组织群众大办水利。至1989年，投资3584万元，移动土方670万立方米，使东大堤面宽加至8米、高程达38.5米；西大堤、八里堤高程增至36.6米、面宽达15米。被省政府授予标准堤垸建设第一垸。1990～2011年，累计投资35007万元，完成土石方2785万立方米，将西大堤、八里堤加高至38米。同时采取填塘固基、平台压浸、卡口拓宽、大堤灌浆、涵闸整建、预制板护坡等综合措施，加固堤防58公里。在提升大堤设防标准和防洪能力的同时，加强垸内农田水利建设，整修主干渠道19条、154.5公里，建节制闸32座，修建支渠及支渠以下渠道328条、340.5公里，硬化衬砌渠326.4公里，维修渠系建筑物210座，兴建机埠56座、68台、7182千瓦。至2011年，全区旱涝保收面积11260.93公顷，占耕地总面积的100%。

基础设施建设全面加强。1978年，境内交通主要结合农田水利规划和建设，构成公路路基，出境主干道为社教公路（即今屈汨公路），人民生产生活处于出行缺路、过河过港缺桥、信息传递缺设施、生产生活缺电力的落后状态。交通不便、通信落后、电力短缺严重制约经济社会发展。进入90年代，交通基础设施建设步入快速发展期。1991年，对区境出口通道屈汨路实施沙改油工程。2001年，省交通厅批准认定区境省道17.9公里、县道71公里、乡道59.6公里、村道215.5公里纳入国家计划管理。2004～2009年，通过争取政策性投资和居民自筹资金，89%的公路硬化成混凝土路面。2009年，争取二级公路还贷资金3098万元。至2011年，有4条省道、6条县道、68条乡道、263条村道，总里程611.744公里得到硬化，实现乡乡通油路、村村通水泥路。主要港口推山咀码头进入国家“十二五”规划；屈原汽车站进入二级车站行列；南北穿境而过的京珠复线高速公路动工兴建。有效满足了人民出行、各类生产生活物资运输需要。1978年前，境内电信通讯基本以手摇式电话和电报为主。80年代，电信业有了突破性发展，电报传输由人工变为电传，电话交换由磁式发展到全自动，电话线路由单线改为光纤传输。1990年，电话进入普通家庭。1994年，营田邮电支局在全省率先开通3000门数字程控电话。1999年，10000门程控电话扩容成功，为全市第一家农村支局万门电话交换局。1993年10月移动通讯进入境内，先后兴建基站12个，形成数字模块两网并存，覆盖全境。至2011年，全区有固定电话5977户，宽带用户6686户，“天翼”移动电话用户8966户，移动用户4万户，联通用户12992户。函件、包件、报刊发行、汇兑、集邮、特快、专递、物流邮购等邮政业务门类齐全。通畅、快捷的人流、物流、信息流为境域经济发展构筑了基础平台，管理区一跃成为全国物联网县级试点单位。境内电力能源建设始于1958年，至1988年，用电仍属汨罗供电公司的散用户。1989年，争取省电力公司将农场确定为趸售用户，开始形成独立的供、用管理。电网系统从布点、管网上进行科学规划、扩展和改造。同时，建成糖厂余热发电机组作为补充电源，供电能力有了提高。1998年后，相继启动农网、城网改造，从根本上改变配电设施陈旧老化和供电故障频发的局面，实现农村电网“两改一同价”。至2011年，有110千伏变电站1座，35千伏变电站3座；110千伏线路1条、26.8公里；35千伏线路3条、48.9公里；10千伏线路292.08公里；配电变压器420台，总容量47135千伏安；400伏低压线路887公里。实际年用电量达9382.88万千瓦，配网电压合格率99%，供电可靠率99.5%。此外，2005年始，管理区进入农村沼气工程建设项目区，工程采用民建公助办法建成沼气池6875口，其中大、中型沼气池44口。不仅促进了可再生能源建设长足发展，而且为新农村建设和改善城乡居民生活环境起到极其重要作用。

城镇扩容和基础设施改善带动了第三产业快速发展。1978年前，农场小城镇建设较为落后，形成小集镇的仅营田街与河市街。1984年，经岳阳地区批准，正式成立场辖屈原镇（现营田镇）。90年代后，镇区建设步入快速发展时期，中心城区营田镇通过多次规划修编后，加大资金投入力度，基础设施建设显著改善，城区规模日益扩大。2009年，营田镇72.19平方公里纳入长株潭“两型社会”建设示范区。至2011年，镇域建成区面积6.3平方公里，人口4.9万人，城区主干道形成“四纵五横”，路灯、供水、排水、绿化等市政配套设施逐步完善，市政管理步入规划化、法制化轨道，成为湖南省“十二五”优先发展城镇、岳阳市重点发展中心镇、岳阳市“十大魅力乡镇”。依托城镇重点发展房地产业、物流业、商贸业和文化娱乐业。2011年，全区登记注册个体工商户2735户，注册资金2328.6万元，从业人员13760人。第三产业完成生产总值87013万元，比1978年的344万元增长251.9倍。

四

为实现生产与消费、经济发展与社会和谐的良性循环，历届党委、管委会逐年加大社会事业建设力度，引导人们扩大精神文化消费，实现居民整体素质的提高和生存发展能力的不断增强。

教育文化体育事业全面进步。在教育事业上，既鼓励社会力量办学，又不断加大财政投入，2000年相继完成基本普及九年义务教育和基本扫除青壮年文盲的“双基”达标任务，保障和提高教师待遇，并实施场办教师转“公办”。以优化资源配置为目标不断调整教育机构和学校布局。至2011年，全区有完全中学1所，九年制学校9所，完全小学2所、小学11所，有在校学生7585人，在职教师622人。适龄儿童入学率、小学生毕业升学率均达100%，初中生升学率达93.6%。为大、中专院校输送合格人才2881人。在重点抓好义务教育的同时，大力发展幼儿教育、职业教育和成人教育，为经济发展培养高素质劳动者7100人。在文化事业上，加大财政投入，兴建影剧院、图书室、文化广场、农家书屋等一批公共文化设施。重视和培养文学、文艺、摄影、美术人才。并通过多次举办全区（场）性大、中型文艺汇演以及摄影、书法、舞蹈、歌咏等活动，繁荣文化事业，培育文化人才。有各类协会6个，发展会员2000余人，其中市级以上会员108人。作品大量涌现，新秀脱颖而出，在市级以上刊物发表作品3980篇（幅），有1260

篇（幅）获奖。体育设施建设投入加大，至2011年，全区有各类体育场馆178个，总面积77011平方米，其中中、小型田径运动场6个、篮球场103个、排球场36个、足球场8个、旱冰场1个、门球场1个。成立各类协会7个，会员540人。先后组团参加市级以上体育比赛18场次，25人次获奖。

科技卫生事业不断发展。1988年始，开展专业技术职称评定。1991年，实施科教兴场战略。1992年，在全省首开重奖有特殊贡献人物之先河。2000年，鼓励科技工作者创办实体。至2011年，全区有3735人取得专业技术职称，其中高级职称153人，中级职称1529人，省级优秀专家2人。有120项科研成果获地市级以上成果奖，其中省部级16项、国家级3项。1978～1984年，农场普遍推行疾病医疗、计划免疫、优生优育三项保障制度。1985年后，随着个体医疗诊所的兴起，原以职工医院为主体，分场卫生所为补充的两级医疗格局被打破。民营医疗机构和药品经营的发展，一方面满足了人民群众不断增长的医疗和保健需求，另一方面却出现了过度市场化所带来的“看病难”“看病贵”。2003～2011年，管理区党委、区管委会不断加大财政投入，改扩建区人民医院门诊大楼、住院大楼，全面恢复乡镇卫生所，在全省率先将城镇居民医保和新型农村合作医疗合二为一，实现医疗保险城乡一体化。2011年，全区有各类医疗机构90家，其中区办医疗机构2家，社区卫生服务中心1家，乡镇卫生院5所，村卫生室20家，个体诊所62家，有病床212张，有医务人员258人，其中公立医院168人。血吸虫病疫区、疫情得到有效控制。新法接生率提高到99.98%，儿童、老年保健覆盖率分别达到98.1%、95.6%。全区人均寿命由1978年的65.7岁提高到75岁。

社会保障水平大幅提高。中共十一届三中全会后，按照“劳有所得、老有所养、住有所居、困有所助”的要求努力改善民生。对农村剩余劳动力和城镇待业、下岗人员，采取创办劳务市场、兴建集贸市场、开展就业培训、组织劳务输出等措施，制定并实行城镇居民最低生活保障线、企业职工最低工资标准、残疾人及“零就业”人员就业补贴、下岗分流人员自谋职业优惠政策。至2011年，累计投入就业扶持和解困资金2060万元，在区内安置就业7800人。城乡居民低保做到应保尽保。对农村五保户供养由乡统筹、村提留改为中央财政转移支付，由分散供养逐步改为集中供养，相继建成敬老院5所、五保之家3所，并逐步提高供养标准和扩大供养面；对城镇企业职工退休养老实行社会统筹；对行政事业单位的离退休人员实行养老金社会化管理。2011年，全区参加养老保险总人数64978人，其中工商企业保险4488人，退休3698人；农垦企业职工参保22925人，退休14263人；机关行政事业单位工作人员参保1571人，退休1121人；新农保和城镇居民参保15467人，退休1445人，在全省率先实现城镇居民养老保险和新型农村养老保险合二为一，成为真正意义上的养老保险全覆盖。

五

管理区改革开放34年，取得了可喜成绩。在经济贡献方面先后被评为全国粮食生产、全国蚕种生产、全国农业技术推广、湖南省粮食生产、湖南省水稻机械化育插秧技术推广先进单位；并被认定为全国第一批国家级现代农业示范区、全国无公害农产品生产基地、全国现代农业标准化示范区、全国农业融资服务创新试点示范区，湖南省机械化推广示范区、湖南省统筹城乡就业示范区。在社会影响方面，率先推行农垦体制改革并相继获得湖南省社会管理综合治理先进县（市、区）、平安县（市、区），湖南省人口与计划生育工作模范县（市、区），湖南省无毒县（区）等称号。

回眸改革开放的34年，是管理区政治、经济、文化和社会生活变化最大、最快的一个历史时期。

但同全国发达县、市、区比较，仍然存在财源建设渠道不宽、强区的梦想缺乏新型工业化强有力的支撑；农业基础比较薄弱，与国家现代农业示范区建设的标准还有差距；农场体制下遗留问题较多，矛盾化解难度较大等。对此，全区人民和各级领导，会当与时俱进，警醒自励，开拓创新，继往开来。“十二五”和“十三五”期间，是管理区全面建设小康社会，实现赶超发展的关键时期。随着区域全力对接长株潭城市群“两型社会”示范区的建设，国家现代农业示范区的引领，以及环洞庭湖发展进程的加快和岳长高速公路工程建设等一批重点项目的拉动，为管理区加快发展注入了新的活力，也为接纳大投资、承接大产业、促进大发展打下了基础。管理区人民将发扬求索创新精神，努力推进富强、活力、文化、生态、和谐屈原建设，加快实现“特、强、富、美”的奋斗目标。

大 事 记

1978年

1月29~30日 中共汨罗江农场第三次代表大会召开。选举产生第三届总场党委，安金铭任书记，范罗生、王发祥、甘根林任副书记。1979年增补李金先、胡雨田为副书记。

2月 汨罗江农场糖料科学研究所（简称糖科所）成立。该所为湖南省第一个甘蔗糖料科研单位。

5月1日 装机容量4×800千瓦磊石电排站竣工。

5月30日 农场革委会出台《汨罗江农场堤防管理条例》《汨罗江农场垸内水利工程管理规则》《汨罗江农场关于加强电力管理的有关规定》。

10月25日 汨罗江农场第三次妇女代表大会召开。

10月27日 共青团汨罗江农场第三次代表大会召开。

11月 养殖场从山东省乳山县引进标准种貂200只，次年自繁800余只。经十年养殖北貂南养在汨罗江农场获得成功。

12月 1976年从北京下放到农场劳动的法官王怀安被平反，返京不久任中华人民共和国最高人民法院副院长。

是年 总场实施《经营管理四十条》，全场获净利26.84万元，结束了19年亏损局面。

是年 磊石——营田——汨罗客运线开通。

1979年

2月5日 刘树堂任总场党委书记。

2月 撤销农场各级革命委员会，总场实行党委领导下的场长负责制，李金先任总场场长。

6月8日 农场宣教科副科长周仲阳作为湖南省的唯一代表，出席农垦部在武汉召开的全国农垦系统教育工作会议，并在会上作经验介绍。

9月10日 经省委批准，复名为国营屈原农场。

9月 调整全场高中教育布局点，将原10所中学办的高中班集中到四中、七中、十中开办。

10月10日 经岳阳地委批准，成立中共国营屈原农场委员会第一届纪律检查委员会（简称纪委），甘根林兼任纪委书记。

10月 一分场中学教师柳凤姣、七分场中学教师徐铁良被团中央授予全国新长征突击手称号。

1980年

1月20日 总场党委因地制宜，修订种植计划，将2333公顷棉花地改种甘蔗。

5月28日 省委副书记董志文由岳阳地委书记张月桂陪同到茶场视察。

6月9日（农历端午节） 屈子祠正式对外开放，省外事办等单位在汨罗县归义举办龙舟赛，屈原农场河市代表队获金杯奖。

9月6~12日 屈原农场范罗生、徐亚雄、宾子奇、夏尊武、董继香、黄勤发、葛凤祥、周智深等先后赴加纳\斯里兰卡执行援外任务。

10月9日 农场与华容县签定“兑换承担稻谷和棉花上交任务”为期五年的合同书。

是年 农场建立蚕种场。

1981年

2月24日 屈原影剧院落成首演。

4月28日 农场第十中学被农牧渔业部授予全国农垦系统普通教育先进单位称号。

5月3日 养殖场首创青鱼人工孵苗30万尾。

6月7日–10月20日 因汨罗纺织印染厂（简称汨纺）扩建，从总场机关范围划出部分土地，总场机关向北围洲，修筑防洪大堤680米，完成土方16.8万立方米。

11月2日 总场印发《关于加强和完善农业生产责任制的意见》，并决定在四分场推行农业联产承包责任制试点。

11月8日 甘根林任总场场长。

11月20日 总场开展农业区划调查，至1982年11月结束。

12月5日 共青团国营屈原农场第四次代表大会召开。

是年 四分场推行农业联产承包责任制，经济效益显著，在岳阳地区农业工作会议上作经验介绍。

1982年

6月10日 《文汇报》第一版专题报道农场农科所农艺师王择高研制籼型杂交稻四优六号成功的事迹。

7月1日 经农场统计部门第三次人口普查统计，全场人口61909人。

9月29日至10月1日 中共屈原农场第四次代表大会召开，选举产生第四届总场党委，刘树堂任书记，甘根林、胡雨田、杨晓春任副书记，1983增补徐亚雄为副书记；选举产生中共国营屈原农场第二届纪委，朱亮成任书记。

10月5日 屈原农场第四次妇女代表大会召开。

1983年

6月1日 四分场、五分场、八分场遭受龙卷风袭击，损坏房屋600多间，伤28人，死2人。

7月5日 一分场二队职工唐某参与玩花牌赌博，场保卫科批评教育后服毒自杀。第二天，石某、陈某等人操纵其亲属冲击保卫科，陈尸闹事。石、陈等4人被判刑，12人被拘留。

7月7～9日 三日降雨269毫米，全场3000公顷农田受渍，1800公顷失收。

7月9日 出现建场后第二次洪峰，东大堤三星渡水位高达35.82米。

12月8日 周金印任总场党委书记，晏奇礼任总场场长。

是年 屈原农场生产的湘莲在北京全国出口商品基地建设成果展览会上展出，并获对外经济贸易部颁发的荣誉证书。

1984年

1月8日 总场党委下发《关于精简超编人员的若干规定》。

3月5日 五分场二队职工陈水清出席全国“五好家庭”会。

4月6日 中央民族歌舞团到农场演出。

6月4日 屈原农场被列入湖南省洞庭湖区24个蓄洪垸区之一。

10月2日 经岳阳行署批准，成立屈原集镇委员会。

11月9日 徐亚雄任总场党委书记。

12月16日 620名“以工代教”人员录用为国家教师。

是年 省电视台到农场拍摄以落户台胞张正岗个人事迹为题材的电视片《一封没有发出的家信》，并于1986年8月16日播映。

是年 屈原中学被评为岳阳地区优秀学校，并经上级批准，列为全市8所重点中学之一。

1985年

1月27日 七分场八队职工杨新燕担土培坟，挖到金、银酒杯各2个，银筷子8双，金凤凰4只，计黄金123.35克、银851.8克，全部上交文物管理所。

4月21日 举行全场首届职工田径运动会，200名职工参赛，屈原糖厂代表队获总分第一名。

5月21日 全场整党工作动员会在机械厂召开。

6月5～7日 南方四省化学除草会在屈原农场召开，与会代表210名参观二分场化学除草现场。

6月15日 职工医院妇产科主任张景春作为省代表，出席农牧渔业部在湛江召开的全国农垦卫生工作会议。

8月10～15日 全国千吨级甘蔗糖厂第一协作组第十三次经验交流会在屈原糖厂召开。

8月21日至9月21日 降雨仅8.3毫米，全场受旱严重，总场决定在翁家港河外横堵汨罗江，引水抗旱。

9月4日 美国4位客商到农场洽谈养貂事宜，并现场考察养殖场养貂基地。

9月6日 湖南电视台在茶场拍摄纪录片《湘北茶叶在发展》。

9月10日 在屈原影剧院召开全场教师代表大会，庆祝第一个“教师节”。在家全体党委常委接见被评为省、地、场的14位模范教师代表，并与之合影。

10月3～6日 中共国营屈原农场第五次代表大会召开。大会选举产生第五届总场党委，徐亚雄任书记，晏奇礼、周尚文任副书记。1986年、1988年、1990年先后增补周仲阳、刘宏、司马德坤为副书记。选举产生中共国营屈原农场第三届纪委，蒋国南任书记。

10月27日 屈原建材建筑工程公司生产的机砖机瓦被中国建筑建材部鉴定为部优产品。

是年 杨正庭“甘蔗二点螟性引诱试验”获中国科学院科研成果三等奖。

1986年

2月 茶场首次实行中小学免费教育。

3月6日 茶场被评为全国计划生育先进集体。

8月27日 省参事室主任李国玺专程到农场，为省政协委员黄鹤祝九十寿辰。

9月14日 屈原塑像在屈原镇广场落成，全国政协副主席、书法名家赵朴初为塑像题写“天问”两字。

9月17日 澳大利亚、香港客商到场考察合资喂养奶牛及奶粉生产项目。

10月8日 七分场五队狮子山出土一批商代陶器，该地当年被省、市文物部门定为“文物保护地”。

11月20日 最高人民法院副院长王怀安到六分场、蚕种场视察。

11月26日 古塘岔大米加工厂糠油车间锅炉爆炸，1人重伤致死。

是年 全省农垦系统教育工作会议在农场召开。

是年 农场获省农垦系统目标管理第一名。

是年 屈原建材建筑工程公司的红砖继1984年、1985年后，第三次获省优产品称号。

1987年

2月9日 省政府颁发证书，确立农场为湖南省出口活大生猪基地。

5月20日 农牧渔业部副部长吕青到农场考察。

7月5日 高级畜牧师楼盛涛和北京大学教授杨胜研制的“QF-001”生猪高蛋白营养添加料通过省级鉴定，国家商标总局注册为“正虹”牌商标，并列入省“星火计划”投入批量生产。

8月26日 农场接待第一个回场探亲的台胞钟以煊。

9月29日 中央电视台到农场拍摄“QF-001”猪高蛋白营养添加料科教片。

9月10日 总场为从事教育工作30年以上的44名教师颁发荣誉证书。

11月26日 寒潮突袭，气温由18℃降至-5℃，甘蔗受冻，倒伏严重，直接经济损失192万元。

是年 总场宣传部副部长、中国摄影家协会会员彪型斌的作品《行行出状元》，在《人民日报》《中国新闻学会》《中国农垦》等报刊联合组织的摄影比赛中获一等奖。

是年 屈原农场八分场土地港建材厂的红砖获国家优质产品奖。

1988年

3月20日 经农场场部研究决定，撤销六分场，恢复河市镇。

4月5日 晏奇礼任总场党委书记，刘宏任总场场长。

4月27日 市政府审定屈原农场为大型农业企业。

4月30日 水泥厂实行资产抵押承包，杨卫星中标任厂长。

8月6日 省顾委主任万达、纪委书记石新山到农场考察茶场茶叶生产基地。

8月21日至9月10日 连降暴雨670毫米，全场受渍面积7213公顷。

9月4日 汨罗市汨罗镇少数村民以排涝受阻为理由，堵塞交通和截断高压电线，造成农场在特大秋汛期间停电31小时。

10月11日 加拿大钾肥实验考察组、省农科院、农场在五分场联合举办“钾肥实验田间收获日”活动。

11月29日 总场印发《两年消灭荒路荒渠，三年绿化屈原的决定》。

12月5日 第一代居民身份证在全场开始发放。

是年 小边山至余家坪长2公里、宽26米的水泥混凝土路面筑成。

1989年

3月4日 常务副场长张亮联与汨罗市副市长刘文峰，在五分场就“五分场与汨罗市牛栏湖边界争议”问题达成协议，明确小江河权属屈原农场五分场。

3月29日 市长谭照华到农场召开现场办公会，研究解决化肥、能源、资金短缺诸问题。

4月15日 全市防汛工作会议在屈原农场召开。

4月27日 一分场、五分场、六分场、七分场遭受龙卷风袭击，倒塌房屋105栋、502间，伤118人，死10人，其中七分场职工邵正奎一家死亡3人。

5月14日 屈原农场建材建筑工程公司被评为省先进企业。

6月1日 最高人民法院副院长王怀安一行7人到农场考察，王怀安为屈原人民法院题词：“以事实为依据，以法律为准绳。”

6月29日 农业部农业司派员到农场拍摄“甘蔗化学除草”科教片。

7月6日 省长陈邦柱到农场考察防洪标准大堤建设。

10月7日 国防科技大学教授刘吉应邀到农场，就“加强企业思想政治工作”作专题讲演，农场副科级以上干部200余人参加报告会。

10月23日 农业部副部长赵凡到农场考察，并为《屈原农场志》题词。

10月30日 全场首次专业技术职称评审工作结束。评审通过各类专业技术职称1914人，其中高级27人，中级417人，助级742人，员级728人。

11月18日 省丝绸进出口公司、省经济作物管理局，就“建立蚕桑生产基地”一事与屈原农场达成协议，同意屈原农场蚕种场为省“蚕桑生产基地”。

12月17日 湖南电视台到农场拍摄标准防洪大堤实况，并于1990年9月19日在《大千世界》专栏节目中播放。

12月21日 省农垦系统农业机械化会议在屈原农场召开。

1990年

2月9日 司马德坤任总场场长。

5月1～6日 全场开展查赌、禁赌活动，收缴并销毁麻将1978副。

5月 历时三年清理干部营建私房工作结束，共清退违纪和补差金额17.26万元，8名违纪干部受到处分。

5月 从汨罗市百丈口至营田镇小边山38公里防洪标准大堤建设竣工。工程自1984年12月启动，共计投工600万个，投资3584万元，完成土石方670万立方米。省政府、市政府分别授予农场标准堤垸建设先进单位。

6月19日 马里共和国尼日尔河办公室董事长丹贝莱到农场参观考察农业和水利建设。

7月1日 第四次人口普查统计结果显示，全场常住人口62350人。

7月13日 刘尧臣任总场党委书记。

7月17日 禾鸡山饲料厂、河市饲料厂、糖厂饲料分厂、综合加工厂饲料车间收归总场后合并组建屈原农场饲料厂。

9月24日 屈原农场土地利用现状调查工作结束。全场土地总面积20136.5公顷，其中耕地10083.2公顷。

9月 总场在工业企业中开展以整顿经营思想、企业管理、厂风厂貌为内容的三整顿活动，并组织工作组进驻5个重点厂家。

是年 国务院授予农场粮食生产先进单位称号。

是年 全场销售活大生猪5.5万头，创历史最高纪录。作为主管单位的畜牧水产公司出席全国农垦畜牧水产工作会议。

是年 市委、市政府授予农场平原绿化达标先进单位称号。

1991年

3月1日 总场印发《计划生育工作初步实行三个转变的意见》，推进全场基层计划生育管理工作。

3月10日 总场作出《关于进一步加强土地管理的有关规定》，明确建设用地的审批程序和权限，规范土地管理。

3月11日 全场开展“二五”普法。

5月30日至6月5日 在岳阳市国际龙舟节农产品加工展销会上，农场成交额达2000万元，位列全市农垦系统参展第一名。

7月初至8月底 “四清四查”活动取得重大成果，全场共收回应收款1500万元，处理积压产品、材料价值150万元，盘活资金2251万元。

10月15日 总场在屈原影剧院召开科技兴场动员大会。当年正虹科技“QF-001”猪高蛋白营养添加剂获国家最高银质奖（无金奖）；茶场生产的凤凰绿茶、凤凰毛尖获省金杯奖；糖果厂生产的水晶软糖获省成果奖；糖厂蔗蜡获省科委新产品奖；屈原镇纸箱厂产品获省优质产品奖。

10月20日 投资450万元的屈汨公路柏油路面改造第一期工程（一分场至蚕场）竣工通车。省、市领导谭载阳、邱翼星、李正南等出席通车仪式并剪彩。

12月7日 总场党委下发《关于搞好农场工业的实施意见》，进一步完善企业承包经营责任制。

是年 市政府对农场实行“核定基数、超收分成”的财政管理体制，并将汨罗市管理的工商、交通等行政管理权限交归农场。

1992年

2月13日 总场党委作出《关于搞好农场工业的决定》，加快推进企业《公司法》管理。

4月13日 总场党委下发《关于认真贯彻执行农场内部改革总体方案的通知》。

4月14日 总场党委为表彰楼盛涛、吴明夏为饲料工业和屈原农场经济发展所作出的突出贡献，决定给楼盛涛专配“标志”牌小轿车一台，给吴明夏专配“桑塔纳”小轿车一台，在全省首开重奖有特殊贡献人物先河。

5月28日 总场党委作出《关于扩大开放，鼓励引进的若干规定》，积极推进招商引资工作。

8月 正虹饲料产品获全国首届农业博览会银奖、墨西哥国际博览会金奖。

1993年

2月1日 郑可仗任总场场长。

2月7~8日 农场第六次党代会召开。大会选举产生新一届党委和纪委，刘尧臣任党委书记，郑可仗、汤华保、李菊良任副书记，田月梅任纪委书记。大会作出《关于控制和减轻农业职工负担的决定》《关于加强党员、干部思想作风建设的规定》。

2月15日 总场党委下发《关于认真做好总场、分场、生产队精简机构和人员工作的通知》，要求按照中央有关精神分三年时间完成机构改革任务。

3月 总场党委书记刘尧臣当选为第八届全国人大代表。

6月底至7月 农场遭受罕见的特大洪涝灾害，省长陈邦柱亲临视察。

8~11月 全场开展清收欠款“百日攻坚战”，共清收欠款3600万元，占欠款总额的67%，达到市政府确定的目标要求。

9月30日至10月1日　屈原农场成功举办首届湖南“屈原杯”自行车越野大赛。省人大常委会主任刘夫生主持开幕式，中央、省、市有关部门领导，国外嘉宾和知名人士100多人观摩比赛。农场选手囊括团体和个人项目冠军。

11月　总场选调24名科级干部组成3个考察组，分别由场领导带队，对全场700多名干部进行全面考核。

11月　一分场与屈原集镇合并，设立屈原镇。

是年　农场获岳阳市双文明建设目标管理先进农场称号。

是年　正虹饲料集团公司被评为全国百家“质量信得过”企业。

是年　按照住房制度总体改革方案，全场价值495万多元的公房全部折价归私。

1994年

2月25日　总场党委作出《关于加速发展个体私营经济的决定》。

6月18日　全国人大法制委副主任委员、北京大学工商管理学院院长、著名经济学家厉以宁教授到农场指导农场体制改革。

7月26日　屈原水泥厂引进外资120万元，实现场直属企业工业招商“零”的突破。

7月28日　总场作出《关于大力发展生猪生产的决定》。

8月25日　经省委、省政府同意，市委、市政府批准，撤销屈原农场，设立屈原行政区。市委书记罗桂求出席行政区成立大会并讲话。

8月30日　湖南正虹饲料厂年产饲料10万吨颗粒料生产线工程上马，该工程投资1180万元。

9月27日　行政区党委、区管委会，根据市政府有关文件精神下发《关于农场所属各分场体制变更和场直各单位更名通知》，决定二、三、四、五、七、八分场分别更名为琴棋、磊石、汨江、大江、黄金、白鱼歧办事处，茶场、蚕场分别更名为凤凰办事处、罗城办事处，屈原镇更名为营田镇，养殖场保持不变。各办事处、镇、场所属生产队冠以地名命名为XX村。

11月4日　省委副书记、省长杨正午在市委书记罗桂求的陪同下到行政区考察。

11月10日　湖南正虹饲料厂被评为饲料工业“全国百强”第五强；产品列为“湖南免检产品”。“正虹”牌“QF-001”乳猪料在第六届中国科学技术新产品博览会上获金奖。

是年　行政区被国家统计局、中国科技进步评价中心评为首届中国农业企业科技投入100强。

是年　屈原人民医院通过省卫生厅专家鉴定验收，被评为全省农垦系统第一家二级（县级）乙等医院。

是年　农业改革在进一步稳定家庭联产承包责任制的基础上，积极推行“两田制”（即责任田、经营田）和“租赁制”，有效地促进了田土向种田大户集中。

是年　行政区被评为全省农垦系统先进单位。

是年　以转换经营机制为重点的工商企业，通过实行“一厂一策、一厂多策”的分类转体和改造，建立起股份合作制、拍卖租赁制、公有私营制、二级法人制、中外合资式等经营形式，使整个工商企业开始脱离“国营”框架，市场主体地位得到加强。

1995年

1月10日 陈仲伯任行政区党委书记，郑可仗任行政区管委会主任。

2月27日 经省民政厅批准，营田、河市两镇为行政区建制镇，赋予乡镇级政府职能。

3月28日 区管委会作出《关于加速发展养殖业的决定》，启动“发展生猪百万头工程”。

5月1日 装机容量6×330千瓦的推山咀电排竣工投入使用，该工程投资1100万元。

5月19日 共青团屈原行政区第五次代表大会召开，产生新一届共青团屈原行政区委员会。

6月14~18日 由正虹饲料厂、河市镇联合组建的正虹龙舟队在中国湖南岳阳第一届国际龙舟锦标赛民间夺标赛中夺得1000米、250米竞渡2个第二名。

7月1日 3000门农村程控电话开通，行政区程控电话总量达到6000门。

7月3日 外河水位达到历史最高点（营田水位35.14米），7月14日，全区抗御特大洪涝灾害取得全面胜利。抗灾期间，省长杨正午、省委副书记储波到行政区视察，对全区抗洪救灾工作给予高度肯定。

7月5日 凌晨2时45分，一道撇洪沟田家岔因涵管抽筒，导致堤身缺口，营田镇280公顷稻田受渍，减产粮食420吨。

8月4日 省国土测绘管理局批复，赋予行政区行使县级政府有关土地管理工作职能。

8月 行政区水利建设获岳阳市首届“芙蓉杯”奖。

12月18日 市委、市政府决定，撤销行政区和中共行政区委员会、行政区管委会，恢复屈原农场建制。但行政区设立的下属机构继续保留和行使职能，对内仍使用行政区称谓。

是年 全区科技进步取得重大成绩，6项科技新产品获科技创新金奖，2项获国际博览会金奖。其中，正虹“101”乳猪料、“001”猪高蛋白营养添加剂、“屈牧”牌“858”鱼饲料获湖南省创新科技奖。

是年 屈原农垦集团公司被评为全省农垦系统先进单位。

1996年

4月10日 湖南正虹科技发展有限公司被国家科委授予国家高新技术企业称号。

5月1日 三星渡电排竣工，投资800万元，装机容量达930千瓦。

5月10日 行政区第五次妇女代表大会召开，会议产生新的妇女联合会。

7月18日 蒋亚雄任行政区管委会主任。

7月22日 青港水位达36.14米，超历史最高水位1.48米。全区广大干部群众在解放军战士的大力帮助下，奋起抗灾，确保了防洪大堤安全。省长杨正午视察灾情后，称赞“屈原人民创造了人间奇迹”。

8月25日 区管委会出台《关于招商引资的若干规定》，加快推进招商引资工作。

是日 区党委、区管委会作出《关于在全区工业企业中深入开展“学邯钢、抓管理、降成本、增效益”活动的决定》。

9月24日 湖南省体制改革委员会发文，同意设立湖南省屈原农垦综合改革试验区，重点探索农垦经济体制改革和农业产业化建设新路子。

10月8日 投资近1000万元的教育“两基”达标工程，正式通过省政府“两基”评估验收。

1997年

3月18日 湖南正虹饲料股份有限公司A种股票5000万股正式在深圳证券交易所挂牌上市，融资3.4亿元，成为全省第一家农业板块的上市公司，也是全国第一支国有饲料股。

4月18日 柴小平任行政区党委书记。

6月19日 区党委、区管委会作出《关于大力发展生猪生产，推动农业产业化发展的若干规定》，加速推进“生猪百万头工程”建设。

9月3日 “百万头生猪工程”正式启动，投资2800万元的正虹现代化种猪场投产。

9月15日 行政区获全市水利建设“芙蓉杯”竞赛优胜单位称号。

是年 投资700万元的东大堤加宽加固、北大堤平台吹填加高2项基础工程完工，堤防抗洪能力进一步提高。

1998年

2月8日 区管委会下发《关于发挥养殖业优势，加速生猪产业化建设进程意见》。

4月1日 区党委、区管委会决定，撤销罗城办事处和养殖场，分别合并到河市镇和汨江办事处。

4月2日 区党委作出《关于机构改革的决定》，进一步精简机构、减少编制，实行全员“公开竞争、聘任上岗”。

4月15日 全区“退田还湖还林”工程正式启动，规划将全区海拔24米以下的低洼田和沙质地分三年还湖还林，涉及总面积1066公顷。

7月30日 青港洪峰水位达到35.98米，创历史高水位。

10月28日 区党委、区管委会举行农场围垦40周年纪念活动，省、市有关领导出席庆典大会。

11月10日 李永丰任行政区管委会主任。

11月24日 钟小汨任行政区党委书记。

12月10日 区管委会出台《关于进一步规范产业化养猪若干规定》。

1999年

1～3月 区管委会通过推行电力和农资体制改革，为农民直接减负300万元。

1月28～29日 中共屈原行政区第七次代表大会召开。大会选举产生新一届党委和纪委，钟小汨任党委书记，李永丰、汤华保、田月梅、余仲春任副书记；廖社华任纪委书记。

2月10日 区管委会作出教育系统精简人员的决定，全区中小学校教职工在上年769人的基础上精简到727人，精简5.5%。

3月12日 正虹公司生产的“正虹王”猪饲料被国家质监局授予“121”计划第三批重点保护名优产品。

4月15日 区党委书记钟小汨、区管委会主任李永丰赴北京就农场体制改革问题向民政部领导作专题汇报，民政部副部长李宝库听取了汇报。

4月20日 投资1600万元的营田镇正虹路硬化工程开工，9月1日建成通车。

5月4日 区党委作出《关于办事处（镇）机关干部工作人员分流的决定》，9个办事处（镇）在1998年定编203名的基础上，精简到188名，精简7%。

5月7日 屈原糖厂千余名职工通过直选，产生该企业改制后第一任直选厂长谢月高，打破了区直属企业传统用人制度。

5月15～17日 累计降雨250毫米，4667公顷水田及部分经济作物受渍严重。

8月10日 行政区获全省抗洪救灾先进集体称号。

9月8日 行政区获岳阳市“尊师重教”十佳单位称号。

10月1日 正虹科技大楼竣工。

12月8日 投资2000万元，年产饲料10万吨的民营股份制企业湖南正地饲料厂竣工投产。

12月10日 经市政府批准，营田镇被列为岳阳市优先发展的10个中心镇。

12月20日 行政区被评为全国农业技术推广先进单位。

是年 投资2300万元，投工100万个，全面完成危险堤段填凼固基，青港、土地港电排整险，堤身灌浆，西大堤兔子港安全平台建设以及垸内低产田改造项目。

2000年

3月上旬 用整风精神，有针对性地解决党委班子和领导干部在党性党风方面存在突出问题的“三讲”教育活动在全区展开，至5月上旬全面完成。

4月14日 区党委出台《屈原行政区（农场）体制改革实施意见》，全面启动以“精简机构、转换机制”为重点的体制改革。

4月28日 湖南伟业公司总经理胡伟清被评为全国劳动模范（简称劳模）。

7月20日 省长储波在市委书记于来山等陪同下到行政区考察农业产业化建设情况。

8月1日 区党委决定推行教育体制改革，全面实行“转换体制、撤点并校、理顺关系、紧缩编制”。

10月3日 湖南正虹科技被农业部等8部委授予农业产业化国家重点龙头企业。

11月8日 湖南正虹科技“正虹”商标被国家工商行政管理局授予中国驰名商标。

12月10日 投资1000万元的屈原11万伏变电站建成并交付使用，为实现全区同网同价打下基础。

12月22日 市政府第27次常务会议决定，行政区比照县级政府，建立分税制财政体制，规定除中央、省级收入外，境内所有地方固定收入纳入管理范围，并同意设立相应的税收征管机构和金库。

12月26日 根据省委、省政府《关于国有大中型农场体制改革意见》，经市委、市政府研究决定，撤销屈原农场（行政区），设立管理区管委会，正县级，市政府的派出机构，比照县级政府职能，负责管理区域内的经济社会事务；设立中共屈原管理区委员会，为中共市委派出机构，全面领导管理区工作；同时设立中共屈原管理区纪委会。

是年 管理区获岳阳市发展非公有制经济先进县区称号。

2001年

1月10日 省人大常委会副主任王克英，省人大常委会委员、亚华种业有限公司董事长谭载阳，在市人大常委会主任刘泗元等陪同下到管理区考察。

3月8日 市委在管理区召开全区党政负责干部会议，宣布撤场建区后第一届区党委、区管委会领导班子。钟小汨任区党委书记，黄柏良、金辉良、廖社华任副书记，廖社华兼纪委书记，沈立山、谢忠厚、李耀华、许平亚任区党委委员；黄柏良任区管委会主任，金辉良兼任区管委会常务副主任，沈立山、黄英焕、彭慕依任区管委会副主任。

3月29日 在区党委、区管委会的直接指挥下，公安部门一举摧毁了以劳教释放犯张某为首的带黑恶势力犯罪团伙“凤山协会”。

5月5日 投资1210万元的民营企业三仁科技发展有限公司动工兴建，9月28日竣工投产，其工艺流程被省科委授予科技进步奖。

6月16日 区党委、区管委会在屈原影剧院召开工商企业改制动员大会，并出台《关于加大工作力度，加速全区工商企业改制的意见》。

6月28日 投资520万元的民营企业晶穗实业有限公司动工兴建，9月28日竣工投产。

7月3～8日 区党委书记钟小汨，区管委会主任黄柏良、副书记兼常务副主任金辉良、正虹科技董事长兼总裁吴明夏等一行6人，赴河南省漯河市就引进双汇实业集团和荷兰圣福特公司与正虹合作加工肉制品项目进行洽谈。

7月13日 河市镇金城村50余名群众自发参与，一举擒获集绑架、抢劫、强奸于一身的岳阳市城区“丹庆帮”主犯毛丹及团伙冯鸣，获得市政法机关领导高度赞扬。

7月16日 正虹科技投资4750万元，年产40万吨饲料生产线奠基。2002年11月8日竣工投产。

7月25日 省、市教育部门批准，管理区教育工作正式纳入省、市统一管理序列，并解决国拨校改资金80万元，对磊石、汨江、白鱼岐、凤凰山、大江等处、镇中小学危房进行改造。

7月30日 省、市卫生部门批准管理区血防卫生工作纳入省、市统一管理序列。

9月6日 省民政厅批准管理区民政工作纳入省、市行业管理。

10月2日 副省长贺同新到管理区考察。

10月15日 区管委会印发《关于完善土地承包责任制，全面推行土地流转的通知》，明确土地流转制度改革在磊石和凤凰山办事处试点。

10月18日 投资2000万元扩改建的屈原11万伏变电站正式营运。

10月26日 参加全市农业结构调整流动现场会议的市委、市人大、市政府、市政协领导和县市区主要负责人到管理区考察。

11月7～12日 “正虹”牌QF-001猪浓缩饲料、“乳猪花”乳猪颗粒配合饲料被评为2001年中国国际农业博览会名牌产品。

11月16日 在湘全国人大代表一行14人到管理区视察。

是日 营田镇整体规划方案在市南湖宾馆通过专家评审，市人大、市政府、市政协领导和市直相关部门负责人参加评审会议。

11月18日 在省第三届农博会上，屈风春茶叶有限公司、三仁科技发展有限公司生产的“屈风春”茶、麦芽糖浆两项产品获博览会金奖。

11月23日 正虹集团淡水鱼饲料通过省级鉴定。

12月1日 中央政策研究室办公室原主任贾富昌一行4人到管理区考察。

12月9日 正虹公司企业文化发展战略研究在长沙省委党校通过鉴定，省人大常委会副主任罗海藩出席鉴定会。

12月10日 在省科协第七次代表大会上，正虹科技董事长、总裁吴明夏当选为副主席。

12月26日 湖南正虹科技发展股份有限公司被省政府授予“重合同、守信用”单位称号。

2002年

1月12日 区公安局破获涉案20余起、案值近30万元的保险柜系列盗窃案，抓获以姚某为首犯的5名团伙成员。

3月22日 区党委、区管委会出台《屈原管理区招商引资奖励试行办法》《屈原管理区招商引资优惠政策》。

4月4日 凌晨1时，境内遭受龙卷风袭击，凤凰办事处、大江办事处部分村受灾严重。

4月12日 省委副书记胡彪、省军区司令员郑治栋率省公安厅、省水利厅等部门领导在市委书记于来山、市长罗碧升、市委副书记高克勤等陪同下到管理区检查水利工作。

4月16日 投资2.5亿元，由正虹科技、河南双汇集团、荷兰圣福特3家上市公司联合投资的年屠宰100万头生猪及肉食品加工项目奠基。2003年4月8日竣工投产。

4月26日 投资650万元的汽车客运新站正式投入营运。

是日 屈原公安局成功破获一起省公安厅督办的特大绑架勒索案，并安全解救人质。

4月27日 民营企业屈原科技发展有限公司、岳阳朝阳科技公司、湖南正地饲料公司、岳阳伟业农牧实业公司进入省强500家民营企业行业，并分别位居岳阳市进入省强500家民营企业11个行业的前10位。

5月13日 24小时陡降暴雨156毫米，全区农作物受渍严重。

5月25日 区管委会主任黄柏良等一行4人赴上海参加“湖南省上海经贸周”活动，签订意向项目合同4个，涉及金额5800万元。

6月14日 省委副书记胡彪在市委书记于来山、市长罗碧升陪同下到管理区检查防汛准备工作。

6月26日 市委书记于来山率市委、市人大、市政府、市政协领导到管理区检查“三化”进程、转变干部作风及防汛工作。

7月11日 全市农业结构调整观摩讲评会议与会人员在市委书记于来山等领导的带领下到管理区考察。

8月5日 参加省人大农业与农村工作会议的100多名代表到管理区考察。

8月19～25日 国家防汛抗旱总指挥部副总指挥、水利部部长汪恕诚，长江防汛抗旱指挥部副总指挥、长江水利委员会主任蔡其华，省委书记杨正午，省委副书记胡彪，省政协主席王克英，省军区司令员郑治栋，省武警总队政委赵龙，副省长庞道沐等先后在市委书记于来山、市长罗碧升的陪同下到管理区检查防汛工作。

8月26日 省政协主席王克英、省军区参谋长王晓伟代表省委、省政府、省军区到管理区慰问抗洪抢险指战员。

8月27日 青港水位达35．44米，超警戒水位1.44米，创历史最高秋汛水位。

9月19日 在全市防汛抗灾表彰暨水利建设动员大会上，磊石办事处被评为省先进单位，钟小汨被评为省先进个人并记一等功。

10月29日 意大利摩得纳市巴博里尼市长、荷兰圣福特公司董事长一行8人到管理区考察生猪屠宰加工项目。

是日 世界银行农业研究与发展部负责人、生物专家恩稚波湖等到管理区考察正虹集团。

11月9日 参加全市水利建设现场督战会的全体与会人员由市长罗碧升带领到管理区检查指导工作。

11月10日 正虹集团200头使用新型无公害饲料添加剂喂养的绿色风味猪（肉）送往北京，成为党的十六大代表餐桌上的特供食品。

11月14日 参加全市推进农业产业化暨乡镇企业发展座谈会代表在市长罗碧升等领导的带领下到管理区考察。

11月23日 总投资1.2亿元的省道307线（屈汨公路）拓宽改造工程开工，2004年8月建成通车。

12月2日 农场农牧退休职工100余名代表在大江办事处万兴村聚集，就待遇问题准备集体上访。区党委、区管委会采取相应措施进行妥善处理，杜绝集体上访事件的发生。

12月18日 区党委、区管委会召开林业工作会议，并作出《关于加快林业发展的决定》。

12月19日 区计划生育工作进入全省综合评估先进（一类）单位序列。

12月24日 副省长贺同新等到管理区考察招商引资情况。

12月30日 正虹科技在“全国饲料生产百强企业”中排名第五。

是年 管理区获全市“双文明建设”第一名。

是年 管理区获岳阳市小城镇建设先进县（市区）称号。

2003年

1月6日 中央候补委员、省委常委、省委统战部部长、省政协党组副书记石玉珍到管理区慰问省政府参事室原参事、国民党原高级将领、黄埔军校第一期学员、106岁老人黄鹤。

3月6日 正虹公司生产的“乡里乡亲”无公害风味肉被确定为2003年中国女排运动员专供食品。

3月13日 副省长杨泰波在市委书记于来山等陪同下到管理区考察水利建设情况。

3月25日 世行农业科技项目贷款考察团在恩斯伯格的带领下，由国家农开办负责人和省财政厅领导陪同到管理区考察无公害生猪产业化综合技术示范推广项目。

是日 管理区被省禁毒委授予“无毒县（区）”称号。

3月31日 中央组织部部务委员、干部二局局长李建华在省委副书记、省政协主席胡彪和市委书记于来山、市长罗碧升等陪同下到管理区考察。

4月5日 区党委、区管委会出台《关于抓好人口与计划生育工作的意见》。

4月8日 全省乡镇企业会议代表400余人在省人大常委会副主任颜永盛、副省长杨泰波、省军区副司令员黄明开等带领下到管理区考察工业项目，市委书记于来山等陪同。

4月12日 全区普降大到暴雨，日降雨量近100毫米。

4月14日 中央巡视组一行5人由市委书记于来山陪同到管理区考察。

5月28日 经省民政厅批准，管理区9个办事处、镇合并为5个乡镇，即白鱼歧办事处合并到营田镇；河市镇与罗城办事处合并，建立河市镇；大江办事处与黄金办事处合并，建立黄金乡；凤凰山办事处与汨江办事处合并，建立凤凰乡；磊石办事处与琴棋办事处合并，建立琴棋乡。

6月17日 省委副书记、代省长周伯华等领导在市委书记于来山、市长罗碧升陪同下到管理区考察农业产业化建设情况。

6月20日 市政府召开专题会议，同意深圳德科实业有限公司出资2650万元收购原湖南汨罗纺织印染厂。企业改制后，隶属管理区。

7月3日 省人大常委会副主任罗海藩到管理区考察。

是日 居住管理区的黄埔军校第一期学员、国民党原高级将领、省政府参事室原参事黄鹤老人逝世，享年106岁。

7月15日 省委副书记、代省长周伯华，省委副书记戚和平在市领导于来山、罗碧升等陪同下到管理区检查防汛工作。

8月18日 省委副书记、常务副省长于幼军在市领导于来山、李湘岳陪同下到管理区考察工作。

是日 因企业改制湖南汨罗纺织印染厂近千人上街游行。

9月17日 市公安局调集屈原、汨罗、湘阴、平江以及市防暴队和屈原城管办、民兵应急小分队协助处理湖南汨罗纺织印染厂职工因改制引发的群体上访事件。

10月9日 全国南方区农机示范“第一庄园”在凤凰乡建成，庄园占地2000公顷。该项目为省农机部门引进的最大外资项目，争取韩援资金50万美元。项目实施全部采用美、日、韩最先进的水稻机械设备和工程技术。

10月13日 区领导钟小汨、黄柏良带领乡党委书记、区直相关部门负责人及部分企业经理赴广东参加“深洽会”，“红太阳米业加工”等3个项目在会上正式签订协议。

10月22日 湖南伟业农牧实业有限公司总经理胡伟清被人事部、农业部评为全国农村优秀人才，出席在人民大会堂召开的表彰会议。

11月16日 云南省委副书记王学仁到管理区考察农业产业化建设情况。

11月17日 在中国畜产品绿色产业联盟一届二次常务理事会上，正虹集团董事长吴明夏当选为第二任理事长。

是日 建材公司渔民卢献平于16日在湘江推山咀地段捕获一条国家一级保护动物中华鲟，在渔政部门的配合下放回湘江。

11月22日 省政协原主席王克英在市长罗碧升、市人大常委会主任陈志刚陪同下到管理区考察。

11月24～29日 全区各乡镇第一届人大代表大会先后召开，选举管理区各乡镇人大、政府组成班子。

12月4日 省人大代表70余人到管理区视察。

是日 省委副书记、代省长周伯华在市领导于来山、罗碧升、高克勤等陪同下到管理区考察水利建设。

12月17日 区计生工作在全省综合评估排名中名列先进（一类）单位。

12月28日 “正虹之光”迎春晚会在屈原影剧院举行，整台晚会精彩纷呈，充分表现撤场建区三年来社会和经济发展巨大变化。

2004年

1月22日 副省长甘霖视察区重点工程建设。

2月10日 经人事部批准，正虹公司设立博士后科研工作站。

2月23～25日 新华社、《人民日报》《经济日报》《科技日报》《工商时报》《中国经济时报》等中央新闻媒体8位资深记者到正虹集团进行现场考察和采访调查。

3月5日 区党委、区管委会在屈原影剧院召开全区工业兴区动员大会，并出台《关于进一步优化经济环境，促进企业发展的十条规定》。

3月15日 全市“艰苦奋斗、勤廉为民”先进事迹报告团到管理区作报告，在家全体区级领导和全区副科级以上干部参加报告会。

3月22日 全市推进“三化”建设流动现场会全体与会人员到管理区参观，市委、市人大、市政府、市政协主要领导，县、市、区委书记和县、市、区长以及市直部门主要负责人参加，在家全体区级领导陪同参观。

3月23日 中央候补委员、省委常委、省委统战部部长、省政协党组副书记石玉珍在市委书记于来山等陪同下到管理区考察。

3月31日 省委书记、省人大常委会主任杨正午在省委常委、省委秘书长谢康生，省农业厅厅长余英生，市委书记于来山，市长罗碧升，市委副书记高克勤，市委秘书长曾文献陪同下到管理区考察工作。

4月8日 区党委书记钟小汨、区管委会主任黄柏良率管理区党政企代表团一行80余人赴长沙浏阳市、长沙县、望城县、宁乡县及平江县、汨罗市考察工业园区建设与招商引资工作。

4月21日 营田镇、黄金乡、凤凰乡等乡镇遭受龙卷风和暴雨袭击，部分农作物和房屋受损。

4月22日 湖南省春插新机具推广现场演示会暨全国种粮大户颁奖大会在凤凰乡河泊潭村举行，省委副书记戚和平、副省长杨泰波、市委书记于来山等省、市相关部门领导，各市县农机部门负责人以及全国农机制造厂商代表共1600余人参加会议。

5月5日 副省长甘霖到管理区考察。

5月28日 南非人艾伦·哈尼博恩驾驶阿奎拉小型飞机在做环球慈善义务飞行活动中，堕入湘江青港段，飞行员艾伦·哈尼博恩当场死亡，遗体于29日17时后打捞上岸。事发后，省、市、区有关领导亲临现场指挥抢救，由于外河水位偏高、水流急，在征得南非方同意后，飞机未打捞上岸。

6月18日 区党委、区管委会研究决定，撤销区直企业留守处，与营田镇居委会合并组建青山寺、虎形山、推山咀、余家坪、槐花居委会，隶属营田镇。

6月24日 “文明新风在屈原”活动动员大会在屈原影剧院召开，并为国税局屈原分局等8家市级文明单位授牌。

8月8日 投资2600万元的湖南洞庭总公司屈原自来水分公司正式供水，日供水能力达3万吨。

8月26日 全区教育人事改革动员大会在屈原影剧院召开。

9月8日 区党委书记钟小汨、区管委会主任黄柏良带领党政代表团一行13人，赴广东省佛山市禅城区考察，并与该区正式签订友好协议书，建立全面协作关系。

10月20日 区党委书记钟小汨、区管委会主任黄柏良带领乡镇及相关部门负责人赴长沙参加“湘洽会”，并新签招商引资项目4个。

11月15日 正虹科技被省国税局、省地税局授予2002～2003年度湖南省纳税信用A级单位。

11月19日 在中国——湖南第六届农博会上，正虹海原食品、屈风春茶、红太阳米业等产品深受消费者好评，其中正虹海原与香港大名公司签订肉食品销售额达5000万元合同，成为该次农博会上最大贸易合同。

11月24日 省委副书记戚和平、副省长杨泰波在市委书记易炼红、市委副书记罗典苏的陪同下，到管理区考察生猪产业化建设情况。

11月25日 全省畜牧业产业化工作会议全体代表约300余人到管理区观摩生猪产业化建设现场。

11月26日 正虹公司在“首届湖南诚信建设成果奖”展览会上，被省商务厅、省经委、省建设厅、省工商局、省国税局、省地税局、省质监局、中国银监会湖南监管局、省国资局联合授予“湖南十大进出口诚信企业”。

12月21日 岳阳市景达生物屈原单产血浆通过韩国KFOA认证工作，标志该产品达到国际标准。

12月22日 管理区计生工作被评为全省优质服务单位。

12月24日 屈原科技饲料有限公司生产的“屈原”牌猪饲料获2004年“湖南名牌”产品称号。

12月27日 欧江平任区管委会主任。

2005年

3月5日 副省长杨泰波率省相关部门负责人到管理区检查农业工作。

3月24日 美国500强企业辛普劳中国总经理Domcnshing（美国人）和农艺学家TonFVijtys（荷兰人）、种薯部经理乔勇军到管理区考察，洽谈合作生产加工薯类食品有关事项。

3月25日 全区党风廉政建设和反腐败工作暨全市“十佳忠诚卫士”先进事迹报告会在屈原党校举行。

4月10日 “正虹”牌猪系列浓缩料获2004年度中国饲料行业“信得过产品”称号。

4月19日 区党委、区管委会作出《关于加强财税工作管理的若干规定》。

4月25日 岳阳长江饲料有限公司总经理翁陆斌被评为省劳模并出席省委、省政府表彰大会。

5月17日 省人大常委会副主任庞道沐率省人大农村工作委员会组成人员到管理区考察农业产业化建设情况。

5月30日 正虹集团参与研制的科研新产品“康健”牌饲料复合酶制剂通过省科技厅鉴定，该成果在同类产品研究领域达到国内领先水平。

5月31日 管理区科协第一次代表大会在屈原党校举行。

6月20日 中央、省、市“持续发展的朝阳产业——湖南畜牧业产业化采访报道”组一行35人到管理区采访。

6月21日 副省长徐宪平率省有关部门负责人到管理区考察经济发展情况。

6月22日 省人大常委会副主任唐之享等领导到管理区检查科技进步执行情况。

6月29～30日 应双峰县委、县政府邀请，原屈原农场党委书记、副厅级离休老干部刘树堂出席蔡和森诞辰110周年纪念大会。

6月30日　区党委召开建党84周年庆祝暨表彰大会，7个红旗党支部、10名模范党员、15名优秀党务工作者、100名优秀党员受到表彰。

7月14日　全区第二批党员先进性教育活动动员及第一批党员先进性教育活动总结会议在屈原党校召开。

8月16日　省委常委、省委秘书长于来山到管理区考察企业生产情况。

8月18日　湖南工业经济联合会、湖南省企业管理协会发布湖南省百强企业排名公告，正虹集团以年销售收入22.43亿元位居第33位。

9月6日　黄金乡禾鸡山村获全省民主法制示范村称号。

9月21日　区党委书记钟小汨率管理区党政代表团一行65人赴湖北省嘉鱼县考察工业及招商引资工作。

11月4日　在中国饲料工业协会成立20周年暨第五次全国会员代表大会上，正虹公司、双胞胎公司进入全国30强饲料企业。同时，正虹科技董事长吴明夏再次当选为常务副会长，并获全国优秀饲料企业创业者称号。

11月24日　在中国湖南第七届（国际）农博会参展中，管理区被市政府评为组织工作先进单位，获二等奖；正虹海原绿色食品有限公司的“正虹海原”冷鲜肉被评为最畅销产品，并与香港西嘉公司签约1亿元的销售合同。

12月2日　区党委、区管委会在北京举行管理区籍乡友联谊会。

12月5日　市委书记易炼红、市长罗碧升率市委、市人大、市政府、市政协主要领导以及各县市区党政主要负责人和市直部门一把手到管理区考察招商引资项目建设情况。

12月6日　正虹饲料获国家免检产品称号。

12月15日　全省计生工作会议上，管理区在全省计生综合评估排队中连续第二年被评为优质服务先进单位（一类），在全市各县、市、区排名第二。

12月29日　世界湿地资源保护组织环洞庭湖科考队一行30余人到管理区考察。

12月30日　区管委会引进深圳普利科技开发公司租赁荞麦湖水域从事立体综合养殖（年限50年）签字仪式在誉园宾馆举行。项目计划总投资1.2亿元，规划面积666.7公顷。

2006年

1月18日　经市委批复，沈立山任岳阳市人大常委会屈原管理区工作委员会主任。

2月7日　正虹科技、正虹海原获全国农产品加工示范企业称号。

3月7日　管理区人民法院（简称区法院）成立授牌典礼在正虹科技大楼举行，省高级人民法院党组副书记、常务副院长夏国佳，市政法委书记陈奇达等领导以及岳阳市各县、市、区政法委、法院等负责人出席典礼。

3月8日　全省农机育秧现场观摩会在营田镇凤山村举行。

4月11日　全区遭受大风和暴雨袭击，部分农作物受损严重。

5月18～21日　区党委副书记、区管委会主任欧江平率区党政代表团赴广东参加广洽会，同时分别在佛山禅城区拜会该区党政主要领导并邀请部分企业老总座谈，介绍管理区投资环境；在广州举行在粤管理区籍乡友座谈会暨管理区投资说明会。

5月30日 全省农垦系统养老统筹调研工作会议在管理区举行。

6月24日 正虹原种猪场繁育的“湘虹猪配套系”通过省畜禽品种审定专家审定，结束全省没有优质猪种配套系历史。

6月30日 全区庆祝中国共产党成立85周年暨保持共产党员先进性教育活动总结表彰大会在屈原党校举行。

8月5日 湖南省洞庭湖区屈原垸2006年度应急工程初步设计报告审查会在管理区召开，水利部、长江水利委、长江江务局、省水利厅、省水利水电勘察设计总院、市水务局等40多位专家和领导参加评审。

8月17日 屈原垸排涝工程更新改造项目安全鉴定会在管理区召开，11位国家给排水利工程专家和省水利部门有关领导出席会议。

8月18日 全区党员负责干部及党员代表会议在屈原党校举行，会议推选欧江平为省第九次党代表候选人。

9月3日 正虹集团入围全国566个中国名牌产品名单，名列中国名牌饲料类生产企业第一名，为湖南第九家、岳阳第二家入围企业。

9月7日 欧江平任管理区党委书记。

9月24日 区党委书记欧江平在市第五次党代会上当选为市委委员，并被选为省第九次党代会代表，陈琪钢当选为市纪委委员。

10月31日 在中国畜牧兽医学会成立70周年庆祝大会上，正虹集团获感动中国畜牧兽医科技创新领军企业奖。

11月6日 市委、市政府对管理区党委、区管委会成员作出调整，谈正红任区党委副书记、区管委会主任，谢忠厚任区党委副书记，李德友任区党委委员、区管委会常务副主任，吴奋发任区党委委员、区纪委书记，田明清任区党委委员、区政法委书记，周陆军、刘柏荣、吴光文任区管委会副主任。

11月15～16日 区党委、区管委会组织全体区级领导，各乡镇党委书记、乡镇长、人大主席、区直部门主要负责人，部分规模企业老总赴君山区、岳阳县、长沙市雨花区、长沙市经济技术开发区学习考察。

11月16日 正虹集团获全国新农村建设百强示范企业称号。

12月7日 管理区新型农村合作医疗启动仪式大会在屈原党校举行。

12月21日 从全省经济工作会议上获悉，管理区再次被评为2006年度全省人口和计生工作优质服务先进单位。

12月23日 全市招商引资项目汇报会到管理区现场观摩，市委书记易炼红，市委副书记、代市长黄兰香，市人大常委会主任陈志刚，市政协主席张治雄等领导和各县、市、区党政主要领导及市直有关部门负责人参加观摩会。

12月28日 在省质量表彰大会上，湖南正虹海原绿色食品有限公司获“湖南名牌”产品称号。

2007年

1月31日 区党委、区管委会作出《关于鼓励促进全民招商引资和全民自主创业的决定》。

2月3日 区党委、区管委会、区人大政协工委在长沙蓉园宾馆举行加快屈原经济发展长沙促进会，副省长甘霖，原省领导董志文、罗秋月及管理区籍和曾经在管理区工作过的省直部门领导近200人出席会议。

2月7日 区党委、区管委会、区人大政协工委在北京举行加快屈原发展北京促进会，在京近百名管理区籍人士出席会议。

3月8日 鸿天楼超市总经理杨莉被评为全国杰出女性并出席北京表彰大会。

4月11日 区管委会作出《关于进一步加强乡镇财政管理，实施乡财区管乡用的决定》。

4月15日 区管委会批复，同意屈原电力公司与省电力公司共同出资组建湖南屈原电力有限责任公司。

4月19日 省委常委、省委宣传部部长蒋建国率省水利厅等部门负责人到管理区检查防汛准备工作。

5月15日 最高人民法院原副院长王怀安在省高级人民法院原院长詹顺初陪同下到管理区考察。

5月24日 正虹集团获湖南“十大标志性企业”称号。

5月26日 市长黄兰香率市直相关部门负责人到管理区检查防汛和堤防建设情况，并现场考察伟业农牧、普利科技以及琴棋乡，与企业老总和部分村支部书记进行座谈，听取推进新农村建设意见。

是日 中央电视台、新华社、人民日报社、农民日报社、湖南卫视、湖南经视、湖南日报、岳阳晚报等主流媒体30余人由省委宣传部宣传处领导陪同到管理区采访农业产业化建设情况。

5月30日 区管委会印发《屈原管理区深化国有农场税费改革实施方案》的通知。

6月5日 经省政府批准，管理区被认定为革命老根据地。

6月20日 农业部部长孙政才率农业部总经济师、办公厅主任薛亮，农业部人事劳动司司长梁田庚，种植业管理司司长陈萌山，畜牧业司司长王智才，兽医局巡视员李金祥等，在副省长杨泰波、市长黄兰香等省、市领导陪同下到管理区考察畜牧业生产情况。

8月8日 岳阳凯迪生物质能发电厂在营田镇举行奠基典礼，省人大常委会原副主任董志文、省高级人民法院原院长詹顺初，省委督查室副主任刘庆源、市长黄兰香、市政协主席白尊贤等省、市领导及省发改委、省水利厅、省电业厅、长沙电监办、省电力公司和市相关部门领导出席典礼。2009年9月8日，项目建成并正式并网发电。9日，董志文、詹顺初、刘庆源考察工农业生产情况。

8月15日 管理区人民检察院（简称检察院）成立大会在正虹科技大楼举行，省检察院党组成员、纪检组长刘剑刚，市委常委、市政法委书记陈奇达，市人大常委会副主任李观政，市政协副主席司马德坤等及省检察院、市政法委、市检察院和岳阳市各县、市、区人大、政法委、法院、检察院、公安、司法等部门负责人出席。

8月23日 中国政法大学中国行政管理体制改革研究课题组到管理区调研。

9月10日 区党委、区管委会在屈原影剧院召开教育兴区动员大会，并作出《关于加快教育发展的决定》。

10月17日 正虹集团获首批全国重点保护品牌和中国最有价值商标500强荣誉。

11月2日 刘铁健任管理区党委书记。

11月23日 全市推进新型工业化暨招商引资流动现场会与会人员由市领导易炼红、黄兰香、盛荣华、李湘岳、白尊贤带领，实地考察区普利农业、湘天科技、凯迪生物质能发电厂等项目建设情况。

12月10日 管理区残疾人联合会第一届代表大会在屈原党校举行。

12月21日 从全省人口和计生工作会议上获悉，管理区连续第四年获全省人口和计生工作优质服务先进单位称号。

12月22日 从全省社会治安综合治理工作会议上获悉，管理区在2007年全省社会治安综合治理评估排队中，有8项考核指标全省排第二，总成绩全省排第五，全市排第一。

是日 省委、省政府送党的十七大精神进农家“五下乡”宣传服务团到管理区，分别深入河市镇、营田镇进行现场宣讲。

12月28日 边山社区更名为管理区天问街道，挂牌典礼在边山社区举行。

2008年

1月2日 在市六届人大一次代表大会上，区党委副书记、管理会主任谈正红被推选为省十一届人大代表。

1月10～23日 管理区持续遭受新中国成立后罕见冰雪灾害，农作物受灾面积2000公顷，损坏电力线路3000多米，毁坏公路43公里，直接经济损失1000多万元。区党委、区管委会启动防灾紧急预案。

1月27日 在省第十一届人大代表大会上，管理区凤凰乡凤凰村村委会主任、洋利农民专业合作社理事长、洋利农贸科技有限公司、湖南海泰博农生物科技公司总经理杨莉被选为全国第十一届人大代表。

2月18日 在全市经济工作会议上，管理区被评为2007年度创建民本岳阳先进单位。

3月4日 在全市党务工作会议上，管理区被评为2007年度全市党风廉政建设和反腐败工作先进单位。

3月5日 孔福建任管理区管委会主任。

4月20日 省长周强在省政府副秘书长刘选庆、省农办主任陈吉芳、市长黄兰香、市委副书记盛荣华等陪同下到管理区考察生猪生产情况。

4月21日 水利部副部长周英率国家防总有关领导在副省长徐明华、省水利厅厅长戴军勇、市长黄兰香陪同下到管理区检查堤防建设情况。

4月22日 市委、市人大、市政府对管理区班子作出人事调整，许平亚任区党委副书记，谢忠厚任区人大政协工委主任，张向东任区管委会副主任，吴奋发任区党委组织部长，吴光文任区党委委员、区纪委书记，徐仲康任区党委委员、区党委、管委会办公室主任。

5月13日 湖南屈原电力股份有限公司成立挂牌典礼在公司本部举行。

5月24日 国家兽医总局局长李天祥到管理区调研。

6月18日 省人大常委会原副主任、省计生协会会长董志文到管理区调研计生工作。

6月20日 省政府教育“两基”评估考核专家组到管理区考核。

7月24日 管理区琴棋乡磊石村与汨罗航运公司就挖沙船在湘江屈原段采挖影响堤防安全一事引发群体斗殴事件，市委副书记盛荣华等领导受市委书记易炼红委托到管理区调查处理。区党委、区管委会召开紧急会议，专题部署处理“七二四”事件善后工作。

7月25日 区管委会出台《屈原管理区招商引资优惠政策的若干规定》《进一步优化经济环境促进企业发展的十项制度》。

9月2日 副省长徐明华在省政府副秘书长陈吉芳、省水利厅厅长戴军勇、副市长陈四海陪同下到管理区考察堤防建设。

9月18日 全区解放思想大讨论活动启动仪式在屈原党校举行。

9月22日 正虹公司被认定为2009年国家农产品加工技术研发专业分中心。

11月5日 外交部干部人事司司长吴垦在省、市外事部门领导陪同下到管理区考察。

12月17日 参加全市新型工业化暨招商引资项目建设流动现场会全体人员到管理区考察，市委、市人大、市政府、市政协主要领导和各县市区以及市直部门主要负责人参加项目观摩。

2009年

3月26日 区党委在区党校召开第二批深入学习实践科学发展观活动动员大会。

4月1日 市委对管理区党委、区管委会班子成员作出调整，孔福建任区党委书记，许平亚任区党委副书记、区管委会主任，谢瑞其任区党委副书记。

4月11日 区党委召开深入学习实践科学发展观活动集中学习会，特邀省社会科学联合会副主席刘宏、全国人大代表杨莉作专题报告。

5月22日 在省十一届人大常委会第八次会议上，区党委书记孔福建被补选为省十一届人大代表。

6月18日 省检察院检察长龚佳禾由市检察院检察长朱必达陪同到管理区调研检察工作。

6月29日 全区纪念建党88周年及先进基层党组织、优秀党务工作者、党员先进个人表彰大会在屈原影剧院举行。

6月30日 省政协主席胡彪率省政协秘书长欧阳斌，省政协常委、省委组织部原副部长周阳生，省政协社会和法制委员会主任宋再钦等，在市委书记易炼红、市政协主席白尊贤陪同下到管理区调研经济和社会发展情况。

7月2日 正虹科技第五届董事会在正虹科技大楼举行，会议选举产生新一届董事会、监事会组成人员，徐仲康、夏壮华分别当选新一届董事会董事长和监事会监事长。

9月7日 南京雨润集团承租正虹海原签字仪式在南京雨润集团公司举行，区管委会主任许平亚和正虹董事长徐仲康以及雨润集团董事长出席签字仪式。

9月22日 区管委会下发《关于进一步完善乡镇财政管理体制的意见》。

9月28日 全区庆祝新中国成立60周年文艺演出暨“十佳道德标兵”颁奖典礼在屈原影剧院举行。

9月29日 在中国饲料工业协会组织开展的2009年全国50强饲料企业评选活动中，正虹集团被评为全国50强饲料企业。

10月13日 在市水利工作会议上，管理区获2009年全市“芙蓉杯”水利建设竞赛先进单位称号。

10月27日 全区秋冬农村工作暨深化国有农用土地管理工作动员大会在区党校召开。会议印发区党委、区管委会《关于进一步加强国有农用土地经营管理的暂行意见》。

12月6日 参加市新型工业化暨招商引资项目建设流动现场会的全体人员到管理区考察，市委、市人大、市政府、市政协领导和各县市区以及市直部门党政主要负责人参加项目观摩。

12月20日 正虹集团入选湖南100强企业及湖南制造业50强企业，并再次成为中国质量检验协会团体会员单位。

12月29日 从省相关会议上获悉，管理区再次被评为全省计生工作优胜单位，社会治安综合治理工作先进单位。

是年 管理区获市招商引资工作先进单位、全市人口和计生工作先进单位称号。

2010年

2月1日 市委组织部副部长殷石爱到管理区宣布调整区级领导班子：田明清任区党委副书记、区政法委书记；李德友任区人大政协工委党组书记；金辉良任区党委委员、区管委会副主任；傅大斌任区党委委员、组织部部长；田荣任区党委委员、办公室主任；谢辉煌任区管委会副主任。

4月11日 区党委书记孔福建随市党政代表团赴唐山、青岛、烟台、大连、威海考察。

4月20日 应雨润集团邀请，区管委会主任许平亚，区党委委员、区管委会副主任金辉良到南京洽谈熟食品加工项目。

7月21日 区领导许平亚、金辉良、田荣率代表团参加上海世博会湖南周活动并考察江浙等地企业。

7月24日 区管委会出台《关于农民建房用地管理的暂行办法》。

8月4日 农业部发文，批准管理区为全国第一批国家现代农业示范区。

8月25日 区党委印发《关于区党委加强自身建设的若干规定》。

10月4日 农业部农垦局局长李唯国一行到管理区调研现代农业建设情况。

10月12日 农业部科技发展中心主任杨明升一行到管理区调研现代农业建设情况并先后考察三星养殖场、正虹原种猪场。

12月12～13日 区管委会主任许平亚、区人大政协工委书记李德友率办公室、区国土局、区畜牧水产局、区现代农业建设办公室负责人赴农业部、农垦局汇报现代农业建设情况。

是年 管理区被评为全省综治工作先进单位，全省人口与计生工作优胜县市、区，全省安全工作合格单位。

是年 38公里防洪大堤加固加宽项目和基本农田综合治理项目启动，争取国家投资分别达3.02亿元和2.7亿元。

2011年

1月26日 市政府发出《关于大力支持屈原管理区国家现代农业示范区建设的意见》。

2月22日 全市党务工作会议在岳阳召开，区管委会主任许平亚作典型发言。

3月7日 区领导孔福建、许平亚、李德友专程赴北京有关部委汇报项目建设工作。

3月16日 区党委出台《关于进一步加强干部作风建设工作的若干意见》。

6月25日 区高级经济顾问吴鹤鸣被评为全省“杨善洲式的好党员好干部”，其先进事迹报告会在全省各地举行。

6月29日 区党委召开建党90周年庆祝大会。

7月12日 省委采访团到管理区采访区高级经济顾问吴鹤鸣及全省优秀共产党员、营田镇党委书记曹正平先进事迹。

8月22日 管理区党委在区党校召开全区党员负责干部和党员代表会议，推选孔福建、许平亚、谢瑞其、曾兰芝、傅大斌、李梅为岳阳市第六次党代会党代表。

8月25日 省检察院检察长龚佳禾到管理区调研。

9月20日 中共岳阳市第六次代表大会召开，管理区党代表孔福建、许平亚、谢瑞其、曾兰芝、傅大斌、李梅出席。区党委书记孔福建高票当选中共岳阳市委委员、省第十届党代会代表，区党委委员、纪委书记吴光文高票当选市纪委委员。

10月3日 屈原一中建校40周年庆祝大会召开，国家工商总局副局长甘霖及省、市、区有关领导参加。

10月15日 创建湖南省统筹城乡就业示范区启动仪式在区举行，省委组织部副部长、省人力资源和劳动社会保障厅厅长彭崇谷、市长黄兰香出席。

10月21日 9时20分，原农场党委书记刘树堂（厅级干部）在岳阳去世。

11月20日 湖南正虹科技发展股份有限公司与湖南农业大学等共同完成的“生猪安全产生物调控技术研究与应用”和“猪血多肽的制备工业及其在饲料中的应用”项目，分获省科技进步一等奖和二等奖。

12月14日 管理区惠从粮油公司经理阳岳球被评为全国种粮大户，在北京人民大会堂出席表彰大会，受到国务院总理温家宝接见并作为农民代表作典型发言。

是年 人口和计生工作连续第八年保持省级先进，获“模范县市区”称号；社会综合治理获省“平安县市区”称号。

第一篇　地　理

第一章　建　置

管理区因屈原而得名。楚顷襄王二十一年（前278）夏历五月初五，楚国的伟大爱国诗人屈原怀沙自沉于汨罗江的罗渊，即今凤凰乡河泊潭村。1958年汨罗江尾闾围垦，拓荒者崇尚屈原“路漫漫其修远兮，吾将上下而求索”的探索、进取精神。在为这片土地命名时，郑重地选择了“屈原”作为域名。

第一节　境　域

一、位置

管理区位于湖南省北部，岳阳市中南部，湘江、汨罗江注入东洞庭湖交汇处。地理坐标北纬28°47′30″~29°08′，东经112°55′~113°4′。东起河市镇古罗城村汨罗江南支口子，西至营田镇白鱼岐湘江河心，南迄黄金乡寺坪村撇洪沟沟南，北抵磊石山麓。东北以汨罗江为界与汨罗市接壤，西南以湘江和撇洪沟沟南为界与湘阴县联袂。东有京广铁路、省道201线相切，西有黄金水道湘江相依；内有岳长高速纵贯南北，省道307线横贯东西。

二、面积

区境东西最大横距19.25公里，南北最大纵距20.75公里。集雨面积201.365平方公里，其中平原面积190.39平方公里，占总面积的94.55%，大部分为淤积冲积平原。地势南高北低，平原地相对高差8.7米。

三、变迁

区境地处汨罗江尾闾，远在春秋战国时期，先人就在此渔樵。清乾隆五年（1740）曾下诏广劝开垦，“零星土地，听免升科”（《洞庭湖志》），富民争先响应。乾隆五年至十二年，境内围筑私垸23个，今河市镇11个，黄金乡7个，营田镇5个。乾隆十二年（1747），巡抚审察洞庭湖区围垸太多，造成水路堵塞，汨罗江流域水害频繁，屡次上疏禁垦。乾隆乃诏“洞庭濒湖荒地，永禁筑垦”。直至光绪十二年（1894），才又围挽了德兴垸。至新中国成立时，境内先后围挽公乐、大洲、小洲、刘湛、后兴、同心、茨塘、荻湖、观音窑咀、茶白、洪港、复兴、板滩、德兴、汨滨、罗家、西伦等堤垸。1958年6月，湘阴县委根据中央“农业要以粮为纲，解决人口吃饭问题，利用天然湖泊进行蓄洪垦殖”的精神，鉴于汨罗江尾闾及沿江两岸水系紊乱，渍旱频繁，洲土荒芜，血吸虫病横行的现状，为开拓荒洲，扩大耕地面积，根治水患和血吸虫病，作出围垦决定。是年7月，省政府批准上马汨罗江尾闾围垦工程。工程分三期，从1958年10月开工至1961年7月竣工，历时3年，共投资1192.8万元，投工1252万个，围垦总长度58.5千米，完成土方2284万立方米、块石13.5

万立方米。河堤按设计标准完成，堤顶高程36.5～37.5米，堤面宽4米，能抗御相应流量所达水位35.10～36.0米。围垦工程完工后，原属湘阴县的营田、河市、黄甲三乡，包括原19个小垸以及新挽的古湖、荞麦湖、枫林湖、白鱼岐洲、土地港洲、沉沙港洲、青港洲、箭皮洲、髓沙洲等地并入新垦屈原垸，建立屈原农场。

四、治所

1958年，农场围垦时，选择小边山设立场部，至2000年12月撤场建立管理区，区管委会仍以营田镇小边山为驻地。东距汨罗市19公里，南距湘阴县20公里、省会长沙市70公里，北距岳阳市59公里。

第二节　沿　革

夏商时，区境属荆州。《史记·夏本纪》载："荆及衡阳维荆州"。境域处衡山之北、荆山之南，故为古荆州腹地。

春秋时期，成王分封诸侯，境域属楚国。约于公元前690年，楚武王灭罗国（俗称"罗子国"），公元前689年春，楚文王迁都于郢，徙罗子国遗民至湘水以南，境域属罗子国地。《水经注》载："汨水又西经罗县北、本罗子国也。"国治在境内今河市镇古罗城村马头槽。

秦始皇二十六年（前221），改罗子国为罗县，隶长沙郡，县治古罗城。

西汉隶长沙郡。南北朝宋元徽二年（474）始为湘阴县，县治为境内今琴棋乡的琴棋望。

隋开皇九年（589）隶巴陵郡，唐武德六年（623）改隶岳州。

天宝元年（742）又改岳州为巴陵郡，乾元元年（758）复为岳州，区境随湘阴改隶，属江南西道。

五代后梁太祖开平元年（907），划属潭州。后唐天成二年（927），改属长沙府。后周广顺三年（953），隶朗州。

北宋乾德二年（964），改隶岳州，属荆湖北路。淳化四年（993），改隶潭州，属荆湖南路。

元贞元年（1295），隶潭州路总管府。天历二年（1329），改潭州路为天临府，湘阴随隶。

明洪武二年（1369），随湘阴县隶潭州府；五年，改潭州府为长沙府。

清顺治四年（1647），湘阴始为清辖，隶湖广布政使司长沙府。康熙三年（1664），置湖南布政使司为湖南省，随湘阴县隶长沙府，属长宝道。中华民国元年（1912）沿用清制，隶长宝道长沙府。3年，随湘阴隶湘江道。11年，湖南撤道，随湘阴县直隶省府。26年，湖南设行政督察专员公署，29年，设行政督察区，均属第一区。

中华人民共和国成立后，隶长沙专区；1952年9月，改长沙专区为湘潭专区，随隶。

1958年为湘阴县地方国营屈原农场。1960年改为湖南省辖，始称国营屈原农场。1966年8月10日更名为汨罗江农场。1969年9月22日改隶岳阳专署。1979年9月10日复名为国营屈原农场。1986年2月，岳阳撤地并市改由岳阳市辖。1994年8月，撤场设立屈原行政区。1995年12月，恢复国营屈原农场建制。2000年12月，撤销国营屈原农场，建立岳阳市屈原管理区。

第三节　行政区划

今区域，清咸丰九年（1859）分属湘阴县营田、归义、凤凰、磊石四局。民国22年（1933），县设区、乡、保、甲制，分属湘阴县第六区武穆乡、显庆乡，第八区祇园乡。1949年8月2日湘阴县解放，属汨罗办事处祇园乡、河市乡，城关区武穆乡、显庆乡。1951年分属第十区凤水、穆屯乡，第十一区永平、罗城、公乐、兴悦、永兴乡，第十二区营田、大义、槐花、苏仑、白雪、望坪、桥南、翻关、石涧、增加、唐山等乡。是年，河市乡改区辖镇。1954年，营田乡改区辖镇。1958年9月，湘阴县并乡建社，境内分属河市、先锋人民公社、凤凰小社，是年11月26日，建立湘阴县地方国营屈原农场，下设14个大队。1960年5月，划归省农林垦殖局（简称省农垦局）直辖。是年，场社分立，以境内第一道撇洪沟为界线，沟南的坞塘、石涧、三塘、黄甲大队划归湘阴县。场内将大队改为分场，并按序数命名为9个农业分场和1个水产分场。

1969年，设8个分场、1个茶场，下辖129个生产队。1980年，建立蚕种场。1984年10月，经岳阳行署批准设立屈原集镇。1988年3月，撤销六分场恢复河市镇。全场共设7个农业分场、2个场辖镇、1个茶场、1个养殖场、1个蚕种场，下辖133个生产队。1993年11月，一分场与屈原集镇合并，设立屈原镇。

1994年，经市委、市政府同意，二、三、四、五、七、八分场分别更名为琴棋、磊石、汨江、大江、黄金、白鱼歧办事处，茶场、蚕种场、屈原镇分别更名为凤凰办事处、罗城办事处、营田镇，河市镇、养殖场保持不变。各办事处和镇、场所属生产队冠以地名命名为村。1998年4月，撤销罗城办事处合并到河市镇，撤销养殖场合并到汨江办事处。

2003年4月，经省政府批准，将9个办事处、镇，合并为5个乡镇。其中，白鱼歧办事处合并到营田镇，建立营田镇，辖5个居委会、14个村；保留河市镇，辖1个居委会、11个村；大江办事处与黄金办事处合并，建立黄金乡，辖14个村；凤凰山办事处与汨江办事处合并，建立凤凰乡，辖13个村；磊石办事处与琴棋办事处合并，建立琴棋乡，辖10个村。11月，汨纺改制后，移交管理区，设立边山社区。2007年12月，经省政府批准，撤销边山社区，设立天问街道，辖2个居委会。

2011年年底，全区行政区划为2个镇、3个乡、1个街道、62个村、8个居委会。

2011年屈原管理区行政区划表

表1-1　　　　单位：个

乡镇（街道）名	驻地	所辖村数	所辖村（居委会）名称
营田镇	青山寺	19	菱湖、凤山、义南、荷花、港南、宝塔、八港、千秋、三洲、团湖、尚林、新堤、玉湖、新民、余家坪、推山咀、槐花、青山寺、虎形山
河市镇	河夹塘	12	新悦、复兴、狄湖、三联、和平、三星、三合、星湖、洋湖、古罗城、永兴、河夹塘
黄金乡	黄　金	14	大江、金龙、万兴、禾鸡山、青洲、北洲、新联、双江、滨莲、寺坪、金塘、大湾、黄金、同洲
凤凰乡	横　港	13	荞麦胡、汨江、横港、船江、黄泥会、凤凰、春江、河泊潭、福星、东干、香游湖、兴隆、八尺港
琴棋乡	磊　石	10	青港、新河、北港、大湾、永丰、三星、凤凰、古湖、磊石、八港
天问街道	小边山	2	凤凰、橘园
合　计		70	

附 乡镇、街道概况

营田镇 地处管理区西南部，东接黄金乡，南连湘阴县三塘镇，北靠凤凰乡、琴棋乡，西抵湘江。镇政府驻地青山寺。集雨面积41平方公里，其中农村面积32.98平方公里，城域面积7.869平方公里。人口34452人。辖尚林、义南、千秋、新民、三洲、荷花、新堤、凤山、玉湖、港南、团湖、宝塔、菱湖、八港14个行政村和余家坪、槐花、虎形山、青山寺、推山咀等5个居委会。境域为区政治、经济、文化中心，是湖南省“十二五”优先发展城镇，岳阳市重点发展中心镇，岳阳市十大魅力乡镇。2011年，全镇总产值23.5亿元，实现财政总收入3130万元，人均纯收入13500元。

营田镇人民政府办公楼 （宋政军2011年摄）

区划由原屈原集镇、一分场、白鱼歧办事处及13个区直改制企业合并形成。1984年10月，由原一分场临近场部4个生产队组建屈原集镇，后增设尚林村、边山居委会。1993年12月合并一分场设立屈原镇，1994年9月更名为营田镇，生产队改为村，以地名冠名。之后，增设余家坪、槐花、青山寺居委会。2003年5月，白鱼歧办事处并入营田镇。2004年6月区直企业改制后划归营田镇管辖，新设虎形山、推山咀居委会。

境域为南高北低，平均海拔差9米，以二道撇洪沟为界，分新老两区，南为老区800公顷，北为新区3287公顷。四季气候特点明显，春夏多雨，易成洪涝；秋冬少雨，多为干旱。境内有刘家山、边山等山岗，有一道撇洪沟、二道撇洪沟、东西干渠、南北干渠、三洲河、土地港以及万家坝、田家汊、古塘汊等沟渠、河流、塘坝。耕地面积2204公顷，其中水田1666公顷、旱土518公顷、林地19.7公顷；水面414公顷。主要土壤为水稻土和潮土。建成大小排灌机埠56座、2800马力；修建主干渠道80余条、150公里，有较完备的排灌水系和机电设施。农业主要是种植水稻、西瓜、蔬菜、湘莲，养殖生产以饲养生猪和精养鱼为主。已建成水稻、西瓜、蔬菜、湘莲、水产等5个种养区；优质稻、超级稻、西瓜、蔬菜、葡萄、水产6个科技基地；义南、菱湖2个科普村。培育年饲养生猪100头以上养殖大户65户，3.33公顷以上水稻种植大户100户，农业专业合作组织9个，省农业科技示范户120户。全镇已大面积推广水稻集中育秧、机插和抛栽，农业生产基本形成排灌、耕作、运输机械化。湖南农大、省农科院、隆平科技、隆平种业、农业部神农大丰、长沙金霞米业公司、岳阳洞庭种业公司在此建立示范基地。先后获省水稻集中育秧先进乡镇、省平安农机示范乡镇、市粮食生产先进乡镇、市科普示范乡镇称号。

境内工业起源于1983年。1984～1998年，已兴办企业21家，产业涉及纺织、轻工、化工、重工、服装加工、木业、建材、食品、饲料、包装、印刷，工业生产一直占主导地位。2003年后，推行工业企业改制，淘汰产能落后企业16家，转体出让4家，工业企业基本实现民营化。至2011年，有民营企业15家，其中规模以上企业6家，基本形成建筑建材、饲料、包装、食品加工等工业体系。

镇域商业起步较早，因营田地处湘江下游东岸，历为湘阴至岳阳水路客商、渔民泊居地和物资集散地。明嘉靖年间，营田已成为方圆百里的主要商业集镇，有店铺200余间，服务门类有南杂、绸布、百货、中药、书纸、印刷、面馆、牙行、客栈等40余项。1939年9月日军攻陷营田，该集镇惨遭浩劫。抗战胜利后，营田集镇得到修复，至解放初期，有店铺183家，从业人员500余人。1958年围垦农场，撤销营田镇，部分居民调入屈原贸易商店和湘阴、汨罗两县商业系统，1964年后，剩下的居民一部分移居场直企业，大部分移居至各分场农业生产队。中共十一届三中全会后，镇域集体和个体商业网点开始沿小边山一带呈放射性发展。至1988年，有商业网点78个，从业人员200余人。1991年后，随着一分场余家坪商店、一分场商业服务楼的公有产权民营化，商业及专业市场在与工农业生产和居民生活相互促进的过程中得到迅速发展。至2011年，全镇有商业网点478个，从业人员2380人；餐饮、宾馆、酒店49家；文化、休闲娱乐场所网点23个。全年社会消费品零售总额38000万元。

境域交通便捷、通信发达。省道307线（屈汨路）、102线（尚磊线）东西南北贯通，217线（屈磊路）、汨营路南西环绕。2006年后，建成通村、通组公路85公里，形成户户通水泥路。数字电视、程控电话、宽带互联网、手机移动网络、远程教育全覆盖。

2006年始实施新农村建设，义南村成为市新农村建设示范村、科普惠农兴村先进单位、省新农村建设示范村、省级生态村。通过示范村带动，全镇农村面貌发生根本变化，建成村级农民活动室19栋，新建沼气池1200口、垃圾箱580个、垃圾中转站6个、新添洒水车1台，50%的村（居）民饮用自来水，设路灯520盏，农村电网全部进行改造，农民住房基本达到楼房化。建立村级便民服务中心19个，远程劳动保障服务台5个。投资300万元，配套镇劳动就业服务中心建设，完善服务厅、培训厅、会议室、办公室功能建设。成为省“百城、千镇、万村”新农村建设试点镇，市十大城乡统筹发展试点镇、城乡环境卫生整治行动十佳乡镇。

1983年始，进行学校布局调整，将20所小学合并为2所完全小学，2所中学合并为1所中学。至2011年，有在校学生691人，教学班21个，教职工52人，有教学楼3栋，综合办公楼1栋，住宿楼1栋。有幼儿园10所，幼儿1280人，教学班41个，幼师83人。14个村（居）委会均建立农民培训学校，12个村成立远程教育室，有兼职教师28人，电脑操作员13人。教育工作者先后有42人次获省级以上奖项，其中获国家级奖项2人，省级奖项40人。学校教育先后被评为省“两基”督导评估优秀和省义务教育合格学校。2011年，在全区率先建立乡村少年宫。

1995年成立镇计生服务站，是年成立计生协会。2008年，与区计生局合建多功能计生服务中心楼，有专职工作人员14人。2011年，全镇计划生育率达100%，人口自然增长率控制在2‰。养老、医疗、计生、失业、工伤等保障事业健康发展，养老保险应参保35080人，已参保33516人，参保率达95%，年付保险费3700万元；低保人员和残疾人应保尽保，其中低保人员2000余人，年发放保障金500万元，残疾人参保235人，保障率达100%；建成安居房340间、17000平方米；投资2735万元，完成危房改造2879栋、259110平方米。有4个村挂牌成立村级卫生室，并建立镇中心卫生院，有医务人员8人，为14个村、5个居委会建立居民健康档案24100份。是年，成立镇老年保健协会，投资110万元，建成敬老院1所，配有住宿楼、活动楼、生活楼各1栋，占地面积8000平方米，有床位60张，工作人员4人。

1994年始，文化活动经常开展，通过举办文化艺术展、文艺演出、广场舞比赛、送戏下乡、承办区广场文化艺术节、组队代表区参加省、市体育比赛、收录文化遗产、编写教育读本、建立爱国主义教育基地等活动，活跃了群众文化生活。先后成立中老年体育艺术队、广场舞队、太极运动协会、老年保健协会、老年科协、综合文化站。有群众文化休闲广场4个、农家书屋14个。义南村被全国妇联评为基层组织建设示范村，计生协会被国家和省人口计生委、计生协会授予人口和计划生育基层群众自治示范村，义南村、荷花村为市级文明村，青山寺、余家坪居委会为省、市文明社区。

营田镇因南宋名将岳飞扎营屯田于此而得名，这里文化底蕴深厚，有涉皇事、战事、文事、善事、神事等32处文物性遗址，其中营田江防抗日遗址，即抗日烈士塔、刘家山战壕，以及团湖村和推山咀两处拱仓库为省级文物保护单位，春秋登基斋山、汉代宝塔遗址、宋代营田窑址、干塘湾墓群遗址为区级文物保护单位。营田一带的“玩会”、耍“马灯”“牛灯”、玩龙舞狮、地花鼓、台子戏等群众文化活动及喝“芝麻豆子姜盐茶”、吃“豆腐鱼丸子”、年节吃萝卜芋头等习俗享誉湘北大地。这里人才辈出，史料载：前清营田街东的“塅里屋”场，有男丁69人，其中太学生8人、举人3人、贡生5人、庠生1人；县级官3人、理问厅1人、朝仪大夫1人、奉直大夫2人。现本土在外工作的副处以上干部、团以上现役军官，专家、学者、知名人士，高级职称以上科技工作者及企业家、国外工作人员达80余人。

河市镇 位于管理区东部，东南与汨罗市汨罗镇、城郊乡相连，北靠汨罗江，与屈子祠隔江相望，西与本区黄金乡相接。镇政府驻河夹塘社区，西距区管委会驻地营田镇小边山13公里，东距汨罗市区4公里。2011年，全镇辖新悦、复兴、荻湖、三联、三合、三星、和平、古罗城、永兴、星湖、洋湖、河夹塘等12个村、社区。全镇3603户、9915人，以汉族为主，少数民族有苗族、土家族、侗族。集雨面积21.87平方公里。2011年，实现工农业总产值3.93亿元，其中工业总产值1.23亿元，农牧业总产值2.7亿元，农业人均纯收入11500元。

河市原名河夹塘，历来是汨罗江下游一个农村集镇，从上街下街到边街长1公里。史载明嘉靖年间就是一个商业中心，现长沙、宁乡一带民间还流传着“牵羊卖羊，卖到河夹大塘”的儿歌，堪称佐证。境域清乾隆时期为湘阴县河市乡，咸丰年改为局，民国元年复称河市乡。1949年湘阴县和平解放，属汨罗办事处，1950年隶属湘阴县第六区。1952年设区辖镇，属湘阴县十一区。1956年撤区并乡，复称河市乡。1958年汨罗江尾闾围垦，改建为河市人民公社，隶属国营屈原农场，析为罗坪、河市2个大队。1961年，河市大队更名为五分场，罗坪大队更名为七分场。1966年，五分场、七分场合并为六分场。1980年，划出七队建立蚕种

河市镇生态葡萄基地 （宋政军2010年摄）

场。1990年，以河市河为界，河市河以南为蚕种场，河市河以北为河市镇。1998年，撤销蚕种场，归属河市镇。

境域主要矿产为沙砾石和沙金。沙砾石覆盖面大，储量3亿吨，可采量2亿吨，年开采量1600万吨。沙砾石是花岗岩经过数百万年风化，随水冲击而形成，质地坚硬，是重要的建筑材料。

镇域系汨罗江水携泥沙冲积而成的河道割切平原，地势东高西低，最高点古罗城海拔32.8米，最低点三联村茨塘湖海拔26.5米。土壤主要为水稻土和沙质潮土，土质肥沃，有机质含量高，带酸性，较松疏，适宜于水稻、甘蔗、玉米、花生、豆类、西瓜、蔬菜等作物种植。全镇有耕地面积1562公顷，其中水田1102公顷，旱地460公顷。1980年前在农场体制条件下，种植以指令性计划为主，主要种植为水稻、甘蔗。随着家庭联产承包责任制的落实，极大地调动了农户自由种植积极性，特别是随着中央取消农业税，实行粮食直补以及良种补贴政策的实施，粮食播种面积大幅度提高。2011年，全镇粮食播种面积达1100公顷，产粮12000吨，成为管理区主产粮食区。通过调整农业产业结构，市场经济作物迅速发展，蔬菜面积80公顷，产量800吨；大棚西瓜面积175公顷，产量19000吨。在做好种植业文章的同时，促进带动了全镇养殖业发展，合资企业“唐人神”集团、岳阳“美神”种猪育种有限公司、友明生猪养殖场年饲养量达1万头以上，成为养殖业的“龙头”，全镇年出栏生猪500头以上的养殖大户42户。2011年，饲养生猪21.3万头、牛1万头、羊0.58万只、禽16万羽、上水鲜鱼800吨，畜牧水产业产值达2.2亿元，占农业总产值的80%。

全镇共有林带70公里，林渠用地35公顷，村庄林40公顷，森林覆盖率25%，人均绿地3.5平方米。

工商业在境内起步较早，商业有南杂、绸布、百货、中药、书纸、印刷、锅铁、陶瓷、豆粮、烟叶、屠宰、花纱、山货、鱼虾、摊贩等；服务业有面馆、牙行、旅社、客栈、理发、甜酒馆、豆腐铺等，百年不衰的“河市油豆腐”久负盛名；手工业有铜作、印染、和面、湘绣、铁业、木业、蔑业、裁缝业等。1968年，创办农场第一家印刷厂。1983年，成立精干麻厂。1988年，开办饲料加工厂。90年代后，除河市饲料厂与正虹公司合并成立股份公司上市外，其余企业因体制机制原因基本倒闭。2002年，民营企业兴起，个体工业、商业逐年发展。至2011年，形成规模的工业有邦富化工厂、宏发实业公司、中远混凝土厂、正德混凝土厂、景达生物公司、中特化工厂、昌盛化工厂、浸渍加工厂、城枫电子厂以及古罗城村村民合股公司木业加工厂、佳人士乐不锈钢加工厂。有个体商业网点40个，工商业从业人员1642人。全镇工业总产值达1.2亿元，商业收入80多万元。

镇内交通便捷，通信发达，省道307线东西贯通，岳长高速公路南北横贯。2001年后，完成总投资4800万元建成通村水泥公路，总长度110公里，形成家家户户通水泥路。有固定电话600台，移动手机5000部，互联网用户215户。拥有小轿车80台，推土机、挖运机、耕田机、插秧机、收割机115台。2008年，全面实行改水改厕，2011年，2000户居民用上自来水。

全镇有初中1所，在校学生154人；小学2所，在校学生403人；幼儿园3所，在园幼儿245人；普及九年义务教育，入学率100%。景程驾校在河市设立分校。有村级文化活动中心12个，各类图书室12个，藏书5万册。人口与计划生育，稳定低生育水平。邮政储蓄服务大楼便民服务。镇卫生院成立于2007年，有床位8个，临床医护人员7人。2006年投资30万元，将樟木港小学改建为镇幸福院，占地面积2000平方米，内设娱乐室、棋牌室、球类室、图书室、健身室，现入住五保老人29人。2011年，全镇养老保险参保人数5600人，占应保人数96.5%；参加医保人数8300人，占总人数的83.7%。

河市文化底蕴深厚。古罗城村为春秋时罗子国都城。罗子国系西周所封子爵国之一。原疆域在湖北枝江一带，后为楚所逼，从枝江迁徙于汨罗江流域，建都城于此。战国时期，罗为楚灭，秦统一后，设罗县，此都城故改为罗县城。《骚坛记》“天下之骚系于全楚，而全楚之骚于汨罗”。《史记》“屈原作《怀沙》沉汨罗死”，“玉笥乃屈原作《九歌》地”。说明《楚辞》是在河市发展起来的。境内三星村“晒尸墩”是屈原投江后，被渔民打捞上岸的陈尸之地。近代史学界也把汨罗江称之为“蓝墨水的上游”。真正含义的汨罗是指河市地区，因汨水和罗水在境内大洲湾汇合后，才合称为汨罗江。端午节包粽子、赛龙舟等闻名中外的龙舟文化，在这里源远流长，因此，称为龙舟故里。

黄金乡 位于管理区中南部，东与河市镇及汨罗市汨罗镇接壤，南连湘阴县东塘镇，西与营田镇为临，北接凤凰乡。乡政府驻黄金，距区管委会驻地营田镇8公里。2011年，全乡辖黄金、滨莲、寺坪、金塘、禾鸡山、大湾、青洲、大江、金龙、万兴、北洲、新联、同洲、双江14个村。总人口15746人，其中男性7934人，女性7812人。以汉族为主，少数民族有苗族、土家族等。辖区东西最大距离为7.1公里，南北最大距离为11.63公里，总面积44.34平方公里，其中陆地41.95平方公里，占94.7%；水域面积2.39平方公里，占5.3%。人口密度为每平方公里338人。2011年，实现工农业总产值4.5亿元，财政收入1528万元，农业人均纯收入11860元。

1961年，乡域隶属农场五分场和七分场。1994年12月，五分场更名为大江办事处，七分场更名为黄金办事处。2003年5月，大江办事处与黄金办事处合并建立黄金乡。

境内以人工平原为主，地势南高北低，地面高程一般在海拔26.6～38米，最高点为狮子山海拔38米，最低点低沙湖海拔26.6米。属于典型的大陆亚热带湿润性季风气候，冬夏季风向变化明显，降水集中在夏季。主要水系有黄金河、灰滩河，均属汨罗江支流，其中黄金河自滨湖村入境，由东向西经东西干渠与灰滩河相接，河道长7.8公里；灰滩河南接黄金河，自南向北入凤凰乡沉沙港。境内地下水资源丰富，可利用量500万立方米。矿产资源有沙砾石和沙金，沙砾石覆盖面积大，储量2亿吨，可采量1.5亿吨，年产量1500万吨，且质地坚硬，是重要的建筑材料。

境域系汨罗江水携泥沙冲积而成的河道割切平原，土壤主要是水稻土和沙质潮土，土质肥沃，有机质含量高，带酸性，较松疏，适宜于水稻、甘蔗、玉米、花生、豆类、西瓜、蔬菜等作物的种植。

1980年前，农业种植以指令性计划为主，主要为水稻、甘蔗、棉花；1980年后，改指令性计划为指导性计划，水稻常年稳定在1500～1700公顷，产粮6100～7800吨；甘蔗510～600公顷，产原料蔗20000～23000吨。2002年后，随着中央取消农业税，实行粮食直补及一系列惠农政策的落实，农民种粮积极性提高，甘蔗种植逐年淘汰，粮食播种面积和复种指数大幅度提高，逐年推广水稻集中育秧和机械插秧。至2011年，全乡新建水稻集中育秧大棚14个、简易大棚16个，实现早、晚稻抛秧、机

黄金乡大棚育秧 （宋政军2010年摄）

插秧面积1400公顷，占水稻面积90%以上。粮食年产量达3.2万吨，人均产粮2.032吨。通过调整农业产业结构，一些特色农业逐步形成，如藠头、礼品西瓜等初具规模，2011年，产藠头1000吨、西瓜4800吨。境域养殖业持续健康发展，有规模养殖大户842户，其中年出栏生猪1000头以上的大户有10户。全乡年出栏生猪22万头，家禽年饲养量11万羽、产蛋品850吨；养殖水面870公顷，年上水鲜鱼800吨。

工业在境内发展活跃，被誉为屈原民营经济的摇篮。1986年，在禾鸡山创办第一家饲料加工厂，占地面积5400平方米，是年7月投产，注册为“正虹”牌商标，先后成功研制出预混料、混合料、乳猪料、小猪料、鸡饲料、鸭饲料、鱼饲料等系列产品，并通过不断做大做强成为全国第一家饲料上市公司。在正虹公司的带动下，至1998年，全乡涌现民营饲料生产企业30多家，年产饲料达30万吨。2002年后，民营企业兴起，个体工业、商业、运输业逐年发展，形成产业的有饲料业、粮食加工业、食品加工业、再生资源业。2011年，有规模工业企业20个，其中产值过5000万元的有湖南伟业农牧集团公司、岳阳厚源贸易公司、岳阳市惠众粮油农民专业合作社。个体工商业网点30多个，工商业从业人员达1500人。全乡工业生产总值2.4亿元，占全乡生产总值的47.9%。

黄金乡地理位置优越、交通便利、通信发达。省道307线东西贯通，乡级公路四通八达，在建的岳望高速公路穿境而过。2001年后，累计完成投资4000万元，建成村村通水泥公路。全乡共有电信服务网点2个，固定电话用户900户，移动电话用户8000户，互联网用户500户，全年电信业务收入50万元。开通有线电视用户600户，入户率达30%。

文化、教育、卫生等社会服务事业得到迅速发展。2011年，有乡文化站1处，村级文化活动中心14处，各类图书室12个，藏书达10万册。有幼儿园4所，在园幼儿220人，专任教师21人；小学3所，在校学生667人，专任教师47人；初中2所，在校学生321人，专任教师30人。普及九年义务教育，入学率100%。有卫生院1个，床位10张，每万人拥有病床7张；专业卫生人员18人，执业助理医生2人，全年累计完成诊疗1000人次。居民参加新型农村合作医疗，参保率达80%以上。全乡有体育场所5处，30%的村安装健身体育器材，经常参加体育活动的人员占常住人口的75%以上。农村最低生活保障户数192户、549人，发放保障金57.61万元，月人均达87元；医疗救助890人次，参加合作医疗受助134人次、49.54万元；有敬老院1家，床位40张，集中供养40人；享受抚恤补助126人次、23.62万元。5项社会保险基金收入达654.23万元，发放745.4万元。

凤凰乡 地处管理区中部，东邻汨罗江，南接黄金乡，西靠营田镇，北抵琴棋乡。乡政府驻横港，距区管委会驻地营田镇7.5公里。2011年，辖东干、横港、八尺港、黄泥会、河泊潭、香游湖、船江、春江、汨江、荞麦湖、兴隆、凤凰、福星等13个村。总户数3982户、人口9410人，以汉族为主。境域总面积33.1平方公里，其中耕地面积2196.5公顷。2011年，实现工农业总产值3.8亿元，其中农业总产值3.1亿元，农业人均纯收入10098元。

1958年建立农场后，乡域隶属农场3个大队，1961年10月，3个大队分别设置为四分场、养殖场、茶场。1994年12月，四分场更名为汨江办事处，茶场更名为凤凰办事处。1998年4月，撤销养殖场合并到汨江办事处。2003年4月，凤凰办事处与汨江办事处合并建立凤凰乡。

境域地貌主要由人工围垦平原区和低岗区两部分组成，其中低岗区主要为凤凰山，有大小岗丘112个，且岗谷相连，呈波状起伏，谷地为水田，岗坡宜茶宜林，主产茶叶、水果、杉树。平原区一般在海拔24～28米，系平江河水系。土壤为水稻土和沙质潮土，土质肥沃，有机质含量高，带酸性，适宜水稻、甘蔗、西瓜等作物种植。

1980年前，在农场体制条件下，种植以指令性计划为主，主要为水稻、甘蔗、棉花、茶叶、湘莲；

1980年后，改指令性计划为指导性计划，种植水稻常年稳定在1300～1450公顷，产粮4820～5100吨；甘蔗310～350公顷，产原料蔗17000～18000吨；茶叶267～300公顷，产鲜叶1500～1700吨；湘莲170～185公顷，产湘莲120～135吨。2002年后，随着中央取消农业税，实行粮食直补及一系列惠农政策的实施，农民种粮积极性提高，甘蔗、湘莲种植逐年淘汰，粮食播种面积和复种指数大幅度提高。全乡1733.3公顷水稻面积，已全部建成标准农田，有排灌机埠34处，总装机容量1870千瓦，修建衬砌渠12.4万米，建成高产水稻实验田800公顷，吨粮田800公顷，基本采用软盘育秧和机插秧耕作方式。通过不断改良品种和土壤，杂交水稻已成为当家产品，粮食连年获得高产。2011年，产粮1.965万吨，每公顷产粮食11250公斤。茶叶生产随着集体茶厂关停，茶园面积逐年减少，至2011年，茶叶种植面积86.7公顷，产鲜叶2600吨。通过调整农业产业结构，一些特色农业逐步形成，汨江村的葡萄，黄泥会村的西瓜，凤凰村的苗木、红薯等初具规模。境域养殖业发展迅速，引进投资商先后在凤凰村、荞麦湖兴建生猪精品养殖园和普利农业科技综合开发公司。还有正虹公司投资3600万元在凤凰山生猪精品养殖园新建种猪场，年出栏种猪及仔猪4万头；“唐人神”集团美神育种公司在养殖园投资1200万元参股经营的原种猪扩繁场，年繁殖三元母猪1.2万头，销售仔猪1.2万头，出栏肥猪2万头。湖南普利农业科技综合开发公司主要利用荞麦湖通过综合开发，从事特种水产和特种珍珠养殖。

凤凰乡村民安置小区 （宋政军2011年摄）

80年代后，境域先后兴办大米加工厂、精干麻厂、茶叶加工厂、红砖厂、木业加工厂，但因企业体制机制原因相继倒闭。2000年后，民营企业兴起，先后建成河泊潭农业综合管理开发有限公司、春江木业公司、屈原茶业公司，年产值达3000万元，利税357万元。有商业网点65个，从业人员108人，年社会商品零售总额1500万元。

境内有4条客货营运线，省道319线、县道170线穿境而过。2003年后，完成投资近1200万元，建成通村公路32公里，实现村村通水泥路；全乡有电信服务网点1个，电话交换机容量6000门，有固定电话用户1500户，移动电话用户7200户，互联网用户701户，宽带网络覆盖率30%；拥有私人小车186台，大型运输车4台，农用运输车103台，中型收割机和耕田机586台。1997年后，投资210万元，解决1760户、7300人饮用卫生达标的自来水。全乡居民户户建有私房，其中别墅和小洋楼800栋，人均居住面积达58平方米。

全乡有初级中学1所，在校学生267人；完全小学2所，在校学生417人；幼儿园1所，入园儿童90人，适龄儿童入学率、小学升初中率、九年义务教育覆盖率均达100%。13个村均建立农家书屋和文化娱乐活动中心，共有藏书1.5万册。有乡卫生院1所，床位8张，临床医护人员7人，其中执业医生4人，执业助理医生1人，护士2人。2004年，利用原茶场机关办公楼改建成敬老院，有床位50张，内置棋牌室、娱乐室、健身室，入住五保老人40人。新建幸福小区1处，有2栋4层小洋楼，总建筑面积1200平方米，各类设施配套齐全，现入住老人20人。

全乡参加养老保险人数2040人，参保率95%；新型农村合作医疗参合人数9410人，参合率达100%。享受抚恤补助人员79人。

凤凰乡文化底蕴厚重。境内有战国时代爱国诗人屈原怀石投江的屈潭，历代不少墨客骚人到此作赋，以吊屈原。有屈子写作吟诵之地——笔架山，据传，屈原之作《涉江》《哀郢》《相思》等在此写作完成。有后人为纪念屈原而兴建的屈子庙遗址，轩辕黄帝南巡之地凤凰山。

琴棋乡 位于管理区北部，东与汨罗市白塘乡隔江相望，南接营田镇、凤凰乡，西畔湘江，北抵洞庭湖。乡政府驻磊石山下新码头，距区管委会驻地营田镇15公里。

2011年，全乡辖磊石、新河、永丰、凤凰、大湾、古湖、青港、北港、八港、三星等10个村，1个产调公司。总人口8545人，其中男性4298人，女性4247人，以汉族为主，少数民族有彝族7人、壮族1人、蒙古族1人、回族1人。

辖区东西最大距离6.1公里，南北最大距离6.6公里，总面积34.07平方公里，其中陆地31.901平方公里，占91.9%；水域2.899平方公里，占8.1%。人口密度为每平方公里239人。2011年，实现工农业总产值3.8亿元，其中农业产值2.83亿元，占74.5%，农业人均纯收入10500元。

1958年建立农场后，乡域隶属农场2个大队。1961年10月，2个大队分别更名为二分场、三分场。1994年12月，二分场更名为琴棋办事处，三分场更名为磊石办事处。2003年5月，琴棋办事处与磊石办事处合并建立琴棋乡。

境域大部分为山前湖区，地面高程均低于全区平均海拔，一般在海拔24～28米，仅青港、北港、八港、三星村在海拔26.5米以上，其余7个村均在海拔26米以下。境内属平江河水系。平江河由凤凰村入境，集河市、营田、凤凰3个乡镇积水，由南而北直入磊石电排。境内河道长4.1公里，水流经凤凰、永丰两村。主要自然灾害有水灾、雷击、冰雹、风灾、低温、霜冻等。水灾年年有，最严重一次发生在1969年7月，由于连降暴雨，外河湘江水猛涨，内湖积水升至海拔25米，全域70%以上的稻田被淹没。风灾、低温、雷击年年均有发生。

全乡经济以农业为主，有耕地面积2748.16公顷，土壤为水稻土和沙质潮土，土质肥沃，有机质含量高，带酸性，较松疏，适宜于水稻、甘蔗、西瓜等作物种植。1980年前在农场体制条件下，种植以指令性计划为主，种植项目主要为水稻、甘蔗及部分湘莲。1980年后，在市场经济条件下，改指令性计划为指导性计划。常年种植水稻2294～2300公顷，产粮6882.4～7020吨；

2011年广场文化节在琴棋乡举行 （宋政军摄）

甘蔗300～360公顷，产蔗15750～17000吨；湘莲166.7～178.9公顷，产湘莲110～120吨。2002年后，随着中央取消农业税，实行粮食直补及一系列惠农政策的实施，农民种蔗、植莲积极性下降，两项作物逐步淘汰，粮食播种面积和复种指数大幅度提高。2011年，全乡粮食种植面积达2748.16公顷，产粮2.8万吨，成为全区主产粮食区。畜牧业为境域第二大主导产业，以猪、羊、家禽为主，生猪饲养量9.5万头，年末存栏3.7万头；羊饲养量0.21万只，年末存栏0.11万只；家禽饲养量25.99万羽。全年农牧业总产值2.83亿元，其中畜牧业产值1亿元，占35.3%。全乡共有林带81公里，沟渠林用地41公顷，村庄林40公顷，木材蓄积量3090立方米，森林覆盖率25%，人均绿地4平方米。

工商业在境内有过兴旺期。1978～1995年，先后兴办造纸厂、精干麻厂、化工厂、大米加工厂，但因企业体制机制原因基本倒闭。1996～2007年，民营企业兴起，相继兴建铜铝加工企业，由于受市场制约和环境影响，被迫关闭。商业主要以零星网点为主，至2011年，有商业网点42个，从业人员42人，年社会商品零售总额1100万元。

境内交通便捷，通信发达，居民生活条件宽裕。省道102线（尚磊路）南北贯通，217线（屈磊路）西北环绕。2003年后，完成投资2100万元，建成通村水泥公路总长度90.5公里，形成户户通水泥路；全乡有电信服务网点2个，固定电话315台，移动手机4500部，互联网用户164户，远程教育设备12套。拥有参运中巴客运车4台，有私人小轿车104台；有收割机、插秧机、大型耕田机238台，农用铁牛1102台，农用运输车267台。1997年后，投资275万元，解决1699户、4568人饮用卫生达标的自来水。全乡居民建有私房3033户，其中别墅51栋，小楼房2423栋，人均居住面积54平方米。

全乡有初中2所，在校学生336人，专任教师25人；有小学2所，在校学生500人，专任教师24人；有幼儿园2所，在园幼儿110人，专任幼师3人；普及九年义务教育覆盖率、适龄儿童入学率、小学升初中率均达100%。有乡文化站、广播电视站各1个，全乡80%农户安装数字电视设备。有村级文化活动中心10个，各类文化专业户26户，图书室11个，音乐、美术、书法、摄影及业余文学创作人员100人。有省级文物保护单位1处。乡卫生院成立于2007年，有床位8张，临床医护人员7人，其中执业医师5人，助理医师1人，注册护士1人。2001年，投资20万元，兴建乡敬老院，有床位50张，内置棋牌室、球类室、娱乐室、图书室，入住五保老人50人。全乡养老保险参保人数3100人，参保率95%；享受农村最低生活保障33户、299人，享受国家抚恤补助对象72人。

天问街道 前身为汨纺。2003年8月该企业改制后，于2004年1月成立边山社区工作委员会（简称工委），2007年12月更名为天问街道。

天问街道地处湘江下游东岸，东与营田镇富民街相邻，西靠湘江，南与营田古镇相依，北接屈汨公路。街道工委位于橘园社区文化宫路，距区管委会机关所在地1.5公里。2011年，天问街道下辖橘园、凤凰2个社区。总人口8596人，其中男性4016人，女性4580人，14岁以上942人，占总人口的9.7%；15～64岁6869人，占87%；65岁以上385人，占7.8%。汉族8586人，少数民族10人，全为城镇常住人口，另有流动人口1263人。辖区总面积4平方公里，全是陆地。人口密度为每平方公里1389人。

新机构成立之初，面临低收入人员多、下岗工人多、退休老人多、困难家庭多和子女上学难、危房维修难、工人就业难等诸多实际问题，街道工委认真面对，不辱使命，抓紧成立凤凰、橘园2个居委会，下设24个居民小组，同时组建2个党总支，6个党支部，12个党小组，在出外打工人员中建临时党支部，并确立以发展改变现状的思路。至2006年8月，改造道路2.6公里；在橘园村移走小山一座，建成小花园1个；新建2栋5层居民楼，50户居民乔迁新居；撤掉汨纺影剧院，引进商家投资兴建7层楼高的黄金岛大酒店，增加门面10个，解决就业人员80人；为210名无任何收入者申请低保。同时，通过座谈走访，层层对

天问街道舞蹈协会成立20周年（宋政军2010年摄）

话，逐步使居民情绪稳定，思想统一，为德科公司发展创造了良好的外部环境。

2007年12月，天问街道党工委、工委履行服务职能，坚持每年为居民办5件实事。至2011年，新修柏油道路1.5公里；争取德科公司资助，投资50万元新建有利于居民健身的德科广场；引进房产开发商新建明珠酒店1栋、18层高层居民楼5栋，开发建设经济适用房2栋40户、廉租房4栋120户；翻新改造大型菜市场1个；社区下水道、化粪池、水电管网全部维修和翻新。

辖区以工业、服务业为主。工业以德科纺织印染厂为主，另有包装小企业1个，有职工2100人。2011年，实现生产总值13117万元。有驰名商标1个，省优产品1个。服务业有经营门店45个，经营者260人；有小型超市1家，中档宾馆3个。

街道党工委辖橘园、凤凰2个党总支，1个直属党支部，8个基层党支部，16个基层党小组，管理党员943人。在创先争优活动中，制定制度17项，坚持用制度管理党员。每年“七一”都要评选先进党组织和优秀党员，进行表彰和奖励。2011年，党工委举办简讯20期，及时宣传先进党组织和优秀党员的事迹。在维稳、计划生育、文明创建、救灾扶贫等工作中，党员干部以身作则，街道党工委被市委评为先进单位。街道党工委把廉政建设作为长期任务，常抓不懈，坚持创新，建成7200平方米的廉政文化广场，2个廉政读书室，1块大型公示电子屏，3个党务公开栏，45块个人廉政公示标牌，60块警示格言牌，落实廉政文化进社区，让廉洁成为一种生活方式。

天问街道下设民政所、司法所、财政所、武装部、劳动社保站、计生办、经营办、综治办、残联、老年活动中心等机构。社区下设16个居民小组。

2009年6月，天问街道成立居民议事会。居民议事会由居民民主选举产生，由老干部、老党员、老工人和有一定影响力的人员组成。其主要职责是反映社情民意，监督重大事项，维护居民权益，主动献言献策。居民议事会每月召开一次专题会议，听取街道工作情况，反映居民意见和建议，研究解决具体问题的办法。

2011年，辖区有广播站1个，图书室3个，各类藏书2万册。有中老年腰鼓队、舞蹈队各1支，有音乐、京剧、美术、书法、摄影爱好者300余人。老年活动中心、德科广场每天都有100多人参与文化艺术活动。是年，全区第二届文化艺术节在辖区内举办，观众达1.5万人。辖区有幼儿园1所，在园幼儿280人，专任幼师22人。有学校1所（含初级中学），在校学生1609人，专任教师94人。小学适龄儿童入学率100%，九年义务教育覆盖率100%。2010年，学校被省教育厅评为合格学校和语言文字规范示范学校。2011年5月，该校团支部被省团委评为“五四”红旗团支部，11月，在第六届香港国际青少年艺术节上，该校获“育才成果奖”。有学生体育广场1处，居民文体场所1处。社区空坪隙地和离退休管理中心均安装健身器材。德科广场有2条跑道，2个篮球场，1个足球场，1个溜冰场，同时可容纳2000人休闲健身。

辖区享受城镇最低生活保障554户、920人，做到应保尽保。2011年，城镇医疗救助48人次，临时救助570人次；享受国家抚恤、补助优抚对象205人，年优抚总费用8.6万元；实现城镇新增就业860人，失业人员再就业455人，城镇登记失业率控制在4%。五项社会保险基金收入300万元，基金支出290万元；参加城镇医疗保险4100人，其中参保职工1800人，参保离退休人员2300人。

2007年，橘园社区被市政府评为先进社区；凤凰社区被市政府评为文明社区。2008年8月，橘园社区被省司法厅、省民政厅评为全省民主法治示范社区。2009年9月，橘园社区、凤凰社区分别被市政府评为社会救助工作先进单位和文明社区。2010年，橘园社区被省委组织部评为全省社区党建先进单位，凤凰社区被省民政厅评为全省减灾示范社区。2008～2011年，天问街道先后被市政府评为社会治安综合治理、维稳工作先进单位，全省人口普查先进单位，全国计生工作先进单位。

第二章　自然环境

第一节　地质·地貌

管理区处全省最低的湘北湖积冲积平原地貌区。大体是三面环水，自东南向西北东洞庭湖倾斜的元宝形盆地。以人工平原为主，散布低丘岗地。制高点为磊石山，海拔90.72米；最低处是荞麦湖湖底，海拔22米。平原地面坡降为1/2200，耕地与湖底相对高差8.7米。地貌演变与洞庭湖兴衰密切相关。

秦汉前（前16世纪至220），洞庭湖区受燕山运动影响，由江南古陆断陷成低洼盆地。此期洞庭湖仅为君山西南一个小湖，区境处洞庭沉积区东侧边缘，东北、东南、西南部为湖盆边缘凸起的低矮丘岗，今磊石山、凤凰山、小边山皆为此期形成并经过长期风化和流水剥蚀夷平后的残丘。中部属湘江、汨罗江两岸低洼地汊，在“云梦下沉区”不等量升降运动中，接受周围山岭冲刷下来的碎屑物堆积；又接受河流挟带的淤泥沉积，形成滨湖平原地貌。楚罗子国就在这一带平原开荒垦植。三国至南北朝时（221～589），荆江三角洲扩展，云梦泽缩减，水位抬升，江水南侵，今磊石山赤山一线以北沼泽平原演变成东洞庭湖。自唐到清代中期（590～1825），洞庭湖扩展至全盛期。湖面东线跨过磊石山、营田到湘阴县。区内滨湖平原沦为泽国，东隅较高地带亦遭水患，以族氏为域的星罗小垸接踵而起。据统计，清乾隆四年至十一年（1739～1746），筑有窑咀、复兴、茨塘、公悦、德兴等23个未予报垦升科的堤垸。清末至新中国成立前（1826～1949），东西洞庭湖淤塞严重，湖水南上，形成南洞庭湖，磊石山夹于东、南洞庭湖之间，形成孤岛。处平（平江）、浏（浏阳）暴雨区的汨罗江，居高临下，直闯尾闾，河湖两水在境内中部直接顶托，旋滞汊内，大水一次，沙泥盈尺，低洼故貌再度出露成洲。1958年，堵口并垸，改拓汨罗江洪道，沿滨湖边缘筑起环区防洪大堤，建起一个受益面积达200平方公里的新蓄洪垦区，形成今日河湖环绕、港汊纵横、平原坦荡、丘岗翠绿，集田园风光和湖光特色于一体的平原景观。

一、地质

管理区地质自老至新发育为：

元古界冷家溪群上段（Ptln）。主要分布于境内北端磊石山附近。灰、灰白色变质粉沙岩、石类细沙岩夹沙质板岩，多呈弱风化状，岩性坚硬，表部覆盖层较薄。

第四系中更新统冲积堆积物（Q_2a1）。分布于推山咀以南小边山沿河地段。上部为白灰色——灰黄色粉质黏土，可塑——硬塑状，含铁锰质结核，结构致密。下部为沙卵石层。

第四系上更新统冲积堆积物（Q_3a1）。分布于土地港至枫林湖以南岗地和凤凰山一带。上部为灰黄色似网纹状黏土粉质黏土，含少量铁锰质结核，呈可塑——硬塑状，结构致密，厚度0~8.4米。中部为灰黄色、黄褐色粉细沙、中细沙等，呈精密状——中密状。局部较松散，多为饱和状，厚度可超过4米。下部为沙砾石，沙砾石成分以石英沙岩、沙岩为主，含量20%~50%，中密状——密实状，厚度大于3米。在上部黏性土与下部沙性土之间，局部存在壤土、沙壤土，为两者之间的过渡层，呈稍密-中密状，多饱和，厚度0~4.3米。第四系全新统冲湖积物（Q_4a1+1）上部为灰褐色、灰黄色淤泥质粉质黏土、粉质黏土、壤土等，可塑状，厚3~13.5米，含淤泥质粉质黏土中见有1~2层粉细沙夹层，单层厚0.03~0.6米。下部为灰黄色粉细沙及沙卵石层。其中区境东部和中部属汨罗江上游河积物带，包括汨罗江支流河市河、灰滩河两侧，表层厚度5~8米，岩性由上而下，分别为粉质黏土、粉细沙或淤泥质粉质黏土、粉质黏土、粉细沙。23.10~22.10米高程以下为沙卵石层。西部、西北部属汨罗江下游和湘江尾闾后，为湖积物带，包括古湖、荞麦湖，表层厚度9~13米，岩性由上而下分别为粉质黏土、壤土、中细沙或淤泥质粉质黏土、沙壤土、粉细沙，21.20~14.50米高程以下为沙卵石层，沙砾石成分以石英沙岩、沙岩为主，含量20%~50%，稍密——密实状。

人工堆积（QS）。灰黄色、黄褐色粉质黏土、含淤泥质粉质黏土、粉质壤土，局部混沙壤土、粉细沙或夹卵石，多呈硬——可塑状，局部呈软塑状，具有高压缩性，厚度1~12米，分布于防洪大堤及堤内压浸平台一带。

二、地貌

境内地貌单纯，仅有微域差别。

人工围垦平原区 境内中部以及西北部，多为沉降和水蚀溶化作用形成的湾汊，俗有“三十六坪、四十八汊”之称。各湾汊淤积河湖冲积物，经1958年围垦而成为人工围垦平原。该区含琴棋乡全部，营田镇、河市镇、黄金乡、凤凰乡大部。总面积17281.7公顷，占全区总面积的94.55%。有耕地面积9273.8公顷，占全区总面积的90%，其中水田6250公顷，占耕地面积的60.2%。海拔22~31.4米之间。东部汨罗江、西部湘江入境处，地势略高于中部，平原整体形似锅底。

低岗区 人工围垦平原区的东南、西南、东北部，突卧一带低岗。东西南部低岗沿一道撇洪沟，呈东西走向。东北部岗地含凤凰山全部，呈南北走向。境内岗地海拔为30~56.7米，总面积950.7公顷，占全区总面积的5.2%。主要岗丘有凤凰山、小边山，次为狮子山、禾鸡山、木鱼山。

凤凰山。别名凤凰台，属凤凰乡。相传有凤凰十二鸣集此山，因而得名。距区机关驻地21.5公里。东濒汨罗市白塘湖，西界平江河，南靠汨罗江周家垅洪道，北连八里堤与磊石山相通。东西宽1.5公里，南北长6公里。形似巨舰，航行于白塘湖、新塘湖和荞麦湖之间。总面积9.2平方公里，最高岗顶海拔56.7米，余处26米以上。有大小岗丘112个，且岗谷相间，呈波状起伏。谷地为水田，岗坡宜茶宜林，主产茶叶、水果、杉树，有“花果山”之誉。

小边山。位于境内西南角，属营田镇辖区。岗丘南北走向，由上边山、下边山、小边山组成，南北长2.5公里，东西宽1公里，总面积1.25平方公里，海拔36~50.62米之间。北至推山咀，南尽营田老街，东倚余家坪，西靠湘江。历为湘江下游主要港口及兵家必争之地。宋代岳飞，清时左宗棠曾在此练兵。

1939年9月，日军第一次侵犯湘北，就在此要冲登陆。至今此处有纪念抗日阵亡将士的白骨塔。上边山有自宋代开埠的营田老镇，下边山、小边山为区政治、经济、文化中心。

低丘区　区境北端的磊石山为低丘区。海拔90.72米，东西走向，总面积0.5平方公里，占全区总面积的0.25%。山丘母质为沙岩变质岩，断面被水剥蚀成鬼斧神凿。山地外平内宽，历为航行要塞，驻泊天然良港。1958年围垦，磊石山东接凤凰山，西连小边山大堤，成为垸内防洪天然屏障。

第二节　土壤·植被

一、土壤

成土母质　1980年土壤普查测定，境内有三种独具性态的成土母质。

沙岩变质岩。为境内最古老的地层。分布在磊石山全境，面积46.1公顷，占全区总面积的0.25%。该母质疏松易于风化，但风化层不厚，一般土层较浅，土中夹有半风化岩片，呈酸性，黏重，多为黄色或黄棕色。

第四纪红色黏土。主要分布于凤凰山、小边山、禾鸡山低岗区，由该母质形成的土壤有31公顷，占全区总面积的0.16%，系冰川溶化后的沉积物覆盖在第三纪红色岩层上，经湿热气候条件下的长期淋溶和风化而成。其特点为：土壤质地黏性，土层深厚，透水性差，呈酸性，耕层浅，地下水位低，缺乏养分，犁底层多铁锰结核。

河湖沉积物。系近百年来洪水泛涨时，为汨罗江、湘江、洞庭湖水流所挟带的泥沙覆盖层，该母质形成的土壤有7564公顷，占全区总面积的42%、耕地面积的70%，是管理区耕地主要成土母质。土壤质地多为壤土或沙壤土，土层较深，质地疏松，一般呈酸性，养分丰富，耕种年代短，自然肥力高。

土壤类型与分布　区内土壤分为3个大类，5个亚类，14个土属，30个土种，4个变种。

1980年土壤分类表

表1-2　　单位：公顷

<table>
<tr><th>土　类</th><th>亚　类</th><th>土　属</th><th>土　　种</th><th>变　种</th><th>面积</th></tr>
<tr><td rowspan="5">水稻土</td><td>淹育性</td><td>浅黄泥田</td><td>生黄泥、五花黄泥</td><td></td><td>122</td></tr>
<tr><td rowspan="3">潴育性</td><td>河沙泥田</td><td>河沙田、沙泥田、河潮泥</td><td>青隔河潮泥
青隔沙泥田</td><td>2541</td></tr>
<tr><td>红黄泥田</td><td>红黄泥、青隔红黄泥</td><td>青隔潮沙泥田
青隔潮泥田</td><td>933</td></tr>
<tr><td>潮沙泥田</td><td>潮沙泥田、潮泥田、河沙泥</td><td></td><td>5117</td></tr>
<tr><td>潜育性</td><td>青 泥 田</td><td>青泥田、青夹泥田</td><td></td><td>230</td></tr>
<tr><td rowspan="3">红壤土</td><td rowspan="3">红壤</td><td>耕型红土
红　壤</td><td>熟红土、红泥土</td><td></td><td rowspan="3">92</td></tr>
<tr><td>耕型红土
红　壤</td><td>园艺熟红土、园艺红泥土
熟红土、红泥土</td><td></td></tr>
<tr><td>耕型板页
岩 红 壤</td><td>园艺黄泥土、黄泥土</td><td></td></tr>
</table>

续表

土 类	亚 类	土 属	土 种	变 种	面积
潮土	湖潮土	耕种湖潮土	潮泥土、潮沙土、潮沙泥土		738
		河 潮 土	河潮土		237
		耕种河潮土	河沙泥土		76
		耕种湖潮土	园艺潮泥土、潮泥土		
		河 潮 土	园艺河潮土		
		耕种河潮土	园艺河沙泥土、河沙泥土		

水田为境内主要耕作土壤，其剖面层次为：耕作层、犁底层、青泥层、斑纹层、母质层。旱土以潮泥为主，分布于低岗坡脚，剖面层次有耕作层、心土层、母质层。

潮泥田。总面积2709公顷，分布于营田镇、琴棋乡、凤凰乡、黄金乡等乡镇。母质系河湖沉积物，质地粘性多，土层深厚，微酸性，部分有中度或轻度亚铁反应，宜种双季稻。

1980年潮泥田剖面表

表1–3 单位：厘米

层 次	厚 度	颜色	质地	松紧度	酸碱度	石灰反应
耕作层	0 ~ 11	浅黄	黏土	松	5.7	中
犁底层	11 ~ 12	灰黄	黏土	紧		
青泥层	13 ~ 19	灰黑	黏土	紧		
斑纹层	20 ~ 64	灰棕	黏土	紧		
母质层	64以下	灰黄	黏土	紧		

红黄泥。系第四纪红色黏土发育而成。总面积787公顷，分布在营田镇、河市镇、黄金乡。质地黏壤至黏重，剖面层次较明显，多为红黄色。

1980年红黄泥剖面表

表1–4 单位：厘米

层 次	厚度	颜色	质地	松紧度	酸碱度	石灰反应
耕作层	0 ~ 13	棕红	黏土	松	5.7	中
犁底层	13 ~ 18	灰黄	黏土	紧		
斑纹层	18 ~ 38	黄灰	黏土	紧		
母质层	39以下	灰黄	黏重	紧		

河潮泥。有775公顷，分布于凤凰乡、河市镇、黄金乡。母质系河沙沉积物，土色灰黄，质地黏壤或黏土，呈酸性，有锈纹锈斑，无亚铁反应。宜种水稻，一年两熟，双季稻产量在500公斤左右。

1980年河潮泥剖面表

表1-5　　单位：厘米

层　次	厚度	颜色	质地	松紧度	酸碱度	石灰反应	新生体	
							形态	数量
耕作层	0～15	灰黄	轻黏	较松	6	中	锈斑	中
犁底层	15～21	灰黄	黏	紧			锈斑	中
斑纹层	21～47	灰黄	黏	紧			锈斑	中
母质层	47以下	黄	黏	紧			锈斑	中

红泥土。母质系第四纪红色黏土，土壤熟化程序较低，性黏地瘦，呈微酸性，结构差，一般排水良好。总面积249公顷，集中分布在营田镇、黄金乡以及凤凰乡的岗丘地区。

1980年红泥土剖面表

表1-6　　单位：厘米

层　次	厚度	颜色	结构	质地	松紧度	酸碱度	石灰反应	类别	形态	数量
耕作层	0～18	棕黄	粒状	黏	较松	6.5	中	铁锰	结核	多
心土层	18～57	浅黄	片状	黏	紧			铁锰	结核	少
母质层	57～60	黄褐	片状	黏	紧			铁锰	结核	多

1980年土壤养分测定表

表1-7　　单位：%、百万分比

土种名称	有机质	全氮量	全磷量	全钾量	速效氮	速效磷	速效钾
生黄泥	2.86	0.189	0.039	1.574	128	2.7	53
五花黄泥	2.92	0.138	0.024	1.398	129	2.7	39
红黄泥	3.38	0.158	0.037	1.769	134	4.0	36
潮泥田	2.81	0.141	0.043	2.175	140	2.9	44
潮沙泥田	2.49	0.148	0.034	2.369	133	2.5	41
沙泥田	2.55	0.104	0.037	2.010	121	3.2	29
河沙泥	3.18	0.077	0.023	2.522	108	2.4	43
河潮泥	3.03	0.131	0.033	2.335	150	3.0	38
河沙田	2.44	0.187	0.041	2.553	119	3.9	24
青泥田	2.85	0.185	0.047	2.350	122	4.4	38
熟红土	2.61	0.121	0.044	1.453	117	7.6	58
红泥土	1.93	0.115	0.053	1.490	112	6.9	114
潮泥土	2.25	0.124	0.044	1.524	117	5.3	70
潮沙泥土	2.05	0.096	0.044	2.291	112	5.7	58
潮沙土	1.62	0.088	0.036	2.428	74	1.7	47
河潮土	1.82	0.128	0.038	2.384	116	8.0	71
河沙泥土	1.95	0.124	0.036	2.270	115	4.8	78

二、植被

管理区气候温暖湿润，土地肥沃，适宜植物生长。据2011年资源年报统计，野生植物和已经驯化用于林业生产的栽培植物有579种（包括变种），按其利用价值可分为防护、用材、食用、药用、工业、农业、观赏等6类。其中，粮食作物有水稻等7种，经济作物有西瓜等8种，油料作物有油菜等5种，水果作物有葡萄等11种，蔬菜作物有辣椒等58种，绿肥作物有红花籽等4种，水生植物和野生植物有湘莲、绿藻等383种。全区森林覆盖率达23.84%。植被根据地理条件，可分为3种类型。

低山丘陵植被区 分布在营田、黄金、凤凰等乡镇，主要植被是人工次生林，其次为天然次生林。

平原植被区 为境内最大植被区，分布在各乡、镇。除堤旁、渠旁、田旁、屋旁草丛及其杂草外，其余皆为人工栽培植物。

湖沼洲滩植被区 分布在境内水域、河湖滩，兼有自然植被和人工植被。1988年始，人工栽培的意杨、欧美杨、杨柳等成为主要品种，其面积2785.2公顷。

第三节 气 候

一、四季特征

管理区位于中亚热带过渡的季风气候区，因倚东洞庭湖滨，三面环水，地势平坦开阔，湖区四季气候特点明显。冬夏较长，春秋略短，无霜期长。春夏多雨，易成洪涝；秋冬少雨，多为干旱。冬春天气多变，寒流频繁；炎夏高温多湿，昼夜温差小。习惯以立春、立夏、立秋、立冬为四季起点。

春季 气温逐渐转暖，但“乍暖还寒”，北方冷空气频频南侵，形成寒潮大风，导致气温剧烈变化。4月，开始受太平洋夏季风影响，阴雨天气多，是全年日照率最小的月份。

夏季 天气炎热，降雨量大，常有干旱或洪涝。每年春末夏初（或6月中旬至7月上旬）后，由于江南一带上空形成持久的冷暖气流交汇产生的锋面（极锋）和气旋活动，在鄂霍茨克海高压脊的阻塞作用下，区域维持着一次稳定的、持续的降雨过程，进入梅雨季节。6月是全年降雨量最大的月份，易渍涝。7月以后，雨季结束，盛吹偏南风，日照时间延长，昼长夜短，太阳辐射强烈，蒸发旺盛，气温急剧上升，易干旱。日均气温≥30℃的高温天气和年极端最高气温均出现在本季。

秋季 入秋后，气温由高转低，夏季风向冬季风过渡，南北冷暖气流交替。9月为降雨少、湿度小的秋高气爽天气。10月中旬后，南海高压建立，并遇北来冷空气形成静止锋面，出现持续“秋雨”，随着冷空气入侵加强，显著降温。

冬季 天气寒冷，昼短夜长，降雨量少。12月中旬后，南海高压消失，降雨减少，故常有冬旱。在北方干冷空气控制下，盛行偏北风，气温骤降，常带雨雪，出现冰冻。

四季按候（即5天）计算，日均气温稳定小于10℃为冬，高于22℃为夏，10～22℃为春、秋。

屈原管理区四季始日、终日历期表

表1-8

季 名	春	夏	秋	冬
起止日期	3月16日至5月20日	5月21日至9月20日	9月21日至11月20日	11月21日至3月15日
天 数	66	123	61	115

二、气候要素

日照　1978～2011年，年均日照时数1739.6小时，日照百分率为39%。1986年日照时数最多，为1886.4小时；1982年最少，为1334.5小时。年内日照时数变化，呈峰谷形态。低谷出现于2月，平均为69.4小时，其后逐月增加。7月雨季基本结束，日照时数增至222.6小时的高峰期，尔后又逐月递减至次年2月。年内各月份日照时数与日照百分率的分配趋向一致。

风　冬季盛吹偏北风，夏季多偏南风，春秋二季仍以偏北风居多。全年风向频率，北风31%，为湖南省之最；南风占12%，静风占8%。

屈原管理区各风向平均频率表

表1-9

风向	N	NNE	EN	ENE	E	ESE	SSE	ES	S
平均频率%	31	7	4	1	2	1	3	5	12
风向	SSW	WS	WSW	W	WNW	WN	NNW	静风	
平均频率%	2	5	2	4	1	6	6	8	

区境处“湘江流域大风区”，年均风速每秒3.8米，仅次于湖南省最大风速。全年≥8级大风平均日数为8.4日，年内大风多见于3～4月，7月次之。1978年后，大风最多年度为1988年、1991年、1993年、2006年，各达15天；最小为1975年、1980年、2000年和2011年，各仅有3天。寒潮大风多于雷雨大风。

屈原管理区历年各月≥8级大风平均日数表

表1-10

月份	1	2	3	4	5	6	7	8	9	10	11	12	全年
大风平均日数	0.3	0.8	1.1	2.1	0.5	0.2	0.8	0.7	0.3	0.3	0.9	0.3	8.4

气温　1978～2011年，境内年均气温为17.3℃，其中≥17.3℃有22年，≤17.2℃有11年；1998年、2004年、2006年、2007年年均气温最高，为18.4℃；1984年最低，为16.4℃。年极端最高气温39℃，极端最低气温-9.5℃。一年中，1月平均气温最低，仅4.9℃；7月最高，达29.0℃。

1978～2011年屈原管理区（农场）各月平均气温及高低温情况

表1-11　单位：℃

月份	平均气温	平均最高气温	平均最低气温	极端最高气温			极端最低气温			极端高低差
				极值	日期	年度	极值	日期	年度	
1	4.9	8.7	2.1	23.8	29	1999	-6.8	22	1984	30.6
2	6.9	10.7	4.0	27.5	12	1998	-9.5	1	1999	37
3	10.8	14.9	7.7	29.5	31	1998	-1.4	2	1986	30.9
4	17.5	22.0	14.0	33.4	23	1998	2.6	1	1987	30.8

续表

月份	平均气温	平均最高气温	平均最低气温	极端最高气温			极端最低气温			极端高低差
				极值	日期	年度	极值	日期	年度	
5	22.4	26.7	18.7	35.7	14	2000	9.7	2	1991	26
6	25.8	29.9	22.5	37.7	29	1990	13.1	7	1987	24.3
7	29.0	33.4	25.4	39.0	23	1995	19.0	30	1989	20
8	28.3	32.7	24.9	38.9	24	1998	18.6	23	1988	0.3
9	23.9	28.5	20.4	37.7	5	1995	11.4	22	1997	26.3
10	18.3	23.3	14.7	35.1	2	1992	0.8	29	1978	34.3
11	12.6	17.5	9.7	30.9	1	1979	–1.8	22	1993	32.7
12	7.0	11.6	3.7	24.1	27	1987	–9.5	29	1991	33.6
全年	17.3	21.7	13.9	39.0	23/7	1995	–9.5	29/12	1991	48.5

1978～2011年，年均正积温为6256.8℃。大于5℃，积温为5894.1℃；大于10℃，积温为5320.6℃；大于15℃，积温为4621.6℃；大于20℃，积温为3734℃。

降雨　1978～2011年，年均降水量1415.2毫米。2002年降水最多，达2186.1毫米。1978年降水最少，仅1010.3毫米。月雨量以6月最多，达216.5毫米。其次为4月、5月、7月，分别为186.7毫米、192.0毫米、162.8毫米。12月雨量最少，仅49.6毫米。年月雨量最多为483.3毫米，出现在1998年6月。

蒸发　1978～2011年，境内年均蒸发量为1251.1毫米。1978年蒸发量最多，达1439.4毫米；2002年蒸发量最少，为1035.9毫米。月均蒸发量为峰谷型，峰值在7月，为207毫米；7月前后依次递减，1月达低谷，平均为37.2毫米。

湿度　1978～2011年，平均相对湿度为81%。大于均值的有11年，小于均值的有13年，9年与平均值持平。1994年平均相对湿度最大，为84%；2004年、2005年平均相对湿度最小，为77%。全年中，1月、3月、6月平均相对湿度最大，为83%；雨季过后，平均相对湿度最小的是7月，为78%。一年中，平均相对湿度呈波状变化，其峰值分别出现在1月、3月、6月、10月，其谷值分别出现在2月、5月、7月、12月。

霜雪　1978～2011年，境内无霜期平均259天。1980年最长，为304天；1985年最短，为223天。年均初霜日为11月22日，最早为10月24日，最迟为12月23日；平均终霜日为3月2日，最早为2月9日，最迟为4月2日。霜期内，有霜日平均为24天，最多为34天。

1978～2011年，境内平均降雪日为12天；初雪日为12月21日，最早11月13日；平均终雪日为2月27日，最迟为4月2日；平均积雪日为5天，最大积雪深度为34厘米。

第四节　水　文

境内河湖分属汨罗江水系、湘江水系和洞庭湖区水系。汨罗江绕区之东，自东向西北奔流；湘江环区之西，循滨湖防洪大堤由南而北。湘汨两水于区境北端磊石山交汇注入洞庭。垸内湖洼众多、塘坝棋布、河道回旋、沟渠交错。境内现存汨罗江支流故道（哑河）4条，全长44.5公里，主要蓄水湖场2个，计水面1000公顷。塘坝水面800公顷。查洞庭湖最大三日暴雨等值线图，区境194毫米，计年总量3906立方米，垸外江湖三日浸水总量114万立方米，地下水补给量548.3万立方米，垸内总蓄水量4200万立方米，蒸发总量1.0728亿立方米。亩均耕地拥有水量752立方米。

区境自然条件对水文情势影响明显。境内为封闭性集雨堤垸，地势低洼，垸内降雨期与垸外汛期基本同步。1978～2011年，4～9月，外湖年均最高水位30.8米，其中超26米以上闭闸水位维持天数年平均值133天，超28米以上水位维持天数年平均值计115天，闭闸期间，极易形成外洪内涝。汨罗江汛期初始5月，湘江汛期迟至9月，东西水位间歇升降，致使汛期过长，堤身浸泡时间久。如遇长江泛涨，南北两水交汇造成顶托之势，严重威胁堤垸安全。

管理区称水泽之乡，旱涝兼之，防洪排涝历为众矢之的，缺水矛盾为水患所掩。

一、江河

汨罗江 因主河道汨水和支流罗水相汇得名。全长253公里，经汨罗市京广线南渡铁路大桥流入区境。1958年围垦前，汨罗江经境内百丈口、马头曹、翁家港、茨塘湖、牛栏湖、小神港自东向西北迂回穿插全境。其中翁家港为汨罗江入境主河流，该河自东向西流经河夹塘、孟家湾至青泥湾，又分两支：一支自南向北，至麻豪头折东，汇小神港入境的汨罗江支流，再折北至磊石山西口入洞庭；一支自东向西，流至古湖，汇湘江北上至磊石山。围垦后，汨罗江入境老河道全部堵死，上游水改从区境东侧周家垄人工洪道下泄，再经白塘湖、新塘湖至磊石山东口流入洞庭湖。境内流域30公里，今垸内仅存汨罗江故道（哑河）4条。汨罗江在境域上段河宽300米，出口段河宽250米，最大洪峰流量6880立方米/秒，历史上最高水位（三星渡观测点）36.25米，汛期初始于5月上旬，迟至8月下旬。洪水属山溪水性，暴涨暴落，洪峰次数多，但持续时间短。沿防洪大堤建有翁家港闸、三星渡排灌闸、小神港排灌闸。

湘江 南从营田入区境，北至磊石山西口注入洞庭湖，境内长18.87公里，河面宽690～925米，可通航千吨船舶，沿岸设有营田、德科纺织厂、水泥厂、推山咀、青港、磊石客货码头。1958年前，湘水沿小边山西，北流至土地港再折东经团湖与古湖相汇，又偏东与汨罗江支流平江河汇合注入洞庭湖。湘水主流在土地港析出流入垸内干流后，又北流至沉沙港，向东分一支干流，经沉沙港、八尺港与荞麦湖交汇注入洞庭湖。自沉沙港主流又北经甑皮洲、琴棋望至磊石山西注入洞庭湖。汨罗江尾闾围垦后，湘水入垸内老河口截断，主流自营田沿滨湖防洪大堤直流磊石山。历史上最高水位36.14米（青港观测点）。现沿江滨湖大堤上建有迎丰闸、推山咀排灌闸、土地港排灌闸、青港排灌闸、磊石排灌闸与湘水通流，旱引涝排，调节垸内水量。

河市河 系汨罗江下游支流，自翁家港入境，至青洲入黄金河，全长7.5公里，因流经河夹塘得名。1958年前，该河是境内上达平江，下通洞庭湖的主航道，上游有自明嘉靖年间开埠的河夹塘码头，每逢春夏水丰季节，湖北客船、宝庆毛板、宁乡乌杆、平江木船鱼贯入河夹塘抛锚停泊。汨罗江尾闾围垦后，翁家港堵口变为哑河。该河面开阔，水深适中，水质无污染，为汨罗江流域条件最好的天然水上竞技场所。1953年、1956年、1963年、1965年和1985年均在此河举行过较大规模的龙舟竞渡。

黄金河 河市河流至青洲又分两支，一支折北入灰滩河，一支自东向西流入黄金河。黄金河全长12公里，流经黄金、吴家棚、三洲至古湖，下游穿过黄湖与蓑衣湖之间的三角洲，亦有三洲河之称。河道狭窄，弯道较多，淤沙层厚，加之因拦坝和河市河断源，大部分河段干涸，成为境内沙石开采区，其余靠积雨蓄水作为养殖水面。

灰滩河 系河市河干流，南北流向，全长11公里，自龙须流经谢家棚、北洲，再折西至麻豪头，又偏东至鱼咀闸与平江河合流。该河上游已废弃，下游与东西干渠相通，成为垸内蓄水湖场。

平江河 系汨罗江支流，自小神港入境，流经北湖、鱼咀闸与灰滩河合流，再沿凤凰山脚经屈潭、春江咀、烂排沟至磊石西口入洞庭湖，全长14公里，河面宽110～440米，河床高程20.9～26.6米，常年水深1.5～3米。围垦前系汨罗江注入洞庭湖的主支流，常年可通5～7吨木船。上有河泊潭码头，下有磊石山天然避风港。围垦后变成哑河，承纳区内东北部低岗区客水，形成垸内天然调蓄水库。

二、湖

境内原有荞麦湖、古湖、低沙湖、大江湖、黄湖、白水湖、小江湖、枫林湖、蓑衣湖、茨塘湖、香游湖等大小自然湖泊11个，其中荞麦湖最大，古湖次之。大部分湖泊围垦后拓为农田，至2011年，仅存荞麦湖、古湖。

荞麦湖 相传该湖古为荞麦府，因地陷成湖而名，亦说因湖中水干土裂，渔民在湖底种荞麦度荒故名。湖面呈椭圆形，南北长8.5公里，东西宽4公里，总水面34平方公里。湖底海拔22米，为全区最低处。1958年围垦前，该湖东与汨罗江，南与古湖，西与湘江，北跟洞庭湖四水相连。1965年重点治理该湖，大部分垦为稻田，余存水面580公顷，作为鱼莲基地，湖内堆积河湖冲积物，水草丰茂，富含有机质和无机质，属营养型的中型湖泊。2005年，综合开发成珍珠养殖基地。

古湖 《湘阴县图志》有“东町湖”之称。据《石矶图说》记载：“土星港大水时，下水船渡湖者必泊此，以审度风信，畏古湖之险也。”古湖原东西长2.6公里，南北宽1.9公里。现存水面353公顷，最深处1.5米，年最大蓄水量为480万立方米。该湖为沉积湖，湖床平坦，宜鱼宜莲。

第五节　自然灾害

水灾 区境地处洞庭湖东汊，湘江、汨罗江三面环绕，地势低洼，水灾多为湘江、汨罗江、洞庭湖高水位和暴雨等因素形成。水灾一般发生在4～9月，暴雨发生期与垸外江河涨水期基本同步，外河洪水封压，给垸内渍水外排带来困难，兼之汨罗、湘阴沿境山丘客水倒灌，涝灾尤为严重。

1980年7～8月，连续28天阴雨，早稻大面积受渍，损失粮食1000吨。

1996年7月，行政区外洪内涝，农民在水中抢收稻谷　（宋政军摄）

1983年7月7～9日，普降暴雨269毫米，农田受渍3000公顷，1800公顷失收。

1988年8～9月，普降暴雨670毫米，垸外江湖出现特大秋汛，垸内形成秋涝，受淹农作物7213公顷，减产粮食1200吨。

1993年7月，集中降雨584.6毫米，全场农田受渍4300公顷，减产粮食17500吨。

1995年5月30日至7月10日，外河水位达到历史最高点（营田水位35.14米），境内遭受3次暴风雨袭击，导致外洪内涝，农作物受渍面积2300公顷，直接经济损失1800万元。7月5日，一道撇洪沟田家岔发生缺口事件，营田镇部分村受灾严重，直接经济损失300万元。

1996年7～8月，外河水位青港站达36.14米，超历史最高水位1.48米，境内7月14～17日，普降暴雨150毫米，遭受特大洪涝灾害，倒塌房屋180间，受淹农作物2800公顷，直接经济损失3800万元。

1998年6月13日至9月中旬，外河水位青港站达到35.98米，创历史罕见高洪水位。境内3次陡降暴雨达1300毫米，致使垸内受灾严重，倒塌房屋180间，受渍农作物3200公顷，其中绝收1800公顷，冲坏塘坝等水利电力设施320处，直接经济损失3700万元。

1999年5月15～17日，垸内普降暴雨250毫米，4667公顷农作物受渍严重。

2002年5月13日，24小时降暴雨156毫米，农作物受渍面积2300公顷。

2003年4月12日，境内普降暴雨100毫米，1300公顷农作物受渍。

旱灾　境内一年四季均有不同程度的旱象出现，其规律是冬旱多于春旱，秋旱重于夏旱。其发生与生态平衡、全球气候变暖、降雨时空分布不匀、地形地质差异等因素有关。

1978年9月11日至10月21日，秋旱41天，3800公顷农作物受旱严重，减产粮食2300吨。

1981年7～9月，夏秋干旱，3个月降雨仅67.1毫米，比历年同期少降雨205.6毫米，农作物成灾面积4200公顷。

1985年8月21日至9月21日，32天降雨8.3毫米，农作物受旱面积2800公顷。

1987年11月18日至12月31日，出现冬旱，44天滴雨未下，造成冬种作物无法耕种。

1990年7月2日至9月30日，境内降雨仅43毫米，受旱面积4200公顷，农作物成灾面积2800公顷。

2001年6月24日至8月8日，境内降雨仅58毫米，高温天气持续45天，受灾农作物3200公顷。

2003年6月17日至8月3日，连续出现高温天气，月最高气温超过35℃的有22天，其中高于38℃的酷热天气7天，7月16日达39.6℃，突破40天历史纪录。境内降雨仅28毫米。全区农作物受旱面积5300公顷，成灾面积2900公顷。

风灾　境内风灾，分寒潮大风和雷雨大风。一年四季均可发生，以4月最多，12月最少。寒潮大风多出现在冬春两季，大北风风力一般6～7级，持续时间一般12个小时，面宽，全境发生。雷雨大风常发生在6～8月，阵风风力8～9级，时间短，有时只有2～3分钟；面小，呈线状或块状。有罕见的龙卷风，风力超过12级，迅猛短促。

1983年6月1日，四分场、五分场、八分场遭受龙卷风袭击，损坏房屋600多间，伤28人，死2人，直接经济损失210万元。

1986年11月8日，北风9级，造成水泥厂一栋二层楼房倒塌，直接经济损失20万元。

1989年4月，农场遭受龙卷风袭击，房屋损坏严重　（黄新华摄）

1989年4月27日，一分场、五分场、六分场、七分场遭受龙卷风袭击，倒塌房屋105栋，502间，伤118人，死10人，其中七分场职工邵正奎一家死3人。此次龙卷风造成直接经济损失1100万元。

2002年4月4日，凤凰办事处、大江办事处遭受大风突袭，倒房108间，伤8人。

2004年4月21日，营田镇、黄金乡、凤凰乡遭受大风和暴雨袭击，农作物受灾面积1200公顷，倒房36间，死亡牲畜28头。

2006年4月11日，全区遭受大风和暴雨袭击，2300公顷农作物受损严重。

冰灾 冰冻，常发生在12月初至次年2月，1月较多，12月较少。1978~2011年，年均冰冻日2天，共出现冰冻17年，占总年度的55%。

2001年1月23~27日，冰冻灾害影响全区，毁坏林木1800根，冻死牲畜175头，部分电力、通讯设施受损严重。

2005年2月17~23日，区境遭受严重的低温冰冻灾害，直接经济损失230万元。

2008年1月10~23日，境内持续低温雨雪天气，降雪次数、强度均大于平常年度，平均气温比往年低4℃，遭受50年一遇的特大冰冻灾害。工农业生产遭受严重损失，农作物受灾面积2000公顷，损坏房屋1234间，因灾死亡牲畜家禽2800余头（羽）。电力、道路、供水、通信、市政等基础设施受损严重。损坏电力线路3000多米，毁坏公路43公里。直接经济损失1000多万元。

病虫灾害 水稻虫害。虫害主要有螟虫（二化螟、三化螟、大螟）、稻纵卷叶螟、稻飞虱（褐飞虱、白背飞虱、灰飞虱）、稻蓟马、稻叶蝉、稻苞虫、稻蝗虫、稻蟀象、稻象甲、稻眼蝶、粘虫、鼓泥虫、蝼咕等。20世纪70年代，以二化螟、三化螟、稻飞虱、稻纵卷叶螟、稻苞虫、黑尾叶蝉为主。1979年早稻发生三化螟危害面积1334公顷，减产4%~5%；晚稻受害面积1000公顷，减产8%~10%。80年代，以螟虫、稻飞虱、稻纵卷叶螟、稻蓟马、稻苞虫为主。1980年，四分场九队66公顷中稻，受三化螟危害22公顷，其中有3.5公顷白穗失收。90年代，以二化螟、稻纵卷叶螟、稻飞虱为主。1997年，中晚稻稻飞虱大面积发生，危害面积1800公顷，其中严重受害面积940公顷，造成倒秆、穿孔面积40公顷。2000年后，主要以二化螟、稻纵卷叶螟、稻飞虱、稻蓟马为主。2005年8~9月上中旬，由于连续高温干旱，中稻、晚稻稻飞虱大面积发生，危害面积8468公顷，每公顷减产2010公斤，总产减少17018吨，直接经济损失680万元。2010年后，主要以二化螟、大螟、稻纵卷叶螟、稻飞虱、稻蓟马、稻螟蛉为主。

水稻病害。主要有纹枯病、白叶枯病、矮缩病（黄矮、青矮）、细菌性条斑病、稻瘟病、恶苗病、褐色赤枯病、稻曲病、稻粒黑粉病、绵腐病为主。70年代，以矮缩病（黄矮、青矮）、恶苗病、绵腐病、稻瘟病为主。80年代，以纹枯病、白叶枯病、细菌性条斑病、稻瘟病为主。1986年稻瘟病大流行，受害面积1300公顷，每公顷减产1050公斤。1988年，白叶枯病在晚稻中大面积发生，受害面积760公顷，每公顷减产900公斤。90年代，以纹枯病、稻瘟病、白叶枯病、细菌性条斑病为主。2000年后，以纹枯病、褐色赤枯病、稻曲病、稻粒黑粉病为主。2007年，晚稻稻曲病大面积发生，危害面积6133公顷，每公顷减产1095公斤。

其他作物病虫害。甘蔗以二点螟、蓟马、赤腐病、黑穗病为主。棉花以棉蚜虫、地老虎、盲蝽象、棉蛉虫、红蛉虫、红蜘蛛、斜纹夜蛾、炭疽病、立枯病、红叶茎枯病、枯黄萎缩病为主。油菜以猿叶虫、蚜虫、菜青虫、菌核病、白锈病、霜霉病为主。湘莲以蚜虫、斜纹夜蛾、腐败病为主。玉米以玉米螟、蚜虫、粘虫、纹枯病为主。蔬菜以瓜绢螟、菜青虫、蚜虫、豆夹螟、斜纹夜蛾、烟青虫、瓢虫、立枯病、猝倒病、瓜类蔓枯病、茄科青枯病、白粉病、霜霉病、黑腐病、炭疽病为主。西瓜以瓜绢螟、地老虎、炭疽病、枯萎病为主。

第三章　自然资源

第一节　湿地资源

境内湿地资源较丰富，有河流4条，总流长44.5公里，分属汨罗江、洞庭湖水系。小型水库14座，湖泊3处。

湿地（即潮湿或浅积水地带发育成水生生物群和水成土壤的地理综合体。包括陆地天然的和人工的，永久的和临时的各类沼泽、泥炭地，咸、淡水体，以及低潮位时水深6米以内的水域）主要分布在琴棋、凤凰、营田镇。具体分为河流、湖泊、沼泽三大类湿地以及永久性河流、永久性淡水湖、草木沼泽3个湿地型，湿地范围总面积5063公顷。其中荞麦湖为境内最大湿地保护区，湖面呈椭圆形，湖底海拔22米，面积达580公顷。

第二节　淡水资源

境内湖洼众多，塘坝星罗棋布，河道回旋，沟渠交错，分属汨罗江和洞庭湖水系。水资源丰富，在保证率为P=20%、P=50%、P=75%和P=95%的年份里，总水量分别为7.79亿立方米、7.45亿立方米、7.28亿立方米、7.02亿立方米。其中地下水为6.38亿立方米，地表水分别为1.41亿立方米、1.07亿立方米、0.99亿立方米、0.64亿立方米。

2011年屈原管理区水量现状

表1-12　　单位：万立方米

代表率		P%=20	P%=50	P%=75	P%=95
水资源总量	地表水	14089	10675	8978	6432
	地下水	63826	63826	63826	63826
	总　计	77915	74501	72804	70258
可利用水量	地表水	8270	5272	3751	2085
	地下水	370	370	370	370
	总　计	8640	5645	4121	2455
需水量	农业用水	7585	9386	11590	12903
	工业用水	390	390	390	390
	生活用水	560	560	560	560
	总　计	8535	10336	12540	13853

第三节　野生动植物

管理区地处亚热带，属洞庭湖湿地生态类型，雨量充沛，日照充足，温度适宜，有利于多种野生动植物繁衍。其主要资源有：蕨类植物15科24种；裸子植物7科14种；被子植物88科360种；鱼类资源12目22科97种；鸟类资源27科52种；哺乳类动物10科20种；两栖类和爬行类22种；昆虫类65科171种。其中属国家一级保护的植物有银杏、水杉、红豆杉等3种，属国家二级保护的有樟树、金钱杉等2种，属国家一级保护的动物有江豚、中华鲟、白鲟等。

一、动物

无脊椎动物　扁形动物和腔肠动物。常见的有：蜗虫、血吸虫、姜片虫、猪涤虫、牛涤虫、水螅等。其中，血吸虫通过几十年的综合防治，垸内基本灭迹。

环节动物和线形动物。常见的有：蚯蚓、蚂蟥、蛔虫、钩虫、旋毛虫、血丝虫、蛲虫、小麦线虫等。

多足类和蛛形类。常见的有：蜈蚣、马陆、蚰蜒，蜘蛛、蝎、棉红蜘蛛、柑橘红蜘蛛、壁虱、疥螨等。

昆虫类。有65科，171种。除瓢虫、蜣螂、白蜡虫、金小蜂、蜜蜂、蜻蜓、螳螂、草蛉为益虫外，其余多为农作物害虫。分别是：瓢虫科5种，金龟子科2种，龙虱科1种，叶虫甲科5种，象虫科3种，天牛科4种，豆象科5种，叩甲虫科1种，萤科1种，芫青科2种，蝗虫科4种，蝼蛄科1种，螽虫斯科3种，叶蝉科9种，飞虱科9种，蚜科5种，蚧科5种，蝉科1种，蝽科9种，蟋蟀科2种，蓟马科2种，螟蛾科9种，夜蛾科7种，麦蛾科4种，天蛾科2种，卷叶蛾科1种，尺蠖科2种，蓑蛾科1种，毒蛾科1种，灯蛾科2种，刺蛾科1种，枯叶蛾科2种，弄蝶科1种，粉蝶科1种，菜蛾科1种，蛱蝶科2种，天蚕蛾科2种，凤蝶科2种，眼蝶科1种，赤眼蜂科2种，金小蜂科1种，叶蜂科2种，蚁科5种，潜蝇科2种，蚊科2种，瘿蚊科2种，皮蝇科1种，蜜蜂科1种，蝇科6种，虻科2种，蚋科1种，实蝇科1种，蜻蜓科2种，蜉蝣科1种，蜚蠊科2种，螳螂科4种，竹节虫科1种，啮虫科1种，食虫科2种，蚤科4种，臭虫科1种，虱科1种，草蛉科1种，弹尾科1种，衣鱼科1种。

贝类。常见的有：田螺、钉螺、环棱螺、扭蚌、鱼尾蚌、圆头巨蚌、三角帆蚌、背鱼无齿蚌、猪耳丽蚌、圆顶珠蚌、背瘤丽蚌等。

虾、蟹类。常见的有：河虾、白虾、长臂虾、青虾、岩虾；螃蟹、中华绒鳌蟹等。

脊椎动物

鱼类。12目22科97种。分别是：鲟鱼科1种，白鲟科1种，鲱科1种，鳗鱼科3种，银鱼科4种，胭脂鱼科1种，鲤科44种，鳅科10种，鲶科2种，鱼危（鱼尝）科9种，鱼兆科1种，鳗鲡科1种，针鱼科1种，鳢科2种，合鳃科1种，鳍科6种，攀鲈科2种，塘鳢科2种，刺鳅科1种，鳃科1种，胡子鲶科2种，鱼将科1种。

两栖类。常见的有：蝾螈、蟾蜍、青蛙、泽蛙、虎斑蛙、泥蛙、树蛙、雨蛙、林蛙、古巴牛蛙。

爬行类。常见的有：乌龟、鳖（脚鱼、团鱼、甲鱼）、壁虎、蜥蜴、腹蛇、眼镜蛇、赤链蛇、五步蛇、竹叶青、金环蛇、银环蛇、草游蛇等。

鸟类。27科52种，分别是：鸭科4种，雉科4种，鹰科1种，鹭科4种，秧鸡科2种，鸥科3种，翠鸟科2种，行鸟科3种，鸦科3种，山雀科2种，椋鸟科1种，鸭鸟科1种，杜鹃科3种，雀科3种，蜂鸟科1种，鸠鸽科2种，画眉科1种，燕科1种，翁鸟科1种，伯劳科1种，鸱号鸟科2种，草号鸟科1种，啄木鸟科2种，黄鹂科1种，鹤科1种，文鸟科1种，百灵鸟科1种。属国家二类保护动物有草号鸟（即猴面鹰等）。

哺乳类。10科20种，分别是：犬科1种，猫科3种，鼬科4种，鼠科6种，猪科1种，兔科1种，猬科1种，鳍豚科1种，松鼠科1种，蝙蝠科1种。属国家一级保护的有江豚等。

二、植物

藻类植物 常见的有：蓝藻、裸藻、禽藻、绿藻、黄藻、硅藻、甲藻、轮藻。

菌类 常见的有：根瘤菌、磷细菌、硅酸盐细菌、乳酸菌、大肠杆菌、马炭疽菌、猪霍乱菌、水霉、白菜霜霉菌、根霉菌、酵母菌、赤霉菌、麦角菌、毒霉菌、羊肚菌、玉米黑粉菌、小麦秆锈病菌、木耳、银耳、蘑菇、平菇等食用菌，猴头菌、稻瘟病菌、立枯病菌。

地衣植物和苔藓植物 常见的有：地钱、光萼苔、片叶苔、塔叶苔、泥炭藓、葫芦藓等。

蕨类植物 常见的有15科24种。分别是：石松科2种，卷柏科1种，水韭科1种，木贼科1种，凤尾蕨科4种，蚌壳蕨科1种，苹科1种，海金沙科1种，黑白科1种，首碎补科1种，铁线蕨科1种，鳞毛蕨科1种，槐叶苹科1种，满江红科1种，水龙首科6种。

裸子植物 常见的有7科14种。分别是：铁树科1种，银杏科1种，松科3种，杉科4种，柏科3种，罗汉松科1种，三尖杉科1种。

被子植物 常见的有88科360种。分别是：木兰科5种，樟科6种，莲科1种，睡莲科1种，毛莨科7种，杜仲科1种，桑科4种，荨麻科1种，胡桃科2种，山毛榉科5种，石竹科3种，金鱼藻科1种，马齿苋科2种，商陆科1种，榆科1种，酢浆草科2种，凤仙花科1种，瑞香科3种，圣柳科1种，仙人掌科5种，猕猴桃科1种，胡颓子科1种，楝科1种，柴树科1种，藜科4种，苋科6种，蓼科7种，山茶科3种，椴树科1种，锦葵科6种，堇菜科2种，葫芦科9种，杨柳科4种，十字花科15种，虎耳草科4种，蔷薇科23种，含羞划科2种，豆科23种，桃金娘科1种，桑寄生虫科1种，槲寄生科1种，卫矛科5种，海桐科1种，紫葳科2种，悬铃木科1种，大戟科11种，鼠李科2种，葡萄科2种，无患子科1种，槭树科1种，漆科1种，芸香科1种，蒺藜科1种，栊牛儿苗科2种，五茄科6种，伞形花科6种，杜鹃花科2种，报春花科2种，夹竹桃科2种，茄科8种，旋花科4种，菟丝子科1种，马鞭草科3种，唇形科9种，木犀科6种，玄参科3种，桔梗科3种，茜草科3种，忍冬科2种，菊科22种，小檗科7种，木通科2种，马兜铃科2种，三白草科2种，车前科1种，梧桐科1种，腊梅科1种，石榴科1种，紫茉科1种，白花菜科1种，柳叶菜科1种，泽泻科2种，鸭跖草科2种，莎草科2种，禾本科20种，姜科1种，百合科26种，兰科5种。

第四节 矿产资源

境内发现的主要矿产有黄金、沙砾石、黏土和风化石。黄金主要分布在汨罗江、湘江和内河的河市河、平江河、黄金河的河床及沿河两岸向外延伸的一、二、三级阶地第四纪地层中，属沙金。沙砾石主要分布于湘江以及内河的河市河、平江河、黄金河河床以及沿河两岸，资源丰富，且质地坚硬，二氧化硅含量高，是良好的建筑材料。黏土主要分布于一道撇洪沟沿线、小边山、凤凰山等主要丘岗地带，从成因划分，可分为风化残积型黏土和沉积型黏土两类，多铁锰结核，质量因地而异，是制作砖瓦、耐火材料的优质材料。风化石，分布于磊石山全境，多为黄色和黄棕色。

第二篇 人 口

第一章 人口状况

第一节 人口规模

一、总量

1978年年末，全场总户数15141户，总人口60184人，其中男30861人，女29323人；农业人口53493人，非农业人口6691人。

2011年年末，全区总户数33092户，总人口83860人，其中男41802人，女42058人；农业人口4987人，非农业人口78873人。总人口比1978年增加23676人，年均增加717人。

1978～2011年境内人口总量表

表2-1 单位：人

年度	总户数	总人口	其中		农业人口	非农业人口
			男	女		
1978	15141	60184	30861	29323	53493	6691
1979	15089	60309	30917	29392	53639	6670
1980	15565	60592	61059	29533	52959	7633
1981	15585	60865	31139	29726	52852	8013
1982	15933	60935	30971	29964	51499	9436
1983	15767	61263	31188	30075	52107	9156
1984	15879	61909	31670	30239	52086	9823
1985	16897	61566	31692	29874	51556	10010
1986	16935	61478	31775	29703	51341	10137
1987	17326	61648	32084	29564	51400	10248
1988	18033	62372	32142	30230	51954	10418
1989	17964	62784	32426	30358	52404	10380
1990	18610	62565	32136	30429	51761	10804

续表

年度	总户数	总人口	其中		农业人口	非农业人口
			男	女		
1991	18812	62653	32221	30432	51893	10760
1992	19022	62809	32367	30442	51726	11083
1993	19777	62699	32366	30333	51587	11112
1994	20018	62543	32320	30223	51506	11037
1995	20918	62733	32408	30325	51604	11129
1996	21010	62935	32508	30427	51705	11230
1997	21558	63523	32719	30804	52208	11315
1998	22007	63928	33010	30918	52502	11426
1999	22778	64494	33500	30994	52937	11557
2000	22780	64610	33673	30937	53052	11558
2001	25557	64900	33793	31107	53315	11585
2002	25678	65336	33883	31453	47330	18006
2003	28910	73418	37555	35863	47538	25880
2004	29521	74002	37857	36145	42801	31201
2005	29812	74966	38214	36752	200	74766
2006	29404	75675	38432	37243	320	75355
2007	29884	77142	38983	38159	340	76802
2008	31261	79816	40118	39698	2383	77433
2009	31035	81530	40908	40622	2561	78969
2010	32343	83016	41472	41544	3931	79085
2011	33092	83860	41802	42058	4987	78873

二、密度

1982年第三次人口普查，全境土地面积201.365平方公里、总人口60935人，每平方公里302.6人。

1990年第四次人口普查，土地面积不变，总人口62565人，每平方公里310.7人。

2000年第五次人口普查，土地面积不变，总人口64610人，每平方公里320.9人。

2010年第六次人口普查，土地面积不变，总人口83016人，每平方公里412.2人。比1982年每平方公里增加109.6人，按平均指数每平方公里每年递增5.4人。

按区域划分，中心镇区营田镇人口密度较大，2011年人口总数40244人，全镇土地面积按6.3平方公里计算，每平方公里6387.9人。其他乡镇人口密度按顺序排列为河市镇、黄金乡、凤凰乡、琴棋乡。其中河市镇总人口9915人，全镇总面积按21.87平方公里计算，每平方公里453.3人；黄金乡总人口15746人，全乡总面积按44.34平方公里计算，每平方公里355.4人；凤凰乡总人口9410人，全乡总面积按33.10平方公里计算，每平方公里284.3人；琴棋乡总人口8545人，全乡总面积按34.07平方公里计算，每平方公里250.8人。

第二节　人口变动

一、自然增减

1978～2011年，通过加大计生工作力度，全境人口出生率得到有效控制，最高是1991年，15.24‰，最低是2006年6.23‰；人口死亡率在6‰左右，最高是2011年9.35‰，最低是2010年3.35‰。人口自然增长率，1978～1994年，控制在6‰～9‰；1995年后，基本上都在5‰以内，最低是2011年的1.01‰。

1978～2011年境内人口自然变动情况

表2-2　单位：人、‰

年　度	出　生		死　亡		年内净增人口	自然增长率
	人　数	出生率	人　数	死亡率		
1978	790	13.13	400	6.65	390	6.48
1979	795	13.18	390	6.47	405	6.72
1980	830	13.70	400	6.60	430	7.10
1981	825	13.55	392	6.44	433	7.11
1982	811	13.31	400	6.56	411	6.74
1983	815	13.30	375	6.12	440	7.18
1984	810	13.08	400	6.46	410	6.62
1985	812	13.19	390	6.33	422	6.85
1986	800	13.01	380	6.18	420	6.83
1987	820	13.30	370	6.00	450	7.30
1988	850	13.63	390	6.25	460	7.38
1989	899	14.32	387	6.16	512	8.15
1990	896	14.32	360	5.75	536	8.57
1991	955	15.24	427	6.82	528	8.43
1992	930	14.80	405	6.45	525	8.36
1993	820	13.08	445	7.10	375	5.98
1994	796	12.73	480	7.67	316	5.05
1995	752	12.00	470	7.48	282	4.50
1996	705	11.20	445	7.07	260	4.13

续表

年　度	出　生		死　亡		年内净增人口	自然增长率
	人　数	出生率	人　数	死亡率		
1997	690	10.86	410	6.45	280	4.41
1998	672	10.51	418	6.54	254	3.97
1999	652	10.11	404	6.26	248	3.85
2000	570	8.82	422	6.53	148	2.29
2001	618	9.52	379	5.84	239	3.68
2002	562	8.60	369	5.65	193	2.95
2003	604	8.23	309	4.21	295	4.02
2004	519	7.01	273	3.69	246	3.32
2005	563	7.51	361	4.82	202	2.69
2006	478	6.32	261	3.45	217	2.87
2007	655	8.49	342	4.43	313	4.06
2008	631	7.91	333	4.17	298	3.73
2009	801	9.82	390	4.78	411	5.04
2010	724	8.72	278	3.35	446	5.37
2011	869	10.35	784	9.35	85	1.01

二、人口迁移

境内人口多系本土居民。1958年11月，从东北合江、密山两垦区调入首批客籍技术人员到场垦荒。1968～1970年，由杨林寨农场迁入6547人。1978年后，随着社会开放度逐步提高，境内人口迁徙呈增长趋势。至1990年，每年迁入人口近800人，而迁出人口极少。1991～2001年，人口迁移幅度不大。2002年迁入633人，其中省内462人，迁往省外63人。至2002年，总人口达65336人，25年净增5152人。2011年，迁入954人，其中省外迁入180人，迁出232人，其中迁出省外12人。人口迁移来自本省的有长沙、浏阳、望城、宁乡、株洲、醴陵、攸县、茶陵、湘潭、湘乡、衡阳、衡山、祁东、常宁、邵阳、邵东、新邵、隆回、洞口、武冈、绥宁、新宁、益阳、沅江、南县、桃江、常德、澧县、慈利、桃源、双峰、双牌、涟源、新化、嘉禾、宜章、汝城、东安、道县、宁远、黔阳、溆浦、沅陵、辰溪、麻阳、会同、岳阳、临湘、华容、平江、汨罗、湘阴等50多个市县。外省的有广东、湖北、浙江、江西、河南、河北、贵州、山东、辽宁、吉林、新疆、北京、台湾、江苏等省、市。

三、人口流动

1978～1980年，60年代农场接受长沙知识青年380人，除已在本地成家的35人外，其余陆续返城。

1990年始，全区人口特别是农业人口开始大规模流动，流出人口流入地点相对集中在广东、上海、浙江、福建等经济较发达省份，以务工为主；流入人口来源地为省内邵阳、省外贵州，以承包农场耕地为主。至2002年，全区流动人口达5850人，其中流出1260人，占21.5%；流入4590人，占72.3%。

2003年8月，汨纺改制后，成立边山社区工委，社区人口8596人，隶属管理区。

2005年始，境内人口流动数量呈下降趋势，至2011年，流动人口1280人，其中流出720人，占56.2%；流入560人，占43.8%。

第三节 人口结构

一、年龄

据第三次、第六次人口普查汇总结果，全境人口年龄分组构成情况变化较大。

第三次人口普查：0岁（婴儿组）为1423人，占总人数的2.3%；1～3岁（幼儿组）为4395人，占7.1%；4～6岁（学龄前儿童组）为3482人，占5.7%；7～18岁（学生年龄组）为13500人，占22.1%。0～15岁（少年儿童组）为19510人，占31.5%；15～49岁（育龄妇女组）为16591人，占26.8%；16～60岁（劳动年龄组）为42824人，占70.1%；60岁以上（老年人口组）为5192人，占8.5%。

第六次人口普查：0岁（婴儿组）为788人，占总人数的1.05%；1～3岁（幼儿组）为1839人，占2.45%；4～6岁（学龄前儿童组）为2469人，占2.8%；7～18岁（学生年龄组）为16139人，占21.5%。0～15岁（少年儿童组）为19367人，占25.8%；15～49岁（育龄妇女组）为21469人，占28.6%；16～60岁（劳动年龄组）为49695人，占66.2%；60岁以上（老年人口组）为9383人，占12.5%。

第六次人口普查与第三次人口普查相比，0～3岁人口减少3191人，所占比重由9.4%减至3.5%；7～18岁人口增加2639人，所占比重由22.1%减至21.5%；16～60岁劳动力增加6871人，所占比重由70.1%减至66.2%。少年人口系数为22.8%，老年人口系数为12.5%，老少比为48.5%。总抚养比为57.8%，即100个劳动年龄人口（15～59岁）需负担非劳动年龄人口57.8人。

二、性别

1978年，境内总人口60184人，其中男性30861人，占51.28%；女性29323人，占48.72%；性别比为105.25，低于正常值（106）0.75。是年新生儿出生790人，其中男性400人，占50.66%；女性390人，占49.36；性别比为102.56，低于正常值3.44。1990年，境内总人口62565人，其中男性32136人，占51.36%；女性30429人，占48.64%；性别比为105.61，低于正常值0.39，比1978年增加0.36。是年新生儿出生896人，其中男性452人，占50.45%；女性444人，占49.55%；性别比为101.80，低于正常值4.20。比1978年下降0.76。2000年，境内总人口64610人，其中男性33673人，占52.12%；女性30937人，占47.88%；性别比为108.81，高于正常值2.84，比1990年增加3.23。是年新生儿出生570人，其中男性322人，占56.49%；女性248人，占43.51%；性别比为129.84，高于正常值23.84，比1990年增加28.04。2011年，境内总人口83860人，其中男性41802人，占49.85%；女性42058人，占50.15%；性别比为99.39，低于正常值6.61，比2000年下降9.45，下降的主要原因为汨纺改制后人口并入管理区所致。是年新生儿出生869人，其中男性451人，占51.90%；女性418人，占48.10%；性别比为107.89，高于正常值1.89，比2000年下降21.95个百分点。

三、文化

1982年第三次人口普查时，境内12周岁以上受教育人口49651人，占总人口的80.2%。1990年第四次人口普查时，受教育比例上升为85.5%。2000年第五次人口普查时升为90%。2010年第六次人口普查时提高到92%。

屈原管理区（农场）四次人口普查12周岁以上人口文化程度统计表

表2-3

单位：人、%

		第三次人口普查（1982年）	第四次人口普查（1990年）	第五次人口普查（2000年）	第六次人口普查（2010年）
12岁以上文盲人口		2785	1745	967	37
占人口总数		4.5	2.8	1.5	0.5
文化程度	小　学	13836	14975	15600	17727
	初　中	22891	22710	24030	30604
	高　中	11795	13890	16225	18382
	大　学	1129	1734	2166	3621
总　　计		49651	53309	58021	70334
占人口总数		80.2	85.5	90	92
学龄儿童未入学率		2.5	1		

四、行业

1982年第三次人口普查，全境在业人口30895人，占总人口50.7%。其中第一产业24252人，占78.5%；第二产业5035人，占16.3%；第三产业1606人，占5.2%。1990年第四次人口普查统计，在业人口比1982年提高0.5个百分点，其中从事二、三产业的比重比1982年提高8.6个百分点。2000年第五次人口普查统计，从业人口32780人，占总人口的50.7%；三大产业中一产业比重为55.5%，二产业比重为26.8%，三产业比重为17.7%。2010年第六次人口普查，从业人口38789人，占总人口的46.7%；其中一产业为18812人，占48.5%；二产业11442人，占29.5%；三产业8533人，占22%。二、三产业的比重比1982年、1990年、2000年分别提高30%、20.9%、15.5%。

五、民族

境内人口以汉族为主，少数民族比例较小。1982年第三次人口普查，全境人口有汉族、苗族、土家族、朝鲜族、满族。其中苗族2人，土家族2人，朝鲜族2人，满族2人，共有少数民族8人。2011年，全区总人口83860人，有民族11个，汉族占总人口的99.48%；.少数民族10个，437人，占0.52%。其中土家族225人，瑶族45人，回族24人，壮族14人，布依族10人，满族14人，苗族25人，侗族38人，蒙古族20人，彝族22人。

六、姓氏

2011年，境内共有221个姓。按笔画排列是：丁、卜、于、万、马、丰、王、车、毛、仇、文、方、邓、历、孔、尹、平、甘、古、龙、厉、左、石、卢、帅、叶、田、申、包、皮、乐、邝、冯、宁、司、司马、白、付、代、兰、艾、邢、毕、吕、全、成、朱、乔、危、伍、伏、任、华、向、后、邬、安、守、庄、刘、齐、祁、关、江、池、汤、许、米、孙、阳、阮、牟、纪、欢、麦、花、芦、匡、严、苏、杜、杨、李、连、吴、余、佘、谷、何、邹、况、邱、言、闵、沈、汪、沙、宋、张、陆、陈、邵、肖、武、范、林、郁、欧、欧阳、尚、卓、昌、易、罗、金、枚、季、周、岳、房、郑、单、宗、屈、孟、练、官、项、赵、荣、胡、柯、柳、柏、郝、钟、俞、侯、段、禹、耿、顾、党、柴、晏、钱、翁、倪、卿、殷、徐、凌、高、郭、唐、涂、宾、谈、彪、续、萧、莱、曹、黄、龚、常、崔、符、盛、章、梁、陶、康、巢、清、彭、覃、蒋、葛、董、韩、喻、舒、程、傅、焦、童、曾、游、湛、温、谢、鲁、雷、蒯、蓝、楚、赖、鄢、虞、解、简、缪、蔡、裴、廖、满、谭、翟、熊、樊、黎、潘、颜、霍、薛、戴、藏、瞿、魏。其中刘、李、王、陈、张姓氏人员均超过3800人，与全国排名前五位的姓氏相同；杨、胡、周、黄、戴、徐、何、蔡、彭、曾、余、熊、吴、谢、罗等20余姓均超过千人，复姓有欧阳、司马二姓。

2011年有1978年未见的姓23个，发生变化的原因主要是人口正常流动、迁移。

第四节 人口普查

第三次全国人口普查，从1981年6月1日始，1982年8月1日结束，以1982年7月1日零时为登记标准时间。此次普查，境域总户数15933户，总人口60935人，比第二次（1964年）全国人口普查增加7115户、27384人。其中男30971人、女29964人，性别比103.36，比第二次人口普查降低9.71个百分点；户均人口3.82人，比第二次人口普查增加0.02人；人口密度每平方公里302.6人，比第二次人口普查增加136人。

第四次全国人口普查，从1990年7月1日始，1990年11月1日结束，以1990年7月1日零时为登记标准时间。此次普查，境域总户数18610户，总人口62565人，比第三次人口普查增加2677户、1630人。其中男32136人、女30429人，性别比105.61，比第三次人口普查增加2.25个百分点；户均人口3.36人，比第三次人口普查减少0.46人；人口密度每平方公里310.7人，比第三次全国人口普查增加8.1人。

第五次全国人口普查，从2000年11月1日始，2001年8月1日结束，以2000年11月1日零时为登记标准时间。此次普查，境域总户数22780户，总人口64610人，比第四次人口普查增加4170户、2045人。其中男33673人、女30937人，性别比108.84，比第四次人口普查增加3.23个百分点；户均人口2.84人，比第四次人口普查减少0.52人；人口密度每平方公里320.9人，比第四次全国人口普查增加10.2人。

第六次全国人口普查，从2010年11月1日始，2011年3月1日结束，以2010年11月1日零时为登记标准时间。此次普查，境域总户数32343户，总人口83016人，比第五次人口普查增加9563户、18406人。其中男41472人、女41544人，性别比99.82，比第五次人口普查下降9.02个百分点；户均人口2.57人，比第五次人口普查减少0.27人；人口密度每平方公里412.4人，比第五次全国人口普查增加91.5人。

第二章 人口控制

第一节 机构·队伍

一、机构

专职机构 1978年，农场计划生育领导小组，下设计划生育办公室（简称计生办），所辖各分场、场直单位和各生产队相应成立计划生育领导小组（简称计生领导小组）。1994年，计生工作归属行政区社会发展局。2000年，成立教育卫生计划生育局。2002年3月，区计划生育局（简称计生局）合署区管委会办公室，加挂计生局牌子。2005年8月，区计生局更名为区人口和计划生育局（简称人口计生局），并单独设立。至2011年，区人口计生局下设办公室（奖励扶助股）、计划统计股、宣传法规股（科学技术股），辖流动人口计划生育管理站、社会抚养费征收管理局、5个乡镇及天问街道和70个村（居）计生办。

计生协会　1986年，农场成立计划生育协会（简称计生协会），隶农场计生领导小组。各分场、场直各单位、各生产队相继成立计生协会。2000年区计生协会成立后，全区6个乡镇、街道和70个村（居）以及9个区直部门相继成立计生协会。区（场）协会会长由退休区（场）级领导担任，秘书长由计生局一名副职领导兼任；乡镇（分场）、街道、村（队）级计生协会会长由同级主管计生工作负责人兼任。至2011年，全区计生协会会员达5810人。

二、队伍

1978年，农场计生办仅有工作人员2人，1986年始增至5人，2002年后增至10人。

1980年，9个分场各配备1名计生工作人员，8个场直单位各配备1名兼职计划生育专干（简称计生专干），123个生产队均由妇联主任兼任计生专干。1986年始，各分场除配备1名计生专干外，另增加2～3名兼职计生工作人员。2002年始，6个乡镇、街道计生工作人员增至3～6名，70个村（居）均配备1名计生专干，享受村干部固定工资待遇。

80年代后，农场计划生育部门除按要求组织计生工作人员参加省、市计生业务培训外，每年举办2期场（区）直部门和村计生专干培训班，主要学习人口理论、政策法规、统计台账以及统计微机、药具管理、节育技术等。至2011年，12人获计划生育统计合格证书，8人获助理执业医生、执业医生资格证书，8人获计划生育技术服务合格证书；58人参加继续学历教育，其中30人获大专以上文凭。

第二节　政策法规

一、生育政策

1978年，农场出台规定：男女实行同工同酬；提倡男到女家落户；招工、升学照顾有女无子户；职工福利要有利于推行计生工作；把计生工作作为单位和个人评先的条件，纳入考核党员、干部内容；干部、职工生育三胎及三胎以上者，孕期检查、接生住院费一律自负。

1980年，农场开始推行晚婚晚育和一对夫妇只生育一个孩子的生育政策，主要规定是：男女双方按法定婚龄推迟3年以上结婚为晚婚，女方在24周岁以上生育为晚育；国家干部和职工、城镇居民，除特殊情况批准外，一对夫妇只生育一个孩子；鼓励晚婚晚育，奖励、优待独生子女及其家庭。

1982～1989年，根据省、市要求，境内规定国家干部、职工符合下列条件之一者，可以有计划地安排生育第二胎：第一胎为非遗传性残疾，不能成为正常劳动力或因严重性生理缺陷的；婚后五年不孕，经县以上医院确诊为不孕症，带养一孩后怀孕要求生育的；再婚夫妇只有一个孩子，另一方系初婚或未生育过的；夫妇双方再婚前各有一个孩子，均依法判随前婚配偶，新组合家庭身边无子女的；再婚夫妇一方有二个孩子的丧偶者，另一方系初婚或未生育过的；独子与独女结婚（含带养）；夫妇双方均系归侨或台湾、港澳同胞只有一个孩子的。农场职工除执行以上各条外，凡符合下列条件之一者也可有计划地安排生育二胎：男到有女无儿家落户的（如女家姐妹数人，只限一人）；夫妇一方两代均系独生子女

计生工作测评　（宋政军2008年摄）

的（不分亲生或带养）；兄弟多人（含2人）只有一人有生育条件，又只生育一个孩子，其他兄弟丧失生育条件的；兄弟多人（含2人）均系只生一个女孩的（只限兄弟中一人）；独子只生一个女孩的。其中，国务院和省政府先后再次作出调整，境内执行“对农村独女户要求再生育一个孩子，经过批准，可以有计划地安排二胎”的规定。

1990年1月，《湖南省计划生育条例》颁布实施，规定：符合本《计划生育条例》规定生育第二个孩子的，生育间隔必须在4年以上，生育妇女年龄必须在28周岁以上。1998年8月3日，省人大常委会对《计划生育条例》部分修正，对生育第二个孩子的妇女的生育年龄由“必须28岁以上”调整为“25周岁以上”，对间隔上由“必须4年以上”调整为“晚育的生育间隔可以缩短为2年，生育妇女年龄超过28周岁的，不受生育间隔限制”。

二、奖励政策

70年代，境内各单位先后制定一系列表彰和奖励计生工作先进单位、先进工作者和自觉执行计划生育政策人员的规定。2004年始，根据国家《人口与计划生育法》和省《人口与计划生育条例》规定，境内推行对独生子女家庭每月发放独生子女保健费5元，自领取“独生子女父母证”之日起至子女满14岁止；对达到法定退休年龄的独生子女父母增发本人基本工资5%退休金；实行“农村集体经济组织分配征地补偿时，对独生子女家庭增加一人份额”的规定等。对农村夫妇生育两女落实结扎手术的一次性资助200元。同时，在高中新生录取中独生子女适当加分，贫困独生子女享受助学金予以优先，计划生育家庭享有廉租房优先权。

三、限制政策

1982年，境内各单位对拒不执行计划生育人员先后制定较严格的规定。1990~2011年，统一执行国家《人口与计划生育法》和省《人口与计划生育条例》规定的限制与处罚政策，其中经济处罚标准有较大提高。

第三节　宣传教育

1978 ~ 1993年，以宣传贯彻国家晚、稀、少的生育政策和控制人口数量为重点，教育引导广大干部、群众破除封建思想、与多子多福、传宗接代、养儿防老等传统观念决裂。农场计生部门、各分场、镇、生产队利用要道、路旁，在农村居民地书写固定宣传标语1300多条，制定宣传画300多块，设置路边宣传窗栏120处，举办图片展览30多次，展出图片1280幅。

1994年7月25日，区党委宣传部、区团委、区计生委、区妇联联合发出《关于广泛开展婚育新风进万家活动的通知》，主要活动着眼点是家庭。重点宣传晚婚晚育、少生优生、男女平等、生男生女一样好，女儿也是传后人。活动历时一个月，出动宣传车320台次，印发宣传资料1.8万份，悬挂横幅120条。

计生宣传进社区 （宋政军2005年摄）

1996年始，区电视台开辟《人口与计生》专题栏目，后改为《人口与婚育》《国策连万家》，共播放计划生育专题节目128期。

1998年2月10日，行政区党委批转《区计划生育委员会关于开展计划生育优质服务的报告的通知》，全面系统地进行生殖健康教育，实行避孕节育全程优质服务，开展妇幼健康综合服务。

2002年2月25日，区党委中心学习小组组织全区副科级以上负责干部集中学习《人口与计划生育法》《计划生育技术服务条例》和省《人口与计划生育条例》《社会抚养征收管理办法》等“一法四规”。2003年1月8～10日，在区党校举办“一法四规”骨干培训班，全区70个村、居委会专干和区直单位计生专干全部参加培训。

2004～2011年，每年年初均组织乡镇、街道计生工作人员及村（居）委会党支部书记、计生专干、区直单位计生专管、专干，综合治理部门计生专管、专干及各乡镇、街道计生协会会长参加“一法四规”和计生业务知识培训，累计培训2890人次。

第四节 优生优育

一、服务项目

1998年4月8日，农场场部制订《屈原农场计划生育优质服务实施方案》，在全场育龄夫妇中提倡一对夫妇只生一个孩子，晚婚、晚育、少生优生、优教优管，以及婴儿新法接生、科学养育等生育观念。是年始，对15～49岁居民组织进行青春期、婚前期、孕产期、育儿期、更年期的“五期”培训，并发给“生殖健康教育证”。对节育对象进行避孕节育措施的知情选择，跟踪访视，实行“避孕节育方法优选服务证”制度。改“两查”为“三查”，即查环、查孕、查病，开展不孕不育症查治和常见妇女病的防治。对生育对象实行遗传优生遗传检测，减少残缺儿童出生。2003年始，对怀孕3个月以上二孩孕妇实行孕期全程跟踪服务，此工作经验在全市推广。

二、服务网络

1978年始，在屈原人民（职工）医院妇产科加挂计划生育服务站（简称计生服务站）牌子，全区（场）结扎等手术在计生服务站完成。

2002年后，全区5个乡镇、1个街道相继建立计生服务所，配有上环包、取环包、手术床、B超诊断仪、消毒锅等器械和设施。2011年，营田镇计生中心服务所被省、市计生委分别授予“四优一满意”服务所称号。

三、巡回义诊

2004～2008年，区人口计生局与汨罗计生服务站合作，实行科技下乡，优质服务，先后为2.5万名育龄妇女进行妇科病查治，共查出4000余人患有不同程度妇科疾病。2001～2011年，区人口计生局和区人民医院合作，下乡服务，为育龄妇女提供免费妇科病查治服务，有1.5万人参与免费检查，共查出2100人患有不同程度妇科疾病；为4800对育龄夫妇进行优生遗传基因检测；为38对夫妇进行出生缺陷干预检查。

四、手术管理

2008年始，全区计划生育手术实行实名制管理，管理方法在全市推广。2010年成立计划生育手术并发症鉴定专家组和领导小组，对全区疑似计划生育手术并发症患者进行鉴定，经市人口计生委计划生育并发症鉴定领导小组审核后，确定全区有13名计划生育手术并发症患者。2011年始，每年发放1200元生活抚助金，并享受对症免费治疗。

第三篇　中共地方组织

第一章　组织机构

第一节　领导班子

1978年是中共汨罗江农场第二届委员会任期的第四年。是年有场党委委员22名。场党委班子有书记1名，副书记3名，常委9名。

1978年1月29～30日，中共汨罗江农场第三次代表大会在场部召开，选举产生中共汨罗江农场第三届委员会，委员20名。在三届一次全会上，选举产生场党委常委9名，书记1名，副书记3名。

1982年9月29日至10月1日，中共屈原农场第四次代表大会在场部召开，选举产生中共屈原农场第四届委员会，委员9名，取消常委机构，设书记1名，副书记3名。

1985年10月3～6日，中共屈原农场第五次代表大会在屈原影剧院召开，选举产生中共屈原农场第五届委员会，委员7名，设书记1名，副书记2名。

1993年2月7～8日，中共屈原农场第六次代表大会在场部召开，选举产生中共屈原农场第六届委员会。委员20名，在六届一次全会上，选举产生场党委常委6名，书记1名，副书记3名。

1999年1月28～29日，中共屈原行政区第七次代表大会在屈原影剧院召开，选举产生中共屈原行政区第七届委员会，委员9名，未设常委，设书记1名，副书记4名。

2000年撤场建管理区后，区党委系市委派出机构，班子成员改换届为市委直接任命。

2001年3月8日，市委在屈原影剧院召开党政负责干部会议，宣布撤场建区后区党委组成人员，设委员8名，书记1名，副书记3名。至2011年，中共屈原管理区党委设委员10名，书记1名，副书记3名。

1978～1982年中共汨罗江（屈原）农场第三届委员会常务委员名录

表3-1

姓　名	籍　贯	职　务	任职时间
安金铭	河　北	党委书记	1978.01～1979.01
刘树堂	黑龙江哈尔滨	党委书记	1979.01～1982.08
范罗生	湖南华容	党委副书记	1978.01～1979.02
王发祥	湖南汨罗	党委副书记	1978.01～1979.08
甘根林	湖南湘阴	党委副书记	1978.01～1982.08
胡雨田	湖南湘阴	党委副书记	1979.01～1982.08
李金先	湖南长沙	党委副书记	1979.08～1980.10
党委常委（以姓氏笔画为序）	王日强　王发祥　甘根林　田月梅　朱亮成　伏振溪　安金铭　刘树堂　杨晓春　李金先　范罗生　周尚文　胡雨田　晏奇礼　蒋国南		

1982～1985年中共屈原农场第四届委员会委员名录

表3-2

姓　名	籍　贯	职　务	任职时间
刘树堂	黑龙江哈尔滨	党委书记	1982.09～1983.12
周金印	湖南湘阴	党委书记	1983.12～1984.10
徐亚雄	浙江桐乡	党委书记	1984.10~1985.09
晏奇礼	湖南益阳	党委副书记	1983.12～1985.09
甘根林	湖南湘阴	党委副书记	1982.09～1985.09
胡雨田	湖南湘阴	党委副书记	1982.09～1983.12
杨晓春	湖南湘阴	党委副书记	1982.09～1983.12
徐亚雄	浙江桐乡	党委副书记	1983.12~1984.10
周尚文	湖南汨罗	党委副书记	1985.07～1985.09
党委委员（以姓氏笔画为序）	甘根林　田月梅　朱亮成　刘树堂　杨晓春　周金印　周尚文　胡雨田　晏奇礼　徐亚雄　蒋国南　谢曾泽　蒯正华		

1985～1993年中共屈原农场第五届委员会委员名录

表3-3

姓　名	籍　贯	职　务	任职时间
徐亚雄	浙江桐乡	党委书记	1985.10～1988.04
晏奇礼	湖南益阳	党委书记	1988.04～1990.07
刘尧臣	湖南华容	党委书记	1990.07～1993.01
晏奇礼	湖南益阳	党委副书记	1985.10～1988.10
周尚文	湖南汨罗	党委副书记	1985.10～1990.06
周仲阳	湖南汨罗	党委副书记	1986.02～1991.09
刘　宏	湖南华容	党委副书记	1988.06～1989.09
司马德坤	湖南湘阴	党委副书记	1990.01～1993.01
蒋国南	湖南湘阴	党委副书记	1991.04～1993.01
党委委员（以姓氏笔画为序）	田月梅　司马德坤　刘　宏　刘尧臣　周仲阳　周尚文　徐亚雄　晏奇礼　蒋国南　谢曾泽　蒯正华		

1993～1998年中共屈原农场（行政区）第六届委员会常务委员名录

表3-4

姓　名	籍　贯	职　务	任职时间
刘尧臣	湖南华容	党委书记	1993.02～1994.12
陈仲伯	湖南临湘	党委书记	1994.12～1997.04
柴小平	湖南华容	党委书记	1997.04～1998.11
钟小汨	湖南湘阴	党委书记	1998.11～1998.12
郑可仗	湖南汨罗	党委副书记	1993.02～1996.07
汤华保	湖南汨罗	党委副书记	1993.02～1998.12
李菊良	湖南汨罗	党委副书记	1993.02～1998.12
蔡世平	湖南湘阴	党委副书记	1995.07～1998.11
蒋亚雄	湖南湘阴	党委副书记	1996.07～1998.11
李永丰	湖南宁乡	党委副书记	1998.11～1998.12
余仲春	湖南汨罗	党委副书记	1998.11～1998.12
党委常委（以姓氏笔画为序）	田月梅　刘尧臣　李永丰　李菊良　余仲春　沈立山　汤华保　陈仲伯　郑可仗　金辉良　钟小汨　钟胜双　柴小平　蒋亚雄　蒯正华　蔡世平　戴耀先		

1999～2001年中共屈原行政区第七届委员会委员名录

表3-5

姓　名	籍　　贯	职　务	任职时间
钟小汨	湖南湘阴	党委书记	1999.01～2001.03
李永丰	湖南宁乡	党委副书记	1999.01～2000.12
汤华保	湖南汨罗	党委副书记	1999.01～1999.09
余仲春	湖南汨罗	党委副书记	1999.01～2001.03
田月梅	湖南湘阴	党委副书记	1999.01～2001.03
党委委员（以姓氏笔画为序）	田月梅　汤华保　李永丰　余仲春　沈立山　钟小汨　钟胜双　谢忠厚　廖社华　戴耀先		

2001～2011年中共屈原管理区委员会委员名录

表3-6

姓　名	籍　　贯	职　务	任职时间
钟小汨	湖南湘阴	党委书记	2001.03～2006.04
欧江平	湖南辰溪	党委书记	2006.09～2007.11
刘铁健	湖南岳阳	党委书记	2007.11～2009.01
孔福建	湖南华容	党委书记	2009.03~
黄柏良	湖南岳阳	党委副书记	2001.03～2004.12
金辉良	湖南湘阴	党委副书记	2001.03～2006.10
廖社华	湖南汨罗	党委副书记	2001.03～2002.10
陈琪钢	湖南华容	党委副书记	2002.10～2006.10
沈立山	湖南汨罗	党委副书记	2002.12～2006.01
欧江平	湖南辰溪	党委副书记	2004.11～2006.08
谈正红	湖南华容	党委副书记	2006.10～2008.04
谢忠厚	湖南汨罗	党委副书记	2006.10～2008.04
孔福建	湖南华容	党委副书记	2008.02～2009.03
许平亚	湖南岳阳	党委副书记	2008.04～
谢瑞其	湖南湘阴	党委副书记	2009.03～
田明清	湖南汨罗	党委副书记	2009.12～
党委委员（以姓氏笔画为序）	孔福建　田　荣　田明清　刘铁健　许平亚　李德友　李耀华　吴光文　吴奋发　沈立山　欧江平　张向东　陈琪钢　金辉良　钟小汨　徐仲康　谈正红　黄柏良　傅大斌　曾兰芝　谢忠厚　谢瑞其　廖社华		

第二节　工作机构

1978年，场党委工作机构设政治处，下设组织科、宣教科、群工科。1979年10月，成立中共国营屈原农场纪委。1981年3月，撤销总场党委政治处，恢复党委办公室、组织部、宣传部。1988年始，场党委工作部门有纪委、党委办（内设机要档案室、信访办）、党委组织部、党委宣传部，设立党校。

2000年，根据市编制委员会《关于屈原管理区机构设置和人员编制配备的通知》，设立办公室、组群科、宣教科、纪委。

2002年，根据市委、市政府关于《屈原管理区区直机关机构改革方案》通知，撤销组群科、宣教科，成立组织部，加挂机构编制委员会办公室（简称编办）、总工会、团委、科协牌子；宣传部，加挂广电局牌子；政法委，加挂综治委、司法局牌子；保留纪委机关；办公室与管委会办两办合一，加挂计生局牌子。2003年，区纪委与区监察局合署办公；区党委、区管委会办公室加挂区计生局、区信访局、区安全生产监督领导小组办公室牌子；区党委组织部加挂区编办、区直机关工委牌子，将区总工会、区妇联、团区委、区科协调整为按章程设置机构。

2011年，区党委机构为区纪委（与区监察局合署办公）、区党委办公室（与区管委会办公室合署办公，加挂区法制办、区安全生产监督管理局、区信访局牌子）、区党委组织部（加挂区直机关工委牌子）、区党委宣传部（与区文化广电新闻出版局合署办公，加挂区党委统战部、区文联、区工商联、区版权局牌子）、区党委政法委、区党委编办（加挂区事业单位登记管理局牌子）。下设事业单位有区党委党校（区行政干部学校）、区党委老干局。

第三节　党委、常委会议

一、第三届常委会议

中共屈原农场第三届委员会，1978年1月至1982年8月，共召开常委和常委扩大会议18次。

1979年2月26日，党委书记刘树堂在常委会议室主持召开常委会议，传达贯彻中央12号文件精神，研究统筹解决城市知青工作问题。

1979年10月30日，党委书记刘树堂在常委会议室主持召开常委扩大会议，传达省委工作会议精神，研究推进农场“四化”建设若干事项。

1979年12月18日，党委书记刘树堂在常委会议室主持召开常委会议，传达中央关于对国有农场实行“自负盈亏”的包干政策精神。研究总场到分场包干形式。

1982年2月9日，党委书记刘树堂在常委会议室主持召开常委会议，研究加强党风廉政建设工作。

1982年8月13日，党委书记刘树堂在常委会议室主持召开常委扩大会议，传达贯彻中央关于推行农村生产责任制的会议精神，研究农场党委换届工作。

二、第四届党委会议（自本届起不设常委）

中共农场第四届委员会，1982年9月至1985年9月，共召开党委、党委扩大会议24次。

1983年12月20日，党委书记周金印在党委会议室主持召开党委扩大会议，专题研究领导班子自身建设问题。会议作出《关于切实加强各级领导班子作风建设的若干决定》。

1984年7月12日，党委书记周金印在党委会议室主持召开党委扩大会议，传达岳阳行署关于地区改革会议精神，决定在全场建立干部岗位责任制，同时对场直企业实行简政放权。

1984年11月21日，党委书记徐亚雄在党委会议室主持召开党委扩大会议，传达学习中共十二届三中全会精神，专题研究改进党的作风建设问题。

1985年3月27日，党委书记徐亚雄在机关办公楼会议室主持召开党委会议，专题研究成立家庭农场委员会及工资改革工作。

1985年5月11日，党委书记徐亚雄在党委会议室主持召开党委扩大会议，传达贯彻岳阳地区整党工作会议精神，专题研究在全场开展整党工作有关事项。

1985年9月14日，党委书记徐亚雄在党委会议室主持召开党委会议，研究计划生育和教育工作。

三、第五届党委会议

中共农场第五届委员会，1985年10月至1993年1月，共召开党委、党委扩大会议31次。

1986年8月2日，党委书记徐亚雄在党委会议室主持召开党委扩大会议，传达全市党员负责干部会议精神，部署村一级整党工作，研究企业领导体制改革等有关问题。

1987年5月27日，党委书记徐亚雄在党委会议室主持召开党委扩大会议，传达省教育工作会议精神，研究职业技术教育和卫生工作。

1987年7月6日，党委书记徐亚雄主持召开党委扩大会议，研究党要管党、干部作风建设及经济工作。

1987年9月16日，党委书记徐亚雄主持召开党委扩大会议，传达贯彻市工业会议精神，研究部署场直企业建立厂长责任制问题。

1987年9月20日，党委书记徐亚雄在党委会议室主持召开党委扩大会议，传达贯彻关于农村基层党组织建设会议精神，并就在全场开展创先争优、从严治党有关活动进行讨论和部署。

1988年1月18日，党委书记徐亚雄在党委会议室主持召开党委扩大会议，专题研究场直机关机构改革问题。

1988年4月27日，党委书记晏奇礼在党委会议室主持召开党委扩大会议，专题研究干部人事制度改革问题。

1988年5月27日，党委书记晏奇礼在党委会议室主持召开党委扩大会议，传达贯彻中央有关党政干部禁止经商的会议精神，作出《关于加强党政干部廉洁自律的若干规定》《关于加快林业发展的决定》。

1988年8月23日，党委书记晏奇礼在党委会议室主持召开党委扩大会议，传达贯彻市委一届四次会议精神，研究发展外向型经济、私有制经济以及从严治党等工作。

1989年1月13日，党委书记晏奇礼在党委会议室主持召开党委扩大会议，传达岳阳市农村工作会议精神，研究大办农业问题。

1989年4月4日，党委书记晏奇礼主持召开党委扩大会议，传达贯彻中央1号文件精神，研究加强社会治安综合治理工作，并就清理干部建私房问题进行部署。

1989年6月19日，党委书记晏奇礼在机关办公楼三楼会议室主持召开党委扩大会议，专题学习中央3号文件精神，部署机关干部下基层工作。

1990年11月18日，党委书记刘尧臣在机关办公楼三楼会议室主持召开党委扩大会议，专题研究屈原镇城镇规划工作。

1991年6月15日，党委书记刘尧臣在机关办公楼三楼会议室主持召开党委会议，研究计划生育、教育和精神文明建设等工作。

1992年3月18日，党委书记刘尧臣在机关办公楼三楼会议室主持召开党委会议，学习邓小平重要讲话精神，讨论总场机关机构改革工作。

1992年9月7日，党委书记刘尧臣在机关办公楼三楼会议室主持召开党委扩大会议，专题听取饲料生产情况汇报，讨论成立正虹饲料集团公司工作。

1993年1月18日，党委书记刘尧臣在屈原小招待所会议室主持召开党委扩大会议，讨论中共屈原农场第六届党代会报告和《关于加强干部队伍建设决定》草拟稿。

四、第六届常委会议（本届设常委）

中共农场（行政区）第六届委员会，1993年2月至1999年1月共召开常委、常委扩大会议36次。

1993年2月21日，党委书记刘尧臣在屈原小招待所会议室主持召开常委扩大会议，研究机关改革、工业发展等工作。

1993年4月14日，党委书记刘尧臣在小招待所会议室主持召开常委扩大会议，专题研究教育工作。

1993年5月29日，党委书记刘尧臣在机关办公楼三楼会议室主持召开常委扩大会议，传达市委全会精神，研究经济工作，讨论举办首届湖南“屈原杯”自行车越野赛有关事项。

1993年8月7日，党委书记刘尧臣在屈原小招待所会议室主持召开常委扩大会议，研究灾后兴场工作。

1993年10月16日，党委书记刘尧臣在屈原小招待所会议室主持召开常委会议，研究组织工作、反腐败斗争以及加强领导班子思想作风建设等有关工作。

1993年11月4日，党委书记刘尧臣在机关办公楼三楼会议室主持召开常委扩大会议，研究粮食、财政以及血防工作。

1994年4月9日，党委书记刘尧臣在屈原小招待所会议室主持召开常委会议，传达贯彻市纪检工作会议精神，研究人事制度改革问题。

1994年8月14日，党委书记刘尧臣在屈原小招待所会议室主持召开常委会议，专题研究农场体制改革有关工作。

1995年2月17日，党委书记陈仲伯在屈原小招待所会议室主持召开常委会议，研究机关改革、清理干部建私房等工作。

1995年3月15日，党委书记陈仲伯在屈原小招待所会议室主持召开常委会议，学习中央2号文件精神，研究召开全区思想政治工作会议有关事项。

1996年5月15日，党委书记陈仲伯在机关办公楼三楼会议室主持召开常委扩大会议，传达省、市工业改革会议精神，研究工商企业体制改革和正虹上市工作。

1996年9月23日，党委书记陈仲伯在屈原小招待所会议室主持召开常委会议，听取正虹公司股份制改造工作汇报，并就基层班子建设问题进行讨论。

1996年12月19日，党委书记陈仲伯在屈原小招待所会议室主持召开常委扩大会议，传达全省农村工作会议和省委经济工作会议精神，讨论维稳工作。

1997年5月3日，党委书记柴小平在屈原小招待所会议室主持召开常委会议，专题听取经济工作汇报，并就加强预算外资金管理和规费管理问题进行讨论。

1997年7月15日，党委书记柴小平在小招待所会议室主持召开常委扩大会议，专题研究教育工作。

1997年10月7日，党委书记柴小平在机关办公楼三楼会议室主持召开常委扩大会议，研究农业政策、干教医工资统筹等有关工作。

1997年11月12日，党委书记柴小平在机关办公楼三楼会议室主持召开常委扩大会议，研究农业体制改革、转变干部作风、畜牧业生产等工作。

1997年12月9日，党委书记柴小平在机关办公楼三楼会议室主持召开常委扩大会议，听取有关企业改制、正虹兴农公司成立、堤防建设、年终工作总结等情况汇报，并就来年工作思路进行讨论。

1998年3月2日，党委书记柴小平在机关办公楼三楼会议室主持召开常委扩大会议，专题讨论营田镇总体规划方案。

1998年3月27日，党委书记柴小平在机关办公楼三楼会议室主持召开常委扩大会议，研究干部录用、机构改革等工作。

1998年10月16日，党委书记柴小平在机关办公楼三楼会议室主持召开常委扩大会议，专题听取屈原围垦建场40周年庆祝活动筹备工作汇报。

1998年12月7日，党委书记钟小汨在机关办公楼三楼会议室主持召开常委扩大会议，听取工业、农业、财税工作情况汇报。

五、第七届党委会议（本届起不设常委）

中共行政区第七届委员会，1999年1月至2001年2月，共召开党委、党委扩大会议30次。

1999年1月19日，党委书记钟小汨在机关办公楼三楼会议室主持召开党委扩大会议，传达市委维稳工作会议精神，专题听取第七届党代会报告起草以及会议筹备工作汇报。

1999年3月26日，党委书记钟小汨在机关办公楼三楼会议室主持召开党委会议，专题研究工业生产有关事项。

1999年4月1日，党委书记钟小汨主持召开党委扩大会议，专题研究企业改制工作。

1999年6月21日，党委书记钟小汨在兴农公司会议室主持召开党委扩大会议，专题听取兴农公司“公司+农户”模式运行情况汇报，并就加快生猪产业化建设有关事项进行讨论。

1999年11月23日，党委书记钟小汨在机关办公楼三楼会议室主持召开党委会议，专题研究粮食收储工作。

2000年2月16日，党委书记钟小汨在机关办公楼三楼会议室主持召开党委扩大会议，学习省委、省政府4号文件精神，传达贯彻市委扩大会议精神，并就体制改革、水利建设、税收工作、11万伏变电站建设、企业改制、政法队伍思想作风整顿、干部作风转变等问题进行研究。

2000年2月21日，党委书记钟小汨在机关办公楼三楼会议室主持召开党委会议，研究农场体制改革工作。

2000年3月8日，党委书记钟小汨在机关办公楼三楼会议室主持召开党委扩大会议，专题研究开展“三讲”教育活动有关事项，并就农场体制改革有关工作进行部署。

2000年3月23日，党委书记钟小汨在机关办公楼三楼会议室主持召开党委扩大会议，专题讨论《农场体制改革实施方案》。

2000年5月12日，党委书记钟小汨在机关办公楼三楼会议室主持召开党委会议，专题研究机构改革中有关具体问题。

2000年5月26日，党委书记钟小汨在机关办公楼三楼会议室主持召开党委扩大会议，专题研究机关干部定编定岗有关工作。

2000年7月31日，党委书记钟小汨在机关办公楼三楼会议室主持召开党委扩大会议，研究《教育改革实施方案》，讨论通过《关于预算外资金管理的若干规定》。

2000年8月31日，党委书记钟小汨在机关办公楼三楼会议室主持召开党委会议，研究教育改革工作。

2000年9月26日，党委书记钟小汨在屈原小招待所会议室主持召开党委扩大会议，传达市委书记于来山关于屈原农场体制改革的讲话精神，并就“撤场建管理区”有关事项进行讨论。

2000年11月16日，党委书记钟小汨在屈原小招待所会议室主持召开党委扩大会议，就卫生体制改革、企业改制、农业单位拆借资金清偿等有关问题进行研究，并出台《关于农业单位高息拆借资金清偿及偿还奖励政策的若干规定》。

2001年1月14日，党委书记钟小汨在屈原小招待所会议室主持召开党委会议，听取屈汨路拓宽改造工程建设情况汇报，并就召开全区三级干部会议作出决定。

2001年2月6日，党委书记钟小汨在三楼会议室主持召开党委扩大会议，专题研究当年工作思路，并原则通过三级干部大会报告。

六、中共岳阳市屈原管理区党委会议

中共岳阳市屈原管理区党委，2001年3月至2011年12月，共召开党委、党委扩大会议86次。

2001年4月2日，党委书记钟小汨在屈原小招待所会议室主持召开党委扩大会议，专题讨论农村税费和人事制度改革等有关工作。

2001年4月16日，党委书记钟小汨在屈原小招待所会议室主持召开党委扩大会议，讨论电力体制改革工作，听取防汛准备工作和开展“严打”整治工作汇报。

2001年5月7日，党委书记钟小汨在屈原小招待所会议室主持召开党委扩大会议，专题研究区直企业改制工作。

2001年5月18日，党委书记钟小汨在屈原小招待所会议室主持召开党委扩大会议，研究区财政体制改革工作。

2001年7月24日，党委书记钟小汨在屈原小招待所会议室主持召开党委扩大会议，讨论招商引资政策、教育布局调整、计生工作及电力体制改革等事项。

2001年8月3日，党委书记钟小汨在机关办公楼三楼会议室主持召开党委会议，传达中央、省、市纪检监察工作会议精神，讨论建立党风廉政建设责任制有关工作。

2001年10月15日，党委书记钟小汨在屈原小招待所会议室主持召开党委扩大会议，研究农村土地流转、堤防建设、农业产业化建设等工作。

2002年3月19日，党委书记钟小汨在屈原小招待所会议室主持召开党委扩大会议，传达市委组织工作、老干部工作、工会工作会议精神，讨论乡镇财政管理、招商引资奖励政策等工作。

2002年4月20日，党委书记钟小汨在屈原小招待所会议室主持召开党委扩大会议，讨论电力改革、糖厂改制等工作。

2002年6月2日，党委书记钟小汨在机关办公楼三楼会议室主持召开党委扩大会议，讨论成立会计核算中心、招商引资优惠政策、医疗保险、农村税费改革、部门综合预算等工作。

2002年11月25日，党委书记钟小汨在屈原小招待所会议室主持召开党委扩大会议，讨论退田还湖、退耕还林工作。

2003年3月3日，党委书记钟小汨在屈原小招待所会议室主持召开党委扩大会议，讨论政法工作。

2003年7月17日，党委书记钟小汨在屈原一中会议室主持召开党委会议，专题讨论教育工作。

2003年8月30日，党委书记钟小汨在屈原小招待所会议室主持召开党委会议，研究开展打击地下“六合彩”专项行动工作方案。

2003年11月17日，党委书记钟小汨主持召开党委扩大会议，听取乡镇召开第一届人民代表大会筹备工作情况汇报，讨论边山社区设置工作。

2004年4月6日，党委书记钟小汨在屈原小招待所会议室主持召开党委扩大会议，专题研究农牧职工养老统筹工作。

2005年3月10日，党委书记钟小汨在机关办公楼三楼会议室主持召开党委扩大会议，讨论计划生育和林业工作。

2005年3月17日，党委书记钟小汨在机关办公楼三楼会议室主持召开党委扩大会议，研究在全区开展保持共产党员先进性教育活动实施方案。

2005年4月28日，党委书记钟小汨在屈原小招待所会议室主持召开党委扩大会议，传达中央、省、市经济工作会议精神，研究人事编制工作。

2006年1月16日，党委书记钟小汨在机关办公楼三楼会议室主持召开党委会议，讨论正虹公司股权分置改革、财政预决算工作。

2006年12月4日，党委书记欧江平在机关办公楼三楼会议室主持召开党委扩大会议，传达市委书记易炼红讲话精神，讨论荞麦湖开发、广电局改革、干部队伍建设、居委会换届选举、市人大代表组团等工作。

2007年7月31日，党委书记欧江平在屈原小招待所会议室主持召开党委扩大会议，传达省委政法工作会议精神，研究维稳工作。

2007年8月16日，党委书记欧江平在机关办公楼三楼会议室主持召开党委扩大会议，研究教育、宣传工作。

2007年9月6日，党委书记欧江平在机关办公楼三楼会议室主持召开党委会议，研究乡镇人大换届工作。

2008年3月11日，党委书记刘铁健在机关办公楼三楼会议室主持召开党委扩大会议，专题研究铜铝材加工企业有关工作，并就规范铜铝材加工企业管理作出规定。

2008年3月28日，党委书记刘铁健在机关办公楼三楼会议室主持召开党委会议，研究干部作风建设工作。

2008年4月11日，党委书记刘铁健在屈原小招待所会议室主持召开党委会议，研究计划生育、社会治安综合治理工作。

2008年5月9日，党委书记刘铁健在机关办公楼三楼会议室主持召开党委扩大会议，通报党委、管委会班子分工，研究国土、村委会换届、粮食收储、文化体制改革等工作。

2008年8月29日，党委书记刘铁健在机关办公楼三楼会议室主持召开党委会议，研究干部培训、“四差额”选拔干部工作。

2008年9月12日，党委书记刘铁健在机关办公楼四楼会议室主持召开党委扩大会议，学习新修订的《湖南省计划生育工作条例》，以及省委“坚持科学发展，加快富民强省大讨论”通知。

2008年11月17日，党委书记刘铁健在机关办公楼三楼会议室主持召开党委会议，专题研究管理区申请加入长株潭“两型”社会建设滨湖示范区有关工作。

2009年4月5日，党委书记孔福建在正虹科技大楼三楼会议室主持召开党委会议，研究开展深入学习实践科学发展观活动实施方案。

2009年4月15日，党委书记孔福建在正虹科技大楼三楼会议室主持召开党委会议，专题讨论计划生育工作。

2009年5月14日，党委书记孔福建在正虹科技大楼会议室主持召开党委扩大会议，讨论新农村建设、农村经营田管理等工作。

2009年6月4日，党委书记孔福建在正虹科技大楼三楼会议室主持召开党委会议，专题研究正虹公司董事会换届工作。

2009年7月29日，党委书记孔福建在正虹科技大楼三楼会议室主持召开党委会议，学习中央、省委有关文件精神，专题研究维稳工作。

2009年9月15日，党委书记孔福建在正虹科技大楼三楼会议室主持召开党委会议，专题传达学习贯彻市委书记易炼红“深化忠诚主题教育活动，提高科学谋事干事水平”的讲话精神。

2010年2月22日，党委书记孔福建在正虹科技大楼三楼会议室主持召开党委扩大会议，专题研究政法工作。

2010年5月26日，党委书记孔福建在机关办公楼三楼会议室主持召开党委扩大会议，讨论计生工作。

2010年9月1日，党委书记孔福建在机关办公楼三楼会议室主持召开党委扩大会议，传达学习市委书记易炼红考察管理区工作的讲话精神，研究招商引资工作。

2011年1月4日，党委书记孔福建在机关办公楼三楼会议室主持召开党委扩大会议，专题讨论社会治安综合治理工作。

2011年3月16日，党委书记孔福建在机关办公楼三楼会议室主持召开党委会议，讨论乡镇党委换届、干部作风建设工作，并决定印发《关于进一步加强干部作风建设工作的若干意见》。

2011年5月27日，党委书记孔福建在机关办公楼三楼会议室主持召开党委会议，听取建党90周年纪念活动筹备工作汇报，专题研究农村村支两委换届工作。

2011年8月11日，党委书记孔福建在机关办公楼三楼会议室主持召开党委扩大会议，传达贯彻省、市“两型社会”建设会议精神，研究争项争资工作。

2011年10月11日，党委书记孔福建在机关办公楼三楼会议室主持召开党委会议，研究人事编制工作。

第二章　代表大会

第一节　中共汨罗江农场第三次代表大会

1978年1月29～30日在场部召开，出席代表230人。代表中年龄最大的70岁，最小的20岁。会议听取、审议并通过安金铭代表第二届场党委所作的《关于第二次党代会以来的形势和任务》的工作报告，选举产生中共汨罗江农场第三届委员会。在三届一次全体会议上，选举产生由安金铭、范罗生、王发祥、甘根林、胡雨田、伏振溪、晏奇礼、田月梅、杨晓春组成的常委会，安金铭为书记，范罗生、王发祥、甘根林为副书记。

大会认为，中共汨罗江农场第二次代表大会后的七年，是不平凡的七年，排除江青反革命集团的干扰，坚定不移地贯彻执行党的基本路线，坚持整党整风，加强了各级领导班子革命化建设；广泛深入开展农业学大寨活动，加速农场建设步伐。粮食总产从年均1842.5万公斤增至3176万公斤，增长72.3%，每年上交国家商品粮650万公斤，为国家建设作出了积极贡献。

会议遵照中共中央"抓纲治国"战略决策，就进一步揭批林彪、江青反革命集团，高速发展社会主义农业诸问题进行认真讨论，并确定新一届农场党委任期内的经济发展目标。

第二节 中共屈原农场第四次代表大会

1982年9月29日至10月1日在场部召开。出席代表276人，其中中青年党员占代表总数的五分之四。会议听取、审议并通过甘根林代表第三届场党委所作的《沿着十二大指引的方向，为把我场办成现代化农业企业而奋斗》的工作报告，选举产生中共屈原农场第四届委员会，由刘树堂、甘根林、胡雨田、杨晓春、朱亮成、晏奇礼、蒋国南、周尚文、田月梅组成。大会决定取消常委会。刘树堂为书记，甘根林、胡雨田、杨晓春为副书记。

大会认为，中共屈原农场第三次代表大会后的四年，经过揭批江青反革命集团的伟大斗争，把工作重点转移到社会主义现代化建设上来，努力加强物质文明和精神文明建设，取得可喜成绩，农业连续丰收，场办工业发展较快，社会事业取得新的成就，较好地完成了上一届党代会制定的发展目标。

大会确定新一届党委任期内的经济发展目标。1985年，力争工农业总产值达到6000万元，人均产值1000元，实现利润900万元。

第三节 中共屈原农场第五次代表大会

1985年10月3～6日在场部召开。出席代表130人，其中具有大专以上文化程度的25人，中专、高中31人。大会听取和审议第四届农场党委工作报告，选举产生由徐亚雄、晏奇礼、周尚文、蒯正华、谢曾泽、田月梅、蒋国南组成的中共屈原农场第五届委员会，徐亚雄任书记，晏奇礼、周尚文任副书记。

中共屈原农场第五次代表大会召开 （彭艺军摄）

会议认为，中共屈原农场第四次代表大会后的三年，坚定不移地贯彻中共十一届三中全会精神，进一步清除"左"的思想影响，实施"松绑"放权，实行经济管理体制的改革，坚持调整、放开、搞活的方针，经济建设有进一步的发展，圆满完成上一届党委会提出的各项工作任务。

大会确定新一届党委任期内的工作任务。继续深入贯彻中共十一届三中全会以来的路线、方针、政策，坚持以农为本，靠工致富，稳农兴工，农工并重，搞活流通，四位一体，走种、养、加协调发展，农工商结合经营的新路子。至1990年，力争工农业总产值1.7亿元，其中工业总产值1.1亿元，农业总产值6000万元。

会议向全场各级党组织发出《加强自身革命化建设》的倡议，号召全体党员、全场人民振奋精神，为开创物质文明建设和精神文明建设新局面而努力奋斗。

第四节　中共屈原农场第六次代表大会

1993年2月7～8日在屈原影剧院召开。出席代表129名，其中负责干部代表占55%，知识分子代表占16%，先进模范人物代表占25%；女代表占20%。

大会听取和审议刘尧臣代表第五届农场党委所作的《坚持党的基本路线，加快改革开放步伐，为把我场尽快建设成为新型的现代农垦企业而奋斗》的工作报告；听取和审议田月梅所作的纪委工作报告；选举产生中共屈原农场第六届委员会。在六届一次会议上选举产生由刘尧臣、郑可仗、汤华保、李菊良、田月梅、沈立山组成的常委会。刘尧臣任书记，郑可仗、汤华保、李菊良任副书记。

会议认为，中共屈原农场第五次代表大会后的七年，是极不平凡的七年，分别迎战了1985年和1988年两次大的洪涝灾害，1989年又遭受龙卷风袭击，给全场人民生产、生活造成严重损失。面对外有压力、内有困难，全场各级党组织认真贯彻执行中共十一届三中全会以来的路线、方针、政策，带领全场广大党员、干部和人民群众，团结奋斗，开拓创新，艰苦创业，促进了两个文明建设的新发展。农业连年获得较好收成，工商企业得到较快发展，科学技术获得较好成果，基础设施建设初具规模，群众生活得到较大改善，党组织的战斗力和党员素质不断提高。1992年，全场社会总产值达4亿元，比1985年的8270万元增长3.84倍；农业人均纯收入由1985年的435元增至1240元，增长1.85倍；企业职工人均纯收入由1985年的720元增至3470元，增长3.8倍。

大会确定新一届场党委四年任期内的工作思路。以中共十四大精神为指针，坚定不移地执行党的基本路线，以更大的决心、勇气和魄力推进改革开放，建立市场经济体制；以更加科学的态度、更高的标准抓党的建设和社会安定工作，为把农场建设成为经济繁荣、各项事业兴旺、社会风气良好的充满生机和活力的新型农垦企业而奋斗。发展目标是：社会总产值年均增长20%以上，到1997年达到10亿元左右，其中农业2亿元左右，工业6亿元左右，第三产业2亿元左右；实现利税3000万元，全场职工人均收入4000元，农业职工人均纯收入2500元，人口出生率控制在12‰以内。

第五节　中共屈原行政区第七次代表大会

1999年1月28～29日在屈原影剧院召开。出席代表192名，其中各级负责干部代表121名，占63%；经济、科技、文卫等方面的专业技术人员代表31名，占16.2%；各条战线先进模范人物代表40名，占20.8%；妇女代表27名，占14.1%；45岁以下中青年代表112名，占58.3%；大专以上文化程度代表113名，占58.9%。大会听取和审议钟小汨代表第六届农场党委所作的《扭住经济中心、优化发展环境、迎接世纪挑战、再造屈原辉煌》的工作报告；听取和审议田月梅所作的《立足全局、服务中心、深入持久地开展反腐倡廉工作》的纪委工作报告；选举产生由钟小汨、李永丰、汤华保、余仲春、田月梅、沈立山、谢忠厚、钟胜双、戴耀先组成的中共行政区新一届委员会，钟小汨任书记，李永丰、汤华保、余仲春、田月梅任副书记。

大会认为，中共屈原农场第六次党代会以来，全场各级党组织带领广大党员、干部、群众，高举改革开放大旗，同奏思想解放之曲，齐奔加速发展之路，共绘致富兴场之图，经受了各种挑战，克服了各种困难，战胜了多种自然灾害，采取各种办法，圆满完成了第六次党代会提出的各项任务。全场社会总产值由1993年的5.2亿元增至17.5亿元，年均增长28.4%；工农业总产值由4.5亿元增至14.79亿元，年均增长26.3%，其中工业产值由4亿元增至10.5亿元，年均增长23.4%；完成利税由1993年的800万元增至2591万元。

大会确定新一届党委任期的工作思路是：以中共十五大精神为指针，把握发展机遇，扭住经济中心，努力提高经济运行的市场化程度，提高经济运行的科技含量程度，加大经济运行的改革力度、开放力度、监管力度，加强基础设施建设，加强农村基层组织建设，加强精神文明建设，加强社会治安综合治理，强工兴农，“两通”先行，外资带动，城乡繁荣，挑战新世纪，再造新辉煌。主要发展目标是到2000年，区内生产总值完成4.3亿元，年均增长9%；社会总产值达27.6亿元，年均增长10.6%；工业产值17亿元，年均增长10%；农业产值8.5亿元，年均增长10%；第三产业增加值2.1亿元，年均增长12%；农民人均纯收入4500元，财政收入达5000万元，人口出生率控制在10‰以下，确保若干个重点工程竣工受益，多项社会事业均有一个更大的进步和发展。

第三章　决策与活动

一、农场体制改革

1978年前，国营农场照搬苏联高度集中的计划经济体制模式，只负责生产，产品交国家统一调配；企业由国家投资，不负责盈亏，基本上是农场吃国家的大锅饭。1979年，国家对农场实行拨（款）改贷（款），自负盈亏，农场正式实行企业化管理。随着社会主义市场经济体制的建立和改革的不断深入，农场这一计划经济时代的产物不适应现行体制的矛盾越来越突出，为建立与之相适应的农场体制，1994年1月，农场党委成立体制改革领导小组，开始探索推进农场体制改革。是年4月13日，第八届全国人大代表、农场党委书记刘尧臣，利用参加全国人大会议时期专程拜访全国人大常委会委员、全国人大法律委员会副主任委员、北京大学工商学院院长、北京大学经济学教授、国务院高参厉以宁，就农场体制改革问题进行汇报。农场体制改革这一课题引起厉以宁的高度赞赏，当即同意成立北京大学工商学院屈原农场体制改革课题组，指派博士刘力和研究员李久兰为组长。4月18日，刘尧臣代表农场向省委书记王茂林、省委副书记储波作专题汇报，得到支持，并要求农场党委要主动向市委、市政府作好汇报。5~6月，体制课题组一行5人实地考察屈原农场，进行课题研究，作出《湖南省国有屈原农场体制改革建议方案》。6月，为掌握屈原农场体制改革第一手材料，厉以宁专程赴农场进行实地考察，并座谈听取省、市、场各方意见。同时，致信省长陈邦柱、常务副省长王克英，请省委、省政府给予支持。7月14日，农场党委以北京大学工商学院屈原农场体制改革课题组的课题报告为基调，向市委、市政府提出《关于农场体制改革实施方案的请示》。8月25日，市委、市政府正式作出《关于屈原农场管理体制改革实施方案的批复》，同意建立行政区，设立中共行政区委员会、行政区管委会。管委会为市政府派出机构，全面管理本区域内的行政、经济和社会事务。同意行政区建立一级财政，同时成立屈原农垦集团公司。8月26日，市委、市政府作出《关于市属国营农场管理体制改革的决定》，明确农场体制改革先在屈原农场试点。8月28日，屈原行政区举行成立大会，市委书记罗桂求出席成立大会并作重要讲话，要求撤场建区后要“巩固好基础、开创新局面、改革场体制、注入新活力”。9月29日，市委机构编制委员会批复屈原行政区党政群机关编制，确定全区各级党政群机关编制总额405名，其中区直党政群机关174名（不含工商、税务、公检法司系统），办事处、镇机关231名。相继，省民政厅、省公安厅、省司法厅、省国土资源厅、市物价局、市劳动局就分别成立营田镇、河市镇，岳阳市屈原行政区公安局、岳阳市屈原行政区律师事务所以及赋予国土、物价、劳动等部门县级政府管理职能进行批复。区党委、区管委会相继启动内部机构改革，将农场所属各分场设立办事处，为行政区管委会派出机构；将屈原镇更名为营田镇，将按序数字命名的生产队改为冠以地名命名的村。同时，按照“小机关、大服务”和“精干、统一、效能”的原则进行区直部门和处、镇机关的机构改革；推行以健全行政管理职能、建立司法和财政体制为中心的改革。

1995年12月18日，市委、市政府根据岳阳市行政区划调整的要求，宣布撤销行政区和中共行政区委员会、行政区管委会，恢复屈原农场建制。1996年1月18日，市委、市政府作出补充规定，明确对内仍以中共行政区区委、行政区管委会名义行使权力，行政区设立的下属机构，继续保留和行使其职能。

1996年9月，经省委、省政府同意，省体改委批复，设立湖南省屈原农场综合改革试验区，重点探索农垦经济体制改革和农业产业化建设新路子。

2000年1月，省委、省政府在充分肯定农场广大干部群众的积极性和创造性的基础上，正式出台《关于国有大中型农场体制改革的意见》。明确“在规模较大的农场设立管理区”。市委、市政府根据省委、省政府文件精神，将农场体制改革列入当年重点抓的24件大事之一，专门成立农场体制改革领导小组，在深入调查研究的基础上，从有利于解放和发展生产力，有利于深化国有工商企业改革，有利于减轻企业和职工群众负担，有利于维护社会稳定出发，充分肯定农场人民的选择，于11月向省委、省政府专题报

1994年6月18日，全国人大法制委员会副主任委员、北京大学工商学院院长、著名经济学家厉以宁（右一）到境指导农场体制改革　（彪型斌摄）

告，请求“撤销屈原农场，设立屈原管理区”，省委、省政府复函同意。12月26日，市委、市政府按照省委编办《关于岳阳市农场体制改革机构编制有关问题的批复》的精神，正式下发《关于撤销屈原农场设立屈原管理区的通知》，设立管理区管委会，正县级，为市政府的派出机构，全面负责管理区域内的经济社会事务；设立中共屈原管理区委员会，为市委的派出机构，全面领导管理区的工作；同时设立管理区纪委。为此，按照省委、省政府的统一部署和市委、市政府的具体要求，在省、市有关部门的大力支持下，对上争取县一级政府职能的赋予，并建立健全司法体制。对内，着力在精兵简政和制度创新上下功夫。大力精简机构，打破上下对口、条块分割的格局，对必须保留的行政职能机构进行综合设置，实行“一局多章”；对兼有服务职能的经营管理部门转型，实行企业化管理。大力裁减人员，采取“一人多岗、一职多能”的原则实行岗位定员。大力整顿和规范财务管理，建立一级财政体制，改区、办事处（镇）、村三级核算为综合财政预算管理体制，以税费负担卡的形式，直接核算到农户，减少财务运行成本。大力推进国有工商企业改制，进一步完善正虹上市公司法人治理结构，采取“卖、股、租、破”等多种形式，放开搞活中小工商企业，实行“两个置换”，全面推进区直企业改制。通过制定优惠政策，加大经济环境治理，鼓励全民招商引资，使民营经济呈现出快速发展势头。大力推进现代农业建设，按照现代农业要求，加快农业产业化、标准化、机械化、信息化体系建设，使之成为全国现代农业示范区第一批试点县（区）。

通过深化农场体制改革，使区域经济社会发展步入快车道，为全国农垦体制改革做出了示范，先后有辽宁、内蒙古、黑龙江、江苏、江西、湖北、广东、广西、海南、山东、安徽、上海等省、市农垦系统领导到管理区考察。

二、党政机关机构改革

1988年，农场总场机关科室19个（含公检法），场直单位11个，分场（镇）12个，全场行政管理人员698人。至1991年，总场机关机构达34个。

1992年4月，农场党委出台《关于认真贯彻执行农场内部改革总体方案的通知》，在全场推行以转变职能，理顺关系，提高工作效率、效益为重点的精简机构和缩减人员的改革。总场机关党政群机构由34个精简为24个，即行政职能科室9个，转入经济实体7个，差额补贴8个；在编干部224人，压减编制28名，转入经济实体32人，核定上交基数的科室人员41人。分场（镇）机关按照能撤则撤、能兼则兼的原则进行人员精简，普遍实行兼职制。此次改革，机构转入经济实体22个，转入实体干部137人，减少编内人员（干部管理人员）567人。

1994年8月，行政区党委、区管委会按照“小机关、大服务”的原则，将24个场直机关精简为16个，设党委机构4个，行政机构7个，政法机构4个，群团组织1个，部分职能相近的部门合并或撤销，农场所属各分场变更为办事处和镇。区直党政群机关定编174名，镇、办事处机关定编231名。

1998年4月2日，行政区党委作出《关于机构改革的决定》，进一步精简机构，减少编制，实行全员公开竞争，聘任上岗。农业办事处机构由11个精简为9个（河市镇与罗城办事处、汨江办事处和养殖场分别合并），定编203名。区机关科室可实行企业化管理的单位，实行企业化管理。实施干部提前退休制度，凡男满55岁、女满50岁一律实行“内退”；鼓励干部自谋职业、下海经商或兴办实业，领办企业。区机关原定编制229名（不含区领导、建委、交通局、水电局），精简为164名，减少编制65名。

1999年5月4日，行政区党委作出《关于办事处（镇）机关干部工作人员分流的决定》，9个办事处（镇）在1998年定编203人的基础上，精简15人，精简7%。

2000年4月，全面启动以“精简机构，转换机制”为重点的机构改革。区设机构由32个减至10个，精简69%，其中撤并19个，转为经济实体3个；核定人员编制75名，由189名裁编114名，减少60.3%；9个办事处、镇在原编制284名的基础上裁编174名，减少61.3%。清理、清退各类临时人员、挂靠人员和固定补贴人员1326人，另外成建制转入实体635人，村级只设常务干部2人，取消所有村级部门干部。

2003年5月，区党委、区管委会根据省民政厅《关于屈原管理区设立两镇三乡的批复》，决定撤销9个办事处、镇，设立5个乡镇，即营田镇与白鱼歧办事处合并建立营田镇；河市镇维持不变；琴棋办事处与磊石办事处合并建立琴棋乡；汨江办事处与凤凰办事处合并建立凤凰乡；黄金办事处与大江办事处合并建立黄金乡。是年12月，根据省委编办《关于国有大中型农场改制后设立的管理区及乡镇机构编制问题的通知》，为适应社会主义市场经济发展的需要，坚持政企、政事分开的原则，调整组织机构，精兵简政，裁减冗员，提高效率。对区直机关和乡镇机关事业单位核定编制，优化结构。核定区党委机构5个，定编44名；区管委会工作部门14个，定编153名；按章设置机构5个，定编7名；公安、司法机关使用政法专项编制。机关后勤服务人员编制按行政编制8%～10%的比例进行配备。具有行政职能的事业局3个，定编13名；其他机构1个，定编1名。区党政群及完全行使行政职能的事业机关核定编制共218名，其中行政编128名，事业编17名，专项编73名。核定乡镇机关行政编制90名，财政所行政编制15名，公安派出所、司法员使用政法专项编制。机关后勤事业编制原则上按乡镇行政编制的6%～8%配备，其他人员实行聘用制。核定站所事业编制53名。

2004年9月10日，全区推进村级合并工作，村级单位由127个减至62个，精简51.18%。村民小组由508个合并为317个，精简37.6%。

2011年3月，以转变区管委会职能为核心，理顺职责关系，优化管委会组织机构，减少管理层次，探索实行职能有机统一的大部门体制，实行区管委会机构改革，按照部门“三定”规定，设置机构工作部门16个，精简和规范各类议事协调机构及其办事机构。

三、人事制度改革

1992年4月，农场党委下发《关于认真贯彻执行农场内部改革总体方案的通知》，以打破“铁交椅、铁工资、铁饭碗、铁身份”为内容的人事制度改革，建立“定岗定编、双向选择、优化组合”的用人机制。机关各科室、场直各单位、各分场（镇）党政主要负责人在无记名民主推荐的基础上，由农场党委审定任命，副职由正职提名，农场党委审定发文，其余人员由正职聘用（一律实行聘用合同制）。干部职工对任命和聘用不能接受的可以辞职。在各机关、工商企业、事业单位打破干部、工人的界限。机关事业单位的干部职工，凡1992年6月底止，男年满55岁、女满50岁的，原则上实行“内退”；凡1992年6月底止男满50岁不足55岁、女满45岁不足50岁的，本人申请组织部门批准可以“内退”。允许、鼓励工商企业、医院、学校、分场党政一把手在优化组合且交纳必要的资产抵押金后，对本单位实行中期（三年以上）、长期（五年以上）目标承包。鼓励干部停薪留职下海经商、创办实体。是年改革，全场减少编内人员567人，其中“内退”50人，改职3人，转入实体137人。

1998年4月，行政区党委作出《关于机构改革的决定》，在各办事处（镇）和区机关全面执行“竞聘上岗、优胜劣汰”用人机制。各单位在干部工人中，依照设定的岗位和职位按“竞岗演说、民主测评、分层聘用、签定合同”等程序竞聘上岗。其中党政一把手向行政区党委、区管委会竞岗，聘用后一定三年，副职及一般干部在本单位竞岗，一年一聘。同时，建立干部分流机制，落聘干部全部进入分流系列，按照双向选择的原则，可自主决定下岗经商办实体或跨地区进行二次择业应聘。下岗、待聘干部、职工享受一定比例的生活补贴。

2004年3月始，施行《国家公务员暂行条例》，推行国家公务员制度，全区首批35个区直机关和乡镇单位完成过渡工作，设置职位350人，公务员过渡310人。2008～2010年，17家事业单位90名工作人员参照公务员管理办法管理。此后，全区公务员招录走上面向社会公开招考轨道，由市人事局组织报名，参加全省公务员录用统一考试，每年一次。至2011年，全区共招录公务员69人。

四、教育体制改革

1985年5月，农场党委作出《关于教育体制改革问题的若干规定》，实行分级管理的办学机制。总场重点管理屈原中学和场部小学，分场（镇）和场直各单位分别管理所属中小学。党务、行政事务、经费、办学设施实行分级管理、包干负责。全场性人事调动由农场场部教育科办理。成立由教育专干、中学校长、中心小学校长3人组成的分场（镇）教育组，接受分场（镇）和场部教育科双重领导，以分场（镇）领导为主。在巩固普及初等教育成果的基础上，普及九年制义务教育。至1987年，总场、分场两级共筹资379.65万元，新建中小学校31所，全场中小学校达到66所，其中完全中学1所，初中9所，小学56所；新建教室、教师住房、学生用房35170平方米，维修教室336间，添置新课桌4000余套。

1992年7月，农场党委印发《屈原农场教育改革方案》，改革教育分散管理状况，建立统分结合的管理体制。全场教育教学业务、教育人事、教育经费（包括教师基本工资）由场部教委统管。改善办学条件、提高教师福利待遇，教师奖金实行分级管理。屈原中学、场部小学和教师进修学校由场部负责，分场、镇所属学校由分场包干负责，农场场部对其实行目标管理。并根据目标管理奖罚制度予以相应奖罚。实行校长负责制，建立“双向聘任制”，在无记名民主选举的基础上，农场场部教委聘任各分场中学校长和教育办主任，中学校长和教育办主任聘任中学的其他行管人员、小学校长和教师，打破国家教师、场办教师、代课教师三者界限，注重教学能力和水平；打破中学与小学、校区与校区、校与校之间的界限，在全场实行人才定向流动；打破职称级别高低，根据需要实行低职高聘、高职低聘，且待遇随之变动。建立定编、审编、控编制度，全场定编788名，精简编制103名，精简11.56%。富余人员实行“划定年限内退一批；留职停薪、自谋职业待聘一批；参加勤工俭学，转入实体一批；带薪学习一批；短期代课人员解聘一批。”调整学校布局，将11所中学合并为6所，其中完全中学1所、职业中学1所、初级中学4所；总场集中办好屈原中学和1所中心小学，每个分场办好1所中心小学和2所联校。

1997年7月，行政区党委出台《关于加强社会力量办学管理的规定》，对社会力量依法办学的组织和个人给予鼓励和支持。1997年7月17日，区管委会召开议教专题会，明确全区教育经费实行统筹，按生源、人口、面积从各单位收取相应的教育经费，工资由区财税局、区教育局统筹安排，奖金福利等与单位效益挂钩。

2000年8月，区党委作出《关于实行教育改革的决定》，改革教育由政府一手包办的传统模式，探索多种办学途径，用优惠政策发展民办教育，鼓励企业和个人投资教育、经营教育；明确有条件的各级各类学校均可整体转让、民办公助、承包经营；职业教育、学前教育、幼儿教育全面放开，实行民营。撤点并校，形成办学规模，将1所完全中学、1所职业中学、9所初级中学、11所完全小学、18个教学点调整为1所高级中学、3所初级中学、11所完全小学和10个教学点。额定岗位，紧缩编制。全区配备教职工598人，压减312人，压减34.3%。规定凡于2000年12月男满52周岁、女满47周岁的国家教师原则上退岗下线；场办教师与代课教师一律清退，并根据工作年限给予安置补贴；鼓励教师自费深造和创办经济实体、自谋职业；将后勤从学校管理中剥离，实行自主经营、自负盈亏。各学校在分流富余人员的基础上，按额定的机构、岗位编制竞聘上岗。

2007年9月，区党委相继作出《关于加快教育发展的决定》和印发《屈原管理区农村义务教育体制改革实施方案》，完善和落实“以区为主、分级负责”的农村义务教育管理体制；建立区乡两级责任明确、财政分级投入、经费稳定增长、教育教学质量明显提高的农村义务教育管理机制；明确以保学控流为重点，进一步提高“普九”质量和水平。区教育局成立教育人才管理中心，从事教育人才开发、交流等工作制度；完善教师招聘录用制度。继续推进中小学布局调整，全区学校由27所整合为16所，形成1所高中、4所初中、11所小学格局；加快发展高中教育、学前教育、家庭教育；鼓励、支持、引导社会力量依法独资、合资、合作办学。

五、卫生体制改革

1992年6月，农场党委、场部批复农场卫生系统改革方案，设立三级医疗预防保健网，完善农村卫生服务体系。总场一级除继续办好职工医院外，设立血防、防疫、妇幼保健站，具体负责血吸虫病防治、环境卫生、学校卫生、劳动卫生、爱国卫生工作以及计划免疫、传染病防治监督监测和孕产妇、优生优育、儿童保健系统的管理。分场一级除保留二分场、三分场、四分场、五分场、七分场和河市镇、茶场等7个单位卫生所外，一分场、八分场改卫生所为卫生室（不设病床），场直单位一般不设卫生室。队一级除边远队和500人以上生产队外，一般不设卫生室。农场职工医院定编177名，后勤和行管人员不超过总编人员的30%，血防妇幼保健站定编20名，分场级卫生所定编8～10名，队级卫生室定编1名。调整机构确定编制后，各医疗单位内部实行双向选择、优化组合。民主推荐院长、所长，由院长、所长聘任医务和行管人员。工资和奖金与完成工作指标挂钩。

1993年4月，农场场部出台《关于个体开业行医、药品销售管理办法》，进一步规范和鼓励发展个体医疗诊所及私营药店，规定从事个体医疗诊所和私营药业人员必须是中等卫生学校毕业且连续从事本专业工作3年以上获市级以上卫生部门所颁发的中、西医药士资格证书者。

1995年8月，行政区管委会印发《关于加强农村卫生工作的通知》，要求加快医疗预防保健网络建设，稳定卫生队伍。防保设施做到有专房、专柜、专室，冷链设备及化验设备齐全，防保人员做到专干、专职。对卫生血防专干、防疫专干和妇幼保健专干实行财政余额补贴。1996年，区建立卫生防疫站。

1999年5月，行政区党委、区管委会出台《关于办事处（镇）机关干部、工作人员分流的决定》，规定办事处（镇）所属卫生所在1992年改革基础上，办事处（镇）财政补贴减少10%以上。

2003年，随着分场（办事处）撤销合并建立乡、镇，各卫生所相继解散，部分医务人员转入乡镇计生服务所和社区卫生服务所。是年3月，撤销区卫生防疫站，组建区疾病预防控制中心。

2005年后，对卫生资源配置进行合理调整，重点发展区人民医院，建成集医疗、预防、保健、康复为一体的综合性医院。利用国债项目资金和争取外援，恢复营田镇中心卫生院及河市、黄金、凤凰、琴棋乡镇卫生所。对其所有卫生单位进行功能定位，分类指导，明确规定一般乡镇卫生所不向医院模式发展；所有员工实行招聘制和院（所）长任期目标责任制；所有卫生单位严格定编、定员。

六、1985年整党

1985年5月下旬至1987年1月上旬，农场党委根据《中共中央关于整党的决定》，开展以统一思想、整顿作风、严肃纪律、纯洁组织为内容的整党整风活动。1985年5月，农场党委作出《从严治党，纠正不正之风的决定》，并成立整党工作指导委员会，下设办公室，分设综合组、组织组、核查组、教育组。

全场整党工作分三批进行：第一批于1985年5月下旬至1986年1月上旬进行，参加单位有农场党委和场部机关，电力排灌公司、农机服务公司、供销贸易公司、畜牧水产公司5个党总支，共17个基层党支部，209名党员；第二批于1986年1月下旬至1986年9月上旬进行，参加单位有分场党委12个，总场、分场、直属单位基层党支部71个，共1065名党员；第三批于1986年9月下旬至1987年1月上旬进行，参加单位有全场各生产队党支部136个，共1457名党员。

整党整风活动采取集中学习文件、党员个人自查、接受党组织和群众评议、认真开展批评和自我批评等步骤和方法，比较系统地对全体党员进行党性教育，初步改变“文化大革命”遗留下来的党内思想、作风、组织不纯的状况，同时也积累正确处理党内矛盾的经验，推动新时期党的建设。

整党中全场有2707名党员予以登记，组织处理24人，其中不予登记5人，缓期登记11人，开除党籍3人，留党察看3人，严重警告1人，延长预备期1人，全场发展新党员184人。

七、城乡社会主义思想教育

1989年12月，农场党委成立农村社会主义思想教育工作领导小组，主要任务是用社会主义思想占领农村阵地，完善农村统分结合的双层经营体制，发展和壮大集体经济；加强农村基层党组织建设，坚持正面教育为主，自我教育为主，村级组织为主，开展社会主义思想教育。场党委从机关抽调64名干部，其中副科级以上干部28人，组成14个工作组，分赴各分场、镇20个村蹲点。各分场、镇党委抽调120名在职干部进村工作。全场农村社会主义思想教育活动分五个阶段进行。即动员干部、武装思想；宣传教育、掀起生产高潮；联系实际、解决存在的主要问题；民主评议党员、继续加强党的建设和村级政权建设；壮大集体经济、制订两个文明建设规划。全场举办学习班20期，培训骨干240人。农村党员建立联系户410个，办好事450件，120名党员创优秀业绩，14个后进村支部经过整顿得到加强，发展集体经济实体26个。

1991年10月4日，农场党委印发《关于在机关、学校、企事业单位开展城市社会主义思想教育的实施方案》，并于11月1日召开开展城市社会主义思想教育（简称城市社教）活动动员大会，正式启动城市社教活动。城市社教活动分宣传发动、提高认识；专题教育、武装思想；剖析矛盾、抓好整改；建章建制、检查验收等四个阶段。参加城市社教活动单位23个。举办骨干学习班18堂，参训人员480人次，参加评议党员1080人。通过社教活动，党员帮扶困难户780户，为基层办实事1780件。

1992年，以邓小平南方讲话为标志，城乡社会主义思想教育活动基本结束。

八、基层干部“四个观念”教育

1999年8月始，在全区干部队伍中开展增强政治组织观念、政策法制观念、勤政廉政观念、群众观念（简称“四个观念”）教育活动。为此，行政区党委成立“四个观念”教育活动领导小组，下设办公室，并明确区直单位一把手和办事处、镇党委书记为教育活动的第一责任人。同时，下发《在全区办事处、镇干部中开展增强政治组织观念、政策法制观念、勤政廉政观念、群众观念教育活动的实施方案》，要求各级党组织坚持正面教育、自我教育为主的原则，以办事处、镇和区直单位领导班子及其成员为重点，切实解决干部“四个观念”特别是群众观念方面存在的突出问题，达到坚定信念，振奋精神，积极稳妥地推进各项改革，确保经济发展、农民增收、社会大局稳定的目标。

教育活动从8月下旬开始至9月底结束，历时40天。分五个阶段进行，即安排部署、思想发动；学习提高、清理思想；对照检查、开展批评；联系实际、认真整改；检查验收、总结经验。全区统一印制“四个观念”教育活动日程和考核评分细则。各单位和办事处、镇分别成立活动领导小组和制订“四个观念”教育活动实施方案。区党委从区直单位抽调36名副科级以上负责干部，组成9个指导小组，于8月30日进驻各办事处、镇负责指导各单位的教育活动。8月24日，区党委在区党校举办全区各单位、办事处、镇党政负责干部增强“四个观念”培训班，128名负责干部参加学习，并由市委讲师团讲师讲授3堂专题辅导课。

通过开展教育活动，9个办事处（镇）推出富民工程48项，为发展经济、促进农民增收献计献策360条；干部联系特困户780户，帮扶特困人员270人；为群众解决实际问题960件，调处各类纠纷39起。

九、领导干部“三讲”教育

2000年3月8日至5月上旬，区党委开展“讲学习、讲政治、讲正气”（简称“三讲”）活动。参加对象包括区党委、区管委会班子成员共13人。“三讲”教育活动着重解决领导干部思想政治素质提高的问题；着重解决经济发展的力度问题；着重解决爱民、为民态度问题；着重解决廉洁自律、社会满意的程度问题。

“三讲”教育活动分四步进行：即思想发动、学习提高，15天；自我剖析、听取意见，25天；交流思想、开展批评，10天；认真整改、巩固提高，10天。活动历时60天。

“三讲”教育活动共收集社会各界对区党委、区管委会班子意见七大类、37条，建议36条，并逐项逐条整改落实到位，使领导班子进一步增强了团结，个人进一步增强了党性观念。

十、“三个代表”重要思想学习教育活动

2001年1月中旬至2002年1月下旬，根据中央的决策和省委、市委的统一部署，全区分三批开展学习邓小平理论和“三个代表”（即中国共产党始终代表中国先进生产力的发展要求，代表中国先进文化的前进方向，代表中国最广大人民的根本利益）重要思想的学习教育活动。第一批从1月20日至4月30日，历时80天，9个办事处、镇共280名对象参加。第二批从5月12日至7月15日，历时65天，58个区直部门和单位1050名对象参加。第三批从11月26日至2002年1月25日，历时60天，127个村635名村干部、1780名农村党员参加。每个批次的学习教育活动分五个阶段依次进行，即工作部署、思想发动；学习培训、武装思想；对照检查、自我剖析；建章建制、整改提高；巩固成果、开展回头看。整个学习教育活动达到了党员干部受教育、群众得实惠的目的。共帮扶特困户280户，帮扶资金28万元；为群众办实事378件，解决实际问题120个；调处纠纷360件，化解矛盾260起。

十一、保持共产党员先进性教育活动

2005年2～12月，全区各级党组织开展以实践“三个代表”重要思想为主要内容的保持共产党员先进性教育活动，旨在贯彻党的十六届四中全会精神，加强党的执政能力建设。保持共产党员先进性教育活动，共分三个批次进行，第一批次参加对象为全区党政群机关33个单位、741名党员，其中在职党员554人，离退休党员187人，处级领导干部19人，从2月上旬至5月中旬，历时3个多月。第二批和第三批合并进行，参加对象为街道社区和社会团体、社会中介组织、乡（镇）机关、城镇和农村中小学、企事业单位、农村行政村全体党员4709人，从7月上旬至12月，历时5个月。每个批次开始前各级党组织都相应召开动员大会，成立教育活动领导小组，制订实施方案，并按方案逐步开展活动。活动分三个阶段进行，第一阶段是学习动员阶段，通过思想发动、学习培训，统一对开展先进性教育的认识，明确新时期共产党员保持先进性的具体要求；第二阶段是分析评议阶段，采取不同的方式，广泛开展谈心活动，组织党员对照党章规定的党员义务和党员领导干部及“两个务必”“八个坚持、八个反对”的要求，撰写党性分析材料，召开专题组织生活会，重点检查存在的问题，接受群众反馈意见；第三阶段是整改提高阶段，基层党组织和党员制定整改方案，开展以“服务基层、服务群众”为内容的改进机关作风、优化经济环境为主题的实践活动，并向群众公布整改情况。

全区19个党委、11个党总支，192个基层党支部，5450名党员参加保持共产党员先进性教育活动。机关党员学习时间均在40小时以上，人均作笔记1.1万字，共写心得12630篇、民情调查1708篇，联系困难户749户，资助困难群众30万元，为基层办实事226件次。

十二、深入学习实践科学发展观活动

2009年9月至2010年3月，按照市委深入学习实践科学发展观活动的统一布置，区党委下发《深入学

习实践科学发展观活动整改落实方案》，在全区开展学习实践科学发展观专题活动。围绕“党员干部受教育，科学发展上水平，人民群众得实惠”的总要求，着力更新思想观念，切实解决科学发展意识不强的问题；着力提高服务水平，切实解决参与政务服务事务的能力问题；着力加强党性修养和作风建设，切实解决党性党风党纪方面存在的突出问题。

学习实践活动按照三个阶段推进：第一阶段为思想发动和学习调研，重点扣住两个环节，即进行思想发动，召开领导班子、党员领导干部及全体党员大会，部署引导党员干部以良好的精神状态积极投身于学习实践活动；学习调研和大讨论，采取个人自学、集中培训、专题辅导等形式，组织学习中共十七大报告及一系列中央、省、市文件，领会科学发展观的科学内涵、精神实质和根本要求，增强贯彻落实科学发展观的自觉性和坚定性。第二阶段为分析检查，重点把握两个环节，即检查落实科学发展观方面存在的突出问题，在参与政务服务事务方面存在的问题，在党性修养和作风建设方面存在的问题，深刻分析原因，开展批评与自我批评；形成班子分析检查报告，运用学习调研、解放思想大讨论和民主生活会的成果，结合本部门贯彻落实科学发展观的实际，分析存在的问题和原因并听取各方面建议和意见后，形成正式书面分析检查报告。第三阶段为整改落实，重点扣住以下两项工作，即以分析检查报告为依据，对存在的问题制定具体整改措施和落实方案；针对科学发展观意识不强的问题，参与政务、事务服务水平不高的问题，党性党风党纪方面存在的问题，在学习实践活动中，边学边改。

全区41个单位、192个党支部、5538名党员参与学习活动。共查找出影响和制约本地区本单位发展的突出问题600多个，当年解决400多个；出台解决党性、党风、党纪方面突出问题的整改措施100项。解决了一批社会关注、群众关心的突出问题，办成30多件群众看得见、摸得着，迫切希望办的实事、好事。探索建立了“培训、配备、监督、激励”四位一体的班子建设与管理制度，进一步完善《公车配备和使用管理办法》《关于婚丧喜庆等重大事项的有关规定》《关于加强干部作风建设的几条规定》等廉政建设制度。

十三、开展“创先争优”活动

2010年4月，区党委根据中共中央《关于在党的基层和党员中深入开展创先争优活动意见》，成立“创先争优”活动领导小组和工作机构。5月13日，召开全区“创先争优”活动动员大会，正式拉开全区创先争优活动的帷幕。6月17日，区“创先争优”活动领导小组就全区党员在活动中结合工作实际、岗位特点、个人特长，科学制定承诺和践行承诺作出具体规定。同时在点评环节中，要求各单位结合实际有针对性地开展工作评议。

2011年2月22日，区“创先争优”领导小组下发《关于2011年开展创先争优活动考评办法的通知》，从指导思想、考评细则、考评对象、考评内容、考评程序、定级评优、工作要求七个方面作出详细规定，并分别就“公开承诺”“领导点评、群众评议”以及窗口单位和服务行业创先争优要求、乡镇干部开展一人学一技活动细化考核内容。

至2011年12月，全区39个党委（党组、总支）、194个基层党支部、5638名党员参加此次活动。共组建126个工作队（组），1000余名机关干部分赴32个村（社区）和10家企业进行走访，走访村民（居民）1万多户；共为群众办实事258件，落实帮扶资金120万元，帮扶困难群众1386户（人），收集群众各类意见建议1000余条；各单位确定的中长期整改落实项目12类109个，已整改到位88个，正在整改的21个，整改落实事项群众测评满意度在99%以上。

十四、文明创建活动

1981年2月，农场党委根据中宣部、教育部、文化部、卫生部和公安部联合下发《关于开展文明礼貌活动的通知》精神。在全场开展以“五讲四美”（即讲文明、讲礼貌、讲卫生、讲秩序、讲道德；心灵美、语言美、行为美、环境美）为主要内容的文明礼貌活动，并在当年召开的农场第四次党代会上，明确将“五讲四美”纳入今后三年精神文明建设的活动内容。12月，召开全场“五好”家庭（即热爱祖国、热爱集体，遵守纪律好；努力生产、工作、学习，完成任务好；计划生育、教育子女、勤俭持家好；移风易俗、文明礼貌、清洁卫生好；尊老爱幼、家庭民主和睦、邻里团结互助好）表彰会议，出席会议的代表400余人，有50名“五好”家庭代表受到表彰。

1984年，确定5月为全场文明礼貌月，8个农业分场、茶场，12个场直单位召开各种宣传动员会230场次，参加人数达1.5万人次，确定试点单位40个，建设“五好家庭”500户。是年，五分场二队职工陈水清出席全国“五好家庭”会。

1986年，农场党委决定由宣传部牵头，组建精神文明建设指导委员会办公室（简称文明办），负责全场文明单位创建工作。

1992年，农场党委成立精神文明建设委员会（简称文明委）。此后，每年年初都给分场（镇）和场直单位下达“双文明”（即物质文明、精神文明）建设任务，以责任书形式，实行目标管理。

1995年6月，行政区党委召开精神文明建设座谈会，确定今后一段时间精神文明建设以创建文明单位、创建“四户”（即带头致富户、科技示范户、遵纪守法户、家庭和睦户）为主要活动形式，培养“四有新人”（即有道德、有理想、有知识、有技术）为主要目标，加强全员思想教育，为经济建设和农村奔小康提供思想保障、精神动力、智力支持和良好环境。是年，全区4家单位进入文明单位的行列、有100户双文明户、50户遵纪守法户、20个“五好家庭”户、10个科技示范户受到区党委表彰。

1996年12月，区党委召开扩大会议，传达学习中共十四届六中全会作出的《关于加强社会主义精神文明建设若干重大问题的决议》，部署安排全区精神文明建设主要工作任务。

1997年，区党委下发通知明确精神文明建设全面实施“七项工程”，即先锋工程、先导工程、长安工程、文明基础工程、行规工程、希望工程、科普工程。通过争创活动，探讨社会主义市场经济条件下，精神文明建设的规律和新途径，加强思想道德建设、科学文化建设，广泛开展群众性精神文明创建活动，进一步形成有利于稳定、改革、发展的理想信念、道德规范和文化氛围。

1999年年底，区党委召开精神文明建设总结表彰大会，有10个先进单位、20名先进个人受到表彰。

2000年，区党委决定开展“十星级农户”（即五爱星、致富星、法纪星、计生星、科技星、新风星、文教星、团结星、卫生星、义务星）评选活动。

2003年，将“星级农户”创建工作纳入双文明考核内容，由区党委、区管委会对“十星级”农户授予荣

屈原管理区第二届道德模范颁奖典礼　（宋政军2011年摄）

誉称号。全区创评“十星级”农户100户，“六星级”以上农户突破1.5万户。

2004年6月24日，“文明新风在屈原”活动动员大会在屈原影剧院召开，会议为8家市级文明单位授牌。

2005年，全区明确文明创建主体活动的6个牵头单位、7个市级文明创建单位，在屈原电视台开辟《星光灿烂小康路》专栏，强化了阵地建设。

2006年，区党委宣传部联合移动分公司汨罗营业部开展“创星级农户、建文明新村”送戏下乡活动，共巡回演出6场。是年，区党委办公室下发《关于在全区开展践行社会主义荣辱观，创建文明校园的通知》，以创评“十星级教师”（即师德星、爱校星、奉献星、进取星、履职星、教研星、课改星、业绩星、廉洁星、管理星）、“十星级学生”（即勤奋学习星、文明礼仪星、个性发展星、管理服务星、卫生环保星、身心健康星、安全守纪星、勤俭节约星、爱护公物星、尊师爱校星）、“五星级班级”（即卫生星、纪律星、礼仪星、学习星、班风星）为内容的校园文明创建活动受到市文明办好评。5月，在区地税局成功举办“八荣八耻”演讲赛，一等奖选手胡辉、吴平参加全市决赛获二等奖。管理区选派的“草龙舞”获市第二届民俗文化艺术节优秀奖。

2007年，由区党委宣传部牵头组织的春节玩龙舞狮活动在中央电视台播出。宣传部、组织部、团委、妇联等单位联合举办的首届“屈原十大杰出青年”评选表彰活动；在区地税局举行的全区“颂清风、促和谐交通杯电视演讲大赛”获得全区人民好评。区地税局成功晋级市级文明标兵单位。10月，《长江信息报》以《屈原文明花开遍地红》为题，对全区20年文明创建成果进行集中展示。校园文明创建活动被市委宣传部、市文明办推荐为省级文明创建活动创新案例。11月，副处级退休老干部、区关心下一代工作委员会（简称关工委）主任张正根获市首届道德模范称号。

2008年，开展以“知荣辱、讲文明、提素质、树新风”为主题的校园文明创建活动，组织中小学生到“白骨塔”扫墓，开展“孝行天下”演讲比赛。5月27日，全市青少年德育工作现场会在管理区召开，推介管理区未成年人思想道德建设经验。7月，由区党委宣传部牵头举办迎奥运“鸿天楼杯”乒乓球比赛和“文明创建进农家”知识抢答赛。区地税局被评为省级文明单位，有10个单位被评为市级文明单位，100户星级农户受到区党委表彰。

2009年，区党委召开全区净化社会文化环境工作会议，并开展评选首届“十佳道德标兵”活动。9月28日，在全区庆国庆60周年文艺演出晚会上，首届“十佳道德标兵”受到区党委表彰。

2010年，清明节期间，区党委宣传部联合区教育文体局、团区委、区妇联、区关工委组织全区中小学生开展“营田抗日英烈祭奠”活动，配合湖南金鹰纪实频道《故事湖南》栏目组，将《血火营田》有关抗日事迹，辑入专题栏目进行展播。端午节期间，配合中央媒体“我们的节日——中华长歌行”端午特别节目组，在凤凰乡河泊潭录制屈原文化相关内容，并结合营田抗日江防遗址申报，开展爱国主义教育。9月，第二届广场文化艺术节在天问街道德科广场举行。10月，由区文明办牵头组织开展“‘五创’提质、秀美屈原”万人签名活动，发放《文明创建活动学习读本》2.4万册。是年，屈原电力公司被评为省级文明单位；有20户“十星级标兵农户”和10户“五星级标兵居民户”受到区党委表彰和奖励。

2011年，区文明委下发《关于印发区级文明乡镇、文明社区、文明村评选标准、评选方法、评选细则的通知》，决定开展文明乡镇、文明社区、文明村创建活动，评选区级文明村6个。营田镇青山寺社区被评为省级文明社区。9月，在黄金乡工业园举办“魅力新农村、秀美新家园”第三届广场文化艺术节，第二届道德模范受到区党委表彰，其中屈凤春茶叶有限公司经理黎乃凤当选市第三届诚实守信道德模范。

至2011年，区地税局、屈原电力公司为省级文明单位；营田镇青山寺社区为省级文明社区。区财政局、屈原国税局、屈原检察院为市级文明标兵单位；人民医院等8个单位为市级文明单位。河市镇新悦村等6个村为市级文明村；天问街道凤凰社区等2家为市级文明社区。屈原供水公司等5个单位为市级文明窗口；营田镇新民村等6个村为区级文明村。

十五、农村思想政治工作

1980年，农场党委针对改革开放初期出现的新情况、新问题，有针对性地开展思想教育，重点整顿农村社会风气，尤其是赌博和封建迷信。

1982年，农场党委宣传部下发《关于制定乡规民约，净化社会风气的通知》，全场各生产队根据实际制定乡规民约。宣传部收集汇总情况后，向全场推荐一分场九生产队的乡规民约“十要十不要”。即：要勤劳致富，不投机取巧；要相信科学，不搞封建迷信；要勤俭节约，不搞铺张浪费；要正当娱乐，不搞赌博打牌；要计划生育，不盲目超生；要维护集体，不损公肥私；要文明礼貌，团结友爱，不吵架相骂，行凶打架；要遵纪守法，不违法乱纪；要植树造林，不乱砍乱伐；要孝老爱幼，不败坏民风。是年，全场深入开展“五讲四美三热爱”和“两个长期不变”教育活动，以及正确处理国家、集体、个人的三兼顾教育活动，层层开展讨论，撰写心得体会。

1985年，农场党委下发《关于加强思想政治工作的决定》，明确思想政治工作的目的、内容和基本原则，建立健全思想政治工作系列规章制度，重点规范党支部“三会一课”制度、党员报告制度和党员包户联系制度。

1987年，进行“坚持四项基本原则（即坚持社会主义道路，坚持人民民主专政，坚持党的领导，坚持马克思列宁主义、毛泽东思想）、反对资产阶级自由化”的教育。组织党校理论教员在各分场及场直单位巡回授课60堂，参加听课的党员1.3万余人次。

1992年，农场党委把农村政治工作与经济工作相结合，鼓励一部分先富裕起来的农民带领农村居民奔小康。农场党委宣传部组织文艺宣传队开展农村奔小康文艺宣传演出52场。各分场、生产队均制订奔小康规划，是年全场评选小康示范户118户。

1995年，行政区党委以中国抗日战争和世界反法西斯战争胜利50周年为契机，开展爱国主义教育活动。8月15日，在影剧院举办“不忘国耻，面向未来”大型歌咏比赛，组织放映爱国主义教育影片近500场。由组织部、宣传部、教育局、团委等部门组织爱国主义教育影片知识竞赛和电影观后感征文活动，共收到征文1508篇，其中获一等奖2篇，二等奖10篇，三等奖15篇。

1996年，组织中小学生参加“迎接香港回归祖国”读书会，继续开展百部爱教影视片汇映工作。

1997年6月30日，在香港即将回归祖国之际，区党委宣传部组织“双迎双庆”（即迎香港回归，迎党的生日）演讲比赛和卡拉OK歌手电视大赛。在区机关办公楼举办迎香港回归大型图片展、书法摄影展。

2000年，全区开展以爱党、爱集体、爱社会主义教育，遵纪守法教育，传统美德教育，崇尚科学、反对迷信教育为内容的四个教育，编印宣传学习资料6000多册，开辟专栏300多个。

2001年，区党委、区管委会在屈原影剧院召开中国共产党成立80周年庆祝大会。各乡镇均举办形式多样的文艺活动，学校组织学生观看《毛泽东在1925》影片展20多场次。

2002年，“法轮功”在境内开始传播，区党委及时把反邪教作为抓好农村思想政治工作的一项重要任务，由区党委宣传部举办《反对邪教、崇尚科学》大型图片展览，在全区各乡镇巡回展出，各基层党支部对参加“法轮功”活动的人员进行耐心劝告，让其远离邪教。

2003～2004年，地下“六合彩”在境内成蔓延之势，广大群众深受其害。区党委、区管委会召开打击地下“六合彩”赌博活动调度会，总结分析全区打击地下“六合彩”工作情况。区党委宣传部下发

《关于掀起打击地下“六合彩”宣传高潮的通知》，组织各乡镇出动宣传车6台在全区进行巡回宣传，发动中小学学生向家长写一封远离“六合彩”劝诫信，区电视台开辟打击地下“六合彩”专题栏目，公安局牵头捣毁窝点27个，抓获庄家56人，处理顶风违法公职人员3人。地下“六合彩”赌博之风基本得到遏制。

2007年12月22日，省委、省政府中共十七大精神进农家“五下乡”宣传服务团到管理区，分别在营田镇、河市镇进行现场宣讲，观众达2100多人。12月，区党委组织“五下乡”宣传服务团深入乡镇宣传中共十七大精神，演出12场次，观众达2万多人。

至2011年，已完成两批新农村示范村建设，在17个示范村中，有4个市级示范村、13个区级示范村，占全区行政村的25%。

第四章　纪检监察

1979年10月，在“文化大革命”期间中断的纪律检查机构得到恢复，成立中共国营屈原农场委员会第一届纪委，设委员5人。1987年，为完善立案、办案、审理程序，增设总场、分场两级纪检审理机构。1988年，总场纪委除纪委委员外，设专职纪检员2人，审理员1人；分场（镇、公司、厂）党委（总支）共配备兼职纪检委员16人，专职纪检干事9人，审理干事12人；全场基层党支部共配备兼职纪检员234人。2000年，区组建监察局，隶属区管委会，主要履行行政监督职能，与区纪委合署办公。2011年，区纪委委员由5人增至7人。纪检机构定编15名（含监察），内设案件室、案管室、审理室、信访室、党风廉政室、宣传教育室、法规调研室、干部室、办公室、执法监察室、纠风室、行政效能室。

第一节　党风廉政建设

一、党纪法规教育

1978～1981年，农场党委以《关于党内政治生活若干准则》为基本教材，在全场开展干部职工理论学习活动。农场纪委与党委组织部、党委宣传部组织全场基层党员干部先后举办不同类型的学习班6期，参加学习的418人次。1983～1984年，组织党员、干部学习中共十二大文件，加强党性、党风和党纪教育。1991年，农场纪委与党委组织部、党委宣传部联合下发《关于在全场认真开展党规党法教育活动的通知》，对全场各级党委、纪委组织学习作统一部署和安排，并将党纪法规手册发放到党员干部，做到人手一册。年底，在全场党员干部中开展党规党法知识抢答赛，在16支参赛队伍中，评出一等奖2名，二等奖4名。1992年上半年，对全场党员干部进行党规、党纪知识测试，97%的党员参加。农场纪委从基层优秀答卷中抽选300份统一阅卷评分，对10名优胜者在全场通报并给予奖励。1995年，行政区纪委编印《党纪政纪条规选编》1200册，发至基层党员干部学习。区、办事处两级党委、纪委上党纪政治教育辅导课72堂，办党纪政治教育宣传栏40多期。1998年，全区2685名党员干部参加由中纪委、监察部举办的党纪政纪条规知识竞赛活动，参赛率、及格率均达100%。2003年，区纪委、区监察局组织全区200名科级干部参加中纪委组织的党员干部党风廉政知识考试，及格率100%，90分以上的优秀答卷占90%。是年，全区贯彻《党政领导干部选拔任用工作条例》，对新提拔的34名副科级以上干部进行为期7天的党风廉政教育培训。2006年，开展以“八荣八耻”为主要内容的“牢记廉耻，共建和谐”党风廉政教育。2007年，区党委、区纪委将是年定为全区“党风廉政建设宣传教育年”，并按照中央《实施纲要》和省委《实施意见》的要求，加大对广大党员干部反腐倡廉教育力度，提高自我教育、自我约束的能力。2008年，全区深入开展党员干部思想信念教育、廉洁从政教育、公民道德教育和廉洁自律教育。2010年，区党委组织300名机关党员干部听取市委讲师团有关反腐倡廉的专题辅导报告。区、乡（镇）主要领导都在本单位讲一堂以《廉政准则》为主要内容的党课。在全区开展“让廉洁成为一种生活方式”的征文活动，共征文96篇，其中获一等奖5篇，获二等奖10篇。2011年，区党委下发《关于开展反腐倡廉“责任与共”主题宣传教育的通知》。是年7月1日，在“颂歌献给党”庆祝建党90周年文艺汇演中，“红歌廉舞”等一批廉政文艺节目使党员干部深受教育，广大观众拍手称好。

2011年全区党风廉政建设和反腐败暨公开述廉大会　（宋政军摄）

二、廉洁自律民主生活会

1986年始，农场党委坚持把开好廉洁自律民主生活会作为各级党组织党风党纪教育重要平台，提高党员的政治思想素质。是年，农场党委先后召开民主生活会3次，12个分场党委一级单位，召开党员生活会37次，坚持在党内开展批评与自我批评。1991～2011年，区（场）党委、区（场）管委会明确规定，全区（场）乡镇（分场、办事处）和区（场）直各单位党政领导班子，每年必须召开1次以上以廉洁自律为主要内容的民主生活会，并请区（场）纪委、区（场）监察局派员参加。1993年下半年，在农场领导班子廉洁自律民主生活会上，3名处级领导干部带头上交在公务活动中接受的礼金、礼品、证券，价值5000元；场直26个科局级单位相继召开民主生活会，16名科级干部清退礼金、礼品，价值1.5万元。

三、党风廉政建设责任制

1998年始，根据党中央、国务院《关于实行党风廉政建设责任制的决定》，区党委、区管委会制定由各级党政一把手负总责的党风廉政建设责任制，全区反腐工作形成党委统一领导，党政齐抓共管，纪委组织协调，部门各负其责，依靠群众支持和参与的领导体制和工作格局。每年年初三级干部大会上，各单位党政主要负责人向区党委、区管委会统一签订廉政建设责任书。年终对责任落实情况进行考核，对问题较多的单位取消单位评先、个人评优资格，并追究主要负责人的责任。

2000年年初，区纪委会同区审计局，对8个办事处1999年度非生产性开支和消赤减债进行年度审计，对个别办事处不规范行为提出批评。是年，区纪委配合有关部门建立政府采购制度。2002年，建立会计核算中心，对党政机关的财务管理、规费征收和办公设施建设实行制度化、程序化监督。2004年，区党委、区管委会、区纪委作出《关于乡镇机关公务消费货币补贴的暂行规定》，对交通费、通讯费、办公费、公务招待费和差旅费，分别确定补贴标准和补贴办法。区纪委、区监察局制定违反公务消费货币化补贴暂行规定的责任追究办法，重点查处挪用财政转移支付和公务消费违规招标问题。至2011年，区、乡两级财政52项费用支出得到严格控制。

第二节　案件查处

一、查处

1978～1984年，重点查处作风腐败、乱砍滥伐、侵占国家和集体财产、挪用私分公款等重要案件。共立案72起，结案67起，其中开除党籍11人，留党察看20人，党内警告和严重警告19人，通报批评2人，开除公职1人，行政记过4人。

1985～1990年，重点查处贪污贿赂、干部营建私房等违纪案件。立案72起，结案66起，其中开除党籍12人，留党察看6人，党内警告和严重警告30人，撤销党内职务2人，通报批评5人，登报处理3人，开除公职1人，撤销职务3人，党员不予登记4人。

1991～2000年，在整顿和治理经济环境中，重点查处乱着装、乱摊派、乱收费等“三乱”问题以及弄虚作假、侵占国家财产等重要案件。立案143起，结案135起，其中开除党籍45人，留党察看34人，党内警告和严重警告30人，行政记大过和记过5人，开除留用2人，行政撤职3人，行政警告11人，行政降级3人，通报罚款1人，判刑1人。

2001～2011年，区纪委、区监察局进一步严格办案程序，加大办案力度，重点查处经济领域中违法违纪案件。立案144起，结案142起，其中开除党籍23人，留党察看18人，党内严重警告69人，行政警告13人，行政记过3人，行政撤职2人，降级1人。

二、审查

1978～1980年，对在反右派、反右倾、社教、“文化大革命”等不同时期受到党纪处分的279名党员，本着实事求是、“惩前毖后、治病救人”的方针，进行严肃认真的复查审理，落实党的政策，其中全错全纠的50人，部分错部分纠的28人，维持原处分结论的201人。开除党籍的126人中有32人恢复党籍，20人改变处分；留党察看75人中有7人撤销处分，4人改变处分；撤职21人中有2人复职，1人改变处分；严重警告36人中有4人撤销处分；党内警告17人中有2人撤销处分。四个时期处理的国家干部、全民职工、教职员工、医务人员300人全部进行复查，按照实事求是、有错必纠的原则，分别不同情况，进行落实处理，共恢复干籍、公职180人，维持原处分不变的120人。

1981年始，案件审查工作不断加强，按照“事实清楚、证据确凿、定性准确、手续完备”方针，保证办案质量。至2003年，区纪委、区监察局受理复查案件12起，已复查12起，其中维持原处分不变的9人，改变原处分结论2起、2件，恢复名誉1件。2004~2011年，推行基层案件归口审理制度，基层案件统一归口区纪委审理室审理，进一步严格把关，确保办案质量经得起历史检验。

第三节　执法监察

一、执法检查

1991年，农场纪委会同农场财务科、审计科等部门对全场财务进行专项检查，发现部分单位存在利润不实，超标准发放奖金、补贴等违反财经纪律的问题，收回乱开支、超发奖金10万余元，并将情况通报全场。

1996年，行政区纪委、区监察局牵头，对个人欠款和担保的贷款进行专项清理。共清理贷款8844万元，涉及党员干部146人，其中副科级以上干部27人，欠款总额276万元，督促还款260万元，还款率达95%。是年，区纪委、区监察局联合区财政局对12个行政事业单位、执法部门进行专项检查，清理出预算外资金1200余万元，其中不合理的开支100万元，通过清理增加财政收入300多万元。

2000年，区纪委、区监察局合署办公后，认真履行执法监察职能，对行政、事业单位和有关部门群众反映强烈的财务管理混乱、乱收乱支、财政资金截留等问题开展专项监察，查处和纠正违纪违规行为。联合区教育局、区物价局对全区中小学收费进行专项检查，重点检查7所中学和3所小学，共查处违规乱收费资金5.53万元，责令有关学校全额清退给学生。同时，取消历年违规收取的“4、5、8”（即小学、初中、高中每人每期分别收取40元、50元、80元）集资办学资金。会同区卫生局、区物价局对全区医疗药品市场进行督查，查出多收费30多万元，责令全部退还；查出药品提价20多万元，责令立即降价并对责任人给予政纪处分；查处医药购销中的违纪案件1起，涉案金额2万多元。

2004年，区纪委、区监察局根据群众举报对屈原一中、营田小学的乱收费进行检查，共查出违规收费50多万元，责令2所学校全部退还学生，同时对责任人给予党纪、政纪处分。

2010年，联合区财政局开展“小金库”专项清理，对存在严重问题的3个单位进行严肃查处，其中立案1起，查处1人，下发建议书3份，诫勉谈话2人，追缴违规资金31万元。

2011年，区纪委、区监察局会同区教育局、区物价局开展全区中小学教育收费大检查，查处违规乱收费12起，其中立案查处1起，纪律处分1人，诫勉谈话4人，清退违规资金3.54万元。

二、专项督查

2003～2011年，区纪委、区监察局配合区审计局对移民资金、水利资金、社保资金、水稻良种补贴资金、退耕还林资金、农业综合开发资金等专项资金进行督查，查出管理不规范资金2638万元，违规资金349万元，及时督促整改到位。

第四节　专项治理与纠风

一、清理干部营建私房违纪违规问题

1987～1990年，农场纪委、监察局组成专门班子，对全场干部营建私房违纪违规问题进行全面专项清理。共处理逃避规费、侵占国家和企业财产、超面积建房等违纪违规者8人，其中处级干部2人，科级干部6人，清缴违规金额17.2652万元。

二、狠刹党员干部赌博风

1990～1991年，农场纪委转发市纪委《关于共产党员犯赌博错误党纪处分的暂行规定》，在全场狠刹麻将赌博风，查禁21场，抓获参赌者63人次，收缴麻将1980副，对13名参赌党员进行处理，其中3人开除党籍，6人警告或严重警告，4人通报批评。

三、清理党政机关“三乱”问题

1993年，农场纪委、监察局联合财政、物价、审计等职能部门，对15个行政事业单位乱收费、乱罚款、乱支出等情况进行清理整顿。共清理收费文件8份，废止文件3份；取消收费项目4个，降低收费标准3项，其中废止涉农负担文件3份，取消涉农收费项目3个。

1996年，对基建工程招标中存在的“人情工程”“权钱交易工程”“领导工程”加大整治力度。清理压价、越级承包、工程不验收等36个问题，并对13名相关责任人进行处理。

1996年、2006年，两次对领导干部收受红包礼金情况进行清理。其中6名处级干部主动向纪委申报家庭中的重大事项，19名科局级干部上交礼金8700元、礼品9件，价值4022元，30多名干部拒收礼金4.1万元。

2009年，区管委会印发《关于进一步优化经济环境的工作意见》《屈原管理区企业周边治安环境专项整治行动实施方案》，开办电视宣传栏2期，电视讲座1期，悬挂宣传横幅80余幅，张贴宣传标语200余条，印发宣传单5000余份，组织流动宣传车8台次，对全区28家重点企业、5个重点建设项目施工工地的周边治安环境进行摸排。联合政法机关查处治安案件3起，对23名涉黑涉恶人员进行登记造册备案，对1起损害周边治安环境的典型案件进行查处，3名相关公职人员按党纪政纪进行处理，并将该案在全区进行通报。

2010年，区纪委、区监察局对全区43家行政执法执收单位进行测评，并将测评结果在全区予以通报，对测评排名后3位的单位进行通报批评，并对单位主要负责人进行诫勉谈话。

第五章　组织建设

第一节　党组织机构

1978年，全场有基层党委8个、党总支3个、党支部179个。1980～1987年，党校、工交公司、糖厂、建材建筑工程公司、贸易公司、屈原镇相继建立党委会，电力排灌公司、农机服务公司建立党总支，畜牧水产公司、供销公司、运输公司、水泥厂、屈原中学、农业技术推广中心、湘甬糖果食品厂建立党支部。1988年，全场有基层党委14个、党总支5个、党支部266个。2001～2003年，相继合并办事处，建立乡镇，基层党委减至11个。2004年，实行村级合并，由127个村合并成62个，全区党支部由248个减至192个。区直相关部门和非公有制企业相继建立党委。至2011年，全区有基层党委14个、党总支11个、党支部194个。

基层党委会由7～9人组成，设书记1名、副书记1～2名（2006年起只设1名）、纪委书记1名。乡镇（分场、办事处）1978～2001年每届任期3年；2001年后，每届任期5年。届中，党委会成员由区（场）党委任命；换届时，由乡镇党员代表大会选举产生。区直部门党总支成员由区党委任免。农村党支部委员，届中由乡镇（分场、办事处）党委任免，换届时由支部党员大会选举产生。

中共屈原管理区委员会2011年组织机构设置图

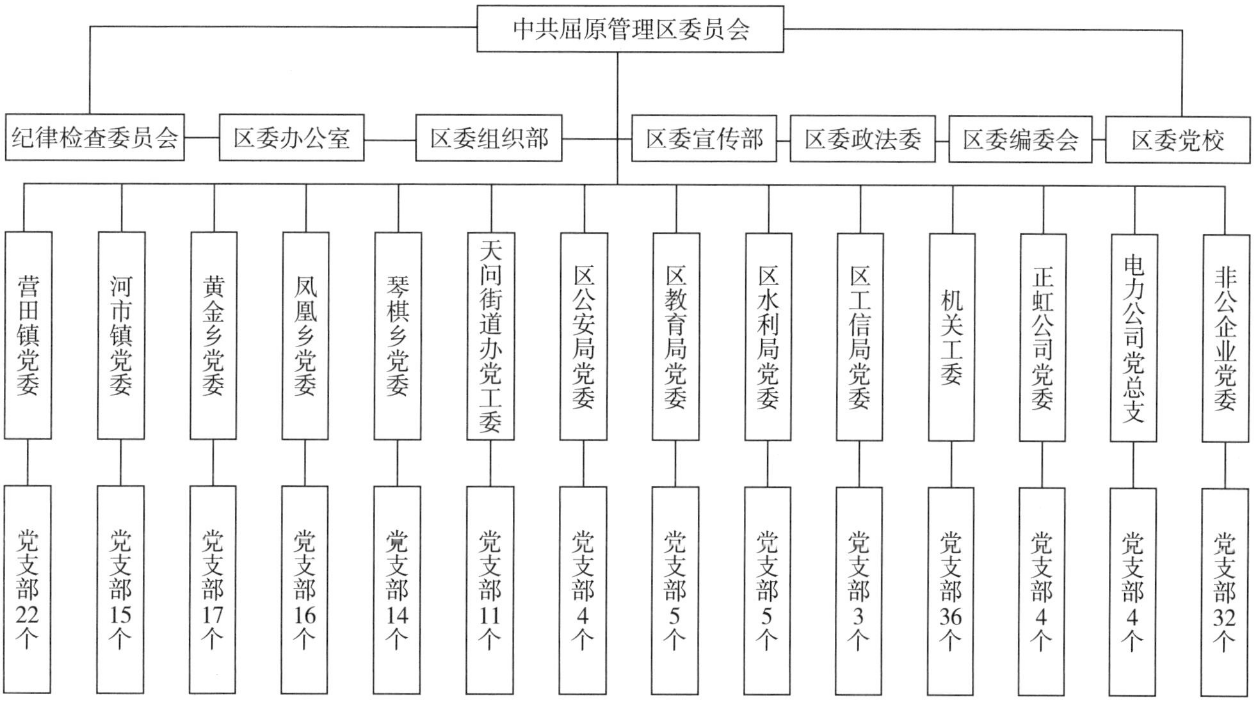

说明：以上党组织机构和党委、党总支、党支部已列名的只限对外具有行政职能的。

1978～2011年屈原管理区（农场）党组织基本情况

表3-7　　　　单位：个

年度	基层党委	党总支	党支部	年度	基层党委	党总支	党支部
1978	8	3	179	1995	14	10	254
1979	8	3	179	1996	14	10	254
1980	8	3	184	1997	14	10	254
1981	8	4	203	1998	14	10	254
1982	10	6	210	1999	14	10	254
1983	9	5	210	2000	14	10	254
1984	12	6	209	2001	11	11	248
1985	11	7	217	2002	11	11	248
1986	11	4	238	2003	11	11	248
1987	12	6	256	2004	14	11	192
1988	14	5	266	2005	14	11	192
1989	14	4	267	2006	14	11	192
1990	14	9	267	2007	14	11	192
1991	14	9	267	2008	14	11	192
1992	14	9	267	2009	14	11	192
1993	14	8	277	2010	14	11	194
1994	14	10	254	2011	14	11	194

第二节 党员队伍

一、党员发展

1978～1983年，恢复党员预备期。组织发展坚持“积极慎重”的原则，注重知识结构和年龄结构，共发展新党员259人，其中大学毕业或相当讲师、工程师级的6人，大专毕业或相当助理工程师级的46人，中专毕业或相当技术员级的78人。1984年发展新党员35人，其中知识分子25人，占全年发展数的71.4%。1986年发展党员112人，其中有大专以上文化程度的18人，中专、高中64人。1988年，全场有党员2901人（女374人），其中工人1728人、教科文卫382人、商业服务22人、行政管理564人、离退休人员205人；35岁以下的650人、36～45岁的970人、46～60岁的1094人、61岁以上的187人；大专以上文化程度的132人、中专、高中576人、初中以下2193人。1989年始，发展新党员，高度注重在农业职工中发展新党员。至1992年发展党员286人，其中农业职工198人，占69.2%，在推行农业联产承包责任制中，共产党员发挥了先锋模范作用。1993～1994年，农场党委组织部对全场基层党组织进行系统调查，发现部分党支部成员年龄偏大、文化程度偏低、党员趋向老龄化。1994年冬专门召开党建工作会议，行政区党委出台《关于发展优秀青年党员的通知》，要求注重培养有文化、懂科学、会经营的青年党员。在发展新党员中，35岁以上要占40%～50%。1995年进党校培训的青年建党对象350人，其中35岁以下占80%。1998年发展党员123人，其中35岁以下的69人，占发展总数的56.09%。至2007年，全区党员总数5522人，其中男4589人，女933人；35岁以下的968人，占17.53%；36～45岁的1345人，占24.4%；46～55岁的1380人，占24.99%；56～60岁704人，占12.75%；61岁以上1125人，占20.37%；大学以上学历的1200人，占21.73%；中专、高中学历的1846人，占33.4%；初中以下的2476人，占44.84%。2008年始，重视女性党员发展，至2011年，党员总数5654人，其中男4577人，女1077人；女性党员所占比例比1988年提高6.16个百分点；35岁以下的1078人，占19.06%；36～45岁1212人，占21.43%；46～55岁的1515人，占26.8%；56～60岁的785人，占13.88%；61岁以上的1064人，占18.82%。研究生、大学学历以上的1207人，占21.35%；比1988年提高16.8个百分点；中专、高中学历的2383人，占42.15%；初中以下2064人，占36.5%。

1978～2011年屈原管理区（农场）中共党员情况

表3-8　　单位：人

年度	党员总数	其中		年龄结构					文化程度			
		男	女	35岁以下	36～45岁	46～55岁	56～60岁	61岁以上	大学	中专	高中	初中以下
1978	2330	2045	285	460	860	672	174	134	65	140	205	1920
1979	2390	2105	285	495	880	712	170	133	70	145	215	1960
1980	2450	2160	290	520	890	711	190	139	74	150	220	2006
1981	2500	2210	290	545	901	725	190	139	80	160	230	2030
1982	2550	2250	300	565	911	743	191	140	85	170	240	2055
1983	2600	2281	319	577	921	771	191	140	90	178	243	2089

续表

年度	党员总数	其中		年龄结构					文化程度			
		男	女	35岁以下	36～45岁	46～55岁	56～60岁	61岁以上	大学	中专	高中	初中以下
1984	2630	2341	319	584	923	782	191	150	95	180	262	2093
1985	2731	2411	320	616	941	812	202	160	97	184	276	2174
1986	2791	2459	332	646	951	822	212	160	99	200	277	2215
1987	2869	2500	369	652	968	862	222	165	100	209	296	2264
1988	2901	2527	374	650	970	870	224	187	132	212	364	2193
1989	2957	2579	378	620	980	878	286	193	222	200	389	2146
1990	2998	2613	385	622	960	889	288	239	232	209	399	2158
1991	3028	2641	387	685	930	901	268	244	230	240	420	2138
1992	3128	2727	401	648	949	935	296	300	235	247	425	2221
1993	3201	2785	416	649	944	975	306	327	274	286	504	2137
1994	3311	2891	420	651	948	1008	392	312	301	293	528	2189
1995	3561	3091	470	580	960	1050	380	591	456	320	680	2105
1996	3811	3291	520	600	980	1080	400	751	656	320	790	2045
1997	3931	3391	540	610	1000	1090	431	800	716	320	801	2094
1998	4031	3471	560	620	1010	1100	481	820	740	330	840	2121
1999	4131	3551	580	630	1029	1100	500	872	790	346	850	2145
2000	4230	3610	620	640	1030	1100	520	940	820	330	870	2210
2001	4260	3630	630	650	1040	1100	530	940	830	340	880	2210
2002	4296	3660	636	660	1040	1118	558	920	840	350	890	2216
2003	4392	3710	682	661	1100	1128	572	931	880	370	910	2232
2004	5400	4568	832	945	1335	1359	698	1073	1180	570	1210	2440
2005	5450	4608	842	960	1340	1369	703	1068	1190	590	1220	2450
2006	5485	4623	862	968	1342	1379	703	1093	1200	600	1230	2455
2007	5522	4589	933	968	1345	1380	704	1125	1200	611	1235	2476
2008	5562	4641	921	1078	1311	1366	710	1097	1210	621	1245	2486
2009	5590	4665	925	1212	1314	1038	716	1109	1214	771	1367	2238
2010	5638	4568	1070	1269	1334	1304	647	1084	1194	797	1391	2256
2011	5654	4577	1077	1078	1212	1515	785	1064	1207	942	1441	2064

二、党员教育活动

1978年，中共十一届三中全会后，在党员中开展学习党和国家制定的各项方针政策、重要文件以及《关于党内政治生活的若干准则》等。

1981～1984年，对党员特别是党员干部进行理论和专业知识培训，重点学习马克思主义政治经济学基本原理以及企业管理等专业知识，其中1981年有600余名党员干部参加培训。

1985～1986年，农场党委根据《中共中央关于整党的决定》，在全场党员中开展统一思想、整顿作风、严肃纪律、纯洁组织为内容的整党整风活动。农场2731名党员接受教育。

1989～1992年，农场党委成立社会主义思想教育工作领导小组，在全场开展城乡社会主义思想教育活动，2957名党员参与教育活动。农村社教，党员建立联系户410户，办好事450件，120名党员创优秀业绩。城市社教，党员帮扶困难户780户，为基层办实事1780件。

2003年，在农村党员中开展"党员亮身份、创红旗、带领群众奔小康"的主题活动（简称"亮、创、奔"）。农场有2522名农村党员亮明身份，主动联系困难户1380户，组织群众修水泥路218公里，修筑衬砌渠120公里，改造排灌机埠36座，清洗沟渠108公里。

2005年，全区各级党组织开展以实践"三个代表"重要思想为主要内容的保持共产党员先进性教育活动，全区3110名党员参与教育活动，其中机关党员学习时间达40小时以上，人均作笔记1.1万字。是年，区党委成立远程教育工作领导小组，制定《屈原管理区农村党员干部现代远程教育工作方案》，启动农村党员现代远程教育站点建设，至2011年投资85万元，共建站点71个，其中依托村部（社区）建站65个；A级站点1个、B级站点70个。使之成为党员学习的平台、宣传的阵地、交流的窗口、联络的纽带。71个站点共组织集中学习710场次，参学党员21300人次，接待党员个性化学习1200人次。有380名农村党员学会电脑基本操作，并利用党员网与70名外出流动党员建立经常性的联系。

第三节　干部管理

一、领导班子建设

1978年，全场设党委8个，党总支3个，党支部179个，农场党委结合整党对领导班子进行调整，先后2次举办党员骨干学习班，开展第六次整党整风，对全场17名犯有错误和存在问题的党员干部进行重点帮助和教育，其中3名错误性质较为严重的党员干部受到处分。

1981年，农场党委健全组织生活制度，要求各级党组织每个季度召开一次民主生活会，同时健全党委、党组交心制度。

1985年始，农场党委结合党政班子换届，按"革命化、知识化、年轻化、专业化"标准选拔一批德才兼备、年富力强、有文化、有专业知识的干部充实到党政领导班子中。调整前，农场党政领导班子成员13人，大专以上文化的仅3人，平均年龄49.8岁。科室领导班子成员98人，大专以上文化的21人，平均年龄46岁。调整后，农场党政领导班子成员职数未变，大专以上的7人，占53.8%；平均年龄41.5岁。科室领导班子成员74人，减少24.5%；大专以上文化的42人，占56.8%；平均年龄41岁。

1992年4月，农场党委下发《关于认真贯彻执行农场内部改革总体方案的通知》，打破干部"铁交椅、铁工资、铁饭碗、铁身份"，原则上干部能上能下、能官能民，规定场直单位、各分场（镇）无重大社会性、自然性原因，经济效益比上年没有好转，工作没有进步的党、政一把手不得易地为官，更不能提拔；连续2年仍不如上年的就地免职，其原组阁班子也相应解散。机关各科室、场直各单位、各分场（镇）党政主要负责人在无记名民主推选的基础上，由总场党委审定任命；副职由正职提名，场党委审定发文；其余人员由正职聘用（一律实行聘用合同制）。党委班子按党章选举产生。

1998年4月，行政区党委印发《各办事处、镇机构改革实施方案》《区机关机构改革实施方案》，明确额定领导职数，严格程序管理。各办事处（镇）设书记、副书记、主任（镇长）、副主任（副镇长）、党委成员7～9名，超领导职数单位凡男年满55岁、女年满50岁的退岗下线。

2000年始，实现领导班子年轻化，对区级干部实行“七不进、八不留”的政策，即57岁的科级干部不再进区级领导班子，58岁的区级干部退出领导班子，改任非领导职务。对科级干部实行正科级54岁、副科级53岁退线的政策，改任主任科员或副主任科员。此举使23名20多岁的年轻人进入乡镇、科局领导班子，2名30多岁的优秀干部进入区级领导班子。

2001年，区党委为贯彻中共中央《关于党政领导干部选拔任用工作暂行规定》，相继出台《屈原管理区党政领导干部任期经济责任审计（暂行）办法》《领导干部个人重大事项请示报告制度》《屈原管理区干部选拔任用工作暂行规定》，使干部选拔任用工作走上制度化、程序化轨道。

2003年4月，区党委作出《关于领导干部任前公示、任后试用的规定》。

2004年3月，区党委印发《关于加强全区党政领导班子建设的若干意见》，明确乡镇党委、政府班子要形成由40岁左右、30岁左右干部组成年龄梯次结构。要有15%左右的乡镇配备女党委书记或女乡镇长，进一步加大培养选拔年轻干部、女干部和非中共党员干部力度，后备干部人数按正职1∶2、副职1∶1的数量确定。每年选拔一定数量且年龄在30岁左右的科局优秀干部到上级机关、沿海经济发达地区挂职锻炼，跟班学习，至2011年，已安排到广东、浙江以及上级机关挂职的7人。全区公示提拔干部28人，公示期收到群众来信来访3件，经查实有1名拟提拔干部被取消任职资格。

二、干部作风建设

1978～1981年，农场党委坚持整党整风，加强干部作风建设，场部机关和分场干部坚持与群众打成一片，参加劳动时间不少于全年工作日的三分之一。1982年始，农村全面推行家庭联产承包制，农场党委明确要求分场级以上干部建立联队、联户制度，每月深入农户调研不少于5天，每年与群众一道参与冬修水利、植树造林不少于10天。

1989～1992年，城乡社会主义思想教育活动中，全场党员负责干部帮扶困难户520户，为基层办实事1250件。

1993年2月，农场党委作出《关于加强党员、干部思想作风建设的规定》，把治飘、治奢作为干部作风建设的重点。12名场级领导办联系点和联系户24个，场部机关和分场、镇干部每人全年在联系户住宿不少于50晚，结交农民朋友不少于50人，扶持贫困户脱贫致富不少于5户。要求“骑单车下村组、穿胶鞋走田间、拿餐票吃便饭、怀真情解疑难”。

1997年，行政区党委下发《关于实行区级领导、部门联系点工作制度的通知》，常年建立村级联系点48个、联系户480个。

2002年3月，区党委下发《关于认真做好民情调查工作的通知》，区、乡两级抽调干部280人，由区级领导和部门负责人带队，下到6个乡镇和街道44个村（居），走访群众1820人，撰写民情调查报告280篇。

2005年7月，区党委组织开展“党员干部下基层、排忧解难促发展”活动。区直机关和乡镇、社区、事业单位、群众团体组织500名干部下基层，为群众排忧解难办实事270件，资助困难群众资金和物资折款38万元，化解矛盾和问题排查310处。

2007年4月，区党委作出《关于加强领导干部作风建设的决定》，就干部践行“两个忠诚”（即毫不保留地忠诚于党和人民、忠诚于事业），全面落实科学发展观、廉洁自律、密切联系群众、勤俭戒奢等方面作出具体规定。2008年，区党委印发《关于在全区开展“讲忠诚、优管理、强特色、促发展”作风建设主题活动方案》，重点治理干部作风方面存在的“参与赌博、大操大办、以权谋私、工作懈怠散漫、新增人员包袱、向农民乱伸手”等方面存在的问题，取得明显成效。2011年，区党委出台《关于进一步加强干部作风建设工作的若干意见》。

第四节 基层组织建设

一、农村基层组织建设和整顿

1978~1984年，农场党委派驻工作组，整顿农村后进党支部。1985年，农场党委出台《屈原农场农村党支部建设和整顿工作目标考核实施方案》，开展基层党组织整顿工作，各分场党委、党总支和党支部均派驻整党工作组。至1990年，全场176个农村党支部整顿改选110个。

1994年9月，农场党委印发《关于加强农业队党支部建设和整顿工作方案》，用3年时间对全场113个农业队党支部进行一次全面的建设和整顿，重点是抓党支部建设，选配、培养一批政治坚定、公道正派、廉洁奉公、联系群众、团结战斗的党支部书记；抓党员队伍建设，发挥党员在带领群众脱贫致富奔小康中的先锋模范作用；抓农村经济发展，选准发展路子，调优产业结构，发展高效农业；抓“依法治村、民主管理”。是年抽调干部40人，进驻20个后进村，通过建整，有12个村工作取得明显成效。1995年12月，行政区党委成立基层党组织整顿领导小组，区党委组织部成立整建办公室，选派13个工作组到后进党支部进行整建工作，通过整顿，有5个后进党支部被评为一类党支部。1997年，开展第三批农村党支部建设整顿工作，从区直部门和乡镇抽调50余名干部进入40个村，其中有6个村获先进单位，34个村为合格单位。

1998年后，区党委建立区级领导、部门联村制度。主要抓调整配好村级班子、加强对党员的教育管理，确定村级经济发展路子，推进村务管理制度化、民主化工作。2004年3月，区党委出台《关于开展农村党的建设“三级联创”活动的实施方案》，用3~5年时间，使80%以上村党组织和每个乡镇党委、区直部门党组（党委）达到“五个好”（即领导班子好、党员干部队伍好、工作机制好、小康建设业绩好、农民群众反映好）的目标。

二、村支书队伍建设

1994年5月，行政区党委出台《关于激励生产队党支部书记建功立业的若干规定》，对连任生产队党支部书记多年且业绩突出的可破格解决政治、经济待遇，其中年富力强、德才兼备的适时启用。规定在生产队担任党支部书记15年且事业心强，工作一贯表现好，年满60岁退休时，享受代干待遇，按现行工资标准数80%计算退休金。在生产队担任党支部书记10年以上且群众信任票在80%以上可选拔为代职干部。动员优秀中青年干部到生产队任党支部书记，挂职2年以上且工作业绩突出，可解决副科级待遇或提到实职工作岗位。

1996年后，行政区党委分别作出《关于对有突出贡献的农村村党支部书记奖励的决定》《关于加强农村离任党支部书记管理的意见》。1999年5月，区党委出台文件规定，生产队党支部书记离任后，按其任职年限享受一定比例的生活补贴，其中10年以下按任职年限每年200元一次性计算补贴；10年以上，按任职年限每年4元标准按月计发。2003年后，农村党支部书记全部进入农场农业职工养老保险统筹。

2005年7月，区党委作出《关于选派村党支部第一书记的决定》，经乡镇党委申请，区党委组织部考察，实行双向选择，在区直行政事业单位和乡镇在岗或离岗党员干部中选派62名政治素质高、思想品德好、办事能力强的优秀党员担任村党支部第一书记，任职3年。2006年7月，担任村党支部第一书记的62名干部全部到位。2008年始，注重在村党支书记中选拔工作业绩突出的优秀党支部书记进入国家公务员队伍，至2011年，有8名优秀党支部书记录用为公务员。

三、非公有制企业党组织建设

2001年，全区32家规模较大的非公有制企业，有从业人员4300人，其中党员1238人。是年6月，区党委出台《关于加强基层党组织建设的意见》。区委组织部相继印发《关于个体和私营企业等非公有制经济组织中加强党的建设工作的意见》《关于进一步加强非公有制经济组织党的建设工作的意见》。根据有利于党的建设、有利于党组织开展活动、有利于党员管理、有利于促进非公有制企业经济发展的原则，采取独立式、挂靠式、统建式三种形式，因地制宜地设置党组织，使非公有制企业中的党员有了组织归宿。至2011年，共建立党支部32个，党组织负责人大部分为民营企业业主。

第六章　宣传统战

1981年前，农场宣传统战工作由政治处管理。1981年，农场党委恢复宣传部，并配备一名统战专干从事全场统战工作。2000年，撤场建管理区后更名为宣教科，负责宣传、统战、教育、科技、文化、体育、广播电视方面的工作，定编7名。2002年，撤销宣教科，成立宣传部（加挂广播电视局牌子），统战工作挂靠区人大政协联络办。党委宣传部内设办公室（加挂文明办牌子）、宣传办2个职能股室，定编4名。2008年，统战部划归区党委宣传部。2011年，区党委宣传部（加挂区党委统战部牌子）与区文化广播电视新闻出版局（加挂区版权局牌子）合署办公，内设办公室（屈原管理区精神文明建设指导委员会办公室）、宣传股、统战股、文广新股4个职能股室，行政编制5名。

第一节　时政宣传

一、新闻队伍建设

70年代始，境内业余通讯员逐年增多，各基层单位均配备兼职宣传干事。为提高业余通讯员业务素质，农场党委宣传部、广播站每年开展1～2次新闻通讯员培训活动，当时有骨干业余通讯员40人。1986年6月，为提高业余通讯员上稿率，组织全场通讯员进行集体采访编写活动。1988年，全场在市级以上报刊、电台、电视台发稿1000多条（幅）。1990年后，每年组织各单位宣传负责人到岳阳市接受业务培训，并邀请省、市等新闻单位资深记者到农场讲课和座谈式辅导。在提高通讯员队伍业务素质的同时，建立和加强通讯员与新闻单位的工作联系。2005年，结合保持共产党员先进性教育活动，组织通讯员学习“一规定两办法”（即《中宣部、国家广电总局、新闻出版总署关于新闻采编人员从业管理的规定》

《新闻记者证管理办法》《报社记者站管理办法》），进行宣传纪律教育，多次探寻如何加强新闻舆论监督的问题。1978～2011年，没有发生一起失控、失实和违纪报道，新闻队伍的职业道德得到全面提升。至2011年，全区有专职记者12人，业余通讯员32人。

二、新闻宣传

境域媒体宣传 1978～1991年，境内宣传媒体以农场广播电台为主体，突出宣传中共十一届三中全会精神，推介农村实行家庭联产承包责任制的典型经验，宣传经济社会建设成就。其间：1981年，农业联产承包责任制试点工作在四分场取得显著成效，宣传部、广播站连续进行一周跟踪报道，在全场引起反响，其经验在岳阳地区农业工作会议上进行介绍。1982年，重点推介建材公司打破分配上“吃大锅饭”、取消工资固定发放，工资与班时、产量、质量三挂钩，极大调动职工劳动积极性，实现产值、产量、利润同步增长的典型经验；屈原糖厂政企分开，所有权与经营权分离的管理经验；屈原贸易公司在岳阳地区率先实行柜组承包、盈亏自负的经验；职工医院妇产科主治医师张景春敬业爱岗、工作一丝不苟、默默无闻、乐于奉献的感人事迹。至1992年，农场广播电台播发稿件6780篇，在市级以上报刊、电台、电视台发稿1000余条（幅）。

1993年始，农场广播电视台成立，开始独立制作和播出电视新闻。宣传部门建立新闻调度会制度、新闻报道奖励制度、新闻舆论监督制度和重大宣传提示制度，加强重大事项的组织协调和本级媒体宣传归口管理。围绕农场各项改革、经济发展、精神文明建设等重点、热点问题进行宣传报道。1992年3月，推出首部《奋起中的屈原》专题片。1993年10月，由宣传部牵头，组织屈原广播电视台，对湖南省首届“屈原杯”自行车越野大赛作全程报道。1993年、1995年、1996年，连续报道屈原人民众志成城、抗洪抢险的动人事迹和壮观场面以及农场农业产业化建设实况。1996～1997年，对农场居安思危大办水利的“双保工程”作重点报道。1997年，对香港回归祖国进行大量的宣传报道。1998年，利用电视、图片展览、摄影展等形式宣传国家奥运健儿为国争光的动人场面；是年，以建场40周年为契机，开展爱祖国、爱湖南、爱屈原“三爱”教育的宣传活动，连续播放《沧桑四十看屈原》电视专题片。1999年，围绕新中国成立50周年，重点对行政区在经济和社会建设中所取得的伟大成就作系列报道。2001～2003年，大篇幅报道管理区内工商企业改制情况，同时在防治“非典”、打击地下“六合彩”、推介致富典型等方面发挥舆论作用。2005年，在世界反法西斯战争和中国抗日战争胜利60周年之际，利用电视、演讲比赛、摄影展览、图片展览开展一系列宣传报道活动。2006～2011年，突出现代农业示范区建设的系列报道；推进新型工业化建设的报道；“‘五创’提质、秀美屈原”的报道，为宣传屈原、推介屈原产生了良好效果。至2011年，屈原电视台共播发稿件13408条，在市级以上电台、电视台发稿2800余条（幅），其中采用1980余条；在市级以上报刊发稿1840余条（篇），其中采用1320余条（篇）。

中央、省、市媒体报道 1978～2011年，共向市级以上新闻媒体发稿3800余条（篇），其中《人民日报》采用6篇、中央电视台采用15条、新华社采用7篇。另有一批稿件被中央人民广播电台、《经济日报》《农民日报》等媒体采用。其间：1982年6月10日，《文汇报》在第一版专题报道农科所农艺师王择高研制籼型杂交稻四优六号成功的事迹。1984年2月5日，湖南人民广播电台在《新闻联播》中配短评头条播发《屈原创办40个家庭农场》。1985年9月，湖南电视台在茶场拍摄《湘北茶叶在发展》。1987年9月29日，中央电视台到农场拍摄“QF-001”猪高蛋白营养添加剂科教片。1989年2月24日，湖南电视台《晚间新闻》专题报道“屈原农场掀起春耕生产新高潮”。1990年，湖南电视台拍摄农场标准防洪大堤实况，并在《大千世界》专题栏目中播放。2002年2月25日，《湖南日报》头版头条报道《屈原区壮大产业链、促进强区富民》专题新闻。2004年2月23日，新华社、《人民日报》《经济日报》《科技日报》

《工商时报》《中国经济时报》等中央新闻媒体8位资深记者对正虹集团进行为期二天半的现场考察和采访调查。9月10日，全区推进村组合并工作经验在《务实岳阳》专刊转载。2005年5月20日，《科技日报》以《正虹——中国饲料最具影响力的民族品牌》为题，在《中国园区》专栏中用整版篇幅推介正虹集团。6月20日，中央、省、市“持续发展的朝阳产业——湖南畜牧业产业化采访报道”组一行35人到管理区采访，并系列报道管理区畜牧业产业化建设进程。2007年5月26日，中央电视台、新华社、人民日报社、农民日报社、湖南卫视、湖南经视、《湖南日报》《岳阳晚报》等主流媒体30余人由省委宣传部宣传处领导陪同到管理区采访农业产业化建设情况并在多家主流媒体进行报道。2010年5月19日，《岳阳晚报》用两个版面，以《创业明星耀屈原》为专题，报道管理区“十佳创业明星”的主要事迹。岳阳电视台在《希望的田野》栏目播出专题片，介绍管理区十佳创业明星风采。是年端午节期间，配合中央电视台《中华长歌行》栏目组孙晓梅一行，录制专题片《我们的节日——端午节》，彰显了端午习俗和端午文化的独特魅力，集中展示管理区深厚的人文底蕴。7月，配合湖南金鹰纪实频道《故事湖南》栏目组将反映营田江防一带老百姓毫不畏惧，勇敢杀敌的抗日专题片《血火营田》搬上荧屏，充分展示了管理区人民不屈不挠的抗战精神。9月，岳阳电视台、《岳阳晚报》《湖南日报》对管理区成为全国第一批国家现代农业示范区进行系列报道。2011年7月12日，省委新闻采访团到管理区采访高级经济顾问吴鹤鸣、全省优秀共产党员、营田镇党委书记曹正平先进事迹。10月15日始，省、市级多家主流媒体重点报道管理区创建湖南省统筹城乡就业示范区启动仪式。12月14日，《农民日报》、中央综艺频道对惠众粮油公司总经理阳岳球被评为全国种粮大户、出席国务院表彰大会、接受国务院总理温家宝的颁奖，并作为农民代表典型发言进行详细报道。

第二节 理论教育

中共十一届三中全会后，主要学习党和国家制定的各项方针政策、重要文件以及《关于党内政治生活的若干准则》等。1979年，党员教育培训工作走上正轨，党校成为党员理论学习的主要阵地。1980年，在全场开展“从我做起，努力做一个合格共产党员”活动，是年举办党训班19期，培训党员2295人次。1981～1984年，对党员特别是党员干部进行理论和专业知识培训，重点学习马克思主义政治经济学基本原理以及企业管理等专业知识。1985年，在党员中进行“四个教育”（即全心全意为人民服务、

屈原管理区十佳学习型党组织颁奖大会 （宋政军2011年摄）

树立共产主义理想、增强全局观念和增强组织纪律性），全场2689名党员普遍轮训一次。1986年始，实行党员干部正规化理论教育，农场场部设立干部正规化理论教育领导小组，用三年时间学完马克思主义政治经济学、哲学、科学社会主义，以及《中共中央关于经济体制改革的决定》和国家颁布的各种法律法规。是年，除组织10名党校教员到全场巡回讲课外，对党员普遍进行一次轮训，并统一教材、统一考试、统一公布成绩、统一建立档案。1987年，进行坚持"四项基本原则"（即坚持社会主义道路，坚持人民民主专政，坚持党的领导，坚持马克思列宁主义、毛泽东思想）、反对资产阶级自由化的教育，8名党校教员以"四项基本原则"为主要内容，在全场15个听课点讲课60堂，参加听课的党员、干部1.3万余人次。1990～1993年，在全场开展社会主义思想教育活动，并结合扶贫工作为职工群众办好事、办实事。1994～1996年，在干部队伍、职工群众中开展"发展才是硬道理"的教育活动。

2000年3月至5月上旬，区党委根据中央、省、市的统一部署，组织全体区级干部，区纪委、区党委组织部、区党委宣传部的班子成员，开展"三讲"教育活动。在省、市巡视组指导下，坚持用整风精神，紧密联系行政区改革、发展、稳定的实际，积极开展批评与自我批评，有针对性地解决好领导班子和领导干部在党性、党风方面存在的突出问题。

2001年1月，区党委部署"三个代表"重要思想学习教育活动。在活动中，区直单位广泛开展"听民声、察民情、集民意、帮民富"等具体活动。2005年2月始，区党委分三批开展保持共产党员先进性教育活动。每批教育活动分学习辅导、分析评议、整改提高三个阶段进行。教育活动突出树立科学发展观和正确政绩观，使广大党员对先进性的理解有了新的认识和感受。2006～2007年，组织开展科学发展观与"民本岳阳"的理论研讨活动，重点研读和学习科学发展观等7个理论专题，邀请省委党校常务副校长徐晨光，北京交大教授、瑞成集团董事长兼总裁彭勇作主题报告。其中党委中心组成员参学率97%，撰写论文26篇。抽调40人参加理论培训班，组成科学发展观宣讲团，分6个小分队，历时1个月，在全区宣讲360场次，听众达1.1万人。2008年4月，开展"讲忠诚、优管理、强特色、促发展"作风建设主题活动。7月，举行"继续解放思想、大力推进长株潭两型社会试验区改革建设"专题报告会，邀请市委讲师团副主任李桂华作主题报告。9月，根据省委《关于在全省开展"坚持科学发展、加快富民强省"解放思想大讨论活动的通知》精神，结合管理区实际，在全区开展以"坚持科学发展观、加快富民强区"为主题的解放思想大讨论活动。2009年3月始，在全区开展实践科学发展观活动，先后邀请省社科联副主席刘宏、全国人大代表杨莉作专题报告。

2010年3月，区党委下发《关于推进学习型党组织建设的实施意见》，组织参加全市"千名书记讲形势政策"活动。至2011年，区国税局被省国税系统评为"学习型班子"，黄金乡党委、区地税局党支部被推荐为市级学习型党组织示范点。

第三节　党外人士工作

1978～1979年，农场党委贯彻党在新时期统一战线的工作方针，不断纠正"左"的错误，平反冤假错案，落实各项统战政策，复查改正错判右派43人，右派言行1人，其中撤销错判1人，恢复工作14人，退休2人，恢复干籍3人，恢复城镇户口15户。1980年，对河市、营田工商业者开展区别工作，区别出小商、小贩、小手工业者163人，不予区别的工商界人士12人，复查平反错判1人，纠正戴帽2人，错管1人，恢复工作6人，子女顶职14人，补发工资3人（计6100余元），并解决21人住房、医疗、子女就业等实际问题30个；认定国民党军政起义投诚人员45人，其中起义42人，投诚3人；将级2人，校级2人，尉级16人；在认定国民党军政起义投诚人员中，黄埔军校学员7人，政府官员中科级14人，其中1人被选为省政协委员，1人任省台联理事和市政协委员，5人任汨罗市政协委员（其中常委1人），1人任汨罗市侨联委员，1人增选为省人大代表。至1988年，全场列入统战对象的共900余人。1989年后，统战工作纳入全年目标工作考核，每年召开一次党外人士代表学习座谈、工作交流及征求意见会，征求各种意见和建议38条。2000年，区党委明确统战部负有对党外干部培养、选拔、推荐职责，并建立党外后备干部档案库，制定《屈原管理区党外干部培养选拔计划》，规范党外干部培养选拔任用程序，完善考察党外干部的工作细则。至2011年，全区安排党外干部副科级以上实职4人，其中正科级1人，副科级3人，建立党外后备干部档案20人份。有4人当选区级十大杰出青年，4人当选区级十大创业之星，1人被评为市级道德模范，5人被评为区级道德模范。

第七章　综合党务

第一节　文秘工作

1978~2000年，农场（行政区）党委办公室主要工作职责是文秘工作，承担农场（行政区）党委、管委会办文、办会、信息调研、情况综合等方面的政务服务。年均收集整理各类信息150~200条，上报市委、市政府20~30条；汇编《屈原信息》28~30期，撰写综合材料及领导讲话稿10~15篇；围绕党委、管委会中心工作，年均办文200~300件次、会务150~200次。2001年始，区党委、区管委会办公室内设文秘室，主要负责区党委、区管委会党务和政务工作的上传下达，区党委、区管委会以及区党委办、区管委会办文件审核、印制和发放，区党委、区管委会及区党委办、区管委会办会务和活动事务，全区党委和管委会系统办公室的业务指导、队伍建设。在上传下达方面，实行严格的值班制度，做好“日志”登记和“大事”记载，编印《屈原管理区大事记》11期。为进一步规范区党委、区管委会文件和区党委、区管委会会议，以“两办”名义印发《关于进一步规范区党委、区管委会文件和区党委、区管委会会议的若干规定》，对以区党委、区管委会名义发布文件、召开会议、举办活动及向区党委、区管委会请示和报告工作等作出明文规定。对文件办理实行先呈报初审，后会审签发的办法，既防止文件“倒流”又精简文件；对会议、活动安排，实行“提前呈报、统一协调、预先安排”制度，防止无序组织和“多头会议”；对请示和报告的处置，按照“归口管理、逐级呈报、及时反馈”的要求处理，防止“多头请示”。《规定》实施后，年均办会150~200次，做到规范有序、“零”差错。在办文上，强化“人人都是守门员”的把关意识，年均办文400~500件次，均准确把好政策关、文字关和格式关，严格发文程序，既精简了文件数量，又提高了文件质量。至2011年，秘书室组织全区办公室系统举办各类业务指导、业务培训活动12次，请上级业务部门领导授课5堂，参训人员210人次，公开招录2名公务员充实到区办公室秘书岗位。

第二节 政策研究

1978～1993年，农场党委办仅有为党委、管委会草拟文稿的秘书班子。1994年，成立农场党委办综调室，主要职能是政策和经济研究、综合调查两部分，为党委办公室内设科室，对外使用党委政研综调室牌子，负责承担区党委、区管委会领导讲话稿和重要文章起草，主办《屈原情况》《屈原信息》《内参》《领导参阅》《区委通报》等内部刊物。

参与农场体制改革研究 1994年，为探寻国有农场体制改革，政研综调室积极配合北京大学工商管理学院屈原农场体制改革课题组，完成《关于湖南省国有屈原农场体制改革的建议方案》。1999年，配合中国农林工会调查组完成《关于农垦企业赈灾救济亟待解决问题的调查报告》。《方案》和《调查报告》分别引起国家有关部委和省委、省政府的高度关注。全国人大法律委员会副主任委员、著名经济学家厉以宁教授阅后，就屈原农场体制改革问题专题致信省委、省政府主要领导，省委、省政府主要领导先后作出重要批示，并且由省体改委牵头联合省农业厅、省农垦局等部门专项调研。是年12月，经省委、省政府同意，省体改委发文明确屈原农场为全省"国有农场体制改革实验区"。2000年1月，省委、省政府正式出台《关于国有大中型农场体制改革的意见》。2004～2005年，配合省农垦局完成《关于原国有农场特困群体和解困工作情况调查》《关于屈原管理区税费负担、企业改制及税费改革政策的调查》《关于农垦企业改革进展情况调查》。这些调查研究为完善和深化农场体制改革提供重要政策依据。

参与经济和社会发展研究 1997～2011年，区政研经研综调室着力拓宽调研领域，准确把握区党委、区管委会的工作重点、领导关注的焦点和群众反映的热点开展调研，先后完成《关于屈原管理区农村经营田情况的调查与思考》《群众自主、村民双赢，以积极稳妥的方式推进国有农用土地调整》《营田镇宝塔村消赤减债情况的调查与建议》《关于区直八厂经营情况的调查》《关于屈原管理区农业产业化建设的调查与思考》《关于屈原管理区民营经济发展情况的调查》《关于屈原管理区现代农业发展情况的调查与建议》《赴江浙五市考察招商引资情况的报告》等调研材料，为区党委、区管委会实施工商企业改制、农村土地流转制度改革、农民减负、村级消赤减债、加快和促进民营经济发展提供决策参考。

撰写领导讲话和重要文章 1994～2011年，区政研经研综调室共完成领导讲话稿和重要文章80多篇，为《湖南工作》《湖南经济》《领导参阅》《岳阳工作》《市委领导参阅》《民本岳阳》《岳阳经济》《每周汇报》《岳阳信息》《岳阳晚报》等报刊提供文稿42篇。其中《关于国有屈原农场体制改革成效调查与启示》《坚持科学发展、打造屈原特色，努力开创富民强区新局面》分获市论文评选一等奖和优秀论文稿。《公司带农户、农户促公司》被省委《领导参阅》刊载。《关于正虹公司推进农业产业化的启示》被《农民日报》《经济时报》等八大报刊转载。

第三节 督查工作

2001年2月，成立区党委、区管委会督查室（简称区督查室），隶属区党委、区管委会办公室。主要负责上级重要文件贯彻落实；区党委、区管委会重大决策的督查落实；市委、市政府督查室和区党委、区管委会交办的重大事项，开展专项查办；负责全区年度工作目标管理考核和为民办实事、重点工程建设的督查督办。

2002年始，每年年初，区督查室会同区纪委、区党委组织部、区人事劳动和社会保障局组成考评办，依据区党委、区管委会年度工作部署制定考评计分办法，经区党委、区管委会集体审定后，以区党委、区管委会办公室文件（或“责任状”）下发。年终，先由各单位自测自评，并向考评办呈送自评报告，再由各个考评项目的主管单位进行单项工作评分，并由考评办进行现场考评或复核，最后汇总报区党委、区管委会专题会议审定，对综合考评中评选出的先进单位，每年由区党委、区管委会在第二年的三级干部大会上予以表彰，有力地推进了各项工作的落实。

至2011年，区督查室围绕转变干部作风、优化经济发展环境、农村土地管理、社会治安综合治理、“‘五创’提质、秀美屈原”等活动，编发《督查通报》23期。针对防治“非典”、农村合作医疗、打击地下“六合彩”、减轻农民负担、交通秩序整治、农村经营田管理、环境卫生治理、机械化插秧技术推广等工作，开展专项督查113次，编发《督查情况汇报》16期。

第四节　机要保密

1978年始，境内机要保密归口农场党委（区）办公室管理，与史志档案合署办公，主要负责中央、省、市委文件的分发，密件登记管理。1997年始，依法履行保密行政管理职能，包括国家保密载体复制定点的审批和涉密文件的保密检查，开展保密宣传教育工作，组织协调对泄密事件的查处。每年组织2次保密宣传教育活动，开展1次保密检查，组织实施每年“高考”“中考”的保密工作。

2006年，完成与市公文交换系统建设，除密件外，党政公文由邮政人工传递过渡到电子文件形式传递，实现通信形式网络化、智能化。

2008年，在《保密法》颁布实施20周年之际，在全区开展《保密法》宣传周活动，印发《保密法规知识选编》300本，分发到全区副科级以上干部，并联合区督查室进行保密工作专项调查。

2009年，史志档案析出，成立区机关机要保密局，隶属区党委办公室，主要负责中央、省、市和本级文件接收分发。2010~2011年，从管理区实际出发，完善包括《岗位责任制度》《保密委员会工作规则》《领导干部保密守则》等规章制度。出台《关于进一步加强保密工作的若干规定》，建立和形成主要领导负总责、分管领导具体负责、经办人员抓落实的保密工作长效机制。

第五节　机关事务管理

1978～1990年，农场场部建立机关事务科，负责场直部门财务管理、机关公有住房管理、后勤服务，下设机关后勤服务公司、招待所、幼儿园、卫生室。1988年，投资152万元，兴建机关办公楼，主楼7层110间，总建筑面积3898平方米。1989年，投资30万元新建小招待所。

1991年，场部机关行政科撤销，场直部门财务管理归属农场财务科，撤销机关幼儿园和卫生室，机关事务由场部办公室管理。1992年，机关公有住房全部折价归私，总户数258户，总面积7740平方米，价值85.14万元。1996年，区财政投资93万元，兴建机关气站，储气量80立方米。1998年，争取财政投资120万元对小招待所进行维修改造，招待所对外接待能力明显提高，占地面积达1.1万平方米，共有客房35

套，中小型会议室4个，可一次性容纳1000余人就餐，改小招待所为誉园宾馆，被省财政厅定为管理区对外接待宾馆。

2002年2月，区党委、区管委会办公室作出《关于规范机关小车管理的规定》，就小车司机遵守职业道德、保证行车安全以及车辆出行安排等方面作出明文规定。2004年，区党委、区管委会办公室成立机关后勤服务中心，由办公室主管接待工作的副主任兼任中心主任。主要负责区机关大院房地产、公共财产管理，区党委、区管委会机关大院规划、建设、绿化、卫生管理，区党委、区管委会、区人大政协工委事务管理，原场部机关行政科退休人员管理。下设机关小车队和招待所。

2009年，新增投资1300多万元，对区机关办公楼进行维修改造，新增建筑面积1650平方米，使办公楼总面积达到5548平方米，新增办公用房68间。

第六节　史志工作

一、党史工作

1987年10月，农场场部成立党史联络组，党委主管党群工作的副书记任组长，党史联络组日常工作由党委组织科承担，主要工作职能是负责农场党史资料收集和整理，为上级史志部门提供农场党史资料。

1995年5月，组织编写《国营屈原农场组织史资料》（1958.11~1994.8），主要收集农场党政领导人名录，组织情况统计。1996年5月，续修《国营屈原农场组织史资料》。

2001年，成立管理区史志办，与区党委、区管委会办公室档案室合署办公，为区党委、区管委会办公室内设科室。2010年，区党委对党史联络组进行调整，由农场党委原副书记任组长，党史联络组日常工作由区党委史志办承担。

至2011年，区党史联络组共完成省、市党史部门定向党史课题项目2项，撰写党史资料6篇（幅），其中有2篇获市奖。

二、地方志修编

1980年10月，农场计划财供科根据农场1959~1979年统计年报和财务决算及有关单位提供的资料，编写《屈原农场国民经济历史统计资料》，全书共十二个部分，对建场20年的社会基本情况、农林牧副渔生产、工业发展、农业机械、农田水利基本建设及文教卫等历史数据作了较准确的记录。1981~1982年，农场场部农业区划委员会组织各行业专业人员70余人，编写《屈原农场农业区划报告集》，对土地资源、农业气候、水利资源、森林资源、作物栽培、畜牧水产、场办工业、农业机械、农业科教、村镇建设、农业经济等十二个方面作了详尽调查与记载。1986年7月，场部水电科主编《屈原农场垸史》，共五部分，介绍汨罗江尾闾的历史变迁和地理概貌，全稿近万字。1987年5月，为编修《屈原农场教育志》，教育科布置各分场教育组编写校史，其中编写较为完善的有《河市完小校史》《屈原中学校史》。2001年，由区党委、区管委会办公室负责，承担管理区年度《大事记》编写工作。

1982年，总场办公室组织专业人员5人，开始编修《屈原农场志》，从收集资料至完成初稿共历时10个月，志稿按章、节、目结合，约20万字，因不够完善，没有打印送审，仅初稿存档。1987年11月，农场根据省农业厅统一布置，继续编写场志。1990年12月，由中国文史出版社出版，全志46万字，上限1958年，下限1988年，发行1200册。

2004年8月至2005年9月，为纪念中国人民抗日战争胜利60周年，近20多位离退休老干部和老教师，通过走访100多名营田江防地区沦陷历史的亲历者，由易渡主编，编纂成《血火营田——营田江防地区沦陷史录》，全书共15万字，纪录了66年前发生在境内的“营田惨案”，成为对全区青少年进行爱国主义教育的重要读本。

2010年，史志办与机要保密室分离。主要工作职能是为上级部门提供涉及管理区的史志资料，为各部门修志、用志提供指导和服务，并启动续修《岳阳市屈原管理区志》（1978～2011）和《岳阳市屈原管理区年鉴》编纂工作。

第七节　档案工作

1978年，场部办公室的档案室，主要负责文书资料收集、整理、归档和使用。1979年后，档案工作得到重视，总场、分场、场直各单位、机关各科室均配备兼职档案员。场部档案室由办公室一名副科级秘书兼任文书档案员。1978年6月，场部办公室举办兼职档案员学习班。是年7月，各分场、场直各单位34人，用326个工作日，收集、清理各种文件资料36803份，立案卷2584个，设技术档案760多袋。2000年，区管委会办公室档案室工作职能由单纯的文书档案管理向多项职能转变，加强对全区各乡镇、职能局室档案管理队伍的业务指导和档案执法。2006年，区管委会办公室档案室被评为全市档案法制宣传工作先进单位。2007年，投资15万元，完成区档案室木制密集架的更新。是年，被评为全市档案基础设施建设先进单位。2009年，区党委办、区管委会办印发《屈原管理区机关文件材料归档范围和文书保管期限的若干规定》，进一步规范档案资料的收集、整理、归档、管理和使用。2010年，区管委会办公室档案室由区办公楼三楼搬迁到六楼，馆藏面积由30平方米扩大到90平方米。2011年，全区共有档案室61个，专职（兼）职档案员63人，有各类档案9.5万卷（册盒），其中文书档案1.3万多卷、科技档案3200卷、会计档案9200卷、教育档案1500卷、人事劳动档案1.6万册。区管委会办公室档案室馆藏包含文书、声像、设备、实物等门类档案资料共计2800（卷册），主要集中反映1962年后管理区（农场）区（场）级机关工作活动中所形成具有保存价值的文书档案资料。

第八节　党校工作

1980年1月，汨罗江农场五七干校更名为中共屈原农场委员会党校，内设办公室、教研室、后勤办，有教职员工18人。属农场财政全额拨款的事业单位。主要任务是教育和培训党员干部，提高在职干部文化知识和理论水平。1987年后，农场党委将成年教育办、农广校、职业高中等划归党校管理，党校成为农场党员干部培训基地及职能技术教育培训中心。1993年，从教育战线先后调进7名优秀教师充实教学队伍。1994年7月，设立党校函授站，是年，招收本科层次经济管理专业学员52人。1997年3月，与湖南纺织职工大学签订联合办学协议。2000年4月，实行机构改革，退休、内退、下岗分流35人，由49人精简至14人。2000年8月，职校停止招生，分流教师5人。2001年11月，与湖北大学签订联合办学协议。2003年12月，区财政投资42万元在党校兴建管理区农村党员干部远程教育站。2006年10月，党校学历教育（函授）停止招生，12年共开办6个专科班，8个本科班，毕业专科生178人，本科生167人。是年9月，党校岳阳广播电视大学屈原分校授牌成立，首届学员按照中组部等国家八部委联合发文的“一村一名大学生”招录涉农专业学员26人。2011年3月，省委干部教育工作领导小组发文，确认中共屈原管理区委党校为县级合格党校。

1978～2011年，共举办村级干部培训班33期，培训4846人次，其中培训村级后备干部160人次；举办新录用国家公务员任职培训2期，培训620人；举办科技干部理论教育班30期、3128人次；普干培训班63期、7863人次，其中举办全区（场）党员干部“三讲”教育、“四项基本原则”及“三个代表”重要思想学习、践行科学发展观培训班7期、1090人次。

1987年11月，建成教学楼1栋，建筑面积512平方米。1991年，建成学员宿舍1栋，建筑面积303平方米。1993～1998年，投资近60万元，相继完成教学楼加层改造和兴建三层办公楼1栋，建筑面积达919平方米；自筹资金30余万元，添置18张双层学员床，配套完善多媒体学术报告厅，硬化校园200米主干道，接入区电视台有线电视网，实现校园有线电视全覆盖。2010年，投资71万元，完成学员宿舍维修改造，对计算机室、电子显示屏、学员桌椅等教学设施进行全面更新换代。

1997～1998年，区党校连续两年被市委干部教育工作领导小组评为干部教育先进单位；2002年被评为市干部培训工作先进单位；2006年被评为市县级政治工作考核先进单位；2009年、2010年获全市党校系统科研工作进步奖；2011年获市行政学员系统科研工作优秀奖、市级文明单位。1989～2011年，有8人撰写37篇论文先后在市级以上刊物发表，其中有34篇获奖。

1978～2011年屈原管理区（农场）党校办班统计

表3-9　　单位：次、人

年度	主题班						部门办班		函授教育	
	科干班		普干班		村干班					
	期数	人数	期数	人数	期数	人数	期数	人数	期数	人数
1978	1	37	3	369	2	249	9	385	/	/
1979	/	/	3	340	1	155	3	276	/	/
1980	/	/	2	320	/	336	/	/	/	/
1981	1	48	/	/	3	336	7	513	/	/
1982	1	141	3	356	4	614	1	542	/	/
1983	/	/	6	446	2	268	2	116	/	/
1984	/	/	4	247	/	/	/	/	2	36
1985	/	/	5	360	/	/	2	136	/	/
1986	4	162	4	216	/	/	4	261	2	54
1987	3	107	/	/	1	128	6	768	2	60
1988	1	48	2	820	/	/	5	184	/	/
1989	/	/	1	18	/	/	4	897	5	106

续表

年度	主题班						部门办班		函授教育	
	科干班		普干班		村干班					
	期数	人数	期数	人数	期数	人数	期数	人数	期数	人数
1990	/	/	6	676	/	/	1	85	/	/
1991	1	48	1	43	1	130	8	702	/	/
1992	1	70	2	202	/	/	4	916	/	/
1993	/	/	/	/	/	/	2	900	/	/
1994	/	/	1	90	1	146	5	1117	/	/
1995	/	/	2	483	3	457	10	1399	/	/
1996	2	390	/	/	3	427	13	793	/	/
1997	1	142	3	90	2	241	14	1531	/	/
1998	/	/	3	302	1	168	9	1320	/	/
1999	/	/	1	81	1	182	7	892	3	89
2000	/	/	1	128	1	189	5	592	/	/
2001	3	30	1	200	1	180	9	1083	/	/
2002	2	500	2	700	/	/	4	1312	/	/
2003	1	50	1	97	1	150	2	258	/	/
2004	1	170	/	/	1	110	3	549	/	/
2005	1	120	2	725	/	/	2	226	/	/
2006	1	120	2	140	/	/	4	439	/	/
2007	/	/	/	/	1	200	4	660	/	/
2008	2	217	1	350	1	75	3	5280	/	/
2009	1	120	/	/	1	40	1	84	/	/
2010	1	48	/	/	1	65	1	123	/	/
2011	1	220	1	37	/	/	2	214	/	/

第九节　老干部工作

1984年12月，农场组织部设立老干部工作办公室（简称老干办），由组织部副部长兼老干办主任。1985年8月，总场成立老干办，是年9月，将场党委常委家属住宿房改作老干办办公用房，老干办设主任1人、配专干1人、兼职1人，负责管理离退休干部工作及老龄工作。是年，有离休干部18人、退休干部70

人。1988年2月，农场老干办更名为离退休干部工作办公室（简称离退办）。1992年7月，成立农场老年人综合服务公司。1998年4月，根据《区机关机构改革实施方案的通知》和《关于农场体制改革实施方案》，老干部工作归口场部组宣部，内设老干办。2003年，正式设置管理区党委老干部工作局（简称老干局），定编3名。至2011年，管理服务离休干部11人、代管2人、处级退休干部23人。全区建立老干党支部28个。老龄工作纳入区民政局管理。

老有所学　1985年始，逐步建立和健全相关学习制度、情况通报会制度、形势报告会制度、定期走访慰问制度、参观考察制度等。是年8月30日，农场党委下发《关于离休、退休干部管理工作和有关待遇的通知》，明确规定：离休、退休干部按规定参加的会议、活动，由老干办负责通知到人。县（团）级（含享受县级待遇的）离休干部阅读有关文件，由老干办负责组织在老干办活动室内传阅。每月15日定为老干部阅文时间，并为离退休干部每人订阅一份《老年人》杂志，离休和处级退休干部订有《湖南日报》《岳阳晚报》《湖南党史》《湖南党建》等党报党刊。农场党委、场部主要领导经常给老同志作政治经济形势报告，宣传部、党校理论教员不定期为老同志上时事理论辅导课。每年组织离退休干部就近参观风景名胜、重点工程建设和工农业生产现场以及周边县市城镇建设。1994年始，行政区党委、区管委会制定每年定期向老干部通报社会经济运行情况制度，全区性的重要会议，如党委负责干部会、三级干部大会、经济工作会、“七一”表彰大会等均邀请老干部代表参加。每年春节、重阳节前夕，区党委、区管委会召开茶话会、座谈会，倾听老干部的意见和建议。1995年3月17日，行政区党委下发《关于解决部分老同志政治待遇的通知》，16名副科级退休干部享受正科级、87名退休干部享受副科级待遇。

离退休干部观摩建场30年图展　　（欧阳沛成1988年摄）

2003年始，每年组织一次全区老干党支部书记政治理论、业务知识培训或外地考察活动，并选派老干支部书记轮流到市老干局进行培训学习。请区党委宣传部理论干部、区委党校理论教员给离退休党员上政治时事课。

老有所养　80年代，农场离休干部由所在单位管理，老干部的生活待遇落实较好。农场党委先后作出规定：优先解决离休干部配偶和未成年子女的“农转非”问题；优先安排符合条件的离休干部子女参军、升学、招干、招工；优先离休干部家庭粮食、食油等物资方面供应。为保障老同志共享社会发展成果，补发生活费以及防寒费、降温费、水电费、护理费等福利待遇与在职人员同等享受，1987年后，每年年底给在职干部发奖金时，同时给每位老同志发放400元生活补助。针对离休干部的住房相对拥挤，有的甚至是危房的问题，1990年，场部拨款16.5万元，对18户离休干部的住房进行改造维修，户均住房面积通过扩建改造达84.4平方米。1996年，房改时对离休干部实行政策倾斜，其中在抗日战争时期参加工作的每人补800元，解放战争时期参加工作的每人补500元，同时每人每年工龄补30元。

1997年4月10日，行政区党委下发《关于调整离休干部护理费，落实医药费待遇及提高离休干部配偶、遗孀生活补助费标准的通知》，明确规定：解放战争时期参加工作的离休干部享受护理费补助的年龄界限由80岁调为75岁；每人每月补贴护理费90元和工资一起发放。提高无固定收入的离休干部配偶、遗孀的生活补助费，抗日战争时期参加革命工作的离休干部配偶每月发100元，遗孀200元；解放战争时期参加工作的离休干部配偶每月发100元，遗孀发180元。

90年代后，少数企事业单位和乡镇离休干部及部分离休教师的离休费出现拖欠情况，特别是部分亏损企业，离休干部不能按时领取离休金问题较为突出。1999年10月、2001年6月，区党委两次召开老干部工作专题会议，将办事处、镇、企业23名离休干部全部归口区老干办管理，离休干部生活费由区劳动局社保站发放。2001年8月，各单位拖欠老干部离休费58526元由区财政一次性解决。是年，区管委会下发《关于落实建立离休干部离休费和医药费保障机制及财政支持机制的决定》，建立和完善离休干部的“三个保障机制”，离休干部的“两费”从根本上得到解决，离休干部的离休费、护理费、交通费由区财政转到区社保站发放。2004年上半年，15位无固定收入的离休干部配偶参照农垦退休职工享受农牧级别工资，由社保站发放。

老有所医　1978～2000年，离休干部的医药费由单位实报实销；退休干部的门诊费实行定额包干，住院费由个人、工作单位按比例分摊。1986年，离休干部分2批到岳阳老干公寓进行健康疗养。1990年7月，为了方便老干部患病住院治疗，农场财政拨款在人民医院建立老干部病室，设有医疗室、保健室、娱乐室，有专用床位12张。区老干局坚持每2年对离休干部和处级退休干部进行一次身体健康检查，建立老干部健康档案。1997年4月，组织离休和处级退休干部赴广州、深圳休闲。90年代后，少数单位因经营亏损出现拖欠离、退休干部医疗费问题，区党委决定离休干部医药费由区财政局实报实销，拖欠老干部46591元医疗费由区财政一次性解决。2001年，区管委会决定建立和完善离休干部“三个保障”机制，老干部医药费全部由区财政实报实销。退休干部纳入医疗保险体系管理，门诊费定额包干，住院费按比例分摊。

老有所乐　1984～1997年，2次组队参加市老年运动会，有老年迪斯科、健身操、乒乓球赛等10个项目获奖，1996年9月，组队参加全省“丰收杯”门球赛获团体第四名。自成立老干办后，先后2次被评为全省老年人体协工作先进单位、3次被评为全市老年人体协工作先进单位；3人分别被评为省、市老年人体协先进个人。

1998年4月，区财政拨款50万元，各企事业单位集资赞助20万元，共耗资70万元建立多功能老干活动中心——金秋俱乐部，建筑面积580平方米。同时在老干局办公室内设棋艺室、健身室、阅览室、书画室等。在局机关院内建有2个门球场。根据老同志自身特点和爱好，先后成立老年体育协会、老年门球协会、老年书画协会、老年钓鱼协会等各种社团组织。邀请有一技之长、热心老干工作的老同志担任各协会主席（会长）。每年重阳节期间，组织举办老年门球赛、象棋赛、老年文艺汇演等文化娱乐活动，每年组织老年人参加钓鱼比赛活动。2003年9月，组队参加岳阳市第十届市县区委、市县区人大、市县区政府、市县区政协机关老干部门球赛，获第一名。2004年始，采取由区老干部局主办、乡镇轮流承办的形式，共举办7届全区离退休干部钓鱼大赛，每次参赛选手近100人。2009年，组队参加全市老年人“红歌大赛”，获第三名。在农场围垦50周年、中华人民共和国成立60周年、建党90周年等重大节日分别举办书画展，共展出书画作品210幅。区党委组织部、区党委宣传部、区老干局、老年书画协会等单位，联合编辑出版庆祝中国共产党成立90周年书法美术摄影作品集《中流砥柱》，共收集书画摄影作品165幅。至2011年，承办市“屈原正虹杯”老干门球赛，市委、市人大、市政府、市政协老干门球赛。多次组织离退休人员去西安、上海、三峡、湘西凤凰、江西庐山、张家界、深圳、香港等地健康旅游，到井岗山、韶山、任弼时故居、彭德怀故居等红色旅游景点观光。

老有所为 1990年成立区关心下一代协会，后更名为管理区关工委。该组织以800多名离退休老干部、老教师为主体，以青少年为工作对象，争取乡镇、企事业单位和教育、团委等部门配合，开展思想品德教育、法制教育、科普教育和扶贫助学活动，为促进青少年的健康成长办好事、办实事。利用营田抗日阵亡烈士墓建立青少年爱国主义教育基地，每年清明节轮流组织青少年为阵亡烈士陵园扫墓，进行爱国主义教育。为纪念抗日战争胜利60周年，以史料版本《血火营田——营田江防地区沦陷史录》编辑成《血与火的故事》作为青少年读本，教育青少年“牢记历史、不忘过去、珍爱和平、开创未来”。在中小学中经常组织开展“我们的节日——清明节”主题活动，对学生进行革命传统教育。在屈原党校创办家长学校，多次举办家长学校工作培训班。2008年后，成立“五老”（即老干部、老军人、老教师、老工人、老科技工作者）讲师团，为中小学生进行传统教育授课20场次，开展“关爱明天、普法先行”青少年普法活动18场次。开展向雷锋学习活动，教育青少年从小助人为乐。

1996年，区老科技工作协会成立，组织离退休老专家、老科协工作者为区域经济发展献余热。至2011年，会员达380人，学科组织达6个，全区各乡镇、街道相继成立老科协组织。建立各类农业科技示范基地25个，办农民学堂5个，扶持科技示范户32户，科技扶贫56户，开展创业培训200多人次，农民学堂为农民授课10堂，培训农民1000余人。

1978~2011年屈原管理区离休干部名录

表3-10

姓　名	出生年月	参加工作时间	籍　贯
于希文	1922年7月	1945年11月	河北滦县
马石安	1927年8月	1949年5月	湖南隆回
马玉坤	1913年11月	1945年9月	黑龙江讷河
王正兴	1927年4月	1949年8月	湖南湘阴
王庆生	1921年11月	1946年10月	黑龙江延寿
王朝敏	1921年10月	1940年4月	北　京
仇运昌	1922年11月	1948年1月	湖南汨罗
邓春楼	1926年12月	1948年8月	湖南涟源
田世祥	1928年9月	1949年1月	湖南汨罗
刘承玺	1927年11月	1946年12月	河南博爱
刘道斌	1913年1月	1941年3月	山东蒲台
刘树堂	1925年12月	1947年1月	黑龙江哈尔滨
杨明翥	1931年6月	1949年9月	湖南长沙

续表

姓　名	出生年月	参加工作时间	籍　贯
李克明	1922年12月	1947年7月	河北抚宁
李岳生	1931年7月	1949年7月	湖南汨罗
李德鲁	1924年5月	1949年8月	湖南岳阳
吴尚成	1932年6月	1949年5月	湖南汨罗
邹明开	1916年10月	1949年7月	湖南醴陵
邱昌哲	1922年11月	1948年1月	湖南湘阴
宋善章	1920年6月	1940年7月	山东临沂
张守信	1931年12月	1945年8月	江苏宿县
张怀生	1928年5月	1946年6月	山西泌县
张贵唧	1930年7月	1949年9月	湖南澧县
陈海涛	1930年5月	1949年5月	湖南汨罗
陈靖波	1927年1月	1949年9月	湖南汨罗
肖伟伦	1925年9月	1949年8月	湖南汨罗
罗以静	1923年5月	1949年9月	湖南津市
周汉奇	1928年7月	1949年8月	湖南宁乡
孟满喜	1911年9月	1945年11月	河北鸡泽县
姜汉洲	1935年1月	1949年9月	湖南南县
姜牧军	1920年12月	1949年5月	湖南邵东
姚楚凡	1931年8月	1949年8月	湖南南县
聂晴佳	1920年5月	1948年10月	湖南双峰
徐益祥	1932年10月	1949年7月	湖南汨罗
唐志祥	1925年11月	1949年9月	湖南洞口
黄常斌	1931年5月	1949年5月	湖南汨罗
黄智虎	1921年1月	1949年1月	湖南汨罗
韩志南	1931年5月	1947年10月	辽宁宽甸
蒋家保	1927年11月	1945年1月	河南修武
湛　阳	1932年1月	1949年8月	湖南汨罗
曾痒阳	1930年1月	1949年8月	湖南桃江
雷玉仙	1924年2月	1947年9月	湖南湘阴
戴志群	1934年3月	1949年9月	湖南湘阴

说明：排名以姓氏笔画为序。

附　区老科协及关工委

老科技工作者协会　成立于1996年5月，属市老科协团体会员，有会员27人。1998年，会员增至41人，组建4个学组，即农业、畜牧、医卫、教育学组。2004年，会员增至118人。2005年，营田镇、河市镇、黄金乡、凤凰乡、琴棋乡和天问街道相继成立老科协组织，会员达188人。学组由4个增至6个，即农畜、医卫、社科、电力、水建、财经学组。2011年，组建管理区老年保健协会，与老科协一套人马，两块牌子。

1996～2011年，老科协坚持为“三农”科技服务，广泛开展科普宣传、科技推广、科研调查、科普基地建设、科技扶贫、新机具示范等活动。先后3次被省老科协评为先进集体；2次被市老科协评为先进单位；1次被省老科协评为科普自我保健先进集体。

1996年5月10日，召开第一次代表大会，通过制订的《会章》，选举产生老科协第一届理事会，杨晓春任名誉会长，朱亮成任会长。

2001年4月25日，召开第二次代表大会，通过新修改的《会章》和《老科协第二届理事会第一次全会决议》，选举产生老科协第二届理事会，张亮联为会长，聘请沈立山任名誉会长，后补吴鹤鸣为高级顾问。

2006年5月26日，召开第三次代表大会，通过新修改的《会章》，选举产生老科协第三届理事会，张亮联任会长，聘请朱亮成任名誉会长，吴鹤鸣、陈琪钢、李德友任高级顾问。

2011年4月22日，召开第四次代表大会，通过新修改的《会章》，选举产生老科协第四届理事会，张亮联任会长。

1996～2001年，工作重点主要是为“三农”科技服务。推广和试种湘早18号、20号、23号和湘晚籼5号、6号；推广和试种两优糯高粱和高蛋白松香串叶草猪饲料；推广蔗梢留种面积达266.7公顷；调研并撰写科研工作建议，向区管委会呈送《关于科技兴区的几点建议》，得到区管委会的重视与支持；开展医疗讲座和自我保健活动。

2001～2006年，工作重点是兴办科技经济实体。先后创办以理事、高级会计师罗建勋为首的会计事务所；以理事、高级教师熊运南为首的富岳外语学院；以会长张亮联为首的茶叶公司。开发和扶植科技示范基地，先后创建苗圃、果园、花卉、养猪、养鳝、海虾淡养、养鸡等13个科技示范基地。扶植科技示范户26户，创办义南村科技示范中心。

2006～2011年，工作重点是创办新农村建设示范点。2006年始，营田镇义南村、河市镇和平村、黄金乡黄金村、凤凰乡河泊潭村、琴棋乡磊石村列为老科协现代新农村建设示范点。其中义南村成为市、区新农村建设示范村。同时发展科技示范基地25个，科技扶贫36户；与省农科院合作创办水稻良种繁殖基地26.7公顷；推广湘岳“9113”“108”等优良品种200公顷；推广机插秧示范面积533公顷。

关心下一代工作委员会　1990年9月，农场成立关心下一代工作协会，后按中央统一部署，更名为关工委，挂靠农场老干部局。首届主任甘根林；1995年9月后，朱亮成继任；2001年，张正根接任主任；2011年后，蔡新华任主任。至2011年，全区建立村级以上关心下一代工作组织95个，有由老干部、老教师、老科技工作者、老工人、老退休军人（简称“五老”）担任关心下一代工作人员835人，其中有830人与青少年结成“一帮一”。区关工委先后8次被省、市关工组织评为先进单位；凤凰乡关工委被评为省级“五好关工委”；刘建军、吴春林、尹甲林被评为省级“五好关工人”。

1990～2000年，按照中共中央、国务院《关于进一步加强和改进未成年人思想道德建设的若干意见》，在全区普遍建立以“五老”为骨干的关心下一代工作队伍，70%以上的村成立关工组织。

2001～2007年，建立法制副校长进校园、上讲台的检查考核制度，全区各中小学聘请法制副校长8人；设立网吧监督员30人，组建青少年思想道德教育讲师团，经常深入网吧开展督查，禁止未成年人进入网吧，定期或不定期到各学校作思想道德专题辅导报告；联合区委宣传部、区团委、区妇联、区人武部募集专款20万元，修复“营田抗日烈士墓”遗址，建立爱国主义教育基地；组织20名“五老”人员历时一年完成《血火营田》《血与火的故事》等青少年爱国主义教育读本的编写工作，发行1万余册。

2008年，特邀团中央青少年德育报告团到管理区宣讲，历时一个月，听讲青少年达2万人次。

2009～2011年，争取将关工委工作列入区“民本屈原”目标考核内容，建立和完善区、乡（镇）两级定期听取关工委工作报告制度，实现人员、经费、场地和为关工委工作排忧解难“四到位”，争取全区70个村（居）委会、9所学校、6个区直机关、6家规模企业、120个村民小组建立关工组织，基本实现“纵向到底、横向到边”的组织格局；建立“五老”人员与青少年“一帮一”结对形式，实现常年跟踪、帮助；组建家教培训基地10个，组织家教培训20期，培训家长140人次；开展“家规家训进万家”活动，进一步规范家人行为，促进村风、民风改进。

第四篇　人大政协

1978～2002年，农场因属企业性质，没有建立人大机构和政协组织，所选人大代表和政协委员分别组成代表小组及联络小组，参加汨罗市人大和政协活动。

2003年3月，设立岳阳市屈原管理区人大政协联络办公室，负责市人大、市政协与区内市级以上人大代表、政协委员的联络工作。是年，境内两镇三乡分别设立乡（镇）人大机构。2005年6月，设立管理区人大政协工作委员会（简称人大政协工委），为市人大、市政协常设派出机构。2008年，管理区第一次单独组团参加市第六届人民代表大会。至2011年，受市人大委托，2次完成乡镇换届选举工作，开展国家有关法律法规执行情况检查12次，听取和审议全区国民经济和社会发展计划、财政预决算情况8次，部门年度工作评议会议开展专项调研活动6次，提案征集15件，开展规范性文件备案审查19件次，组织驻区市级以上人大代表和政协委员考察工作4次。

第一章　组织机构

第一节　工作委员会

2003年9月，省人大常委会选举任免联络工作委员会发函同意设立岳阳市人大常委会屈原管理区人大工作委员会。2005年6月，市委批准设立管理区人大政协工委，为市人大、政协常设派出机构，其职责是负责所在地全国、省、市人大代表及全国、省、市政协委员的联络工作；协调组织开展人大代表和政协委员活动；负责向市人大常委会报告区内各乡镇人大换届选举事项，组织本区市人大代表、政协委员的选举、补选工作；督促区管委会、区人民法院、区人民检察院和区直部门及时办理人大代表、政协委员提出的议案、提案和批评、意见、建议，办理人大代表、政协委员的来信来访，为人大代表和政协委员依法行使职权做好服务工作；向市人大常委会报告区管委会、区人民法院、区人民检察院贯彻实施宪法、法律、法规情况，执行市人大及其常委会决议、决定情况，国民经济计划执行情况，财政预决算情况等。

2005～2011年屈原管理区人大政协工委主要负责人名录

表4-1

姓　名	籍　贯	职　务	任职年月
沈立山	湖南汨罗	主　任	2005.06～2008.04
谢忠厚	湖南汨罗	主　任	2008.04～
李德友	湖南汨罗	党组书记	2010.01～
周三国	湖南湘阴	副 主 任	2005.06～2011.12
曹建赓	湖南汨罗	副 主 任	2008.10～

第二节　工作机构

2003年3月，经市委同意，设立管理区人大政协联络办公室，负责市人大、市政协及区内各级人大代表、政协委员的联络工作。定编3名。

2005年6月，成立管理区人大政协工委。至2011年，人大工作机构设办公室、财经科、法制科、备案审查科；政协工作机构设办公室、法制群团委、文教卫委、提案委、文史委。在编14人。

第二章　乡（镇）人民代表大会

1978～2002年，农场各分场（办事处）由选民直接选举代表组成代表小组，参加汨罗市人民代表大会。2003年撤办事处建乡（镇）后，两镇三乡分别设立乡（镇）人大机构，2003年11月和2007年12月，先后进行2次换届选举。

第一节　第一届乡（镇）人民代表大会

2003年11月24～29日，营田镇、河市镇、黄金乡、凤凰乡、琴棋乡第一届人民代表大会分别在各乡镇机关召开。出席会议代表分别为68人、45人、49人、45人、45人。会议分别听取和审议各乡（镇）政府、人民代表大会报告、财政预算和预算执行报告。分别选举产生各乡（镇）第一届人大主席、乡（镇）长、副乡（镇）长。

2003年12月至2007年10月，各乡（镇）人大每年举行一次全体会议，听取和审查本乡（镇）年度政府工作报告、人大主席团工作报告和财政预算执行报告。

第二节 第二届乡（镇）人民代表大会

2007年11月，全区5个乡（镇）和天问街道共登记选民59138人，分为100个选区，直接选举出席乡（镇）人大代表252人。

2007年12月5～8日，营田镇、河市镇、黄金乡、凤凰乡、琴棋乡第二届人民代表大会分别召开。出席会议代表分别为78人、45人、49人、45人、45人。会议分别听取和审议各乡（镇）政府、人民代表大会报告、财政预算和预算执行报告。分别选举产生各乡（镇）第二届人大主席、乡（镇）长，同时选举产生15名出席市六届人大代表，分别是王双凡、朱佳舜、余炳锐、陈越南、郭跃平、唐群、刘铁健、谈正红、沈立山、易鹏飞、徐仲康、王水平、胡伟清、杨莉、胡后忠。后因人事变动，补选孔福建、许平亚、谢忠厚为市六届人大代表。

本届乡（镇）人大每年举行一次全体会议，听取和审查本乡镇年度政府工作报告、人大主席团工作报告及财政预决算执行报告。

第三章 职权行使

第一节 法律法规监督和工作监督

一、法律法规监督

2006年3～7月，区人大政协工委对《刑法》《民事诉讼法》《经济合同法》《社会治安管理条例》等法律法规执行情况组织检查。督促区司法部门和有关单位密切配合，加大社会治安综合治理力度，严打各类犯罪行为，使社会治安环境有根本性好转。2007～2008年，区人大政协工委定点开展《环境保护法》《国土管理法》《基本农田保护条例》《森林保护法》等法律法规贯彻实施工作的检查。执法工作组先后深入企业、乡（镇）村组，广泛听取企业和乡（镇）负责人、人大代表、老百姓对环境状况、耕地保护、森林防护的意见，将收集的意见和建议及时反馈区管委会，引起区管委会高度重视，先后出台《关于进一步加强国有农用土地经营管理的暂行意见》《关于农民建房用地管理的暂行办法》《关于加强环境保护的若干规定》等。2009年4～10月，开展《农业法》《种子管理条例》《食品卫生法》《劳动法》等法律法规贯彻实施工作的检查，深入全区12个部门，6个乡（镇、街道）、23个村，走访工人、农民、个体工商户、街道居民1341人，有针对性的听取意见，对群众提出的热点问题，以文字形式交有关部门予以尽快整改。2011年2～5月，组织对《防汛法》《水法》等法律法规贯彻落实情况检查，广泛听取对湘江河道、河市河、黄金河采沙情况的调查意见，并将收集的有关湘江河道乱采滥挖的情况形成专题议案上报市人大，提交市人大代表大会形成大会议案。

二、工作监督

每年年初，区人大政协工委都要听取和审议全区国民经济和社会发展计划、财政预算执行及审计工

区人大政协领导到乡镇指导换届　（宋政军2007年摄）

作报告、城建项目资金计划编制等有关事项报告。同时定期召开专题会议，对区管委会工作部门和区法院、区检察院工作落实情况进行评议。

2008年，对区法院、区人事劳动和社会保障局、区审计局进行工作评议。10月30日，召开人大政协工委组成人员和部分人大代表评议会议，并邀请区直各部门主要负责人列席。对3个部门的工作进行投票测评，并提出建议、批评、意见16条。

2009年，对区公安局、区财政局、区住房和城乡建设局、区卫生局、区民政局、区水利局的工作进行评议。在进行为期3个月的调查走访后，于11月14日召开人大政协工委组成人员和人大代表评议会议，并邀请区直各部门主要负责人列席。会议对6个部门的工作进行投票测评，并提出建议、批评、意见38条。

2010年，对区教育文体局、区工业经济局、区国土资源局、区人口计生局、区畜牧水产局的工作进行评议。在进行为期半年的调查走访后，于11月20日召开人大政协工委成员及部分人大代表评议会议，并邀请区直各部门和乡（镇）人大主席列席。对5个部门的工作进行投票测评，并提出建议、批评、意见15条。

2011年，对区环保分局、区检察院、区发改局、区农林局、区农机局进行工作评议。在进行为期近4个月的调查走访后，于1月18日召开人大政协工委成员及部分人大代表评议会议。并邀请区直各部门和乡（镇）人大主席列席。会议对5个部门的工作进行投票测评，并提出建议、批评、意见16条。

三、开展规范性文件备案审查

2008年始，开展规范性文件备案审查，至2009年，审查区管委会新出台文件11个。2010年1月，区人大政协工委印发《关于规范性文件备案审查暂行办法》，至2011年，备案审查区管委会及其工作部门出台文件19个，允许发文17个，暂缓发文2个。

第二节　参政议政

一、民主监督

2009～2011年，区人大政协工委组织区内各级政协委员先后视察国土局土地平整项目、农田改造项目、环洞庭湖生态经济建设及为民办实事项目。在视察过程中，详细听取工程情况介绍，座谈倾听群众的反映。对所取得的成绩给予充分肯定，对存在的问题提出意见和建议30余条，责成项目单位及有关部门进行整改。至2011年，在全区18个部门和单位指派督察员、检察员26人，对部门执行政策法规、勤政廉政、行风建设、内部管理等事项开展监督。

二、提案征集

2007~2011年，区人大政协工委注重提案征集，共提出提案15件，立案10件。凡立案、提案均由提案委分类整理，呈送相关单位办理并将办理情况向区人大政协工委作出书面报告。

2010年10月，法制科提交《关于河道采沙问题的提案》转到区管委会后，区管委会专题召开主任办公会议，成立专门领导小组加强河道采沙整治工作，并出台《境内河道采沙管理试行办法》，明确部门联合，综合执法，加强整治，使河道乱采滥挖现象得到有效控制。2011年11月，法制科提出的《关于湘江河段采沙问题的提案》，经区多名市人大代表、政协委员联合签名上交市人大七次代表大会，并被采纳。

三、专题调研

2007~2011年，区人大政协工委根据群众反映的热点问题开展专题调研。由法制群团委牵头对城区私家车参与营运问题的调研；由提案委组织对区内多起交通事故的调研；由文教卫委牵头对环洞庭湖生态经济区建设的调研；由提案委牵头对国土局土地平整项目的调研；由文史委牵头对水利设施建设项目的调研。5个调研组分别就调查情况形成调查报告后，交与有关部门协商，对在调研中发现所存在的问题提出具体意见和建议。其中有关区内多起交通事故的调研报告、水利设施建设项目调研报告引起区党委、区管委会的高度重视，为区党委、区管委会工作决策起到了借鉴作用。

至2011年，区人大政协工委先后开展专题调研活动16次，收集社情民意48条，形成专题调研报告10个。

第三节　代表工作

一、联络工作

2011年12月10日，全国和省、市人大代表视察管理区现代农业示范区建设（宋政军摄）

2006~2011年，区人大政协工委坚持认真执行上级人大政协的决议、决定，落实上级人大、政协交办的工作，涉及重大事项或法律、法规方面的重大举措，及时请示上级人大、政协。同时加强对乡（镇）人大的联系、指导和监督。采取举办培训班、辅导班、上门指导等形式帮助乡（镇）人大工作人员提高法律知识水平和依法、依规办事能力。在乡（镇）2次人大换届选举中，区人大政协工委办公室为乡镇制定统一的换届选举工作计划，印发《乡镇人大换届选举工作手册》《乡镇人大换届选举工作指南》等资料，适时召开乡（镇）人大选举工作碰头会议，听取汇报，提出意见。区人大政协工委领导分片包干负责，直接下到选区，检查选举工作的各个环节是否依法，现场解疑释惑，及时纠正选举过程中的违法现象，保证乡（镇）每次换届选举的顺利进行。

2008年1月，管理区第一次单独组团参加市六届人大。代表团人数18人，其中正式代表15人，工作人员3人。正式代表中系市级领导和部门负责人6人，区级领导和社会各界代表9人。区人大政协工委办公室（联络工委）面对代表分布广、成份复杂的情况，建立主动联络代表制度，经常听取和收集代表建议和意见，确保代表正常开展履职工作。

2006~2011年，先后接待中央、省、市16批人大政协领导到管理区检查、视察工作。

二、代表视察

2008~2011年，区党委、区管委会、区人大政协工委先后4次邀请管理区市人大代表团成员及区内政协委员视察管理区，区市人大代表组成人员及政协委员对全区重点工程、新农村建设、农业产业结构调整、新型工业化建设、民生工程建设等重大事项进行视察，及时提出建议，有力地促进了管理区经济和社会发展。

附　人大代表建议案

一、关于国家要加大对农村水利设施建设投入的建议

农村水利设施直接关系农业增产、农民增收和农村可持续发展。在实行联产承包责任制后，农村水利设施普遍实行集体经营、农民分户使用的管理模式，使得管理与使用脱节。加之水利设施大多建于50~60年代，设计标准低，建设质量差，经过长期运行，老化失修，效益衰减，部分设施闲置或报废。现农村水利存在的问题：

1.小型水利工程基础薄弱。三级排灌泵站大都兴建于50~60年代，受当时社会、经济、技术条件制约，工程普遍存在先天不足、后天失调的问题，不但难以有效减轻水旱灾害，而且工程本身也成为安全运行的心腹大患，灌排渠系配套不全、设施老化、淤塞严重，特别是支、分渠以下工程和田间工程严重老化退化，已成为影响农业灌溉的重要问题，由于“毛细血管”不通，水源不能到田，影响作物适时适量灌水。

2.水利投入严重不足。近年来，水利建设投资不足，水利前期工作无经费，只能靠水利部门和工程单位借贷跑项目。水利工程按照“谁受益、谁负担”的政策，主要依靠乡镇财政投入和由农民筹劳建设，但农村税费改革不仅取消了“两工”，失去了投劳的支点，而且取消了“三提五统”，失去了投资的基点，加之“一事一议”资金太少，用途复杂，实际操作困难，使水利建设工程建设出现“老办法不行、新办法不明、建设投入滑坡”的态势。由于利益驱动，社会资本投入主要偏向于经营性、资源性水利工程和塘堰、泵站等抗旱应急工程，而防洪保安、水保生态等公益性工程和支、分渠以下工程、田间工程投入明显不足。

3.水利设施效益较差。湖区堤垸排涝能力一般只有5年一遇，有的还不足5年一遇。山丘区水库灌区按设计受益的不到40%，渠系利用系数不到0.4，土渠利用系数更低。

4.水利资金整合不力。据调查了解，目前国土资源部门实施的国土整治项目、农业综合开发土地治理项目、发改部门的以工代赈等项目都是搞农村小型水利建设（包括水利部门），由于各自为战，资金整合不力，所建工程的效益难以发挥。

国家要加强农村水利建设，建议：

1.加大水利设施建设投入力度。根据中央有关文件精神，增加中央和省级财政农村水利建设补助专项资金，尽快对水利设施除险加固、更新改造和完善配套。

2.公共财政逐步成为农村水利建设的投入主体。农业是弱质产业，农业水利基础设施是公益性工程，理应纳入公共财政范畴。针对当前农业水利设施薄弱、亟待加强的状况，各级政府应建立稳定增长的支农资金渠道，发挥政府资金的扶持、引导和带动作用。

3.在继续搞好大型水利工程建设的同时，加大对小型农田水利基础设施建设的投入，特别是对农户投工投劳的小型水利设施建设予以大力扶持。

4.建立规范的投资渠道。对发改、农业、财政、国土、血防、水利等部门的涉水资金，各级政府应研究完善使用管理办法，捆绑使用，提高资金使用效益。

二、关于疏浚河渠解决农村水利建设难题的建议

现在农村道路越来越宽，沟渠却越来越窄、越来越堵了。沟渠淤塞严重影响着农业生产和农民增收。由于沟渠失修、农田基础建设跟不上，农村双季稻改一级稻、水田改种其他农作物等水改旱的情况较为普遍。

由于水塘、小河干涸，导致农村地下水位下降，一些村民压水井水位原来七八米就有水源，变为现在打下十几米才可以找到水源。农村河港淤泥堵塞，水塘难以蓄水，直接导致地下水位下降，给广大村民生活用水带来困难。由于缺水，农民种粮收入受到影响，种粮积极性不高。其现状：

1.政府投入不够。虽然国家有很多好政策和水利建设项目，但这些项目主要集中在大江大河大湖的治理，大部分乡镇和村争取不到。多年来，各级政府轻视农村水利建设，沿袭的是“农村水利农民办”的治水思路，始终把农民作为水利投入的主体，与水有关的事情，都是农民的事情，农村水利基本上处于一种自我积累、自我发展、自求平衡的状态。政府投入突出表现为“大灾大投，小灾小投，无灾不投”的被动局面，各级政府自觉修水利的不多。

2.配套政策滞后。农村税费改革后，农村“两工”和堤垸保护费被逐步取消。除了“一事一议”外不能找群众收费。村乡运转艰难，挤不出钱来搞建设。“两工”和堤垸保护费取消后，由于配套政策没有及时跟进，特别是需要各级财政解决的范围不明确，致使跨乡跨村的水利建设投入主体不清，水利建设和堤防管理的主要资金没有来源。农民自主组织劳动力难度大。农村大部分青壮年劳动力外出务工，难集中组织人力物力进行疏浚和清淤。

3.外来物种入侵，沟渠堵塞严重。很多现有的沟渠大都被一种叫“革命草”侵蚀。这种草又长又粗，而且长得快，每年倒苗后留下的枯草臭气熏天，淤积在沟渠内，第二年又卷土重来，无法根治，现在已成一个祸害。这样每年至少需要二次沟渠清洗。

疏浚河渠，治理湖泊水库不仅能改变农村自然环境，改善农民生存生活环境，促进农民增产增收，更重要的是，它能有效调蓄湖区降水量的枯荣，缓解湖区水源危机。以洞庭湖为例：2009年11月末，洞庭湖蓄水量仅为6亿立方米，总面积约2691平方公里，其中西洞庭湖345平方公里，南洞庭湖917平方公里，东洞庭湖1478平方公里，湖水蓄量178亿立方米；主要入湖河流有湘江、资江、沅江、澧江四水、长江三口、汨罗江、藕池东支、华容河。岳阳地区总面积15019.2平方公里。以东洞庭湖1478平方公里计，仅占岳阳总面积的9．8%。以年平均降雨量1200毫米计算，15019.2平方公里的集雨面积，每年的降雨量为180亿立方米。假设可供蓄水部分为30%，可供蓄水量为54亿立方米。如果算上湘江、资江、沅江、澧江四水流域面积，洞庭湖湖面占整个入湖水源流域的面积则更小。湖区采取疏浚河道，清挖沟渠，清理、新建湖泊，在山区采取水土保持，清理病险水库，既能增强堤外的蓄水能力，减轻汛期湖区的压力，又能够起到渠通沟畅，广大农村旱涝保收的双重功效。建议：

1.近年来，中央财政对水利投资力度加大，中央财政及地方财政用于农村水利基础投资资金充裕，适度向农村水利倾斜具有可行性。通过加大政府投入，并引导其他资金投入，彻底改变农村水利废、弃、险、病的状况。

2.参照道路分级管理办法，根据各级财政情况对水利基本建设实行分级负责。政府拿出长远规划，将所有大小河道、沟渠、湖泊水库定级，分级负责。各级水利工程资金来源由各级财政统筹安排资金，调度施工能力。

3.结合当前农村集体农庄等新经营模式，引入社会资金进行农村水利基础设施建设。

4.建立水利部门主管，农村用水协会具体承办的农村水利维护、保养机制，持续保持水利基础设施的正常运营。政府出面，组织力量将曾经碧水长流的河渠疏通，清挖整理淤塞的湖泊、池塘。

第五篇 政府行政

1978年，汨罗江农场总场管理机构为革委会。1979年，复名屈原农场，撤销各级革委会，总场成立场部。1994年，撤销屈原农场，成立行政区管委会。1995年，市委、市政府发文宣布撤销行政区管委会，但在内部仍由行政区管委会行使职权。2000年，撤销屈原农场，设立管理区管委会。

1978～1980年，农场实行总场、分场（工厂）、生产队（车间）、生产小队四级管理，三级（总场、分场、生产队）核算的管理体制。1981～1982年，实行逐级承包、联产计酬、四级管理、三级核算（简称“四定一包干”）。改总场统收统支为各自直接承担经济责任。农业上，劳动计酬采用专业承包到组、承包到户到劳，规定上交收入额。1983年，全场实行大包干和创办家庭农场，实施大农场套小农场双层经营体制改革，进一步充实、完善家庭联产承包责任制。工商企业实行独立核算，自负盈亏。1984年后，随着经济体制改革，以大包干为主体的核算体制不断得到改进和完善。然而，这些变革未完全改变农场似农非农、似企非企、似政非政的状况。是农村，却实行企业管理；是企业，又不全面享受国家对企业的待遇；不是政府，却承担应由政府担负的许多社会管理职责。名为国有大型企业，但在许多方面受县（市）的制约。国家对农场实行大包干，却在许多政策方面又不配套，各方面关系无法理顺。特别是随着社会主义市场经济体制的建立，农场发展举步维艰。

2000年，管理区纳入县（市、区）管理系统，享有县（市、区）政府一级职能职权。区管委会以对市政府和区党委以及全区人民高度负责为宗旨，坚持改革开放，依法行政，以人为本，为发展区域经济先后制定和实施三个五年规划，出台鼓励民营经济发展、招商引资、优化经济发展环境、加快推进农业产业化建设等多项决定。实施工业、农业、教育、卫生、财政等各方面改革。提升第一产业、壮大第二产业、繁荣第三产业，不断提高了经济增长质量和科学发展水平。至2011年，国内生产总值比1988年增长86.44倍，财政收入比2001年（当年建立一级财政）增长4.69倍。

1978～2011年，管理区（农场）先后被评为全国粮食生产、全国农业技术推广先进单位，省社会治安综合治理、省人口与计生工作先进单位；并被认定为全国第一批国家级现代农业示范区、全国无公害农产品生产基地、全国现代农业标准化（生猪养殖）示范区，省机械化推广示范区、省无毒县（区）、省统筹城乡就业示范区、省出口活大猪生产基地。

第一章 工作机构

第一节 农场场部机构

1978年，汨罗江农场总场革委会下设“八科一办“，即：生产科、机务科、水建科、科技科、计划劳资科、财务供销科、血防卫生科、保卫科、工交办。场直企事业单位设有农科所、农机修理厂、糖厂、碾米厂、农副产品加工厂、建材厂、运输队、电管所、水利专业队、职工医院、10所职工子弟学校。

1979年，复名屈原农场后，场部实行党委领导下的场长负责制，场部设场长、副场长若干人。下属机构增设行政科、工商行政管理所、畜牧水产科，工交办更名为工交科，并建立蚕种场、水泥厂、运输公司。1982年8月，总场畜牧水产科撤销，更名为多种经营科。10月，撤销工交科，成立工交公司。

1984年，总场除设立场部外，同时成立调研室，设主任1人，副主任2人。1985年，总场机构进行调整，撤销调研室，场部机构设农场办、计财科、劳资科、供销科、农业科、保卫科（含安全办、派出所、法庭）、教育科、卫生科（与职工医院合署办公）、计划生育办。场直企事业单位有农业技术推广中心、建材建筑工程公司（含水泥厂）、农机服务公司（含机械厂、运输队）、畜牧水产公司（含药站、猪场）、电力排灌公司、供销贸易公司、糖厂、食品厂、米厂、农副产品加工厂、党校、屈原中学、水委会（含采石场）、挖沙船队。广播站、文化站、影剧院归口宣传部，设计室归口农场办，教研室归口教育科，长沙办事处、岳阳办事处归口计财科。10月增设审计科、国土管理基建科、水电科、老干办、经济技术协作办，并恢复科技科、行政科，场直单位新增糖果食品厂、水产科学研究所等。

1985年，供销贸易公司分为供销公司、贸易公司。1986年，农业技术推广中心改为农业技术推广站。1988年，撤销水电科，设立水电服务公司。

1993年，场部行政机构再次进行大调整，总场机构设立农场办、计财委、教委、计生委、劳资科、卫生科、农委、公安局、司法办、国土科、房产科、城建科、经委、建设科、文体科。

1978～1994年屈原农场正、副场长名录

表5-1

姓　名	籍　贯	职　务	任　职　年　月
安金铭	河北枣强	革委会主任	1974.05～1979.02
甘根林	湖南湘阴	革委会副主任 场　长	1969.09～1979.09 1981.11～1983.12
范罗生	湖南华容	革委会副主任	1971.04～1979.05
王发祥	湖南汨罗	革委会副主任	1972.01～1978.05
伏正溪	湖南湘阴	革委会副主任	1973.09～1979.05
李金先	湖南长沙	场　长	1979.02～1981.11

续表

姓　名	籍　贯	职　务	任　职　年　月
晏奇礼	湖南益阳	副场长 场　长	1981.06 ~ 1983.12 1983.12 ~ 1988.04
刘　宏	湖南华容	场　长	1988.04 ~ 1989.08
司马德坤	湖南湘阴	副场长 场　长	1988.10 ~ 1990.02 1990.02 ~ 1993.01
郑可仗	湖南汨罗	副场长 场　长	1988.03 ~ 1993.02 1993.02 ~ 1994.08
杨晓春	湖南湘阴	副场长	1979.02 ~ 1983.12
伏正溪	湖南湘阴	副场长	1979.09 ~ 1983.12
胡雨田	湖南湘阴	副场长	1979.09 ~ 1983.12
朱亮成	湖南平江	副场长	1979.11 ~ 1983.12
王庆生	黑龙江延寿	副场长	1981.06 ~ 1982.04
张亮联	湖南湘阴	副场长	1982.01 ~ 1990.04
黄地宇	湖南桃源	副场长	1982.03 ~ 1983.12
李菊良	湖南汨罗	副场长	1983.12 ~ 1993.02
周仲阳	湖南汨罗	副场长	1985.07 ~ 1986.02
葛孟玲	湖南长沙	副场长	1986.01 ~ 1993.02
顾少华	湖南永州	副场长	1991.05 ~ 1993.02
戴耀先	湖南湘阴	副场长	1993.02 ~ 1994.08
夏启文	湖南湘阴	副场长	1993.02 ~ 1994.08
肖伟成	湖南湘阴	副场长	1993.02 ~ 1994.08
钟胜双	湖南湘阴	副场长	1993.02 ~ 1994.08
金辉良	湖南湘阴	副场长	1993.02 ~ 1994.08

第二节　管理（行政）区管理委员会机构

1994年8月，经市委、市政府同意，撤销农场设立屈原行政区，成立行政区管委会。同时，成立屈原农垦集团公司。管委会设主任、副主任若干人，下设办公室（与区党委办公室共设，含武装、信访、保密、档案工作）、区农业水电发展局（含畜牧水产、林业工作）、区工贸发展局（含商业、外经、外贸工作）、区社会发展局（含教育、科技、民政、计划生育、卫生、血防工作）、区综合管理局（含计划、统计、审计、物价、劳资工作）、区交通局、区国土规划建设局（含环保、房产、园林工作）、区财税局、区公安局。场直企业按照“一厂一策”进行改制。1995年12月，市委、市政府决定撤销行政区，恢复农场建制，但同时规定，行政区设立的下属机构继续保留并行使其职能。行政区管委会继续行使对农场区域内的行政管理职能，对外称屈原农场总场场部。

2000年12月，撤场建立管理区，设立管理区管委会，正县级，为市政府派出机构。区管委会设主任、副主任若干人，下设工作部门6个，即：区财政计划统计物价局、区农林畜牧水产局、区工业贸易环保局、区国土规划建设管理局、区劳动民政和社会保障局、区教育文体卫生局。设立区监察局，与纪委合署办公，管委会办公室与区党委办公室合署办公，分别列入管委会工作机构，不计入管委会机构部门。设立局级事业单位3个：区水电局、区交通局、区建设局。

2002年3月，经市委、市政府批复同意，区管委会工作部门除区监察局、区管委会办公室分别与区纪委、区党委办公室合署办公并在办公室加挂计生局牌子外，设立14个工作部门，即：区计划统计物价局（加挂区科技局牌子）、区财政局、区审计局、区农林局、区水利局、区经济发展局（加挂区乡镇企业局、区粮食局、区招商旅游局牌子）、区人事劳动和社会保障局、区民政局、区文教局、区建设环保局、区国土资源局（加挂区房产局牌子）、区卫生局、区交通局、岳阳市公安局屈原管理区公安分局。设立具有行政职能事业局2个，即区畜牧水产局、区农机局。区老干局作为事业局加挂在区委组织部。2005年8月，区计划统计物价局更名为区发展和改革局（加挂区科技局、区统计局、区物价局牌子）、区经济发展局更名为区工业经济局（加挂区商务局、区粮食局、区招商旅游局牌子）、区安全生产监督领导小组办公室更名为区安全生产监督管理局（简称安监局），在区党委、区管委会办公室加挂牌子；区农林局加挂区生态能源局的牌子；将区计生局更名为区人口计生局，并单独设立；将区房地产局牌子由加挂在区国土资源局改为加挂到区建设环保局。区管委会工作部门由14个增至15个。同时，区司法局加挂在区政法委，列管委会工作部门，不计管委会机构个数；区民政局加挂区残联牌子；区广播电视局作为具有行政职能事业局，加挂在区委宣传统战部。2006年，环保工作职能从区建设环保局析出。区建设环保局复名区建设管理局。2010年9月，区招商旅游局单列。

2011年3月，经市委、市政府同意，区管委会设置工作部门16个，其中，区工业经济局更名为区工贸金融和信息化局（加挂区粮食局牌子）、区水利局加挂区移民局牌子、区卫生局加挂区食品药品监督管理局牌子、区交通局更名为区交通运输局、区建设局更名为区住房和城乡建设局、区教育文体局更名为区教育体育局、区广播电视局更名为区文化广电新闻出版局（加挂区版权局牌子）、区办公室加挂管委会法制办公室牌子。

1994～2011年屈原管理（行政）区管委会正、副主任名录

表5-2

姓　名	籍　贯	职　务	任　职　年　月
郑可仗	湖南汨罗	主　任	1994.08～1996.07
蒋亚雄	湖南湘阴	主　任	1996.07～1998.11
李永丰	湖南岳阳	主　任	1998.11～2000.12
黄柏良	湖南岳阳	主　任	2001.03～2004.12
欧江平	湖南辰溪	主　任	2004.12～2006.11
谈正红	湖南华容	主　任	2006.11～2008.03
孔福建	湖南华容	主　任	2008.03～2009.03

续表

姓　名	籍　贯	职　务	任　职　年　月
许平亚	湖南岳阳	主　任	2009.03 ~
金辉良	湖南湘阴	副主任	1994.08 ~ 2006.11
沈立山	湖南汨罗	副主任	1994.08 ~ 2002.12
戴耀先	湖南湘阴	副主任	1994.08 ~ 1997.04
肖伟成	湖南湘阴	副主任	1994.08 ~ 2000.12
钟胜双	湖南湘阴	副主任	1994.08 ~ 1999.03
周尚文	湖南汨罗	副主任	1994.08 ~ 1999.03
彭慕依	湖南华容	副主任	1999.03 ~ 2003.01
黄英焕	湖南汨罗	副主任	1999.03 ~ 2004.12
周陆军	湖南汨罗	副主任	2002.02 ~
谢忠厚	湖南汨罗	副主任	2003.01 ~ 2006.11
夏壮华	湖南汨罗	副主任	2003.01 ~ 2009.07
钟爱国	湖南湘阴	副主任	2003.08 ~ 2006.09
戴世凯	湖南汨罗	副主任	2003.10 ~ 2004.12
田明清	湖南汨罗	副主任	2005.08 ~ 2006.11
李德友	湖南汨罗	副主任	2006.11 ~ 2010.01
刘柏云	湖南汨罗	副主任	2006.11 ~
吴光文	湖南汨罗	副主任	2006.11 ~ 2008.03
张向东	湖南岳阳	副主任	2008.04 ~ 2010.01
吴奋发	湖南平江	副主任	2010.01 ~
谢辉煌	湖南汨罗	副主任	2010.01 ~

第三节　乡镇人民政府

2003年4月，经省政府批准，撤销管理区原9个分场（镇），设立营田镇、河市镇、黄金乡、凤凰乡、琴棋乡，分别建立乡镇政府。2003年6月，因汨纺改制，隶属管理区，建立边山社区工委。2007年12月，经省政府批准，撤销边山社区工委，成立天问街道，建立街道工委。乡镇机关设置综合性办公室（加挂计生办牌子）、财政所（加挂农税所和农村经营管理站牌子）和4个事业单位，即农林水工作站、畜牧防检服务站、农村社保工作站、计生服务站（加挂卫生血防保健和疾控工作站牌子），并以乡镇为单位设立教育联校。2011年11月，乡镇（街道）机关内设机构根据类别设置。二类乡镇营田镇、黄金乡内设综合办公室（与党委办公室合署加挂综合维稳办、安监办牌子）、经济发展办公室、民政和社会事务办公室、人口计生办；三类乡镇河市镇、凤凰乡、琴棋乡和天问街道内设综合办公室（与党委办公室合署办公）。按乡镇和街道设立财政所，实行“乡财区管乡用”体制；按乡镇和街道设立司法所。乡镇分别综合设置3个以乡镇管理为主的公益性事业所，即：农业综合服务中心（加挂动植物疫病防控中心、农产品质量监管服务站牌子）、公共文化和社会事业发展中心、计生服务所。天问街道下设公共文化和社会事业发展中心、计生服务所。按乡镇设立的学校、卫生院、社区卫生服务中心、敬老院和按区域设立的国土资源所保持不变。

第二章　施政方式

第一节　会议制度

1978～1994年，农场场部实行场长和场长办公会议制度。场长会议由场长主持，出席会议人员为副场长、总经济师、总会计师、总农艺师，一般每月召开一次，特殊情况可临时召开，主要研究和决策带全局性的工作。场长办公会议由场长或由场长委托分管副场长召集和主持，出席会议人员为场长、副场长，以及相关部门负责人。会议内容一般研究协调副场长分管各线或分场、镇工作。

1995年始，管理（行政）区管委会实行全体会议、常务会议、主任办公会议制度。

区管委会全体会议由区管委会主任召集，出席会议人员为区管委会主任、副主任、调研员、助理调研员、管委会系列在职副处级干部、区管委会办主任、区管委会组成单位负责人等，列席会议人员为区管委会办副主任、区经研室主任及与议题有关的部门负责人。会议主要是研究决策全区重大经济社会工作等。一般每半年召开一次。会议在决策重大问题时，事先责成有关部门进行认真调查研究，提出可供选择的两个以上方案，并按照“协商于决策之前”的原则，听取有关方面的意见。在意见不一致或分歧较大时，一般责成有关人员另行考察、论证并做好协调工作，待意见一致或基本一致后再作决定。决议或实施方案作出后，任何单位和个人都必须无条件贯彻执行，认真组织实施。区管委会全体会议由区办公室负责承办，专人记录。会议作出的决议需要形成文件的，由区办公室草拟，与会人员会签，由区管委会主任签发。

区管委会常务会议由区管委会主任或管委会主任委托管委会副主任召集和主持。出席会议人员为区管委会主任、副主任、调研员、助理调研员、管委会系列在职副处级干部、区管委会办公室主任、区监察局局长、区审计局局长等，根据需要，区督查室主任、区法制办主任和与议题有关的部门负责人列席。一般每月召开一次，特殊情况可临时召开。主要研究和决策带全局性工作而牵涉多个部门提请区管委会决定的重大问题。会议组织工作由区管委会办公室承办。会议明确专人记录，对决定的重大问题，均形成常务会议纪要。纪要由区管委会主任签发。

区管委会主任办公会议由管委会主任或分管主任召集和主持。出席会议人员为管委会主任、副主任、调研员、助理调研员、管委会系列在职副处级干部及区管委会办公室主任、相关部门负责人。会议形式包括现场办公会议、流动现场会议和联系会议等。会议内容一般研究协调管委会副主任分管各线或乡镇基层的工作。管委会主任办公会议不定期召开。对会议决定事项，可根据主持人意见形成纪要或记录备查，形成的纪要由主持人签发。

第二节　目标管理

1978年始，国家对农场实行财务大包干，农场自负盈亏。在农场内部，总场对分场实行“四定一包干”（即定生产计划、定上交产品、定生产成本、定物资供应，财务大包干）；对企业实行任期目标责任制。考核指标主要与提拔任用干部挂钩。

1985年，总场对分场实行成果奖，主要以工农业生产主要指标为考核内容。考核指标与干部、职工年终奖金发放挂钩，并作为干部提拔任用的主要依据。

1986年，总场对分场和场直企业实行物质文明和精神文明“双百分”考核制度，重点考核经济工作、精神文明建设。经综合评定3个分场（镇）被评为双文明建设先进单位，场直6个单位被评为部门工作先进单位。

1997～2004年，实行1000分制目标管理考核，区管委会将各办事处、镇和机关局室的工作量化为1000分，对办事处、镇重点考核“三个文明”（即精神文明、物质文明、政治文明）建设；对机关局室主要考核职能工作完成情况，考核结果与年终评先评优挂钩。每年被评定“三个文明“建设先进办事处（镇）3个、部门工作先进单位16个、优质服务单位5个。

2005年始，根据“民本岳阳”的执政和发展理念，制定1000分制目标管理考核办法，对乡镇、街道主要以“产业兴旺、城乡秀美、文化繁荣、民生殷实、社会和谐、走势强劲、特色工作”为考核重点。根据得分情况，第一、二名评定为“民本屈原”建设先进乡镇。对总分在800分以下的，区管委会对该乡镇出示“黄牌”警告，取消当年各类评先评优资格，主要负责人向区党委、区管委会书面检查，制定整改措施。对区直部门以“自身建设、工作目标完成情况、创造性工作”为考核内容。年终先由各单位自查自评，由分管区级领导审查，并按30%的比例向区民本屈原考评工作领导办公室推荐评先评优入围名单，再由区考评办有针对性地考评，根据考评计分高低，按20%比例授予“民本屈原”建设先进单位称号。对总分800分以下的，区党委、区管委会对该部门出示“黄牌”警告，取消评先评优资格，部门主要领导向区党委、区管委会作书面检查，并提出整改意见。每年评定为“民本屈原”建设先进乡镇2个、“民本屈原”建设先进部门6个、单项工作先进单位12个，其中2008年否决某乡镇评先资格。

第三节　分工负责制

1979年，农场撤销革委会后实行场长分工负责制。重大经济工作决策经场长会议或场长办公会议讨论决定。场部设正、副场长3～4人，场长领导农场经济管理工作，其他副场长对场长负责，分管财政、农业、工业、国土、建设、文化、教育、科技、计生等工作。

1995年始，管理（行政）区管委会实行主任负责制，主任领导管委会行政工作，副主任协助主任工作并对主任负责。主任外出时，由常务副主任主持全面工作。区管委会工作中重大行政决策，须经区管委会全体会议、区管委会常务会议或主任办公会议讨论决定。

区管委会设正、副主任6人。主任领导管委会全面工作，主管财政、编制、监察、审计工作；常务副主任除协助主任管理管委会日常工作外，分管财税、人事、劳动、计划、统计、物价、科技、公安、政法、安全及管委会机关工作，其他副主任分管城建、国土、环保、招商引资；农业、林业、水产、畜牧、水利、民政；工业、交通、通信、邮政、商贸、供销、经贸、工商；文化、教育、广电、卫生、计生；区管委会调研员、助理调研员、管委会系列在职副处级干部协助分管领导工作。按照分工各司其职，各负其责，独立开展工作。属于分管副主任职责范围的工作，由分管副主任负责处理，遇有需要集体处理的，拿出处理意见和方案，提交管委会常务会议决定。副主任定期向主任通报阶段工作情况。属于跨部门、跨行业的问题，分管副主任请常务副主任或主任研究解决，或提交管委会常务会议解决。

区管委会各办、局是区管委会的职能部门或派出机构，代表区管委会开展职能范围内的工作，实行行政一把手负责制，对全区某一领域、某一方面负责指导、管理、协调、监管服务。需要几个部门合办的事，由牵头部门向分管领导汇报协商解决，分管领导协调有困难的，由区管委会常务副主任、主任解决或提请区管委会办公会议解决。

区管委会办公室对全区经济社会发展工作负有参谋、综合、协调、督查职能，受区管委会领导委托，代表区管委会协调处理部门之间、上下之间的关系，以及代表区管委会处理某些具体工作。区管委会办公室受管委会主任、副主任委托，代表管委会印发有关决定、规定、通知、意见、报告、纪要、通告等规范性文件。

第四节　政务公开

2000年始，推行政务公开工作制度。区党委、区管委会成立区政务公开领导小组，由区管委会主任任组长、区管委会常务副主任、区纪委书记任副组长，区管委会办公室负责具体工作协调。是年，区管委会印发《关于推行政务公开制度暂行办法》，规定对城乡最低生活保障对象的确认及救助金的发放、优抚和大病医疗对象的确认及救助金的发放、农村五保户确认和救助金发放、享受农牧职工社会养老金身份的确认、农民负担、计划生育、企业破产改制补偿安置、事业单位机构改革、干部选拔、人事任免、行政事业单位招聘等群众关心关注的重大事项实行公开、公示；所有大中型办公设备的采购一律实行政府采购制度；所有建设项目严格实行招投标制；所有国有资产处置实行公开拍卖。2005年，对公开项目进一步作出规定，明确具有行政许可职能的部门都将办事项目、程序、资料、承诺、期限、收费标准等通过政务公开栏形式进行公示。并由物价部门牵头，在城区或乡镇主要路口设立价格公示牌，公示收费项目及标准等。建立会计集中核算制度，区直部门和事业单位财务全部由会计中心集中核算；推行村账乡管、乡财区管制度，全区所有乡镇（办事处）和村级单位财务实行区管和乡管。区、乡、村特别是区级凡重大决策事项，均邀请人大代表、群众代表参加，或按规定举行听证会。

政务公开形式主要有电视媒体、公开栏、公示牌、互联网等。至2011年，举行听证会3堂，电视公开106项，设置公开栏、公示牌127处。

第五节　工作讲评

2001年，管理区成立以区管委会主任为组长的工作讲评活动领导小组，下设办公室。讲评对象主要是区直管委会部门。讲评的主要内容是省、市、区实事办理情况、争项争资情况、区管委会中心工作实施情况、经济运行情况、财税入库情况、事关民生问题的办理情况。讲评的形式，一般由被列入讲评的单位主要负责人先报告工作，报告内容包括所承担的工作任务、要达到的目标、进展情况、存在的主要问题及原因。然后由分管领导进行讲评，最后由区党委、区管委会主要领导进行整体评估。讲评会坚持把揭露矛盾、批评错误放在主要位置，本着实事求是、化解矛盾、改进作风、促进工作为出发点。讲评会一般每个季度召开一次，根据需要也可以临时召开。参加讲评会的有区党委、区管委会、区人大政协工委全体领导、各乡镇（办事处）和区直各部门主要负责人，市、区人大代表和新闻媒体。

第六节　依法行政

2004年3月，区管委会办公室成立法制办，定编1名。主要负责掌握行政执法动态，及时向区管委会反馈行政执法工作情况，提出意见和建议；指导、协调、监督部门行政执法工作，落实行政执法责任制；办理审核行政执法证件，指导部门举办执法人员法律业务培训班；负责行政应诉和行政复议的业务工作；对区管委会、区管委会办公室的规范性文件与执法文书提供法律法规依据和核稿；负责法律法规与规范性文件资料政策、分类和存档等。2010年1月，区法制办定编3名，其中在编在岗2名，由区党委、区管委会办公室一名副主任兼任主任，下设行政复议诉讼股、规范性文件审查股、行政执法督促股、综合股。

2004～2006年，区法制办制定《屈原管理区行政执法责任制实施方案》，建立执法责任制度，对行政执法机构进行主体资格审查和登记备案。突出行政执法责任制和行政执法监督，贯彻《湖南省行政执法证和行政执法监督证管理办法》，举办执法人员岗前培训2期，参培人员78人次，颁发全省统一印制的行政执法证46个。

2007～2009年，区法制办联合区司法局开展法律知识普及宣传工作，组织实施学法、懂法、守法、用法等活动，发放“五五”普法读本1200册，5400人次参加学法考试，其中副科级以上领导干部990人次，参考率达98%，优秀率达95%。围绕服务“三农”、优化经济发展环境、招商引资等重大课题加强执法检查监督，强化责任追究。执行“行政许可证”、《国家公务员条例》，在管委会部门形成依法行政和法制严明的工作氛围。开展规范性文件清理工作，共清理规范性文件36件，废止文件8件。区管委会办公室印发《关于做好规范性文件备案和计划拟制工作的若干规定》，要求各单位做好规范性文件审核备案工作，规定凡与法律法规相抵触的坚决修正和废止，不予出台。

2010～2011年，制定下发依法行政考核方案，会同区纪委、区监察局、区安监局、区督查室等部门不定期到行政执法部门进行检查，实行跟踪监督和考核。组织领导干部学习依法行政知识3次，参学人员148人次。区管委会出台《屈原管理区重大行政决策听证试行办法》，规范听证程序。按照“扩大听证范围，提高听证质量”要求，指导区住建局召开旧城改造项目听证会、区民政局召开殡葬改革听证会。印发《行政指导案件汇编》，规范行政裁量权基准。与区纪委合作，制定行政部门权力运行流程图。协助相关部门起草《屈原管理区垸内采沙管理暂行办法》《屈原管理区沙石场管理暂行规定》《屈原管理区治理公路超载超限的暂行规定》《关于进一步明确国有农场税费改革后农工的权利和义务的通知》。审查规范性文件65个、“三统一”文件22个，合同文本15份。处理涉法信访问题16起。

第三章　施政纪略

一、工商企业改制

1996年，行政区管委会决定对资不抵债、扭亏无望的蚕丝厂、罐头厂、轻工制品厂实施破产，甩掉亏损包袱2500万元。

2000年8月，行政区党委、区管委会成立企业改制领导小组，组建专门班子，以产权制度改革为突破口，对岳阳联发水泥有限公司实行“企业与区管委会、职工与企业”两个关系置换改制试点，置换职工身份169人。

2001年6月，管理区党委、区管委会出台《关于加大工作力度，加速全区工商企业改革的意见》。对工商企业按照宜破则破、宜卖则卖、宜租则租、宜股则股的原则，建立起一种新型的经济体制，即变单一所有制经济为混合所有制经济，变单一投资主体为多元投资主体。同时对具有一定资产规模、产品有市场、原料有来源且不能整体拍卖的企业进行股份制改造；对其他工商企业主要采取“整体出售、关门走人”的方式进行改制。不论采取何种改制形式，均实行“企业与区管委会、职工与企业”两个关系的置换。8月，正式启动对屈原糖厂的改制，共拍卖变现资产503万元，置换职工774人。2002年，完成机砖厂、机械厂、建材建筑公司、油脂厂、粮油公司、生资公司、外贸公司、农机公司、贸易公司等工商企业“两个置换”改制。参与改制职工3656人，其中身份置换2392人，补偿资金1673.28万元。至2003年，成为全市率先全面完成企业改制的单位。

二、农村税费改革

2002年，管理区党委、区管委会出台《屈原管理区农村税费改革实施方案》，实行“三取消、两调整、一改革”，即：取消乡统筹、农村教育集资等专门向农民征收的行政事业收费和政府性基金、集资，取消屠宰税，三年内逐步取消统一规定的劳动积累工和义务工；调整农业税税率，调整农业特产税政策；改革村级提留的征收和使用方法，实行一事一议。村干部报酬、五保户供养、办公经费按20%比例征收农业税附加和农村特产税附加，实行乡管乡用。村级公益事业所需资金，实行一事一议，筹资每人每年不超过15元，筹劳不超过10个工日。

2003年，全区农业税、农业特产税及两税附加征收1020万元，一事一议57万元，以资代劳130万元，税费合计1207万元，人均负担263元，亩均负担78.47元。比2000年减少1149万元，减负49%，人均减少250元，亩均减少74.07元。

2004年，取消农业特产税，农业税税率降至4%，每亩计税面积征收农业税32.68元。2005年，取消农业税，全区农业进入无税期。

2007年，根据《国务院办公厅关于深化国有农场税费改革的意见》《湖南省深化国有农场税费改革实施方案》和省财政厅、省农村综合改革办公室《关于减轻洞庭湖区农民负担综合改革的实施意见》，全部免除经营田承担的类似“乡镇五项统筹”收费，确定经营田征收标准上限每亩不超过60元，逐步取消共同生产费，推进水管体制改革。争取上级转移支付资金420万元，用于湖区的统一排渍共同生产费、大型电排排灌设施维修维护与堤防电排人员经费支出。

三、农业产业化建设

1996年9月，省体改委发文，设立湖南省屈原农垦综合改革试验区，重点探索农垦经济体制改革和农业产业化建设新路子。

1997年6月，行政区党委、管委会作出《关于大力发展生猪生产，推动农业产业化发展的若干规定》，并成立百万头生猪养殖工程建设领导小组。决定依托区内饲料生产优势，用4年时间，实现年发展生猪百万头目标。8月，区、办事处（镇）两级干部深入养殖一线建立养殖联系点，培植养殖大户7180户。9月，由正虹公司投资2800万元，选址黄金办事处李家山兴建占地面积17万平方米、年供应种猪1万头的原种猪场投产。10月，区管委会批复同意正虹公司注册设立兴农公司，以“公司+农户”的运作方式，建立生猪“产、供、加”一体化模式。11月，区管委会出台《屈原农垦综合改革试验区产业化发展规划》，明确“以市场为导向、以种植业为基础、以养殖业为主业、以饲料为龙头、以营销为纽带，建立集贸工农、种养加、经科教于一体的区域化布局、专业化生产、一体化经营、社会化服务、企业化管理为特征的产业化体系”。重点建设“饲料——生猪——肉食品加工”“甘蔗——榨糖——综合开发”“水稻——大米——副食品加工”三条产业链。

1998年，行政区管委会相继下发《关于发挥养殖业优势，加速生猪产业化建设进程意见》《关于扶持发展甘蔗生产的若干规定》。明确建立“公司+农户”“公司+基地”的产业化发展模式，加快推进“生猪产业链”和“甘蔗产业链”建设。1999年，生猪产业化建设通过“公司+农户”的组织形式，采取“统一规划、统一贷料、统一供种、统一防疫、统一销售和分户投入、分户喂养、分户结算、分户承担风险”的管理办法，全区发展生猪养殖户12000户，养猪户普及率达90%，全年发展生猪474515头，出栏肥猪347515头，按农业人口5万人计算，人均出栏6.9头；实现生猪产值2.8亿元，占农业总产值的62.2%，生猪生产的发展带动了饲料产业和流通业的发展，是年生产饲料34万吨，比上年增长34.8%；运输业产值1200万元，比上年增长48%。依靠屈原糖厂通过“公司+基地”的组织形式，采取契约的联户方式发展甘蔗种植户9870户，种植甘蔗2344公顷，年产原料蔗14.5万吨，产食糖1.3万吨，产碎粒板2.32万立方米，实现综合产值1亿元。

2012年8月7日，省政协副主席、“杂交水稻之父”袁隆平到管理区考察超级稻生产情况 （彪型斌供）

2000年1月，行政区管委会印发《关于推进生猪产业化建设若干问题的决定》。明确加大生猪品改力度，提高市场竞争能力；建立健全全区一体化防疫体系，增强抗疫病能力；遵循积极稳妥的原则，因地、因户制宜扶持发展养殖大户。2002年4月，由正虹科技、河南双汇集团、荷兰圣福特3家上市公司联合投资2.5亿元的年屠宰

100万头生猪及肉食品加工项目奠基，2003年4月竣工投产。2004年，通过农业产业化带来的国内生产总值占全区的80%以上，税收占财政收入的70%以上，农民收入占年均收入的80%以上。特别是生猪产业化建设，构筑了年产饲料百万吨、年发展生猪百万头、年屠宰生猪百万头的“三百万”工程。被农业部、中央电视台、《湖南日报》等称为“屈原模式”。

2005～2011年，先后建成凤凰山生猪精品养殖园；引进株洲“唐人神”集团兴建美神育种有限公司；引进投资兴建红太阳米业有限公司和普利珍珠加工企业。进一步完善生猪、粮食、珍珠产业链的建设，为国家级现代农业示范区建设构筑发展平台。

四、招商引资

1984年始，农场党委、场部把招商引资列入议事日程，是年，引进浙江糖果饼干食品厂与农场合资120万元兴办湘甬糖果食品厂，设有奶糖、蛋白糖、水果糖、饴糖4个车间，年可产各类糖果1500吨；屈原综合加工厂由国家食品协会、省科委、省食品办拨给科研经费12万元，引进京华美食开发咨询公司，生产湘莲系列产品，年生产能力300吨。1985～1988年，先后与美国、澳大利亚、日本以及中国香港客商洽淡联合养貂、奶牛养殖及奶粉生产和兴办纸厂等事宜。

1989年，农场成立对外经济协作办公室（简称经协办），加强对外招商引资工作。1992年5月，农场党委、场部出台《关于扩大开放、鼓励引进的若干规定》。1993年9月30日至10月1日，为扩大屈原对外影响，举办首届湖南“屈原杯”自行车越野大赛。1994年7月，屈原水泥厂引进外资120万元合作生产高标号水泥，实现场直企业工业招商“零”的突破。1996年8月，行政区管委会出台《关于招商引资的若干规定》，当年引进项目4个，合同引资400万元。1997年，加强外商投资导向，对区内破产企业和特困企业以优惠条件对外招商。1999年，引进内蒙古客商投资2000万元，兴建正地饲料厂。

2002年，管理区党委、区管委会把招商引资工作列为全区经济工作重点之一，成立区招商引资领导小组，出台《屈原管理区招商引资奖励试行办法》《屈原管理区招商引资优惠政策》，对各部门、各乡镇招商引资工作实行量化考核，严明奖罚。2003年2月18日，在全区三级干部会议上，对在招商引资工作中作出突出贡献的正虹科技、区经贸局、区交通局等3个单位的有功人员予以表彰奖励，其中正虹科技奖励20万元、区经贸局奖励2万元、区交通局奖励1.5万元。2003年4月8日，由正虹科技、河南双汇集团、荷兰圣福特3家上市公司联合投资的生猪肉食品加工项目正式投产。6月28日，投资3685万元的岳阳景达公司屈原单采血浆站改扩建工程开工。是年，全区共引进超100万元项目16个，协议引资2.37亿元。其中引进的省水利厅洞庭总公司和湖南水利厅洞庭房地产开发有限公司共同合作的屈原自来水公司投资达3000万元；德科公司整体收购汨纺出资2650万元。

2005年3月，管理区党委、区管委会作出《关于进一步优化经济环境，促进企业发展的十条规定》，完善招商引资载体，对招商引资实行“九个一”，即：一块保护牌、一张优惠证、一张缴费登记卡、一个窗口服务、一个口子收费、一支笔批检、一个投诉中心、一把手负责、一种待遇对待。组团赴广东参加“深洽会”，有红太阳米业加工等3个项目签订协议。是年，全区共引进项目26个，合同引资4.78亿元，到位资金1.9亿元；投资建设项目14个，新开工建设3个，新签约项目1个，合作意向项目8个，其中投资1000万元的项目7个。德科纺织二期工程投资1500万元，新上纱线3万锭；双胞胎饲料投资5000万元，设计年生产能力30万吨；斯迈特环保科技投资2300万元，年生产环保型一次性餐具8000万个；正虹凤凰山自动化养殖场投资4100万元，年设计出栏绿色环保猪6万头；深圳普利科技投资1.2亿元，综合开发荞麦湖进行珍珠环保养殖。

2006年，管理区编制《屈原管理区投资指南》，详细推介管理区投资环境、优惠政策、重点投资项目。组织参加“中博会”“广洽会”“汨罗江国际龙舟节”等投资贸易洽谈会，合同引资5.6亿元，到位资金2.04亿元。

2008年，管理区党委、区管委会相继对区招商引资优惠政策作出重大调整，全区上下形成抓招商、争项目、促发展的浓厚氛围。通过精心组织参与“沪洽周”“湘商会”“农博会”等活动，全区共引进项目12个，其中过亿元项目3个，总投资10.1亿元，合同引资9.49亿元，到位资金3.19亿元。其中计划总投资4亿元的凯迪电厂实际投资达2.1亿元；以生产DV机为主，总投资8000万元的城枫电子正式落户；投资8000万元的伟业造船厂开工建设。

2009~2011年，招商引资项目31个，合同引资17.66亿元，到位资金6.87亿元。其中投资过1000万元的有南京雨润食品加工有限公司与正虹科技合资注册的福润肉食品加工、福建大拇指医药、海丰物流、普利珍珠加工、城枫电子、斯迈特电子、仕瑞达电子、唐人神生猪养殖、洞庭粮油等。

五、新农村建设

2006年3月，管理区成立新农村建设领导小组，设立专门办公室，并制定《关于社会主义新农村建设实施方案》，确定基础较好的营田镇义南村、凤山村，河市镇古罗城村、三联村，黄金乡黄金村、万兴村，凤凰乡横港村、河泊潭村，琴棋乡新河村、三星村等10个行政村为新农村建设示范村。

2009年3月，启动第二轮新农村建设，根据市新农村建设办公室制定的实施规划，确定全区2个示范片，即黄金示范片和河市示范片。黄金示范片包括禾鸡山村、大湾村、金塘村、寺坪村，为市委组织部部长的联系点。河市示范片包括古罗城村、永兴村、洋湖村、星湖村，为区党委书记的联系点。

第一轮（2006~2008年）和第二轮（2009~2011年）新农村建设示范村17个，占全区行政村总数的25%，有耕地面积2330.2公顷，居民15704人、4259户，89个村民小组。

2006~2011年，新农村建设投入资金2182.1万元，其中部门投资941.5万元，社会捐资247.2万元，农民自筹资金579.3万元，扶助单位支持414.1万元。新建渠道56.9公里，新建机埠涵闸56处，架设农村电网81.3公里。硬化村级公路116.5公里，解决安全用水2084户，新建垃圾池774个、沼气池1630口，安装村级路灯696盏，改水、改厕、改厨、改栏以及村庄绿化、亮化等生活条件和卫生环境得到大的改善。新建村级办公室11处、农民学习娱乐设施16处。

示范村主要产业有饲料加工、优质稻种植、生猪饲养和加工及贩运、水产养殖、礼品西瓜栽培、建筑材料、化工原料、电子产品加工、生物制药、沙砾石采挖等。各示范村根据自身实际，本着“政府主导，农民主体，着眼长远，量力而行”的原则，坚持以产业促发展，通过壮大产业，有效地增加集体经济收入和农民收入。2011年，示范村人均收入超过12500元，其中，黄金乡禾鸡山村14500元，营田镇义南村13800元，河市镇古罗城村13300元，凤凰乡横港村12400元。

六、为民办实事

2005年始，管理区管委会将为民办实事列入年度重点工作，并确定当年办好8件实事。投入资金418万元，完成正虹大道硬化、亮化、绿化、美化工程；投入资金350万元，完成自来水管网配套改造工程，新增入网用户5600户；大堤吹填固基工程挤进国家蓄洪垸建设笼子，投入资金260万元，完成西大堤土地港段加修拓宽工程；投入资金81万元，完成面上水利设施维修改造；农村沼气建设工程挤进国家笼子，投资128万元，新建农村沼气池1000口；投资250万元，启动殡仪馆建设；新增养老、失业、医疗保险参保人员3065人，新增工伤、生育保险参保人员1500人；1130户、2782名低保对象应保尽保，每月人均补差61元，达到人均每月140元最低保障标准。

2006年，管理区定6件实事。完成长2920米、宽46米岳飞路，长2970米、宽35米牛皋路，长2840米、宽35米的尚磊路等城镇3条大道的硬化、绿化、亮化、美化；全面落实“两个确保”，实施城镇职工基本养老、机关企事业单位的医疗、失业、工伤、生育保险，启动农村医疗救助、低保工作，新增各类保险3000人次；加固吹填防洪大堤3公里；新建农村沼气池1338口；完成通村公路建设60.35公里；改水改厕1000户。

修葺一新的农渠 （宋政军2011年摄）

2007年，管理区定7件实事。新增城镇就业人员2213人，失业人员再就业1206人，“4050”人员再就业282人，农村劳动力转移就业1265人，“零就业”家庭安置30户；完成养老、失业、医疗、生育保险参保人数5513人，农村低保人数增至1763人，城镇最低生活保障标准从每月140元提高到150元；完成农村合作医疗参合人数5.9万人，参合率达84%，高出全市年均水平11个百分点，新农合受益人数1383人；免除义务教育全部学杂费；完成通村公路硬化139.1公里；投资1882万元，完成青港安全台、西大堤培修加固、抗旱机埠建设及垸内主渠疏浚工程；投资1373万元，完成国家级土地整理黄金项目区工程建设。

2008年，管理区定6件实事。开展“阳光工程”就业培训，完成培训400人，新增城镇就业人员2430人，失业人员再就业1222人，农村劳动力转移就业1503人，“零就业”家庭安置31户；完成养老、失业、医疗、工伤、生育保险应征缴任务3363万元，其中社会养老保险参保率、征缴率均在90%以上，位居全省第一；发放低保金362万元，做到应保尽保；79名烈军属，22名伤、残、病军人的抚恤金按国家标准及时足额发放；改扩建农村敬老院2所；启动困难职工帮扶工程，30套经济适用房、10套廉租房、30套农村安居房交付使用。

2009年，管理区定6件实事。新增城镇就业2109人，下岗失业人员再就业1325人，新增农村劳动力转移就业6005人，职业技能培训4203人；社保、医保、低保做到应保尽保，完成征缴基金3716万元，征缴率排全省首位；新型农村合作医疗参合人数44268人，参合率达92.21%；农村五保户供养水平超过省定标准的24%以上；新建改建廉租房32套、1600平方米；对全区1054户城镇无房户和住房困难户发放补贴资金120万元。

2010年，管理区定5件实事。新增就业再就业人员3196人，继续保持“零就业”家庭就业动态清零，稳定农村劳动力转移就业6000人；确保城镇医疗保险和新型农村合作医疗参保人数分别达到49919人和16236人，累计发放医保资金970万元；加强学校建设、教育布局调整和高素质教师队伍建设，确保校安工程稳步实施；启动“平安医院”创建工作，完成3所乡镇卫生院和村卫生所建设；完成5个乡镇敬老院和“五保之家”硬件建设。

2011年，管理区定5件实事。完善义务教育经费投入保障机制，投资300万元，完成屈原一中体育馆工程建设；启动湖南省唯一的统筹城乡就业示范区的创建工作，新增就业再就业3930人，超市定目标10%，稳定农村劳动力转移就业2500人；社会养老保障体系通过新增新农保，实现全覆盖，全年共发放养老保险金2.08亿元，保障水平居全省前列；在全省率先实现城镇居民医疗保险和“新农合”合二为一，增加免费报销病种；投入农垦危房改造资金2403.5万元，改造完成2530户。

七、正虹公司上市

1996年5月15日，行政区党委、区管委会召开联席会议决定：为了从根本上促进正虹公司经营机制转换，推进企业向股份化、市场化、产业化方向发展，促进企业带动地方农业产业结构调整和经济发展，加快正虹公司上市。成立正虹B股发行公司，建立由区党委书记任主任、区管委会主任、正虹公司主要负责人任副主任的筹备委员会，并从区级领导和部门中抽调专人组成正虹公司B股发行工作机构。6月，筹委会主要领导在省、市证券委和证监会的支持协调下，专题向国家证券委、证监会就正虹公司上市问题作出汇报，得到证券委和证监会的大力支持，并由发行B股改为A股。9月26日，湖南正虹饲料厂更名为湖南正虹饲料有限公司并召开第一届董事会选举产生第一届董事会成员和监事会组成人员。10月10日，湖南屈原农垦集团公司正式向省政府、省证券委、省证监会、市政府、市证券委呈报《关于公开发行股票募集设立湖南正虹股份有限公司的请示》，以正虹饲料厂、屈原农业科技发展公司为平台改制成立湖南正虹股份有限公司，申请发行10000万股普通股（A股）。11月8日，正虹A股获准发行13000万股，其中法人股8000万股、社会公众股5000万股（内部职工500万股），拟募集资金3.53亿元。是日，省证券委主任王湘平到行政区专题考察正虹A股上市事宜。12月11日，湖南正虹饲料有限公司董事长陈仲伯与深圳大鹏证券有限公司总裁徐卫国正式签订正虹A股承销协议。

1997年3月18日，湖南正虹饲料股份有限公司A种股票在深交所上市
（宋政军供）

1997年2月25～27日，湖南正虹饲料股份有限公司5000万股A股在长沙、岳阳两地公开发行，发行价每股7.06元。3月8日，湖南正虹饲料股份有限公司创立暨第一次股东大会在屈原影剧院召开，与会股东及股东委托人273人，股数80985131股，占公司总股份的62.21%。会议审议通过公司筹委会所作的关于本公司筹建工作报告，同意成立湖南正虹饲料股份有限公司；审议通过公司《章程》，选举公司第一届董事会和监事会成员；审议通过公司社会公众股票在深圳证券交易所申请上市的决议。3月18日，湖南正虹饲料股份有限公司A种股票5000万股正式在深圳交易所挂牌上市，融资3.4亿元（当日开盘价17.88元，收盘价18.98元，为深圳当日涨幅最大的股票），成为全省第一家农业板块的上市公司，也是全国第一支国有饲料股。

第四章　综合政务

第一节　安全生产监督

一、安全生产责任制

1978年始，农场场部设立安全生产办公室（简称安全办），负责管理全场安全生产，机动车辆安全归口场部机务科。1983年，水利电力安全划入场部水利科。1984年始，场部劳资科配备专人负责压力容器的安全。农场农机监理站和农场保卫科协同安全生产管理。场部工业科负责场直6厂等工业企业生产安全。全面完善安全生产责任制，其中在企业经济目标管理中，明确企业厂长、经理为安全生产第一责任人。企业内部实行从厂长到车间、到班组到人，层层签定安全责任状，实行安全生产一票否决权。1992年始，总场成立安全生产委员会（简称安委会），由一名副场长兼任安委会主任，安委会下设办公室，负责协助调解安全纠纷、查处安全隐患、开展安全宣传等工作。1993年，根据国务院有关规定，农场劳资科履行安全生产综合管理与监督职能，具体负责建筑，职工劳动保护，锅炉、压力容器等安全监管及事故调查处理和特种作业人员培训、考核。2000年10月，安全生产综合管理与监察职能归属区综合管理局。

2001年，管理区管委会转发国务院《关于特大安全事故行政责任追究的规定》和省《重大安全事故行政责任追究规定》，区安委会进一步加大安全生产宣传力度，督促各办事处、镇、企事业单位层层成立安全生产领导小组。

2002年始，各办事处、镇、区直各部门、企业向区管委会签订“安全生产责任状”。2003年5月，区安全生产监督领导小组办公室和区安委会办公室合署办公，归口区党委、区管委会办公室，由一名副主任兼任主任，定编3名。由区工贸局、区公安消防大队负责的危险化学品，锅炉、压力容器安全监管职能；区人事劳动和社会保障局负责的高危作业人员安全培训职能归并区安全生产监督办公室。2005年8月，区安全生产监督领导小组办公室更名为区安监局，将由公安部门承担的烟花爆竹生产、经营单位安全生产监督管理职能，卫生部门承担的作业场所职业卫生监督检查职能划入区安监局。

2005年始，管理区党委、区管委会将安全生产纳入双文明考核内容，实行“一票否决”制度。安全生产监管网络进一步健全，各乡镇、街道均建立安监管理办公室，配备专（兼）职安监人员。2006年3月，区安委会印发《屈原管理区安全生产目标考核细则》，根据市政府下达的18项控制指标细化考核。2007年6月，管理区党委、区管委会下发《关于强化安全生产工作责任制和责任追究制的通知》，实行安全生产责任追究制。2011年，管理区被评为市安全生产目标管理先进单位；黄金乡、河市镇、琴棋乡先后于2008年、2009年、2011年被评为全省安全生产示范乡镇。

二、安全生产执法

1978年始，区（场）安全办坚持“安全第一，预防为主”的方针，每年联合有关部门进行多次安全生产检查，主要查思想、查制度、查管理、查隐患、查设施、查事故处理，做到边查边改。1978～1983年，因农场职工住房多为草木结构，火灾事故频发，防火灾事故一直作为重点。1984年始，重视公路交通监理执法，对境内专车、机动车辆实施年检（审）。1986年11月26日，古塘岔大米加工厂糠油车间锅炉爆炸，1人重伤后因抢救无效死亡。事发当天，场部安全办、工业科、劳资科等单位组成联合调查组，对事故原因进行调查，认定事故原因为锅炉改造时所用设备未经检验，设备老化，强度降低，承受不了正常生产的压力而引发物理性爆炸。责任认定后，对当事人按照有关法规予以追究，并将此事通报全场，要求各企业单位重新进行安全设备检查，查处隐患及时整改。1988年，建立屈原公安分局交警队，协同交通安全管理、执法，通过多次整顿交通秩序，在一定程度上对公路交通事故发生起到了遏制作用。1990年始，重点抓生产领域、建筑施工企业安全督查，对压力容器实施重点监管，强化人员岗位培训，严格操作规章；督促建筑施工脚手架采用钢管，禁止使用楠竹、木材；建筑施工全面执行《建筑工程安全生产检查评分标准》，对建筑工程项目督促签订安全责任状，执行安全生产一票否决制。1994年始，开展电力领域安全生产大检查，重点监管输电设备、电网运行、农村安全用电管理、建筑施工用电等，共查出大小隐患380处，现场整改360处，责令限期整改20处。

2000年始，安全部门的职能由协调、检查逐步转为监督管理，加强执法力度。是年6月，联合公安、工商部门开展烟花鞭炮经营企业安全执法，液化气和成品油市场安全秩序整顿，查出大小隐患28处，取缔非法经营烟花鞭炮店2家。2001~2004年，开展对危险化学品经营企业不定期执法，督促5家经营店陆续取得经营许可。2005年，区安监局启动对全区危险源场所安全评估工作，确定9处为重大危险源，实施重点监测监控，对加工厂的压力容器、油库实施整体拆除。2008年，协同区消防部门开展“迎奥运·保平安”火灾隐患百日专项整治大行动，检查单位200余家，发现和整改火灾隐患400余处。是年，在桥梁安全执法检查中，营田镇荷花大桥被定为市级挂牌督办重大安全隐患，责令限期整治，于是年12月重建竣工验收。2010年，联合交警部门开展交通安全执法，全面规范三轮摩托车和“慢慢游”营运，关停报废“慢慢游”200台，查扣“三无”摩托车500台，公开集中销毁200台，报废34台废旧货车。2011年，区安监局、屈原公安分局、区工商局、区交通局联合开展打击非法生产烟花爆竹、“三超一疲劳”驾驶等专项整治行动。取缔烟花爆竹非法作坊12家，刑拘3人，治安拘留11人，判刑1人，销毁价值30余万元非法生产烟花爆竹成品、半成品；查处超速交通违法行为8522起，超负超载行为1162起，教育驾驶人员5000人次，查处违规超载及洒扬散装货物车辆300余台，刑事拘留1人，治安拘留1人。

三、宣传与培训

区安监部门坚持开展宣传教育和培训活动。宣传工作以《安全生产法》《消防法》《交通法》等法律法规为重点，以电视宣传、标语宣传、演讲赛、知识讲座等多种形式进行。

1978~2001年，每年组织开展“安全月”活动，进行劳动保护和安全生产的政策、法规及安全知识的宣传教育，推行企业员工、安全管理员和企业负责人三级安全教育制度，自下而上建立以岗位安全责任制为中心内容的安全生产操作规程，消除安全事故隐患。2002年，印发“安全生产普法及安全常识试卷”2800份，组织各企业、有关单位在职、在岗人员学习、考试。2003年6月，区管委会召开专题会议，部署“安全生产周”宣传活动，印发资料320份，组织安全生产知识讲座2次。2007年4月，协同区应急办开展应急管理宣传活动，设置宣传点7个，发放公众应急手册1万本、《应急处理常识》5000份，设置固定宣传栏7处。2011年，印发《中华人民共和国安全生产法》1万份，挂图2000张，发放安全生产警示宣传牌1200块。

1978年始，安全生产机构联合公安、劳动、交通、农机等相关部门，每年举办1~2期电工、焊工、锅炉工、架子工、液化气站、农机等工作人员，公共娱乐场所、烟花爆竹经营单位法人代表培训班，对考试合格者颁发证书，实行持证上岗。至2004年，举办各类培训班48期，培训5800人次。2005~2011年，组织危险化学品经营单位法人代表、烟花爆竹零售户主、电工、焊工培训班4000人次；举办安全生产管理人员培训班7期，参训人员500人次。

第二节　信访接待

一、机构

1978年前，场内人民群众来信来访工作由农场党委办承办。1979年始，农场党委、场部成立信访办公室（简称信访办），隶属农场党委办、农场办管理，设编1名。各分场、场直单位信访接待工作由各单位办公室负责。1994年8月，农场信访办更名为行政区信访办，隶属区办公室，信访办主任由区办公室副主任兼任。同时，区成立信访工作领导小组，由区党委副书记兼任组长，区管委会常务副主任任副组长，区纪委、区办公室、区民政局、区人事劳动社保局、区财政局、区信访办等部门负责人为成员。2003年1月，成立管理区信访局，区办公室副主任兼任区信访局局长，定编3名。至2011年，乡镇、街道、区直各单位、村（居）委会相应成立信访工作领导小组236个，全区有信访干部717人。

2007～2011年，管理区先后4次被评为全市信访工作先进单位。

二、来信来访

1978～2011年，场（区）信访办（局）共受理人民群众来信来访11998件，其中来信4318件，来访7680次。在接访中，人民群众来访、集体上访、重复信访分别增长40%、38%、51%。来访占来信来访总量的64%，其中集体上访110批次，占1.43%；历史遗留问题来访304次，占3.96%；涉农问题来访934次，占12.1%；企业改制遗留问题来访558次，占7.27%；社会纠纷问题来访864次，占11%；困难救济问题来访3031次，占39.46%；检举揭发和批评建议来访1754次，占22.83%；其他来访235次，占3.06%。在受理信访中，直接回复和政策解答后劝返的5879件，转交办理的6119件。在转交信访件中，凡是被转交的单位未按期反馈处理结果的，信访部门及时做好催办和督办工作，使转交的每一件信访事项都得到妥善处理。

三、立案处理

1978年，中共十一届三中全会提出“实事求是，有错必纠”的方针，人民群众冲破思想上“左”的束缚，要求平反冤假错案、解决历史遗留问题的诉求急增。次年，信访部门受理信访314件，比1978年增长1.74倍，此类信访件均列入信访案件。1980～1990年，配合农场党委落实政策办公室落实政策、解决遗留问题1303起，其中平反冤假错案54起，纠正错划成分11人，恢复河市、营田两镇非农户口8720人，落实房屋产权政策101户，“文化大革命”中被查抄财物的经济补偿问题34起，解决原水利建设工程中移民、遗留和伤残人员补助问题114起。

1995年始，区（场）信访局（办）规定，凡是上级转办，区（场）级领导指示件，群众反映强烈和越级赴省、进京上访件必须立案调查处理。

2010年3月，20位畜牧培植员因劳务关系不能享受经济补偿多次集体上访管理区党委、区管委会。区处理信访突出问题及群众性事件联席会议办公室及时进行分流督办、协调处理，依照法律程序妥善处理，防止矛盾升级。是年4月，天问街道62户“四属户”（即无田无地、无工作、无住房、无生活来源）代表到区上访，反映因汨纺改制后家庭生活十分困难，既没有享受企业退休人员待遇，也没有享受国营农场退休农牧工养老统筹政策。接访后，区党委、区管委会主要领导高度重视，批示由区管委会分管领导牵头包案处理。通过上户调查、实地了解、对接政策，并与市经委、市国资委、市人社局、市民政局多方沟通，2011年8月，妥善解决62户“四属户”养老金银行打卡发放问题。

2011年，为层层化解矛盾，区制定“三级例会制”，凡立案调处属村级的，限在1个月内由村级例会研究解决，解决不了的报请乡镇例会解决；属乡镇、区直部门解决问题的，由乡镇、部门例会解决，解决不了的提请区级信访联席会议解决。是年3月，河市镇河夹塘居委会居民黄某来访反映其居住的一栋一连两间两层楼房及其附属房出现裂痕，其原因是河市河因长期采挖沙砾石所致。区信访联席会议办公室信访立案后转交河市镇政府处理，河市镇政府在有效工作日内，通过调查了解，确认黄某诉求属实，并经镇信访联席会议研究由镇危房改造办进行房屋维修，同时，得到区职能部门的支持，出台相关规定，对河市河乱采滥挖沙砾石现象进行专项整治，规定河市河500米以内走向为禁采区。

至2011年，区（场）信访办（局）共立案处理群体上访297件次，涉及人数36540人次。没有发生一起进京赴省到市集体上访案件。立案处理信访案件2480件，其中立案转办1049件，立案自办1431件。在立案处理案件中，涉及土地征用580件，涉法涉案741件，企业改制906件，落实政策121件，困难救济等132件。立案调处越级信访、来访和区（场）领导批示交办案件1436件，其中国家、省、市信访部门交办178件。

四、制度建设

1978年6月，农场革委会决定每月15日为人民群众来访接待日，由常委、副处级领导轮流到场部信访办值班接访。1981年改由主管信访工作的常委专门接待来访。

1995年，根据国务院颁布的《信访条例》，信访部门及时指导区直各部门单位和乡、镇、街道完善工作制度，全面达到省委信访办提出的“七有”要求（即有牌子、有班子、有处理信访的规章制度、有接待场所和经费、有服务措施、有信访网络、有一个适应形势要求的工作格局）。1998年8月4日，《湖南省信访条例》颁布实施。1999年6月，市委、市政府下发《关于印发信访工作量化考核办法的通知》，将信访工作列入全市目标管理考核，实行“一票否决”，文件授予信访部门七项权力（即处理信访问题交办权、立案调查权、督促检查权、协调处理权、综合管理权、考核处罚权、通报批评权）。同时，区办公室下发《关于加强基层信访工作基础建设有关事项的通知》，要求全区建立健全九项信访工作制度（即领导接待日制度、领导定期研究信访工作制度、定期报告制度、热点问题排查制度、群众合理化建议征集制度、领导包案制度、目标管理制度、检查督促制度、责任追究制度）。2005年5月1日，新修订的国家《信访条例》正式施行。2009年，区、乡两级投资13万元，在全区70个村（社区）人员居住集中地方，建立高规格、高标准的群众信访程序仿瓷明白公示墙78块；发放《平安屈原》手册13847本，规范双向信访行为；开通民情热线电话“12345、有事找政府”。2010年，管理区党委、区管委会规定，由区党委、区管委会、区人大政协工委组成人员，每月安排一天时间轮流值班接访，其余区级领导不定期接访、约访、下访、回访。其后，接访时间由每月一天增至两天。是年3月，管理区信访内网开通。各乡镇、街道严格按“属地管理、分级负责”“谁主管、谁负责”原则，在所辖范围内发放“信访便民联系卡”2万张。信访工作推行区领导、乡指导、村为主、组配合、户落实的区、乡、村、组、户五位联动制（简称“5A制”），执行信访工作目标管理考核全覆盖，实行信访工作周例会、月排查、季检查、年考评制。印制3万份由省信访局、省公安厅联合下发的《规范信访行为，维护社会秩序通告》，发至千家万户，做到家喻户晓，人人皆知。至2011年，全区相继建立健全信访责任追究制、倒查制、零报告制、重大问题包干负责制、督查制、值班制等48项制度。

1988年，刘红旗撰写的《热情接待，及时查处》在1988年第5期《信访》杂志发表，《“三田”分离，有效化解队级债务危机》获市信访论文竞赛二等奖。2010年，《人民信访》举办一年一度全国阅读有奖活动，黄金乡信访办主任陈忠琪获三等奖，区信访局获组织奖；区党委书记孔福建撰写的《改进群众工作的方式方法》在《湖南信访》第二期上刊载。2011年6月，区党委副书记、区管委会主任许平亚撰写的《推行信访“133339”畅安工程，打造国家级信访强区》的论文在《光明日报》上发表，并获全国“泰山杯”县、市、区长论文大赛二等奖。

2010～2011年，区信访局向市级以上报刊发送信访调研文章150余篇（幅），有6篇（幅）被《湖南日报》采用，14篇（幅）被《湖南信访网站》采用，12篇（幅）被《全国信访内网》刊发，11篇（幅）被《岳阳市信访工作简报》刊发，8篇（幅）在《湖南信访》发表，26篇（幅）在《岳阳晚报》发表，2篇（幅）在《民本岳阳》发表。

第三节　侨务与港澳台工作

1978年始，境内侨务工作归属宣传统战部。2009年10月，成立区管委会民族宗教外事侨务办公室，与区党委、区管委会督查室合署办公，定编2名。

1978年，境内有台属、侨属、港澳亲属142户。1987年，台湾当局开禁允许台胞回大陆探亲、旅游、观光，至1988年，共接待回乡探亲台胞45人次。1989～2000年，重视华侨、华人、港澳台同胞及其他海外人士来信访问和侨眷侨属走访活动，共收到来信18件，回复17件；走访调查侨眷侨属28户，开展慰问活动12次，接待海外华侨华人、港澳台同胞6批、12人次。

2000年，结合人口普查，开展侨情普查，全区共有侨眷、侨属151户、168人；香港、澳门、台湾同胞亲属210户。至2011年，共接待海外华侨华人、港澳台同胞3批、5人；接待境内侨眷、侨属、“三胞”亲属政策咨询、救助事务12起，走访慰问8户。

第四节　移民工作

2008年10月，成立区移民局，与区水利局合署办公，定编4名。主要职能是贯彻执行党和国家关于移民后扶政策；做好新移民安置规划，制定并组织实施年度安置、开发计划；按规定管理由移民经费开支的移民开发工程项目；做好移民就业、创业等培训工作。

一、移民安置

杨林寨腾地移民　1969～1970年，国营杨林寨农场腾地给安化柘溪水库移民，全场6547人整体搬迁安置至农场，其中营田镇2848人，三分场1735人，五分场1016人，四分场955人，河市镇20人。2006年，国务院实行大中型水库移民后期扶持政策。2008年，省政府109次常务会议和市政府工作会议就大中型水库连带影响移民扶持政策进行商议，确定每年由市财政转移支付安排280万元作为杨林寨腾地移民安置区项目扶持资金。是年，区管委会印发《关于腾地人员项目实施及资金管理的意见》，明确腾地移民安置区项目扶持资金由区移民局按要求设立专户进行专账核算管理。

水库移民　1963年和1975年，湘阴县赛美水库、汨罗市汨罗水库等大中型水库部分移民安置至农场。根据《国务院关于完善大中型水库移民后期扶持政策的意见》和《湖南省水库移民开发管理局关于做好大中型水库移民后期扶持人口核定登记工作的通知》，2006年，核定管理区大中型水库移民1000人享受大中型水库移民后期扶持政策，其中移民后扶直补金发放564人，项目扶持436人，分布在5个乡镇、31个村。2011年12月核定本区移民直补人数592人，其中营田镇507人、凤凰乡39人、黄金乡23人、琴棋乡16人、河市镇7人，项目扶持408人。

退田还湖移民 1998年，为改善全区水利条件和生态环境，确保农业增产增收，管理区党委、区管委会决定将全区海拔24米以下低洼田分三年退田还湖，总面积1073.4公顷，其中琴棋办事处202.7公顷，磊石办事处238.9公顷，汨江办事处199公顷。涉及迁移的当地居民采取投亲靠友和安插等方式进行安置，安置后由所在办事处按本地农业居民同等分配田土，统一管理。

二、移民后扶

根据《湖南省大中型水库移民管理条例》和《湖南省大中型水库移民后期扶持规范实施管理办法》规定，核定本区享受移民后扶政策人员1000人，按人均600元标准由省财政下拨后扶资金。按照规定，除直补发放部分资金外，其余用于移民村基础设施建设、社会事业发展、生产开发以及技能培训等项目。“十一五”期间，共完成移民直补资金发放158万元，完成后扶项目27个，完成移民项目投资183万元，受益群众8820人。其中投资120万元，完成基础设施建设项目16个，新建和改建排灌站294千瓦、渠道6千米，硬化村级公路12公里；投资9万元，完成经济发展项目3个，受益群众59人；投资54万元，完成农村社会事业项目建设8个，受益群众702人，改造学校1720平方米，组织开展移民农业实用技术和劳动技能培训130人次。

第六篇　群众团体

第一章　总工会

1964年10月成立农场总工会，主要工作是开展宣传教育活动，发展会员，进行组织建设，实行生产、生活、教育三位一体的工作方针，充分发挥工会群众性组织的纽带和桥梁作用。“文化大革命”期间，全场各级工会组织被迫停止活动。1994年，恢复总工会，并逐步完善组织机构。总工会认真贯彻工会工作的路线、方针、政策，把代表和维护职工合法权益作为基本职责，广泛推进以职工代表大会制度为主要形式的企事业民主管理，保障职工群众当家作主的民主权利，关心职工群众的福利，开展劳动竞赛活动。全区有7家工会组织先后获市级以上先进称号。

第一节　组织机构

1994年，成立行政区工会筹备领导小组，至1996年，全区建立基层工会组织19个，会员2571人。1996年12月，成立行政区总工会，下设经审委员会、职监站、女工部。2001年，更名为管理区总工会。2011年，全区工会组织发展到93个，会员1.3万人。

第二节　代表大会

一、第二次会员代表大会

1996年12月31日，行政区工会第二次会员代表大会在屈原影剧院召开，参加会议的代表90人，会议选举产生区工会第二届委员会和区工会第二届经费审查委员会，主席汤卫安。大会号召各级工会和干部职工拼搏进取，齐心协力，当改革主力，做“四化”先锋，为建设有中国特色社会主义而努力奋斗。

1998年6月，汤卫安离任，蔡新华任主席。

二、第三次会员代表大会

2007年9月22日，管理区工会第三次会员代表大会在湖南正虹科技大楼七楼会议室召开，参加会议的代表60人，会议选举产生区工会第三届委员会和区工会第三届经费审查委员会，主席徐亚南。大会要求，全区工会组织要与时俱进，大胆探索，突出维护，服务中心，动员和组织广大职工为全面建设小康社会建功立业。

第三节 主要活动

一、维护职工合法权益

1996年后，行政区总工会严格遵循《中华人民共和国工会法》（简称《工会法》），把维护职工合法权益作为基本职责，积极推进以职工代表大会制度为主要形式的企事业民主管理，保障职工群众当家作主的民主权利。陆续在区直企业中建立职工代表大会制度，按期召开职代会，讨论审议厂务有关事项。在国有企业改制中，注意吸纳工会组织代表参与企业改制。与此同时，区总工会大力扶持职工发展生产，开展互助救济活动，抓好与职工利益息息相关的劳动工资、物价监督、生活保障、女工保护等工作。

2001年10月27日，新修订后的《工会法》正式颁布实施。区总工会通过多条渠道，积极参政议政，联合有关部门做好源头维权工作。全区建立基层企业劳动争议调解组织23家，推行平等协商和签订劳动合同，运用法律维护职工权益。

二、帮扶困难职工

1996～1997年，行政区总工会成立特困职工互助帮困领导小组，开展帮扶困难职工活动，帮助困难职工107人，发放救助金1.9万元；赠送液化气450瓶，价值5万元；帮助建材公司、机械厂引进建设工程和加工项目折合资金1000万元，扶助机械厂生产资金11万元。

1998年始，开展走访困难职工活动，至2011年，向困难职工赠送液化气700瓶，价值7.3万元；为100名特困女职工赠送安康保险“关爱卡”，组织专家教授讲授现代女性健康保健知识，上门慰问贫困女职工；对口帮扶单位31个，发放特困职工和困难劳模救助费17万元；走访慰问劳模70万元。

三、开展劳动竞赛

1996年始，行政区总工会指导企事业单位工会开展“芙蓉杯标兵岗位竞赛”“模范职工之家”“六好乡镇工会”“工人先锋号”“为‘四化’立新功”“双增双节”“百日安全”等社会主义劳动竞赛活动。涌现出一大批先进模范人物，区地税局工会被评为全国“模范职工之家”；营田镇工会联合会、屈原电力公司工会获省“六好乡镇工会”“工人先锋号”称号；河市镇工会联合会获市“六好乡镇”工会称号，区财政

全区“德科杯”篮球赛 （宋政军2010年摄）

局服务大厅、区人力资源和社会保障局社保中心分别获市“工人先锋号”称号。

2005年，推荐省劳模1人；2008年，评出区级劳模10人；2010年，推荐市级劳模2人。至2011年，全区区级以上劳模37人，其中，全国劳模3人、省部级以上劳模12人，市级劳模8人。

四、组织球类比赛活动

1996年10月，区总工会为活跃全区体育活动，举办职工篮球友谊赛，参赛队伍16支，运动员112人，历时3天。正虹公司职工篮球队、屈原一中教师篮球队、人民医院职工篮球队分获前三名。

1997年5月，行政区总工会举办全区职工乒乓球赛，参赛队伍19支，运动员38人，历时2天，人民医院代表队、屈原一中代表队、党校代表队分获前三名。

至2011年，全区各级工会共组织各类球类比赛活动12场次。

第二章 共青团

1978年始，共青团屈原（汨罗江）农场委员会在团结、教育团员和广大青年参加社会主义现代化建设，投身改革开放，建设“四化”实践，组织团员青年学政治、学文化、创先争优等方面发挥党的助手作用，开展争当新长征突击手活动；1980年始，开展创先争优活动；1984～1985年，开展以创办家庭农场为重点的百业夺标竞赛活动；1989～1993年，开展学雷锋、树行业新风活动等，均取得明显成效，为加快农场经济社会发展作出了贡献。

1994～2011年，共青团管理区（行政区）委员会努力探索社会主义市场经济条件下的共青团工作，充分发挥党的后备军、党和政府联络青年的桥梁和纽带作用。

1981年，三分场团委、六分场四队团支部被评为岳阳地区基层先进团委和先进团支部；1982年，职工医院团支部被评为全省青年文明礼貌活动先进集体。至2011年，团区委先后9次被团市委评为先进工作单位；区国税局团组织被授予省级青年文明号；区交通局、区人民医院、区地税局团组织先后被授予市级青年文明号；屈原一中团委评为市首届“五四红旗”团委；屈原小学、黄金小学、营田小学等单位少先队组织先后被评为市“红领巾大队”。

第一节 组织机构

1978年，共青团屈原（汨罗江）农场委员会（简称团场委）是党群系统建制中的群团组织，为独立一级机构，纳入农场党委管理系统，由基层团组织组成。基层组织包括乡镇（分场）、村（生产队）、街道、机关和科教文卫等单位团委、团总支、团支部。1995年，更名为共青团屈原行政区委员会；2001年，更名为共青团管理区委员会（简称团区委）。至2011年，团区委配备干部1人，下辖乡镇、街道团委6个，区直团总支15个，村（居）团支部70个，有团员7291人。

第二节 代表大会

一、第三次代表大会

1978年10月27～29日，共青团国营汨罗江农场第三次代表大会在场部召开。出席大会代表250人。会上，田辉明代表共青团国营汨罗江农场第二届委员会作题为《进一步加强团的建设，为实现新时期总任务而奋斗》的工作报告。大会选举产生共青团国营汨罗江农场第三届委员会，委员18人，常委5人，田辉明为团场委书记。

二、第四次代表大会

1981年12月1～3日，共青团屈原农场第四次代表大会在场部召开。出席大会代表200人。会上，田辉明代表共青团国营汨罗江农场第三届委员会作工作报告。大会选举产生共青团国营屈原农场第四届委员会，委员17人，常委5人，田辉明任团场委书记，后由蔡新华、姚建平继任团场委书记。

三、第五次代表大会

1995年5月7～8日，共青团屈原行政区第五次代表大会在屈原影剧院召开。出席会议代表182人。会上，曹驰飞代表共青团屈原农场第四届委员会作题为《高举改革旗帜，肩起建设重任，把火红青春献给振兴屈原的宏伟事业》的工作报告，总结共青团屈原农场第四次代表大会以来的工作，安排部署今后工作，号召全区广大团员青年以邓小平建设有中国特色的社会主义理论和团中央十三届三中全会精神为指针，以“开放兴区，三年再造一个屈原”为己任，肩起建设重任，把火红的青春献给振兴行政区的宏伟事业。大会选举产生共青团行政区第五届委员会，委员21人，常委7人，曹驰飞当选为团区委书记。

四、第六次代表大会

2004年5月20～21日，共青团屈原管理区第六次代表大会在区党委党校召开。出席大会代表120人，其中团员和团干部代表90人，先进模范代表10人，其他代表20人。会上，彭伟代表共青团屈原行政区第五届委员会作题为《与时俱进，务实求真，团结带领全区青年为全面推进屈原小康社会奉献火热青春》的工作报告，总结共青团屈原行政区第五次代表大会以来的工作，安排部署今后的工作任务，号召全区广大团员青年高举邓小平理论伟大旗帜，努力实践“三个代表”重要思想，把握时代机遇，服务小康社会，以昂扬的斗志、不懈的努力，为全面推进管理区发展奉献火热青春。大会选举产生共青团屈原管理区第六届委员会，委员15人，常委7人，彭伟当选为团区委书记。后由湛江、胡鹤依次继任团区委书记。

第三节 主要活动

一、服务经济建设

1978～1982年，开展“争当新长征突击手”活动，全场共有26人次分别被评为全国、省、地“新长征突击手”，其中六分场砖厂谢育和被命名为“全省新长征突击手”，团中央授予一分场向阳中学青年教师柳凤姣、七分场十一队徐迪良“全国新长征突击手”称号。1984年、1985年，开展以创办家庭农场为重点的“百业夺标”竞赛活动，有55名团员、青年经营家庭农场，面积109公顷，生产项目13个。全场各行各业共2600人参加夺标，有22个团支部，320名优秀团员、团干部，202名先进青年受到表彰。1986年始，各级团组织开展“一团两户”等活动，鼓励青年带头实行家庭联产承包责任制，带头勤劳致富，带头发展乡镇企业。企业团组织开展评选优秀青年厂长经理等活动，支持企业实行经营承包制。青年农民贩运大户胡伟清活一方流通，兴一方产业；种甘蔗能手、青年农民李奇年年入榨甘蔗超百吨，纯收入过万元。全场涌现青年星火带头人100人，成为科技兴农的骨干力量。体现青年创造力的“五小”竞赛活动，取得1000余项小发明成果。1988年开展“农村青年实用技术培训”活动，采取总场、分场、生产队、小组四级集中面授和分散函授相结合，先后办种植、养殖、加工、机电等专业培训班60期，培训5000余人次，印发各种资料1.5万份。1996年始，开展“创先争优”“十大杰出青年”评选活动，推动全区各级团组织坚持以经济建设为中心，带领广大团员青年把满腔的热情倾注在建功立业上，在各条战线上充分发挥了共青团的生力军和突击队作用。至2011年，开展2届“十大杰出青年”评选活动，伟业公司总经理胡伟清被评为湖南省十大杰出青年农民，并作为湖南唯一代表获中国十大杰出青年农民提名奖；正地公司董事长郎锦峰被评为省十杰百优青年星火带头人、岳阳市首届十大杰出外来创业青年；正虹公司人力资源部经理周夏华被评为市首届十大杰出外来创业青年；鸿天楼批发公司总经理杨莉被评为市第二届十大杰出青年；厚源贸易公司董事长胡厚忠被评为市十大优秀青年企业家。

二、开展爱心活动

1981年，开展“文明礼貌”“五讲四美三热爱”活动，青年团员自觉维护公共秩序，深入车间、村庄、街道参与“脏、乱、差”的综合治理。1984年3月，农场团委组织20个服务队（组），600名青少年走上街道，为屈原镇一带顾客义务维修自行车、家用电器、钟表，以及缝衣补鞋袜等共1514件次；为210人看病治疗，发放预防药片3500余粒。并以“关心少年儿童成长、为弟弟妹妹做好事”为题，捐款2000余元，资助条件较差的幼儿园、小学。确定是年3月12～18日为团员、青年“植树造林周”，全场栽“青年林”“联谊林”“夫妻林”“乔迁林”322891株，造成片林6.7公顷，建花坛28个，栽花草12005蔸。1985～1995年，开展“雷锋式”班组、柜台、车组等竞赛活动，使雷锋精神在平凡岗位上处处闪光，120个学雷锋小组，经常性开展扶贫帮困、帮工助工、生产突击、为您服务等活动，累计做义工1300个，做实事245件，助学捐款5600元，捐献物资价值1.8万元。1996年始，在全区团员青年中广泛开展“一助一”长期服务活动，2009年始，团区委牵头，成立全区志愿者协会，开展经常性的志愿者服务行动。至2011年，全区“一助一”服务对象达1000户。区青年志愿者成员300人，清扫街道128次，扶贫帮困398人

青年志愿服务者上街开展文明劝导活动　（宋政军2011年摄）

次，捐款捐物3.8万元，做实事320件。

三、少先队工作

1979年，举办少先队大队辅导员培训班，培训128人。1980年，场团委组织在六分场召开少先队活动现场会，表彰100名优秀少先队员、20名优秀辅导员。1981年，三分场中学教师刘湘英被共青团岳阳地委评为优秀少先队辅导员。1985年始，在青少年中经常性组织开展“学雷锋、创三好”和“五讲四美三热爱”等活动。糖厂被省委宣传部、团省委、省教委、省妇联等单位评为先进单位。1986年始，在全场青少年中以开展“学雷锋、学赖宁，做党和人民的好孩子”活动为主线，加强少先队基层组织和基础工作建设，全场40个少先队大队、223个少先队中队全部配齐辅导员，涌现一批助人为乐、品学兼优的好少年。1995年始，团区委配合区关工委，在青少年中广泛开展思想品德、法制、科普教育和扶贫助学活动。利用营田抗日阵亡烈士墓建立青少年爱国主义教育基地，每年清明节轮流组织青少年为阵亡烈士陵园扫墓，进行爱国主义教育。为纪念抗日战争胜利60周年，配合有关部门和单位以史料版本《血火营田——营田江防地区沦陷史录》编辑成《血与火的故事》作为青少年读本，教育青少年牢记历史，珍爱和平。至2011年，在青少年中上思想品德课21堂、听讲12600人次；法制宣讲16堂，听讲10700人次；组织青少年到营田抗日阵亡烈士墓进行爱国主义教育17批次。

第三章　妇女联合会

1978～1990年，农场妇女联合会（简称妇联）的职能由领导妇女争取男女平等权，争取婚姻自主，增强当家作主意识初步过渡到组织妇女在社会主义建设中发挥“半边天”作用。组织开展社会主义建设“三八”红旗手和“三八”红旗集体竞赛。开展“五好家庭”（即爱国守法、热爱公益好，学习科学、爱岗敬业好，男女平等、尊老爱幼好，移风易俗、少生优生好，勤俭持家、保护环境好）活动。发动妇女开展维护妇女儿童合法权益活动；以自尊、自信、自立、自强为己任，开展做“80年代新女性”和“双学双比”（即学文化、学技术，比成绩、比贡献）竞赛活动。

1991年始，农场（区）妇联的基本职能是代表和维护妇女儿童合法权益，促进男女平等。主要组织开展“双学双比”活动；以“爱岗位、学技能、创新业、比贡献”为主题的“巾帼建功”活动；以“热爱公益好、爱岗敬业好、尊老爱幼好、少生优生好、保护环境好”为主体的“五好”文明家庭创建等活动。先后被评为岳阳地区“三八”红旗集体、岳阳市“双学双比”工作先进单位。

第一节　组织机构

1978年，农场妇联是党群系统建制中的正科级群团组织。为独立一级机构，纳入农场党委管理系统，由基层组织和团体会员组成。基层组织包括乡镇（分场）、街道、机关和科教文卫等事业单位妇委会。1994年，更名为行政区妇联；2001年，更名为管理区妇联。2011年，区妇联配备干部2人，其中专职1人、兼职1人，下辖乡镇、街道妇联6个，区直妇委会15个，村（居）妇委会70个。

第二节　代表大会

一、第三次妇女代表大会

1978年10月25～27日，汨罗江农场第三次妇女代表大会在场部召开，参加会议代表253人。会议审议并通过田月梅代表农场妇联第二届委员会所作的工作报告，选举产生由16名委员组成的农场妇联第三届委员会，主席田月梅。

二、第四次妇女代表大会

1982年10月10～12日，国营屈原农场第四次妇女代表大会在场部召开，参加会议代表201人。会议审议并通过田月梅代表农场妇联第三届委员会所作的工作报告，向全场妇女发出《关于开展“五好家庭”竞赛活动的倡议书》，选举产生由17名委员组成的农场妇联第四届委员会，主席田月梅。

三、第五次妇女代表大会

1996年3月7～8日，行政区第五次妇女代表大会在区党校召开，参加会议代表217人，特邀代表13人。会议审议并通过柳美姿代表农场妇联第四届委员会所作的工作报告，选举产生由17名委员组成的行政区妇联第五届委员会和5名委员组成的第五届执行委员会，主席柳美姿。

四、第六次妇女代表大会

2009年4月22～24日，管理区第六次妇女代表大会在正虹科技大楼会议室召开，参加会议代表129人，特邀代表35人。会议审议并通过刘红雨代表行政区妇联第五届委员会所作的工作报告。选举产生由21名委员组成的管理区妇联第六届委员会，主席刘红雨。

第三节　主要活动

一、“五好”家庭创建活动

1981～1985年，开展“五好”家庭竞赛活动，全场涌现“五好”家庭1000户，五分场二队陈水清家庭获全国“五好”家庭称号，屈原糖厂周尚华获“全省优秀家长”称号。1984年，全场评出“五好”家庭189户、好夫妻97对、好妻子46人、好妯娌22对、好婆媳93对。

二、“双学双比”活动

1984年，开展以“四自”（即自尊、自爱、自立、自强）为主要内容的“双学双比”活动，岳阳地区妇联授予农场妇联“四自”教育先进单位称号。1985年，开展“专业技术能手”竞赛活动，1000名女技术能手参赛全部达标，21人获场级“专业技术能手”称号。1987年开展“双学”（即学文化长才智，学科技争贡献）活动，全场妇女共订阅《湖南科技报》4000份、《湖南妇女报》695份，举办各种实用技术培训班34期，3000人次参训，5人获大专文凭，64人获中专文凭，84人通过自学考试获高中毕业证书，153人获财会合格证书。是年，开展各行业“十佳”评选活动，10人被评为全场最佳女强人。至1986年，有建材公司妇联主任吴冬保被评为岳阳地区先进妇女工作者、省优秀妇女干部，职工医院妇产科主任张景春、总护士长杨姣云，屈原中学中年骨干教师徐志华、冯淑舒被评为市级先进工作者。1987～1994年，结合普法宣传，举办法律学习班40期，参学妇女1200人；参加法律知识竞赛800人，38人获优秀奖。

饲养生猪成为妇女“双学双比”竞赛活动的重要项目（熊运南1985年摄）

先后组织430名女青年和干部家属为全场970户五保老人上门服务。1995年始，“双学双比”活动经常化。1996年，区妇联表彰“双学双比”女能手22人、“巾帼建功”能手16人。2008年，余玲等10人获区“巾帼建功”标兵称号、彭卫祥等10人被评为区“巾帼建功”先进个人。2009～2011年，区妇联联合区农林局、区科协等单位送科技下乡35次，受益妇女7000余人，全区从事养殖女农民1万人，养殖大户1000户，涌现市级以上“双学双比”女能手20人，区级“双学双比”女能手100人。围绕“巾帼建功”创建活动，以“爱岗位、学技能、创新业、比贡献”为主题，举办再就业培训班21期，3000名妇女不同程度掌握再就业技能。全区创市级“巾帼文明岗”10个，创省级“巾帼文明岗”2个，涌现区级“巾帼建功”先进个人100人。

三、维护妇女儿童合法权益

1978～1982年，农场妇联共组织妇女体检6批次、28980人次，查出妇科病患者11119人，9356人得到治疗。1983年，总场成立“维权”领导小组，制定颁发关于维护妇女儿童合法权益10条规定，9月，全场成立各级维权领导小组97个，成员202人，维权宣传活动得到广泛开展。1984年始，规定每月逢五为妇女信访咨询日，并配合公安、检察院、法院等部门处理虐待老人、三角恋爱、第三者插足、殴打妇女等5起影响较大的案件。1988年，在全场广泛开展宣传国务院《女职工劳动保护规定》，印发资料1800份，书写标语3500处。至1992年，共接受妇女来信来访929人次，处理644起。1993年，在全场开展《妇女权益保障法》实施情况检查，重点对女职工劳动保护及歇业安置、妇女参政情况的检查。1996年，联合区教育局在全区开展适龄儿童就读情况检查。2004年始，以“三八”维权周、“12·4”法制宣传日等专题活动为契机，开展《妇女权益保障法》、反家暴、《婚姻法》等法律法规宣传，发放宣传资料3000余份，接待咨询对象100余人。2009年，配合区妇幼保健站，对全区妇女开展妇科病检查，检查4681人，筛查率22.3%，其中妇科常见病患者1345人，患病率28.7%，均进行有效治疗。2011年，借助“春风送岗位”大型招聘会契机，与区人社部门合作举办大龄妇女专场招聘会，15家企业招聘用工90余人。全区各级妇联组织举办招聘会3场，有389名女性得到就业援助，142名妇女被安置公益性岗位。

第四章　科学技术协会

第一节　组织机构

2004年，管理区成立科学技术协会（简称区科协），配专职主席1人，由区党委办公室一名副主任兼任，独立开展工作。主要维护科技工作者合法权益，开展学术交流，普及推广科学技术，促进科技成果转化。

2011年，全区共有乡镇科协5个，乡镇科协学科小组12个，专业技术研究会6个，会员120人。

第二节　代表大会

2005年5月31日，管理区科协第一次代表大会在区党委党校举行。参加会议代表210人，其中正式代表180人，特邀代表30人。张益民代表第一次代表大会主席团向大会作题为《与时俱进，开拓创新，努力开创科协工作新局面》的工作报告。会议通过《屈原管理区科学技术协会章程》。选举区科协第一届委员会，张益民任主席。后由蔡艳华继任区科协主席。

第三节　主要活动

一、科普宣传

2004～2011年，管理区科协采取多种形式把科技知识传播到千家万户。发动科技工作者利用区电视台创办的《科普园地》专题栏目，传授科普知识，每月定期播放2～3次；组织学科学、用科学的先进典型到各乡镇宣传科技致富的经验与技术。发动科技人员编制种植、养殖、加工方面的技术资料，无偿赠送给有关农户学习。帮助各学会（协会、研究会）和乡镇科协、科普小组办科普宣传窗栏，针对生产、生活实际，及时传播科技知识。结合农时组织科

2004年9月10日，全区推广化学除草观摩会在营田镇举行　（彪型斌摄）

技人员下乡讲课，提高农村科技骨干的技术水平，指导区农广校开展科普知识宣传和技术培训。

二、培养科技示范户

2004～2011年，管理区科协采取技术上培训、政策上帮助、经济上扶持、政治上鼓励等办法，培植各类科技示范户210户，农林科普基地28个。其中河市镇生猪养殖大户陈友明，黄金乡万兴村生猪养殖大户胡国荣，河市镇大棚西瓜种植大户孟彪、余显华先后授予省农村科技示范户；河市镇西瓜种植大户孟彪被评为2010年全省科普惠农计划带头人；屈凤春茶叶有限公司茶叶种植基地、屈原肉牛养殖专业合作社肉牛养殖基地被评为全省先进农村科普基地；屈原管理区茶叶种植收购加工销售协会被评为全省科普惠农兴村计划先进协会。

三、维护科技人员合法权益

2005年4月，管理区党委印发《关于加强全区科学技术协会工作的意见》，明确规定各级各单位大力支持科协工作，保障各级、各类科协组织行政、事业、基本建设和科普专项经费的投入；将科技活动场所建设列入全区经济计划和建设的总体规划；重视企业、事业、乡镇、街道科协组织的人才培养；落实《湖南省科学技术与协会条例》，支持科协开展技术开发、技术转让、技术咨询、技术服务；帮助解决科技工作者实际困难。至2011年，管理区党委从全区科技工作者中通过选拔走上各级领导岗位的有18人，区科协走访科技人员28次，召开科技人员座谈会5次，共解决科技工作人员实际问题12个。

第五章　残疾人联合会

2007年前，区残疾人联合会（简称区残联）内设于区民政局。2007年12月，区残联成立，其职能发生重大转变，成为管理区管委会隶属的社会团体，担负着“代表、服务、管理”残疾人职能，为残疾人康复、就业、教育、扶贫、维权等开展工作。

第一节　组织机构

2007年12月，区残联成立，为正科级单位。2009年2月，成立区残疾人就业服务中心，核定全额拨款事业编制1名。2010年8月，核定区残联全额拨款事业编制2名，下设办公室、宣教就业股、康复股。2011年9月，经管理区管委会同意，区残联、区财政局、区人社局联合下发《关于做好乡镇（街道）残疾人专职委员选聘工作实施意见》，全区5个乡镇及天问街道共选聘6名工作人员任残疾人专职委员。

第二节　代表大会

2007年12月8日，区首届残联代表大会在区党委党校召开，参加会议代表92人，其中正式代表56人，特邀代表36名。大会选举产生区残联第一届主席团，管理区管委会副主任夏壮华当选为第一届区残联主席团主席，湛厚兰为区残联执行理事会理事长。2008年12月，经第一届区残联主席团会议决定，推举管理区管委会副主任周陆军继任区残联主席团主席，吴慧继任区残联执行理事会理事长。

第三节　主要活动

一、残疾人康复

2007～2011年，区残联开展白内障复明手术行动，完成手术100例，免费复明60例，手术成功率、脱盲率均为100%；开展义肢助行行动，免费安装假肢35例，帮助10名0～6岁贫困儿童进行抢救性康复训练；为2名聋儿进行语言培训；免费发放轮椅320辆、各类辅助器具300余件。

二、扶残助残

2007～2011年，救助各类贫困残疾人500余人次，发放救助资金30余万元；争取中央、省、市各项残联扶贫资金100余万元，为100户无房或危房残疾人家庭新建和改造房屋50套，建筑面积3200平方米；帮助120名重度残疾人享受“阳光家园”居家安养补贴。贫困残疾人学生助学率100%，共有10名残疾人学生进入省特教中专读书，并实现就业。

三、残疾人就业

2008年始，开展残疾人就业工作，至2011年，完成市定残疾人培训任务216人，自主培训1160人次；集中安置残疾人上岗960人，促进行政企事业单位按比例安排残疾人就业42人。

2009年10月20日，区残联轮椅捐赠仪式在营田镇举行　（宋政军摄）

四、残疾人维权

2007年始，区乡两级残联全面落实残疾人信访维权工作责任制。至2011年，共接待各类残疾人来信来访800余人次，主动化解涉及残疾人的各类矛盾40余起。其中针对2008年全区福利企业下岗残疾职工问题，联合区人事劳动和社会保障局、区职业培训中心，分批做好再就业培训，为800余名下岗失业的残疾职工发放失业金180余万元。至2011年，全区无一例残疾人越级集体上访、重复上访事件发生。

五、残疾人活动

2007始，区残联组织选拔各类文化体育苗子积极备战各类比赛。2009年，重度肢残代表、残疾人企业家曾曦获全省第七届残疾人文艺大赛银奖；2010年，听力残疾学生易艳获省第八届残运会女子象棋比赛金奖；曾曦代表残疾人2次在屈原广场文化节演出，赢得社会关注。

第七篇 武 装

1978～1985年，农场人民武装部（简称人武部）为军队建制，既是农场军事领导指挥机关，又是农场兵役机构，实行县级地方组织和军事部门双重领导制度。1986～1993年，农场人武部归地方建制，其工作性质和工作任务不变，实行地方和军队双重领导，经费由农场财政供给。1994～2011年，区人武部建制、工作性质和任务保持不变，仍实行地方和军队双重领导，经费由区财政供给。

1978～1987年，农场人武部设副团职部长1人，配备1名武装干事，各分场（镇）均设人武部部长1人，参加分场（镇）党委；1988年，农场人武部为正营级，设部长1人，内设征兵办，隶属农场党委、汨罗市人武部双重领导。2000年12月，农场人武部更名为管理区人武部，内设征兵办，辖6个乡镇、街道人武部。至2011年，全区有专职武装干部7人。

1978～1998年，广州军区53701部队借用农场三分场100公顷耕地作为战备后勤基地，常驻军1个加强营担负生产经营。1999年移交广州军区后勤部队后，驻军撤走，垦区耕地委托当地百姓耕作。

2004～2011年，中国人民武装警察部队湖南省屈原管理区公安消防大队驻区消防，定编5名，隶属武警岳阳市消防支队，主要承担境内灭火救援、防火监督和抢险急救。

第一章 兵 役

第一节 登 记

境内兵役登记始于1984年，农场兵役机关根据《兵役法》规定，统一制定下发“兵役登记花名册”，规范开展兵役登记工作。兵役登记一般与当年征兵工作同步进行，对是年12月31日前年满18周岁的男性公民进行兵役登记。应征公民登记采取按单位系统组织登记的方法进行，根据各适龄公民的政治、身体、家庭劳动力结构和在校学习等方面情况，分为应服兵役、缓服兵役、免服兵役、不得服兵役4个类型，分别予以造册登记。经兵役登记和初审合格的称为应服公民。2004年后，征兵工作进行自动化管理，即对预征对象的体格检查、政审、审定新兵和退兵环节均按要求进入省军区、岳阳军分区自动化管理系统。登记对象一经上级确定就无法更改，也无法进行补登。按照规定经过兵役登记的应征公民，未被征集服现役的服预备役。每年10～12月，对退出现役被部队确定服预备役的士兵进行登记，服士兵预备役。预备役士兵年满35岁退出预备役。

第二节　征　兵

境内每年征兵工作由区（场）人武部具体负责组织实施，下设征兵办公室及体检、政审、宣传、后勤、保卫组。每年征兵一般定在10月底或11月初开始，兵员征集分宣传发动、新兵体检、新兵政审、定兵交接4个阶段。首先是采用召开会议、电视、宣传车、宣传标语、个别走访座谈等多种形式宣传发动。然后由乡镇（分场）人武部对应征青年进行病史调查和目测评议，把好送检关。在此基础上，由指定医院的医生组织体检组，对预征对象进行体检，再由中心体检组采取复查、抽查、重点检查等方式审查初检合格对象。确定后，对合格对象进行政审，政审材料由乡镇（分场）负责人和村（队）委主任、管区民警、派出所所长、区（场）征兵办公室政审组长4人签字后，并出示“三榜”（即送检对象榜、体检合格对象榜、已定兵对象榜）接受群众监督，以保证兵员质量。1996年始，按照公安部和解放军总参谋部、总政治部联合颁发的《关于征兵政治审查组织实施工作的规定》实施政审。对体检、政审双合格青年，经全面衡量，好中选优，确定新兵对象后，发放服装，进行入伍前教育，然后分批入伍。

新兵入伍　（宋政军2011年摄）

第三节　预备役

1999年9月，在境内组建中国人民解放军湖南陆军预备役步兵师某团某营某连，包括预备役军官，连部设营田镇。在组建过程中，按照军队统一的体制和兵员编组原则，做好预备役干部的选配和士兵的预备预编，使干部和专业技术兵的对口率分别达到98%和81%。依据军队条令条例，结合预备役部队特点，建立正规的战备、训练工作和生活秩序，健全和完善各项规章制度。同时，按照战时能应战、平时能应急的要求，抓好战备设施建设和战备物资储备，开展形式多样的战备教育；坚持依法治训，严格按纲施训，每年进行统一集训。2000年3月，在全团预备役军官集训军事理论考试中，该连预备役军官刘红旗获一等奖，一连指导员何佳文在手枪射击比赛中获第一名；是年10月，在全省“兵员快速动员文书想定作业”竞赛中，该连获集体一等奖；2002年在参加湖南省军区组织的“中南预—1号”首长机关的快速动员集结战术演习和2009年9月“湘预—0909”快速动员和远程机动作战检验性演习中，该连均受到省军区的通报表扬。

第二章 民 兵

第一节 组织建设

1978年，境内成立民兵师，由农场场长兼任师长，农场党委书记任政委，人武部部长任副师长。1981年，重新组建民兵班、排、连、营，改普通、基干、武装3种民兵为普通、基干民兵两种。1984年取消武装民兵建制，改民兵师为民兵团。是年始，重点抓基干民兵的组织建设。至1990年年底，农场人武部辖分场（镇）人武部12个，基干民兵占总人口数9.3%。1991～2000年，每年民兵整组工作根据年龄、身体、政治条件变化，分别进行出队、入队、转队工作，点验基干民兵，完成民兵预备役登记。针对招工、征兵、退伍和男婚女嫁、劳动力外出、基层领导班子调整等引起民兵组织变化的情况，及时做好民兵整组工作。结合征兵选定民兵补充对象，在交兵后即把民兵的缺额补齐；结合整顿，及时调整民兵组织；结合退伍军人安置，做好基干民兵补充工作。2001年后，根据岳阳军分区下达的调整任务，全区增大作战队伍建设规模，稳定勤务保障队伍、应急队伍，减少其他队伍数量。2004年，为适应社会生产力的发展和生产组织形式多样化，以及人力资源流动和户籍管理制度改革的新形势，将基干民兵组织分为步兵分队、应急分队、专业技术分队、对口专业分队四大类。

第二节 政治教育

1981年，贯彻中共中央8号文件精神，基层民兵组织普遍建立三项教育制度，即基干民兵每月一堂政治课；军事训练中用20%的时间进行政治教育；普通民兵每年结合征兵、整组进行2～3次教育。全场“一堂课”教育落实面达82.7%。1982年，全场基层民兵组织普遍建立“民兵之家”“政治夜校”“图书室”等阵地，运用报纸、刊物、广播等宣传工具和电影、戏剧、小说等文艺形式进行教育，把学政治、学军事、学科学文化结合起来。1987年后，民兵训练期间的政治教育实行电化教学，采取幻灯、投影、录像，配合挂画、图片等手段实施，使教育质量有较大提高。1997年后，采取组织民兵参观企业、乡镇、街道，请英模代表、地方领导、专家教授作报告等“走出去、请进来”的方法，集中在民兵整组、军训和重大活动期间进行政治教育。2002年始，全区民兵思想政治教育以增强国防观念、强化职能意识为重点，注意发挥“青年民兵之家”、民兵政治教育教研室等教育阵地的作用，每年采取结合训练和整组的办法进行，做到基干民兵集中政治教育不少于2次，预编士兵政治教育不少于4课，集中训练期间的教育时间不少于军事训练时间的10%。

第三节　军事训练

1978～1980年，以民兵干部和武装基干民兵为重点，进行系统训练。1980年年底，全场6个武装基干连参训149人次。1986年，全场实现民兵军事训练基地化、基地训练规范化，民兵军事训练及格率100%、良好率86.5%、优秀率13.5%。1992～1995年，全场共训练基干民兵236人，培训专武干部7人和小教员16人。1997年，按照军委主席江泽民提出的“政治合格、军事过硬、作风优良、纪律严明、保障有力”的总要求，组织民兵进行4期军事训练、2次军事表演，经岳阳军分区考核验收，合格率达100%、优秀率达40%。2000年，组织开展兵员快速动员作业训练，获全省人武系统第一名，受到省军区通报表彰。2001～2005年，民兵军事训练实行“分类施训”，5年共训民兵16期、1381人次，经考核合格率达100%、优良率达80%。同时，为全区2所中学和1所职高训练学生5000余人。2007年后，按照“十一五”民兵组织建设规划，每个乡镇、街道都组建民兵应急独立排，修订完善12种作战方案，建立种类齐全、规范实用的战备方案体系。至2011年，完成民兵训练7期、3150人，合格率达100%。

第四节　参加地方建设

中共十一届三中全会后，全区（场）民兵响应党中央号召，实行联产承包，带头发展生产，大搞农田基本建设，破旧俗、树新风，模范执行计划生育政策，掀起勤劳致富热潮。至1984年，全场有300名民兵务工经商，其中有59人担任分场（镇）、队（村）、办（联户办）企业的厂长或经理，240人担任户、组联合企业的主事人。农场五分场六队基干民兵赵祥云，为调整产业结构，积极争作贡献，喂养川鹅、长沙黄鸡等特种养殖，被评为全省青年星火科技带头人。至2011年，全区从事种植、养殖和农副产品加工的民兵专业大户达4174户，带头致富860户，帮民富353户，共同富2190户。

第三章　拥政爱民

第一节　军民共建

1984年，农场人武部和驻地53703部队官兵一道，与驻地附近村庄、学校、企业挂钩，开展敬老助残、植树造林、军官校外辅导等活动，形成军（警）民共建社会主义精神文明的氛围。1992年，农场人武部带领民兵开展“三富一维护”（即带头富、带民富、共同富，维护社会稳定）活动，共举办培训班11期，印发致富信息、技术简报6300余份，有效地促进了生产的发展。至1994年，全境从事种植、养殖和农副产品加工的民兵专业大户达2350户。2000年，区人武部号召驻地部队官兵和预备役人员深入开展学雷锋活动，先后组织“学雷锋”小组22个，帮助烈军属、五保户、残疾人、困难户办实事做好事，共捐资、捐物计10多万元，义务帮工2万多个。2001年，区人武部分别在磊石办事处、营田镇、河市镇建立“产调”（即农业产业结构调整）示范基地，帮助农民依托产业调整走致富之路。2006年5月，区人武部组织民兵预备役人员配合天问街道、河市镇政府打击“法轮功”邪教组织，受到省军区政治部、岳阳市委610办通报表彰。2008年四川汶川大地震后，区人武部、消防大队官兵、预备役干部为受灾群众爱心捐款和主动交纳特殊党费2万余元。

第二节　维护社会治安

1999年，全区组建民兵应急分队、治安联防队12支。至2002年，治安联防队参与破案378起，处理纠纷294起。营田镇治安联防队协助公安部门破获案件248起，抓获各类违法犯罪分子21人，收缴赌资36900余元，调处纠纷137起，为国家、集体挽回经济损失48万元。其做法得到区政法委高度评价，分别在中央综治委《长安》杂志、《湖南政法综治动态》上刊登。2005年，管理区为全省地下“六合彩”重点挂牌整治单位、社会治安综合治理全市黄牌警告单位。区党委、区管委会高度重视，在不断强化社会管理综合治理工作的同时，组织民兵配合公安机关围剿地下“六合彩”，收缴“码书”“码报”3.7万余份（册），抓捕不法分子120余人。2006年1月，管理区地下“六合彩”重点整治单位正式摘牌，被评为全省社会治安综合治理工作先进单位。2007年，组织民兵参加汨罗江国际龙舟节维持秩序工作。2008年5～6月，出动民兵660人参加“我们的节日·端午节”启动仪式暨奥运圣火在汨罗市沿江大道传递安保工作。

第三节　参与抗洪抢险救灾

1990年，境内遭受罕见的秋汛，全场组织6000余名民兵日夜守护在38公里大堤上，确保大堤安全。1991年7月高洪水位期间，五分场民兵连担负东大堤7～14公里堤段守护，该堤段连续出现3处重大险情，由于民兵应急抢险队科学处置，应对及时，奋战3天排除了险情。1998年6月下旬至9月下旬，境内高危水位持续70多天，区人武部组织3000余名民兵日夜奋战在大堤上，排除特大险情17处，修筑子堤6000米，装运沙砾石2.1万多吨。黄金办事处莲花村民兵排排长曹治群在此次抗洪抢险斗争中不幸牺牲。区人武部部长周三国出席全军抗洪抢险庆功表彰大会。

2001～2011年，河市镇被市委、市政府评为党管武装先进单位。

第四章　国防教育

第一节　国防教育基地

营田抗日阵亡烈士墓　营田抗日阵亡烈士墓（又称白骨塔）位于营田镇虎形山。

1939年，国民党军第九十五师五六九团、五七O团布防于营田一带。8月下旬，日军第三师团第五旅团上村干男少将率7800余名兵力向白鱼歧、推山咀两阵地发起攻击，五六九团、五七O团及地方青壮年一齐进入阵地，与日军展开激战。经过一昼夜激战，终因敌我力量悬殊，营田失守。营田沦陷后，大批国民党官兵和平民百姓被日军所俘，并被杀害。

青少年接受爱国主义教育　（蔡新华2011年摄）

为纪念抗日阵亡烈士，1940年，国民政府在营田虎形山修建2座烈士墓和1座烈士纪念塔。后又收集第二次、第三次湘北会战中营田江防一带殉难的抗日烈士遗骸并集中安葬于此。

60年代，墓地被毁。80年代，汨罗县、汨纺、农场三方出资，在原址上重修并被列为县级文物保护单位。2008年，管理区拨款修整，将该墓定为青少年爱国主义教育基地。2011年2月，被省政府公布为省文物保护单位。

纪念塔原建筑面积2000多平方米，坐北朝南，塔势雄伟。正中为主门，门楣上悬有用花岗岩雕刻的国民党党花。左右侧门前列有石狮4尊，后面两边安装有紫石桌椅，凉亭雕刻工艺细致。墓侧立有国民党第九战区司令长官薛岳，第九十五师参谋长张兆歧、副师长兼政治部主任唐春丞等将军题词“永垂不朽”“肃然敬之”“浩气长存”的碑刻。同时，两边碑石刻有营田抗日阵亡烈士姓名。2座烈士墓呈圆瓜瓣形，水泥浇铸。墓地建有围墙，墓园苍松翠柏，庄严肃穆。

磊石山抗日哨所遗址　磊石山抗日哨所遗址位于琴棋乡磊石山。

哨所平面呈长方形，半地穴式，墙基和底部墙体是利用自然石块砌筑，水泥抹缝，墙体上部四周用钢筋混凝土浇筑，顶部用砖和水泥造拱而成，门朝东，四个方向都有瞭望窗口。哨所长4.7米，宽3米，高2.65米，是营田江防的重要部分，为国民党营田驻军在湘江、汨罗江交汇处的磊石山山顶北部修建的一处瞭望哨所。这里地势相对较高，对洞庭湖进入湘江的来往船只和其他目标能够尽收眼底，能有效防止日军通过洞庭湖水路对长沙的进攻。三次湘北会战前，国民党军队利用在磊石山修建的这座半地穴式的哨所及相关的防御工事，在整个战事期间曾发挥十分重要的作用。

1958年农场围垦和“文化大革命”期间曾被农场驻军进行改造和利用。1980年后被辟为磊石林场，林场守护人员利用哨所进行值班。目前已基本荒废。

2008年12月，岳阳市第三次全国文物普查组在普查时作为文物普查新发现并进行登录。2011年，被省政府公布为省文物保护单位。

刘家山抗日战壕遗址　刘家山抗日战壕遗址位于营田镇义南村刘家山。

刘家山抗日战壕是国民党第九战区司令长官薛岳将军所属的国民党军第九十五师五六九团、五七O团在营田一带布防时所修。其目的是防止日军通过洞庭湖和湘江水路从营田一带登陆后进犯长沙。为打通沿粤汉铁路这条南北交通线，侵华日军和国民党军队在湘北地区展开的战斗，也是抗战史上著名的3次湘北会战，其最终目的是夺取长沙，因此又称为3次“长沙会战”。

刘家山抗日战壕修建于1941年，为第二次湘北会战前修建，由于几处战壕呈条带布局，每处环形战壕既相对独立，又相互连通，互为依托，在战斗中发挥了重要作用。第三次湘北会战时仍继续使用。

解放后，战壕所处地方为集体土地，仅作为一般土地任由村民或农场职工进行种植和其他农事活动。60年代，在修建汨营公路和开挖撇洪沟时，刘家山西南侧的战壕部分遭到破坏，部分被耕作时进行回填和掩埋。70年代，在刘家山修建一座机砖厂，砖厂取土时，将东北部的战壕基本毁坏。最后仅剩中部一处环形战壕。2000年后，此地被当地村民栽种橘树。

2007年，义南村村委会在刘家山抗日战壕东北角树立“义南村爱国主义教育基地——抗日战壕”的警示纪念石碑。2008年12月，岳阳市第三次全国文物普查组在普查时作为文物普查新发现并进行登录。2011年1月，被省政府公布为省文物保护单位。

第二节　全民国防教育

1988年，根据省委6号文件精神，农场成立全民国防教育委员会。1990年，全场广泛开展“壮我国防、卫我中华”为主题的国防教育演讲赛6场，2人在参加岳阳市国防知识演讲赛决赛中获奖。1991年，农场代表队参加《湖南省国防教育条例》知识抢答赛，1人获三等奖。1992年始，农场国防教育委员会规定，将每年3月定为国防教育月，把军事日活动开展到分场、生产队、学校。2002年，自筹资金8万元修缮营田抗日阵亡烈士陵园，建立国防教育基地。2005年11月，区国防教育委员会办公室、区关工委、区党委宣传统战部为纪念抗日战争胜利60周年，筹集资金3万余元，收集整理大量珍贵历史资料，编写出版《血火营田》，纪实营田江防地区沦陷史，作为青少年接受爱国主义教育读本，希望子孙后代牢记历史，不忘过去，珍爱和平，开创未来。至2011年，全区各乡镇、街道、学校共设立国防教育领导小组67个，指定或聘请国防教育宣传员113人。国防教育基地营田抗日烈士阵亡陵园共接待3万余人前来祭祀。

第三节　学生军训

2001年始，区人武部、区消防大队协同区教育体育局，重点对屈原一中、二中在校学生进行军事训练。训练内容按陆军士兵的要求，军事科目为三大条令（即内务、纪律、队列），“三防”（即防原子、防化学、防细菌）知识，单兵战术动作，步兵实弹射击等；政治课主要是入伍须知和人民解放军优良传统。训练时间一般为一个星期，集中在暑假开学前进行。至2011年，受训人数3800人。

第八篇　法　治

第一章　综合治理

第一节　工作机构

1978年，农场场部设治安调处委员会，分场、生产队均设治调会。1980年，工交单位亦设治调会。1988年8月，场部将治安调处委员会改为依法治场领导小组，由场长兼任组长，办公室设屈原公安分局。1991年3月，贯彻落实中共中央、国务院《关于加强社会治安综合治理的决定》，场党委成立政法委员会（简称政法委），办公室设屈原农场公安分局，并加挂社会治安综合治理办公室的牌子。农场政法委既承担统一政法各部门的思想和行动，支持监督政法各部门依法行使职权，加强政法队伍建设的职能，又履行组织协调全场各单位实施社会治安综合治理，维护社会稳定的职责。2000年，区社会治安综合治理办公室从区公安局分出独立设置。2002年12月，区政法委加挂社会治安综合治理办公室牌子。至2011年，区政法委与区社会管理综合治理委员会办公室定编4名。内设办公室、综治办、维稳办（加挂610办）、执法监督（涉法涉诉）室、政治部，政法委书记由一名区党委副书记兼任。

第二节　队伍建设

1978～2000年，共制定规范干警言行文件6个，办各类培训班20期，建立健全干警年度工作考核责任制，规范个人行为。2001年，在开展争创人民满意单位、满意个人活动中，全面落实“公务活动法制化、管理工作规范化”的执法行为模式。在各部门、各环节中实行执法责任制和错案追究制，建立政法队伍的个人执法档案，推行“一岗双责”和连带责任制。2009年3月，下发《关于进一步加强政法队伍建设的十项规定》，坚持从严治警，开展政法干警核心价值观教育和创先争优活动，组织干警观看《镜鉴》等警示教育片，多次重温纪律条令、“五条禁令”。在区公安局、区检察院、区法院、区司法局等部门中开展制度廉洁性评估，并聘请乡镇负责人、企业业主、人大代表、政协委员及群众代表为警风警纪监督员。开展干警轮值轮训，随岗培训等练兵活动。至2011年，参加市级以上学习培训达128人次。配合区组织部门对政法队伍班子成员和中层骨干考察12次，推荐政法干警记功、授奖、晋升晋级98人次。

第三节　社会治安综合治理

一、群防群治

1978～1987年，农场各级治保组织采取宣传教育、严加防范、重点打击等措施，破坏、盗窃活动等刑事犯罪得到基本控制。1988年，场部作出《关于加强治安保卫工作的规定》，坚持贯彻依靠群众、预防为主、确保重点、保障安全的方针，实行社会治安场长（厂长、经理、队长）负责制，自觉纳入各项目标管理，同计划、同布置、同检查、同评比，社会治安治理措施落到了实处。1989年1月，场部印发《关于打好整顿社会秩序的总体战，实现以法治场的会议纪要》，1月24日至4月30日，历时百天，在全场开展打、防、建、教、管、改六管齐下的整顿社会治安总体战，社会治安形势明显好转。

1991年4月，场党委作出《关于加强社会治安综合治理工作的决定》，依靠广大人民群众，贯彻打防并举、标本兼治的方针，采取政治的、经济的、行政的、法律的、文化的、教育的手段整顿社会治安。刑事犯罪比上年下降10%，流氓滋事、纠纷械斗等治安案件下降20%。

1993～1996年，场（区）党委相继下发《关于整治农村社会治安方案》《关于深入开展"严打"斗争，大力整治社会治安的意见》。采取全党动员、全民发动，政法机关紧密配合，诸警种联合作战方式，对公路、水路沿线，屈原镇地区发案率高、犯罪率高、治安状况差的重点地域，城乡结合部、厂区结合部、边界结合部；集贸市场、公共复杂场所开展集中整治行动，掌握在册的13种对象90%以上收捕归案，抓获人员中给予逮捕判刑、劳教的达50%以上；在册"三逃"人员追捕归案率达70%以上，重特大案件破案率达95%以上；各类纠纷调处率80%以上。

1997年1月，行政区党委、区管委会作出《关于加强治安综合治理，维护社会稳定的决定》，成立以区党委书记任组长，区管委会主任、主管副书记任副组长的社会治安综合治理工作领导小组，明确各部门、各单位党政一把手负总责的社会治安综合治理"三好"（即社会治安好、社会风气好、交通秩序好）达标评比竞赛活动。1999年8月底，全区共清查出"法轮功"邪教组织参练人员18人，经教育全部放弃修练。2002年始，建立社会治安综合治理目标管理责任制，每年年中和年底，对照领导责任制目标管理细则进行考核或验收，并采取召开讲评会的形式公布考核结果，对考核不合格、社会治安问题突出的单位实行"一票否决制"，即取消该单位当年评选文明单位、先进单位资格，取消是年单位主要负责人、分管负责人、治安责任人评先晋级的资格。2003年9月，对地下"六合彩""扳坨子"等严重影响社会风气、扰乱经济秩序的赌博活动进行多次专项打击。至2007年，区综合治理委员会对年度综治工作实行"一票否决"的乡、镇1个，区直单位3个，村（居）委会12个。印发宣传资料2万份，出动宣传车30余台次，悬挂横幅20条，电视专题讲座32堂。先后在广州、厦门抓获地下"六合彩"大庄家3人，抓获写单人员764人，查处赌博案件60起。同时，在6个乡镇、街道建立6个矛盾纠纷调处中心和6个刑释帮教小组，完善"两会"（即村级治保会、民事调解会）和"七个一"（即一室：治安室，一队：联防队，一站：户口申报站，一组：普法帮教组，一岗：村民联户岗，一册：综合治理工作手册，一档：治安调解档案）以及"五级联防"（即建立区、乡、村、组、户联合防范管理体系）建设，形成打防控一体化社会治安防范网络体系。是年12月，在全省社会治安综合治理评估排队中，有8项考核指标全省排第二，总成绩全省排第五，全市排第一。2008年始，进一步完善社会治安综合治理评价体系，对乡、镇、街道以及村（居）委会实行28项指标考核制度，2个乡镇（街道）、6个村（居）委会被评为"平安建设"先进单位；4个乡镇被评为一类单位；47个村（居）委会被评为一类村（居）委会。是年10月，全省社会治安综合治理民调中，排全省第十四位、全市排第一。2009年始，启动“三调联动”机制，通过专项排查、季度排查、经常性排查等形式，共排查矛盾486起，有效化解476起，化解率98%；各级领导开展“大接访”活动，共接访228批次、628人次，有效化解了一批因征地拆迁、环境污染等上访问题，其中区公安局局长、区检察院检察长、区法院院长、区司法局局长“大接访”，接待涉法涉诉来访16批次、96人次，解决交通赔偿、债务纠纷等问题12个。连续两年被省委、省政府和市委、市政府评为社会治安综合治理工作先进单位。2011年，通过建立社会情报信息网收集信息225条，发现重大线索96起，查破案件28起，抓获嫌疑犯26人，制止上访请愿、游行示威、非法集会186起，涉及3500人；处置突发事件57起。是年，社会治安综合治理被省委、省政府评为平安县（市区）。

二、专项整治

1983年，中共中央和全国人大常委会作出《关于严厉打击严重刑事犯罪活动的决定》，省委政法委部署开展“三年为期”“三个战役”的“严打”斗争。8～12月，农场党委、场部组织公安、检察、法院、司法全体政法干警开展第一个战役。抓获各类刑事犯罪86人，破获各类刑事案件126起，摧毁各类违法犯罪团伙7个，瓦解其成员52人；抓获流窜犯罪分子18人，追回在逃犯9人，有23名违法犯罪人员主动投案。在屈原影剧院召开公捕公判大会，公开打击处理一批严重刑事犯罪分子，其中判处死刑1人、判有期徒刑47人。

1987年，针对境内刑事犯罪活动有所抬头的趋势，继续贯彻“严打”方针，因地制宜开展“抓现行、破大案、挖团伙、掏窝点”等不同内容的专项斗争。1990年5月，公安机关把打击“车匪路霸”“扫黄打非”“打团伙”“追逃犯”纳入“严打”范围。1996年，境内“严打”斗争破获小边山120辆自行车、摩托车系列盗窃案。

2001年4月1日至2002年12月底，境内开展“春雷行动”“重点行动”等专项行动，摧毁以劳教释放犯张某为首的带黑恶势力犯罪团伙“风山协会”；破获涉案20余起、案值近30万元的保险柜系列盗窃案，抓获以姚某为首犯的5人团伙成员；破获省公安厅督办的特大绑架勒索案，安全解救人质。在“严打”期间，河市镇金城村50余名群众自发参与，擒获集绑架、抢劫、强奸于一身的岳阳市城区“丹庆帮”主犯毛丹及团伙冯鸣。

2004～2011年，区公安机关先后组织“利剑”“风雷”“天网一号”“天网”“打击流氓恶势力”“夏季侦破会战”“百日侦破会战”“打击两抢一盗”等专项斗争和专项行动，破获重大刑事案件500起，摧毁犯罪团伙21起，抓获犯罪嫌疑人300人，公开打击处理一大批严重刑事犯罪分子，其中判处有期徒刑210人。

第二章　公　安

第一节　机构·队伍

1978～1983年，农场派出所归属汨罗县公安局，全称为汨罗县公安局屈原派出所，同时加挂农场保卫科牌子，属国营企业内保单位，负责维护区域治安秩序和安全保卫工作，各分场及茶场设公安员。1984年10月，根据省公安厅有关文件精神，经岳阳地区公安处批准，将分场和茶场的公安员正式收编入屈原派出所，改称驻分场和茶场民警，对其实行双重领导。至1984年，屈原派出所正式编制19名。

至1985年，作为企业派出所，以“四防安全”（即防火、防盗、防破坏、防事故）为重点，有效维护区域正常秩序。

1986年5月，为配合全国“严打”工作，按省、市政府相关文件精神，屈原镇建立由派出所领导的治安巡逻队，定编10名，协助派出所维护屈原镇和场直单位治安保卫工作。

1988年9月，经省公安厅、市公安局同意，成立汨罗市公安局屈原农场公安分局，内设侦察股、治安股、预审股、办公室等4个股室，辖青山寺派出所、河市派出所、沉沙港派出所、横港派出所、交警中队等5个派出机构。

1994年，成立岳阳市屈原行政区公安局，隶属市公安局，定编68名。青山寺派出所、河市派出所、横港派出所归属行政区公安局，新建青港水上派出所和交通警察大队。2002年，撤销青港派出所。2004年10月，行政区公安局更名为管理区公安局（简称区公安局），内设办公室、纪检督察政工室、法制办、户政室；下设刑事警察大队、交通警察大队、治安警察大队3个直属机构；辖营田派出所、河市派出所、横港派出所等3个派出机构。2008年9月，区公安局核定专项编制91名，内设机构作出调整，设指挥中心（加挂办公室牌子）、政工室、纪委（与监察室合署、加挂督察大队牌子）3个综合管理机构；设法制大队、国内安全保卫大队、刑事侦查大队（简称刑侦大队）、交通警察大队（简称交警大队）、治安管理大队（简称治安大队）、人口与出入境管理大队等6个大队；辖青山寺派出所、河市派出所、横港派出所3个派出机构。至2011年，区公安局有在编人员88人，其中在岗民警72人，公务员非民警4人，农机移交3人，事业编5人。

第二节　案件侦查

1978～1982年，农场派出所协助汨罗县公安局侦破政治案件13起，普通刑事案件频发，破案率只有70%。1983～1988年，盗窃案件突出，发案1000起，协助汨罗公安局侦破806起，破案率为80.6%。1989年后，境内刑事案件发生14起，其中侵财型抢劫、入室盗窃、诈骗案件10起。刑事侦察部门利用刑事侦查技术（即法医鉴定、毒物分析、痕迹检验、文字检验、指纹鉴定）、刑事情报资料、刑事特情侦查破案手段，提高了破案率。至2011年，全区（场）共立刑事案件4211件，破案1501件，其中重大案件338件，破获335件，摧毁犯罪团伙33个，瓦解成员129人，挽回经济损失970万元。2004～2011年，命案侦破率达99.5%。

1985年9月，农场保卫科在三分场七队破获9人盗窃集团案，该团伙共盗窃农用田间低压输电铝线1.3万米，价值1.5万元，4名主犯分别被判处有期徒刑，5名被给予治安处罚。

1988年9月，七分场饲料厂猪饲料和部分原料被盗，价值13277元，农场公安分局协同河市派出所及时组织干警侦破，拘捕以周某等为首的5人盗窃团伙，3名主犯被判处有期徒刑。

1994年7月，何某为图财在营田镇尚林村周某家入室抢劫，将周某8岁的儿子掐晕后用棉絮盖住受害人，在其家翻箱倒柜搜到部分财物后逃离现场。后受害人被人发现，经抢救脱离生命危险。区公安局接到报案后5个小时成功抓获何某，破获此案，1995年1月何某被判无期徒刑。

1998年8月，区公安局破获一起入室抢劫故意杀人案，抓获作案的彭某、易某、张某。2000年，彭某被判处死刑，易某被判处无期徒刑，张某被判处有期徒刑6年。

2000年3月，区公安局破获蚕场入室抢劫杀人案，抓获陈某并追回被抢的财物若干。2001年陈某被市法院判处死刑。

2002年3月，区公安局破获系列盗窃通信电缆案，抓获柳某、于某等5人，成功捣毁一个疯狂流窜作案的犯罪团伙，挽回经济损失30万元。柳某、于某被判处无期徒刑。是年4月，区公安局破获境内系列盗窃保险柜案。该团伙有成员5人，1999年始，先后在行政（管理）区作案多起，在湘阴、汨罗、平江等地入室盗窃和偷盗摩托车等作案30余起。破案后挽回经济损失35万余元，3名主犯被判处有期徒刑。

2006年9月，区公安局通过乔装引诱，蹲点守候，在河市镇东大堤一举抓获抢劫团伙喻某、李某、伏某、周某、夏某等人，破获系列抢劫案20多起。2007年，喻某被判处无期徒刑，李某被判处有期徒刑15年，伏某被判处有期徒刑14年。

2008年1月，吴某因参与地下“六合彩”负债累累，绑架营田镇槐花社区儿童马某。区公安局在市公安局刑侦支队支持下，15个小时将吴某抓获，成功解救受害人。

1994～2011年屈原管理（行政）区刑事案件侦破情况

表8-1　单位：件

年度	立案	破案	其中大要案	年度	立案	破案	其中大要案
1994	87	82	4	2003	183	174	8
1995	95	91	6	2004	146	123	3
1996	102	93	2	2005	137	112	11
1997	118	105	6	2006	152	128	42
1998	96	91	2	2007	173	143	5
1999	108	104	7	2008	156	163	27
2000	135	123	6	2009	190	126	27
2001	114	109	4	2010	140	93	16
2002	126	112	8	2011	217	37	21

第三节　治安管理

一、特种行业管理

1979年前，境内旅馆业、收购业和刻字业没有个体经营店，5家国营和集体店铺按计划经济模式统一经营管理。中共十一届三中全会后，贯彻开放搞活的方针，促进了特种行业的发展。至1985年，境内旅栈服务、废旧收购、印刷、刻字等16种行业，由农场保卫科会同工商行政及有关部门进行登记管理，审批从业人员，发放营业许可证，建立档案卡。1986年，对10家个体代购点进行清理，查获生产废旧钢铁15吨，除对流动收购者进行遵纪守法宣传教育外，对非法收购者予以处罚，其中行拘1人。1991年，境内特种行业发展至43家，其中旅馆业9家，废旧收购业13家，印刷刻字业5家，修理业7家，娱乐业11家。场部出台《关于加强特种行业管理的若干规定》，在专项整治行动中，吊销4家不具备资格店铺的营业执照，对2家违法户予以取缔，对3家不合格的店铺签发“停业整顿通知书”，责令限期整改。通过专项整治，发生在这些行业中的刑事案件比1990年下降80%。

80年代后期，公安部对特种行业管理范围作出调整，除对旅馆业、刻字业和生产性废旧金属收购业、信托寄卖业、印刷业仍作特种行业外，对修理业和收购一般生活用废旧物品的行业，不再作为特种行业管理。取消对废旧行业收购业、寄卖业的审批，改为备案登记。对废旧收购业主要是控制违法犯罪分子的销赃活动，使特种行业乱源减少。2006年，组织开展检查22次，检查娱乐场所9家，茶座15家，宾馆、旅馆24家，废旧金属收购站点12家，印发有关法律法规等文件85份，下发整改通知书16份。2007年，突击清查废旧收购站（点），收缴电力铝线30公斤，支架12个，电杆抱箍5个。2008年，对33家网吧业、14家旅馆业、11家废旧收购业、5家寄卖业、3家机动车修理业、5家印刷业、12家歌舞厅、16家茶楼等行业的业主和从业人员进行培训，讲授法律法规课3堂，培训280人次。将14家旅馆业纳入治安管理信息系统，推行联网和短信平台建设。2009年，利用旅馆业报警系统抓获网上逃犯5人。2010年，对全区旅馆进行集中清查，取缔无证经营家庭小旅馆8家，关停娱乐场所1家，利用旅馆业报警系统抓获逃犯6人。2011年，行政处罚不按规定登记住宿人员信息的旅馆4家，突击检查娱乐场所，下达“整改通知书”12份。

二、危险物品管理

枪支弹药管理 1978年始，区（场）公安部门对公务用枪进行“人、证、枪、卡”四核对工作，严格公务用枪管理。2002年，区公安部门修建高标准枪库，所有公务用枪设专柜存放，统一保管，并有民警24小时守护。凡因公务需要领取枪支的，凭证、卡到枪库领取，事后交回枪库保管。至2011年，境内公务用枪没有发生一起事故。

民用枪支实行清理收缴、集中销毁。1978年始，境内公安部门对民用枪支管控高度重视，至2004年，开展清查行动8次，收缴各类民用枪支35支，子弹200发，治安处罚违法人员156人。2007年4～9月，开展治爆缉枪专项行动，收缴枪支1支、子弹135发，刑事拘留5人，教育警告3人。

爆炸物品管理 境内生产、销售、使用易燃易爆物品须经公安、工商、安监部门严格审查后发给营业执照。1978年始，农场公安部门帮助使用单位和个人建立健全生产、使用、保管、运输等安全制度，并经常进行检查监督，发现隐患漏洞，及时整改或限期改正；发现非法持有者，依法进行收缴和处罚。2006年，开展危爆物品清理专项行动，收缴炸药5公斤、雷管8个、导火索2000米、废旧炮弹4枚、手榴弹2枚、子弹105发、管制刀具13把，教育警告11人，行政拘留3人。2010年，开展危爆物品突击行动，捣毁非法生产烟花爆竹黑窝点4个，行政拘留4人，刑事拘留1人，收缴火药30公斤、引线2箱、管制刀具6把。

至2011年，区（场）公安部门查处违反爆炸物品管理的案件208起，其中刑事案件60起，治安案件148起；查处违法犯罪508人，其中判刑41人，刑事拘留78人，治安处罚415人。

三、查禁“黄、赌、毒”

查禁赌博 1980年后，境内赌博恶习死灰复燃，且多以扑克、骨牌、台球、麻将等为赌具，特别是搓麻将参赌成风，农场保卫科组织干警陆续对赌博团伙进行打击。1982年，查获赌博37起，计200人次。1985年，在屈原镇边山队抓获赌博团伙30余人，其中惯赌2人被开除公职，行政拘留后送劳教。1988年，全场抓赌17场次，查获参赌人员238人，其中治安处罚16人。1990年5月1～6日，全场开展查赌、禁赌活动，收缴并销毁麻将1978副。2003年，地下“六合彩”赌博活动传入管理区。2005年2月，区境为全省地下“六合彩”重点挂牌整治单位。管理区党委、区管委会强化社会治安综合治理的同时，组织“打码”队，在全区开展“打码”活动，对地下“六合彩”赌博活动进行集中打击，收缴“码书”“码报”3.7万份（册），抓获写单人员764人，查出涉“码”人员3207人，全部依法给予处罚，其中刑事拘留912人，治安拘留1098人，罚款1206人。使“买码”之风得到遏制。

至2011年，全区（场）共查处赌博案件1055起（不含地下“六合彩”赌博），依法处罚2866人次，其中逮捕200人，刑事拘留391人，收容审查20人，劳动教养45人，治安处罚2910人次。

扫“黄”禁毒　1978年始，农场公安部门坚持把扫“黄”工作列入社会治安综合治理重点内容，经常性开展宣传活动。至2011年，共开展扫“黄”清理专项行动56次，查处涉“黄”案件321起，其中卖淫嫖娼188起，介绍容留卖淫嫖娼和强迫妇女卖淫案106起，传播淫秽物品案27起；收缴淫秽录像带167盘、图片照片38张、光碟2230盘、书刊3991本；依法处罚1674人次。

2003年始，区公安局刑侦大队担负境内禁毒工作。区成立禁毒委员会，由区党委委员、区管委会常务副主任兼任主任。将禁毒工作纳入各单位社会治安综合治理年度考核重点内容，经常性开展专项行动，至2011年，抓获吸毒贩毒人员84人，其中吸毒人员78人。破获吸毒贩毒案件35起，收缴毒品16克。送劳动教养3人。2003年、2006年，两次被省禁毒委授予“无毒害县（市、区）”称号；2010年被省禁毒委授予“禁毒人民战争”先进单位。

四、治安巡逻

1986年5月，首次在屈原镇建立由10人组成的专业治安巡逻队，队员为复退军人，由农场公安派出所组织指挥，负责维护屈原镇辖区内的治安巡逻任务。

2005年前，区域内所有110报警电话直接转至市公安局，市公安局指挥中心接警后再转至区公安局。是年7月，区公安局投资20万元，指挥中心“110”报警服务台正式开通，归口区公安局办公室管理。指挥中心设接警席2个、接警线路2条、指挥处警1条，有接警协警员6人，每班有2人24小时轮流值班。2006年9月，实现三台合一，“110”“122”“119”电话集中在指挥中心接听和调度。2008年，全区第一期城市治安电子防控系统在城区的主要路口、学校、医院、党政机关、重点企业共建设32个点位，10月建成并投入使用，该系统投资120多万元，由汨罗电信公司承建和维护。2010年5月，区公安局指挥中心软件系统更新，接警、指挥、处警数据和录音上传市公安局和省公安厅。是年12月，由岳阳佳讯公司补充建设10个城市治安电子点位。城市治安电子防控系统摄像头可旋转，可实时录像、会看，抓拍照片。系统建立后，每年利用系统破获各类案件近20起。

治安行动　（宋政军2011年摄）

2010年，普利公司组建20人的治安巡逻防控队伍，由区公安局横港派出所负责其业务管理，该队伍在凤凰乡、琴棋乡辖区巡逻。巡逻队伍建立后，每年破获盗窃案件10余起。2011年，组建15人的治安巡逻防控队伍，由青山寺派出所负责对巡逻防控队伍的管理和考核。该队伍采取徒步或车巡方式，在营田镇、天问街道辖区晚上巡逻。

第四节 户政管理

一、常住人口管理

1978年，境内公安派出所由户籍民警管理户籍人口，具体办理人口出生、死亡、迁入、迁出、变入、变出等6项户口异动手续。1981~1982年，结合第三次人口普查，整顿户口，再次换发户口簿。总场派出所设立专职户籍民警，各分场和场直各单位治安员兼任本单位户籍员，各生产队由会计兼任户籍管理员，形成总场派出所、分场、生产队三级户籍管理体制。1988年，户籍改由总场公安分局和派出所两级管理。1995年，开展全区户籍人口清理整顿，1996年，完成7.2万常住人口信息微机录入工作。1998年，开展常住人口清理工作，清理核对居民户口10万人次，查出户口错误登记2455处。1999年，筹措资金5万元，新购微机3台，更换人像扫描仪，实现区公安局与市公安局三级联网；配合人口信息“百城联网”工程，全区人像扫描5.1万人。2003年，提高户政服务质量，严格实行“五个一”温馨服务（即以一张笑脸相迎、一把椅子让座、一杯茶水暖心、一片真诚办事、一句再见送行），推行预约服务、上门服务、延时服务、留办服务和加班服务，并根据公安部出台的30项便民措施，结合辖区实际出台“16项便民利民措施”。2004年，根据户政联网时间短、人口信息错误多、工作对象录入率低的实际，组织开展信息纠错补漏专项行动。2006年，开展无户口人员清理专项行动，简化户口登记审批程序，解决921名无户口人员上户问题。2010年，配合全国第六次人口普查工作，牵头组织对全区常住人口清理，查出重记录156人，重证号183人，应销未销98人。

二、暂住人口管理

境内暂住人口实行申报制，由公安派出所发给“暂住证”。1994年，全区有暂住人口申报站9个，派出所有暂住人口管理专干9人，村、街道有兼职管理人员9人。暂住人口管理主要实行区、乡（镇）、村（居）委会三级管理。建立健全暂住人口申请审批、日常检查、函调协查等规章制度，规定外来经商务工人员必须具备“四证”（即居民身份证、结婚证、计生证、劳务证）。对无合法证件、无固定住所、无正当职业的“三无”人员实行函调和遣送，严格控制和管理。1998年，开展暂住人口清理工作，清理登记暂住人口1959人。2011年，加强暂住人口和出租房屋管理，登记录入工作对象271人、重点人口121人、暂住人口1567人、出租房屋信息329户，利用对比抓获网上在逃人员2人。

三、身份证管理

1988年始，境内对年满16周岁居民颁发第一代身份证，共计发证5.5万人，发证率88%。1998年，开展居民身份证清理纠错，查出错证110人，重号证115人，多证号201人，收回重、错和多证426人证。1999年，开展居民身份证编码由15位数升至18位数的工作。2001年，设立管理区便民服务中心，居民办理身份证归口服务中心，同时推行无底卡身份证制度。2002年，开展身份证清理纠错工作，办理居民身份证10250张，审批快证手续206人，纠正微机人口信息错误1022项，为居民补录户口89人。2005年，开展第二代居民身份证换发工作，换发1002张。至2011年，全区8.3万人，已换发7.6万人证，发证率91%。

四、“农转非”户口管理

境域办理农村户口转城镇户口（简称“农转非”），由区（场）公安部门实行“三公开”（即政策、指标、对象公开）办法。1980~1990年，恢复河市、营田两镇非农户口8720人。2005年，根据省政府《关于落实国有农垦企业职工及家属城镇居民政策有关问题的通知》精神，全区解决“农转非”43565人。至2011年，全区户籍人口83646人，其中城镇人口77479人，占92.7%。

五、出入境人员管理

1978～2007年，境内常住公民因事需要出国或者出境中国香港、澳门、台湾地区须到市公安局出入境管理机构办理相关手续。2008年始，境内公民出国或者出境可在本区公安部门办理有关证照，至2011年，全区共受理公民因私出国（境）申请2676人次，其中出国892人次、去港澳1670人次、去台湾114人次。

第五节 交通安全管理

一、机构

1988年，建立屈原公安分局交警中队，配备交通干警8人，协同交通部门进行境内交通安全管理、执法。1995年7月，成立行政区公安局交警大队，2005年，升格为副科级事业单位，接受区公安局、市交警支队双重管理，内设车辆管理所、路面秩序中队、事故调处中队、处罚中心、办公室等5个职能所、队室。2010年9月，区交警大队升格为正科级单位，设大队长、教导员各1人，副大队长2人。至2011年，有工作人员46人，其中交通民警12人、农机事业编4人、协警15人、劝导员15人。

二、车辆安全管理

车辆管理 1978～1994年，境内农用车辆由农场监理站管理，其他车辆由汨罗市交通部门管理。

1995年，全区有各类机动车1517台，其中客车29台，货车、小车239台，低速车248台，三轮及两轮摩托车1001台。2011年，有各类机动车16308台，其中客车34台，大货车869台，小车5000台，低速车395台，摩托车10010台。车辆管理所对各类机动车建立台账，进入微机监控。对城区500多台参与营运的“慢慢游”纳入专项管理，组织专人实行日检、月检、季检、年检，加强行车安全的硬件保障。对其他各类车辆，区交警大队采取自检和送检两种方式进行年度检验。

1995～2011年屈原管理（行政）区机动车送检情况

表8-2 单位：台、%

年度	应送检机动车	实检机动车	送检率
1995	1517	1061	70
1996	1728	1261	73
1997	1852	1259	68
1998	2047	1535	75
1999	2264	1381	61
2000	2809	1769	63
2001	3213	2313	72
2002	3729	2722	73
2003	7321	2938	68
2004	4839	2951	61

续表

年度	应送检机动车	实检机动车	送检率
2005	4923	3446	70
2006	5103	3214	63
2007	5317	3402	64
2008	5824	3902	67
2009	6813	4769	70
2010	7889	5680	72
2011	8593	6702	78

驾驶员培训　1995年，全区有各类机动车驾驶员1306人。2004年前，区交警大队负责对新增农用车、摩托车驾驶员实行培训、考核、发证。2009年后，驾驶员管理按照违规违法记分原则，对满12分者须参加交警部门组织的学习培训。参与营运车辆驾驶员须取得从业资格证。按照客运车户籍化管理要求，交警部门每月组织客运车辆驾驶员进行一次交通安全法规学习，并对参运车辆进行跟踪监督、检查。2011年，全区各类机动车驾驶员增至1.5万人。

1995~2011年屈原管理（行政）区机动车驾驶员培训情况

表8-3　　单位：人

年度	合计	驾驶员				
		大客车	大货车	小货车	农用车	摩托车
1995	1306	45	834	129	34	264
1996	2613	50	1221	934	42	366
1997	2783	51	1321	945	63	403
1998	3214	60	1238	1382	78	456
1999	3564	63	1342	1185	84	889
2000	4813	57	1213	2646	74	823
2001	6815	50	1314	3433	94	1924
2002	7864	53	1563	3313	101	2834
2003	8013	63	1413	3413	130	2994
2004	8713	50	1453	3177	120	3913
2005	9891	68	1471	1716	123	6513
2006	7180	84	1457	1850	167	3622
2007	8213	83	1523	2390	157	4060
2008	8924	86	1543	2289	193	4813
2009	9811	84	1457	2801	200	5269
2010	10640	86	1564	3363	210	5417
2011	15000	89	2561	4297	234	7819

三、道路交通秩序维护

1995年始，区交警部门常年以三分之二的警力，三分之二以上的时间在公路上维护交通秩序。对重点部位加强全过程的安全监控；对重点时期（即春运、夏运、高考和中考、“五一”和国庆长假）加强特别防护；对重点路段（即主干线、事故多发段、主要交叉路口）加强巡查、改造。在全区设立交通安全检查服务站1个，电子卡口流量测速站1个，移动测速点1个，红绿灯电子违章抓拍系统3个。

2005年，针对无牌摩托车混乱情况，开展专项整治行动，集中上牌846台，查扣无牌无证摩托车352台，销毁报废摩托车216台。2010年，加大路面交通秩序整治力度，规范摩托车管理，关停报废“慢慢游”三轮摩托车200台，查扣两轮摩托车500台，公开集中销毁无牌无证摩托车200台。2011年，强制报废废旧货车34台。

至2011年，累计上路纠正交通违章车辆101536辆次，处罚交通违章者3.5万人次，其中治安拘留25人，查处酒驾21起，吊扣驾驶证70本。

1995～2011年屈原管理（行政）区交通道路检查情况

表8–4

年　度	上路干警（人次）	查验机动车（台）	纠正违章（人）	处罚教育（人）	罚款（元）
1995	2000	3060	3560	2096	306600
1996	2090	3290	3886	2385	334400
1997	2150	3650	4260	3095	354400
1998	2240	3860	4695	3260	384600
1999	2380	3970	4960	3760	403800
2000	2460	4180	5460	3870	423500
2001	2500	4200	5500	3900	436500
2002	2680	4600	5770	4180	456600
2003	2790	4806	5935	4200	465600
2004	2860	4900	6130	4320	476500
2005	2980	5100	6286	4400	486700
2006	3010	5430	6980	4600	496000
2007	3560	6540	7960	4800	586400
2008	3890	6654	8106	4950	614700
2009	3160	6037	6950	4160	504600
2010	3450	6215	7408	4675	542600
2011	3460	6406	7690	4780	567000

四、查处道路交通事故

区交警大队实行交通事故整体联动机制，将“122”“110”“120”联手并肩出警，加快交通事故反应能力和处置能力。同时建立24小时值班备勤，及时接警处警。1995～2011年，境内机动车及其驾驶员基数均增加近11倍，人、车流量不断加大，加之少数人员交通安全素质不高，交通安全意识不强，道路交通事故屡有发生。

2010年11月17日18时30分，驾驶人何某某（男，56岁，住管理区营田镇）驾驶小型轿车沿屈汨路由西往东行驶，行至河市镇复兴村路段时，与由北往南横过道路的行人孟某某（男，63岁，住管理区河市镇）发生碰撞，造成孟某某当场死亡，车辆受损严重。区交警大队接警后，正、副大队长带领干警迅速赶到现场进行勘察。经查，驾驶人何某某驾驶机动车在没有交通信号的道路上，遇行人横过道路，没有避让是造成此次事故的原因；行人孟某某安全意识淡薄，横过道路未确保安全而强行通过也是造成此次事故的原因。两人均负有同等责任。

2010年11月25日20时许，驾驶人吴某某（男，39岁，住汨罗市高泉南路）驾驶小型客车沿屈汨路由西往东行驶，行至河市镇路段时，与由北往南横过道路的行人何某某（男，76岁，住管理区河市镇）发生碰撞，造成何某某当场死亡。经交警大队现场勘察，事故双方均负有同等责任。

至2011年，全区发生道路交通事故5600余起，死亡189人，伤1920人，直接经济损失1500万元。

第六节　消防管理

2002年，区管委会接受汨纺消防队，招录14名专职消防队员，负责全区消防管理。2004年2月，组建武警管理区消防大队，又称区公安消防大队，属武警市消防大队和区公安局双重领导，定编5名。主要承担灭火救援、防火监督和抢险救援等任务。

2004年，中心镇区营田镇46具消火栓安装合格投入使用；投资70万元购置大功率消防车1台，防御火灾能力得到加强。同时，组建管理区防火安全委员会，对全区30家消防安全重点单位和70家非重点单位登记造册录入管控平台。2008年，开展“迎奥运、保平安”社会综合治理百日专项整治行动，检查单位200余家，发现和整改火灾隐患400余处。2009年，开展《中华人民共和国消防法》宣传活动，在天问街道德科广场举行1000人“传递平安、祝福千万”平安明信片传递活动，增强居民防火安全意识。2010年5月25日，在黄金岛大酒店举办岳阳、管理区、汨罗、湘阴跨市、县、区灭火实践演练，参演官兵35人，现场观摩2000余人。2011年，区公安消防大队联合区直相关部门开展敬老院、幼儿园及校车消防安全专项整治和“清剿火患”行动。挂牌成立以区公安局消防大队为主体的30人应急救援队，设立“96119”火灾隐患举报投诉中心。全年举办消防安全知识培训及灭火演练11次，培训社会人员及企业员工1000余人次。检查重点防火单位100家，发现和整改火灾隐患600处，处罚12家。

至2011年，区公安消防大队接警出动2240人次，扑救火灾256起，参加社会抢险救援64次，救护人员49人，抢救财产价值28.4万元。

第三章　检　察

第一节　机构·队伍

1986年11月，设立汨罗县检察院农场检察组，配备检察人员3名。1987年9月，更名为汨罗市检察院屈原检察室，为汨罗市检察院派出机构。1994年11月，经最高人民检察院批准，设立行政区检察院。2004年9月，更名为管理区检察院。因区域行政和司法体制关系未理顺，加之专项编制没有到位，一直未挂牌成立。1987～1988年，屈原检察室（组）共办理各类案件9起，其中贪污案5起，受贿案1起，渎职案3起，追回经济损失7300元。1989～2006年，屈原检察室协助汨罗市检察院办理各类案件9起，其中屈原综合加工厂赵某受贿案，屈原糖厂盗煤案，屈原油脂厂杨某、廖某团伙贪污案的侦破，产生了较大的社会影响。

检察院综合大楼　（宋政军2010年摄）

2007年8月，正式成立管理区检察院，为市检察院派出机构，独立行使检察职权。2011年，区检察院内设反贪污贿赂局（加挂反渎职侵权局牌子）、综合监督检察科（加挂举报中心、法督大队牌子）、政治部（加挂纪检监察室牌子）、刑事检察科，在编干警13人。

2007～2011年，区检察院贯彻落实“公正执法、强化监督、依法办案、从严治检、服务大局”的方针，严格履行法律监督职能；坚持“严打”方针，从重从快打击刑事犯罪；坚持反腐倡廉、严厉查处违法贿赂、渎职侵权犯罪；坚持为经济建设大局服务。其间：2008年，被市检察院评为先进基层院；2007～2010年，执法状况考评连续四年名列全市先进行列；2008～2011年，民调工作进入全省前八名，其中2008年、2011年名列全省第二，2010年名列全省第三；2010年，被市委、市政府授予市级文明单位，2011年，被市委、市政府授予市级文明标兵单位。

区检察院坚持“以人为本、以民为重、从严治检”方针，抓队伍建设。严格执行自侦案件“一案三卡”（即办案告知卡、办案自律卡、回访监督卡）制度；工作考核实行《目标管理责任状》制度；坚持开展岗位练兵，加强优秀公诉人、审讯能手、业务尖子的培养。2007～2011年，有9名干警先后参加各类学习培训和研讨活动，其中3名参加由省检察院组织的反渎职侵权侦查骨干及行贿档案查询培训。

2010年1月，区检察院投资500万元，占地0.8公顷，建筑面积1900平方米的办公大楼投入使用，择址营田镇正虹东路。

第二节　刑事检察

2007年，管理区检察院根据法律规定，对公安机关提请批捕的刑事案犯，审查批捕；对检察机关自行侦查终结的案犯，决定逮捕。在审查批捕工作中，实行专人管理，认真审查材料和核实证据；坚持集体讨论，检察长决定，重大疑难案件提交检察委员会讨论批准的制度。至2011年，办理审查逮捕案件153件、223人，批准逮捕141人，不捕78人，追捕2人。根据法律规定，检察院对公安机关侦查终结移送检察机关的刑事案件和自行侦查的案件，依法审查；构成犯罪应该判处刑罚的向法院起诉；构成犯罪而不需要判处刑罚或者可以免除刑罚的，作出免予起诉决定；情节显著轻微不构成犯罪的，作出不予起诉决定。至2011年，刑事案件审查起诉，受案102件、165人，起诉74件、124人，其中3案、4人移交市检察院，不起诉28案、41人，追诉8人。

刑事检察部门在审查批捕、起诉中，严格执法，依法办案，析疑察微，不枉不纵。至2011年，运用刑事和解政策，办理刑事案件70余人，向公安机关发出纠正违法通知书12次。

法院审判公诉案件时，检察机关依法派员出庭支持公诉，代表国家执行控诉职能和履行审判监督职责。

2007~2011年屈原管理区刑事案件审查批捕统计表

表8-5　　单位：件、人

年度	受案		批捕		不捕		撤回		退补	
2007	11	17	7	12	4	5				
2008	38	64	26	41	12	23				
2009	34	53	25	37	9	16				
2010	31	44	17	21	12	19	1	2	1	2
2011	39	45	24	30	15	15				

2007~2011年屈原管理区刑事案件审查起诉统计表

表8-6　　单位：件、人

年度	受案		起诉		不起诉		移送市检查院	
2007	4	9	2	4	2	6		
2008	23	27	16	20	7	9	1	2
2009	28	50	22	41	6	6		
2010	25	39	21	37	4	4	1	1
2011	22	40	13	22	9	16	1	1

第三节　职务犯罪预防

进入21世纪后，贪污、贿赂等职务犯罪活动隐蔽，手段巧妙，查处难度大，往往呈现出案源少、成案率低的现象。区检察院采取广泛宣传、奖励举报、拓宽案源；转变执法观念，注重案件初查；提高侦查谋略，文明执法，公正执法；规范办案程序，确保案件质量；打击与预防并举与服务同步等措施，使职务犯罪侦查工作取得成效。2007~2011年，共受理职务犯罪案件线索14件，立案查处5件，其中贪污贿赂犯罪案件3件，渎职侵权犯罪案件2件。

2008年，查处某税务机关李某在2006~2007年间利用工作之便多次收受汨罗市某公司李某支付的现金12.2万元，采取为纳税户代领或者向纳税户索要等方式取得48份湖南省货物销售剪裁发票，擅自开具提供给李某，票面总金额1057.8245万元，造成国家税务流失59.8768万元案。

2007～2011年，区检察院在突出职务犯罪侦查的同时，把预防职务犯罪工作摆在重要议事日程。撰写犯罪分析材料3份，制作并发出《检察建议书》2件，开展职务犯罪专题预防调查2次，提供预防咨询162次，行贿档案查询2次，组织警示教育2次，参加受教育人员210人次。

第四节　民事行政检察

民事行政检察工作内设区检察院综合监督检察科，履行民事行政检察工作职能。2007年，民事行政检察工作开展后，群众对其职能比较陌生，区检察院注意加大民事行政检察工作的宣传力度，让更多民众知道维护自身民事权益的渠道，鼓励当事人在案件遭受不公平处理时，到检察机关申诉。至2011年，出动宣传车6车次，利用媒体开展宣传讲座5堂次，印发资料1800份。

第五节　监所检察

2007～2011年，监督检察科主要开展“严防超期羁押”“严防监外执行脱管、漏管”专项整治行动，对在押犯罪嫌疑人专项清理摸底，全面掌握在押犯罪嫌疑人、服刑人员基本情况。并且着重对刑罚执行进行监督，加强对缓刑监外执行的监督和纠正防止超期羁押现象。为防止监外执行罪犯脱管、漏管和纠防超期羁押现象的发生，建立公、检、法、司联席会议制度和联合监管模式。未发生一起“超期羁押”和“监外脱管、漏管”案件。

第四章　审　判

第一节　机构·队伍

1978～1984年，农场设立人民法庭（属企业法庭性质），隶属汨罗县法院，由农场保卫科一名副科长兼庭长，主要审理场内民事纠纷和轻微刑事案件，指导各级调解组织工作。1985年始，在分场级设立司法员。1987年，法庭从农场保卫科析出，并任命正、副庭长各1人，配备审判员2人、助理审判员2人、书记员3人、公务员1人。1978～1979年，本着“有错必纠”的方针，纠错、复查60余起案件，有30余起按现行政策和法律程序分别给予无罪、减轻刑罚和免予刑事处分；复查关判人员39人，收回4人，改判16人，维持原议19人。1980～1987年，受理各类民事、经济案件138起，结案133件，为单位和个人追回“标的额”27.6万元。1988年，受理各类案件177起，结案133件，其中离婚案23件，房屋产权案5件，经济债务案86件，损害赔偿案5件，宅基地纠纷案5件，财产权益案7件，自诉刑事案2件。1989～2000年，受理各类案件1856起，结案1849件。

2001年后，随着社会的不断发展和经济活动的日益增多，经济利益格局调整，加剧了各类纠纷频繁发生，诉诸法律的案件随之大幅上升，原企业法庭的职能权限和运作模式已逐渐不能与之相适应。至2004年，辖区发生各类案件19148件，是前45年总和的6倍，年均增长30%。审理5038件，其中民事案件4571件，行政案件116件，刑事案件351件，仅占发案数的26%，使得一些刑事案件打击不力，民事案件处理不及时，行政案件起诉维艰，执行案件久拖不决，引起社会矛盾激发，影响区域社会发展大局的稳定。

2005年6月7日，设立管理区法院。2006年3月7日，正式挂牌运作。至2011年，管理区法院内设综合办公室、民事审判庭、行政审判庭、刑事审判庭、执行局及司法警察大队。在编干警14人，其中拥有法官资格者6人（含四级高级法官1人、一级法官2人、二级以下法官3人），司法警察4人。

2005~2011年，管理区法院以“公正、亲民”为根本宗旨，高度重视案件质量，注重办案法律效果和社会效果双效统一，积极开展“法官下基层”“送法下乡”“巡回办案”等司法活动，公开推出“司法便民十项承诺”，为打击和惩治社会经济领域违法犯罪行为，保障地方经济和社会发展作贡献。其间：1983~1988年，屈原法庭先后6次得到场内外单位或个人赠送的锦旗、镜框，被誉为“秉公办事、执法如山”的人民法庭。1985~1986年，2次被岳阳地区（市）法院评为五好人民法庭；1987年，被评为汨罗市法院系统先进集体；1988年，被省高级人民法院评为五好人民法庭。2008年，管理区法院分别被评为全省司法绩效先进集体和岳阳市集中处理涉法涉诉、信访工作先进集体。

2011年7月21日，管理区人民法院审判综合大楼破土动工，总投资1200万元，占地1.2万平方米，建筑面积4500平方米。

第二节 刑事案件审判

1985~2007年，审结故意伤害、重婚、遗弃、虐待等轻微刑事案件48件。

2008年，管理区法院设立刑事审判庭，主要负责审判《刑事诉讼法》规定由基层人民法院管理的第一审普通刑事案件和上级法院指定基层法院管辖的案件；负责审判基层人民法院审理的被发回重审的刑事案件。是年始，管理区法院刑事审判本着“打黑除恶出重拳，宽严相济重挽救，重刑规范促公正，惩处贪污贿赂和经济犯罪不手软”的方针，依法从重从快惩处杀人、爆炸、投放危险物品等严重暴力犯罪以及黑社会性质等有组织犯罪和多发性犯罪、抢劫、强奸、拐卖妇女儿童、团伙盗窃、流氓恶势力、

2010年9月2日，刑事审判开庭 （宋政军摄）

黄赌毒等严重侵害公民人身和财产安全犯罪；涉及食品、药品、农资等生产、销售伪劣商品犯罪，以及金融诈骗、职务侵占、偷税等犯罪。是年审结刑事案件2件，判处被告人32人，其中判处10年以上有期徒刑1人，10年以下5年以上有期徒刑6人，5年以下有期徒刑25人。2009年后，管理区法院审结未成年人犯罪呈递增趋势。针对未成年人犯罪现象突出的问题，坚持教育为主、惩罚为辅方针，全力挽救失足青少年。15岁的被告人张某初中缀学后与吴某、田某分别认识，并知道二人之间存在矛盾。是年8月，吴某因琐事与张某发生口角，张某遂串通田某报复吴某，将吴某打伤。经法医鉴定，吴某损伤程度属轻伤。经过法庭辩论、庭审调查、教育感化等程序，被告人终于认识了自己的过错。被告人张某和田某分别赔偿吴某经济损失1.8万元，被害人吴某亦对张某和田某表示谅解。至2011年，共审结各类刑事案件89件，判处刑事犯罪分子120人，其中审结抢劫、盗窃案件72件、102人，涉毒犯罪案11件、12人，流氓恶势力、强奸、拐卖妇女、儿童犯罪案3件、3人，经济犯罪案3件、3人。7人被判3～10年有期徒刑，113人被处3年以下有期徒刑。

第三节　民商事案件审判

2006年始，管理区法院加大司法救助力度，保障弱势群体行使诉讼权利。对追索抚育费、赡养费、劳动报酬等案件的当事人，属于孤寡老人、残疾人、城镇低保人员等弱势群体的，主动提供诉讼费缓减免的司法救助。2008年，设立民事审判庭。至2011年，依法处理涉及农村基本经营制度、土地管理制度、农民权益保障等案件102起；通过加强与保险公司的协调、设立巡回法庭等措施审理交通事故案件803件；审结劳动争议508件；采取调解方法，准确使用物权法，加强对相邻关系纠纷案件的审理，审结所有权及相关权利案件390件，调解202件；审结商务案件3900余件；确立“以保全为突破，积极促成和解，延伸法律服务”的工作方法，审结金融类案件807件，无一上诉，有效维护了金融秩序。有309人得到司法救助，缓减免诉讼费用143万元。开展基层调解员培训59次，参训人员2000余人次，对调解协议进行司法确认380件。

第四节　行政案件审判

2008年始，管理区法院通过宣传贯彻《行政诉讼法》，使公民、法人和其他组织走出“民不告官”“不敢告官”的误区。2009年，来自深圳的张某因不满公安机关对其行政拘留的决定，向管理区法院递交“行政起诉状”，承办法官在审理该案过程中，通过长达5小时调解，最终公安机关决定撤销行政处罚，原告也同意撤诉并放弃赔偿要求，双方达成和解。2010年8月，在公开审理的一起盗窃案件中，特邀请区人大代表，区公安局、区检察院、区司法局及区政法委负责人旁听，并请他们作现场监督员，为庭审评判打分。至2011年，审结行政诉讼案件15件，执行行政非诉案件87件。

第五节　案件执行

2008年始，管理区法院通过“四抓四坚持”（即抓效果，坚持和谐执行；抓宣传，坚持积极执行；抓线索，坚持灵活执行；抓重点，坚持集中执行）举措，提高案件执结率；运用“三调联动”机制，引导当事人双方互谅互让，提高执行案件调处效率。通过加强与乡镇司法所、村（居）委会等基层单位和组织的沟通与联系，发挥“审判执行联络员”优势，配合查找被执行人员及其财产，有效破解被执行人难找、可供执行财产难寻等问题。2008年，被执行人彭某拖欠某公司饲料款10余万元，法院判决后彭某在外躲避达4年之久，通过实行“联动执行”机制，将其拖欠的饲料款全部执行到位。对于有广泛社会影响和涉及人民群众切身利益的案件，做到快立、快执。2010年，在执行申请执行人刘某、张某道路交通事故案中，考虑申请执行人均已致残，家庭经济十分困难，案件判决后其赔付款迟迟不能到位的特殊情况，执行局在受理案件后，快速行动，在不到一个月时间将赔付款全部执行到位。

至2011年，管理区法院执行各类案件317件，执结标的额1711万元，其中执结积案21件，执结标的额786万元。

第六节　审判监督

2008年始，管理区法院实行承办法官和庭长双重负责制、责任倒查制、上诉案件移送前的审理制和发改案件分析检查制；开展庭审和裁判文书“两评查”制。实行逐月讲评、季度通报、年度考核制；强化对审判权、执行权的管理和监督，严格规范审限管理；履行向当事人发放“审限监督卡”，向法官发放“审限提示卡”，下达“临界督办令”，杜绝超审限现象发生。

管理区法院每年邀请区人大政协工委领导评议审判工作，对区人大政协工委成员提出的咨询、批评与建议，在法律规定的期限内将处理结果及时反馈。凡申诉案件，件件审查；对再审案件，实行全程监督。

至2011年，管理区法院审结案件无一例改判，无一例超审限，无一例上访缠诉，实现了每年“三无”目标，案件质量合格率达100%。在处理群众来信来访中，坚持院长接待日制度。2008~2011年，共接待来访1027人次，处理来信13件次。

2008~2011年屈原管理区人民法院案件审结情况

表8-7　　单位：件

年度	审结案件			执行案件	立案	处理来信	处理来访
	刑事	民事	行政				
2008	23	891	3	78	995	4	251
2009	25	917	5	75	1022	2	243
2010	20	925	2	81	1028	2	279
2011	21	939	5	83	1048	5	254

第七节　诉讼调解

2007年始，管理区法院成立司法调解工作领导小组，联络、协调、指导人民调解和行政调解；组织、制定司法调解工作实施方案和操作规程；通报调解成果，并对调解机构和人员进行考核；组织研究调解技巧和经验交流。在司法调解工作中，树立“调解是高质量的审判”“调解是最高质量的司法服务”的审判理念，坚持“能调则调、当判则判、调判结合、案结事了”的原则。完善调解工作激励奖惩机制，探索司法调解工作的新方法、新途径，通过立案调解、庭前调解、庭中调解、庭后调解和执行调解等方式，做到案结事了人和。在司法调解中，坚持送达起诉书副本时必调，促成当事人自觉履行；开庭时必调，促成当事人互谅互让；宣判前必调，给当事人最后和解的机会；宣判后答疑，教育当事人自觉履行判决。2007年，谢某向管理区法院诉邻居黄某新建楼房时，动用挖掘机开挖地基，由于地基开挖过深，回填土方夯实不到位，导致谢某楼房地基失稳，东面墙体开裂变形，两家纠纷遂起。法院受理此案后，承办法官坚持“调解优先”的原则，先行调解，主动深入两家听取意见，开展和解工作。先是晓之以理、动之以情地劝说双方不要因为小事伤了邻里感情，然后灵活机动地变通执行方式，建议改“直接赔偿”为“由黄某帮谢某修复房屋”。最终，当事双方接受了执行法官的建议，握手言和。2008年，吴某某因拒不履行赡养义务，对80多岁的残疾老父弃之不顾，遭到张某某（老人的表侄儿）的谴责。在争执过程中，双方发生肢体冲撞，吴某某受伤，构成轻微伤丙级，后经派出所多次调解未果。5月初，吴某某以被打伤失去工作为由找到乡政府，要求张某某赔偿损失并赔礼道歉。承办法官在详细了解上述情况后，分头对当事人做化解工作。一方面进行思想疏导、化解矛盾，既让吴某某充分认识到遗弃老人的行为是违法的、不道德的，又让张某某认识到自己动手打人确实不对，促使双方认识到自己的错误，最终，双方冰释前嫌。至2011年，共审结婚姻类案件2883件，其中调解2194件，调解率达76.1%，有效化解了家庭矛盾。

第五章　司法行政

第一节　机构·队伍

1989年前，农场司法行政工作由农场人民法庭代管，内设司法编制2名，负责司法工作，主要承担法制宣传教育和人民调解工作，各分场设有1名司法员。1990年，成立屈原农场司法办，定编2名。1995年，设立行政区司法局，定编4名，内设律师事务所、公证处。2003年，省编委核定管理区司法行政专项编制10名。2004年，区司法局与区政法委合署办公，各乡镇设立司法所。是年，区编委确定公证处为事业单位，定编2名。2005年，区司法局增设法律援助中心，挂靠公证处。2009年，区编委同意增加事业编制1名。2010年，全区各司法所向社会公开招聘5名司法助理员。2011年，根据市委、市政府《关于印发屈原管理区管理委员会机构改革方案的通知》精神，明确管理区司法局为区管委会工作部门，行政定编3名，下辖公证处、律师事务所、法律援助中心和5个乡镇基层司法所，司法所定编2~3名。

2004年始，先后有营田司法所、黄金司法所、凤凰司法所、琴棋司法所、河市司法所利用国债资金完成司法所建设。2009年，黄金司法所获省规范化司法所建设称号。至2011年，管理区司法行政工作在全省社会治安综合治理考评的民调中连续5年全省排名前列，在全市同行中排名第一。

第二节　法制宣传

1985年6月，农场党委成立法制宣传教育领导小组。1986年3月更名为普及法律常识领导小组，下设普法办公室，分场、场直29个单位相继成立普法领导小组，配备法律宣传员200人。1987年12月，农场普法办更名为农场司法办公室，聘请专职法律顾问1人。1986~1989年，在全场重点开展《宪法》《刑法》《婚姻法》《经济合同法》《民法通则》《治安管理处罚条例》等法律法规宣传学习，召开普法动员会200场次，广播辅导讲座88次，集中上法律辅导课150堂，举办骨干培训班108期、计700人次，录像、幻灯宣传21场次，印发宣传资料8000余份，张贴宣传标语500多条，办黑板报、门板报、宣传栏3273块，发放法律书籍20708册，其中《法律选编》4174册、《法律常识问答》3400余册、法律图解68套。1990~2005年，重点开展“二五”“三五”“四五”普法宣传，发放普法读本1.5万册，召开普法动员会180场次，举办专题讲座38堂，组织观看普法影像片20场、8600人次收看。组织普法考试4场，参考人数2800人次。

2006~2010年第五个五年普法期，管理区成立“五五”普法领导小组，制定“五五”普法方案，明确重点普法对象。发放“五五”普法读本6030册，5400人次参加学法考试，其中副科级以上领导干部990人次，参考率达98%，优秀率95%。在“五五”普法期间，以每年5月农村法制宣传月、9月法制宣传月、12月4日全国法制宣传日为契机，采取多形式、多层次的法制宣传活动。发放《农民简明普法读本》万余册、《平安屈原》2.76万册、《法制宣传画册》1.4万册。各乡镇、村制作普法宣传栏80个。2010年，结合开展两个维护大讨论活动，乡镇、街道举办农民普法培训班6场，参学人员7200人次。全区8所重点中小学配备法制副校长。利用屈原电视台开设的《法律讲堂》专题栏目授课67堂，播放《青少年忏悔录》48集。在全区开展民主法治示范村建设，至2011年，先后有黄金乡禾鸡山村、琴棋乡八港村被评为市级民主法治示范村，天问街道橘园社区被评为省民主法治示范社区，区地税局获省依法办事示范窗口，区地税局、营田镇获省依法决策示范领导班子称号。

2008~2009年，区司法局连续两年被评为市普法依法治理先进单位，并获市“五五”普法依法治理先进集体称号，1人被评为省“五五”普法依法治理先进个人，并记三等功。

第三节 人民调解

2005年，区司法机关依照司法部制定的《人民调解工作若干规定》成立区人民调解委员会，6个乡镇、街道同时设立人民调解委员会和矛盾纠纷调处中心，下辖村（居）委会人民调解委员会70个，配备人民调解员300人，义务调解员1000人，纠纷信息员610人。2007年，区成立“三调联动”工作领导小组，下设“三调联动”流动调解庭，在区法院、区检察院、各公安派出所成立人民调解工作室，在全区开展“司法行政大动员，化解矛盾促和谐”专项维稳活动。至2011年，全区排查调处各类纠纷6021起，防止民转刑案件55起、群体性案件85起，其中调处河沙开采、交通事故、医患纠纷、土地流转等重大群体性纠纷案件35起。纠纷调解率、调处成功率分别达到100%和95%。

第四节 安置帮教

1996年，区成立刑释解教人员安置帮教领导小组，办事处和镇分别成立刑释解教人员安置帮教工作站，下设村（居）委会安置帮教小组70个，工作人员达200人。区安置帮教领导小组制定工作职责，落实帮教措施。1997年，各刑释解教人员安置帮教工作站对刑释人员进行大排查，掌握人员动态，建立人员台账。至2007年，全区接受刑释解教人员143人，其中刑满释放人员107人，解除劳教人员36人。2009年，解除劳教2人。2011年，接受刑满释放人员3人，解除社区矫正2人。区刑释解教人员安置帮教领导小组从不同渠道，以不同方式开展对刑释解教人员帮教活动。通过职业技术培训、政策扶助等方式，做到安置率100%。并将金渊铜业有限公司作为过渡性安置帮教基地，通过省检。

2011年始，根据省高院、省检察院、省公安厅、省司法厅《关于在全省实行矫正工作的方案》精神，在全区范围内实行社区矫正工作，成立由区党委副书记、政法委书记任组长的管理区社区矫正工作领导小组。制定实施方案，明确职责分工。5月，在营田镇举行社区矫正工作启动暨营田镇社区矫正交接仪式。是年，接受社区矫正对象9人，并严格按照《湖南省司法行政机关社区矫正工作实施细则（暂行）》的规定，对矫正人员进行日常监督和教育帮扶，做到无一人脱管、漏管，无一人重新违法犯罪。

第五节　律师事务

1993年7月，设立湖南争衡律师事务所，有专（兼）职律师3人。1996年，湖南争衡律师事务所改制为自收自支合伙事务所。律师事务所主要依法从事刑事辩护、民事诉讼代理、行政诉讼代理、代理参加非诉讼调解、仲裁、谈判、合同签订等业务。2000年后，律师事务所拓展法律服务领域，将法律服务向民营企业和农村经济活动渗透，为国有企业改制、个体经营、农村土地承包租赁、城镇建设拆迁等各种经济活动提供服务。至2011年，共代理刑事、民事、行政案件辩护150件，民事诉讼212件，经济诉讼205件，行政诉讼21件，代理参加非诉讼调解、仲裁102件，解答法律咨询23172人次，代写法律文书337件，为39家行政机关、企业事业单位和私营企业担任常年法律顾问。

第六节　公证事务

1995年6月，成立区公证处，为区司法局下属事业单位，有公证员2人。2000～2002年，为屈原糖厂、水泥厂、湘甬糖果厂、建材建筑工程公司、机械厂、油脂厂、生资公司、贸易公司、畜牧水产公司、粮油公司等企业办理资产拍卖、整体产权出售、资产重组等公证业务3429件。至2011年，共办理各类公证32520件，其中经济类公证21212件，民事类公证11308件。

第七节　法律援助

2005年，区司法局增设法律援助中心，与区公证处合署办公，两块牌子，一套人马。2008年法律援助工作正式启动，至2009年，全面完成市司法局下达的法律援助目标任务。2010年，法律援助纳入政府为民办实事项目。管理区党委、管委会成立法律援助工作领导小组，加大基础工作建设力度，提升法律援助便民服务能力，坚持以农村、农民工为重点，开展法律援助行动。是年办理各类法律援助案件21起，其中刑事案件8起，民事案件13件，受援人数200余人次；办理农民工法律援助案件2件，为农民工挽回经济损失76万余元。2011年，办理法律援助案件40件，其中民事援助案件26件，刑事援助案件6件，非诉讼调解案件8件，法律咨询接待来电来访60人次。

第九篇　编制·人事

第一章　机构编制

1995年4月，行政区党委成立编委，为议事协调机构，由区党委组织部行使全区机构编制管理职责。2002年3月，市委、市政府批复设立管理区党委编办，牌子加挂在区党委组织部，主要职责是管理全区机构编制等事宜。同时，区党委调整编委成员，由区管委会主任任编委主任，区党委专职副书记、区管委会常务副主任、区党委组织部部长任编委副主任，组织、机构编制、人事、财政等部门负责人任编委委员，下设办公室。2006年5月，市编办批复设立区事业单位登记管理局，牌子加挂在区党委编委办，负责事业单位登记管理方面的工作。2010年4月，市编办批复区党委编委办单设，加挂区事业单位登记管理局牌子，既是区党委的工作部门，也是区管委会的工作机构，列入区党委机构序列，设正、副主任各1人。

第一节　机构设置

2000年前，农场（行政区）属国有农垦企业。2000年撤场建管理区后，区管委会作为市政府的派出机构，全面负责管理区域内经济社会事务。是年，区直机关共设8个正科级科（局）室。下设营田、河市、琴棋、磊石、汨江、大江、黄金、白鱼歧、凤凰山9个办事处、镇。

2002年，区直机关机构改革，设立24个党政机构，其中区党委工作部门5个，区管委会工作部门14个，依法按章设置机构3个，分别为：区人大政协联络办（加挂统战部牌子），汨罗市法院屈原人民法庭、区检察院。具有行政职能的事业局2个。

2003年，市编委根据管理区区直机关机构改革方案所设机构试运行情况进行适当调整。区党委机构：办公室（区党委办、区管委会办两办合一，加挂区计生局牌子）变更为区党委、区管委会办公室（加挂区计生局、区信访局、区安全生产监督领导小组办公室牌子）；区委组织部（加挂编委办、区总工会、区妇联、团区委、区科协牌子）变更为组织部（加挂编委办、区直机关工委牌子），将区总工会、区妇联、团区委、区科协调整为按章设置机构。区管委会机构：区财政局（加挂农税征管局牌子）；区经济发展局（加挂招区商旅游局牌子）；区民政局（加挂区残联牌子）；区文教局更名为区教育文体局。设立区道路运输管理所，为副科级事业单位。是年，乡镇机关事业单位进行机构改革，各乡镇机关均只设一个综合性办公室。各乡镇分别设置4个事业站所，分别为：农林水工作站、畜牧防检服务站、农村社保工作站、计生服务站（加挂卫生血防保健和疾控工作站牌子）。是年6月，因汨纺改制，隶属管理区，设立边山社区工委。

2004～2005年，区管委会机构改革，将区计划统计物价局更名为区发展和改革局，加挂区科技局、区统计局牌子，保留区物价局章子；区经济发展局更名为区工业经济发展局，加挂区商务局、区粮食局、区招商旅游局牌子；区安全生产监督领导小组办公室更名为区安监局，不单独设置，继续在区管委会办公室加挂牌子；撤销加挂在区财政局的区农税局牌子；在区农林局加挂区生态能源局牌子；区计生局更名为区人口和计生局，单独设置。2004年，市委编办明确区党委党校主职享受正科级待遇，明确区远程教育办公室、区防汛抗旱指挥部办公室、区堤防管理总站、区电力排灌总站、区城镇建设管理中心、区市场建设管理服务中心、区社会保障事业管理站、区房地产管理中心、区人民医院、区血防防疫妇幼保健站（加挂区疾病预防控制中心牌子）、区公路管理站、区第一中学共12个单位主职享受副科级待遇。撤销屈原人民法庭，设立岳阳市屈原管理区法院。

2005年，岳阳市公安局屈原区公安分局更名为岳阳市管理区公安局；行政区检察院更名为管理区检察院；区公路管理站更名为区地方公路管理站；设立区城市建设投资管理中心，其主职享受正科级待遇。

2006年，设立区事业单位登记管理局，牌子加挂在区党委编委办；区检察院反贪污贿赂局升格为副科级机构；区城镇建设管理中心更名为区城镇管理办公室；区房地产管理中心更名为区房地产管理办公室。设立区国土资源执法监察大队、区非税收入征收管理局、区医疗保险基金管理服务中心，为副科级事业单位。

2007年12月，撤销边山社区工委，设立天问街道；区建设环保局更名为区建设管理局；区公安局交警大队、青山寺派出所升格为副科级机构。

2008年，区委统战部牌子由区人大政协联络办加挂至区党委宣传部；区水利局加挂区移民局牌子；区公安局内设政工室、纪委（监察室）、刑事侦查大队（加挂区禁毒委员会办公室牌子）、交警大队、治安管理大队，青山寺派出所明确为副科级机构；区财政局增设国库集中支付局，为副科级事业单位；区人事劳动和社会保障局所辖区劳动就业服务中心升格为副科级事业单位；区民政局所辖区城市最低生活保障管理中心更名为区社会救助管理局，并升格为副科级事业单位。

2008年11月，市委编办对管理区所属副科级以上事业单位进行重新核定，明确正科级事业单位5个，分别为：区委党校、区城市建设投资管理中心、区畜牧水产局、区农机局、区委老干部局；副科级事业机构19个，分别为：区委组织部党员干部现代远程教育管理办公室、区防汛抗旱指挥部办公室、区堤防管理总站、区电力排灌总站、区城镇管理办公室、区市场建设管理服务中心、区社会保障事业管理站、区房地产管理办公室、区人民医院、区妇幼保健站、区第一中学、区地方公路管理所、区道路运输管理所、区非税收入征收管理局、区国库集中支付局、区医疗保险基金管理服务中心、区劳动就业服务中心、区国土资源执法监察大队、区社会救助管理局。

2009年，区物价检查所更名为区价格监督检查局，由事业机构转换为行政机构，并升格为副科级单位；区第一中学升格为正科级事业单位。

2010年，设立区农村公路路政执法大队，为副科级事业单位；区残联单设为正科级事业群团；区党委编办单设为正科级行政机构；区公安局交通警察大队升格为正科级行政单位；设立区招商旅游局，为正科级事业单位；区规划管理站更名为区规划管理办公室并升格为副科级事业单位；区纪委内设机构明确为副科级；成立区机要保密局，为正科级行政机构，挂靠在区党委办公室。

2011年，区管委会设立16个工作部门。即区发展和改革局（加挂区科技局、区统计局牌子）、区工贸金融和信息化局（加挂区粮食局牌子）、区教育体育局、区公安局、区民政局、区司法局、区财政局、区人力资源和社会保障局、区国土资源局、区住房和城乡建设局、区交通运输局、区水利局（加挂区移民局牌子）、区农林局（加挂区生态农林局牌子）、区卫生局、区人口和计生局、区审计局。区管委会办公室加挂区管委会法制办公室牌子，与区党委办公室合署办公；区监察局与区纪委合署办公；区文化广电新闻出版局加挂区版权局牌子，与区党委宣传部合署办公，列入区管委会工作部门序列，不计入管委会机构个数。区党委编办既是区党委的工作部门，也是区管委会的工作机构，列入区党委机构序列。营田镇、黄金乡内设党政综合办公室（加挂综治维稳办公室、安全生产监督管理办公室牌子）、经济发展办公室、民政和社会事务办公室、人口计生办；河市镇、凤凰乡、琴棋乡和天问街道内设党政综合办公室，明确一岗多责的干事和助理等职位。按乡镇、街道设立财政所和司法所。按区域设立青山寺派出所、河市派出所、横港派出所，作为公安局的派出机构。营田镇、河市镇、黄金乡、凤凰乡、琴棋乡综合设置3个以乡镇管理为主的公益性事业站所，即农业综合服务中心（加挂动植物疫病防控中心、农产品质量监管服务站牌子）、公共文化和社会事业发展中心、计生服务所；天问街道下设公共文化和社会事业发展中心、计生服务所。按乡镇设立的学校、卫生院、社会卫生服务中心、敬老院和按区域设立的国土资源所维持不变。区机关增设区国家现代农业示范区建设管理办公室，为正科级事业单位。区史志档案局，为副科级事业单位；区“两型社会”建设管理办公室，为正科级事业单位；区农业综合开发办公室、区社会抚养费征收管理局、区建设综合执法监察大队升格为副科级事业单位；区党委政法委内设机构综治办和维稳办，明确为正科级机构。

第二节　编制调整

2000年始，全区编制设定由区编委根据管理区发展实际进行拟定后报市委编办审定下达。

2000年，市编委暂定行政区直机关全额拨款事业编制90名，9个办事处全额拨款事业编制90名。2001年，省编办对管理区农场体制改革时9个办事处暂定的90名全额拨款事业编制统一改为行政编制。2002年，市委、市政府核定管理区区直机关行政编制90名、事业编制30名；新增9个办事处财政机构行政编制15名。2003年，市编办暂定管理区司法机构全额拨款事业编制82名，其中：公安70名、法庭4名、司法8名。2005年5月，市编办下达屈原法院全额拨款事业编制18名（含原已下达给屈原人民法庭的4名编制），后补充政法专项编制2名。2007年，市编委核定管理区行政编制160名，其中政法专项编制112名，其他党政机关行政编制48名。政法专项编制中公安系统80名、法院系统16名、检察院系统6名、司法系统10名。

2008年9月，市编办对全区乡镇行政编制进行重新核定，除乡镇财政所行政编制15名保持不变外，行政编制由90名精简至81名，所辖事业站所核定事业编制126名。是年，农机监理机构职能移交，划转事业编制3名到区公安局交警大队。2009年，市编办置换区物价检查行政编制2名；增加政法专项编制10名，其中：公安政法专项编制6名、检察院政法专项编制4名。为天问街道核定全额拨款事业编制18名。

2010年，市编办为区检察院增加政法专项编制2名、公安专项政法编制5名；从乡镇调剂3名行政编制充实到区纪委。2011年，市编办批准管理区乡镇卫生院事业编制18名，城市社区卫生服务中心事业编制40名。

至2011年，管理区行政事业编制总量为1579名，其中行政编制235名、专项编制129名、事业编制1215名。

第三节　编制管理

2003年12月，管理区党委下发《关于严格规范全区机构编制管理工作的通知》，明确全区机构编制管理工作由区编委统一领导，归口管理。就机构编制管理的基本原则、审批权限、监管措施予以规定，各乡镇、各部门对批准的机构限额、人数编制数额和领导职数不得突破，对擅自增设的机构，财政不予核拨经费、银行不予开设账户；对超编人员，编制、人事、财政部门一律不纳入统发工资的范围，人事、劳动和社会保障、公安等部门不予办理调配、社会保障、户口迁移等手续；对未经批准超职数配备的领导干部，不核发职务工资。

2005年5月，区党委印发《关于规范机构编制管理，实行“编制实名制”，清理清退临时雇请人员的意见》，要求各乡镇、区直各部门在5月31日前无条件清退无编人员和随意雇请的临时工；对事业单位空出编制，一律报请区人事部门，采取公开招聘的形式定员；在机构改革人员定岗到位后，实行张榜公示，并建立健全机构编制管理证和机构编制管理软件，实行“机构编制实名制”。

2008年9月，区编委作出《关于规范机构编制管理的规定》，对机构编制管理的原则、办事程序、审批权限、约束机制作出更加严格的规定。

至2011年，清退超编人员21人，调整超职数配备领导干部5人。

第四节　事业单位登记管理

一、登记

2005年5月，国家对事业单位进行编码。由于管理区没有独立编码，区事业单位纳入市事业单位进行法人登记。是年8月，取得事业单位登记许可，登记新设事业单位35个。2006年5月，成立管理区事业单位管理局，事业单位登记管理工作正式启动。已经进入登记管理的单位在办理社保、医保，开户银行账户和贷款证、税务登记证、营业执照等手续时，均要出具“事业单位登记管理证书”。从此，事业单位和企业一样实行市场准入制度。至2011年，全区有65家事业单位法人完成初始登记。

二、管理

2007年，管理区事业单位登记管理局首次对全区已登记事业单位法人开展年检工作，由各事业单位向管理区事业单位登记管理局提供经主管部门审查的年度报告书和资产负债表，管理区事业单位登记管理局对其登记事项逐一检查，如有变动事项，则要求其进行变更登记。2011年，完成事业单位年检54个，进行事业法人变更登记的8家，年检率、合格率均为100%。

第二章　人　事

第一节　行政干部（公务员）管理

一、机构

1978～2002年，境域人事工作由组织部门和劳动部门综合管理，其中劳动部门配干部2～3人负责工资调配，组织部门配专职干部3人负责干部任免、培训以及专业技术人员职称评聘。2002年3月，成立区人事劳动和社会保障局，内设人事管理人员3人，人事业务管理工作全面启动，实行党委领导下的人事管理制度和专业技术人员职称评聘工作，并依照国家法律、法规办理相关任免、晋升、调动等行政手续。

二、任免

1984年前，农场场级行政领导人员，由农场党委推荐，岳阳地委考察任免（地市合并后，由市委任免）；正科级干部由农场党委推荐，岳阳地委组织部任免；副科级干部由农场党委任免。科员、干事、技术员、办事员，分场一般干部，场直工厂、公司管理干部以及“以工代干”人员由场党委组织部门定编定员，报场党委批准，由场党委组织部门任用。1984年始，正、副科级干部由场党委任免。场直工厂、公司实行厂长、经理负责制，工厂、公司管理人员由厂长、经理任免。1992年，实施人事制度改革，推行全员竞聘上岗。2002年始，全区副处级以上干部由市委任免和提名任免；科级干部由管理区党委任免；科员、乡镇和事业单位一般干部由管理区党委组织部配备和调动。取消“以工代干”，施行《国家公务员暂行条例》，推行国家公务员制度。

三、培训

1978～1984年，干部培训主要集中在场级负责干部和科级干部。培训方式分脱产培训和在岗培训，脱产培训时间为3～12个月，每批2～5人，集中在地委党校；在岗培训时间为2～3天，每批50～60人，集中在农场党校。1984年，鼓励在职干部不脱产参加自学大专考试，全场有150余人先后进入各级党校、职校函授、刊授以及大专院校学习。1986年始，实行党员干部正规化理论教育，场部设立干部正规化理论教育领导小组，用三年学完马克思主义政治经济学、哲学、科学社会主义，以及《中共中央关于经济体制改革的决定》和国家颁布的各种法律法规。1988年下半年始，干部教育转入以岗位培训为主，场级负责干部、科级干部分期分批进市委党校进行岗位培训，至1993年，共轮训干部148人。

1994～1997年，科级以下党员干部进区党委党校短期培训形成制度，4年共轮训党员干部3800人次。

1999年，区党委对1260名机关工作人员进行一次较为系统的竞岗培训，培训内容包括文学、政治、行政管理等。涉及区直单位46个，其中行政机关34个，党群政法机关12个，安排考场40个、监考人员120人，对培训对象进行全面测试，考试成绩与干部上岗挂钩。

2003年，470名机关干部进行国家公务员行政管理学理论知识的培训。2004～2005年，组织开展公务员过渡知识培训，参训人员610人次。2008～2010年，分2批对国家事业单位90名参公人员进行岗位培训；对69名新录公务员进行岗前培训。

2008年7月，区委印发《关于干部教育培训工作实施细则的通知》，区委组织部按照干部管理权限和培训规则，实行点名调训，乡镇和区直单位5年轮训一次，干部教育培训以政治理论、政策法规、经济和社会管理知识，履行岗位职责所需文化知识、专业技能为主要内容，并将干部教育培训作为干部考核考察的重要指标和任职、晋升的重要依据之一。

四、考核奖惩

1978年始，逐步实行人事制度改革，变单一的委任制为体现实绩原则的多种任用形式。主要有：党组织负责干部实行选举制，单位负责人实行招标承包制、招聘制、达标任免制。1986年，总场党委明确规定，企业负责干部的职级待遇，根据企业的产值、利润等指标达标情况上下浮动，一年一浮，连续三年达标则稳定其级别，连续两年下降则就地免职。1996年，全场升级的企业9个，其中3个单位升为中型企业，21名干部提高职级待遇。对分场实行成果奖，主要以工农业生产主要指标为考核内容，考核结果与干部年终奖金发放挂钩，并作为干部提拔任用的主要依据。1997年始，对分场（办事处）、镇和区直部门实行目标管理考核，重点考核精神文明、物质文明、政治文明建设，考核结果与年终评先评优挂钩。

2007年12月，《湖南省公务员考核实施办法（试行）》实施后，管理区人事局对全区公务员的考核，以公务员的职位职责和所承担的工作任务为基本依据，全面考核德、能、勤、绩、廉，重点考核工作实绩。

考核分为平时考核和定期考核，定期考核以平时考核为基础。平时考核重点考核公务员日常工作任务、阶段工作目标完成情况以及出勤情况。定期考核实行一年一度的年度考核。年度考核分为优秀、称职、基本称职和不称职4个等次。年度考核优秀等次一般占公务员总人数的15%，最多不超过20%。对被确定为优秀等次的人员当年给予嘉奖，连续三年被确定为优秀等次的记三等功。对基本称职者进行诫勉谈话，限期改进，一年内不得晋升职务；对不称职者降低一个职务层次任职，连续两年考核被确定为不称职等次的予以辞退。2008～2011年，参加年度考核2035人次，其中评为优秀等次489人次、嘉奖453人次、记三等功36人次。

五、实施公务员制度

2004年，管理区正式实行公务员管理制度。区党委组织部、区人事劳动和社会保障局、区编办在机构改革“三定”规定的基础上，通过职位分类按规定程序对各职位选配人员进行国家公务员过渡。其中符合条件的在编在岗机关行政干部可过渡为公务员；不能过渡的，按有关规定予以分流；乡镇聘用干部符合条件的参加公务员过渡，不符合条件的分流至站所实行聘任制；在干部岗位上工作的工人，符合职位分类任职条件和考试合格的，可以录用为公务员，不符合条件的另行安排。是年，全区符合过渡条件的310名国家干部实行公务员过渡。

2008～2010年，全区7家事业单位90名工作人员分2批进入参照公务员管理序列。至2011年，全区公务员及参公人员470人，其中公务员374人，参照管理人员96人。女性99人，占21%；中共党员410人，占87.2%。学历方面，研究生15人，占3.2%；大学本科247人，占52.6%；大学专科155人，占33%；中专、高中以下53人，占11.2%。职务层次方面：县处级正职6人、副职21人，占5.7%；乡科级正职117人，占24.9%；乡科级副职171人，占36.4%；科员143人，占30.4%；新录用试用期人员12人，占2.6%。年龄结构方面：35岁及以下112人，占23.8%；36～40岁69人，占14.6%；41～50岁168人，占35.8%；51～60岁121人，占25.8%。

新招公务员实行公开录用制度，由市人事局组织报名，参加全省公务员录用统一考试，每年一次，至2011年，公开录用公务员69人。新录公务员每年定期参加由市人事局统一组织的公务员初任培训。同时，区人事劳动和社会保障局每年在区党委党校举办1～2期公务员培训讲座，重点对公务员职业道德、群众观念等进行教育培训。

第二节　专业技术人员管理

一、专业技术干部结构

1978年，全场有各类专业技术干部1361人，其中工程类技术干部129人，经济类技术干部134人，农业（含畜牧）类技术干部101人，会计、统计、审计类技术干部119人，中小学教师类688人，卫生类174人，党校类11人，档案类5人。至1983年9月，已获得各类专业技术职务任职资格（职称）的有384人，其中：中级职称20人（农艺师11人、畜牧师2人、工程师4人、会计师2人、主治医师1人），助级职称106

人，技术员级职称258人，未获职称的1090人。未获职称者大多是中小学教师、党校教员及从事经济工作的业务干部，因此类人员未列入评定职称范围。全场专业技术干部队伍中，具有大学本科学历者37人，大学专科学历者121人，中等专业学校毕业的338人，高中以下的865人，在各类专业技术干部岗位上以工代技人员332人。至1989年年底，全场先后经省、市和本场各级各类职改评审机构评审确认的具备专业技术职务任职资格的各类专业技术人员总数达到2303人，其中1988~1989年获得专业技术职务任职资格的各类专业技术人员达到1919人，其中副高级27人、中级420人、助级741人、员级731人。

1991年始，职称评聘工作进入正常化，场部职改办组织申报专业技术职务的晋升和正规全日制院校毕业生初任职务的认定工作步入正轨。至2011年，全区专业技术人员总数达3735人，其中副高级149人、中级1529人、助级1434人、员级619人；工程系列690人、农业系列285人、教师系列1083人、卫生系列371人、经济管理系列857人、政工系列385人。

2011年屈原管理区专业技术人员统计表

表9-1　　单位：人

专业系列	正高级	副高级	中级	助级	员级	小计
工程系列	/	12	306	291	81	690
农业系列	3	14	98	142	28	285
中学系列	1	91	288	114	7	501
小学系列	/	/	399	145	38	582
卫生系列	/	7	102	184	78	371
经济系列	/	3	38	148	92	281
会计系列	/	1	159	196	175	531
统计系列	/	/	10	18	17	45
群文艺系列	/	1	3	3	17	24
档案系列	/	/	1	10	5	16
新闻播音系列	/	/	1	10	/	11
党校系列	/	3	3	1	/	7
政工系列	/	17	120	168	80	385
律师公正系列	/	/	1	4	1	6
合计	4	149	1529	1434	619	3735

二、专业技术职称评定

1978~1983年，凡专业技术人员申报职称主要是根据本人学历条件及专业工作能力填表一份报岳阳地区主管部门评审认定。1986~1990年，申报职称的程序较前期完善，在省、市下达的指标范围内掌控申报人数，具体为分配指标、个人申请、审查验证、填写表格、组织参评材料、单位签章、整理成册，凭场部各系列考评小组评议签出意见后，初级职称报场部职改办、中级职称报市职改办、高级职称报省职改办认定。1991年职称改革工作步入规范化后，申报职称的条件、申报材料的要求、审查验证等都极为严格，指标额也逐年减少。申报手续完备后，进入评审程序，副高以上参评者由市职改办严格审查签出意见后报省职改办相应系列职称评审委员会，组织专家评审认定。中级参评者由场部职改办审查签章后报市职改办由相应系列职称评审委员会组织专家评审认定；初级参评者报场部职改办，教育、农业、卫生3个系列由本场组织专家评审，其余报市农经委认定。1991年撤销上述3个系列的初级职称评委会后，至1999年，全部上报由市农经委组织专家评审。2000年，管理区职称评审工作与县区接轨后，获得各系列初级职称的评审权。

2001年前，省、市、区各级各类职称评定机构对参评者采取的评审方法均为评议制。2002年始，普遍实行量化评审制度，即按学历资历条件、思想政治表现、专业学识水平、专业技术工作能力、工作业绩等五大类数十个小类实行百分制记分划线，上分数线者获得评审通过，通过率占80%～90%。评审结束后，经各级职改领导小组审定公示，高级职称由省职改领导小组发文确认（正高级2006年前由人事部评审确认，之后由省里代评）；中级职称由市职改领导小组发文确认；初级职称由市农经委职改领导小组发文确认（2001年后，由区职改领导小组发文确认）。个别专业技术人员因在岗业绩特别突出可破格晋升高一级职务，2001年，湖南正虹集团原董事长吴明夏由人事部、农业部破格晋升为农业技术推广研究员；2002年，屈原一中教师余乐文由省人事厅、省教育厅破格晋升为中学语文高级教师；2006年，湖南伟业农牧集团董事长胡伟清由省人事厅、省农经委破格晋升为工商管理高级经济师。

1993年前，职称外语考试（主要是英语）只有个别系列申报中级以上职务参评人员到市里统一进行测试；1993～2001年，大部分系列统一参加全省考试划线；2002年后，实行全国统一考试，由区职改办组织报名后集中到市里报考并参考（2011年起全国实行网上报考）。计算机应用能力考核始于1997年，全区所有干教医和事业单位工作人员分期分批集中到区党委党校培训，每期末由市人事局计算机考试中心派员主考，合格者颁发“湖南省计算机应用能力考核合格证”，分初、中级两类。2000年始，由屈原锦华电脑培训中心代培，市人事局计算机考试中心派员主考，省人事部门统一发证。至2003年6月，计算机中级合格证为晋升中级以上职务的必要资格条件。2004年始，凡晋升中级以上职务的必须获得市级以上人事部门颁发的计算机合格证。2008年后，计算机考核统一实行人事部规定的模块，其中初任职务认定者须获至少一个模块的计算机考核合格证，中级职务晋升者须获2个模块合格证，副高级以上须获3个模块合格证。

境内推行执业资格考试制度始于1991年，主要行业有教师类、财务管理类、卫生类及工程技术类等。至2010年，经上级相关业务主管部门主考核发获得教师资格证人员达860人；获得会计证人员有300人；获得执业医师资格证人员有200人；获得工程技术人员从业资格证有260人，通过国家统一考试获得执业工程师、造价师、会计师、策划师、经营师、咨询师等职业资格证书的达108人。

三、激励表彰

1978～1990年，专业技术人员的考核与评审相结合，重点审查任职资历条件、专业学识水平、业务工作能力和工作业绩，把定性评价建立在计量分析之上，实行百分制考评，构成较为完整的定量考核模式。1991年始，职称申报评审进入规范化后，对专业技术人员实行年度考核制，即由上级职改部门在每年年底向专业技术人员统一发放《专业技术人员年度考核表》，由本单位人事部门组织考评小组进行考核评价。考核等次分为称职（合格）、基本称职（基本合格）、不称职（不合格）3个档次（2002年后改为：优秀、合格、不合格，其中优秀按单位专业技术人员总数的15%确定），考核结束后报区（场）职改办确认其等次，然后将考核表存入个人技术档案，待后晋升高一级职务时连同个人申报材料一并上报作为考核依据参与评审。

1998年始，区党委、区管委会及组织人事部门认真落实专业技术人员其政治和生活待遇，先后2次推荐省级优秀专家，3次推荐市级优秀专家，2次向市推荐学术带头人和“121人才工程”领军人物，其中2人被评为省级优秀专家，3人次被评为市级优秀专家。2004年始，开展区级十佳优秀专家评比表彰活动，易国祥、杨坤明等10名专家受到嘉奖。同时实行两年一度的副高以上专家例行健康检查制度，一年一度的春节走访慰问活动，广泛听取专家对区经济和社会发展的意见及建议，解决专家在工作和生活中存在的实际问题。

2011年年底前屈原管理区高级职称人员名录

表9-2

姓　名	工　作　单　位	职　称	评定时间
易化球	区机关	高级教师	1988年8月
田树基	屈原一中	高级教师	1988年8月
汤蔚安	区机在	高级老师	1988年8月
张其义	区机关	高级农艺师	1988年10月
邵特吾	区机关	高级农艺师	1988年10月
曾谷田	区农技推广中心	高级农艺师	1988年10月
赖向阳	区农技推广中心	高级农艺师	1988年10月
楼盛涛	区机关	高级畜牧师	1988年10月
张景春（女）	屈原人民医院	副主任医师	1988年12月
沈忠民	屈原人民医院	副主任医师	1988年12月
陈时理	区机关	高级经济师	1989年3月
陈鸿轩	区机关	高级经济师	1989年3月
邓义清	区机关	高级工程师	1989年3月
陈彬初	区农技推广中心	高级农艺师	1989年3月
黄长久	区农技推广中心	高级农艺师	1989年3月
袁锡录	区农技推广中心	高级农艺师	1989年3月
罗建勋	区机关	高级会计师	1989年3月
彪型斌	区机关	副研究馆员	1989年5月
田阳军	区机关	高级教师	1989年6月
杨德明	区机关	高级农艺师	1989年6月
谭步云	区机关	高级政工师	1991年8月
熊义方	区机关	高级政工师	1991年8月
蒯正华	区机关	高级政工师	1992年5月
邹瑞岩	屈原人民医院	副主任医师	1992年12月

续表

姓　名	工　作　单　位	职　称	评定时间
钟建国（女）	屈原人民医院	副主任医师	1992年12月
甘建国	屈原一中	高级教师	1994年5月
杨胜文	屈原一中	高级教师	1994年9月
易辉扬	屈原一中	高级教师	1994年9月
李政文	区机关	高级政工师	1994年11月
罗昔文	区机关	高级政工师	1994年11月
胡宏兵	屈原一中	高级教师	1994年11月
汤华保	区机关	高级政工师	1995年3月
易宗辉	区机关	高级政工师	1995年3月
徐建军	黄金中学	高级教师	1995年3月
李菊良	区机关	高级政工师	1995年3月
任厚如	屈原二中	高级教师	1995年8月
周尚文	区机关	高级政工师	1996年3月
熊运南	屈原一中	高级教师	1996年7月
易拔群	屈原一中	高级教师	1996年9月
田军良	屈原人民医院	副主任医师	1996年12月
黄应龙	屈原一中	高级教师	1997年8月
阳震球	区机关	高级政工师	1997年10月
宋其福	区机关	高级政工师	1997年10月
谢型国	区机关	高级政工师	1997年10月
田吕阳	区机关	高级教师	1998年9月
杨宪成	营田镇	高级政工师	1999年1月
戴素娥（女）	屈原党校	高级讲师	1999年7月
何辉忠	屈原二中	高级教师	1999年8月
吴常坤	区机关	高级工程师	1999年9月
杨述	屈原一中	高级教师	1999年9月
湛伟健	屈原一中	高级教师	1999年9月
彭细辉（女）	区机关	高级政工师	1999年10月
周平科	屈原一中	高级教师	2000年8月
吴明夏	湖南正虹科技发展股份有限公司	研究员	2000年12月
曹建赓	区机关	高级政工师	2001年6月
田广文	屈原一中	高级教师	2001年9月

续表

姓　名	工　作　单　位	职　称	评定时间
刘蒲义	屈原小学	高级教师	2002年8月
余乐文	屈原一中	高级教师	2002年9月
谢望秋	区机关	高级工程师	2002年9月
罗中华	区机关	高级教师	2002年9月
钟晓华	区机关	高级教师	2002年9月
邵培根	区机关	高级教师	2002年9月
湛建平	屈原一中	高级教师	2002年9月
周尚斌	屈原人民医院	副主任医师	2002年10月
何近军	屈原一中	高级教师	2003年8月
邱建良	区机关	高级工程师	2003年8月
姜国十	屈原二中	高级教师	2003年8月
历风华	湖南正虹科技发展股份有限公司	高级工程师	2003年9月
易新怀	屈原城市建设投资管理中心	高级工程师	2003年9月
张玄良	屈原建安公司	高级工程师	2003年9月
杨友成	区机关	高级讲师	2003年9月
谭革成	区机关	高级农艺师	2003年9月
余一鸣	区机关	高级教师	2003年10月
刘见义	屈原一中	高级教师	2003年10月
余彩平（女）	屈原一中	高级教师	2003年10月
周京华（女）	屈原一中	高级教师	2004年8月
陆槐树（女）	屈原一中	高级教师	2004年8月
夏谷良	屈原二中	高级教师	2004年8月
黄国政（女）	屈原一中	高级教师	2004年8月
湛细满	湖南正虹科技发展股份有限公司	高级教师	2004年8月
吴学良	区机关	高级工程师	2004年10月
姚建平	区机关	高级政工师	2004年10月
童建国	农泰饲料公司	高级畜牧师	2004年10月
田元军	区机关	高级教师	2005年8月
许超群	屈原一中	高级教师	2005年8月
何东（女）	屈原一中	高级教师	2005年8月
余态姿	屈原一中	高级教师	2005年8月
曹泽文	黄金中学	高级教师	2005年9月
阳向军	湖南正虹科技发展股份有限公司	高级畜牧师	2005年11月

续表

姓　名	工　作　单　位	职　称	评定时间
张一清	湖南帝亿生物科技有限公司	高级畜牧师	2005年11月
司马光辉	屈原一中	高级教师	2006年11月
胡伟清	湖南伟业农牧发展有限公司	高级经济师	2006年11月
杨社华	屈原一中	高级教师	2006年11月
戴光辉	屈原一中	高级教师	2006年11月
湛正文	河市中学	高级教师	2007年7月
周光荣	屈原二中	高级教师	2007年8月
吴建平	琴棋中学	高级教师	2007年8月
范吉元	凤凰中学	高级教师	2007年8月
姜铁凡	屈原一中	高级教师	2007年8月
周尚武	屈原一中	高级教师	2007年9月
杨文辉	屈原一中	高级教师	2007年9月
柳弟雄	屈原一中	高级教师	2007年9月
吴德才	屈原一中	高级教师	2007年9月
任庆平	屈原党校	高级讲师	2007年10月
何毅灵（女）	屈原建筑设计学院	高级工程师	2007年10月
彭永胜	营田中学	高级教师	2007年10月
石丽辉（女）	营田中学	高级教师	2008年8月
田丽嫦（女）	营田中学	高级教师	2008年8月
伏建良	屈原二中	高级教师	2008年8月
田建奎	屈原一中	高级教师	2008年8月
吴建文	屈原一中	高级教师	2008年8月
吴跃胜	屈原一中	高级教师	2008年8月
吴　衡	屈原一中	高级教师	2008年8月
吴国荣	黄金中学	高级教师	2008年8月
周瑞兰（女）	黄金中学	高级教师	2008年8月
周再良（女）	黄金中学	高级教师	2008年8月
周岳飞	屈原二中	高级教师	2008年8月
杨乐春	屈原一中	高级教师	2008年8月
杨伯文	区机关	高级教师	2008年8月
胡光武	琴棋中学	高级教师	2008年8月
易国祥	屈原一中	高级教师	2008年8月

续表

姓　名	工　作　单　位	职　称	评定时间
易和根（女）	屈原一中	高级教师	2008年8月
黄雍光	河市中学	高级教师	2008年8月
曹瑞初	屈原一中	高级教师	2008年8月
湛红伟（女）	区机关	高级教师	2008年8月
谢型开	屈原一中	高级教师	2008年8月
谢晓阳	屈原一中	高级教师	2008年8月
田高鹏	区水利局	高级工程师	2008年9月
邓瑞祥	屈原党校	高级讲师	2008年10月
柳美云	区机关	高级农艺师	2008年11月
邓近平	湖南正虹科技发展股份有限公司	研究员	2008年11月
杨坤明	湖南正虹科技发展股份有限公司	研究员	2008年11月
李久群	湖南正虹科技发展股份有限公司	高级工程师	2008年11月
刘水兵	河市中学	高级教师	2009年7月
夏壮华	湖南正虹科技发展股份有限公司	高级政工师	2009年7月
胡应良	琴棋中学	高级教师	2009年8月
胡光华	屈原一中	高级教师	2009年8月
田建龙	屈原一中	高级教师	2009年9月
李珊惠（女）	屈原一中	高级教师	2009年9月
宋其云	屈原一中	高级教师	2009年9月
何新年（女）	营田中学	高级教师	2009年9月
周光林	屈原一中	高级教师	2009年9月
杨正勋	屈原二中	高级教师	2009年9月
谢仪社	凤凰中学	高级教师	2009年9月
谭建军	营田中学	高级教师	2009年9月
谢玉萍（女）	屈原一中	高级教师	2009年9月
熊　飞	屈原一中	高级教师	2009年9月
湛伯祥	屈原人民医院	副主任药师	2009年12月
徐文科	琴棋中学	高级教师	2010年8月
杨亮初	黄金中学	高级教师	2010年10月
张铁湘	屈原一中	高级教师	2010年12月
易建军	屈原二中	高级教师	2011年1月
柳正贤	营田中学	高级教师	2011年1月

说明：排名以职称评定时间为序。

第三节　工资福利

一、工资

1978年，境内执行国家三类工资区标准。1979年，由三类工资调整到四类。1985年，废除以前执行的23种工资标准，在机关、文教、卫生等单位的固定等级工资制人员中执行计时工资。因农场确定为中型企业，部分人员实行职务工资，其中行政管理人员中的办事员每月工资起点线为51元、科员60元、副科级70元、科级82元、副处级101元、正处级108元。事业单位实行专业技术类工资，技术员每月55元、助理工程师65元、工程师88元、副总工程师94元、总工程师101元。是年7月1日始，由四类工资区改按五类工资区标准执行，人均月工资增加5.73元。1987年1月1日始，执行六类工资区标准，人均月工资增加1.53元。同时，农场经批准升为大型三档企业，职务工资随之增加，人均月标准工资分别为：办事员52元、科员66元、副科级104元、科级111元、副处级125元、处级139元；技术员61元、助理工程师72元、工程师104元、副总工程师118元、总工程师125元。是年，场部规定实行岗位职务津贴制度，场级干部每月15元，正科级、副总工程师、大学本科生和大专毕业且工作满20年的每月10元，副科级、助理工程师、大专毕业生和中专（含高中）毕业且工作满20年的，以及工龄满30年的一般干部、教师、医师每月5元。

至1988年，全场实行职务、教龄、岗位津贴工资制度人员共2455人，其中国家工作人员1634人，招聘干部321人。

1989年11月，场部决定取消职务（职称、学历、工龄）津贴。

1990年4月，农场场部转发《岳阳市企业工资改革领导小组办公室关于统一市属国营农场职工工资标准有关问题的通知》，明确农场干、教、医（含经农场党委组织部批准招聘的干部）均执行二产业工资标准，即六类工资区标准。是年5月，农场根据国务院、国家计委、财政部有关规定，工资制人员普遍增加一级工资并适当提高离退休人员待遇。

1991年7月25日，场部决定按照1991年度工效挂钩原则，全场教师、医师以及场直单位干部及工勤人员，符合条件的人均升半级工资；亏本单位拨给3%晋级指标，解决有特殊贡献的人员。是年10月4日，场部转发劳动部《关于调整企业职工工资标准的通知》，是年5月1日始，适当提高现行干部和新参加工作的大、中专毕业生见习期间临时工资标准，人均增加4元。

1992年1月12日，场部作出《关于总场机关实行基本、岗位、奖励工资制的决定》，打破场部机关工资、奖金分配上的大锅饭，调动机关工作人员积极性。其中基本工资为个人总工资提取岗位工资后的余额；从个人总工资中提取26元作为岗位工资；将年终奖化解到月，每人每月30元作为奖励工资。基本工资、岗位工资和奖励工资分别与个人工作纪律和工作成效挂钩。

1996年，行政区管委会印发《关于贯彻实施湖南省国有企业职工等级工资指导标准的通知》，明确1996年7月在册的行政、事业、企业单位干部均属于工资套改的范围和对象，按本人现行标准工资级别平行对应套入等级工资标准。全区含区机关、办事处（镇）工作人员，教、医、农、林、水、电等工作人员共3024人进入工资套改，其中区机关524人、事业编制2510人。

1997年11月5日，行政区管委会下发《关于给机关、事业单位工作人员适当补贴的通知》，规定机关工作人员每人每月补贴标准为：副厅级175元、正处级165元、副处级160元、正科级155元、副科级150元、科员、办事员、工人145元；事业单位行政人员、工人发放标准与机关同类人员相同；专业技术人员每人每月标准为副教授级165元、讲师级155元、助理级150元、员级145元。

2001年12月2日，管理区管委会印发《关于机关和事业单位工作人员按有关工资政策套改的意见》，明确机关工作人员除工勤人员外实行职务工资、级别工资、基础工资、工龄工资、岗位津贴相加的公务员工资制；机关工人实行技术岗位工资、活动工资、津贴相加的技术等级工资制；事业单位专业技术人员实行专业技术岗位和薪级工资制；事业单位管理人员实行管理岗位和薪级工资制，工人实行事业技术等级工资制。

2006年7月，对机关和事业单位在岗在编及内退人员实行每人每年600元过渡性津贴。2009年，机关和事业单位在编在岗及内退人员津补贴每人每年增至1.2万元。2011年提高至1.5万元，离、退休人员津补贴执行在职人员的78%。

至2011年，纳入区财政统发工资人员2403人，其中国家公务员及参照公务员管理470人。

二、福利

改革开放后，干、教、医等机关事业单位工作人员福利不断改善。1985年始，实行工龄津贴人均年0.5元、洗理费每月2元、书报费每月3元，女同志每月增加卫生费0.5元。2001年，机关事业单位实行新的工资政策套改后，各项福利予以取消。但有休假、伤残、死亡、丧葬、退休等福利政策待遇。

休假 1986～1987年，各级党政机关制定年休假制度：工龄不满10年的，年休假10天；10年以上不满20年的，年休假15天；20年以上不满30年的，年休假20天；30年以上的，年休假25天。1991年调整为：满5年不满10年的，年休假7天；满10年不满20年的，年休假10天；满20年以上的，年休假14天。1995年5月1日始，工作人员实行双休日制度，每星期的周六、周日休息两天。1999年国庆节始，国家推出黄金周，决定将春节、“五一”“十一”的休息时间与前后的双休日拼接，从而形成7天的长假。2007年，取消“五一”黄金周休假制度。

婚、丧、探亲、产假，曾数次改动。其中探亲：1981年规定未婚者探望父母的，每年给假20天；已婚者探望配偶的，每年给假30天，工资照发，路费报销。婚假：1982年由3天增至12天。父母公婆亡故，丧假3天。产假：90天，其中产前15天，产后75天；小产15～42天。1989年规定：对领取了独生子女证的女工作人员，增加产假一个月。2003年后，女职工产前产后假仍为90天，休假时间与1989年规定相同，沿用至今。产假期间工资照发，分娩后的检查费、接生费、住院医药费均在单位医疗费内开支。

伤残 1978年前国家规定，机关工作人员及企事业单位干部因工负伤者，治疗期间工资照发，医疗费、住院费、去外地就医的路费、因公患血吸虫的治疗费、生活费均由单位负担。1994～1999年，先后3次提高伤残人员保健金额和退休退职待遇。1996年，岳阳市制定《伤残鉴定暂行办法》，将机关事业单位工作人员工（公）伤和职业病、血吸虫病致残程度规定为四等六级，即特等、一等、二等甲级、二等乙级、三等甲级、三等乙级，并分别发给每人160～600元一年的伤残保健金。其中，特等伤残人员每月护理费110元，退休费比例提高15%；一等伤残人员每月护理费88元，退休费比例提高5%。1999年1月1日始，特等、一等伤残人员每年保健金提高至750～1000元。

死亡丧葬补贴 工作人员和职工死亡丧葬费和家属抚恤费，不同时期有不同的标准：1981年丧葬费为300元，因公死亡400元。一次性发给抚恤金，其中病故的为本人生前10个月基本工资；因公的为本人生前20个月基本工资；烈士为本人生前40个月基本工资。1994年规定，正常死亡的为本人生前10个月基本工资；因公死亡的为本人生前20个月基本工资。1996年规定，对立功获得荣誉的警察，死亡后增发5%～35%的一次抚恤金。1997年，提高丧葬费标准，因公死亡者为每人1300元；病故的为每人900元；费用由所在单位承担，并且适当提高遗属生活困难补助标准。

2007年3月1日始，丧葬费标准调整为：凡病故的工作人员，丧葬费由1500元提高至4000元；凡因工（公）死亡的工作人员，其丧葬费由2000元调整为5000元。同时规定：死亡殓葬费包干使用（包括火化、服装、骨灰盒等费用）。抚恤费相应作出调整：批准为烈士的，为本人生前80个月基本工资或基本离退休费；因工（公）死亡的，为本人生前40个月基本工资或基本离退休费；非正常死亡（不包括因政治、经济问题而畏罪自杀者），可比照病故的标准按其20个月工资计发。

第四节　人才资源开发

一、人才引进

2009年后，按照人事部《事业单位公开招聘人员暂行规定》《湖南省事业单位公开招聘人员试行办法》和《岳阳市事业单位公开招聘人员暂行办法》，全面落实事业单位工作人员招聘“凡进必考”制度。考试分为笔试、面试、技能测试三个阶段。笔试主要考察理论基础业务知识、文字组织能力；面试则考察仪表、知识面、应变能力、口头表达能力等；技能测试主要针对专业性强的岗位考察专业实际操作能力。区事业单位招聘工作人员由区人事部门牵头，会同区党委组织部、区纪委、区编办一同组织报名、资格审查、考试和录用，每年1～2次。至2011年，组织招聘7批次，招聘录用工作人员127人。

二、人事代理

2001年，管理区人事劳动社会保障局成立人事托管中心，投资20万元，解决办公用房、培训场所、人才信息发布场所、添置电脑和标准人事档案柜等设施，建立人员基础数据库。2002年始，接受单位和个人委托，对其人事业务、人事档案及相关事宜进行集中、规范、统一的社会化管理。2004年9月，组织专人对人才交流服务中心人事托管档案进行全面清理。至2011年，共托管人事档案237份。

第十篇　民政·劳动与社会保障

第一章　民　政

1994年8月，行政区成立民政科，为区社会发展局内设机构，因体制原因，未纳入省、市民政工作管理序列，民政管理职能无法履行。2002年3月，正式成立管理区民政局。

2003～2011年，民政部门坚持依法维护和保障人民群众基本生活权益，依法管理民政事务，始终把加强基层民主政治建设、拥军优属、安置退伍军人、赈灾救助、婚姻登记、地名和社团管理作为全区民政工作重点。基层民主政治建设贯彻实施《村民委员会组织法》和《居民委员会组织法》，依法进行管理区第一次至第二次村委会、居委会换届选举；广泛开展村民自治示范活动，普遍建立村务公开制度。优抚安置工作贯彻落实《退伍军人安置条例》，妥善安置城乡退伍军人；实施《军人抚恤条例》，逐步提高优待标准。社会救助立足解决救助对象衣食住行等问题，利用政府拨款、社会统筹和发行福利彩票、慈善募集等多种办法筹集资金。至2011年，民政工作初步形成由政府主导、民政牵头、社会参与的大民政格局。

2011年，区民政局系统有干部职工20人，内设社会救助局、优抚安置股、婚姻登记处、慈善办、福彩办、救灾救济股、社会事务股、基政股、老龄办、区划地名股、民间组织管理股、财务室、办公室等股室；下辖2镇3乡1街道民政所。

第一节　基层自治组织建设

一、村委会

选举　2008年，根据《全省第七次村民委员会换届选举工作通知》《岳阳市第七次村民委员会换届选举工作实施方案》，区、乡镇分别成立首届村委会选举工作领导小组，并结合管理区实际制定《屈原管理区首届村民委员会选举工作实施方案》。首届村委会选举主要经历成立机构、宣传发动、选民登记、村民代表产生、正式选举、登记备案等六个阶段。印发《湖南省村民委员会选举规程》90册，制作宣传标语200条，发放宣传资料2100份，下发《督查通报》5期。至6月底，全区62个村全部由村民代表大会直接选举出村委会主任62人，委员166人。对当选者统一颁发由省民政厅印制的“当选证”。

2011年5月，区党委、区管委会制定《屈原管理区第二次村民委员会换届选举工作实施方案》，2次召开专题会议研究部署村委会换届选举工作，连续3次召开乡镇党委书记、人大主席和民政办主任参加的动员会、碰头会、督查会和讲评会。区党委组织部、区督查室、区民政局组成联合督查组，分三阶段进行督查。至6月底，全区62个村有61个由村民大会直接选举村委会主任61人、委员189人，完成率98.3%。

村民自治　2004年，根据民政部等七部（委）联合下发的《关于乡镇行政区划调整工作的指导意见》，在尊重民意、实事求是、依法依规的前提下，合并规模较小的行政村，扩大村组规模，减少村组干部职数。至年底，81个村委会调整为62个，村民小组由689个合并为397个。

2011年，区民政局以第二次村委会换届为契机，下发《村民自治章程》和《村民自治公约》参考文本，开展“村民自治模范村”创建活动，完善村规民约，规范村务公开的内容、形式、时间、程序及标准，把村务公开、民主管理推向规范化。至年底，全区有30个村完善并制定自治章程和自治公约。

附　营田镇义南村村规民约

为发展地方经济，稳定社会秩序，把义南村建设成为精神文明、物质文明、政治文明、生态文明、法治文明协调发展的社会主义新农村市级小康示范村，根据《中华人民共和国村民委员会组织法》，并结合本村实际，在广泛征求群众意见的基础上，经村民会议和村民代表会议讨论通过，特制订本村规民约。

第一条　村委会是村民自我管理、自我教育、自我服务的基层群众性自治组织，实行民主选举、民主决策、民主管理、民主监督。

第二条　保护耕地，未经有关部门批准不准占用耕地建房，不准自由买卖和抛荒耕地。

第三条　保护水利设施。对蓄意破坏设施者，除本人写出书面检讨或通报批评外，并收取损失赔偿金。

第四条　爱护森林。凡属于集体和个人管理的林地未经批准不得乱砍、乱伐，违者由村委会没收所伐树木，并提交林业执法部门处理。

第五条　维护道路畅通。不准在公路上乱挖乱堆，路边建房必须办理建房许可证，并交纳规定数额的保证金。不准在道路边乱挖，不准破坏公路标志。

第六条　保持供电线路的安全和正常输电，对屋前屋后有阻碍线路的树木，该砍必砍，任何人不得刁难阻挠，用户必须按期缴纳电费，对长期拖欠者，交有关部门处理。

第七条　每个村民必须如期、如质、如数完成国家规定的各项任务和经村民会议或村民代表会议“一事一议”决定的合理收费、义务工等。

第八条　执行村庄规划。建房必须统一规划，建房用地必须申报批准后方可动工，特别是在规划区域内必须服从大局，统一布局。不得擅自在自建房屋四周乱搭乱建，影响村容村貌。

第九条　自觉遵守“计划生育村民自治公约”，杜绝非法妊娠、非法生育和非法中止妊娠。

第十条　弘扬尊老爱幼、邻居和睦的风尚，杜绝吵骂、斗殴事件的发生。一次性不能调和的纠纷经村民代表会议讨论适当收取调节费。对虐待、遗弃老人、儿童、病人和没有生活能力的人，有责任供养而拒不供养的人，村委会对其进行批评教育，情节严重屡教不改者，村委会责成限期改正，并报司法部门处理。

第十一条　禁止以麻将、扑克、骨牌及其他工具进行赌博，特别是聚众赌博。对影响极坏的窝家和个人一经抓获提交公安部门从严处罚。

第十二条　村民必须维护集体、企业和他人的利益，爱护公共设施。对偷窃、损害行为除由肇事者负责赔偿外，并进行通报批评，情节严重的提交公安部门处理。

第十三条 杜绝破坏公共卫生行为，确保全村有一个良好的生产、生活环境。

第十四条 进一步调整产业结构，发展高效农业，增加农民收入，任何人不准阻挠刁难。

第十五条 本村规民约经广泛征求村民的意见，并由村民会议和村民代表会议讨论通过，具有约束效力。

第十六条 本村规民约印发全村各户，做到家喻户晓。

本村规民约的解释权属本届村委会，自2010年12月1日起执行。

二、居委会

选举 2006年，区党委、区管委会根据《全省第六次社区居委会换届选举工作的通知》及《岳阳市第六次社区居委会换届选举工作实施方案》，印发《屈原管理区第一次社区居委会换届选举工作实施方案》，按照宣传发动、居民代表登记、组织选举、登记备案四个阶段实施。选举期间，先后召开乡镇、街道负责人和民政办主任动员会，对具体工作进行部署。至12月底，全区2个镇、1个街道的8个居委会，圆满完成首届选举工作，选举产生首届居委会班子成员40人。

2009年，区党委、区管委会发文部署第二次居委会换届选举工作。此次换届选举在选民资格的确定上以居民居住地为主，改变以往强调选民户口必须在该居委会的做法。选举期间，区党委组织部、区督查室、区人大政协内司委、区民政局组成督查组进行2次督查。至12月底，全区8个居委会选出居委会班子成员32人。与上届比较，居委会班子成员有大专以上文化的由2人增至4人，平均年龄由44岁降至40岁，有一技之长者由5人增至8人。

社区建设 2004年1月，汨纺改制后，成立边山社区工委，下设橘园、凤凰2个社区居委会。是年6月18日，区党委、区管委会决定，撤销区直企业留守处，与营田镇居委会合并组建青山寺、虎形山、推山咀、余家坪、槐花社区居委会，隶属营田镇。2007年12月28日，经省民政厅批复，边山社区更名为天问街道。

随着改革开放和城镇化进程加快，中心镇区规模不断扩大，农民进镇务工、经商人数增加，并入城镇社会生活，特别是原国有企业和行政事业单位的职工家庭由单位管理转变为社会管理，由此产生居住地与户口分离，医疗卫生、劳动就业、治安调处、物业管理等社会问题日益凸显。2004年，区管委会出台《屈原管理区社区建设工作实施方案》，加强社区建设力度。2005年始，各级投资300万元，完成橘园、凤凰、青山寺、虎形山、推山咀、余家坪、槐花社区平台建设，普遍建立社区服务站、党支部活动室、居委会办公室、计生、劳动、社保、医疗、户籍、物业管理和最低生活保障申报等服务性组织。2010年，投资10万元，兴建河市镇河夹塘社区服务平台。至此，全区8个社区居委会社区服务平台全部达到市级标准。至2011年，先后有橘园社区、槐花社区、青山寺社区被市民政局授予示范和谐社区称号；橘园社区被省司法厅、省民政厅评为全省民主法治示范社区；橘园社区、凤凰社区被市政府评为先进社区和文明社区。

第二节 优抚安置

一、农村义务兵家属优待

1978～2002年，境内农村义务兵家属优待工作由汨罗市民政局履行职能。2003年始，境内优抚工作正式步入正轨，优待标准为农村义务兵每人每年1000元，到西藏、新疆等艰苦地区服役的义务兵给予1万元一次性奖励。立功或评为优秀士兵的，由民政部门发放优待奖励金，其中军以上单位授予荣誉称号或立一等功的奖2000元，立二等功的奖1000元，立三等功的奖500元，被评为优秀士兵的奖200元。此后，义务兵优待金一直按此标准执行。至2011年，全区农村义务兵家属优待金统筹发放99万元，受奖52人次，奖励金额1.58万元。

二、抚恤补助

“三属”人员抚恤补助　2003年，全区有“三属”（即烈士家属、因公牺牲军人家属、病故军人家属）人员15人。按照省民政厅、省财政厅规定，烈属、因公牺牲军人家属，在农村每人每月发放200元，城镇每人每月发放290元；病故军人家属，在农村每人每月发放200元，城镇每人每月发放280元。全区全年发放“三属”人员抚恤补助4.8万元。2004年、2005年、2006年、2007年、2008年、2009年、2010年，分别按省民政厅、省财政厅规定，提高“三属”人员抚恤补助标准。2011年，烈士家属抚恤费在农村的每人每月510元，城镇每人每月880元；因公牺牲家属抚恤费在农村每人每月480元，城镇每人每月750元；病故军人家属抚恤费在农村每人每月460元，城镇每人每月705元。年底，全区有“三属”人员12人，抚恤补助9.2万元，其中烈士家属6人，抚恤补助4.9万元；因公牺牲军人家属3人，抚恤补助2.2万元；病故军人家属3人，抚恤补助2.1万元。

伤残抚恤　2003年，全区有革命伤残人员17人，年发放伤残抚恤补助9.5万元。2004年始，伤残军人抚恤标准逐年提高，其标准根据伤残等级发放。2011年，全区伤残军人23人，年发放抚恤补助18万元。

参战涉核补助　2008年，区民政部门为全区137名军队退役人员申报参战、涉核退役人员补助，至2011年，落实参战、涉核退役人员补助每人每年3160元，全年发放补助金80万元。

三、烈士褒扬

至2011年，全区在《湖南烈士英名录》有记载的革命烈士21人。根据民政部《关于给部分烈士子女发放定期生活补助的通知》，是年起，落实4名烈士子女每人每月130元的生活补助。同时筹建屈原烈士陵园，拟占地0.33公顷，已完成项目批复、土地划拨、规划设计等前期工作。

四、退伍军人安置

1978～1980年，农场按1954年11月1日颁布的《兵役法》规定执行，坚持“从哪里来，到哪里去”的安置原则，根据“五到”（即人到、档案到、行政介绍信到、组织关系到、粮食关系到）办事规定和个人特长，分门别类，登记造册，综合平衡安置。

1980年实行义务兵役制后，农场场部每年临时成立退伍军人接待办公室，接收安置退伍军人参加农场生产建设。1986年，场部发文规定：因战、因公致残的二、三等残废军人和荣立二等功以上退伍军人，按城镇退伍兵安置工作；应征入伍前固定工资者，退伍后原则上回原单位复工复职；吃商品粮且入伍前未参加工作的退伍军人，根据市退伍办、市劳动局统一下达的招工指标，安置就业；吃农场粮的回场后，评为农场正式职工安排就业。1978～2004年，全域退伍军人2497人，安置工作226人，其余从事农业生产。2005年，区管委会出台《城镇退役士兵安置及自谋职业暂行办法》，实行一次性补偿，鼓励自谋职业。至2011年，全区退伍军人468人，其中一次性补偿安置31人，发放补助金60万元；按级转业三级士兵和八级以上伤残军人安置12人，其余实行“从哪里来，到哪里去”的政策，解决生活、就医、住房补助资金30万元。

第三节 社会救助

一、赈灾救济

1978～2001年，境内自然灾害救济没有纳入省、市救助体系。2002～2011年，上级及区民政局下拨救济款516.5万元，衣物0.3万件，棉絮1500床，大米120吨，灾后重建116户，农村危房改造211户，安置灾民1600人次。

2008年1月上旬，境内遭受罕见冰雪灾害，受灾农作物面积2000公顷，其中绝收面积500公顷；损坏房屋1234间，其中倒塌621间，冻伤1534人；毁坏电力、通讯设施100多处，300多户水管暴裂，直接经济损失1000多万元。民政部门下拨救灾款物150万元，救助灾民1000人次。

2009年5月，受低温多雨天气影响，全区3678.7公顷早稻出现空壳，导致早稻减产严重，直接经济损失2200万元；6月29～30日，陡降暴雨180毫米，200公顷精养渔池翻塘，直接经济损失300万元。区民政部门组织资金116.9万元赈灾。

2010年4月22日，区境遭受特大暴雨，农作物受灾面积1300公顷，损坏房屋270间，倒房61间，转移安置灾民7600人。区紧急下拨救灾款107万元，其中发放口粮救济款34万元，建房补助款60万元，调运大米3000公斤，食用油255瓶，纯净水300件及棉被100床，救助困难群众1.1万人次。

二、城乡居民最低生活保障

2000年前，境内城市居民低保纳入汨罗市管辖范围。2001年10月，管理区启动城市居民低保，确定最低生活保障标准为每人每月100元，确定保障对象720户、2150人。2003年，区管委会印发《城镇居民最低生活保障制度实施细则》，城市低保由低标窄面向提标扩面、由普及低保向提高标准、由一般管理向动态管理发展。2005年，管理区管委会下发《关于提高全区居民最低生活保障标准的通知》，城市居民最低生活保障标准从每人每月120元提高到140元，是年，救助城市低保对象31800人次，发放金额198.452万元。2006年，启动农村居民最低生活保障，确定最低生活保障标准为每人每月75元，是年，救助城市低保对象41184人次，发放金额251.752万元；农村低保救助20458人次，发放金额97.272万元。2009年，城市居民最低生活保障标准从每人每月150元提高到180元；农村居民最低生活保障标准从每人每月75元提高到90元，是年，救助城市低保对象40604人次，发放金额533.4924万元；救助农村低保对象24156人次，发放金额106.5万元。至2011年，城市居民最低生活保障标准从每人每月的180元提高到220元，救助城市低保对象37464人次，发放金额723.8961万元；农村居民最低生活保障标准从每人每月90元提高到120元，救助农村低保对象24111人次，发放金额205.585万元。

三、五保户供养

1978年，全场无劳动能力、无生活来源、无法定供养义务人或虽有法定供养义务人但无能力供养的老年人、残疾人、未成年人，约占全境总人口的1%，农场采取保吃、保穿、保医、保住、保葬（孤儿为保教）的办法，由各分场、镇、生产队（组）实行统筹联养，按当地一般群众的实际生活水平，保证五保户每人每年口粮175～200公斤、生活费60～120元供养。1989年后，农场场部出台《五保户供养实施细则》，规定五保供养实行分场、生产队、组三级分管，以生产队为主的原则，供养标准按每人每年400公斤原粮、400公斤柴草、80元钱、4公斤油落实兑现。1994年1月，国务院《农村五保供养工作条例》出台，全区五保老人以生产队为主，把护理责任落实到人，是年，有五保对象890户、1050人，供养标准年人均达到1000元。2000年后，实行集中供养与分散供养两种形式，以集中供养为主，全区有营田镇、琴棋乡、黄金乡完成敬老院改扩建，入院五保老人达130人，占全区五保老人35%。2004年，管理区管委会下发《关于切实做好农村五保供养工作的通知》，规定全区五保对象供养标准为每人每年1200元，相继建成敬老院5所、五保之家3所。至2011年，五保对象供养标准每人每年提高到1500元，集中供养达210户、210人。

四、流浪乞讨人员救助

1978～2002年，境内未开展流浪乞讨人员救助工作。2003年始，区民政部门根据国务院颁发的《城市流浪乞讨人员收容遣送办法》，收容“家居农村流入城市乞讨的”“城市居民中流浪街头乞讨的”“其他露宿街头生活无着落的”人员，以维护城镇社会秩序和安定团结。2011年，管理区管委会办公室印发《关于设立区流浪乞讨人员救助机构的通知》，明确流浪乞讨救助管理职能正式纳入民政部门工作序列，定编3名。至2011年，收容救助流浪乞讨人员210人次，遣送8人次，劝返180人次。

五、孤儿保障

1978～2009年，境内对孤儿按照五保户对待。2010年始，根据国务院《关于加强孤儿保障工作的意见》和民政部、财政部《关于发放孤儿基本生活费的通知》，正式启动孤儿保障工作，是年确定发放对象18人，按每人每年7200元（其中中央补助金3420元）的标准，共发放129600元。2011年，确定对象16人，共发放115200元。

六、福利企业

2008年始，重视福利企业发展。至2010年，全区有福利企业20家，累计安排残疾人就业1100人次，产业涉及铜铝材加工、碳素材料加工等。2011年，受国际金融和国家税收政策调整的影响，境内福利企业逐步萎缩，仅存5家，安置残疾人400余人。

附　区慈善总会

区慈善总会成立于2010年9月2日，挂靠区民政局，接受区民政局业务指导和监督管理，同时接受中华慈善总会、省慈善总会和市慈善总会的业务指导。其宗旨是：广纳义举，广播善心，弘扬中华民族扶贫济困的传统美德，帮助社会上不幸个人和困难群体，开展各种形式的社会救助工作，协助区管委会发展慈善事业，促进社会文明进步。基本任务是：动员社会力量，募集慈善资金，兴办各项慈善公益事业；组织热心慈善事业的志愿者队伍，开展扶老、抚孤、帮残、救难、赈灾等各种慈善救助活动。至2011年，有团体和个人创始会员142名。

2010年9月2日，召开第一届会员代表大会暨区慈善总会成立大会，通过《岳阳市屈原管理区慈善总会章程》《岳阳市屈原管理区慈善总会资金管理办法》《岳阳市屈原管理区慈善总会组织社会力量募集资金办法》，选举产生管理区慈善总会首届理事会和常务理事会，沈立山任会长。

2010～2011年，利用区慈善总会挂牌成立平台，一次性募集资金114万元；建立“慈善一日一元捐”机制，募集善款120万元；搭建企业定向捐助平台，募集善款130万元；开展“管理区居民自发慈善募捐日”活动，募集善款70万元。投放300万元用于慈善公益“四助”项目，其中救助困难大学、高中学生150人，助资55万元；发放助困金150万元，为600多户困难群众送去关爱；资助重病患者70人，发放善款50万元；定向帮扶140户农村贫困户，资助45万元。争取市慈善总会的支持，将管理区纳入市区慈善大病救助体系。至2011年，有120名重病患者得到医疗救助，救助资金达240万元。开展第一届“屈原管理区慈善明星企业”“屈原管理区慈善名人”评选活动，胡伟清、胡厚忠被评为第二届“岳阳慈善名人”，6位企业总经理获管理区第一届慈善名人奖，2家企业获第一届管理区慈善明星企业奖。

第四节　婚丧管理

一、婚姻登记

1978～2002年，境内婚姻登记及档案管理由汨罗市民政局委托农场（行政区）各分场（办事处、镇）办公室办理，达到结婚年龄的男女，由双方单位开具介绍信，所在生产队（村、居）出具婚姻状况证明，携带婚检证明和户口簿（或身份证），方可办理结婚登记手续。2003年，区民政局成立婚姻登记中心，集中办理婚姻登记及管理档案工作。按照国务院颁布的《婚姻登记条例》，取消各种证明，突出人性化管理，达到结婚年龄的男女，只需携带本人身份证、户口簿和本人无配偶以及与对方当事人没有直系血亲和三代以内旁系血亲关系的双方签字声明，就可以办理结婚登记手续。

2003～2011年，全区办理结婚登记5189对，离婚登记1220对。

2003～2011年屈原管理区婚姻登记情况

表10-1　　单位：对

	2003年	2004年	2005年	2006年	2007年	2008年	2009年	2010年	2011年
结　婚	399	460	500	557	491	641	752	650	739
离　婚	67	105	109	125	123	140	177	181	193

二、殡葬

70年代末，农场党委、场部大力倡导移风易俗新风尚，以黑纱、白花代替披麻戴孝，用追悼会代替做道场、烧纸扎屋等封建迷信活动，以花圈代替赠祭。1981年后，农场根据全国殡葬改革工作会议提出的“坚持依靠群众，积极改革土葬，推行火葬，破除陈旧的丧葬习俗，支持节约办丧事，建设社会主义精神文明”的精神，鼓励城镇和农村积极推行火葬。2001年后，区党委、区管委会规定：凡国家工作人员和企事业单位干部、职工死亡，一律凭殡仪馆火化证明发给家属丧葬费和抚恤补助，否则，取消补贴。至2011年，火化遗体780具。

2011年5月8日，省民政厅下发《关于同意设立岳阳市屈原管理区千古自在园公墓的行政许可决定书》，区民政局正式启动管理区公墓山建设，项目选址营田镇新民村木鱼山，占地面积7300平方米，其中建筑面积2000平方米，墓区占地5300平方米。

第五节　地名・社团

一、村、居委会名称

2003年4月，经省政府同意，省民政厅批复，将管理区9个办事处、镇合并为5个乡镇，其中白鱼歧办事处合并到营田镇，建立营田镇，一分场一队命名为尚林村，二队为义南村，三队、橘园队为千秋村，四队为新民村，六队为三洲村，七队、水产队为荷花村，八队为新堤村，九队为凤山村，十队、十一队为玉湖村；八分场一队、九队为港南村，三队、二队为团湖村，四队、五队、十队为宝塔村，六队、七队为菱湖村，八队为八港村；辖区13家国有企业留守处，合并设立青山寺、虎形山（含边山村）、槐花、余家坪（含余家村）、推山咀5个居委会。河市镇与罗城办事处（蚕场）合并，建立河市镇，辖区一队、十队命名为新悦村，二队、十一队为复兴村，三队为荻湖村，四队为三联村，七队为三星村，五队、十二队为三合村，六队、八队为和平村，原蚕场一队、二队为古罗城村，三队为永兴村，四队为星湖村，五队为洋湖村；原河市镇副业队、九队、十三队合并设立河夹塘居委会。大江办事处（五分场）、黄金办事处（七分场）合并建立黄金乡，辖区七分场一队、二队合并为黄金村，三队、四队为滨莲村，五队、十二队为寺坪村，六队、十一队为金塘村，七队、十三队为禾鸡山村，八队、九队为大湾村，十队、水产队、黄金镇合并为青洲村，五分场一队、农机站合并为大江村，二队、三队、十三队合并为金龙村，四队、十二队为万兴村，五队、十一队为北洲村，六队为新联村，七队、八队为同洲村，九队、十队为双江村。凤凰山办事处（茶场）与汨江办事处（四分场）合并，建立凤凰乡，四分场一队、十一队、十二队合并为东干村，二队为横港村，四队为八尺港村，三队为船江村，五队为春江村，六队为黄泥会村，七队、水产队、农科队合并为河泊潭村，八队为香游湖村，九队为汨江村，十队为荞麦湖村，茶场一队、二队为兴隆村，三队、四队为凤凰村，五队为福星村。磊石办事处（三分场）与琴棋办事处（二分场）合并，建立琴棋乡，三分场水产队、一队合并为凤凰村，二队、三队为古湖村，四队、九队为大湾村，五队为磊石村，六队为新河村，七队、八队为永丰村，二分场一队、六队为青港村，二队、三队为北港村，四队、七队、水产队为八港村，五队为三星村。2007年12月，管理区撤销边山社区，设立天问街道，辖凤凰、橘园2个居委会。

二、社团管理

2005年始，区民政局设社团管理办公室，负责全区社团注册登记及管理工作。2010年10月，根据《社会团体登记管理条例》，区管委会成立清理整顿社会团体领导小组，对全区社会团体进行清理整顿，对合法的社团，颁发“屈原管理区社会团体登记证”和“屈原管理区社会团体法人登记证”，对未登记、非法成立或问题严重的社团，予以解散或取缔；对不符合社会需要、重复设置、不具备基本活动条件的，予以撤并。至2011年，全区注册登记法人社会团体15个。

2011年屈原管理区社会团体统计表

表10–2

单位名称	业务主管单位	法人代表	单位地址
岳阳市屈原管理区个体劳动者私营企业协会	区工商局	余道容	区工商局
岳阳市屈原管理区消费者委员会协会	区工商局	余道容	区工商局
岳阳市屈原管理区屈风春茶业种植收购加工销售协会	凤凰乡政府	黎乃凤	凤凰乡
屈原职业技术学校	区人力资源和社会保障局	熊运南	区教育体育局
岳阳市屈原管理区凤凰茶叶加工合作社	凤凰乡政府	胡勇军	区农村经济管理局
岳阳市屈原管理区农村经纪人协会	区工商局	余道容	区工商局

续表

单　位　名　称	业务主管单位	法人代表	单位地址
岳阳市屈原管理区建筑科学协会	区住建局	吴耀云	区住建局
岳阳市屈原管理区书法家协会	区宣传统战部	阳震球	区机关
岳阳市屈原管理区中老年文化协会	区老干局	黄务本	屈原金秋俱乐部
岳阳市屈原管理区慈善总会	区民政局	杨国伟	区民政局
岳阳市屈原摄影美术家协会	区文化广电新闻出版局	宋政军	区文化广电新闻出版局
屈原管理区禁毒协会	区公安局	胡亚平	区公安局
岳阳市屈原管理区篮球运动协会	区教育体育局	李德友	区机关
岳阳市屈原管理区曲艺协会	区文化广电新闻出版局	吴孟泉	营田镇余家坪居委会
岳阳市屈原管理区太极运动协会	区教育体育局	任和宝	湘君阁宾馆

第二章　劳　动

第一节　机　构

1978年，农场革委会设立计划劳资科，负责全场劳资工作。1979年，场部成立劳动工资科，并建立劳动工资档案和职工档案，其主要职能为负责全场职工的调配、招工、劳动工资、职工福利和职工档案管理工作。1980年，分场、场直各单位增设专（兼）职劳动工资员，负责本单位劳动工资管理工作。至1988年，全场有专职劳动工资员9人，兼职29人。

1994年4月，行政区成立社会综合管理局，负责劳动工资工作管理。1999年4月，劳动工资工作从社会综合管理局析出，单独设立区劳动和社会保障局。2000年5月，区劳动和社会保障局与区民政局合署成立区劳动民政和社会保障局。2003年，区民政局分立。2005年2月，区劳动和社会保障局与人事部门合并成立区人事劳动和社会保障局。2011年，更名为区人力资源和社会保障局，负责全区人力资源、社会保障、就业服务、劳动收入分配指导、劳动监察等工作，下设办公室（兼法规与仲裁）、就业促进和失业保险股、劳动监察股、社会保障股、基金监督股，辖社保站、医保站、就业局3个二级机构，有工作人员48人。

第二节　劳动就业

一、就业安置

1978年前后，职工就业采取自然增长（包括婚迁、迁移、自流来场人员等），对年满16岁未继续升学的职工子女，一律准予就业，享受职工待遇。这批自然增长的就业职工均未评定级别，只根据年龄和劳力强弱评定等级标准底分，并在每年制定劳动计划时作为职工数上报上级主管部门。1979年，清理整顿职工队伍，全场就业职工达28726人，其中实行固定等级工资制职工3004人，工分制职工25722人。职工就业虽采取自然增长式，但规定凡符合农场职工对象和条件的，须经群众评议、单位核实、场部劳动工资科审查，经岳阳地区主管部门批准方能认可。1985年后，工商企业相继增加，规模逐年扩大，职工在全场范围内公开招收、择优录取，并有部分为集资招录。在用工制度上实行固定工、季节工、临时工相结合。失业青年就业，一般根据有关政策或场内外企事业单位需要，按劳动人事部门分配的招工指标，经审查和考试、考核，择优录取安置。同时，根据政策允许，部分无正当职业人员可申请自谋职业。1981～1988年，全场累计新就业职工12287人，其中安置待业青年825人，经考试考核由上级劳动人事部门择优录取的各类技术学校毕业生86人。1989～1994年，农业职工就业仍实行自然增长，对符合农场职工条件的，由各分场生产队报场劳动工资科审查批准。随着改革开放后形势的发展，部分农场职工弃农经商、外出就业人员增多，导致部分土地抛荒。安化、怀化、贵州等地农民先后迁入境内承包土地，对年轻、符合农场职工条件的准予评定职工。

1995年改革劳动人事制度，国家《劳动法》开始施行。劳动部门实行介绍就业与自愿组织起来就业或自谋职业相结合的就业方针，各类全民所有制、集体所有制、民营、私营企业招工，均执行“公开报名、公开招工、全面考核、择优录用”的原则，所有企业职工均必须签订劳动用工合同。2000年，工商企业职工总数达6078人，签订劳动合同5774人，合同签订率95%。至2011年，全区总劳力39373人，其中从事第一产业22108人，第二产业6340人，第三产业10925人。

二、职业技能培训

1978～1989年，农场场部先后开办农机、农作、会计、畜牧兽医等专业8个班，共培训学员300多人。自办职工技术学校，常年开办3～5个班，至1989年，累计培训各类职业技术人员4190人次。1990～1997年，工业企业职工以内部培训为主，农业职工技能培训重视程度不高，主要以农技部门技术员采用电视、广播讲座为主。

1998～2001年，区劳动和社会保障局组织240人到市培训中心参加培训，培训工人技师21人。2002年，正式启动职业技能培训工作，成立湘北职业培训学校，常年培训待业人员200多人。2007年后，成立屈原圆梦职业技术培训学校、屈原计算机培训学校，共开办培训班115个，有电工、焊工、缝纫、食品加工、调酒师、电器维修、家政服务、计算机、模具、汽车驾驶等14个专业，培训人员13123人次。

三、再就业工程

1996～2002年，全区累计有下岗失业人员6811人。2003年始，根据中共中央、国务院《关于进一步做好下岗失业人员再就业工作的通知》精神，对国有企业下岗失业人员核发“就业失业登记证”和“再就业优惠证”。至2007年，共发放“再就业优惠证”6811个、“就业失业登记证”7321个。区党委、区管委会多次出台政策，鼓励下岗失业人员自谋职业、自主创业，对从事个体经营的下岗失业人员予以优惠政策。同时，支持私营、民营企业吸纳下岗失业人员，实行税费减免政策。至2011年，全区兴办中、小企业508家，安排就业再就业人员4123人，安置“4050”（即年龄分别在50岁以上和40岁以上的企业下岗男女职工）人员和“零就业”家庭2274人次，减免税费350余万元。

第三节　劳动工资

一、分配形式

1978～1982年，农业职工实行按工分计酬，将基本工资（全年工资总额预发80%）加结算工资（20%留存年终决算兑现）下达到生产队，基本工资按底分分月计发，完成生产财务计划的单位，结算工资年终全部发给；没有完成的少发或不发。工业企业职工工资与单位效益挂钩。

1983年始，全场推行生产经营承包责任制，分场、场直各工商企业实行财务包干、自负盈亏，除向国家缴纳税款外，还向总场上交利润。工商企业职工按计件工资进行分配。农业职工按承包的田土、水面等上交一定数量的税、利、费，其余收入全归职工个人所有，生产队不再参与核算，农业职工的工资只进行虚调，仅作档案工资存档。

1988年始，工商企业实行工资总额同经济效益挂钩的办法进行分配。各单位在保证完成上缴税利（承包经营合同所确定的上交基数和递增比例不变）的前提下，实行工资总额与实现税利挂钩。

1993年，建立健全工资总量调控机制，促进企业经营机制的转变和经济效益的提高。

1997～2011年，为建立和完善适应社会主义市场经济体制要求的企业工资分配体制，加强对企业工资分配的指导与调控，对企业工资试行指导制度。

二、工资调整

1978～1987年，先后进行3次工资区调类。1978年，境内执行三类工资区标准，1979年由三类区调到四类区；1985年7月1日始，由四类工资区改按五类工资区标准执行，全场参加调类人员33124人，人均月增工资5.73元；1987年1月1日始，执行六类工资区标准，全场调类人员33277人，人均月增加工资1.34元。

1978年，给工作成绩突出的职工升级，升级面为2%。

1979年，职工工资按40%升级面升级，凡升级对象均按劳动态度、技术高低、贡献大小进行考核，并以贡献大小作为考核主要依据，择优升级。

1983年，改革工资制度，执行新企干工资标准，并调整部分职工工资。工资调整幅度按1978年年底前参加工作的固定职工人数计算，人均月增工资7元。

1985年，实行企业工资改革，废除原23种工资制度，实行新的企业工人工资标准。

1986年，部分职工工资升级。根据中央、省、市文件精神，由农场自行制定升级方案，并报市有关部门审查批准后实施。符合升级条件的职工，一般升一级或半级，个别升一级半。

1987年，企业进行工资微调，按职工总人数人均每月增加1.8元，并将1986年企业3%的奖励升级指标合并使用，全场按升级范围和对象人均5元下达增资指标，一般只升半级，个别有特殊贡献的人员可升一级，升级面不超过10%。

1988年，部分工资制职工实行套改，执行8级工资制标准的6～8级工人，执行商业饮食服务业工资标准3～6级的人员，其工资均得到补充和完善。

1989～1996年，在建立健全工资总量调控机制条件下，按照企业工效挂钩形式，每年对职工均实行工资调整和部分升级。

1997～2001年，工资实行指导线增长形式，由企业根据企业效益进行职工工资调整。

2002～2011年，在工资指导制度下，根据国家相关政策，分别对区国有改制企业领取生活费的部分职工和部分国有企业职工每年进行调资。至2011年，实施工资指导线增长的企业58家，人数3150人。

第四节　劳务输出

2000年12月，区成立劳务输出工作领导小组，并作出《关于大力开展劳务输出的决定》，将劳务输出工作提上议事日程。为了加强劳务输出工作管理，明确各乡镇、村、社区一名副职负责本辖区劳务输出工作。2000～2005年，每年向沿海经济发达地区输出劳力近2000人次，劳动收入560万元。2006年后，随着本区劳动用工需求量增大，劳务输出相应减少，区劳动部门合理引导劳动力就业。2005～2011年，区就业局先后举办招聘会5场次，组织输出下岗失业人员、农村剩余劳动力16523人次。

第五节　劳动执法

一、劳动合同

1995年，区管委会下发《关于全面实行劳动合同制的通知》，明确区直工商企业（包括合资企业、股份制企业、外商投资企业），各办事处、镇所属企业，个体工商户中的全体在职职工（包括企业内部员工，合同制工人以及其他身份的工人，国家分配到企业的大中专、技校毕业生，城镇复退军人，军队转业干部，外单位调入的各种身份职工）和机关事业单位中的工勤人员，均属于签订劳动合同的范围和对象。通过签订劳动合同，明确用人单位和劳动者之间的劳动关系，做到能进能出。

1995～2011年，全区各类企业共签订劳动合同18537份，订立劳动合同的职工18537人次。

二、劳动监察

2006年3月，区管委会组建劳动监察大队，编制2名，为区人事劳动和社会保障局下属的事业单位。主要工作职责：贯彻执行《劳动法》《湖南省劳动监察条例》等法律法规，实施全区劳动监察检查工作；负责建立劳动保障举报投诉、受理及调查处理机制，依法打击违反劳动法律法规的行为；负责建立劳动保障诚信体制并开展相关工作。

2006～2011年，区劳动监察大队定期深入企业，运用法律手段，督促用人单位严格执行国家政策，依法参加各类保险，维护劳动者合法权益。加大对企业劳动用工管理，全区新签、补签劳动合同5363人次，追讨合同工人工资107万元，调处劳动纠纷123件，劳动保障定期监察面达95%，日常巡视监察面达97%。为企业和职工提供用工登记、劳动合同签订、劳动维权、社保经办等服务。

三、劳动争议仲裁

1995年3月，区管委会成立劳动仲裁委员会，由分管劳动工作的副主任任主任，办公室设区人力资源和社会保障局。

1995年始，劳动争议仲裁处理以调解为主，调解无效的可依法仲裁，不服仲裁的可向法院提出诉讼。1995～1999年，全区共处理劳动争议案件13起。2000～2011年，随着企业改革力度的加大，下岗分流及优胜劣汰竞争机制的引入，劳动争议案件呈逐年上升趋势。受理劳动争议案件28件，其中调解处理22件，仲裁3件，立案查处3件，为劳动者挽回经济损失75万元，结案率达100%。

专记 湖南省统筹城乡就业示范区建设

2011年年初，为探索建立统筹城乡就业工作机制，推动城乡统筹协调发展，区人力资源和社会保障局向区党委、区管委会提出统筹城乡就业项目计划。5月24日，区党委、区管委会向省人力资源和社会保障厅提交《关于申报湖南省统筹城乡就业示范区的请示》。8月15日，省人力资源和社会保障厅下达《关于岳阳市屈原管理区创建湖南省统筹城乡就业示范区》的复函。10月15日，省人力资源和社会保障厅、市政府在管理区正式举行创建湖南省统筹城乡就业示范区启动仪式。出席启动仪式的有省委组织部副部长、省人力资源和社会保障厅厅长彭崇谷，市长黄兰香。启动仪式后，区党委、区管委会成立以区管委会主任为组长，常务副主任为副组长，各乡镇、街道和各相关部门主要负责人为成员的创建工作领导小组，领导小组下设办公室和4个专门工作小组。即现代农业示范区促进就业工作组：由区农林局牵头，区畜牧水产局、区农机局参与，负责现代农业示范区创建、农业知识普及、农业科技带头人的培训及2.2万人就业；滨湖示范区促进就业工作组：由区发展改革局牵头，区工信局、区招商旅游局参与，负责招商引资和创办企业以及1.5万人就业；个体经济促进就业工作组：由区工信局牵头，区工商局、区地税局、商业银行参与，负责个体经济的管理和开发及2.4万人就业；技能培训及扶持创业促进就业工作组：由区就业服务中心牵头，区财政局、区地税局、区工商局、商业银行参与，负责培训基地、创业孵化基地的创建及各类人员培训及创业扶持政策的落实。同时建立健全目标管理制度、部门联系会议制度、工作例会制度，形成统一领导、分工协作、齐抓共管的工作机制。围绕“找准服务难点，搭建就业平台，以创业带动就业”三个重点开展工作。

2011年年底，实现城乡新增就业4595人，完成创建工作年度目标任务2460人的186.79%，比2010年增加2230人。其中下岗失业人员再就业1412人；援助就业困难对象再就业389人；支持鼓励企业吸纳新员工1000人；新增外出务工农村富余劳动力1253人；扶持从事个体养殖500人；培育农业专业经营大户50家，吸纳200名农村劳动力实现转移就业；引进2家外来企业，吸纳就业200人；扶持创办5家“农家乐”，吸纳就业30人。“零就业”家庭保持100%动态清零。城乡登记失业率控制在4.86%以内。全年创业培训400人，培训后实现自主创业157人，创业成功率达39.3%。重点开展妇女“自强创业”培训，在6个乡镇（街道）滚动推进，历时3个月，培训317人，帮助成功创业157人，带动就业313人。同时，着手创建创业孵化基地，申报天问街道市场作为促进就业创业孵化基地，并启动配套设施和基础服务项目建设，完成道路框架、电力配置、供排水配套等基础设施投资600多万元，建成标准化商铺8栋，建筑面积3300平方米，已入驻明珠大酒店等5家企业，安排60名创业人员入园，带动500名失业人员和农民工就近就业。开展职业技能培训3600人，完成年目标任务的110%，培训后就业率达100%。其中，组织农村劳动力技能培训3000人（养殖业培训400人、特种水产养殖培训100人、纺织操作工培训800人、电子装配工培训400人、肉食品加工专业培训500人、珍珠加工专业培训200人、农业机械操作培训200人、饲料加工培训200人）。再就业培训比2010年增加500人，农村劳动力转移培训比2010年增加1000人，培训6000人次，其中农业科技骨干300人，利用远程教育设施开展农业知识讲座4期，每期5个讲座，培训6000人次。组织专家组下乡镇、进农户开展现场讲授、释疑解惑24次，发放农业知识宣传手册3万份；组织现场观摩农业机械操作4次，开展现场交流会4次，参观人员1000人；举办农业科技骨干培训班1期，培训360人。

第三章　社会保障

1978～1991年，境内社会保障制度尚处于探索阶段，不很健全。社会保险、特困群体的基本生活来源、医疗保健均未形成制度。企事业单位职工退休费用由单位发放，往往因多种原因不能及时到位。医疗保健方面，企业单位职工医疗费从提取的福利基金中解决，机关事业单位工作人员医疗费由财政下拨各单位实行包干使用。

1992～2011年，全境推行社会保险制度改革，以社会保险、社会救助、社会福利为基础，基本养老、基本医疗、最低生活保障制度为重点，慈善救助、商业保险为补充的社会保障体系全面建立。

第一节　养老保险

1978～1991年，境内1949年9月30日前参加工作的老干部离休，按在职时基本工资标准100%领取离休工资，其中解放战争前参加工作的每人每年增发1～2个月本人标准工资，并从1988年9月1日起，每人每月增发18元生活补贴费。国家干部（含国家教师、医技人员、职工）连续工龄满10年的退休人员，其退休费按连续工龄（工作年限）和本人月标准工资分别计发60%～80%，其中1953年1月1日起前后参加工作且工龄满25年但不属于离休范围者，每月增发本人标准工资5%～15%的生活补助费，从1988年9月1日起每人每月增发10元生活补贴费，并同等享受在职人员有关津贴、补贴等待遇。工商企业固定工资制职工退休，1982年前按其等级工资适当领取退休费。1983年后，经济效益好的单位则比照国家企业职工退休有关规定，按等级工资的60%～80%领取退休工资，经济效益欠佳的单位适当发给25～30元生活费。农业职工（工分制）退休，1980年前，每人每月12元。1981年改为每人分1亩口粮田免交各种税、利、费和产品。1982年，每人每月增发生活补贴费6元。1988年后，部分职工种的口粮田被取消，仅享受每月6元生活费补贴。

1992年，农场场部相继出台《关于总场认定的干教医及场直工商企事业单位退休工人退休金实行统筹的规定》《关于十二个分场农业工人退休金实行统筹的规定》，从1993年1月1日起，农场场部认定的干、教、医及场直工商企事业单位工人实行退休金统筹制度，即个人每月缴纳3元，单位人均每月缴纳7元；全民合同制工人（包括补员、调入、招收）从批准之日起，单位每人每月缴纳17元，个人每人每月缴纳2元；农业职工由农场场部定额拨款一部分，各分场和生产队自筹一部分。退休后，干、教、医及其场直工商企事业单位人员享受退休前基本工资的60%～70%，其中离休人员按离休前基本工资的100%发放；凡符合条件的农业退休职工，人均每月由6元增至15元。

1993年11月，农场场部成立养老金统筹委员会，并印发《国营屈原农场退休统筹委员会章程》，明确从1994年起，全场各企事业单位的干、教、医和经农场党委组织部、教委认定的招聘人员、工资制和工资固定发放的在岗在册人员、原省下乡知青均纳入社会养老保险统筹范围，缴纳比例为单位全员工资的11%，其中单位负担8%，个人负担3%。

1997年7月，行政区管委会作出《关于私营企业、个体工商户及其帮工社会养老保险若干问题的规定》，明确境内经工商部门核准登记注册经营的非工薪收入者及其帮工，皆属社会养老保险对象。缴费标准为非工薪收入者月均工资300元的24%；帮工为月均工资200元的28.5%，其中雇主缴纳24.5%，帮工个人缴纳4%。

1998年3月，行政区管委会印发《屈原行政区养老保险实施办法》，适当调整养老保险基金征缴比例，明确以个人档案工资为缴费基数，按15%的比例征收，其中单位负担11%，个人负担4%，个人账户进入区社保站微机管理。

2000年，行政区管委会出台相关规定，将农业职工退休费改为福利田，人均0.8～1亩（免除上交各项税费）。是年4月，经市政府同意，管理区已参加内部养老保险的单位和个人纳入全省城镇工商企业职工社会养老保险范围，缴费基数、缴费比例、个人账户划拨计入和养老退休待遇计发均按国家有关规定执行。缴费比例以个人档案工资为缴费基数，按26%的比例征收，其中单位负担21%、个人负担5%。2002年，缴费比例提高到28%，其中单位调整为20%、个人提高到8%。

2004年4月，管理区管委会根据劳动和社会保障部、财政部、农业部、国务院侨务办公室联合下发的《关于农垦企业参加企业职工基本养老保险有关问题的通知》和省政府转发省劳动和社会保障厅、省财政厅、省农业厅《湖南省国有农垦企业职工基本养老保险实施办法》的通知，印发《屈原管理区农场职工养老保险实施细则》，明确全区各乡镇农场的正式职工、退休人员及区直工商企业、机关事业单位中未被纳入工商企业基本养老保险范围的农场正式职工、退休人员纳入农场职工基本养老保险的统筹范围。规定缴费基数统一按全省上年度职工月均工资的40%核定，缴费单位缴费基数为本单位应参保职工数的缴费基数之和。具体标准为个人缴费比例8%，单位缴费将全区耕作面积按在册职工参保人数实行人田结合运作，即参保者人均年负担缴费175元。2003年7月1日后，按规定达到正常退休年龄，缴费年限（含视缴费年限）累计满15年的，从被批准退休之日起，按月享受基本养老金，其计发的基本养老金由基础养老金、个人账户养老金、视同缴费年限养老金三部分组成。至2004年12月，全区有30965名农垦职工参加养老保险，其中退休人员9246人，在册在职参保职工21719人。

2010年，社会养老保险业务与财务共平台，单位养老金征缴、申报、征缴审核、业务打单均进入微机管理，使基金征缴工作步入规范化管理。同时，在全省首创对参保人员的缴费改用农业银行湖南社会保障卡，用银行POS机进行刷卡登陆，解决外出打工人员缴费难的问题。

2011年6月，启动新农村养老保险试点和城镇居民参加养老保险工作。参加养老保险人数达16912人，其中退休1445人。

至2011年，全区参加社会养老保险单位121个，其中机关事业单位16个，工商企业34个，农垦企业75个。参加养老保险总人数44451人，退休20527人，其中参加工商企业保险4488人，退休3698人；农垦企业职工参保22925人，退休14263人；机关事业单位工作人员参保1571人，退休1121人；新农保和城镇居民参保15467人，退休1445人。

1996～2011年屈原管理（行政）区缴费比例及省上年度人均缴费工资对照表

表10-3 单位：%、元

年度	省缴费比例			内部统筹缴费比例			全省上年度人均月工资	
	省标准	单位	个人	区标准	单位	个人	人均月工资	最低缴费工龄
1996	27.5	24.5	3	13	9	4	400	240
1997	28.5	24.5	4	14	10	4	425	255
1998	26.5	22.5	4	15	11	4	444	266
1999	26	21	5	16	11	5	456	274
2000	26	21	5	26	21	5	495	297
2001	27	21	6	27	21	6	543	325
2002	28	20	8	28	20	8	641	385
2003	28	20	8	28	20	8	728	437
2004	28	20	8	28	20	8	821	493
2005	28	20	8	28	20	8	955	573
2006	28	20	8	28	20	8	1305	783
2007	28	20	8	28	20	8	1487	893
2008	28	20	8	28	20	8	1795	1077
2009	28	20	8	28	20	8	1940	1164
2010	28	20	8	28	20	8	2270	1362
2011	28	20	8	28	20	8	2500	1500

2000～2011年屈原管理（行政）区职工养老保险基金征缴和离退休养老金发放统计表

表10-4 单位：人、万元

年度	参保人数		基金征缴		离退休人数		养老金发放	
	企业	机关事业	企业	机关事业	企业	机关事业	企业	机关事业
2000	8420	0	295	0	1857	0	271	0
2001	6120	2140	411	1119	2060	438	1578	432
2002	5912	2077	613	527	2268	511	1094	204
2003	5754	2000	586	406	11000	571	820	314
2004	27318	1940	1809	396	11827	631	4545	322
2005	27134	1878	1800	259	12417	684	4551	527
2006	27150	1827	2081	288	13201	747	7069	404
2007	27180	1750	2220	525	14113	811	6521	648
2008	27100	1675	3065	572	15036	899	10344	982
2009	27116	1595	3235	710	15995	989	11880	827
2010	27413	1620	3547	1121	16881	1043	16765	1206
2011	42880	1571	4004	782	19406	1121	16358	1265

第二节 医疗、生育保险

1978~1986年，企业职工患病的诊疗费、手术费、住院费、医药费由单位报销；农业职工除地方病（如血吸虫病）和公伤实行公费医疗外，其余自理。1987~2001年，逐步改革企业医疗制度，一般采用定额控制，节余归己，住院费部分自理的办法。

2002年6月，区管委会出台《屈原管理区职工基本医疗保险实施办法》，明确区域所辖企业（包括国有、集体、外商投资、私营等）、机关、事业单位、社会团体和民办非企业单位及其职工和退休人员；乡镇企业及其职工、城镇个体经济组织业主及其从业人员均纳入基本医疗保险范围。基本医疗保险基金实行社会统筹，用人单位按上年度职工工资总额的6%，职工个人按本人年度工资收入的2%缴纳。

2005年9月，区管委会相继出台《关于启动工伤和生育保险工作的通知》《屈原管理区城镇职工生育保险实施办法》《屈原管理区工伤保险经办业务管理实施细则（试行）》，明确全区各类企业，有雇工的个体工商户，从2005年9月起，以单位职工工资总额的1.5%（2006年4月后，其基数和费率由区人事劳动和社会保障局根据工伤保险支付情况，会同财政部门确定调整方案执行）缴纳工伤保险费，参保单位职工工伤实行定额报销。2005年3月始，以单位在职职工工资总额的0.7%缴纳生育保险费，参保女职工生育实行定额报销。

2007年1月，启动新型农村合作医疗制度（简称新农合），按照年人均50元筹资，参合农民大病费用由农合办按一定比例补偿。是年，全区参合人数59307人，参合率83%，有2468名参合农民住院治疗，共报销医疗费用236万元，平均每人次补助956元。2010年，新农合国家补贴标准由每人80元提高到120元，农民个人缴费保持在20元不变。2011年始，农民个人缴费标准提高到30元。

2011年1月，管理区在全省率先实行城镇居民基本医疗保险和新型农村合作医疗一体化，统筹城乡居民基本医疗保险。

至2011年，全区城镇职工参保单位130个，参保人数8571人，基金累计1070万元；生育保险参保单位130个，参保总人数5909人，征缴生育保险基金35万元；工伤保险参保单位89个，参保总人数14688人，征缴工伤保险基金298万元；城乡居民医疗保险参保60357人，参合率92.3%。

第三节 失业保险

2001年10月，管理区管委会印发《关于全面推行失业保险制度的通知》，在全区实行失业保险制度，明确辖区各类企业、事业单位其职工均属于失业保险范围及对象。失业保险基金由单位、职工、国家三方共同负担，其中用人单位按本单位职工工资总额的2%、职工按本人月工资1%缴纳失业保险费。累计缴费时间不满1年的，不能领取失业保险费；满1年的领取失业保险金的期限为4个月，以后每增加1年即增加2个月的失业保险金，最长不超过24个月。失业人员每月领取失业保险金的标准为当地最低工资标准的80%。

2001~2011年，全区年均征缴失业保险金35万元，年均发放21万元。

第十一篇　经济综述

第一章　国民经济发展

中共十一届三中全会后，随着经济体制改革的不断深入，管理区已由单一的农业型经济逐步发展为贸工农一体化的综合性农垦企业。在市场经济条件下，通过体制机制的不断创新，农业现代化、新型工业化、农村城镇化的特征逐步凸显。全域社会总产出和国内生产总值两大指标，平均增速均达到两位数以上，在执行从“五五”到“十一五”计划期间，管理区经济步入发展的快车道。

第一节　第一产业

1978年前，农场产业结构单一，经营管理一统化，劳动报酬平均化，形成“大农业”“大经营”“大锅饭”。中共十一届三中全会后，全面推行家庭联产承包责任制和“大农场”套“小农场”双层经营体制，农业经济得到较快发展。1988年，农业产值7107万元，比1978年的2062万元增长2.45倍。1988年后，农场实行改革开放、搞活经济的方针，农业进入结构调整的新时期，市场化、产业化、外向化得到长足发展。“以粮为纲”的单一农业被农、林、牧、副、渔多种经营所取代。形成特种水产、经济林木、优良畜禽、优质粮油等四大特色主导产业。特别是粮食商品率、规模化率、“双季双杂”率、全程机械化率分别达86.6%、41%、98.2%、93.1%，位居全国前列；生猪养殖“规模化、标准化、健康化、品牌化、信息化”水平稳居全国领先地位。全区第一产业迅速增长，2011年，第一产业生产总值达71878万元，是1988年生产总值3370万元的21.33倍。

第二节　第二产业

1978～1984年，在“围绕农业办工业、办好工业促农业”的前提下，工业和建筑业处于发展时期，共有场直企业6家，1984年，工业和建筑业产值达2255万元，比1978年的484万元增长3.66倍。1984年后，工业和建筑业生产跨上新台阶，场内出现兴工壮农局面。一个以食糖、食品、饲料、建材为主体，以机械加工、纺织、造纸、印刷、化工为辅的工业体系基本形成。1988年，有工业和建筑企业32个，实现国内生产总值1950万元。1989年始，工业和建筑企业加大产业结构调整和技术改造，提高产品科技含量，使二产业经济保持平稳发展态势。1996年始，坚持“抓大、放小、破倒、转体搞活”的方针，大力招商引资和全力推进新型工业化进程，工业和建筑业经济实现跨越式发展。2011年，第二产业实现生产总值407369万元，比1988年1950万元增长207.91倍。

第三节　第三产业

1978年前，境内第三产业份额较少。中共十一届三中全会后，交通运输业全面放开，商品贸易逐步取消“统购统销”，实行多种流通渠道、多种经营方式、多种经济成份的流通体制，社会化服务全面推进，城乡一体化步伐明显加快，促进了第三产业快速发展。2011年，第三产业完成生产总值87013万元，比1988年1156万元增长74.27倍。

1978～1987年屈原农场工农业产值及社会固定资产投资统计表

表11-1　　单位：万元

年度	工农业总产值（当年价）	其中		工农业总产值（不变价）	其中		社会固定资产投资
		工业产值	农业产值		工业产值	农业产值	
1978	2524	484	2040	2441	379	2062	31
1979	3239	817	2422	2637	527	2110	33
1980	3844	1240	2004	3683	1528	2155	8
1981	4134	1586	2548	3574	1329	2245	41
1982	4718	1947	2771	4244	1699	2545	45
1983	4590	1711	2879	4042	1541	2501	49
1984	6116	2255	3861	5373	1995	3378	125
1985	8271	3386	4885	7149	3149	4000	231
1986	10243	4567	5676	7641	3363	4278	162
1987	12534	5892	6642	8830	4418	4412	250

1988～2011年屈原管理区（农场）国内生产总值（绝对值）及社会固定资产投资统计表

表11-2　　单位：万元

年度	生产总值	一产业	二产业	三产业	固定资产投资
1988	6476	3370	1950	1156	115
1989	7769	4481	2422	866	103
1990	7903	4546	2336	1021	233
1991	10331	5528	3375	1428	798

续表

年度	生产总值	一产业	二产业	三产业	固定资产投资
1992	10563	5459	3675	1429	680
1993	12199	5111	4982	2106	829
1994	25145	10510	7943	6692	1415
1995	25545	10631	8181	6733	2192
1996	25931	10724	8356	6851	2476
1997	26454	10832	8560	7062	4321
1998	26939	10722	8619	7598	2669
1999	29279	10254	10195	8830	4768
2000	35075	17268	10356	7451	5853
2001	47889	18132	22255	7502	6234
2002	88809	22018	56451	10340	7126
2003	130801	48106	72487	10208	18312
2004	140077	50512	76112	13453	20523
2005	140833	44385	81430	15018	23764
2006	180537	52677	101138	26722	32902
2007	243162	75600	136900	30662	46720
2008	304418	67673	201124	35621	83906
2009	377411	64700	246709	66002	112135
2010	461353	70234	317524	73595	135604
2011	566260	71878	407369	87013	160297

第四节　经济效益

一、劳动生产率

1978年，全境农业劳动力2.1万人，创造农业总产值2039万元，劳动生产率为990元。2011年，全区农业从业者2.2万人，创造农业总产值71878亿元，劳动生产率为31909元，比1978年提高31.23倍。1978年，全境工业职工1497人，创造工业生产值483万元，劳动生产率为3226元。2011年，规模以上工业企业职工6340人，创造工业生产值407369万元，劳动生产率为642538元，比1978年提高198.17倍。

二、财政收入

1978年前，农场实行统一经营、统收统发、统负盈亏、三级核算、四级管理的财务管理体制；1979~1982年，实行财务包干和统分结合的财务管理体制；1983~1990年，实行“盈利不交、亏损不补、自负盈亏”的包干体制；1991年后，市政府对农场实行“核定基数、超收分成”体制；2001年始，管理区实行分税制财政体制，是年实现财政收入4126万元，其中农牧业税收516万元，占13.9%。2011年，在全部免征农业税和农林特产税的情况下，实现总收入23482万元，比2001年增长4.69倍。

第二章　经济结构

1978~2011年，历届党委、管委会（农场）在发展区域经济的过程中，既抓经济体制的改革创新，又抓生产力布局的战略性调整，实现管理区三次产业排序由一、二、三到二、三、一的突破性变化。同时围绕优化资源配置，不断调整农业、工业、服务性行业的产业结构。

第一节　产业结构

1978~2011年，产业结构发生重大变化，从以农业为主体转变为以工业为主导。至2006年，三次产业结构比例由1988年的52.1：30.1：17.8转变为29.17：56.02：14.83，一产业下降22.93个百分点，二产业上升25.92个百分点。随着经济体制改革的不断深化，全力扶持第二、第三产业发展。特别是“九五”以后加大招商引资和全民创业力度，工业经济的主导地位逐步确立。至2011年，基本实现以二产业为主导、服务业快速发展的调整目标，三次产业比例为12.69：71.94：15.36。与2006年相比，一产业下降16.48个百分点，二产业提高15.92个百分点，三产业提高0.56个百分点。

第二节　所有制结构

1978~1980年，农场依靠国家投入，生产资料由农场场部统一供应，产品由农场场部统一收购，职工工资由农场场部统一核发，所有制结构单一。1981年后，农业全面推行家庭联产承包责任制，农村开始出现种植、养殖大户，部分农民从事专业或半专业性运输业、加工业、商贸业和贩运。工业、商贸流通、建筑业在公有制占主导的情况下，个体私营经济、合资经济也有所发展。1993年后，随着市场经济体制的逐步完善和扩大开放，积极发展非公有制经济，私营个体经济快速发展。1998年后，开始进行工业和商贸体制改革，逐步形成非公有制工业、商贸为主体，多种经济成份并存的经济结构。国有经济、集体经济比重逐渐下降，非公有制经济比重稳步上升。2011年，全区工商企业2735个，其中非公有制工商企业2720个，占99.45%；国有工商企业15个，仅占0.55%。

第三节　劳动力结构

农村劳动力结构　1978年，农场劳动力主要从事农、林、牧、副、渔业，随着工业、批发零售贸易、餐饮业等其他行业的逐步发展，从事非农业的劳动力逐步增加。1982年后，全场（区）家庭联产承包责任制逐步稳定和完善，农村剩余劳力迅速增加，转向外地打工和从事其他行业的人逐渐增多。2000年，全区有农村劳动力30310人，其中从事农、林、牧、副、渔业的劳动力25410人，占农村劳动力的83.8%；从事个体运输商贩1218人；从事餐饮贸易批发零售890人；从事其他行业1802人。2011年，全区农村劳动力30163人，其中从事农、林、牧、副、渔业22108人，占农村劳动力的73.3%，比2000年下降10.5个百分点；从事个体运输商贩2300人，占7.6%；从事批发零售贸易餐饮业3897人，占6.2%；从事其他行业1858人，占6.2%。分别比2000年增加3.6个百分点、8.9个百分点、0.3个百分点。

城镇劳动力结构　1978年，共有城镇劳动力2088人，其中国有单位在职职工1854人，占城镇劳动力的88.8%；城镇集体职工190人，占9.1%；个体及其他单位职工44人，占2.1%。2000年，全区工商企业改制前，城镇劳动力6078人，其中国有单位在职职工4780人，占城镇从业人员78.6%；城镇集体职工430人，占7%；个体及其他单位职工868人，占14.3%。2011年，有城镇劳动力9210人，其中国有单位430人，占4.7%；城镇集体职工397人，占4.3%，分别比2001年前下降73.9个百分点和2.7个百分点，个体及其他单位职工8383人，占91%，比2001年前上升68.2个百分点。

第四节　固定资产投资结构

1978年为“五五”计划第三年，全场完成基建投资31万元，投资倾向基础设施建设。90年代前，主要以国有投资为主。由于当时农场场部资金有限，民营投资尚未形成气候，1986年，全场固定资产投资仅为162万元。整个“七五”期间累计完成投资863万元。“八五”期间，启动招商引资工作，基础设施建设和企业技术改造投资有重大突破。1995年完成固定资产投资2192万元，比1990年增长8.41倍，年均增长56.54%。5年累计完成投资5914万元，是“七五”期间的6.85倍。“九五”期间，扩大投资需求，增加社会投资，民营投资增势明显。2000年，完成全社会投资5853万元，比1995年增长1.67倍。5年累计完成投资2.0087亿元，是“八五”期间完成额的2.03倍。“十五”期间，坚持以招商引资、项目推进为主线，投资总额保持高速增长态势。2005年，完成全社会投资2.3764亿元，比2000年增长3.06倍。5年累计完成投资7.5959亿元，是“九五”完成额的3.78倍。“十一五”以后，坚持新型工业化和城镇化“双轮”驱动，强力主攻招商引资，坚定不移实施项目推进。2010年，完成全社会固定资产投资13.56亿元，比2005年增长4.71倍，是年完成规模以上工业投资10.84亿元，占总投资额的80.01%，民营投资成为全区投资的主体，是年实际完成投资9.49亿元，占全社会投资额的70%。基础设施和房地产开发投资得到强化，提前实现“十一五”规划目标。2011年，完成固定资产投资16.0297亿元，比2010年增长18.2%。

第十二篇　经济综合管理

第一章　计划管理

第一节　机　构

1978年2月始，农场计划财务供应科负责计划管理。1979年前，全场实行高度集中的管理体制，生产经营完全实行指令性计划。1979年后，实行“统一计划、分级管理”的体制，改完全集权为统一领导下适当分权，宜统则统、宜分则分、统分结合，改单一的指令性计划为计划指导与市场调节相结合，各项计划采取上下结合的方针。1990年，逐步缩小指令性计划，扩大指导性计划市场调节，下达的计划内容和指标逐渐减少。固定资产投资计划管理，由年度规模控制指标和逐个审批制，到逐步解除规模控制，实行审核制、核准制、备案制，国家投资项目逐个审核，自有资金包括集体个人投资则分别实行核准制、备案制。

1998年，成立行政区计划委员会（简称区计委），综合研究拟定经济和社会发展政策，进行总量平衡，指导总体经济体制改革和宏观调控。随着计划经济体制向社会主义市场经济体制的转变，不断推进计划改革，充分发挥市场配置资源的基础性作用。同时，加强和改善宏观调控，推进国民经济持续快速健康发展。

2003年，区计委调整为区发展和改革局，将统计、科技、物价部门并入，下设办公室，定编7名。2009年增编到11名。计划管理的重点，由微观管理向宏观管理转变，围绕全区中心任务，正确运用经济规律，贯彻以农业为基础，以工业为主导的方针，着手研究发展战略，编制中长期规划和年度计划，制定产业政策。

第二节　计划编制

1978 ~ 2011年，编制各项计划，采取“民主协商、上下结合”的方针，正确处理人、财、物，产、供、销，责、权、利相互关系。强调科学性、严肃性、可能性、实践性。在兼顾国家、集体、个人三者利益的前提下，编制切实可行的计划。

一、年度计划

1981年前，农场年度生产财务计划，包括产值成本、利润计划、农业生产计划、畜牧水产生产计划、农畜业成本计划、农牧业利润（亏损）计划、工副业生产计划、工资计划、流动资金核算等计划。编制的生产财务计划包括：农作物生产计划、畜牧业生产计划、加工工业生产计划、机械作业计划、共同生产费计划、企业管理费计划、畜禽（鱼）成本计划、加工企业财务收入计划、农产品成本计划、农牧业生产财务收入计划、基本建设投资计划等11大项220个小项。

1981年后，实行“统一计划，分级管理”的计划体制，年度计划重点突出，简单明了。1989年，农场生产财务计划仅包括农业生产计划、工业主要产品产量计划、经济发展计划、农业上交产品计划、各单位上交总场税利费计划等五大项110小项。其中农业计划仅6项，即甘蔗种植面积、产量、入榨量；稻谷种植面积、产量、上交粮食。行政事业经费，农场场部采取“一年一定，包干使用，节约留用，超支不补”的办法，由各单位自行管理。年度计划既有指令性计划，也有指导性计划。

指令性计划　1981年前，农场实行单一的计划管理，生产的农副产品除部分鲜活产品（如鲜鱼、鲜果、蔬菜等）外，全部由农场场部统购统销。场部下达的年度生产、财务计划，均系指令性计划，各单位必须无条件执行。1981年后，农场推行家庭联产承包责任制和逐级财务包干，改单一计划管理为统一计划，分级管理。1984年，国家对粮、棉、油等产品改统一派购为合同定购后，农场场部下达的指令性项目逐渐减少。1989年，农场指令性计划只剩7项，即稻谷产量、甘蔗产量、实现利润、农业税收、防汛费上缴、农场场部管理费征收、固定资产折旧费。是年，国家对农场指令性计划仅保留年完成食糖产量。1990年后，指令性计划取消。

指导性计划　1981年实行家庭联产承包责任制，农场实行指令性计划与指导性计划相结合的原则。种植面积、产量、产值，生猪发展与存栏，鲜鱼产量，工业产值与产量、销售收入等均为指导性的。1985年，农场取消除粮、蔗、猪以外的指导性上交计划。1989年，农场除粮、蔗、糖以外的产品全部放开，各单位和承包户自主生产、经营，市场调节。1992年始，按照建立社会主义市场经济体制的要求，取消指导性计划，实行计划与市场调节有机结合，促进了生产力的发展。

二、中长期计划

1981年1月，农场制定第六个五年计划。规划到1985年工农业总产值达到8200万元，年均增长20%；其中：农业总产值3350万元，工业总产值4850万元，固定资产投资达395万元，人口自然增长率控制在11‰以内。

1986年4月，农场场部召开计划会议，讨论通过《“七五”计划主要指标和1986年计划安排》。会议确定“七五”计划的指导思想是：以改革为动力，以科技进步为依靠，以提高经济效益为前提，以改善人民生活为目的，积极发展新兴产业，微观搞活、宏观调控加强，使全场经济持续、稳步、协调发展。主要指标是：到1990年，工农业总产值达到28000万元，年均增长27.8%。其中：农业总产值10500万元，工业总产值12000万元，固定资产投资达1400万元，人口自然增长率控制在8‰以内。

1991年4月，制定《屈原农场国民经济和社会发展第八个五年计划纲要》，确定全场“八五”期间的奋斗目标和主要计划指标。其主要任务是：提高水平，增进效益，争取到1995年国民生产总值比1980年翻两番，人均国民生产总值达到或超出全市平均水平，居民生活明显提高，把农场建设成经济繁荣、社会稳定、精神文明、生活富裕、环境优美、民生殷实，在全市有一定影响力的经济区。主要指标是：到1995年，国内生产总值达到25000万元，年均增长16%。其中第一产业10500万元，第二产业8100万元，第三产业6700万元。城镇居民人均年收入增长15%，农民人均年纯收入增长10.4%；全社会固定资产投资“八五”期间累计达到5900万元，科技进步对国民经济的贡献率达到45%，人口自然增长率控制在7.5‰以内。

1996年，区编制完成第九个五年计划。主要计划指标是：到2000年，国内生产总值达到35000万元，年均增长7%；其中第一产业17000万元，第二产业10300万元，第三产业7400万元。固定资产投资达20800万元。三次产业调整为48.5∶29.4∶22.1；人口自然增长率控制在8‰以内，科技进步对经济增长的贡献率达到50%以上，基本普及高中教育，城市绿化率达到35%，城市环境综合整治定量考核进入全市前三名，城镇居民人均年收入3200元，年均增长7.5%左右，农村居民人均年收入2477元，年均增长7.5%，城镇人均居住面积达到15平方米以上。

2001年，编制完成《屈原管理区国民经济和社会发展第十个五年计划》。指导思想是：按照“发展、集聚、壮大、提升”八字方针，实现商贸兴旺、产业发达、文化繁荣、社会文明、环境优美、人居富裕的现代化区域。主要指标是：到2005年，国内生产总值达到140800万元，年均增长24.5%。其中第一产业44000万元，第二产业81000万元，第三产业15000万元。固定资产投资达到73000万元，科技进步对经济增长的贡献率达到50%以上，城镇居民人均年收入6000元，年均增长15%以上，农村居民人均年收入3000元，年均增长7%以上，人口自然增长率控制在7.5‰以内。

2006年2月，区管委会通过《屈原管理区国民经济和社会发展第十一个五年规划纲要》。发展目标是：到2010年，全区国内生产总值达到45亿元，年均增长26.1%，其中一、二、三产业增加值分别达到7亿元、30.5亿元和7.5亿元，三次产业结构调整为15.5∶67.7∶15.7；实现财政收入2.1亿元，年均增长23%；社会消费品零售总额达到6亿元，年均增长10%；新增投资15亿元，年均增长15%；实际利用外资2亿元，年均增长12%。城区总面积达到15平方公里，常住人口达5万人以上；高中阶段入学率达到85%以上，每万人中受高等教育人数达到500人以上；失业率控制在4%以内，农村劳力、“非农”就业率达95%以上；农村居民人均年收入达5000元，城镇居民人均年收入达10000元以上，年均增速分别为9%和10%；全区实现低保一体化，下岗职工基本生活保障与失业保险全面并轨，职工医疗保险覆盖率达100%，农村合作医疗保险受益对象覆盖率达75%以上；人口自然增长率控制在7.5‰以内。

2011年2月，区管委会通过《屈原管理区国民经济和社会发展第十二个五年计划纲要》。全区5年经济社会发展的主要目标是：到2015年，全区国内生产总值达到92亿元。其中一、二、三产业分别达12亿元、52亿元、28亿元，年均增长5.6%、23%、13%，一、二、三产业比重为13.6∶54.6∶31.8。财政总收入达3.5亿元，年均增长15%，其中地方一般预算收入达2.33亿元，年均增长15%；全社会固定资产投资累计超过150亿元，年均增长25%；社会消费品零售总额达9亿元，年均增长20%；城镇居民人均年可支配收入超过3.1万元，年均增长11%；农民人均年收入超过15900元，年均增长11%；城镇低保补助水平年均增长12.9%；农业职工社会保险全覆盖，城乡居民医疗保险参合率达95%以上；农村低保保障人口达2708人以上；居民平均预期寿命达75岁以上；每亿元GDP生产安全事故死亡率控制在0.05%以内；城镇化率提高到70%；全区人口控制在8.5万人左右，人口出生率不超过9‰，年均自然增长率控制在6‰以内。全区农村森林覆盖率达到27%；固体废旧物处理率达90%以上；单位生产总值综合消耗下降。

第三节　计划实施

一、年度计划

1981年前，农场编制以年度计划为中心内容的各项计划主要靠行政手段实施。即将计划层层分解到各单位，并以此为依据进行检查落实。1981年始，除行政手段外，还加以经济手段，层层将计划以合同形式规定，年初签定合同，平时检查监督，年终总结兑现，超奖赔欠。1987年始，对企业负责人实行“两挂钩”，即职级待遇与经济效益挂钩，升降浮动；年终奖金与达标档次挂钩，经营好的可获重奖。1991年后，计划实施情况与“双文明”考核挂钩，列入区年度工作目标重点考核内容，占“物质文明”建设800分中的600分。

二、中长期计划

“五五”计划　“五五”期间，农场党委、场部迎着改革的浪潮，反思19年连续亏损的教训，改用经济手段治理农场，使农场经济冲出低谷，扭亏为盈。1980年，实现工农业总产值3683万元，占计划的102.4%，年均增长20.4%。其中：工业产值1528万元，超计划13.37%。轻工业发展速度加快，在工业中的比重由“四五”计划的35.43%上升到58.83%，产品质量提高，食糖供不应求。农业虽遭受自然灾害，但年均产粮仍比“四五”计划增加1045吨。职工平均工资达740.63元，剔除物价上涨因素，实际增长10.96%。

“六五”计划　“六五”期间，农场党委和场部在解放思想的过程中，通过推行农业家庭联产承包责任制，利用生产关系促进生产力发展，使经济进入稳定发展期。同时在“围绕农业办工业、办好工业促农业”的指导思想下，积极兴办工业。1985年，实现工农业总产值7149万元，完成计划的100.8%，年均增长16.6%。其中农业产值4000万元，完成计划的100.7%；工业产值3149万元，完成计划的101%。完成固定资产投资总额491万元，比计划增加104万元。职工年均工资983元，剔除物价上涨因素，年均增加3.9%；农民人均纯收入443元，年均增加22.04%。

“七五”计划　“七五”期间，农场党委和场部按照“要稳定、要鼓劲、要发展”的原则，进一步巩固农业家庭联产承包责任制，实现农业经济稳步发展；坚持外引内联，发挥“四个轮子一起转”的作用，兴办工业，为“七五”计划的完成奠定了良好基础。1990年，实现工农业总产值28912万元，完成计划的103.2%，其中农业产值10547万元，完成计划的100.4%；工业产值12202万元，完成计划的101.6%；固定资产投资总额863万元，完成计划的107.9%。

“八五”计划　“八五”期间，农场党委、场部充分发挥农场改革的优势，提高各级组织领导经济和社会发展的能力；合理布局工农业生产，在发展工业、农业生产中注重科技推广和应用。1995年，全区实现国内生产总值25545万元，完成计划的102.1%，其中：第一产业值10631万元，完成计划的101.2%；第二产业值8181万元，完成计划的101%；第三产业值6733万元，完成计划的100.5%；固定资产投资总额5914万元，完成计划的101.5%；城镇居民人均年收入达到1500元，年均递增5%以上；农民人均纯收入达到810元，年均递增2.5%。

“九五”计划　“九五”期间，行政区党委、管委会着力优化经济结构，促进农业产业化，确保农产品有效供给和农民增收；大力发展个体、私营经济，引导民间资本向工商业领域转移，壮大工业在全域经济中的实力；加强基础设施建设，全力改善经济发展环境和条件。在大力发展经济的同时，统筹协调各项社会事业发展，推动社会全面进步。2000年，全区实现国内生产总值35075万元，完成计划的100.2%。其中第一产业值17268万元，完成计划的101.5%；第二产业值10356万元，完成计划的100.5%；第三产业值7451万元，完成计划的100.69%。固定资产投资总额20087万元，完成计划的96.57%。这一期间，通过大力推进经济结构的战略性调整，促进经济增长方式的根本性转变。三次产业结构比重为49.2：29.5：21.3，高新技术产业产值占工业总产值的比重达到40%以上。所有制结构日趋多元化，私营企业工业产值占工业总产值的80%以上，个体私营经济已成为国民经济的重要组成部分。

“十五”计划　“十五”期间，区党委、区管委会利用撤场建管理区的契机，着力加强第一产业，调整提高第二产业，积极发展第三产业。采用“两个置换”办法实施企业产权制度改革，并引进境外资本和境内民间资本重组工商企业，实现区域经济非公有化。全区经济发展在稳中求进，在快中求好。2005年，实现国内生产总值140833万元，完成计划的100.9%。其中：第一产业值44385万元，完成计划的100.8%；第二产业值81430万元，完成计划的93.5%；第三产业值15018万元，完成计划的101.1%。固定资产投资总额75959万元，完成计划的112%。

“十一五”规划 “十一五”期间，管理区党委、区管委会通过大力招商引资，走新型工业化道路；加快农业产业化进程，发展现代农业；加快城乡建设，促进一体化水平；加强基础设施建设，增强发展后劲；发展社会事业，构建和谐社会；实施可持续发展战略，建设资源节约性社会，圆满完成即定目标。2010年，全区实现国内生产总值461353万元，完成计划的102.3%。其中：第一产业值70234万元，完成计划的100.2%；第二产业值317524万元，完成计划的103.9%；第三产业值73595万元，完成计划的98.2%。财政总收入17386万元，其中地方一般预算收入达11586万元，年均增长26%，分别是“十五”末的3.18倍和2.38倍。全社会固定资产投资预算累计完成435031万元，年均增长39.6%以上，是“十五”期间投资总额的3.82倍。三次产业结构占比15.2∶68.8∶16.0，第二产业占比首次超过一、三产业之和，成为引领管理区经济发展的主导产业。城镇居民可支配收入18469元，农民人均纯收入9002元，年均增长11%和12%。人均享受绿地面积由“十五”时的4.16平方米增至10.98平方米；居民平均预期寿命提高到74岁以上。全区小学和初、高中入学率分别达到100%、100%和90%；农村合作医疗参合率达92.21%，明显高于全省水平；人口环境进一步改善，继续保持低生育水平；社会保障“五大保险”应保尽保；农村五保户供养水平超过省定标准的24%以上，城镇失业率有效控制在3%以内。省道307线得到拓宽、改造，建设通乡、通村水泥（油）路325公里，实现全区村村通水泥路；38公里防洪大堤全线加固，5座电排得到维修改造，新建35千瓦变电站2座，城镇和农村电网全面更新改造；开发建设用地30公顷，新增城镇道路6公里，拓宽城镇发展空间4.6平方公里；农村居民生产、生活环境明显改善，新建沼气池8085口，改水改厕2919处，解决居民安全饮水2.6万人，完成土地开发和整理2000公顷；完成万元生产总值能耗下降2.25%的目标，主要污染物排放量提前实现减排目标；城镇各类饮用水源水质达标率100%，农村饮用自来水到户率达40%，比“十五”末提高21%；生活垃圾处理率达90%。

第四节 综合平衡

农场体制条件下，在“五五”“六五”期间，年度计划基本上是以农业生产为中心，综合考虑场属企业所需原材料编制计划。主要目的是完成上交国家指令性计划和满足农场居民生活必需品，以提高居民生活质量与水平。作物的种植主要围绕水稻、甘蔗等下达计划。按照计划调整作物的种植面积，采取“旱”改“水”、低洼田改“水”；或扩种甘蔗，“水”改“旱”；或发展渔业生产，低洼田改渔池等。一定数量的农副产品，如稻谷、植物油、生猪、水产品等，按省、市下达计划上交给国家，其他日常生活物资和农业、工业生产资料则由国家按计划下达给农场。通过国家对农副产品的需求和场内自身需求采取调控计划以达到综合平衡。工业企业生产计划则根据要求达到提升农场经济实力，追求一定高度的产值、利润来作计划，以此达到综合平衡。

“七五”“八五”期间，通过加强和改善宏观管理，取消指令性计划，进一步缩小指导性计划，用综合平衡办法提升农场经济实力，但由于政企不分，高度集中的管理体制制约干部、职工生产积极性的发挥，特别是随着社会主义市场经济体制的建立，农场“一大二公”的计划经济体制已严重束缚农场经济的发展，面临历史负担重、人员包袱重、农民负担重等严重问题，使农场经济走入死胡同。

1994年始，通过改革农场管理体制，将农场逐步溶入社会主义市场经济体制中，开创境内经济的新格局。至2011年，管理区党委、区管委会不断创新发展思路，调整经济格局，改善产业比例失调关系，加大固定资产投资，营造法治经济环境，积极扩大招商引资，鼓励非公有制经济发展，不断丰富、完善“九五”“十五”“十一五”规划，以达到综合平衡和协调发展。

第二章　物价管理

第一节　机　构

1978年，境内虽然市场萧条，物资匮乏，但物价保持基本稳定。1979年，部分物资和商品取消计划后，市场物价曾一度出现混乱。1980年5月，国务院下发《关于加强物价机构的通知》，农场成立物价领导小组，下设办公室，管理全场市场物价。1987年9月，农场对物价领导小组进行充实和调整，其成员由5人增至8人，并在计划财务科内设物价办，配物价专干2人。1994年，行政区管委会在综合管理局内设物价局。1995年3月，物价局下设物价检查所，事业编制5名。2001年，管理区计划统计局和区物价局合并，成立区计划统计物价局。2005年10月，区计划统计物价局更名为区发展和改革局。2009年，区物价检查所更名为区价格检查局，机构性质由事业机构变更为行政机构，并升格为副科级，核定行政编制2名。

境内物价专职机构成立后，颁发一系列管理文件，规范市场物价管理，范围涉及工农业生产资料中的钢材、化肥、农药、农膜、小工业用品和三、四类农副土特产品中的酱油及蔬菜、水果和非商品收费中的学杂费、照像费等方面，实行价格申报审批制度，防止乱涨价。同时，为适应市场经济发展需求，不断改进管理模式和手段，建立完善价格调控和价格约束机制，开展明码标价等活动，全面清理整顿行政事业性乱收费，并对涉农收费实行公示制度。配合相关部门开展对农资、电力、交通、医疗、教育等行业的物价检查，确保全区物价稳定。

第二节　价格管理

1978年年底，国家开始实行“调放结合，以调为主”的方针，破除传统计划经济的桎梏，恢复价格本身所固有的、过去被人为压抑的经济调节作用。1979年夏粮上市始，18种农副产品价格大幅度提高，其中粮食（稻谷）价格每50公斤11.55元，提价30%；油料（菜籽油）价格每50公斤106元，提价38%。同时提价的还有肉、禽、蛋等8类主要副食品价格，其中生猪每50公斤64元，鸡蛋每50公斤89元，鲜鱼每50公斤35元。

1984年10月，物价进入“放调结合、以放为主”的阶段，农场已全面推行家庭联产承包责任制，国家将实行30多年的粮、棉、油和生猪统购统销政策，改为合同定购，多余部分按议价卖给国家或上市出售。

农场收购中等稻谷每50公斤由1979年的11.55元调为15.59元；菜油每50公斤由1979年的106元调为117元；猪肉每公斤由1979年的1.28元调至2.48元；鲜鱼每50公斤由35元调至50元。农业生产资料中的碳铵、磷肥、农膜、地膜、农药、成品油销售价格平均调价10%～15%。工业品包括食糖、水泥、砖瓦、用电均有不同程度的提价。1985年，农场成立农产品成本调查队，建立甘蔗常年登记点5个，生猪常年登记点4户，为全国食糖和广东省佛山市生猪等产品市场销售提供成本依据。1988年，中央决定放开绝大多数商品价格。在实践中发现这一举措虽促进了生产的发展，但在一些地方出现严重抢购挤兑现象，导致价格大幅度上涨，对此，国家适时进行价格治理整顿。农场物价办根据上级精神，大力整顿市场物价，控制物价上涨，重点稳定群众生活必需品的价格，城镇居民定量供应的粮、油价格一律不动。其中计划供应大米每50公斤稳定在34.7元，食用油每50公斤控制在224元。下大力气制止农业生产资料的种子、农药、化肥、农膜等乱涨价。其中尿素每吨510元、碳铵每吨227.36元、钾肥每吨328.9元、磷肥每吨149.73元、复合肥每吨270元。物价办对农资专营点核定零售价格，这一系列措施，稳定了全场生产、生活的物资价格。

1992年始，重点建立和完善以市场价格为基本配置资源的价格形成机制和价格运行机制。主要对农村电价、农用柴油、交通运价、食盐、粮食、菜油、煤炭、燃气、农资商品、学杂费等从管价上重新进行审定，规定差率，明确作价原则。1994年，行政区物价部门根据刚刚出现的通货膨胀，下发一系列管理文件，实施物价控制目标管理责任制。管理范围涉及工农业生产资料中的钢材、化肥、农药、农膜、石油、小工业品和三、四类农副土特产中的酱油、蔬菜等；对非商品收费中的学杂费、照像费等方面，实行价格申报审批制度，防止乱涨价。1996年，行政区和全国各地一样，确保了市场价格稳定。1997年，重点监控化肥、农药、农膜、种子、农电等五大类农资商品价格。1998年《中华人民共和国价格法》颁布实施，再次调低农资商品价格，境内主要农业生产资料平均降幅达10.3%。2000～2003年，重点加强农村电价管理，实行城乡同价。2005～2011年，全区以规范市场价格为重点，建立常年性巡查和重大节假日监测机制。至2011年，全区涉案物价鉴证3000余件，处理率达100%。

1994～1997年，区物价事务所受屈原法庭委托，先后对屈原丝绸厂、湘甬糖果厂、屈原罐头厂等破产企业进行资产评估。1998～2002年，对屈原糖厂、综合加工厂、水泥厂等14家改制工商企业进行资产评估，评估总额1.2亿元。

第三节　行政事业收费

一、收费清理

1978～1986年，境内行政事业性收费由各部门自行收取。1987年始，财税、物价、审计部门联合发文，清理整顿行政事业性收费，实行“凭证收费”“统一收款收据”和审计制度。

1993年9月始，根据《湖南省行政事业性收费管理条例》《湖南省行政事业性收费项目目录》逐步取消不规范收费项目。至1999年，省财政厅、省物价局公布明令取消、降低和规范的各项收费达300多项。2000年始，全区分两批对35个部门的行政事业性收费进行清理，基本上达到优化经济发展环境、减轻企业群众负担和促进管理区经济发展的预期目的。

2008年始，中央、省、市先后取消和停止征收部分行政事业性收费，进一步减轻企业的社会负担，国家、省政府取消和停止征收100多项行政事业性收费。2009年，省物价局会同省财政厅按照促进中小企业发展，降低成本，搞活流通的要求，对行政事业性收费进行重点清理。区物价局按照上级文件精神，取消卫生部门收取的与健康相关产品初审费，特种食（用）品产品审评费，文具（娱乐器具、保健用品）生产审评费；交通部门收取的公路运输客运路单费、货运路单费；质量技术监督部门收取的产品标识审查费，食品抽检收费等，计量检定检验收费降低5%～10%。是年，省物价局发文停止征收工商两费，取消和停止征收100项行政事业性收费，随油价税费改革取消的6项公路、水路收费，以及6项涉渔收费均得到较好的贯彻落实。同时，积极配合区相关部门出台鼓励创业、就业的收费优惠政策，支持全民创业。

2011年，根据财政部、国家发展改革委《关于取消部分涉企行政事业性收费的通知》，对公安、技术监督局、卫生局等10个部门15项收费项目予以取消，并公示。

二、收费公示

2000年始，推行涉农收费公示制度，加强对涉农收费的管理力度。是年，区管委会下发《关于在全区实行涉农收费公示制的通知》，区计划统计物价局牵头，在境内共设立大型公示牌5块，部门窗口公示栏18块，村级公示栏98块，重点对教育、计育、民政、国土、公安、交管、物价、村务等涉农收费的标准、依据及举报电话进行公示。2008年始，对全区所有公示进行全面清理和规范，使公示内容更趋全面和明了。

第四节　监督检查

1980年，农场物价办在营田镇富民街、汨纺农贸市场建立物价监督检查站，对农副产品的价格进行监督管理。

1984年，农场物价领导小组配备专职物价管理人员负责境内物价监督检查，主要对粮、棉、蔬菜等农产品的合同定购，化肥、农药、农膜等重要生产资料以及基建材料的销售价实行价格申报审批。至1995年，检查各类商品价格1560件，纠正错价280件。1996～2004年，对群众反映强烈的热点、难点问题进行专项检查，查处违规事项35件，没收非法收入13万元。

2005年，区计划统计物价局围绕“消费、治乱、减负”中心内容，清理违规失效收费文件215份，涉费项目400个，取消不合理收费项目18个，按规定降低收费项目标准25项，收费总额压缩20.5%。全年监督检查收费单位41个，查获违价金额85万元，收缴财政35万元，处以罚款20万元。对10所中小学进行违规超标收费检查，查出违价金额13万元，限期全部清退。

2006年为全省“市场价格监管年”。区物价部门在鸿天楼超市、鸿天楼旗舰店、万顺超市、南街农贸市场、汨纺农贸市场和各大药店开展明码标价示范超市、示范市场、示范药店创建工作。引导企业和经营者自觉遵守明码标价规定，增强“诚实规范标价，不搞价格欺诈”意识，全区明码标价率达80%左右。

2007年，为落实农业部、国务院纠风办、财政部、国家发改委、国务院法制办、教育部《关于认真做好2007年减轻农民负担工作的通知》，区物价局对全区农村义务教育、农民建房、计划生育、户籍管理等收费项目进行检查。共查出自立项目、自定标准、提高标准、超越范围等违规收费55万元，全部实行清退或收缴区财政。

2008年，按照省、市价格主管部门的工作部署，以保障和改善民生为主线，强化民生价格监管，开展市场价格监督。农村义务教育由政府免费提供教科书，取消原收费项目中的课本费、搭餐费；自愿部分定额控制项目和对跨区就读学生收取的借读费进行监督检查。严查春运票价，保证春运期间公路客运价格不上调，使冰灾期间客运价格保持稳定。对尿素等大化肥实行“三管住”（即管住批发价格、调拨价格、零售价格）政策，对碳铵等小化肥采取价格干预措施。受理价格举报10起，查处10起。为低保群体减免水电费16万余元，挂号费、诊疗费8万元，有线电视收视费6万元。

2009年，区价格检查局配合市物价局，对全区医疗卫生、教育收费等进行专项检查，查处违价金额35万元，实施经济制裁9万元，取消和停止教育、公安、民政等部门的162项行政事业性收费项目；取消和降低建筑安全施工等18项服务性收费。对关系民生问题的水电户改收费、有线电视收费、医疗收费和经济适用住房收费进行排查整改。对取消的农村义务教育住宿费、高中阶段信息技术教育费进行重点检查。加强对义务教育阶段学校服务性收费、代收费的监管，防止“一边免费，一边乱收费”现象发生。对已取消的有线数字电视过户、迁移、报停等收费项目进行重点检查。

2010年，按照保增长、扩内需、促稳定、重服务的总体要求，加大价格监管力度。对各乡镇、机关、学校、医院、化肥销售企业和家电、农机下乡定点单位进行普遍检查，了解惠农价格政策落实情况。共检查乡镇、街道6个，检查行政事业单位50个，走访农户24家。进一步规范药品价格和医疗服务收费行为，共降低药价差169万元，对五保户、困难户实行优惠政策，减免收费12万元。

2011年，在元旦、春节、“五一”节假日期间，对粮油、食盐、肉、禽、蛋、菜、海鲜产品等重要食品价格，液化气、成品油等民用能源价格加强监管，及时制止因谣言引起的碘盐涨价和抢购风波。是年，重点对农资、教育、农民建房、商品房明码标价进行监管；10月，区价格检查局配合市物价局，对全区医院药品和医疗服务价格进行专项检查，查处违规金额46万多元，分别实行经济制裁和收缴。

第三章 统 计

第一节 机 构

1978年2月，农场统计工作职能并入财供科，从属于会计科目，由会计负责统计数据上报。1979年恢复定期报表制度，报表实行统计归口。统计业务以农、林、牧、副、渔为主。统计人员逐步充实，农场共设专业统计人员9人，其中场部财务科1人，下属8个分场各设1人。1980年，农场恢复计划统计科，开始执行国家统计局定期报表制度。全场各项专业报表体系更趋完善，及时性、准确性均有所提高。1984年，实施《中华人民共和国统计法》（简称《统计法》），农场统计编制和业务编入计划统计物价科。各分场及场直六厂先后设立统计机构或统计员，至1987年，全场专业统计人员10人。1988～1993年，统计工作归农场计财委。1994～1998年，统计工作归入区综合管理局。2000～2001年，合并到区财政计划统计物价局。2002年3月，成立区计划统计物价局。2004年，统计报表开始采用电脑制作和报送。每隔5年开展经济普查、10年农业普查、10年人口普查。2005年8月，区计划统计物价局更名为区发展和改革局，加挂管理区统计局牌子。定编制4名，其中行政编1名、事业编2名、其他编1名。各乡镇、街道设统计专职人员。具体负责工业、农业、商贸、投资、建筑、房地产、保障住房、能源、科技、劳资、服务、畜禽监测及各类普查和调查、信息发布等年报、季报、月报工作。至2011年，全区统计工作步入规范化、法制化的轨道。

第二节　统计报表

1978年，全场执行国民经济基本统计制度，陆续恢复工业、交通、农业、基建、商业、物资、劳动工资等7种专业统计定期报表和年报表，重新制定1970年不变价，此后不变价每10年更换一次。农业中的农业总产值按农、林、牧、副、渔及不同所有制分组，新增上山下乡知识青年人数和粮、棉、猪等情况，耕地面积增设田园化指标。1983年12月8日，全国人大常委会通过《统计法》，对统计报表和统计数字的管理有了明确的规定。是年，各分场及场直六厂均设立统计机构或统计员，统计报表管理得到进一步加强。

1985年，统计报表有国民收入、国民总产值、国民财产、城镇、农业、工业、交通、商业、劳动工资、固定资产投资、物资等11种，其中7种有定期报表。国民收入主要内容为社会总产值、国民收入、生产消费和积累平衡。国民生产总值按三次产业计算净值和固定资产折旧，为国民经济从物质产品平衡核算体系向物质产品和劳务平衡核算体系过渡准备条件。国民财产5年报一次。城镇年报分人口和土地面积、工业、农业、固定资产投资和公用事业、商业、文教卫生、劳动工资等七大类。

1990年，统计年报有人口、国民收入、国民生产总值、国民财产、城市、城镇、劳动工资、技术开发、工业、交通运输、固定资产投资、建筑、物资、能源、农业、商业、旅游等17种，并有定期报表。工农业总产值指标按1980年不变价和1990年不变价及当年现行价计算。

1993年，统计报表专业划分种类由1979年前工业、农业、基本建设、财贸、物价五大类78张，各项月报、季报31张的报表体系分解细化为国内生产总值核算统计、农村社会主义经济统计、农村社会总产值统计、农村经济总收入统计、农村固定资产统计、农村劳动力统计、农村住房抽样调查统计、工业统计、投资和建筑业统计、国内贸易统计、人口与劳动统计、价格统计、企业调查、社会统计、科技统计等15项专业性统计。

1999年，统计有国内总产值年报，基本单位调查年报，经济指标季度考评，资金流量测算；工业定期报和年报，原材料能源季报、年报；交通季报和年报；农林牧副渔业季报和年报，农村社会经济年报，农业基本单位调查年报，非农户牧业生产调查季报、年报，农业固定资产投资，农业主要经济月报；商业月报、季报、年报；劳动工资季报、年报；人口变动情况抽样调查，社会季报、年报；建筑业季报、年报等19种。综合统计实行新的国民经济核算体系和经济评价考核指标，停止国民财产5年报和国民收入及国民生产总值年报，改为国内生产总值月报、季报、年报。工业统计开始以增加值公布发展速度，原用工业总产值指标概念趋于淡化。工业总产值按1990年不变价含增加值的新规定计算。工业统计范围改按隶属关系统计为规模统计，对规模以上工业企业的产值产量、经济效益等5种报表实行分企业报送制度，对规模以下工业实行抽样调查。农业统计将农业净产值改为农业增加值，将农村社会总产值改为农村非农业总产值。增加农业基本单位年报、农村小康监测报表。在社会和劳动工资统计中，新增下岗职工人数指标。停报人口年报，保留人口变动情况抽样调查和城镇劳动力跟踪调查。2007年统计报表加到21种，其中新增能源统计，服务业统计。

中共十一届三中全会后，统计报表逐步进行改革：工业统计由生产统计扩展为生产经营统计；农业生产统计扩展为农村社会经济统计；商业由国营商业统计扩展为全社会商品流转统计，并增设经济效益指标体系；基建扩展更新改造投资统计内容；交通邮电统计增加邮电业务量指标；运输统计增加主要财务指标、航线里程和通车里程等指标；物资统计增设消耗、生产和年年末库存总值等指标。在调整充实专业统计报表的基础上，逐步采用社会总产值、净产值、增加值、国民收入和国民生产总值等综合指标。

2004年前统计报表的报送时间，均依制表机关的历次规定执行。有关各系统的业务统计资料，分别由农场统计专业人员对工业、农业、财贸、固定资产投资、劳动工资和人口统计专项，向有关科、厂、行、店、公司负责收集，编入各年度综合统计资料汇编，印发给有关部门，以此进行专业性综合平衡和统计分析。2004年后，统计指标体系标准不断完善，逐步与国际通行规则接轨。以科学推算为补充，多种方法综合运用的统计调查方法体系开始形成。是年，统计报表采用电脑制作和报送。

第三节　统计调查

一、全国性普查

人口普查　1982年、1990年、2000年、2010年开展第三次、第四次、第五次、第六次全国人口普查。

第三次全国人口普查。1982年，农场根据国务院和省统计局有关人口普查精神，集中精力开展第三次人口普查工作。出动普查人员125人，历时3个月，以1982年7月1日零时为登记标准时间，普查项目为29项。此次普查，境域总户数15933户、60935人。

第四次全国人口普查。1989年，农场根据国务院《关于进行第四次全国人口普查的通知》精神，印发《关于认真做好第四次人口普查的通知》，成立第四次人口普查领导小组，抽调普查人口162人，以1990年7月1日零时为登记标准时间，普查项目为21项。此次普查，境域总户数18610户、62565人。

第五次全国人口普查。2000年，行政区管委会根据国务院《关于进行第五次全国人口普查的通知》精神，成立专门机构，抽调普查人员168人，组成45个普查小组，以2000年11月1日零时为登记标准时间开展人口普查。此次人口普查第一次将居民住房情况纳入普查项目，首次采用长、短表的方式，应用光电录入技术。此次普查，境域总户数22780户、人口64610人。

第六次全国人口普查。2010年，区管委会根据国务院《关于进行第六次全国人口普查的通知》精神，下发《关于认真做好第六次人口普查的通知》，成立人口普查领导小组，组成180人专业普查队伍，分成40个普查小组，以2010年11月1日零时为登记标准时间开展人口普查。此次普查，主要调查人口和住户基本情况，调查内容包括：性别、年龄、民族、受教育程度、行业、职业、迁移活动、社会保障、婚姻生育、死亡、住房情况。全区发放长表3800份、短表38000份，人口普查工作手册70份，普查登记手册270份。通过普查，境域总户数32343户、人口83016人。

全国工业普查　1985年、1995年，开展第二次、第三次全国工业普查。

1985~1986年，第二次全国工业普查，普查内容包括境域全部工业企业基本情况。1985年主要指标按经济类型分组，包括工业总产值、主要产品产量、工业设备、主要产品生产能力、原材料、燃料、动力消耗、劳动工资、财务指标等情况。

1995~1996年，第三次全国工业普查，普查对象为全部工业企业和工业个体户，摸清“八五”末期全区工业家底，反映全区工业化发展水平，有计划、有步骤实施工业技术改造。为制定中长期工业发展规划，调整产业结构，提高工业经济效益提供决策依据。

全国农业普查　1997年、2007年开展第一次、第二次全国农业普查。

第一次全国农业普查标准时间为1996年12月31日，普查标准时期为1996年。普查对象是境内各种类型的农业生产单位、农村住房、乡镇企业、行政村和乡镇。普查内容涉及农村生产经营单位，从业人员等38个项目、共687个指标。首次应用光电录入技术代替手工录入。全区成立普查机构71个，其中村级65个，选聘三级农普员145人。登记总户数15191户，农业人口52911人，从业人员24145人。

第二次全国农业普查标准时间为2006年，普查对象为境内所有农村住户，包括农村农业生产经营户和其他住户、城镇农业生产经营户、农业生产经营单位、村委会、乡镇政府。普查内容包括农业生产条件、农业生产经营活动、农业土地利用、农村劳动力就业、农业基础设施、农村社会服务、农民生活以及乡镇、村委会和社区环境等情况。全区成立普查机构65个，其中村级60个，选聘三级农普员131人。登记总户数10759户，农业人口48173人，从业人员20552人。通过普查，澄清了全区农业和农村经济的家底，进一步掌握了农村社会经济运行状况，为科学制定农村、农业发展规划，实施“九五”和“十五”计划提供了决策依据。

全国三产业普查　1993年，进行第一次全国三产业普查。普查范围为全场所有第三产业企业、事业、行政单位和社会团体。普查内容主要反映第三产业发展规模、生产经营活动成果，实物资产情况的指标。普查年度为1991～1992年。

全国基本单位普查　2001年进行。普查标准时间为2001年12月31日，年度为2001年。普查原则上采用“以块为主、条块结合”的原则，以直接发表调查与有关部门的行政登记资料征集相结合的方式进行。

全国经济普查　2004年、2008年开展2次全国经济普查。

2004年进行第一次全国经济普查。普查标准时间为2004年12月31日，时间资料为2004年度。普查对象为境内从事第二、三产业的全部法人单位、产业活动单位和个体经营户。普查主要内容包括单位基本属性、就业人员、财务状况、生产经营情况、生产能力、原材料和能源消耗、科技活动等情况。此次普查，全区选调培训普查人员42人，设立乡、镇、居委会普查机构11个。

2008年进行第二次全国经济普查。普查标准时间为2008年12月31日，时间资料为2008年度。普查对象与内容和第一次全国经济普查基本相同。此次普查全区选调培训人员51人，设立乡、镇、居委会普查机构12个。

二、专题调查

林业调查　1979年6月，对境内成片林、大型渠道和公路、生产队居民点及竹林、果木、茶叶等经济林进行调查。调查结果为：总造林面积441.7公顷，其中用材林278.5公顷、竹子5.8公顷、经济林9.3公顷（含油桐1.4公顷）、防护林63.8公顷、幼林12.4公顷、四旁造林32.95万株，林木种子采集量3.1吨。

企业抽样调查　企业抽样调查每年进行。调查对象为规模以下（年销售500万元以下非国有工业企业）工业企业，调查主要内容涉及产值、税金和利润。每年进行2次调查，作为推算境内工业总产值和核算国内生产总值之用。根据抽样数据推算评估规模以下工业结构及总体增长水平，使繁琐的全面调查更加科学化、规范化、具体化，对提高整体数据质量具有很大作用。

1995年始，开展企业景气调查。主要对工业、批发业和零售业、社会服务业、建筑业、交通运输业、仓储和邮政业、通信业、金融业等企业的景气情况进行调查。调查结果反映各企业总体发展趋势和生产经营状况的满意度、企业生产能力利用情况、原材料和燃料及生产产品、服务价格涨跌情况。根据调查结果进行分析，为区党委、区管委会宏观指导经济发展提供决策依据。

管理区第一次经济发展调查　2009年，第一次开展全区经济发展调查、基本单位调查、农业调查和第三产业调查并进行一次大型普查。主要是为了全面掌握全区第一、二、三产业的发展规模、结构和效益等基础数据，建立健全覆盖国民经济各个行业的基本单位名录库。对制定“十二五”发展规划、优化经济结构、改进宏观调控，提供实际性依据。

临时性调查 临时性调查时间不定期。1985年，进行第三产业调查和国民财产调查。1988年，开展投入产出调查。1990～2011年，先后开展工业、农业、运输业、建筑业、商业的结构与发展速度，一、二、三产业从业人员结构与发展速度，社会节余购买力与商品可供量，固定资产投资规模，职工工资总额增长速度，物价上涨与社会承受能力，人口老龄化趋势与性别比变化趋势，工业内部结构，粮食生产情况，农村产业结构等进行调查。调查资料进行综合分析后，及时发布，为领导机关研究政策、制定计划、治理整顿和深化改革提供基础资料。

第四节 统计服务

1978年始，编印《主要经济指标统计》和《国民经济指标》月报、季报、年报，以及专题分析报告和对策建议，受到各级领导好评和社会高度关注。1981年始，参加全市及省内14个地州市综合信息横向交流，提供社会数据结构的对比分析报告28篇。1986年始建立统计信息库，为社会提供服务统计信息12条次。1997年和2007年两次全国农业普查；1982～2010年四次全国人口普查；2004年和2009年两次全国经济普查，以及物价、粮食产量、城乡住户调查等。统计部门对汇总数据进行分析，提出建议和意见45条为领导或专业部门决策提供参考。

2001年后，为扩大市统计局编写的《统计报告》服务范围，区统计局转发108次，给境内相关单位和企业为了解全市经济社会发展走势提供权威信息。

2002年始，全区统计人员配备电脑实现网上报送报表，每月用《统计资料》形式向社会公布主要经济数据，每季度提供经济运行情况综合分析报告，每年向社会发布国民经济和社会发展情况统计公报，大型普查数据以公报形式向社会公布。2003年始，编辑出版《统计年鉴》。

1978～2011年，撰写统计调查分析文章27篇，其中获市一等奖7篇、二等奖9篇、三等奖11篇。

第四章 审 计

第一节 机 构

1985年，成立审计科，与场纪委合署办公，编制2名，主要行使农场内部审计职能。2003年5月，审计工作从区纪委析出，正式成立区审计局，编制4名，按审计法规履行国家审计职能。2004年，成立管理区领导干部任期经济责任审计工作领导小组，建立健全领导干部任期经济责任审计联系会议制度。2006年2月，区管委会印发《关于进一步加强审计监督的通知》，强调加大审计执法力度，加强基本建设项目的审计监督，稳妥开展经济责任审计，强化内审指导和监督，规范审计执法行为。2009年8月，成立经济责任审计室，为区审计局二级事业单位，编制2名。2011年7月，管理区管委会下发《关于进一步加强领导干部任期经济责任审计工作的意见》，明确领导干部任中审计不低于经济责任审计任务30%的目标。8月，管理区党委、区管委会印发《屈原管理区审计局主要职责和人员编制规定》，调整对社会审计机构审计业务质量的监督范围，不再核查社会审计机构对审计机关监督对象以外单位出具相关审计报告，新增对区属事业单位、区管国有或国有控股企业、社会团体负责人进行任期经济责任审计和离任审计等职责，强化计算机辅助审计和绩效审计等职能。

至2011年，区审计局在编6人，内设办公室、综合业务股、投资审计股，下设经济责任审计室。

第二节 国家审计

1985～2002年，未履行国家审计职能。

2003～2011年，区审计局共审计项目175个，查出违规金额4036.58万元，管理不规范金额1.196亿元，应归还原渠道资金622万元，应调账处理金额5216万元，减少财政拨款和补贴137万元，收缴财政215万元。对被审计单位提出审计建议760条，被审计单位采纳552条。向区管委会和区人大政协工委提交审计工作报告和结果报告89篇，上报各类审计信息48篇。

一、财政审计

2006年始，区审计局依法对本级财政预算执行审计，对乡镇财政决算2～3年审计一次。至2011年，共抽调审计人员49人次，对区本级财政预算执行情况进行审计，审计单位27个，查出违规金额1962.13万元，空转财政收入208万元；管理不规范金额5976.7万元，改变支出用途拨款85万元，其中上缴289.9万元，调账处理83.4万元。

二、行政事业审计

2003年始，开展对行政事业单位财政财务收支情况审计。2009年，审计某单位2005年11月至2009年3月财政财务收支情况，查出管理不规范金额147.31万元，违规金额78.5万元，提出审计建议4条；2011年，审计某单位2008年至2011年财政财务收支情况，查出管理不规范金额543.9万元，违规金额56.32万元，上缴财政4万元。至2011年，先后审计行政事业单位42个，查出管理不规范金额1350万元，违规金额401万元。

三、专项资金审计

2003年始，开展专项资金审计，重点审计和调查移民资金、水利资金、社保资金、就业再就业专项资金、水稻粮种补贴资金、退耕还林等专项资金。2008年审计某民生专项资金，查出172.8万元地方配套资金不到位和未实行专户管理、专户核算等问题；2011年，审计某专项资金，查出管理不规范资金342.26万元，违规金额24.7万元，上缴财政2万元。至2011年，审计专项26项，查出管理不规范金额2638万元，违规金额349万元。

四、投资审计

2003年始，开展固定资产投资审计，审计重点是针对基建项目投资大、投资过程中偷工减料、高估冒算等违法行为。2010年，审计某办公大楼建设工程造价，核减59.35万元；2011年，审计某垃圾场建设招标控制价，核减768.31万元。至2011年，共审计固定资产投资项目159个，审计金额1.9亿元，审减金额1635万元，核减工程造价1100万元。

五、经济责任审计

2004年始，开展经济责任审计。2008年，在某乡镇主要负责人离任审计中，查出管理不规范金额659.31万元，违规金额56万元；2010年，在某党政主要领导干部任中审计中，查出管理不规范金额1023.14万元，违规金额68万元。至2011年，开展经济责任审计69个，查出违纪违规金额650万元，审计结果报告被区党委组织部采用65个。

六、授权审计

2011年始，市审计局授权区审计局审计项目3个，包括廉租房资金审计、土地出让金审计和救灾资金审计，查出管理不规范金额1759.93万元，违规金额649.75万元。

第三节　内部审计

1985年，农场场部作出《关于内部审计工作的若干规定》，明确在农场开展内部审计工作，加强财务审计监督。至2002年，内部审计工作职责由财务收支审计逐步拓展到经济效益、经济责任、经济管理、基建工程预算和内控制度审计等领域。共完成审计项目260个（含重复审计单位），查出有问题资金1524万元，其中违纪金额362万元，损失浪费金额270万元。

2003年始，区审计局主要承担对内审工作的指导，组织内审人员开展培训等工作。2010年，指导某企业内部审计，查出违规金额98万元；2011年，参与某单位内部审计，查出违规金额65万元，促进增收节支23万元。至2011年，共组织46人次参加省、市内审培训，指导成立单位内审机构8个，完成内审项目56个，查出违规金额693万元，损失浪费金额518万元，促进增收节支214万元。

第四节　社会审计

2007年，境内成立审计事务所，主要开展审计企业会计报表，验证注册资金，办理业务合并、分立、清算事宜中的审计业务；鉴证经济案件，进行资产评估，担任会计顾问，提供咨询，代理记账，编制工程标书等义务，属于独立的社会机构。至2011年，共接受59个单位委托，完成委托事项235项。

第五章　工商行政管理

第一节　机　构

1978年，农场设立工商行政管理组，又称屈原农场打击投机倒把行为办公室（简称打击办）。1980年更名为岳阳地区工商行政管理局（简称工商局）屈原工商行政管理所，配编4名。1985年12月划归汨罗县工商局，更名为汨罗县工商局屈原工商所，人员增至8人，主要是集贸市场管理、经济合同管理、商标管理、广告管理、工商企业登记管理、个体工商户管理、打击投机倒把行为。1992年2月，汨罗市工商局屈原工商所升格为岳阳市工商局屈原分局（简称屈原工商分局），隶属岳阳市工商局。内设办公室、监督管理股、注册登记股、公平交易股（含打击传销办公室、经济检查股），下设河市工商所、沉沙港工商所、青山寺工商所、农村经纪人协会、个体劳动者私营企业协会、消费者委员会，定编25名。1998年，实行省以下垂直管理。2004年7月，合并河市工商所、沉沙港工商所，更名为营田工商所；内部机构增设信息中心。

1992年始，随着机构升格和县级工商管理职能赋予，对工商企业、个体工商户、私营企业开业、停业、变更等经营活动以及商标、广告、经济合同、市场监督的管理职能更趋完善。至2011年，共登记注册有限责任公司258户、合伙企业13户、个人独资企业70户、农民专业合作社15户、个体工商户2735户。同时，依法监管市场，重点整治制假、售假，损害消费者利益的行为；打击坑农害农，损害“三农”利益行为和开展流通领域食品安全的专项整治。共查处各类违法案件64起，销毁假冒伪劣商品112件（袋），为消费者和农业生产挽回经济损失121万元。

2011年2月，屈原工商分局被市委、市政府评为文明单位；是年3月，被全国妇联、全国妇女“巾帼建功”活动领导小组评为巾帼文明岗。

第二节　市场建设管理

1986年5月，在屈原镇中心地域建成屈原中心集贸市场，建筑面积1642平方米，其中经营面积1356平方米，有门面30个，固定摊位28个。1987年5月，兴建纺城农贸市场，建筑面积1285平方米，其中经营面积994平方米，设门面10个，固定摊位47个。1992年7月，投资210万元，对屈原中心集贸市场进行改扩建，建筑面积达到5568平方米，经营面积4040平方米，新增顶棚面积1209平方米，门面增至140个，固定摊位达32个。1993～1996年，相继新建小边山和糖厂集贸市场，门面、固定和活动摊位达50个。

1987年始，国家放宽政策，商品交易允许多渠道流通，集市贸易日趋活跃，工商管理部门实行“放而有度、活而有序、管而有法”的方针。日上市人数约2000人次，上市品种1000种，日交易额100多万元。每年元旦、春节等重大节假日，组织开展市场专项整顿活动，不断规范市场秩序。至2011年，共查处伪劣、变质食品1142件，注水猪肉、牛肉528公斤，病、死猪肉1132公斤，不合格衡器4件，无照经营行为49起。

2000年，集贸市场实行“管办分离”“人、财、物随市场走”的政策，从屈原工商分局分流干部7人组建市场建设服务中心，履行对市场调控、监督、服务等管理职能。

第三节　注册登记管理

1980年始，随着改革开放的不断深入，工商行政管理部门出台一系列鼓励性政策，允许企业灵活购销、开展竞争；允许一业为主、多业兼营；允许增加网点、下伸机构；允许代购代销、联产联销；允许多设批发、批零兼营；允许内联外调、一次经营；鼓励企业办理注册商标，创新名牌产品。至1986年，境内国营企业注册42家，比1979年新增注册31家；集体企业注册6家，其中新增注册5家。

1987年，工商部门采取有效措施支持兴办分场（镇）企业，允许企业边筹边建边经营，为变更名称增加注册资金的企业及时办理手续，对符合升级条件的企业及时办理冠名手续。是年，分场、镇新办企业14家，新增从业人员1600人。

1988～1991年，贯彻中共中央《关于清理整顿公司的决定》，对党政机关开办的公司进行全面清理，注销12家，转入群众团体6家，变更“营业执照”改为承包租赁经营16家。

1992～1997年，办理开业登记手续的法人企业逐年增加，其中国营企业14家，集体企业3家，联营企业2家，股份制企业1家。

1998年始，支持企业体制改革，贸易总公司、生资公司等6家国有企业由承租经营转入产权转让。至2002年，国有、集体企业注册登记133家，注册资金36236万元。2003～2005年，推出首办负责制、限时办结制，开辟下岗职工“再就业”、大中专毕业生就业安置和农村产业结构调整的“绿色通道”，严把市场准入、退出关；建立和完善“经济户口”制度，清理不规范、有安全隐患的企业，促进企业健康发展；放开经营限制，除法律、法规明令禁止的外，所有经营性领域企业可以自由选择；推行企业信用分类监管制度，按“守信、警示、失信、严重失信”四类进行监管。2005年，注册各类企业达138家，是年新增43家。2006年后，进一步放宽企业准入限制，按照新修定的《公司法》，将服务重点放在引导、支持创业方面，推进全面创业和自主创业。至2011年，全区注册登记国有、集体企业144家，注册资金85985万元。

第四节　个体私营经济管理

1979年始，加强对个体工商户从业管理，确定每年1～3月对个体工商户进行验照，对私营业主进行年检。1983年，成立农场个体私营企业协会，并召开个体劳动者协会第一次会议，选举产生个体劳动者协会第一届委员会。至1987年，以整顿经营作风为重点，检查个体工商户41户，其中纠正经营作风问题32户，查处28户，吊销营业执照1户。

1991～2001年，查处无照经营、超范围经营、经营作风不正52户，经营企业合格率达92%；开展取缔无照经营的“红盾飓风”专项行动，补办营业执照44个。1997年，工商部门开展“诚实守信”评选活动，评选诚实守信户29户。1998年，开展“光彩之星”评选活动，吸纳国有集体企业下岗职工就业1112人，其中个体运输、商贸、修理、加工和其他服务业852人。从中评选出“光彩之星”17人。2001年，开展“百城万店无假货”“质量信得过承诺单位”活动，有200名个体工商户报名参加，100户授牌向社会公开作出承诺。2002年，注册登记个体工商户2009户，注册资金908.17万元，从业人员587人。2003年，个体户登记开始纳入电脑管理。2005年，出台“一站式”服务、“窗口收费”等服务举措。2006年，开展网吧专项整治行动，对无证无照或证照不全的网吧一律予以取缔，没收从事违法经营活动的全部器材及违法所得；对超范围经营、擅自出租或转让营业场所开设网吧等互联网上网服务场所的，依照有关规定从严查处，吊销经营许可证；对擅自为网吧提供互联网接入服务的单位和个人，协同电信部门予以严查。加强对个体工商户从业资格的执法检查力度，注销超范围经营或证照不全个体工商户591户。2007～2008年，推行上门年检、集中办公制度，引导和发展个体工商户642户。2009年，参与市级“光彩之星”评选活动，有2名个体工商户被评为市级“光彩之星”。

至2011年，全区私营企业364家，注册资金72165万元；登记注册个体工商户2735户，注册资金2328.6万元，从业人员1376人。其中从事农业类58户、工业类181户、建筑类3户、运输类48户、商业类1732户、饮食类182户、其他类531户。

附　个体劳动者私营企业协会

区个体劳动者私营企业协会（简称区个协）前身为屈原农场个体劳动者私营协会，成立于1983年11

月，内设办公室，负责协会日常工作。1987年，有个体会员1951人。1996年，个体会员增至2398人，新吸纳企业团体会员157户。2000年，个体会员达3237人，有私营企业团体会员59户，增设青山寺分会、营田分会。2011年，个体和私营企业会员达6218人。

1983年11月18日，召开第一次会员代表大会，通过个体劳动者协会章程，选举产生个体劳动者协会第一届委员会，曹修伦当选第一任会长。1993年、1998年、2000年、2006年、2011年分别进行换届选举，余道容分别当选为第二、第三、第四、第五届会长，马书生当选为第六届会长。

1986～1996年，农场个协坚持对个体劳动者进行思想、法制、职业道德教育，开展文明经营和优质服务活动，兴办福利事业。每年6月定期开展"经营作风检查月"活动，评选文明经营户260户，并对少数短斤少两、偷税漏税的经营者予以批评教育。组织会员开展文体活动，多次举行篮球、乒乓球、象棋赛。同时发动会员为社会公益事业服务，先后为岳阳巴陵大桥集贸市场火灾、十一届亚运会以及营田镇街道整修等捐款1.6万元。

1997年7月，区个协与屈原工商分局联合下发《关于积极帮助公有制企业下岗职工再就业有关问题的通知》，对下岗职工从事个体经营的实行优惠政策。评选先进工作者18人、诚实守信户29户、五好文明家庭27户、文明优胜户18户。

1998年8月，区个协与屈原工商分局联合下发《关于在全区个体工商户和私营企业中评选"光彩之星"的通知》，是年评选"光彩之星"17人。

1999年4月5日，举办管理区个协系统迎接新中国成立50周年文艺汇演晚会，展示区个体私营劳动者爱党爱国、敬业奉献的精神风貌。是年评选个协先进工作者16人、文明经营户19户、光彩之星35人。

2001年，开展"百城万店无假货"和"质量信得过承诺单位"活动，有200余名个体工商户报名参加，100户授牌向社会公开作出承诺。

2002年3月15日，各分会组织20余名会员成立义务服务队，上街免费为过往群众量血压，修理电器、钟表、大板车、自行车。

2005年7月，举办首届个体劳动者协会运动会，300多名会员参加3000米长跑、百米短跑、拔河、跳绳等10项比赛，700多名会员到场观看比赛。

2007年9月，由协会牵头召开全区个私代表座谈会，共商个私经济发展大计。

2009年11月1日，区个协会同区人事劳动和社会保障局、区工商局举办安全生产知识培训班，有36人参加专项培训。2名个体工商户被评为市级"光彩之星"。

2010年，开展"消费·服务"年主题活动。青山寺分会和消委在活动现场设置展板、宣传台、咨询台、投诉台和醒目的"以人为本、健康消费、净化屈原消费环境"的横幅标语。共出动宣传车4台次、布置展板14块，发放各类宣传材料3000余份，现场接待消费者咨询10人次，接待投诉4件。

2011年，开展"光彩服务日"活动，组织个体私营企业会员通过举行敬老爱老、咨询服务、让利销售、义务修理、走访慰问、扶贫帮困等公益活动，体现个体私营企业会员致富不忘国家、回报社会的良好道德风范。

第五节　商标广告管理

一、商标管理

1993年始，屈原工商部门履行对境域商标管理职能。3月，结合《商标法》颁布实施10周年纪念活动，在全域范围利用电视、车身广告宣传《商标法》为时一周。1994～1998年，先后查处重大商标侵权、假冒案件2起，没收并销毁假冒注册商标55套，假冒名优商品外包装材料23套，查扣并销毁非法印制商标及包装材料印版4套。为企业办理申请注册商标20件。

1999年，进一步加大《商标法》宣传贯彻力度，开展商标创名优产品活动，受理上报商标注册申请18件，核准注册商标12件。查处商标侵权案6件，罚款5300元，收缴假冒食品注册商标9套。

2000～2003年，加强商标注册登记管理，引导企业运用商标开拓市场，帮助企业建立商标指导点3个，受理企业商标申请注册30件，受理核转商标注册2件，指导湖南正虹科技发展股份有限公司申报全国驰名商标。该公司于2000年，经国家工商局批准，湖南正虹科技发展股份有限公司的“正虹”注册商标被认定为中国驰名商标。

2004年，指导岳阳市屈凤春茶叶有限公司及岳阳屈原科技发展有限公司成功申报为省著名商标。

2009年，指导岳阳长江饲料有限公司注册并成功申报省著名商标。

2010年，联合公安、质监、卫生、消防、安监、新闻等单位，开展以“保护驰名商标、著名商标和地理标志证明商标”为重点的打假行动，集中查处流通领域售假、仿冒、“傍名牌”等违法行为。指导岳阳市屈凤春茶叶有限公司及岳阳屈原科技发展有限公司参加商标续展。

2011年，利用纪念“3·15”国际消费者权益日和“4·26”知识产权宣传周活动，发放《保护知识产权宣传稿》200余份，现场向居民普及如何鉴别假冒名牌产品的知识。查处商标标识涉嫌侵权1起，罚款1.5万元。到乡镇、企业开展商标保护宣传及商标咨询服务活动，现场展示所缴获的各种商标侵权产品；结合片区市场巡查，及时向经营者、消费者宣传商标法规知识；接受经营者法律法规咨询，鼓励经营者诚实守信经营，合理保护商标品牌，在诚信中树立品牌形象。指导岳阳时瑞来饲料有限公司、岳阳联大科技有限公司，岳阳市屈原管理区华源盛饲料有限公司、岳阳市屈原管理区强神饲料有限公司等4家企业注册商标为国家工商局认定商标。

二、广告管理

1993～2007年，帮助发展广告经（兼）营企业6家。2008年，分别为6家经（兼）营单位建立广告审查员制度，加强对《广告管理条例》的宣传学习，提高居民对广告社会作用的认识。2009～2010年，先后建立户外广告发布栏12处，清除违章户外广告牌11块、违章户外张贴广告130余份。2010年，出动执法人员56人次，执法车辆15台次，对辖区内5家超市、2个集贸市场、30家南杂食品店、22家个体门店进行虚假违法广告专项整治，查处广告违法案4件。2011年，实施对广告全方位，全过程的动态监管，重点加大对电视、户外、印刷品等媒体广告的监管力度，对有不良行为广告经营单位和广告主给予警示。与6家广告制作单位签订责任状，进一步规范广告行为。

第六节　经济监督管理

1993年始，与公安、卫生、标准计量等部门合作，出动检查人员38人次，检查国营、集体单位、个体工商户206家，查处假冒伪劣商品案件6起，查获劣质食用油108公斤，假冒香烟26条，价值28万元。1994年，出动检查人员20人次，重点查处制作、销售假冒伪劣商品案件56件，涉及金额45万元，罚没收入3.5万元。1995年，根据国家《反不正当竞争法》，先后联合公安、质监等部门查处不正当竞争案件20件，罚没金额12.38万元。

1998～2011年，利用元旦、春节、“五一”“国庆”“3·15”消费者权益保护日等重大节假日开展商品质量监管专项打假活动596次，出动车辆856台次、执法人员8920人次，制作发放识别假冒商品手册21.6万份，举办假冒伪劣商品展览42次，销毁假冒伪劣商品价值320万元。在专项打假活动中，抽查企业421户次、个体工商户125475户次，查缴假冒伪劣商品种类67大类、1000余种，总价值307.36万元；立案查处162件，罚款92.8万元。

第七节　消费者权益保护

1992年2月20日，农场消费者协会成立（2001年更名为管理区消费者协会，简称区消协），属民间社会团体组织，挂靠屈原工商分局，接受工商行政管理业务指导，其主要职能是维护消费者合法权益，受理消费者投诉，调解消费纠纷，协助、配合工商部门查处假冒伪劣商品和侵害消费者利益的违章违法案件。至2011年，下辖基层消协2个、理事单位7个。

1992年，受理消费者投诉11件，结案10起，调解率90.9%。1993年，受理投诉21件，结案19件，为消费者挽回经济损失0.7万元。是年10月，在营田镇商贸中心组织大型假冒伪劣商品展览，观展民众3000余人。

1994～1996年，受理消费者投诉90件，结案86件，结案率95.5%，为消费者挽回经济损失3.7万元。1997年，在全区开展“讲诚信、反欺诈”消费知识竞赛，参与知识竞赛商家726户，收回答卷720份。1998年，围绕“为农村消费者”主题，开展维权宣传活动，发放宣传资料2000余份，出动宣传车12台次，现场接受咨询890人次；开通“3·15”消费者投诉专线，受理投诉50件，为消费者挽回经济损失3.2万元。

1999～2008年，每年利用“3·15”消费者权益保护日分别以“安全、健康消费”“明明白白消费”“营造放心消费环境”“诚信、维权”“健康、维权”“消费与环境”“消费与责任”为主题开展宣传活动，现场接受咨询5600人次，发放宣传资料4.5万份，现场接受消费者投诉31件，结案30件，为消费者挽回经济损失9.2万元。

消费者权益保护日宣传现场　（宋政军1999年摄）

2009年，受理黄金乡金塘村农民陈某等6人投诉某农资站销售假冒农药，造成晚稻因虫害大面积减产。在区消协的调解下，为消费者挽回经济损失1万元。2010年，开展“消费与服务”主题宣传活动，现场受理消费者王某投诉某电视台虚假宣传“5.0平糖”产品。消费者王某称自己通过收看电视台购物频道“5.0平糖”产品广告后，在岳阳市步行街某大药房购买此产品为妻子治疗糖尿病，导致妻子病情加重。区消协配合屈原工商分局在有关部门的支持下，为王某挽回经济损失5500元。此案例被收集为“2010年度湖南省消费权益十大典型案例”之一。

1999~2011年，区消协累计受理消费者投诉810起，结案798件，结案率98.5%，为消费者挽回经济损失119.44万元。

第六章　国土资源管理

第一节　机　构

1978~1980年，农场农村土地由场部农业科管理，城镇土地由场部城镇建设部门管理。1981年，农场成立农业区划委员会，下设办公室，开始对全场土地进行系统调查、土壤普查和土地资源质量评估。

1987年，农场正式成立国土管理基建科，1989年更名为国土科，从事国土法规、监督、地改、地籍等管理，编制5名。各分场、镇设立国土所，配备专职国土管理员1人。国土管理人员由总场调配，业务属市国土管理局（简称国土局）管理，农场基本享有县级政府的土地审批权。土地制度改革后，农场土地出让由市国土管理局授权实施。1994年，成立国土规划建设局，并含环保、房产、园林等工作。

2001年6月，经省国土资源厅批复，区国土规划建设局更名为区国土资源管理局，行使县级国土资源管理职能。2002年，区国土资源管理局加挂区房地产局牌子。2005年5月，将区房地产局划入区建设环保局。区国土资源局内设办公室、政策法规股、建设用地股、财务股、耕地保护与矿产地环股、规划测绘股、土地执法监察大队，定编15名，下辖6个国土资源所。

2011年6月，增设土地开发整理中心、土地储备中心、地理信息中心。将琴棋乡国土资源所、凤凰乡国土资源所合并为横港国土资源所，负责琴棋乡、凤凰乡国土资源管理；将河市镇国土资源所和黄金乡国土资源所合并为黄金国土资源所，负责河市镇和黄金乡国土资源管理；成立营田直属中心所，加强营田镇城区和天问街道国土资源管理。

至2011年，区国土资源管理局先后获省土地利用现状调查一等奖、市政府土地管理工作先进单位、目标管理工作达标单位、耕地保护责任目标管理先进单位等称号。

第二节　土地资源与规划

一、土地资源

1982年，农场场部农业区划委员会组织对全场土地资源用“网格法”结合实地丈量，测算境内土地总面积为182.78平方公里，折合18278.2公顷，其中耕地面积11260.93公顷（含田塍、地埂），园地754.68公顷，林地482.77公顷，草地396.46公顷，居民建房用地883.13公顷，工矿用地232.56公顷，交通用地800.44公顷，水域用地3469.23公顷。

1983年始，总场国土管理部门依据湖南省测绘局屈原农航片平面图，对境内土地资源进行全面精确测算。1988年，土地总面积为201.365平方公里，折合为20136.5公顷，除驻场机构、企事业单位等占地外，农场实际使用的土地面积18267.13公顷，其中耕地10083.21公顷。

1988年屈原农场土地资源分类统计表

表12-1　　单位：公顷、%

一级类型	二级类型	面积	占总面积
耕地	合计	10083.21	50.02
	浇灌水田	6941.5	34.44
	旱地	2685.08	13.32
	菜地	456.62	2.27
园地	合计	495.32	2.46
	果园	89.91	0.45
	桑园	57.99	0.29
	茶园	347.42	1.72
林地	合计	278.53	1.38
	有林地	2088.22	1.03
	灌木林	1.83	0.01
	疏林地	3.08	0.02
	未成林造林地	61.80	0.31
	苗圃	3.59	0.02
村庄及工矿用地	合计	1384.59	6.87
	农村居民地	1060.11	5.26
	独立工矿地	257.36	1.28
	特殊用地	67.12	0.33
交通用地	合计	1220.57	6.06
	公路	152.28	0.75
	农村道路	1068.29	5.30
水域	合计	6246.59	30.99
	河流水面	2365.04	11.73
	湖泊水面	415.01	2.06
	坑塘水面	878.07	4.35
	滩涂	1058.74	5.25
	沟渠	1075.83	5.34
	水工建筑物	453.89	2.25
未利用土地	合计	447.87	2.22
	荒草地	100.49	0.50
	沙地	10.87	0.50
	田坎	330.38	1.64
	其他	6.13	0.03

2005年，通过土地利用资源调查，全区有土地总面积18551.80公顷，其中农用地13392.50公顷，占土地总面积的72.19%；建设用地2646.60公顷，占土地总面积的14.27%。人均可利用土地资源0.28公顷，未利用土地2512.70公顷，占土地总面积的13.54%。农用地中耕地面积8888.30公顷，占土地总面积的47.91%；园地面积432.30公顷，占土地总面积的2.33%；林地面积546.40公顷，占土地总面积的2.95%；其他农用地面积3525.50公顷，占土地总面积的19.00%。建设用地中居民点及独立工矿用地面积1992.00公顷，占土地总面积的10.74%；（其中建制镇493.60公顷，占土地总面积的2.66%；农村居民点1254.90公顷，占土地总面积的6.76%），独立工矿用地166.23公顷，占土地总面积的0.90%；交通用地133.80公顷，占土地总面积的0.72%；水利设施用地520.80公顷，占全区土地总面积的2.81%。未利用土地面积246.81公顷，占土地总面积的1.33%；其他土地2265.89公顷，占土地总面积的12.21%。

二、土地规划

1997年，行政区管委会成立土地利用总体规划领导小组，从国土、建设、工贸、交通、农林、水利、畜牧水产、电力等部门抽调专人，组成工作班子，历时4个多月，完成《岳阳市屈原行政区土地利用总体规划》编制工作。此次编制的《岳阳市屈原行政区土地利用总体规划》以1996年为基础年，2010年为目标年，1996～2000年为重点规划年。规划确定耕地面积从1996年的8967.7公顷调整为9067.8公顷，增加100.1公顷。集镇村及工矿用地从1996年的1730.90公顷调整为1507.70公顷，其中集镇用地增加80公顷，工矿用地增加53.70公顷，农村居民用地减少346.80公顷。基本农田保护区面积7600.00公顷，其中水田面积5963.60公顷，旱土面积1636.40公顷，占耕地总面积85%，规划为10个保护区、96个保护片（村）、1850个保护块。规划开发耕地100.70公顷，其中2000年前开发耕地29.50公顷，2001～2010年开发耕地71.20公顷；复垦耕地40.80公顷。其中，2000年前复垦耕地10.10公顷，2001～2010年复垦耕地30.70公顷。以治理“空心村”为重点，整理非农建设用地346.80公顷，工矿用地利用闲置土地53.70公顷，退基还耕26.70公顷，还园63.80公顷，还林202.60公顷。规划期内建设用地总量控制为475.40公顷，其中占用耕地29.40公顷，存量土地165.90公顷，其他土地280.10公顷。

2008年，区管委会对原《土地利用总体规划》进行修编。此次修编历时近2年，根据《中华人民共和国土地管理法》有关规定，重新编制全区土地利用目标与方针，对全区土地进行利用分区，确定编制规划的重点是保护耕地，建立土地规划实施保障机制后形成《屈原管理区土地利用总体规划（2006～2020年）》。规划确定近期目标为2006～2010年，全区新增建设用地控制在132.14公顷以内，建设占用农用地控制在122.17公顷以内，建设占用耕地控制在59.44公顷以内。长远目标为2006～2020年，全区新增建设用地控制在828.73公顷以内，建设占用农用地控制在724.72公顷以内，建设占用耕地控制在453.80公顷以内。规划确定2006～2020年，补充耕地519.46公顷，其中土地开发385.05公顷，土地整理117.21公顷，土地复垦17.20公顷。使耕地保有量稳定在8318公顷，其中基本农田7600公顷。

2006～2020年屈原管理区土地利用规划调整统计表

表12-2 单位：公顷、%

土地利用类型			2005年		2010年		增减	2020年		增减
			面积	比重	面积	比重		面积	比重	
农用地	合计		13392.50	72.19	13333.87	71.87	-58.63	13141.55	70.84	-250.95
农用地	耕地		8346.40	45.00	8318.00	44.84	-28.40	8318.00	44.84	-28.40
农用地	园地		974.20	5.25	982.25	5.29	8.05	931.80	5.02	-42.40
农用地	林地		546.40	2.94	540.30	2.91	-6.10	522.96	2.82	-23.44
农用地	牧草地		0.00	0.00	0.00	0.00	0.00	0.00	0.00	0.00
农用地	其他农用地		3525.50	19.00	3493.32	18.83	-32.18	3368.79	18.16	-156.71
建设用地	合计		2646.60	14.27	2767.64	14.92	121.04	3270.15	17.63	623.55
建设用地	城乡建设用地	小计	1914.73	10.32	1976.50	10.65	61.77	2167.36	11.68	252.63
建设用地	城乡建设用地	城镇用地	493.60	2.66	572.49	3.09	78.89	824.84	4.45	331.24
建设用地	城乡建设用地	农村居民点	1254.90	6.76	1230.06	6.62	-24.84	1242.52	6.69	-12.38
建设用地	城乡建设用地	采矿用地	24.46	0.14	24.46	0.14	0.00	0.00	0.00	-24.46
建设用地	城乡建设用地	其他独立建设用地	141.77	0.76	149.49	0.80	7.72	100.00	0.54	-41.77
建设用地	交通水利用地		654.60	3.53	713.87	3.85	59.27	926.52	5.00	271.92
建设用地	其他建设用地		77.27	0.42	77.27	0.42	0.00	176.27	0.95	99.00

续表

土地利用类型		2005年		2010年		增减	2020年		增减
		面　积	比　重	面积	比　重		面　积	比　重	
其他土地	合　计	2512.70	13.54	2450.29	13.21	-62.41	2140.10	11.53	-372.60
	水　域	2265.89	12.21	2215.16	11.94	-50.73	1998.97	10.77	-266.92
	自然保留地	246.81	1.33	235.13	1.27	-11.68	141.13	0.76	-105.68
总　面　积		18551.80	100.00	18551.80	100.00	0.00	18551.80	100.00	0.00

第三节　耕地保护

一、基本农田保护

1992年，农场场部制定基本农田保护乡规民约“八不准”，即不准建房、不准扮砖烧窑、不准埋坟、不准挖沙取土、不准乱挖渔池、不准毁田造林、不准抛荒弃耕、不准掠夺经营。1997年4月，《基本农田保护条例》颁布后，行政区管委会出台《基本农田保护条例实施细则》等规范性文件，全区共建基本农田保护区10个，保护片（村）96个，保护块1850个，保护面积7600公顷，其中水田5963.6公顷，旱地1636.4公顷，占耕地总面积85%。2000年，区国土部门制定土地动态巡查制度，重点加强基本农田保护的巡查。区党委、区管委会把基本农田保护工作列入乡镇政府工作的重要内容，纳入“民本屈原”绩效考核。2010年，区管委会印发《乡镇人民政府土地管理和耕地保护责任目标考核办法》，层层签订“保护基本农田责任状”，把基本农田保护责任落实到农户和丘块，建立区、乡、村、户四级责任保护网络，并投入资金10.75万元，更新基本农田保护牌64块。

二、耕地占补平衡

在非农建设用地中，坚持能占用其他土地尽量不占用或少占用耕地，凡是新增建设用地确需占用耕地，均实现先造地后占地，做到占一补一；对不能实现占补平衡的，按照每公顷水田16.5万元、旱地10.5万元的标准，足额征收耕地开垦费，实行异地开垦。2000～2011年，建设用地造地56.5904公顷，其中收取开垦费36.6726万元。

三、土地开发整理

2000年，区建立土地开发整理项目库，编制《屈原管理区土地开发整理规

土地开发整理　（熊运南2011年摄）

划》。至2011年，共向中央、省、市争取土地整理资金9383.84万元，实施土地整理项目17个，分别在黄金、凤凰、琴棋、营田、河市等乡镇整理开发面积2956.38公顷，新增耕地474.28公顷。争取国家土地开发项目2个，其中2009年黄金乡土地整理项目，国家投资1373万元，建设规模744.6公顷，新增耕地22.9公顷；环洞庭湖基本农田综合治理项目第一期总投资2.7亿元，分5年实施，其中2010～2011年，琴棋、凤凰土地综合整治项目，国家投资8010.84万元，建设规模2703.39公顷，新增耕地239.96公顷。

第四节　建设用地管理

一、公共建设和企业用地

1978～1982年，在农场范围内兴办企业，新建学校、医院、公路、兴修水利以及机关用地，凭上级计划部门批准的基建计划任务书和可行性报告，经场部行政主要负责人批准就可开工建设，不需进行土地征收和土地及其构筑物、附着物和青苗补偿。1982年后，根据国务院《国家建设征用土地条例》的有关规定，实行“统一规划、统一征地、统一安排、分户办理”的管理制度，出台各类建筑用地限量标准，采取先申请后审批、现场放样、竣工验收的工作程序。1987年后，随着《土地法》的颁布和国家土地管理局《关于国家建设用地审批工作的暂行规定》出台，境内土地使用主要采取行政划拨和出让。行政划拨分无偿和有偿，其中无偿划拨主要是各级机关、教育、医院等公益事业用地；有偿划拨主要是鼓励国有和集体企业降低用地成本，进行招商引资。至1992年，农场各单位建设用地主要实行行政划拨。1993年后，建设用地引入市场机制，采取出让制。至2011年，全区发展工业项目23个，供地56.59公顷，分别兴建正虹海源肉食品加工厂、景达生物单采血浆站、湘汇食品厂、岳阳红太阳饲料有限公司、岳阳厚源贸易有限公司、斯迈特科技发展有限公司、湘天科技有限公司、双胞胎饲料有限公司等重点工业项目。充分利用城区存量土地，新建城区街道12条，建设公益项目8个，安排建设用地1124.87公顷，带动了小城镇建设。

二、居民建房用地

1981年前，境内每个生产队设立一个居民点，职工住房呈兵营式排列，由生产队统筹安排，不允许私人建房。1981年，场内建房用地标准按照国务院《村镇建房管理条例》和湖南省《村镇建房用地管理实施办法》执行，场部结合实际先后下发《关于在屈原镇征地建房若干规定的通知》《关于做好农户房屋基本建设规划与管理的通知》，规定农户新建房屋占地（包括晒场、宅基、菜地等）0.8～1.2亩，其中菜地不超过200平方米，栋距6米，排距20米。1982年始，农场出台文件允许家庭私人建房，实行“一户一栋房、一间猪舍、一亩果园、一口渔塘、一块菜园”的庭院式组合。1987年，农场场部根据《中华人民共和国土地法》出台《加强土地管理、制止乱占土地的暂行规定》，限制建房用地标准，规定6人以上家庭不超过220平方米（包括住房、厕所、畜舍、天井），5人家庭不超过200平方米，4人家庭不超过180平方米，3人家庭不超过160平方米，2人户不超过120平方米。同时规定城镇不允许个人独立建房。1992年后，家庭私人建房占地标准进一步控制，根据家庭人口数，控制在160～200平方米。1986～2011年，全区居民建房17439栋，总面积254.53万平方米。

1986～2011年屈原管理区（农场）居民建房情况

表12-3　单位：户、平方米

年　度	户　数	面　积	年　度	户　数	面　积
1986	1987	406679.29	2000	83	70760.00
1987	1485	247698.00	2001	249	22666.70
1988	856	134392.00	2002	248	25878.00
1989	897	152256.78	2003	268	32890.60
1990	861	134139.00	2004	352	52479.40
1991	713	109605.50	2005	370	46609.80
1992	621	93628.00	2006	318	38579.30
1993	1198	179828.00	2007	276	33667.90
1994	1296	195288.00	2008	284	36303.40
1995	304	49414.00	2009	389	49993.00
1996	873	143721.00	2010	372	47515.80
1997	897	128164.00	2011	435	59644.80
1998	740	99943.50	合　计	17439	2545265.27
1999	1067	17204.00			

第五节　地产地籍管理

一、土地使用制度改革

1983年前，农场土地由总场统一安排分级管理，总场根据生产建设需要，在相对稳定情况下，可以无偿调配全场所有土地。单位个人占用土地，不论是生产还是非生产性建设，都必需严格履行个人申请、逐级审查、总场批准等手续，并颁发“土地使用证”，未经批准不得擅自占用。

1983～1986年，农场场部对营建私房作出规定，凡职工建房一律收取建房通知书工本费15元，其中上缴农场场部10元，分场留5元，在屈原镇范围建房的，熟土每平方米加收土地费5元。1987年补充规定，非农业职工在原单位建房占用耕地的，每平方米收取土地费5元，非耕地每平方米收取3元。是年，农场场部对占用土地营建私房作出六项具体规定：从1982年1月1日起至1988年年底止，所有征地都必须补交土地补偿费，在屈汨路（省道307线）两旁占地建房的每平方米收取10元（1989年起执行），其他占用耕地的每平方米7元，非耕地每平方米4元；农业承包户在本队范围内和非农业人员在本分场范围内占地营建私房的，原则上免交土地补偿费；国家和集体建设征地按耕地三年平均产值的3～10倍付给被征地单位人员作安置补助费（土地安置费）。凡征用已种植作物的耕地，经双方协商并签定协议书，由征地单位付给被征单位（户）作青苗补偿费。在一户一证的原则下，占用耕地每平方米收土地管理费0.5元，非耕地每平方米0.25元。1987年4月1日始，开始征用耕地占用税，水田、旱土、菜地、园地每平方米5.5元；林地、其他农业用地每平方米4.5元；沟、渠、水塘、田间道路每平方米4元。农业职工占地建房，耕地占用税减半征收，新宅基与老宅基还耕面积相等时可免征耕地占用税，但新宅基面积超过部分应按上述规定缴纳耕地占用税。公共建设征用土地收费标准：场内用户占用耕地每平方米收取土地补偿费10元，非耕地每平方米收取5元（学校、医院、幸福院免收）；场外单位（1989年1月起执行），占用耕地每平方米收取土地补偿费15元，非耕地每平方米8元，耕地占用税每平方米5.5元，土地管理费耕地每平方米0.5元，非耕地每平方米0.25元，安置费和青苗补偿费由双方协议。并建立和健全宅基地有偿使用费的征收、管理、使用制度。

二、基地均价修订

1996年，行政区管委会组织国土、计划统计、财政、房产、规划等部门对营田镇建成区6.3平方公里范围的土地进行地价评估，首次向社会公布基准地价。将城区商业用地分为三级，每平方米为230～600元；工业用地分为两级，每平方米为92～126元；住宅用地分为三级，每平方米为115～240元。2011年，按照国家城镇土地估价规程和湖南省《城镇基准地价成果验收暂行办法》，通过外业调查、内业测算、成果自检、公开听证等程序，对境内城镇和乡村基地价进行再次评估，将营田镇建成区商业用地分为四级，每平方米为320～1830元；工业用地分为四级，每平方米为167～320元；住宅用地分为四级，每平方米为205～720元；商业用地分为两级，每平方米为1610～2835元。将乡镇分为两个等级，一等乡镇商业用地分为两级，每平方米为200～270元；工业用地分为两级，每平方米为150～168元；住宅用地分为两级，每平方米为160～195元。二等乡镇商业、工业、住宅用地每平方米分别为200元、160元、150元。

三、国有土地使用权出让

1992年9月5日，农场国土管理部门对位于营田镇屈汨路（省道307线）临街门面504平方米国有土地公开拍卖出让，收取出让金20.3615万元，每平方米均价404元。10月30日，对同一地段1858平方米国有土地公开拍卖出让，成交金额64.3016万元，每平方米均价346元。1993年12月14日，对营田镇屈汨路临街面569平方米国有土地拍卖出让，收取出让金23.5404万元，每平方米均价413.7元。1994年10月12日，对位于屈汨路临街面577平方米国有土地拍卖出让，收取出让金36.0181万元，每平方米均价624.2元。1998年6月8日，对位于营田镇40宗地计2400平方米国有土地拍卖出让，参加现场拍卖的有54人，通过竞买叫价，40宗地被27个买主获得，成交金额160万元，最高均价每平方米900元，最低均价每平方米564元。2006～2011年，先后对原汨纺范围内37宗国有土地拍卖出让，收取出让金1850万元。

四、土地初始登记

1999年，根据国家土地管理局《关于扩大土地登记发证试点和开展城镇国有土地使用权申报工作的通知》精神，区国土资源管理局按照“权属合法、界址清楚、面积准确”的原则开展土地登记试点。凡依法取得国有土地使用权的单位和个人，经申请后，落实土地权属，核发国有土地使用证；对村民建房核发集体土地使用证。2004年后，土地登记发证工作形成数字化储存体系数。2006年，土地登记发证的资料和工作程序得到细化和增大。1999～2011年，全区核发土地使用权证1596本。

五、土地变更登记

1987年11月，农场场部决定，对区域土地开展详查，至1989年，土地详查成阶段性工作，农场成为全省第一批开展土地详查的单位。1990年，各单位逐步建立土地统计台账，是年6月，向省国土资源厅正式提交《屈原农场土地详查报告》。9月，通过省国土厅验收，农场成为全省第一批完成土地详查单位之一。1991年后，在土地详查的基数上，对土地利用状况进行跟踪管理，开展土地变更调查。

1996年，行政区国土资源管理局依据国家土地管理局《关于将土地详查数据变更到1996年10月31日同一时点的紧急通知》精神，8月23日至9月23日，对全区12个办事处和45个有土地变更的村级单位进行变更调查，至1996年，区域变更图斑面积1512.67公顷，变更图斑165个，变更面积37.3公顷，土地总面积没有异动，但土地利用状态发生变化。与1987年相比，耕地面积从9626.6公顷减至8967.7公顷，减少658.9公顷；园地和水域面积增加630.3公顷。

第六节　矿产资源管理

一、储量管理

境内主要矿产为沙砾石、黏土，主要分布于湘江以及内河的河市河、黄金河、平江河床及沿河两岸；黏土主要分布于一道撇洪沟沿线、小边山、凤凰山等主要丘岗地带。

2000年，由区国土资源局联合沙石办，制定相关规定，明确沙砾石和黏土实行“有序有偿、供需平衡、结构优化、集约高效”的储量管理办法，保障矿产资源的供给能力。2003年10月，管理区管委会决定对区矿产资源规划进行修编，制定《屈原管理区矿产资源开发与保护规划技术方案》，并通过省、市国土资源部门组织专家评审，明确规定至2005年，建筑用沙开采总量为每年100万吨，砖瓦用黏土每年30万吨，矿业生态环境恢复治理率达到25%，“三废”排放达标率达80%，还绿率达20%。至2020年，建筑开采沙砾石总量为每年60万吨，砖瓦用黏土为每年20万吨，矿业生态环境恢复治理率达50%，“三废”排放达标率达100%。

2010年10月，管理区管委会出台《关于整治非法开采矿产资源专项行动工作方案》，明确规定营田镇、河市镇为禁止黏土开采区；汨罗江、湘江距防洪大堤300米、河市河及走向600米为沙砾石禁采区。沙矿、黏土年生产规模分别控制在20万吨和10万吨。

二、矿政管理

2001年，市国土资源局委托区建设局管理区境矿产资源，区建设局成立矿产办，对矿产资源开采实行行政许可制度，对从事矿产开发的企业核发采矿许可证，实行年检制度。2003年，区国土资源局成立矿产地环股，矿产资源管理职权划归区国土资源局矿产地环股。是年始，开展对矿产资源的乱占乱采行为专项治理整顿，逐步“关、停、并、转”小矿企业，有矿业开采权企业控制在10个以内。至2005年，采沙船从14艘减至5艘，砖瓦厂从6家减至3家。2010年，管理区成立整治非法开采矿产资源专项行动领导小组，开展内河矿产资源开发专项治理行动，严格实行矿业准入制度，调减年开采规模，沙砾石、黏土年生产规模有效控制在每年20万吨和10万吨，许可采沙船从2005年的5条调减为3条，砖瓦厂从3家调减为2家。

第七节　政策法规与执法监察

1987年，农场场部根据《中华人民共和国土地管理法》制定《屈原农场加强土地管理，制止乱占土地的规定》，并在全场开展大规模非农业用地清查工作，对国家、集体企事业单位各种建筑用地、活动场所用地、绿化用地以及个人建设用地（包括住房、杂物、固定畜禽舍、厕所、沼气池、晒坪、庭院等）进行清理，共清理居民宅基12429户，宅基占地367.86公顷。

2003年，区国土资源管理局成立土地政策法规和土地执法监察大队，实行两块牌子，一套人马，加大国土法律法规宣传和土地动态管理，建立健全严格的巡查制度，整治违法违规乱占滥用土地行为。是年始，以每年的“土地日”“地球日”为契机，开展土地、矿产等法律法规宣传，耗资8万元，在全区主要路口、街道、农田保护区树立永久宣传牌30块，编制《土地法律法规文件汇编》180册分发到各村级单位。每年“土地日”期间，在区电视台开辟专题或制作专题标语进行广泛宣传。至2011年，开展土地市场秩序治理整顿工作6次，发现非法用地案件325起，涉及面积12.13万平方米，立案查处285起，涉及面积11.8万平方米，处理纠纷违法用地案315起，涉及面积11.93万平方米，其中8起涉及违法用地面积10.27万平方米。

第七章　质量技术监督

第一节　机　构

1978～2000年，境内质量技术监督工作既没有管理机构，也没有开展工作。2001年4月，成立岳阳市技术监督局屈原分局（简称区质监局）。负责辖区标准化、计量、质量、锅炉压力容器及特种设备安全监察和行政执法工作。为市质监局直属单位，同时为管理区一级局。2001～2011年，先后开展企业备案和产品标准清理达300家，对50家单位、3000台件计量器具进行检定，对95台特种设备实施安全监管，依法查处假冒伪劣产（商）品案件48起。至2011年，区质监局有干部职工10人，内设综合室、食品质量安全监管股、特种设备安全监察股、稽查大队。

第二节　计量管理

一、计量监督

2002年始，加大法定计量单位的监管力度。6月，区质监局组织执法人员和技术人员，对区内加油站进行为期2个月的集中整治，查封不合格加油机6台；与国税部门联合，对未使用税控装置的加油机进行强制更换和安装，对基础管理混乱特别是无专职计量员的加油站，下达“停业整改通知书”。2003年，配合省、市质监局对液化气站、加油站、眼镜店等单位商品计量进行监督，并评选计量信得过单位。对区内计量器具使用单位计量器具数量、检定情况进行年审。对全区生产加工企业定量包装进行跟踪监督，对超市、市场衡器和定量包装进行市场抽查，抽查定量包装合格率在90%以上。至2011年，全区各行业均使用法定计量单位，除集贸市场外，95%的企业、门店均使用台（案）秤。

2002～2011年，先后对50家单位，3000台件计量器具进行年检，受检率95%以上。抽查20家企业34个批次的产品，净含量标注合格32个批次，合格率为94.1%；净含量检验合格批次为26个批次，合格率为76.5%。全区生产领域和市场抽查定量包装合格率分别为95%和92%。

二、计量检定

2001年始，区质监局负责对全区强制检定的计量器具进行周期检定。主要开展项目有单相电能表、三相电能表、衡器、天平、法码、压力表、血压计、燃油加油机、谷物水测仪、IP电话计时装置等计量器具的检定。至2011年，强制检定医用计量器具53台件，合格53台件，合格率100%；检定电能表1621只，合格1600只，合格率98.7%；检定压力表50只，合格50只，合格率100%；检定天平15台次，合格13台次，合格率86.6%；检定加油机44台次，合格41台次，合格率93%；抽查水表电表4个批次，合格4个批次，合格率100%；强制检定执行率达95%。重点对区内2家超市的计量器具进行检定，共检查计量器具15台件，合格14台件，合格率93.3%；集贸市场在用计量器具26台件，合格率22台件，合格率84.6%。

第三节　标准化管理

一、标准制订与备案

2002年始，在全区开展企业备案产品标准清理工作。至2011年，办理标准备案18份，标签备案6份，制订、修订企业标准11份。清理企业300家，按照要求复审企业标准80份，废止5份，建立企业产品标准档案20份。全区标准覆盖率达100%，基本消灭无标生产。

2002～2011年，全区有实施标准化合格企业5家，其中采用先进技术标准企业3家、农业标准化试点企业1家、无公害产品企业1家。完成食品标签检查企业1家，建立审批企业标准电子文档35个，建立企业档案20家。完成34家饲料企业饲料标准的备案登记，帮助斯迈特环保科技发展有限公司等4家企业完成企业标准的制订。组织质量管理教育培训3次，参训180人。通过标准化管理，全区有9家工业企业通过质量管理体系认证。

二、农业标准化工作

2005年，区畜牧水产局牵头，联合区质监局制订规模化猪场《无公害生猪生产管理标准》，从饲养、防疫、品改等方面入手，形成47个子标准，并请湖南大学、省计量标准化专家评审后，在全区147个规模猪场推广应用，经市质监局备案于2006年7月正式发布。2007～2011年，在区、乡两级举办无公害生猪养殖技术培训班18场次，参训农户1194户、1.5万人次。是年，管理区被农业部认定为全国现代农业标准化（生猪养殖）示范区。2011年始，全区开展土壤肥料测试农业标准化工作，用于指导施肥技术，提高农业生产水平。至2011年，全区先后制订《生物有机肥》《无籽西瓜栽培技术》《工程鲫养殖技术》等地方农艺规程，有效提高农产品质量。

三、机构代码与商品条码

2002年始，根据国务院1989年10月27日批准的《国家质量技术监督局建立企业、事业和社会团体统一代码标识制度报告的通知》精神，对全区党政机关、企事业单位、社会团体等组织机构进行数据采集、发证、建库工作，至2011年，办理机构代码530余家，其中有效运行的230家。

2001年，开展商品条码工作，由区质监局负责初审、咨询工作，并统一上报省编码中心，由中国物品编码中心赋码。至2011年，帮助企业申办条码4个，续展条码5个，注册使用商品条形码的企业5家，其中“鸿天楼”等商品超市已采用条形码结算。

第四节 质量管理

2001年始，区质监部门坚持“抓源头、把厂门”，扎实开展质量监管工作，定期深入企业进行巡查，严格执行市场准入制度。每年在“3・15”消费者权益日和“质量月”活动中，利用各种形式进行法律、商品质量识别的宣传咨询服务工作，到生产企业宣传贯彻质量法规。2003年，区管委会成立质量振兴领导小组，在全区开展质量振兴工作，企业产品在质量、档次、功能等方面得到提高和完善。2005年8月，组织对食品和工业产品的监督检查，抽查56批次，平均合格率达98%。至2011年，相继有湖南正虹科技股份有限公司生产的猪用系列饲料获中国名牌产品；湖南正虹科技股份有限公司生产的猪用系列饲料、鱼饲料，岳阳市屈原科技发展有限公司生产的猪用系列饲料，岳阳长江饲料有限公司生产的猪用系列饲料，湖南湘天科技发展有限公司生产的猪用系列饲料、鱼饲料获湖南省名牌产品；湖南湘天科技发展有限公司生产的鱼饲料获岳阳市名牌产品；有湖南正虹科技股份有限公司、岳阳市屈原科技发展有限公司、岳阳长江饲料有限公司、湖南湘天科技发展有限公司、岳阳福润肉类加工有限公司、湖南昕祺生物有限公司、斯迈特环保科技发展有限公司等7家企业获质量体系认证。

第五节 特种设备安全监察

2001年8月，区质监局设立锅炉与压力容器安全监察股，负责全区锅炉与压力容器安全监察工作。2003年3月，根据国务院发布的《特种设备安全监察条例》，明确电梯、起重机械、客运索道、大型游乐设施、场（厂）机动车辆特种设备的安全监察与检验工作归口质监部门。2004年11月，区锅炉与压力容器安全监察股更名为特种设备安全监察股。

2001年8月始，区质监局在全区开展特种设备的普查工作，对特种设备进行分类登记，建档造册。深入企业排查、督促，加强压力容器的检验工作，并进行长期性动态管理。2002年，开展“土锅炉”专项整治行动，拆除分布在学校、厂矿、企业、宾馆的土锅炉6台，消除安全隐患。2003年始，每年均开展液化气瓶专项整治行动，采取电视公告、悬挂横幅、印发资料、召开会议等宣传形式，提高全民安全意识。至2011年，送检液化气瓶2万只，完成3家液化气站评审，按时换发充装许可证。登记造册特种设备95台，其中锅炉32台、电梯5台、起重机械5台、压力容器53台（不含液化气瓶）。重点查处湖南省某建筑工程有限公司在灏东船厂非法安装、使用特种设备等9起案件。

第六节 质量技术监督与执法

2001年6月，成立区质量技术监督稽查队，配专职行政执法人员5人。负责全区标准化、质量工作的行政执法，对产（商）品质量监督抽查，并对制售假冒伪劣产（商）品进行查处。

2002年2月，区质监局在景达生物科技楼建设项目现场查处计量不合格的“雄进”牌水泥50吨，在正虹海原施工项目中查处不合格钢材60余吨。2003年7月，根据群众反映，在营田镇某商场查处假“五粮液”酒87瓶，查处屈原水上加油点不合格0标号柴油70吨。2005年3月，区质监局在例行检查中，查处正虹路两侧不合格路灯50余盏；查处“东本”牌不合格机动车2台；查处不合格“富地利”牌复合肥110吨。2007年5月，区质监局根据群众举报，在2家超市查处不合格“仁仔”素肠和泡椒风味豆干、“口口香”豆干2000多包。是年9月，发现株洲某公司生产的高速公路波形梁钢护栏产品不合格，当即进行处罚，并没收护栏2600米。2008年9月，在中小学教学仪器设备政府采购项目中发现江苏某教学设备有限公司和保定某体育用品有限公司销售的生物观察灯和音箱无3C认证，依法进行处罚。至2011年，共查处案件48起，其中立案10起，查处万元以上案件13起，其中10万元以上案件1起。

第七节　食品安全监管

2002年始，区质监局建立食品安全监管一季度一巡查制，重点巡查中心镇区和城乡结合部商场、超市。每年“两节”期间，对热销食品、高风险敏感食品的安全开展专项整治行动，按照打假责任制的要求，加强辖区内食品加工企业的监管，重点对节日期间热销的米、面、油、调味品、肉灌制品、酒类、饮料、乳制品、饮用水、儿童食品等产品进行检查。2003年1月，端掉使用黄色素加工豆腐干等黑加工点1家。2005年3月，某省“苏丹红”事件发生后，区质监局组织执法人员对区内10家食品生产企业可能使用红色素的糕点、糖果、辣椒制品、调味品等40个批次产品进行监督检查和抽样检验，从原料进货渠道、工艺流程及产品质量逐项排查，未发现生产企业使用“苏丹红”问题。

2005年4月，区质监局设立食品质量安全监督管理股，负责全区食品生产企业和小作坊普查摸底工作，分类登记造册，建立“户口”档案。将食品加工企业分成A、B、C、D四类，按分类情况采取不同监管措施，分别签订“食品生产加工企业资质安全卫生承诺书”，公开承诺，接受监督。同时，区质监局建立起以专业监督员、政府协管员、企业检验员为基础，以企业变化动态图、食品行业分布图、监管责任落实图和食品安全警示图为载体，以巡查、回访、监督抽查、质量承诺和预警为手段的立体的、动态的食品安全监管网络。至2011年，全区共有食品及相关产品企业11家，其中获证企业10家，待取证企业1家，食品生产加工小作坊22家，设立专业监督员5人，政府协管员9人，企业检验员65人。

第十三篇　农业与农村经济

第一章　农村经济管理

第一节　管理机构

1978～2001年，农村经济管理工作职能分属农业局、财政局、国土资源局。2002年，成立区农村工作办公室，内设农村经营管理局、农工负担监督管理办公室，加挂区生态能源局牌子。2002～2011年，以指导农村财务管理、减轻农工负担、落实土地承包、推进土地流转、促进农民专业合作组织建设、加快新农村建设步伐为工作重点。

第二节　农村财务管理

村级财务管理　1978～1980年，农场有比较完善的财务制度和管理办法，实行总场、分场、生产队、小队四级管理，三级核算，即总场汇总核算，分场综合核算，生产队独立核算。

1981～1983年，实行逐级承包，联产计酬。财务核算形式未变，改总场统收统付为各自直接承担责任，即自负盈亏。

1983年，随着中共中央1号文件在全场贯彻实施，总场对8个农业分场实施财务大包干，实行三级管理、两级核算（取消生产队一级核算）、超产全奖、欠产全赔、自负盈亏。分场、生产队对承包户实行“一定四统”（即定责任田，统一计划作物面积、统一计划产品上交、统一计划物资供应、统一防汛抗灾和大型农业基本建设）。分场对生产队，除个别长期亏损的限期扭亏，少提或暂不提取利润外，其他生产队按年总产值提取5%～7%的利润，以扩大再生产和发展职工福利事业。

1984～1988年，随着经济体制改革的深入，以大包干为主体的新核算体制不断得到改进和完善。

1989年，总场财务科（财政局）对分场，分场对生产队下达财务计划并对财务实行监督管理。

2000年始，按农村集体财务管理模式运行，区财政局和乡镇财政所对村级财务实行监督管理。

2007年5月，全区推行“村账乡代管区监督”的管理模式，并就账户、收入、支出、资金拨付等制定详细的管理细则。2011年，全区有70个村级财务单位，共有70名财会人员，分别由各乡镇财政所负责管理。是年7月，“村账乡代管”改革实施方案全面实行。

2005年年底以前，乡、村两级共有债务142674279元。2006～2010年，两级化解82167172元。至2011年，乡、村两级债务总额60507107元

监督管理　至2002年12月，全区各行政村相继成立村级财务民主理财小组，负责村财务收支的民主监督。2007年，区经管局、区财政局和乡镇对村级财务进行全面清理，结合财务清理情况，明确对村级财务实行一年一审计。审计监督的内容包括财务执行情况、财务会计报表、凭证、账簿的完整性和合法性、资产负债、损益、分配情况、建设项目预算、决算情况、土地征用补偿和政府有关部门所拨资金、物资的管理、上级转移支付资金使用情况，并对主要负责人任期经济责任进行审计。是年5月，区纪委出台《关于乡镇财政管理改革工作中违纪违法行为的处理暂行规定》，加强村级财务的监督管理，促进农村经济发展和社会稳定。

会计培训和考核　1978年，农场计财科组织队级会计人员业务知识培训178人。1983年，为适应农村家庭联产承包责任制新形势，农场计财科组织队以上财会人员集中培训，为期3天，培训260人。1991年，轮训财会人员189人次。1994～2011年，区财政局每年对全区乡（镇）村会计进行轮训，共培训农村财会人员2982人次，主要学习会计业务和会计制度。通过考试考核，颁发会计证312个。

第三节　农村土地承包管理

1981年，农场场部根据省委《关于农业生产责任制座谈会议纪要》精神，出台《关于加强和完善农业生产责任制的意见》，并在四分场进行农业联产承包责任制试点。这种形式是坚持生产队全民所有制不变、统一分配原则不变、基本核算单位不变，在统一种植计划、统一使用耕畜农具、统一调配劳力、统一核算兑现的条件下，以劳定田、以田定产、以产计酬、全奖全赔（或按比例奖赔）。由生产队划定若干小队，做好面积、劳力、耕牛、农具“四固定”，生产队对小队“四定一包干”。在小队统一经营下，承包到户、到劳、联产计酬。小队对户、对劳分包耕地，一定三年不变。

1983年，场部出台《关于实行农业生产大包干责任制的几点意见》。在总结四分场试点经验的基础上，全面实行农业联产承包责任制。即在坚持“一定四统一”的前提下，由农业分场按照职工劳动底分和劳力强弱分包责任田。农业人口分包一定数量的口粮田。除一分场按人均0.8亩外，其余分场均按人均1亩，剩余耕地面积由评级劳力按底分承包。承包者“交够国家的、留足集体的、剩下是自己的”。基本形成统一经营和分散经营相结合的双层经营农业生产管理方法，土地承包保持15年不变，农民生产积极性得到提高。

2001年，管理区管委会根据中央和省、市有关文件精神，结合全区人均耕地面积相对较大、分散经营的承包模式严重影响规模经营、制约农村劳力转移、影响农业生产发展的实际情况，进一步完善土地承包责任制，全面推行土地流转制。实行“三田”制，即口粮田、福利田、租赁田制度。口粮田按在册农业人口，新区办事处每人1亩，老区办事处每人0.8亩分配到户。口粮田随着人口的增长或减少而自然调节，多出的部分划作租赁田。福利田属无偿使用。租赁田由乡（镇）负责经营管理，全部推向市场流转。通过公开招租，让土地向种田大户、种田能手集中。租赁田采用两种形式招租：一种是按现有农户的承包田除去口粮田、福利田外，剩余的作为租赁田；另一种是划出口粮田和福利田，其余的成片公开拍包。

2002年，实行农村税费改革，将农工承包面积分为“责任田与经营田”。是年，在全区范围内进行第二轮土地承包，责任田按人均分配0.8～1亩，经营田则由农户根据自身能力进行承包。至2007年，全区分摊责任田人口72095人，分摊责任田面积4281.3公顷，占耕地面积的41.6%；经营田面积6003.9公顷，占耕地面积的58.4%。

2004年，农业退休职工纳入全省农业职工养老保险统筹，农业退休职工分配的福利田逐步取消。

2009年，管理区管委会出台《关于进一步加强国有农用土地经营管理的暂行意见》，坚持土地分类管理，稳定责任田承包经营，完善经营田租赁经营，实行集中连片管理。两田制取代“三田制”。

责任田承包的对象原则上仍以2002年第二轮土地延包时规定的对象不变。承包责任田的对象到退休年龄，办理退休手续或死亡后，其责任田在退休或死亡后第二年起由村委会收回。因婚迁出已在对方地区分配责任田或转入城镇人员，其责任田由村委会收回，用于调节分配给本村符合条件而没有责任田的人员。责任田的分配标准，按2002年规定的原老区范围每人最高不超过0.8亩、新区范围每人最高不超过1亩不变。

经营田（含林地、果园、渔池、湖泊等）租赁管理由区管委会授权区农垦集团有限公司，租赁费为每亩60元。经营田除原已发租给企业和外来承包大户的面积外，其余面积村集体预留20%～30%的“机动田”后，可以在本村村民内均摊承包。村上掌握的土地及湖泊、“四荒”地的经营权可公开实行竞价竞拍。经营田的租赁经营按照权利与义务对等的原则和产业的要求，优先发租给本区域内积极履行义务的农户和守信用、有实力的种养大户或其他经济实体。其租赁经营实行合同管理，一年一签，对种植多年生作物以及从事周期较长的养殖业，经双方协商，承租年限可适当延长，但最长承租期不得超过五年。

农户承包的责任田遵循“依法、自愿、有偿”的原则，可通过转包、转让、租赁、入股等形式进行土地经营权流转。在协商一致的基础上签订流转书面合同，并到所在乡镇农村经营管理部门登记备案。经营田流转严格执行相关规定，凡承租合同一年一定的经营田原则上不得流转；凡未到承租期的果园、林地、湖泊，其租赁经营权发生流转时，须经出租方同意，并到区经管局备案。在土地流转中，各乡镇打破土地界限，可开放引进，搞活土地流转。

至2011年，全区承包经营责任田总农户11457户，责任田总面积3168.7公顷，占耕地面积的32.5%；经营田总面积6579.6公顷，占耕地面积的67.5%；责任田流转面积520公顷，占责任田面积的16.4%，参与流转户数1320户；经营田流转41.3公顷，占经营田面积的0.6%，参与租赁经营的大户50户。

第四节　农民负担监督管理

2001年，区成立减轻农民负担领导小组（后更名为农民负担监督领导小组），履行对农村“乱摊派、乱收费、乱罚款”等问题的检查监督，落实中央有关减轻农民负担的“八个禁止”和省委“七个严禁”。

严格审批程序　2003年2月10日，根据《湖南省深化国有农场税费改革的实施意见》和《湖南省关于进一步减轻洞庭湖区农民负担综合改革的实施意见》，管理区管委会印发《关于进一步减轻农民负担综合改革实施方案》，明确规定：分配给农工租赁用于农业生产的农村经营田，其租赁费原则上每亩不超过100元，有条件的地方其租赁费可进一步降低；平均分配给农工的经营田每年按每亩60元征收。向种田能手或社会经济组织整体流转或拍包的经营田，在坚持公开、公正、公平的原则下，其租赁价格以拍包为准。2005年始，免征农业税，取消除烟叶以外的农业特产税；除防汛、抢险、抗旱调工外，取消统一规定的劳动积累工和农村义务工。村内兴办集体生产公益事项，可采取“一事一议”办法，适当由村民筹资投劳，筹资每人每年不超过15元，投劳不超过10个工日。所议事项必经半数以上到会村民或三分之二以上到会代表或80%以上户主表决赞成并签字认可后才能实施。村民自愿要求新办公益事业，包括通村公路建设交村民理事会办理，村委会负责监督，实行专账管理，事后公布资金筹措和使用情况。农田灌溉水费属农工生产的直接成本费，按照“谁受益，谁负担”的原则，由农民按受益面积分摊，水费收取实行专账管理，做到专款专用，节余留存，滚动使用，年年底由村民理财小组审核后张榜公布。凡经批准的统筹项目和数额，分解到户填写“农民负担监督卡”，并按农业部“十不准”的要求进行审核。凡涉及向农民收费、集资的文件，一律由区财政、物价和农民负担监督部门会签和联合发文，未经会签和联合发文的一律无效，不得执行。

减轻农民负担政策宣讲会　（宋政军2011年摄）

建立农民负担监督卡　2001年始，区农民负担监督领导小组、农村税费改革领导小组统一印制“农工负担与补贴监督卡”发放到各乡镇，各乡镇依据区减负办审批的农民负担费用和劳务方案将任务分解填入负担卡，并及时发放到户，农工持卡承担费用和劳务。同时，区农民负担监督管理部门统一印制统筹提留专用收据。凡向农村集体经济组织和农工收费，必须统一使用该往来收据；未使用该往来收据而向农村集体经济组织和农工收费的均视为不合理负担，乡、镇政府有权抵制，农工可以拒交。至2011年，“农民负担与补贴监督卡”每年入户率达90%。

开展专项清理　2002年始，区农民负担监督办公室与区减负领导小组成员单位（纪检监察、财政、物价、审计、农办）联合计生、国土、教育等涉农部门，采取专项检查，明查暗访；或统一检查与乡镇、涉农收费部门自查相结合的办法，就村提留乡统筹费、农业税收、计划生育费、农民建房等收费政策的执行，农村“乱摊派、乱收费、乱罚款”和报刊发行摊派、电价治理整顿等进行专项检查。至2011年，共开展专项清理15次，清理超标违规收费424.1万元，通过农民补贴网户全部清退到户。

第五节　农村能源建设

2002年，管理区成立农村能源建设项目办公室，负责制定全区农村能源建设的规划，争取进入国家农村能源建设项目计划。2004年，组建区生态能源局，与区农办合署办公。是年，管理区正式被批准进入国家沼气工程建设项目区，享受国家财政资金补贴。

2005年，根据市能源办下达的农村沼气项目建设计划，全区沼气建设进入实质性运作。是年完成户用沼气（10立方米）池建设1600口，总投资366.4万元，其中中央资金128万元，户均补助800元；2008年，启动联户（100立方米）沼气池建设，中央资金补助每户1400～1900元。2009年，规模生猪养殖场（1000立方米）大中沼气项目启动，是年完成2口。至2011年，全区建成户用沼气池6875口，普及59个村；兴建养殖小区和联户沼气池39口，大型沼气池5口；建成服务网点28个。完成总投资3715.79万元，其中中央财政资金1296.6万元。

第六节 农村扶贫开发

2001年始，国家实施扶贫开发战略，管理区管委会按照“整体推进，分步实施”的原则，对全区21个贫困村进行重点扶助，扶助包括项目扶贫、资金扶贫、就业扶贫、建整扶贫。至2010年，在资金扶贫方面，省级财政拨扶贫资金20万元，其中10万元用于4.5公里的村级公路建设，8万元用于养殖业基地建设，2万元用于技术培训。管理区管委会下拨专项帮扶资金9万元，对贫困村的110多户、450名特困人员进行帮扶，用于购买化肥、农药、种子、仔猪、饲料等；区扶贫办与区职业技术培训学校合作举办4期技术培训班，重点培训种植、植保、防疫、电工、财会等实用专业，127名青年参加培训；修建村级公路12公里，维修机埠4座，改造中低产田1466.7公顷，扩大旱涝保收面积1200公顷，平整耕地面积333.3公顷，发展生猪专业养殖户120户。营田镇玉湖村被列入市扶贫工作重点，确定市质监局、湖南正虹科技股份有限公司为后盾扶贫单位进驻该村进行建整扶贫。至2011年，21个贫困村中有11个村、7100人基本脱贫。

第七节 农民专业合作组织

2007年始，境内家庭“小农场”经营形式开始向农民专业合作社转变。是年，由郑湘正、胡召良等8人发起，正超牧业、召良牛业、富源科技、黄金兽药店等参与的屈原肉牛养殖专业合作社成立，有会员300人。

2008年，创立洞庭渔牧业合作社，属股份合作制，有股东37户，会员287人。会员中，有贩运大户，有养殖户，有渔具、渔需、渔药经营户，有防疫技术人员。集养殖、防疫、销售为一体。固定资产达180多万元，有渔池130公顷，饲养羊1209只、牛1142头；有大小车辆5台，有载重量达200吨的货船2艘、小船4只、大型冷库（50吨）1个。年销售收入656万元，利润达98万元。

农民合作社机收稻谷 （宋政军2011年摄）

2010年，创立惠众粮油合作社，属省级农民专业合作社，有会员187人，注册资金1000万元。其中，农业机械原值324万元，拥有轮式拖拉机5台、耕整机5台、农用运输机10台、联合收割机10台、高速插秧机6台、步进式插秧机5台、点播机10台、无人驾驶喷撒农药飞机1架、播种流水线10条、苗床162套、标准化2000型大棚5个。是年承包水稻种植面积400公顷，从整地、育秧、插秧、防治到收割，基本实现按现代农业运作模式运转。是年生产粮食7500吨，产值1300万元，盈利57万元。合作社理事长阳岳球2010年被评为全国种粮大户，在人民大会堂代表种粮大户作典型发言，并得到国务院总理温家宝接见与授牌。

至2011年，境内已注册登记的农民专业合作社16个，参与专业合作经济组织的会员3985人，带动农户7600户，占全区农户总数的38%。其中种植业合作社5个，养殖业合作社8个，农业病虫害防治专业合作社2个，流通业合作社1个。

第二章　种植业

1978年前，境内耕地种植实行计划管理。水稻以粮食为主，经济作物主要有棉花、甘蔗等。1978年，粮食作物面积6268公顷，占耕地面积59.7%；经济作物面积4224公顷，占耕地面积40.3%。

1979年，随着家庭联产承包责任制的实施，基本形成统一经营和分散经营相结合的双层经营农业生产管理方式。在种植计划上，取消指令性计划，依靠国家调整农业政策和扩大农民生产自主权的条件，以指导性计划安排农业生产经营。形成粮食、甘蔗、湘莲、茶叶、蚕桑等主导产业。1984年，农场被确认为全省粮食生产基地。1989年和1990年，农场分别获全国蚕种生产和粮食生产先进单位称号。2003～2011年，随着农村税费改革以及中央一系列鼓励农民种粮政策的落实，全区粮食生产呈现旺盛发展势头。2011年，全区耕地面积9748公顷，其中粮食作物面积8250公顷，占耕地面积84.6%。管理区成为洞庭湖重要粮食产区。

第一节　管理机构

1978～1979年，农场场部成立生产科，主管农业生产，下设良种繁育场和病虫测报站。1980年，由农业科、畜牧水产科、科技科合并成立多种经营科。1984年机构改革，农业科单设。1993年，由农业科、畜牧水产公司、科技科合署办公成立农委。1994年农场机构改革中，农委更名为农业水电发展局。2000年后，成立管理区农林局，下设林业工作站、农业执法大队、农业技术推广中心、农产品质量安全检测站、植保植检站、土壤肥料站等6个二级单位。

第二节　粮食作物

一、水稻

面积　1978年，全场水稻播种面积9754公顷，单产（每公顷）3810公斤，总产37163吨。其中早稻播种面积3395公顷，单产3975公斤；中稻播种面积2483公顷，单产5265公斤；双季晚稻播种面积3784公顷，单产3225公斤。1981年始，全面实行农业联产承包责任制，农业科学技术得到广泛的推广运用，粮食生

早稻机械化收割（丰吉2011年摄）

产稳步发展，种植面积逐年扩大。特别是威优6号、威优64系列杂交水稻推广成功，粮食连年增产，1984年，农场成为湖南省粮食重要生产基地。1989年，水稻播种面积10832公顷，单产5835公斤，稻谷总产6.3205万吨，与1979年相比，粮食播种面积增加12.87%，单产增长44.61%。1997年，大力推广早稻两系杂交稻DS-100，种植面积216公顷。2008年，水稻播种面积18819公顷，其中二系杂交稻和超级杂交稻13200公顷。与1990年相比，面积增加7155公顷，增长61.34%。2011年，管理区被袁隆平农业高科技股份有限公司（简称隆平科技）确定为超级杂交稻推广示范区。

2004年，中共中央下发1号文件，实行农村税费改革，取消向农民征收的各种税费，对种粮农户实行粮食直补和良种补贴政策。全区粮食种植面积国家补贴资金达145万元，其中早稻粮种补贴61万元，每亩补贴10元；中稻粮种补贴37万元，晚稻粮种补贴47万元，中、晚稻每亩各补贴15元。全区核减农业税301.2万元，亩均减税29.42元，减免农业特产税206.4万元，亩均减免20.16元，比2003年每亩增加直接收入248.18元，其中减免税费49.58元。粮食补贴资金发放实行“一卡通”制。2007年始，增加农资综合补贴，每亩补贴资金14.1元。通过减轻农民负担和惠农政策支持，农民种粮积极性得到充分发挥，中稻面积大幅度减少，双季稻种植面积逐年增多。2008年，水稻播种面积由2002年10113公顷增至18819公顷，增加8706公顷，增长86.09%。

1997年，在耕作制度上进行改革，大力推广早、晚稻软盘抛秧栽培技术，推广面积380公顷，至2007年，抛秧面积达5668公顷，其中早稻3134公顷，晚稻2534公顷，单产6270公斤。是年，通过调查3个乡、115户农户，抛秧比栽插秧每公顷增产粮食615公斤，增产9.8%。2005年，实行水稻直播种植实验，至2009年，早稻直播面积3867公顷，每公顷5850公斤，晚稻直播面积4334公顷，每公顷6000公斤。至2011年，水稻直播面积突破6667公顷，产量调查比较，水稻直播比软盘抛秧和栽插秧每公顷产量相当。

为加快推进全区超级杂交稻栽培技术的推广，实行工厂化育秧，机械化插秧，达到超级杂交稻品种布局区域化、种植规模化、产品质量标准化，2010年3月，惠众粮油专业合作社会同湖南省杂优中心联合承担工厂化育秧、机械化栽插实施项目。项目投资460万元，建高标准育秧厂房4栋、6800平方米。当年晚稻实行工厂化一次育秧，栽插面积334公顷，采用超级杂交稻丰源优299、株两优211等高产品种，每公顷产稻谷7680公斤。2011年，全区完成工厂化育秧、机械化插秧面积535公顷，平均每公顷6885公斤。惠众粮油合作社2011年承包水稻种植面积400公顷，通过工厂化育秧、机械化插秧，平均每公顷7500公斤，总产3000吨。

品种改良　1983～2011年，双季稻品种经过优胜劣汰和种子市场放开，推广引进的品种较多。早稻品种中，1988年，引进推广29丰、浙辐802、竹广29等；1997年，以威优914、金优402、香两优68、DS-100等杂交优质稻为主。其中早稻杂交组合因米质好，产量高，推广面积大，占早稻播种面积85%。如两系杂交稻DS-100，在河市镇三合村试种，播种面积3.4公顷，每公顷7140公斤。中稻品种中，1985年主要引进推广汕优63，1997年后，以两优培九、岳优9113、金优207、汕优63、超级杂交稻P88S—0293等品种为主。2005年，在凤凰乡河泊潭村推广二系超级杂交稻高产品种P88S—0293，种植面积10.5公顷，验收产量每公顷12240公斤。晚稻品种中，1983年，引进推广威优6号、威优64，1997年推广湘丰优9号、金优77、威优64、威优644、金优207、湘晚籼12号、岳优9113、岳优360等高产优质杂交稻。2007年在琴棋乡八港村推广种植岳优360杂交稻新品种，推广面积20公顷，平均每公顷6780公斤。农户陈吉兵种植面积0.4公顷，平均每公顷8340公斤。

1978～2011年屈原管理区（农场）水稻种植面积及产量统计表

表13-1　单位：公顷、公斤、吨

年度	水稻播种面积	单产	总产	早稻			一季稻			晚稻		
				面积	单产	总产	面积	单产	总产	面积	单产	总产
1978	9754	3810	37163	3395	3975	13495	2483	5265	13073	3784	3225	12203
1979	9597	4035	38723	3386	4725	15999	2402	5310	12755	3808	2595	9882
1980	9833	4215	41446	3496	4650	16256	2381	5325	12679	3956	3150	12461
1981	9627	4095	39422	3658	4575	16735	1954	5100	9965	4015	3180	12768
1982	9925	4215	41834	3980	4650	18507	1625	5250	8531	4320	3450	14904
1983	9588	3690	35380	4025	3480	14007	998	3825	3817	4564	3855	17594
1984	10403	5220	54304	4562	5100	23266	681	6465	4403	5160	5175	26703
1985	9918	5670	56235	4345	5340	23202	670	6450	4322	4903	5850	28626
1986	10506	5835	61303	4317	5475	23636	1298	6930	8995	4891	5850	28612
1987	10622	5580	59271	4391	4680	20550	1258	6825	8586	4973	6075	3022
1988	10698	5475	58571	4454	5325	23718	1172	4965	5819	5072	5715	28986
1989	10832	5835	63205	4771	5145	24545	832	6780	5641	5229	6300	32943
1990	11664	6270	73133	5074	5550	28161	707	6540	4624	5883	6855	40328
1991	11641	6300	73338	5273	5715	30135	576	6645	3828	5792	6555	37967
1992	10750	6630	71723	4720	6180	29170	440	8550	3762	5590	6870	38403
1993	10529	4935	52150	4597	3570	16411	501	8250	4133	5431	5790	31445
1994	11136	6660	67484	4595	5220	23986	1220	8430	10285	5321	6270	33363
1995	11340	5805	65829	4527	5250	23767	1353	6900	9336	5460	6000	32760
1996	12220	4455	54440	4820	2595	12508	1800	5250	9450	5600	5505	30828
1997	12320	5475	67452	4893	4950	24220	1200	6000	7200	6227	5775	35961

续表

年度	水稻播种面积	单产	总产	早稻			一季稻			晚稻		
				面积	单产	总产	面积	单产	总产	面积	单产	总产
1998	10787	5760	62133	4600	5100	23460	1147	6000	6882	5040	6195	31223
1999	10460	5985	62603	4407	4560	20096	913	6900	6300	5140	6495	33384
2000	10567	6180	65304	4067	5520	22450	1766	7425	13113	4734	6785	29753
2001	8907	6750	60122	3547	5940	21069	1160	9900	11484	4200	6570	27594
2002	10113	5895	59616	3693	4920	18170	2087	7245	15120	4333	6075	26323
2003	9120	5340	48701	3740	5565	20813	1113	5145	5726	4267	5250	22402
2004	12711	6645	84465	4936	5625	27765	1895	9000	17055	5880	6750	39690
2005	14604	5835	85214	6631	5625	37299	917	6000	5502	7056	6000	42336
2006	15468	6615	102321	6761	6000	40566	1348	9000	12132	7359	6750	49673
2007	15634	6570	102715	6908	6000	41448	1120	9000	10080	7606	6750	51341
2008	18819	6300	118560	9243	5880	54350	311	7440	2314	9265	6675	61844
2009	18653	6075	113317	9227	5910	54532				9426	6225	58681
2010	18587	6120	113752	9167	6300	57752				9420	5925	55814
2011	18740	6150	115251	9253	6000	55518				9487	6300	59768

二、玉米

1978～1986年，旱地以种植棉花、甘蔗为主，玉米只有零星种植。1987年，玉米种植面积逐年扩大，1994年达334公顷。2000年种植487公顷，平均每公顷5670公斤，总产2759吨。品种以掖单13号、临奥1号为主。2004年种植面积699公顷，平均每公顷6450公斤，总产4508吨。玉米生产的发展不仅为农民增收带来直接效益，也促进了生猪等养殖业和饲料加工业的发展。2008年，由于甘蔗种植终止，全区旱地面积一部分改种水稻，大部分扩种玉米，玉米种植面积1267公顷，单产突破8250公斤，总产10453吨。品种以长玉13号、临奥1号、泰玉12号等高产品种为主。2009～2011年，种植面积大量减少，以改种其他粮食作物或经济作物。

第三节 经济作物

油菜 1978～1985年，由于湖区地势低，排灌条件差，土壤渍水严重，管理粗放，加之劳力不够，油菜形成有种无收的局面。1986年，油菜种植面积767公顷，单产494.1公斤，总产379吨，品种以白菜型油菜为主，播种方式以撒播、条播、穴播为主。1987年，开始引进推广优质高产杂交油菜品种。1991年，油菜种植面积达到1928公顷，单产750公斤，总产1446吨，品种以秦油2号、湘油10号为主，播种方式以育苗移栽为主。2000年后，因市场价格低，加之收获季节雨水多，油菜产量低，收益差，种植面积逐年减少。2004年，种植面积只有213.3公顷，单产1350公斤，总产288吨，品种以湘杂油5号、6号，湘油15

号等双低杂交油菜为主。2008年，中央对长江流域油菜产区进行政策扶持，实行油菜良种补贴，每亩补贴资金10元。2009年，油菜播种面积700公顷，单产1350公斤，总产945吨，比2004年增加487公顷，增长69.5%，总产量增长16.6%。2009～2011年，油菜种植面积常年稳定在700公顷以上，单产1350公斤。

甘蔗　1978年，甘蔗面积794公顷，单产54吨，总产4.35万吨，品种以台糖134、川糖3号为主。1979年，种植面积扩大到881公顷，单产51吨，总产4.5万吨，品种以纳印310、赣蔗1号为主。1983年，种植面积突破2303公顷，由于在3月上中旬下种，气温较低，出苗时间推迟，影响前期生长，后期贪青晚熟，造成低产低糖，单产只有37.5吨，总产8.637万吨。1984年，大力推广甘蔗地膜覆盖技术，在耕种方式上，由宽行改窄行，解决蔗地通风和厢面渍水问题，单产大幅度提高。通过地膜覆盖对比试验，地膜覆盖蔗比露地蔗提早出苗15～25天，平均每公顷增产蔗茎7.5～31.5吨，含糖量提高0.8%～1.5%。1985年，甘蔗播种面积2139公顷，单产45吨，总产9.6234万吨，比1983年单产增加7.5吨，增长20%，品种以纳印310为主。

收获甘蔗　（宋政军1990年摄）

1987年2月，洞庭湖区甘蔗规范化栽培技术研究与推广在农场实施，以二分场农科站为规范化栽培技术推广点，试验面积15公顷，通过产量对比试验，每亩增产蔗茎0.6～1吨。1988年2月20日，通过市科技进步奖评审委员会评审，甘蔗规范化栽培获市科技进步二等奖。

1990年，推广喷施稀土微肥技术，提高产量和糖分。甘蔗播种面积1963公顷，单产52.5吨，总产10.31万吨，每公顷增产蔗茎3～4.5吨，含糖量提高0.5%～1%。

1998年，推广宿根蔗种植技术，播种面积2460公顷，单产69吨，总产16.9740万吨，其中宿根蔗种植面积800公顷，单产78吨，总产6.2万吨，增产13%，品种以纳印310、选29、选40、新台糖25号等为主。

2004年，随着中央对种粮农户实行粮食直补和良种补贴政策的实施，种蔗与种粮比较，收入差距拉大，加之劳动力成本大，蔗农种蔗积极性下降，甘蔗种植面积逐年减少。2005年，种植面积913.3公顷，单产87吨，总产7.9460万吨。2007年，种植面积866.7公顷，单产81吨，总产7.02万吨。2008年糖厂停产，甘蔗种植终止。

蔬菜　种植常规品种主要有白菜、萝卜、苋菜、菠菜、茼蒿、苦瓜、莴苣、排菜、芥菜、芹菜、榨菜、大蒜、葱、韭菜、蕌头、黄瓜、四季豆、茄子、辣椒、紫苏、冬瓜、南瓜、丝瓜、木叶菜、菜瓜、豆角、刀豆、扁豆、秋扁豆、茭白、藕、芋头、包菜、胡萝卜、芥蓝头、花菜、黄芽白、西红柿、凉薯、马铃薯、蘑菇等。

1978～1999年，区域蔬菜种植面积主要是一家一户菜园，以农户自给为主，少量上市。常年种植面积呈上升的趋势，1978年152公顷，1994年增至779公顷；总产量最低为1978年3078吨，最高为1999年19205吨。

2000年后，为解决营田镇城区蔬菜供应问题，营田镇凤山村、边山村、尚林村、余家坪社区蔬菜面积常年稳定在54公顷，其中蔬菜大棚150个，面积6.7公顷。2011年，全区蔬菜面积达557.3公顷，年产蔬菜12540吨。

西瓜 1978～1982年，西瓜种植面积较少，多为白瓤、红瓤、采籽瓜。品种以密梅、红梅和太和瓜为主。1980年，引进无籽西瓜在四分场九队、茶场试种成功。1983年，西瓜大量上市销售，种植面积逐步扩大。1988年，种植面积126.7公顷，总产2851吨，品种以密桂、密宝、新红宝等为主。1990年后，西瓜种植成为农场经济作物一大产业。2003年，凤凰乡香游湖村引进浙江省台州市西瓜种植商，大棚礼品西瓜首次在管理区落户。是年种植面积27公顷，单产75吨，总产2000吨，每亩纯收入5000元以上。产品主要销往浙江、上海等地，品种以玉麒麟、黄小玉、红小玉等为主。2010年，河市镇、黄金乡两地共种大棚礼品西瓜400公顷，其中黄金乡334公顷。乡成立西瓜种植专业合作社，注册“黄金”牌西瓜商标，产品销往上海、广东等地。大棚礼品西瓜一年生产四批次，每公顷产90吨，每公顷收入24.3万元。2011年，全区西瓜种植面积433.3公顷，平均每公顷60吨，总产2.61万吨。

茶叶 1978年前，茶园面积稳定在29公顷，年产干茶120吨。1979年后，依托山地资源，开荒扩建茶园。1983年茶园面积发展到266.6公顷，单产鲜叶11250公斤，总产鲜叶6000吨，产干茶767吨，成为湖南省农垦系统最大的产茶基地。品种以福鼎大白、楮叶齐、湘波绿、高桥早、长波绿为主。1996年后，茶场茶厂关停，以队为单位自建茶厂，因茶叶市场销售滞后，茶农种茶积极性受影响。2000年后，茶园面积逐年减少。2003年，茶园面积173.3公顷，单产鲜叶30吨，总产鲜叶5200吨。2011年，茶叶种植面积86.6公顷，单产鲜叶30吨，总产鲜叶2600吨。

凤凰山茶叶基地 （吴缔贵2005年摄）

1999年集体经营的茶厂改制，茶叶加工和经营彻底放开。民营企业岳阳市屈凤春茶业有限公司，依托凤凰山茶叶资源，改建良种茶园面积67公顷，建立绿色食品茶基地。是年“屈凤春”牌注册商标获国家绿色食品认证。生产的银针、毛尖、谷雨绿茶被农业部确定为“屈凤春”牌绿色食品。

2001年3月，成立屈凤春茶业有限公司合作经济组织协会，入会农户220户，种植基地面积274公顷，主要分布在凤凰乡福兴村、屈潭村、兴隆村、凤凰村及汨罗市范家园镇、湘阴县六塘乡、平江三市等区域。会员入股资金150万元。在省内外建立“屈凤春”牌茶叶专卖店、批发市场和大、小型超市350家。

2004年“屈风春”注册商标获省著名商标，“屈风春”牌毛尖获省农博会金奖。协会成立后，年创产值3000万元。

蚕桑　屈原蚕种场始建于1978年，蚕桑种植面积60公顷，为湖南省最大的蚕种制种基地，产量、制种数量居全省第一。1982年始，繁育“芙蓉×湘晖”等系列蚕种。蚕种的选育技术和研制开发的技术指示（即彻底杂交率≥95%、良卵率≥98%、孵化离≥97%、微粒病率<0.5%）等达到省内标准。蚕室面积达3.6万平方米、催青室500平方米。其中检毒室300平方米，冷冻室200平方米。

1996年，蚕桑种植面积达到240公顷，产茧量360吨，制种23万张。2000年始，由于市场因素影响，种植面积减少，2001年只有133.3公顷，产茧量190吨，制种10万张。2006年始，随着湖南澧县、桃源、双峰、安化、华容等地大量发展蚕桑产业，扩种桑园面积，管理区蚕桑生产终止。

1978～2011年屈原管理区（农场）经济作物播种面积及产量统计表

表13-2　　单位：公顷、吨

年度	油菜		甘蔗		湘莲		蔬菜		西瓜		茶叶		蚕桑	
	播种面积	产量	播种面积	产量	播种面积	产量	播种面积	产量	播种面积	产量	播种面积	产量	播种面积	产量
1978	1056	464	794	43493	112	32	152	3078	27	349	248	5800	60	59
1979	1246	766	881	45115	91	31	158	3217	69	716	321	6900	63	61
1980	950	370	1080	67586	102	35	260	4358	65	758	328	7000	67	72
1981	860	380	1920	115340	130	50	298	5638	70	810	310	6900	69	78
1982	750	360	2035	147890	180	70	358	6757	63	790	308	6500	71	80
1983	493	347	2303	86365	808	509	314	7059	53.7	1610	266.6	6000	88.8	74
1984	568	613	2089	78337	654	490	235	7038	22.5	676	260	5850	69.7	58
1985	704	696	2139	96234	177	159	189.6	5688	48.3	1450	260	5850	72.9	77
1986	767	379	2290	103068	187	168	427	9612	36.7	1102	261.6	5887	72.4	82
1987	539	323	2070	93168	353	290	395.5	8899	62	1862	261.6	5887	62.5	75
1988	753	417	1933	87900	530	437	502	11296	126.7	2851	265	5962	57.9	70
1989	1061	668	2155	97005	392	352	536	12069	101.3	3038	265	5962	55.6	67
1990	1631	929	1963	103082	488	439	545.6	12277	142	3913	280	6300	181.3	218
1991	1928	1446	1987	104342	924	763	674.6	15180	139.8	4196	283.3	6600	262.3	315
1992	1450	1175	1970	103425	853	704	545	12255	186.6	4200	293.3	6600	175.3	224
1993	1440	1279	1887	113220	898	740	751	16890	165	3712	304	6840	182.6	233
1994	1201	972	1493	89580	1103	910	779	17527	115	3450	304	6840	178	227
1995	1455	1112	1689	92450	595	597	684	15390	126.6	5697	300	8100	266.6	360
1996	1163	1047	1597	83860	507	456	750	16873	111.3	6680	300	7200	240	360

续表

年度	油菜		甘蔗		湘莲		蔬菜		西瓜		茶叶		蚕桑	
	播种面积	产量	播种面积	产量	播种面积	产量	播种面积	产量	播种面积	产量	播种面积	产量	播种面积	产量
1997	1140	1026	1567	105750	893	804	776	17460	65.8	3940	266.6	6400	240	360
1998	867	780	2460	169740	1307	1176	555	14124	73.3	4400	266.6	6400	240	360
1999	940	846	2344	165228	1160	1392	643	19205	93.6	5620	266.6	6400	160	204
2000	826.6	992	752.8	62106	1563	1876	841.4	18931	111.3	6680	240	5760	160	204
2001	486.6	657	1233.3	101750	2507	3008	895.3	26860	97	5820	226.6	6800	133.3	190
2002	340	459	1420	114240	2553	3064	447.6	10072	108	6480	173.3	5200	133.3	210
2003	306.6	414	1260	90720	146.6	1760	395.7	8904	185.3	11120	173.3	5200	100	150
2004	213.3	288	1040	85800	866.6	1040	800	24000	200	12000	160	4800	66.6	110
2005	273.3	369	913.3	79460	733.3	880	700	21000	213.3	12800	133.3	4000	53.3	88
2006	800	1080	1026.6	73920	477.3	787	770	21000	233.3	14000	146.6	4400		
2007	300	405	866.6	70200	220.6	364	558	12555	253.3	15200	186.6	5600		
2008	606.6	956			170.6	281	512.6	11535	253.3	15200	173.3	5200		
2009	700	945			103.3	198	492	11070	400	24000	133.3	4000		
2010	746.6	1008			90.6	184	637.3	14340	486.6	29200	133.3	4000		
2011	713.3	963			36.6	60	557.3	12540	433.3	26000	86.6	2600		

第四节　肥　料

一、有机肥料

管理区有机肥资源丰富，主要肥源为农家肥、土杂肥、绿肥、饼肥等。80年代，以土杂肥、猪牛粪、人粪尿、绿肥为主要肥源，每公顷施用土杂肥1125～1520公斤、猪牛粪3750～7500公斤、青草地皮泥沤制凼粪37.5～75吨、绿肥鲜草还田每亩施用量15～22.5吨。家庭联产承包责任制初期，农民积肥的积极性较高，加上当时化肥紧缺，如猪牛栏粪、土杂粪、绿肥等有机肥施用量较大，耕地有机质积累增加。1989年始，化肥工业迅速发展，农民不愿使用费工费时的有机肥，而改用施用简单且见效快的化肥，使土壤肥料结构发生了根本性变化。特别是随着农业机械化的程度越来越高，农村普遍使用耕田机作业，加上稻草还田、猪牛粪厩肥减少，冬板田、空闲田较多，农家肥的施用量急剧降低。

2000年始，为开发利用农村能源，全区大量发展沼气池，沼气肥在农家肥中所占比例越来越大，加之，农业机械化程度的提高，稻草还田面积达到90%，土壤有机质肥有大幅度提高。

2010年屈原管理区土壤理化性状（0～20厘米）表

表13-3　　单位：克/千克、毫克/千克

指　标	pH	有机质	水解氮	有效磷	速效钾	缓效钾
平均值	5.7	21.2	116	14.6	92	273
指　标	全氮	有效钼	有效硼	有效锌	有效铁	有效锰
平均值	1.375	0.08	0.27	4.93	260.40	73.00

二、化学肥料

70年代，化学肥料大量用作基肥或提苗肥，每公顷施用量300～450公斤。80年代后，化学肥料连年增加，用量猛增，每公顷施用碳酸氢铵750～1200公斤、尿素375～450公斤、磷肥300～375公斤、钾肥150～300公斤、复合肥400～600公斤，造成土壤土质恶化。

2009年，启动测土配方施肥资金补贴项目，实施耕地地力提升行动。2010～2011年，全区完成测土配方施肥推广面积9300公顷，成建制推行测土配方施肥村级单位30个，采集土样4600个，参与地力评价样1000个，发放施肥建议卡1万份。在营田镇菱湖村、团湖村，余家坪社区完成测土配方施肥田间试验20个，早、晚稻氮、磷、钾配方施肥比较试验2个。通过测产验收，测土配方施肥区每公顷产稻谷6330公斤；常规施肥区每公顷产稻谷6150公斤，测土配方施肥区比常规施肥区每公顷增产粮食180公斤，节肥38.25公斤，增收546.9元。通过测土配方施肥项目的实施，为全区中长期农业发展规划和指导耕地改良利用提供科学依据。

第五节　植物保护

1976年，农场成立植保站，2003年前由农业技术推广中心直管，2004年隶属区农林局。2007年更名为植保植检站，主要负责农作物病虫监测预报，重大灾害性、突发性病虫发布，以及新品种、新农药、新技术的推广。

一、病虫害防治

病虫测报　1978年，农场农科所下设病虫测报站，并设立4个病虫测报点。测报员由各分场农业技术干部兼任，并与南方五省建立病虫情报信息网。各生产队配备农技员兼植保员，负责向测报站提供病虫发生情况，由测报站编发病虫情报。1978年，糖科所成立，增加甘蔗病虫害预测预报。测报站每年向全区发布病虫情报10～15期，病虫预报准确率达90%。

农业综合防治　70～90年代，推广春季深耕灭蛹技术，讲究合理施肥，实行水旱轮作，加强田间管理，提高稻株自身抵抗力。用盐水、石灰水浸种消毒防病。人工捕捉虫卵块、打捞浪渣、清除菌核。稻田养鸭，保护天敌，释放赤眼蜂防治稻纵卷叶螟。2000年后，推广物理防治措施，点灯诱蛾，杨树枝诱捕等灭虫方法。2005年，在凤凰乡春江村水稻田推广频振式诱蛾灯40盏，诱杀面积200公顷。试验调查，能减少施用农药次数3次，每公顷减少农药成本334.5元。

化学防治　1978～1980年，推广化学农药防治农作物病虫害。广泛使用六六六粉剂、滴滴涕、1605、1059农药，开始应用化学除草。80年代后，大量推广使用杀虫双、杀虫脒、叶蝉散、速灭威、井

岗霉素、富士一号等农药。90年代，使用甲胺磷、杀虫双、扑虱灵、虫虱净、井岗霉素、叶青双、强氯精等农药。2000年后，推广使用锐劲特、乙酰甲胺磷、吡虫啉、阿克泰、三唑磷、氟虫蜻、纹曲克星、井岗霉素等新型农药，限制使用杀虫脒等高毒、高残留农药。2007年，根据农业部第322号公告规定，全面禁止对甲胺磷、对硫磷、甲基对硫磷、久效磷、磷胺等5种高效有机磷农药在农业上使用。化学防治逐步实现高效、低毒、低残留。同时推广使用先进药械，普及动力喷雾器。

鼠害防治 境内主要鼠害有黑线姬鼠、褐家鼠、小家鼠、东方田鼠。东方田鼠是洞庭湖区主要鼠种。1978年后，鼠害大发生年份主要在1978年、1986年、1988年、1997年、1998年、2004年、2007年。2004年危害面积1866.7公顷，损失粮食460吨。汛期，洞庭湖水位上涨，湖洲面积大量淹没，造成东方田鼠成批越堤入垸，啃食农作物。对沿堤即营田镇、河市镇、琴棋乡、凤凰乡的水稻、西瓜、蔬菜等农作物危害严重。灭鼠主要采取人工捕捉、深挖坑挡鼠，投入灭鼠毒饵药等办法。

二、化学除草

危害农作物杂草有160多种。水田主要有稗草、双穗雀稗、三麦草、牛毛毡、莎草、四叶萍、鸭舌草等。旱土主要有马唐、旱稗、狗牙根、碎米草、牛筋莎草、红绊根、蓼子草、狗尾草、空心莲子草等。

1978~1979年，开始推广化学除草。秧田主要使用敌稗，稻田使用五氯酚钠、除草醐、扑草净或混合剂，旱土使用西马津、阿特拉津、除草剂一号、敌草隆等。1980年，化学除草占播种面积的90%以上，水田除草剂增加杀草丹、禾大壮、草枯醐、丁草胺。蔗地除草剂增加莠去津、恶草灵、杜耳。

2000年后，大面积推广新型除草剂。如抛秧田施用抛秧灵、抛杰、抛秧苄丁等。水插秧施用田草净、精克草星等。直播田施用直播净、阔背尔、丙草胺等。旱地施用草胺磷、农达、旱焚等。化学除草占播种面积100%。

三、植物检疫

2000年，全省首次开展对农作物植物检疫普查。2005~2008年，再次对农作物疫情分布进行调查。通过两次调查，境内植物检疫对象有3种。主要是水稻细菌性条斑病、水稻白叶枯病。1999~2001年，每年发生面积34公顷，主要分布在河市镇、黄金乡、凤凰乡等乡镇。2010年，境内首次发现稻水象甲，全年发生面积66.7公顷。

第三章 林 业

境内林业发展主要经历了四个阶段：1978年前，由于宜林面积和“四旁”造林实行统一规划，统一管理，统一经营，经济林得到发展。1978年，全境林木总面积834.9公顷，其中用材林234.8公顷，特种经济林（茶叶）397.4公顷，果木林102.7公顷，防护防浪林100公顷，“四旁”植树180.5万株，活立木蓄积量3028立方米。

1979~1983年，农场没有专门林业机构，管理制度不完善，乱砍滥伐严重，路渠、村庄林木所剩无几，“四旁”林木仅保存55.22万株，减少69.5%。1984年，《中华人民共和国森林法》颁布，农场党委开始重视林业工作，场部农业科配副科长一人主抓林业，各分场均配备林业专干，加强森林管护，群众植树造林积极性有所提高，农场场部以硬性指标形式下达任务到分场，形成较大规模的造林行动。但干部群众对造林绿化认识不足，没有专业技术员，森林培育、管护不到位，存活率不高，成为“年年栽树年年荒，年年栽在现地方”。1987年二类森林调查，全场森林面积1433.7公顷，其中用材林228.5公顷，防护林629.5公顷（包括“四旁”、外洲），经济林575.7公顷（茶叶、茧桑），活立木蓄积53170立方米，森林覆盖率7.3%。

1988年11月，农场场部下发《两年消灭荒路荒渠，三年绿化屈原的决定》，是年冬季植树造林92万株。全境植树造林处于稳定发展阶段，1991年，市委、市政府授予农场平原绿化先进单位。1999年始，在省林业厅原党组书记、副厅长、区高级经济顾问吴鹤鸣精心指导、全力推动下，争取省、市林业部门的支持，林业投入加大，群众发展林业意识增强，全区出现兴林新局面。2000年启动长江中下游防护林体系建设项目。2003年实施“退耕还林”工程，林业生产呈现新的生机。是年，全区林地面积1440.3公顷，其中“四旁”林1133.4公顷，森林覆盖率达11.41%，比1987年增长4.11%。

2004～2011年，全区进一步放宽林业政策，稳定林地权属，开展全民植树，调动广大群众植树造林的积极性，林业生产步入快速发展期。2011年，全区林地面积2017.4公顷，“四旁”林占地面积1785.2公顷，森林蓄积量127095.3立方米，分别比“十五”期间森林调查数增长69.86%、108.9%和248.5%。森林覆盖率达23.84%，比2003年增长12.43%。沿38公里防洪大堤杨树林和尚磊路18公里水杉池风景林带分别被省林业厅誉为全省速生丰产林杨树样板工程和潇湘第一绿色通道。

第一节　林业资源

境内属亚热带常绿阔叶林区，植物资源丰富，据《东洞庭湖国家自然保护区鸟类名录》记载，境内常见木本植物种类63科、277种。

一、林地资源

林地　据2003年全区“十五”森林资源规划调查，林地面积1440.3公顷。2011年资源年报统计，林地总面积2017.4公顷，占总面积10.03%。其中有林地1997.8公顷，基本上为人工造林，占林地面积99.03%，是全区森林资源主体。林地中其他各类面积分别为：疏林地6.4公顷，灌木林地9.1公顷，无林地4.1公顷。

林种　2011年资源年报统计，有生态公益林地、商品用材林地、一般用材林地共2017.4公顷。其中生态公益林985公顷，占48.8%；商品用材林982.2公顷，占48.68%；一般用材林50.2公顷，占2.52%。

树种　平原湖区乡土树种有檩树、棕榈、槐树、枫杨、旱柳、重阳木、野桑、鸡婆柳等。山丘地区乡土树种有樟树、苦槠、毛栗、青冈栎、栓皮栎、糙叶树、苦楝、紫弹朴、朴树、山油麻、榔榆、桑树、构树、柘树、全缘柘、南天竺、火力楠、黑壳楠、大叶楠、枫香、檵木、杨梅叶蚊母、椤木石楠、绒毛石楠、石楠、光叶石楠、杜梨、豆梨、火棘、小果蔷薇、合欢、紫穗槐、黄檀、皂荚、紫藤、野花椒、竹叶花椒、花椒簕、狭叶花椒、臭辣树、重阳木、乌桕、野桐、黄连木、野漆树、木蜡树、冬青、刺叶冬青、扶芳藤、三角枫、复羽叶栾树、扁担杆、柞木、瑞香、胡颓子、紫薇、巨紫薇、八角枫、夹竹桃、赤楠、刺楸、常青藤、女贞、白腊树、桂花树、珍珠枫、黄栀子、以及多种竹类。

70年代后期，开始陆续引进树种，有兰考泡桐、白花泡桐、油桐、水杉、池杉、山杉、落叶杉、臭椿、香椿、柳杉、湿地松、火炬松、檫树、刺槐、喜树、中国梧桐、法国梧桐、桤木、国外松、苏柳、杨树系列（中黔、中汉、南林黑杨、欧美107、108、111杨、南抗、湘林89、85杨）等造林树种。雪松、宝塔松、罗汉松、龙柏、大叶樟、景叶白兰、八月桂、杜英、红叶石兰、红芬、冬青、红檵木、广玉兰、月桂、垂柳、紫薇、国槐、银杏、樱花、茶花、苏铁、紫金花、十里香、杜鹃花、小叶女贞、金叶女贞、海棠等绿化树种。枇杷、杨梅、葡萄、甜橙、橘、梨、桃、李、枣等果树品种。茶叶、茧桑等经济林品种。楠竹、青皮竹、毛竹等竹类品种。90年代末以苦楝、枫杨为主，后期开始栽种香椿、臭椿、油桐、杉木、水杉、池杉、喜树、泡桐、中国梧桐、法国梧桐等30余个造林树种。1998年始，杨树系列逐渐成为境内平原湖区主要造林树种。

森林蓄积 2011年，全区活立木总蓄积量12.7万立方米。其中纯林86610立方米，混交林1415.6立方米，“四旁”林38916立方米，散生林14.3立方米。

森林覆盖率 2003年，境内森林覆盖率11.43%，林木绿化率12.43%。2011年，境内森林覆盖率9.95%，林木绿化率23.84%（按照湖南省2010年森林资源新的统计办法，把林木绿化率统一为森林覆盖率，2011年，境内森林覆盖率23.84%）。

二、珍贵树种

区境属洞庭湖冲积平原，围垦开荒时，凤凰山、河市街、狮子山、小边山丘陵地区一些珍贵树种基本被砍光，只有少量的私人房前屋后的樟树保留下来（属国家二级保护植物），2000年后开始庭院绿化，陆续引进人工培植的国家一级保护植物银杏树种和省保护植物罗汉松。

三、古树名木

古树资源主要分布在凤凰乡、黄金乡、营田镇，为散生状。平原湖区近代地貌形成时期较短，古树资源缺乏。2011年，存有古树5株，其中凤凰乡2株（樟树），营田镇1株（樟树），黄金乡2株（樟树1株、枫树1株）。

第二节 资源管理

林权管理 1978～1980年，林权分属总场、分场和生产队三级所有。1981年，随着农村联产承包责任制的落实，总场、分场和生产队三级所有的林木基本上被砍伐殆尽，群众开始自发的在房前屋后、路旁渠边栽种树木，林权归承包户私有。1998年，区堤防管理委员会沿大堤内外造林，并于2000年成立区堤防委员会金堤林木有限公司。境内林权分属国营、集体、个人三家所有。2002年，实行生态公益林补偿。2003年，实行退耕还林钱粮补助。2009年，开始核发林权证，至2011年，全区共发证122本，面积498公顷。其中集体13本，365公顷；个人109本，133公顷。

采伐管理 2000年前，行政区内未成立林业专门机构，采伐管理权归属市林业局。2001年，管理区成立农林局，履行对全区森林管理职能，是年5月，区管委会印发《关于加强森林采伐管理的通知》，规定全区推行森林采伐限额制度和伐区调查设计验收制度，实行凭证采伐、凭证销售、凭证运输、凭证出境。2002年始，对已划为国家重点防护林和特种用途林并已享受其生态效益补助资金的森林和林木禁止采伐。2010始，对享受其生态效益补助资金的重点公益林，允许有计划地分类采伐。至2011年，全区按计划采伐3800立方米。

境内属典型的平原非林地区，固定性林地少，“四旁”林成为境内林木采伐的主要渠道。

森林防火 境内森林防火重点是沿防洪大堤杨树林带和磊石山杨树林片，在栽植时，每6.67～13.3公顷的小班都预留防火带，并配备专业的护林人员。磊石山针阔混交林，实行封山育林。主要路旁防护林带划定责任区，由公路养护人员管护。

区农林局成立后，每年防火季节组织防火宣传，印发森林防火资料，到学校对学生进行森林防火知识宣传。2003年，区成立森林防火指挥部，并以区消防队、金堤林木公司为主体成立森林防火突击队，成员24人。在全区主要路口、森林防火重要地段，设置固定性森林防火宣传牌（碑）12块。1978～2011年，全境未发生一起森林火灾。

病虫防治　境内造林品种单一，以阔叶树种为主。森林病虫害防治的针对性树种主要是杨树、“三杉”等。松杉类害虫有松线虫、马尾松毛虫、松梢螟、杉梢卷叶蛾、皱鞘双条杉天牛、白蚁等；杨树食叶类害虫主要有杨扇舟蛾、杨小舟蛾、杨二尾舟蛾、杨黄卷中螟、刺蛾、金龟子等；刺吸类害虫主要有草履蚧、叶蝉等，螨类有红蜘蛛等；钻蛀类害虫主要有桑天牛、光肩星天牛、云斑天牛等；水杉类害虫主要有水杉尺蛾、螨、蚧等；樟树害虫主要有华南冠网蝽、蛾腊蝉、樟蚕、白蚁等；果树主要虫害有开牛、吉丁虫、蚜虫、叶甲、黑刺粉虱、蚧壳虫、有螨类、潜叶蛾、卷叶蛾、柑橘凤蝶、柑橘花蕾蛆、吸果夜蛾、桃蛀螟、李桔叶蛾等；苗圃害虫主要有非洲蝼蛄、油葫芦、蛴螬（金龟子幼虫）、三角地考虎、大地考虎、小地考虎等。成灾性虫害主要有天牛、杨扇蛾、杨小舟蛾、马尾松毛虫、水杉尺蛾、华南冠网蝽等。其中以天牛、鳞翅目害虫危害最大。天牛大面积危害杨柳科树种、杉木以及红檵木、大叶黄杨等多种园林绿化树种；鳞翅目害虫大面积危害杨树、垂柳、水杉、国外松以及多种园林绿化树种。

森林病害主要有杨树花叶病、烂皮病、溃疡病、锈病、烂根病；国外松枯俏病，“三杉”黄化病；果树病害主要有柑橘疮痂病、碳疽病、烟煤病、树脂病、脚腐病、葡萄霜霉病、黑痘病梨黑星病等。境内以杨树病害为主，主要在苗圃或杨树幼林期受花叶病毒、烂皮病等病害危害最大。

2001年，区堤防委员会金堤林木公司杨树发生大面积杨扇舟蛾、杨小舟蛾等食叶虫危害，受害面积67公顷，采用化学药物（杀虫双、滴百虫配汁）进行喷洒防治，控制了虫情。2006年始，凤凰山南北中马路两旁樟树发生白蚁危害，并延伸到其他树木和农作物，采用省林业厅森林病虫防治专家研制的白蚁防治专用药，进行全面投药防治。至2009年，蚁情得到全面控制。是年，凤凰乡凤凰村200余株杨树死亡，通过省林业厅森防专家现场勘察，取样化验，确认为杨树烂根病，采取病株砍伐，处理病材的办法，有效控制了病情扩展。

林木市场管理　1985年前，竹木原材料实行统购统销，经营以国营为主，区内竹木经营机构为农场供销贸易公司生资站，价格、计划、调配由农场计财科掌控。1985年始，南方集体林区取消木材统购，竹木市场放开，竹木购销随行就市，议购议销。1990年始，竹木个体经营陆续进入市场。1998年，行政区生资公司因体制改革退出竹木经营市场。股份合作制、个体所有制形式成为竹木经营与加工市场主体。股份合作制有屈原细木板厂、屈原六和木业有限公司，私营有屈原华中工艺品厂、湖南凯润家具制造有限公司等15家竹木经营和加工单位。

附　园林绿化和加工企业选介

岳阳屈原园林绿化工程公司　始建于1997年3月，直属管理区城建办，为城区绿化繁育花卉苗木基地。2000年改制成立股份公司。基地面积6.6公顷，有从业人员34人，其中高级园林工程师1人，园林工程师12人。经营项目主要是：繁育花卉苗木，承建绿化工程。年产值500万元以上，主要工程项目有正虹大道、省道307线的风景林工程。

湖南凯润家具制造有限公司　成立于2006年7月，属股份合作公司。有厂房18645平方米，从业人员82人，其中专业技术人员35人。主要经营、生产加工产品有细木板、木制工业品、家具等，年产值3000万元。

第三节　造林绿化

采种育苗　1978～1998年，全域苗圃面积保持在1.3～5.3公顷，产苗约40万～50万株。2000年后，苗圃面积6.7～13.3公顷，产苗60万～100万株。

境内乡土树种比较简单，主要树种有：苦楝、风杨、白杨、樟树等。70年代，陆续从外地引进树种，有花垣县香椿、河南西峡臭椿、安乡泡桐、会同良种杉木、湖北水杉。1981年，从君山农场引进池杉种子100公斤。1985年，从南县明山乡丰安坝引进意大利杨种苗。1987年，从南县华阁乡引进池杉小苗8万株，从湖北洪湖小港农场引进池杉种子1500公斤。1990年始，林农开始引种繁植，有中黔、中汉、南林黑杨等杨树系列，有池杉、水杉等“三杉”系列，有广玉兰、香樟、八月桂等绿化苗木系列。

2000年始，区林业工作站开始有计划地引进与推广培育树种。2002年，引进汨罗欧美107、108、111杨树系列品种，在金堤林木公司苗圃场繁育，育种面积4.7公顷，出苗25万余株；2006年，引进沅江县南抗杨树品种，在琴棋乡新堤村繁育，育种面积3.1公顷，出苗18万余株；2007年，引进苏柳J79、J85品种在河市镇、凤凰乡繁育，育种面积1.5公顷，出苗9万余株；2010年，引进省林科院湘林89杨树系列品种，在营田镇港南村繁育，育种面积3.4公顷，出苗18万余株。

人工造林　1978～1999年，造林方式多为集体开发和群众“四旁”植树。造林树种以杉、松、意大利杨为主。营造池杉、水杉107.7公顷，国外松12.1公顷，马尾松1.8公顷，意大利杨160.7公顷。当时主要造林地段位于沟渠、道路两侧、大堤外滩、小块农田。2000年始，全区组织实施多项国家造林工程项目，实行大面积造林。是年启动长江中下游防护林工程项目，造林553公顷；2003年，实施退耕还林工程项目，其中坡耕地造林200公顷，荒山荒地造林1027公顷；是年，岳阳纸业集团茂源造林公司在营田镇、河市镇租赁农田造林240公顷。2006年，实施林业血防工程项目，其中抑螺防病林造林1067公顷。与此同时，区级领导和区机关干部每年均参加义务植树活动。乡镇把义务植树工日作为上调义务工分到村、组、农户。区直单位开展花园式单位、园林式单位的创建和评选，促进城区和机关绿化建设。至2011年，义务造林总面积达2785.2公顷。

湖南海泰博农生物科技有限公司大棚苗圃　（宋政军2011年摄）

封山育林　磊石山海拔最高点88.9米，面积330公顷。2000年，长江中下游防护林建设工程项目实施过程中，区堤防委员会金堤林木公司对磊石山实施全封式育林办法取得较好效果。

退耕还林　2003年，退耕还林计划333.3公顷，其中退耕还林坡耕地造林133.3公顷，涉及凤凰乡3个村，面积80公顷，小班72个，农户343户；黄金乡4个村，面积80公顷，小班45个，农户233户。荒山荒地造林200公顷，涉及4个乡镇，小班49个，农户49户，完成年计划100%。并于2004年通过省级验收，2010年通过国家阶段性验收。8年累计兑现粮食补助240万公斤，生活补贴32万元，种苗补助25万元。

营田镇苗木基地　（宋政军2011年摄）

2005年，退耕还林计划200公顷，其中退耕还林坡耕地造林66.7公顷，涉及凤凰乡3个村，面积50公顷，小班67个，农户238户；黄金乡1个村，面积3.3公顷，小班1个，农户12户；营田镇2个村，面积13.3公顷，小班9个，农户58户。荒山荒地造林133.3公顷，涉及4个乡镇，小班27个，农户27户，完成年计划100%，2006年通过省级验收，累计兑现粮食补助120万公斤，生活补贴16万元，种苗补助15万元。

2000年，国家调整退耕还林政策，对坡耕地造林到期后续补贴8年，其中：50%用于退耕地乡、村，巩固退耕还林成果，50%继续直补到农户，其中粮补折价105元，生活补贴每亩20元。退耕还林大户造林者不继续享受后8年补贴，由林地所有者农户享受。

第四节　林业科技

林业科技推广　2000年，区农林局设立中心林业工作站和林业科技推广站，一套人马，两块牌子。乡镇林业站加挂林业科技推广站牌子。全区从事林业科技推广技术人员23人，选送到中南林科大、省林科院、省林勘院、省林业厅培训学习39人次。先后引进杨树系列欧美107杨、南抗杨、中黔、中汉杨、湘林89、J79、J85苏柳品种等进行繁育实验。引进湘林油茶品种、台湾桤木品种、国外松等树种进行栽培实验。湘林89杨树成为湖区造林的主要品种，国外松在丘岗地区成为造林主要品种，湘林油茶在凤凰乡富兴村种植成功。

林木测土配方　2010年，全省统一建立“林木测土配方”信息系统基础数据库，是年4～8月，对全区已有的林木小班土壤取样，进行土壤肥力测试，建立小班立地因子表，土壤肥料因子表。整理出辖区各母质母岩类型、土壤类型分布图，为植树造林提供科学依据。完成350个小班的立地因子、肥力因子的抽样核查。辖区林地主要立地因子，土壤类型有红壤、黄壤、潮土；土壤质地有沙壤土、黏土；母岩（母质）类型有冲击母质、第四纪红色黏土、板页岩等。主要肥力因子：土壤pH值在4.8～5.6之间；有机质、速效氮、速效磷、速效钾的含量都比较高。

第四章 养殖业

1980年实行农业生产承包责任制后，境内养殖业生产迅速发展，特别是生猪1981年出口3.32万头，占全省出口任务的7%，成为湖南省畜禽商品出口生产基地。1984年后，加大生猪良种引进和品种改良力度，推广猪高蛋白营养添加料饲养，促进了畜牧业大发展。1990年，畜牧水产公司出席全国农垦畜牧水产工作会议。1997年，实施百万头生猪工程建设，推行规模化、标准化、生态化养殖。至2011年，养殖业年产值达10.67亿元，占全区农业产业的65%，成为区域农业经济支柱产业。管理区先后被认定为湖南省出口活大猪基地、全国无公害农产品（生猪）示范基地农场、全国农垦现代化农业（生猪）示范区。

第一节 管理机构

1978年，农场成立多种经营科，主管畜牧水产工作。1984年，多种经营科更名为畜物水产公司。1994年，撤销畜牧水产公司，设立农业水电发展局，内设畜牧水产科。2000年，设立管理区农林畜牧水产局。2002年，单独成立区畜牧水产局，内设办公室、畜牧股、水产股、生猪保险办公室、财务室、饲料工业办公室，下辖动物卫生监管所、渔政管理站、兽药药政监察所、水产技术推广站、畜禽水产质量检测中心。

2009～2010年，区畜牧水产局先后被省畜牧水产局评为饲料管理先进单位、畜禽水产品质量安全先进单位、生猪家禽发展工作先进单位、综合管理先进单位；2011年，被省农业厅评为十佳畜牧水产局。

第二节 畜 禽

一、饲养

猪 1978年前，农场有专业畜牧队9个，生产队普遍建立畜牧小队，实行“集中繁殖、分户育肥、公有私养”的政策。1980年，允许私人养猪，集体养猪呈下降趋势。1983年，公养猪存栏3629头，私养猪存栏达26108头。1984年，公有猪舍折价归职工，私养形成风气，几乎家家有猪舍，栏栏有肥猪。1985年饲养量达100526头，出栏61054头，其中出口31605头，出栏创历史最好水平，实现农业人均出栏一头猪。1990年饲养量达105221头，出栏67713头。1996年饲养量达335131头，出栏248256头。此后，由于生猪价格连续上扬，饲料价格相对平稳，养猪效益好，生猪饲养量逐年上升。1997年，行政区党委、区管委会出台《关于大力发展生猪生产，推动农业产业化发展的若干规定》，启动生猪养殖百万头工程，用4年时间分步骤重点推进，逐年扩大规模，形成生猪生产优势。通过制定规划、政策引导、改良品种、强化服务，建立产、供、销一体化体系，实现生猪养殖较快发展。1999年，全区生猪饲养量达47.38万头，出栏34.61万头。2000年，区党委、区管委会制定《关于推进生猪产业化建设若干问题的决定》，建立“公司加农户”产业化发展模式，湖南正虹股份有限公司、伟业农牧发展有限公司等农业产业化龙头企业向养殖农户无息提供饲料、仔猪，帮助品种改良，统一实施防疫，公司保价收购肥猪。这一模式推广，促进了全区养猪业的大发展，由单纯农民养殖为主逐步转向社会各界人士涉足，除农民外，还有干部、教师、下岗职工、商业经营者等。全区养猪户达到1.8万户，占全区总户数的76.1%，至2008年，全区生猪饲养量达102万头，出栏78万头。

正虹标准化生猪养殖场　（宋政军2011年摄）

2009年，管理区党委、区管委会根据国家发展养殖业生产的指导意见，出台《关于发展生态养殖产业的若干规定》，以转变发展方式、提高综合生产能力、发展现代畜牧业为核心，按照高产、优质、高效、生态安全的发展要求，从畜禽良种、饲料配制、养殖设施、生产规范、防疫制度、粪污无害、企业管理等入手，发展规模化、标准化、生态化养殖。组织专家，联合正虹公司，市质监局，省、市畜牧部门共同制订规模化猪场的养殖、技术操作、日常管理等47个标准，并请湖南农大、北京标准化专家评审，通过在正虹3个猪场试用，反复修订后在全区147个规模猪场全面推广。通过标准化生产实施，改变传统养殖方式，形成规模化、集约化发展。2011年，全区生猪出栏50头以上的大户有3927户，为2000年养殖大户的2.2倍，其中出栏500头以上的大户有147户，出栏1000头以上的大户有60户，出栏10000头以上的大户有5户。全年生猪饲养量97.875万头，出栏肥猪69.88万头，比2000年增长74.69%，规模养殖户出栏占全区年出栏生猪总数的80.3%。

1978年前，境内生猪传统饲养方法基本上是以稻谷、统糠加青料，水瀹熟食。1978年始，推广发酵饲料，1981年，农场种猪场采用含粗蛋白中等水平的配合饲料，适当搭配青料，不限量喂食，肥猪日增重400克左右，料肉比为3.5∶1。1983年，从外贸引进泰国“800”和“311”高蛋白添加料，肥猪日增重500克以上，仔猪转群4个月可出栏，缩短2～4个月。1984年，由楼盛涛等与北京农大教授杨胜研制的“QF-001”猪高蛋白营养添加料，其效果相当于同类进口饲料，成本却降低50%。1986年，全面推广“QF-001”浓缩料加玉米、油糠自制混合料或配合料喂养，猪的生长速度和健康状况均有明显改变。为适应生猪大发展的需要，在七分场禾鸡山、河市镇、屈原糖厂、屈原加工厂新建4个饲料厂，生产高蛋白浓缩料。1990年，农场场部成立饲料研究所，研究乳猪料配方，经多点多次对比试验，“201”乳猪料获得成功并推广。1992年后，境内饲料工业发展迅速，各种营养饲料相继推出，丰富了生猪饲料品种。2007年，为促进生猪生产持续健康发展，根据国务院《关于促进生猪生产稳定市场供应的意见》和省政府《关于能繁母猪保险工作实施方案》的精神，建立能繁母猪保险与饲养补贴制度。至2011年，全区参加保险农户（场）1.36万多户，参保母猪15万多头次，参保率达98%，享受国家保险补贴700多万元。其中2007～2008年两个保险期内，因蓝耳病死亡母猪1783头，得到保险公司赔偿金额142.64万元，赔付率100%。能繁母猪饲养补贴每头100元，直补率达100%。

牛 1978～1999年，境内尽管机械化程度较高，但耕牛仍是主要役力，常年存栏3200～4600头，主要品种为滨湖水牛和黄牛，以家庭普养为主。其中，黄牛体型矮小，役力不强，只宜旱土耕作，主要分布在一分场、六分场、七分场、茶场。随着旱土机械化程度的提高，黄牛逐渐减少，至1988年，黄牛减少至154头。水牛体型高大，役力强，耐粗料，性情温和，体质健壮，抗病力强，两年一胎。70年代，农民对耕牛的保护很重视，常有一句口头语，“热天一口塘，冬天一间房”的防暑降温、防寒保暖的饲养方法。每年春天“出九”之前，习惯给牛喂一次祛风湿的表理药，如刺五甲、白鲜皮、山胡椒、鸡血藤、石菖蒲、花樟等，并禁风雨3天。春耕期间喂糯米甜酒，增强体质。90年代后，随着农场机械化程度的提高，役用牛的作用逐渐变小，至1999年，役牛减至3582头。2000年始，农民开展饲养肉牛和奶牛，主要分布在琴棋乡和河市镇，以大户圈养为主。至2007年，全区有肉牛和奶牛饲养大户6户，饲养量5436头，其中奶牛62头，常年产奶18吨；肉牛出栏450头，品种有鲁西黄牛、杂交黄牛、西门塔尔、夏洛米等，以自繁自养为主。2007年，由郑湘正、胡召良等8人发起，正超牧业、召良牛业、国虹牛业、富源科技、黄金兽药店等参与组建屈原肉牛养殖专业合作社，共有会员300人，养殖大户254户，有肉牛2680头，下设6个分社，1个饲料生产基地，种植牧草133.3公顷，1个牛冷配人工授精站，1个疾病预防中心。通过大户带动，2011年全区牛饲养量达6700头。

羊 境内养羊从1996年开始，以大户养殖为主，分布于河市镇、琴棋乡等地，品种为黑山羊，是年存栏1312只，通过自繁、自养、自销，至2011年，存栏5850只。

湘原家禽养殖场 （宋政军2011年摄）

鸡 境内居民历来有养鸡的习惯，一户少则几羽，多则几十羽，鸡蛋以自食为主，多余上市换取钱物或馈赠亲友。1978年，饲养量4万羽。1979年，允许发展家庭副业，家庭养鸡发展较快，至1984年，饲养量14.45万羽。1985年，出现养鸡专业户，主要品种多为地方杂色鸡，其次为罗斯鸡、新布罗鸡、三黄肉鸡、伊莎雪佛黑蛋鸡等品种。通过大户带动，2011年，全区饲养量达43.78万羽，年产蛋品1095吨。其中养鸡专业场（户）15个，年饲养量占全区饲养量的48%。

鸭 境内蛋鸭品种主要是洞庭麻鸭。1978～1982年，以队为单位集体饲养，年饲养量12.6万羽。1983年养鸭承包到户，随着粮食价格上扬，蛋鸭饲养量急剧减少。至1988年，存笼鸭26796羽，年产蛋67吨，出口鲜蛋28吨，盐蛋10万枚。1989年后，因分田到户，田间管理得到加强，农药及除草剂的广泛使用，鸭子食场大量减少，饲养方式由放养改为圈养。2002年，琴棋乡磊石村徐哲投资55万元，建鸭舍1300平方米，自制5台孵化设备，养种鸭2000羽，年产蛋6吨，孵化鸭子12万羽，年获利54万元。至2011年，全区存笼鸭18万羽，年产蛋品655吨。

鹅 境内养鹅业一直以零散家庭养殖为主。2010年，区管委会出台文件，鼓励发展节粮型草食动物，境内养牛大户兴起在牛场圈养灰鹅，全区发展灰鹅8万羽。2011年发展至8.2090万羽。

二、品种改良

70年代，农场开始有计划、有步骤地进行牲畜品种改良工作，主要以生猪品种改良为重点。1979年，建立农场种猪场、七分场养猪中心、八分场建材厂养猪中心良种猪繁育基地。1980年，引进杜洛克、汉普夏种猪。1986年，农场向农牧渔业部申报“生猪品种改良项目”获得批准，新增良种母猪1010头，良种公猪30头。1988年，普及长白与大约克夏杂交良种猪，全场存栏良种母猪3013头、公猪63头。1991～1994年，由于畜牧体制机制原因，重视生产流通，忽视生猪品改，品种改良工作步入低谷。1995年，行政区管委会开始重视生猪品改，以正虹公司产业化龙头企业为主体，建立现代化种猪场，配套建设高标准公猪人工授精站，从丹麦引进世界一流瘦肉型原种猪分别组成核心群进行繁殖；从北京、湖北、浙江等地引进英系大白猪，年提供优质祖代、父母代种猪3万头。为推进境内生猪品种改良，区管委会出台一系列鼓励养殖发展良种猪政策，明确引进纯种母猪，由财政每头补贴300元，杂交母猪每头补贴100元，杜洛克公猪每头补贴200元，纯种长白公猪每头补贴400元。至2011年，全区良种母猪存栏3.55万头，生猪人工授精或直配覆盖率100%；生猪出栏良种率100%。

三、养殖基地

正虹原种猪场 正虹原种猪场是启动境内“百万头生猪工程”的先导工程，由正虹公司投资1.2亿元、北京养猪育种中心指导设计、省畜牧水产局专家参与建设的现代工厂化养猪场，它由核心场、禾鸡山种猪场、凤凰山种猪场等3个猪场组成，占地38.7公顷，从1997年7月至2005年年底分批建成投产。场内安装专线磁卡电话、电视监控系统和电脑管理系统；建立高标准公猪人工授精站，每年可提供6万头份公猪精液；设有疫病诊断室，引进美国奥斯本性能测定系统，GBS软件用于种猪性能测定和遗传评估。在品种改良上投资250万元，从丹麦引进世界一流的瘦肉型原种猪110头，其中长白35头、大白55头、杜洛克20头，分别组成核心群繁殖。投资200万元，从北京、湖北、浙江等地引进英系大白猪800头，繁殖长大杂种猪。通过数年繁殖，至2011年，存栏纯种大白、长白、杜洛克基础母猪5000头，年生产提供优质祖代、父母代种猪3万头，瘦肉型商品猪6万头，累计向社会提供优质种猪15万余头，是湖南省规模最大专业从事猪种遗传改良三大种猪育种公司之一。

生猪精品养殖园 养殖园坐落在凤凰乡凤凰村，规划圈地2平方公里，按照“工厂化养殖、市场化运作、一体化防疫、优良化品种、生态化小区”的原则建设。2005年，正虹集团投资3600万元，在园区内新建凤凰山种猪场，占地10.87公顷，建标准化栏舍23栋，建筑面积20000多平方米，存栏母猪2200多头，年出栏种猪及仔猪4万头，采取“供应良种仔猪，投放全价饲料，提供技术服务和保价收购”的运作模式，带动30个基地养殖场（户）年出栏优质肥猪15万头。

岳阳美神种猪合作有限公司 该公司坐落在凤凰山生猪精品养殖园，属股份制养殖基地，前身为凤凰山原种猪扩繁场。2009年兴建，占地4.53公顷。2011年3月，引进合作伙伴株洲“唐人神”集团美神育种有限公司，总投资1200万元，其中“唐人神”集团公司占股51%。是年4月，从“唐人神”引进美国优质长白、大约、杜洛克900头，使存栏母猪达1400头，年繁殖二元母猪12000头，销售仔猪12000头。

河市镇三星养殖场 该场坐落在河市镇三星村，属民营股份制养殖场。占地3.47公顷，建筑面积7000平方米。2006年兴建，至2011年，有存栏母猪500头，常年出栏肥猪10000头。生产流程采用先进的全程健康环保养殖模式，主要设施有2个大型沼气池1000立方米，配套发电机组40千瓦时。猪舍有限位栏、高位产床、保育床及水帘降温系统、锅炉加温系统；配套设施有饲料厂、人工授精室、兽医诊断室、无害化处理系统、全程闭路电视监控系统。为一家规模化、标准化、信息化程度较高的生态养殖场。

湘原家禽养殖场 该场位于黄金乡狮子山，2008年6月兴建，总投资220万元，占地5336平方米，建筑面积4000平方米，属民营养殖基地。配有种鸡生产、饲料加工、孵化车间、种蛋保管室、消毒室、诊断室、药房及办公生活区、绿化区等。2008年9月从“四川民生禽业”引进12000套伊莎雪佛黑父母代鸡，整个鸡场采用封闭式管理，纵向通风、水帘降温、自动清粪、自动饮水、自由采食、自动光照的生产工艺，用电脑控制箱体孵化设备。从卫生防疫、免疫程序、疾病诊断、饲养员岗位责任制等，有一套完善的操作规程和管理制度。鸡场年销售鸡苗60万羽、商品蛋6万公斤。2009年，鸡场获得农业部颁发的全国无公害农产品证书。

1978～2011年屈原管理区（农场）畜牧业生产情况

表13-4　　单位：头、羽、吨

年度	生猪				家禽		耕牛存栏（包括肉牛）	山羊存栏	奶牛	
	存栏	其中母猪存栏	出栏	发展	发展	产蛋			头	产量
1978	45136	4120	39132	84268	183705	551	3339	/	/	/
1979	48226	3977	35718	83944	194500	486	3496	/	/	/
1980	47316	3856	34757	79575	202295	505	3578	/	/	/
1981	39785	2734	32098	68346	217172	543	3348	/	/	/
1982	20793	1925	31793	59108	234911	587	3309	/	/	/
1983	29737	1727	32094	61831	204410	511	3249	/	/	/
1984	29737	1081	49088	78825	194415	486	3330	/	/	/
1985	44202	2394	61054	100526	180515	451	3629	/	/	/
1986	32993	1886	58603	91596	172088	430	3868	/	/	/
1987	33824	2616	56520	90344	169729	424	3963	/	/	/
1988	36352	2453	59783	96135	175589	439	4160	/	/	/
1989	35568	2708	54311	89879	173358	433	4307	51	/	/
1990	37508	3221	67713	105221	165297	413	4310	/	/	/
1991	40419	3170	66502	106921	169884	425	4417	/	/	/
1992	40900	3900	73700	114600	168019	420	4400	/	/	/
1993	42200	4600	88600	130800	177419	444	4300	/	/	/
1994	74900	7000	162900	237800	200585	501	4600	/	/	/

续表

年度	生猪				家禽		耕牛存栏（包括肉牛）	山羊存栏	奶牛	
	存栏	其中母猪存栏	出栏	发展	发展	产蛋			头	产量
1995	75907	7868	200700	276607	223670	559	4581	/	/	/
1996	86875	8182	248256	335131	204278	512	4633	1312	/	/
1997	151000	12000	299000	450000	265897	665	4400	1500	/	/
1998	120950	17207	351300	472250	311419	779	4395	1779	/	/
1999	127700	17137	346100	473800	367798	920	3582	600	/	/
2000	150000	20137	400000	550000	403845	1009	3400	800	/	/
2001	242210	24236	480100	722310	527743	1319	3291	1143	30	80
2002	216123	25989	550137	766260	531252	1328	3009	1729	70	210
2003	249739	27904	588346	838000	566975	1417	3289	2244	70	200
2004	261601	29671	627188	888790	617895	1545	3720	2434	110	251
2005	266430	29261	672310	938740	632889	1632	4939	3503	130	300
2006	247860	27674	691010	938870	631566	1579	4600	4800	60	150
2007	234990	32798	745490	980400	676610	1692	5374	4600	62	150
2008	240000	33500	780000	1020000	675306	1638	5680	5600	96	250
2009	230000	34000	465000	695000	685527	1714	6650	5500	/	/
2010	245000	34000	530000	775000	679985	1710	6250	5000	/	/
2011	280000	35500	698750	978750	699890	1750	6700	5850	/	/

第三节　水　产

一、资源

水面　境内水域资源丰富，有外江、外湖、湖泊、哑河、渔池等，且水质属富营养型，加上水底污泥深，有机质含氮量在2%~2.5%，河湖沿岸因肥水流入，水利引排灌配套，溶氧充足，为发展水产品提供了先天条件。1978~2003年，水域面积常年稳定在795~1400公顷，主要分布在荞麦湖、古湖、平江河、河市河、黄金河、灰滩河以及零星塘坝。其中精养渔池94~210公顷。2004年，退田还湖733.3公顷，养殖水面扩大到1943公顷。2005年，区党委、区管委会鼓励发展高效渔业，全区养殖水面达1962公顷，其中精养渔池1056公顷，占养殖水面的53.8%。

鱼类　境内常见鱼类有12目22科97种。主要鱼种有青、草、鲢、鳙、鲤、鲫、鳊、鲌、鲶、鲂、鳜、细鳞斜颌鲴、黄尾密鲴、银鲴、太湖短吻银鱼、翘嘴红、长颌鲚、短颈鲚、黄颡鱼、青虾、螯虾等。特种水产有黄鳝、泥鳅、乌鳢、龟、鳖、牛蛙等。另有国家一级保护动物中华鲟、国家二级保护动物江豚在所辖湘江和洞庭湖水域均有发现。2003年，建材公司渔民在所辖湘江推山咀地段水域捕获一条中华鲟，在渔政部门配合下放回湘江。

水生植物 境内水生植物有5类、61种，其中藻类8种，主要有蓝藻、轮藻、绿藻等；挺水植物20种，主要有荸荠、芦苇、水芹等；浮叶植物8种，主要有莲、菱、芡实等；沉水植物16种，主要有苦草、茨藻等；漂浮植物9种，主要有浮萍、大漂等。90年代后，由于草鱼和河蟹养殖增加，水生植物种类和数量逐年减少。

二、渔业生产

捕捞 境内临江伴湖，天然捕捞历史悠久。70年代后，分场相继成立专业水产队。外河捕捞只有推山咀捕捞队和三分场水产队，有劳力200多人，20～30吨风帆船14只，小业汼船70只，年捕捞仅200多吨。1980年始，因湖场缩小，鱼类资源衰减，且木材桐油奇缺，捕捞工具得不到及时修缮，加之捕捞人员青黄不接，导致捕捞产量越来越少。1982年，仅捕捞鲜鱼76.22吨，占全场年上水鲜鱼的15%。随后大部分渔民转捕为养。至2011年年底，仅存渔民87户，绝大部分上岸定居，从事农业、畜牧、水产生产。

人工养殖 1978年前，垸内养殖大水面按区域划分管理，确定专人养殖，推广大规格鱼种（每尾50克），以鲢、鳙为主，搭配青、草、鲤，每亩产量20公斤。1978年，总场调整农业结构，把以鱼为主的水产业提到重要位置，重视改进养殖方法，提倡科学养鱼，根据鱼类食性与习性，改单一品种为多品种混养，是年，成鱼产量每亩提高到35公斤。1979年，在养殖场推广池塘精养，26.7公顷精养渔池，每公顷产量突破3000公斤。80年代，养鱼贯彻“水、种、饵、密、混、轮、防、管”八字方针，扩大精养池，实行轮捕轮放，多品种立体混养，下大规格鱼种，增加粗鳞鱼比例，推广应用化肥养鱼、种草养鱼，菜饼、糠饼、稻谷、玉米、配合饲料等养鱼亦得到推广。同时，推广稻田养鱼和莲田养鱼试点。1987年，全场成鱼放养1185公顷，单产达948公斤。大水面养殖亦获高产，平江河段55公顷水面，产鲜鱼8250公斤，单产突破1125公斤。五分场一队陈善初0.67公顷稻田产稻谷3750公斤，产鱼750公斤；四分场莲鱼队50公顷莲田养鱼，上水鲜鱼2万公斤，稻田和莲田养鱼试验成功。1988年，农场场部组织各分场主管领导及水产专干赴株洲参观学习网箱养鱼，在三分场水产队平江河段试放网箱27个，面积0.075公顷，其中成鱼箱0.02公顷，产成鱼3500公斤；种鱼箱0.055公

渔家乐 （刘昔根1999年摄）

顷，产鱼种3.25万尾。90年代，随着养殖新技术的推广，新品种的引进，渔饲料广泛应用，投饵机、增氧机、抽水泵等渔业机械的使用，养殖产量大幅提高。1994年，全场养殖面积1448公顷，产上水鲜鱼3350吨，单产2451公斤。1995～1998年，自然灾害频发，水产业遭受损失，加之国家银根紧缩及农产品价格下跌，鲜鱼积压严重，水产业结构调整成为工作重点。通过改主养成鱼为专池育种；改以细鳞鱼为主的养殖为70：30的模式，增加粗鳞鱼比例；改主养常规鱼为名优鱼主养，实行以鲢养鲶；改单一养殖为复合生态养殖；改靠群体增产为个体增产，提高起水规格；改春放冬捕为反季节生产等综合增产措施，使水面养殖产量和效益明显提高。2000年，完成水产品产量4500吨。2001～2011年，加大结构调整力度，发展各种高效渔业，养殖生产朝规范化、无公害化方向发展，池塘集约化程度提高。通过建立种养结合、常规品种与特种养殖结合，以及生态开发和“三机一料”（即增氧机、投饵机、挖泥机，配合饲料）养殖模式的推广，养殖业效益成倍增长，池塘亩产过吨，大水面养殖成效显著。

苗种生产　1978年，全场有鱼苗孵化点4个，年孵化鱼苗3000万尾，实现自给有余。1981年，农场养殖场和屈原镇水产队首破青鱼人工繁殖关，是年孵苗80万尾。1987年，黄尾密鲴在养殖场孵化成功。1988年，境内有孵化环道11个，产卵池8个，仪器1套，鱼种池99.2公顷，每年可产鱼苗6700多万尾，培育大鱼种400多万尾，不但满足本地需要，还可销往外地。

2011年，由区畜牧水产局投资300多万元，在营田镇余家坪村建立玉湖水产良种场，占地7公顷，其中养殖水面5公顷，有孵化环道4个，孵化槽8个，温室大棚400平方米，特种水产孵化池10个，以及配套的苗种池、亲鱼池、成鱼池等。有四大家鱼亲本120组，特种水产亲本600组，年可孵化四大家鱼数千万尾，特种水产苗1000万尾。主要向全区供应水产常规苗及特种水产苗种，包括四大家鱼、杂交鲫鱼、大口鲶、乌鳢、泥鳅等。2011年，营田镇玉湖村梁树祥与湘阴东湖鱼场合作，在2.77公顷渔池中引进亲本200公斤，采用自然授精与人工授精相结合，生产工程鲫苗子800万尾，向全区推广。

1978～2011年屈原管理区（农场）渔业生产情况

表13-5　　单位：公顷、吨

年度	水产养殖面积	其中：精养渔池	水产品产量
1978	795	98	502.9
1979	856	101	471.5
1980	899	105	480.3
1981	980	110	495.2
1982	1010	130	508.1
1983	1131.6	142	576.3
1984	1099.6	142	619.3
1985	1194.3	176.4	785.5
1986	1272.9	165.2	1050
1987	1185	196.4	1124
1988	1185	196.4	1503

续表

年度	水产养殖面积	其中：精养渔池	水产品产量
1989	1185	196.4	2007
1990	1314	206.7	2365
1991	1293.7	192.7	3000
1992	1291	200	3100
1993	1360	200	2949
1994	1448	206.7	3350
1995	1448	206	3549
1996	1131	206	3684
1997	1131	206	4000
1998	1704	200	4056
1999	1330	200	4500
2000	1330	200	4500
2001	1400	206	5339
2002	1400	210	5515
2003	1400	210	6000
2004	1943	200	7425
2005	1962	1056	7956
2006	2016	1056	8105
2007	2100	1056	8800
2008	2100	1056	9600
2009	2100	1056	10800
2010	2100	1056	7500
2011	2100	1056	7300

第四节　特种养殖

一、畜禽类特种养殖

鸽　境内过来没有养鸽习惯，2000年后，随着人们生活水平的提高，对畜禽品种的需求越来越多，带动少数农户养殖肉鸽。2010年，营田镇义南村胡旺芬投资14万元，建鸽舍300平方米，购进种鸽500对，通过一年的繁殖，种鸽达1000对，每月出售肉鸽1100羽。

豪猪　豪猪是境内近年兴起的特种养殖品种。豪猪是一种野生动物，驯化后饲养的豪猪肉是高档宾馆、酒店的佳品菜肴，它的刺是工艺品原料，省内养殖极少。2011年，河市镇和平村黄峰投资20余万元，建豪猪舍160平方米，从湖北省赤壁市引进种猪52头，一年2胎，每胎1～4头。以玉米为主食，辅以青料，当年年底产仔30头。

蜜蜂　90年代始，营田镇水泥厂职工郭跃进等5户养殖蜜蜂200箱，主要品种为中华蜜蜂，放养于凤凰乡、营田镇、河市镇一带，每箱产蜜20公斤，年均产蜜达400公斤。

狗　境内养狗基本上是农村散养，主要是看家护院，自然发展。1978～1995年，全场存栏量一直在2000只左右。1996年后，狗肉逐渐被人们作为肉类食品消费，消耗量逐渐增加，但是家犬的发展导致野犬增多，狂犬病发病率上升，给人们身体健康带来危害，被限制发展。2000年后，家养庞物狗的居民开始增多，至2011年，全区存栏量为3600只。

二、名优水产养殖

珍珠　1978～1983年，一分场、河市镇、七分场水产队从汨罗渔场学习育珠技术，养育河蚌1万个，首批育珠养殖成功。但育珠技术未过关，珠粒质量不佳，粒小、色差。后改吊育珠，养蚌3万个，未获成功。1987年，四分场职工蔡祖同与浙江省温岑县江洋乡联营育珠，养殖面积33.3公顷，插片河蚌8万个，收珠210公斤。后因市场价格下跌而停产。

荞麦湖珍珠养殖基地　（宋政军2011年摄）

2005年，引进客商利用荞麦湖建立湖南普利农业科技综合开发公司，注册资本3000万元。公司有员工320人，其中管理人员16人，专业技术人员28人。主要从事特种水产和特种珍珠养殖。公司第一期工程投资1.2亿元，建有高标准渔塘64口，共733.3公顷，吊养特种珍珠蚌1100万只。至2009年，产珍珠12吨。有4项珍珠养殖技术获国家专利，其中直径12毫米以上的有核珍珠、20毫米以上稀有珍珠、1.5毫米以上微型珍珠养殖技术，在国内、国际处于领先地位，大直径有核珍珠填补国际市场空白。工艺流程主要是利用猪禽粪通过生物发酵技术生产复合肥进行水产养殖，解决了传统珍珠养殖污染水环境的一大难题，水质经国家渔业环境检测中心检测全部合格，池水全部达到国家养殖用水排放标准。2010年，增加投资4000万元，新建珍珠加工厂，年加工珍珠能力50吨。2009年，被农业部授予水产健康养殖示范场；2010年，获农业部颁发的无公害农产品证书，认证鲜鱼6000吨，被市政府授予农业产业化龙头企业。

鳝鱼、泥鳅、田螺　境内水田多，水面大，沟渠纵横，淤泥深，适合鳝鱼、泥鳅、田螺自生繁衍。70年代，外贸在境内收购鳝鱼、泥鳅、田螺，年均收购量约150吨。1980～2004年，田间因广泛使用化肥农药，鳝鱼、泥鳅、田螺生态环境受到破坏，产量越来越少。2005年，开始利用网箱养殖鳝鱼、泥鳅。

其中玉湖渔场养殖鳝鱼200箱、泥鳅200箱；琴棋乡产调公司职工闵迎宾等4户合养鳝鱼400箱。每箱产量30～40公斤，收入300～600元。2009年，玉湖鱼场引进技术进行泥鳅人工繁殖，在省内首次获得成功。琴棋乡产调公司黄建波利用人工繁殖技术，大胆尝试泥鳅养殖，投资20多万元，建成鳅池0.73公顷、孵化及幼苗池0.267公顷，养秋种1000多公斤，产泥鳅3800公斤。2010年孵苗400万尾，2011年孵苗800多万尾，获纯利10万多元。

2001年，琴棋乡产调公司引进南美螺2000个，是年产幼螺30多万个，养殖面积0.67公顷，因销路问题而停产。

鳖 境内养鳖是2005年发展起来的零星养殖，全区有小型养殖户30多户，主要是鱼鳖混养，每年产鳖1000多公斤。2006年，黄金乡金塘村村民杨佑明投资52万元，改造和新建池2.67公顷，进种鳖1800只。2008年又购进幼鳖1万多只，通过人工繁殖，至2011年，年出售幼鳖2万只，成鳖2万只，收入30多万元。

牛蛙 境内养殖牛蛙主要品种为古巴牛蛙。1986年，屈原镇九队一职工繁殖成功，因市场疲软，养殖成本高，没有大量发展。1993年，河市镇和平村黄峰，投资3万元，建成牛蛙养殖池0.67公顷开始养殖牛蛙，至1997年，每年产牛蛙10吨以上，后因牛蛙死亡严重，加之市场销售价格下跌而放弃养殖。

水貂 1978～1982年，养殖场先后从山东、河北、衡阳、上海等地引进美洲黑褐色标准水貂种375只，进行自繁自养。1985年始，连续三年名列全省五大貂场之首，成为湖南省重要的貂皮出口基地。至1988年，共出口貂皮6074张，创外汇14万美元，支援外地种貂722只，繁殖幼貂8500多只。1989年后，因经济效益急剧下滑，于1990年终止水貂养殖。

水蚯蚓（红虫） 因其含大量氨基酸和苷酸，是一切肉食性鱼类最理想的饵料。2007年，正原生态渔业科技有限公司投资144万元，在营田镇千秋村租地4.13公顷，采用无水田间猪粪养殖水蚯蚓，亩产达3000公斤，纯利润4000多元。2009年，因产品销售问题而停产。

河蟹 1978年始，境内河滩、湖洲有河蟹分布，属自然发展，但个体小，品种劣。1987年，养殖场从市水科所引进河蟹苗3万只，成活率达81.5%，后因管理难度大，没有大量发展。2000年3月，琴棋乡水产队利用平江河40公顷天然水域，引进上海客商投资100万元，实行鱼、蟹混养，河蟹成活率达60%，回捕30%，个体重量达0.1公斤，总产2.7吨。

龙虾 90年代前，境内没有龙虾品种。1990年后，随着外河引水而带入。主要分布在哑河、湖泊、沟渠、池塘中，极为广泛，主食腐烂动物尸体、水生植物嫩叶尖、水草、糠、麦麸，食性杂，生长快，繁殖力强，一年性成熟，在池间打洞越冬，属于野生生长。农户常用虾笼诱捕，市场销售价格较好。2008年，营田镇水产队郑阳春养殖0.067公顷，投放幼虾400公斤，因争食力强，大吃小厉害，年仅收获400多公斤。龙虾在鱼苗养殖中是敌害，但难以全部清除。

第五节　疫病防治

一、机构及队伍

1978年1月，农场兽药站更名为畜牧防治站，建有制苗室、药械库、小动物饲养室、诊断室。1980年，各分场成立家畜防治站，生产队设立畜牧防疫员，是年，组织技术培训300多人次，初步形成总场、分场、生产队三级畜禽防治网。1985年，更名为家畜家禽防疫检疫站。至1988年，全场有畜牧技术员68人，其中高级兽医师1人，畜牧兽医师12人，助理兽医师8人，技术员47人，生产队畜牧防疫员90人。

2000年，区家畜家禽防疫检疫站更名为区动物防疫监督站，同时，设立水产技术推广站。2011年，区动物防疫监督站更名为区动物卫生监督所（加挂区动物疫病预防控制中心），在编人员18人，各乡镇专职兽医水产技术人员3人，每个村配备防疫员1人。全区三级防疫技术人员达40人，其中高级职称1人、中级职称15人。

二、疫病

猪疫病　常发生的猪疫病有猪瘟、猪肺疫、高致病性蓝耳病、仔猪副伤寒、流行性感冒、传染性腹泻、猪喘气病、仔猪白痢、猪水肿病、猪口蹄疫、猪姜片虫、猪肺丝虫、猪蛔虫病等，危害最大的是蓝耳疫情、口蹄疫、猪瘟。2006年8月，5个乡镇、41个村发生猪蓝耳病疫情，35470头生猪发病，死亡12397头，死亡率达34.95%。1997～2001年，因区外仔猪盲目流入境内，造成口蹄疫在部分乡镇流行，生猪发病率达40%，死亡率10%，通过有效控制，疫情得以控制。

牛羊疫病　常见的有口蹄疫、牛坏死杆菌病、牛出败、牛蛔虫病、牛羊血吸虫病、牛肝片虫病以及农药中毒、黄曲霉中毒、霉稻草引起的牛烂脚病、牛瘤胃鼓气、瘤胃积食、牛营养性衰竭、肠胃炎、直肠脱、重瓣胃阻塞、支气管炎、胸膜肺炎等。危害较大的是口蹄疫、耕牛血吸虫病、牛瘤胃鼓气。1978～1989年，因耕牛主要分散饲养，常发生因过量食吃青嫩鲜草出现胃鼓气死亡或感染血吸虫病，其牛瘤胃鼓气死亡率达1%～3%左右，血吸虫感染率高峰期达4.1%。

禽病　家禽病常见的有鸡新城疫、禽霍乱、鸡法氏囊病、鸡白痢、禽流感、球虫病、鸭大肠杆菌病、曲霉菌病、鸭瘟等。其中鸡新城疫、禽霍乱、禽流感危害最大，每年在境内呈散发型流行，导致鸡、鸭等死亡。

鱼病　境内鱼病常见的有小瓜虫、车轮虫、指环虫、白头白咀病、锚头蚤、水霉、大中华蚤、烂鳃、赤皮、肠炎、出血病等。其中，赤皮、肠炎、烂鳃、细菌性败血症在精养渔塘中常有发生，且死亡率高，危害最严重。

三、防治

70年代，对畜禽疫病仅为被动治疗，且多用中草药，如稀益草、海蚌含珠、马齿苋、夏枯草、苍耳子、野菊花、车前草、曼陀罗、马鞭草、灯心草、半枝莲、益母草、黎头草、鹅不食、大青叶、水菖蒲、金银花、香附子、红辣蓼、何首乌、土大黄、艾叶、藿香、扁蓄、茅根、紫苏、薄荷、积雪草、八棱麻等煎剂治疗。1978年后，畜禽防疫以猪瘟、猪肺疫、猪丹毒、仔猪副伤寒、5号病、鸡瘟等病为主要对象。每年春秋两季，畜牧部门组织各兽医站人员进入养殖场和养殖农户对畜禽进行2次常规免疫接种。各专业养殖户由畜牧部门指导，根据所养畜禽种类进行程序免疫。1983年，开始使用口蹄疫灭能菌，每年注射牲畜2万多头。至1996年，生猪防疫注射率达98%，牛防疫率达90%以上，家禽注射率达65%，畜禽死亡率得到有效控制，其中猪控制在3%以下、牛控制在1%以下、鸭控制在10%以下、鸡控制在20%以下，连续12年，全域没有发生大的疫情。

1997年后，实施“生猪百万头工程”，生猪饲养量迅猛增长，给防疫工作提出更高要求。区畜牧水产局防检站加强对防疫工作的领导，强化防疫员工作职责。每年春、秋防疫注射前由区畜牧水产局下达《关于做好春、秋防疫工作的通知》，提出具体工作任务和要求，组织规模养殖户和防疫员集中学习培训，实行全区统一免疫，规定在3月底前完成春防，11月中旬完成秋防，做到“应免即免，不留空档”。同时建立免疫档案和防疫台账，生猪全部加挂耳标，做到每头猪都有一个单独流水号码，可追朔到每个养殖户。春、秋集中防疫完成后，由区动物防疫站检查验收。至2011年，猪瘟、高致病性蓝耳病、禽流感、口蹄疫四大传染病的防疫密度达到100%，猪丹毒、猪肺疫、仔猪副伤寒、牛羊口蹄疫、鸡新城疫等传染病的防疫密度达到90%以上。

鱼病主要以赤皮、肠炎、烂鳃、细菌性败血症为重点防治对象。每年1～2月，由区畜牧水产局组织水产技术员深入养殖农户指导。常规性鱼病防治，采取晒池去污、石灰清塘、盐水消毒控制鱼病发生。

四、检疫

境内畜禽检疫工作起步于60年代，当时主要对出口畜禽进行检疫。1985年开始市场白肉检疫。90年代后，畜禽检疫工作逐步走上正轨。1997年，营田镇中心城区建立定点屠宰场，实行统一检疫，并在进入行政区主要通道口省道307线翁家港和县道汨营路狮子山，分别设立检疫消毒站，对进出生猪进行检疫消毒。2003年，随着正虹海源绿色食品有限公司100万头生猪及肉食品加工项目投产，检疫工作难度加大。区动物卫生监督站在该企业设立检疫监督室，有专职检疫员4人，规定所有进出厂车辆必须消毒，所有进厂生猪必须有耳标和免疫注射证，严格“宰前检疫”。对产品做好“宰后检疫”如药物残留检测、“莱克多巴胺”“盐酸克伦特多”“磺胺”“沙丁胺醇”“pH”等，对微生物、菌落总数、大肠杆菌等进行检测，合格产品开出合格证，允许出厂上市销售。在做好重点单位检疫的同时，加强畜禽市场检疫，检疫主要对象由活禽活畜延伸至畜禽产品，包括其屠宰后的肢体、毛皮、内脏，检疫猪丹毒、猪肺疫、仔猪副伤寒、猪囊虫、旋毛虫、猪喘气病、半出血性败血症、牛气肿疽、狂犬病、鸡新城疫、鸭瘟、禽霍乱等疾病。1998～2011年，每年生猪检疫40万～60万头，肉狗1000～1300只，家禽10万～20万羽。无害化处理病、残、次猪710头，销毁病猪肉450公斤、肉狗100只、病禽2万多羽。通过严格的“运输检疫”“仔猪交易市场检疫”“宰前宰后检疫”“市场肉食品检疫”，有效控制疫情传播和扩散，降低畜禽发病率和死亡率，境内没有发生大的疫情。

五、安全监管

2008年，区畜牧水产局成立畜禽水产品检测中心，与药政饲料监督合并办公，下设6个乡级监督站、71名畜禽水产品质量安全信息员。投入资金200多万元，加强畜禽水产品、饲料等投入品检测设施建设，添置了液相色普仪等检测设备。主要开展畜禽水产品、饲料、兽药等投入品市场检查、检测。每年由区畜牧水产局负责与饲料生产企业、兽药经营站，畜禽、水产规模养殖大户签订产品安全生产责任状和质量保证承诺书，并实行年审制度，构筑养殖投入品安全第一道防线。定期或不定期开展检查检测，重点查禁饲料生产非法使用“瘦肉精”“莱克多巴胺”“蛋白精”“三聚氰胺”，兽药中使用“孔雀石绿”“呋喃唑酮”“氯霉素”“奎乙醇”等违禁药品。2008～2011年，查获假劣针剂201盒、粉剂25包。连续8年对1000多个饲料样品进行检测，合格率均达99%以上。

第六节　渔　政

2007年，管理区成立渔政站，隶区畜牧水产局，主要协助市渔政部门管理区域捕捞渔民的船舶登记、检验工作，负责渔业法律法规、安全生产及禁渔期的安全工作。

禁渔工作　禁渔分冬季、春季两种。冬季禁渔是秋禁冬开，每年10月开始，12月结束，俗称“禁潭”。春季禁渔时间为每年4月1日至6月30日，春禁范围主要是湘江河段天然水域。禁渔期内，“江中无渔船、岸边无网具、市场无湖鱼”和“人上岸、证集中、船进港、网入库”。2008～2011年，禁渔期间，出动宣传车3次，张贴标语500多条，发放宣传资料2000多份，协助汨罗市渔政站开展清湖活动9次。

渔民解困　2009年始，实施渔民解困实事工程。至2011年，全区专业捕捞渔民87户，有15户“连家船”和危房户获得补助，每户1万～2万元，共23万元。禁渔期间，每户渔民获得300元最低生活补助。患血吸虫病渔民纳入免费治疗，其中，纳入城镇医保10人，帮助转产6户，捕捞渔民专项柴油补贴按标准打卡发放。

第五章　水　利

1978年，农场成立水建科，主管水利工作。1984年10月更名为水电科。1988年，撤销水电科成立水电服务公司。1994年8月，设立行政区农业水电发展局。2000年12月，单独成立管理区水电局。2002年3月，水利与电力分设，成立区水利局，为区管委会组阁局。至2011年，区水利局内设职能股室5个，辖二级事业单位5个，有干部职工212人，其中局机关28人。1997年获省水利建设“芙蓉杯”奖；2002～2010年，连续9年获市水利建设“芙蓉杯”奖。

1978～2011年，境内水利建设主要经历了三个阶段。1978～1982年为第一阶段。这一阶段，农场过分依赖70年代兴修的水利设施，投资投劳减少，与垸区防洪排涝要求不适应。1983～1989年为第二阶段。1983年，境内遭受特大洪涝灾害后，农场党委痛定思痛，重新发动和组织群众大办水利；至1989年，完成土石方670万立方米，其中人工土方330万立方米，全线完成38公里一线防洪大堤加宽加高任务，被省政府授予标准堤垸建设先进单位。1990～2011年为第三阶段。境内居民百折不挠地抗御1995年、1996年、1998年、1999年特大洪涝灾害，积极投身洞庭湖区一、二期工程建设，使境域水利设施发生质的变化。在治水理念上，从单纯的与洪水抗争逐步转向人水和谐相处，改围堵设障为扩卡疏通，改被动处险为防重于抢，加大投入，增设机埠，科学调度；在治水方略上，从片面的水来土掩逐步转向科学防治，填塘固基、堤身灌浆、机械筑堤、固脚护坡、堤面硬化等工程措施被广泛应用，准确的水情、雨情分析，科学的抢险方法，新科技处险器材赢得抗洪主动权；在治水法规上，《水法》《防洪法》的全面实施及工程建管制度的相继完善，使水利建设、用水管水有法可依、有规可循，避免了盲目性；在治水效率上，从常用的人海战术转向省时节力、广泛推行以资代劳，大力推广机械化作业，加快了工程建设速度。先后完成一线防洪大堤标准化建设、蓄洪安全建设、以工代赈排涝设施建设、一道撇洪堤加固、农田水利设施建设。至2011年，累计完成土方2785万立方米，其中吹填土方1469万立方米，人工土方1316万立方米，耗资35007.01万元，其中机电设备投资3638.27万元。

第一节　农田水利

一、内湖渍堤建设

2010年始，对主要调蓄内湖平江河渍堤进行整险加固，更新改造涵闸3座，主控制闸整险1处，完成砼预制六方块护坡695立方米，干砌块石护坡1020立方米，填充灌浆6公里，冲抓回填7230米，培修土方0.84万立方米，路面硬化2280平方米，耗资326万元。至2011年，全区有内湖12处，蓄水面积5.94平方公里，临湖渍堤长度62.2公里。调蓄水量1520万立方米，保护耕地8866.7公顷，灌溉面积7933.3公顷。

2011年屈原管理区内湖调蓄情况

表13-6

内湖名称	集雨面积（平方公里）	内湖面积（平方公里）	蓄水量（万立方米）	保护人口（人）	保护耕地（公顷）	灌溉面积（公顷）	渍堤情况					
							堤长（公里）	堤顶高程（米）	堤顶面宽（米）	内坡比	外坡比	现有涵闸（座）
平江河	3.50	1.69	650	3000	3333.3	2666.7	15	29	5	1：15	1：20	35
古　湖	0.25	0.20	40	5000	666.7		7	27	3	1：15	1：15	10
荞麦湖	0.35	0.30	60	12000	1000	333.3	3.2	27	3	1：15	1：15	8
河市河	1.25	1.13	226	13000	800	800	5	32.2	5	1：15	1：15	6
黄金河	0.75	0.54	108	6000	466.7	466.7	3	30	5	1：15	1：15	4
三洲河	1.25	1.13	226	7000	533.3	533.3	3	30	5	1：15	1：15	6
吉门岗	0.16	0.10	40	5000	466.7	466.7	2	34.5	5	1：15	1：20	3
古塘岔	0.15	0.10	20	2000	200	200	3	30	4	1：15	1：15	4
万家坝	0.20	0.10	30	5000	266.7	266.7	6	32	4	1：15	1：15	5
田家岔	0.15	0.10	20	2000	200	200	3	32	4	1：15	1：15	3
黄　湖	0.15	0.10	10	1000	133.3		3	28	4	1：15	1：15	3
灰滩河	0.60	0.45	90	3000	480	2000	9	29	4	1：15	1：15	11
合　计	8.76	5.94	1520	118000	8866.7	7933.3	62.2					98

二、电力排灌建设

境内总集雨面积201.365平方公里，其中耕地面积10083.2公顷，区境地势低，闭闸期长，河湖调蓄只是应急措施，多年年均降雨67.4%的雨水要通过外排机埠提排入河。旱涝灾害，以涝灾特别突出。至1978年，境域建外排机埠6处、29台，装机7460千瓦。至90年代初期，日降雨40毫米，农田受涝面积仍达600～700公顷。1990～1994年，水电部门组织技术力量，对境内排灌科学规划、实地测量、精心设计，并就制订的可行性方案反复论证，1994年4月7日，省水电厅行文批复后，1994～1995年相继兴建推山咀、三星渡2处外排机埠，装机2910千瓦，排涝流

推山咀电排竣工典礼　　（彪型斌1995年摄）

2011年屈原管理区外排机埠基本情况

表13-7

电排	桩号（位置）	机电设备							内高程特性				外高程特性		启闭机吨位	涵闸出水管			建设时间 年 月
		电机型号	功率（千瓦）	台数（台）	水泵型号	流量（立方米/秒）	设计高程（米）	变压器容量（千瓦）	泵池底板高程（米）	水泵高程（米）	电机房高程（米）	控制水位（米）	闸底板高程（米）	设计水位（米）		孔数	尺寸	型式	
土地港电排	西堤 3+860	JRL-128/155	620	4	28ZLB-70	5.2	7.5	S7-800/10-0.4	22.8	24.6	28	25.5	27.5	32.5	15	1	2 0*2.0	箱涵	1963.10
青港电排	西堤 11+720	JRL-12/210*7 JRL-128/155*1	1625	8	ZRL-7.5*7 28ZLB-70*1	14	7.5	S7-1250/35/0.4	21.6	23.6	27.1	24.5	27.1	32	15	2	2 0*2.0	圆管	1964.09
小神港电排	东堤 12+340	JRJ-128-8	620	4	28ZLB-70	5.2	7.5	S7-800/10-0.4	22	24.2	27	25	27	32.5	15	1	1.8*1.8	箱涵	1965.10
万家坝电排	一撇 0+800	JRL-128-8	155	1	28ZLB-70	1.3	7.5	S9-200/10-04					34		15	1	1.0*1.0	石涵	1966.07
凤凰电排	八里堤 0+000	TRL-128-8	620	4	28ZLB-70	5.2	7.5	S7-800/10-0.4	21	23.45	26.75	24.5	26.9	32	15	1	2.0*2.0	箱涵	1970.10
丰临湖电排	一撇 10+000	JRL-128-8	620	4	28ZLB-70	5	7.5	S7-800/10-04	23.1	25.2	28.5	26.5	30	33.5	3	1	2.5*2.5	箱涵	1971.11
磊石电排	西堤 20+125	TDL-215/31-24	3200	4	64ZLB-50	28	8	S7-4000/35/6.3	19.5	26.93	30.93	24.5	22.8	32.5	20	2	3.4*3.4	圆管	1976.09
推山咀电排	西堤 2+650	JSL-15-12/330	1980	6	900ZLB-50	16.5	7.5	S7-1250/35/6	22.8	25	29	25.5	26.5	33	15	2	2.2*2.2	箱涵	1993.10
三星渡电排	东堤 6+649	JSL-128-8	930	6	28ZLB-7.5	7.8	7.5	S7-1250/35/0.4 S7-50/35/0.4	24.5	26.5	30	27.5	28	34	15	2	1.5*2.0	箱涵	1995.10
百丈口电排	东堤 0+175		465	3		3.6	8						33.5		5	1	1.5*1.6	箱涵	1996.10

量24.3立方米/秒，总投资1800万元。推山咀、三星渡电排竣工受益后，实现“高水高蓄高排，低水低蓄低排”。虽遇1995～1996年、1998～1999年特大洪水，也没有发生渍涝灾害。境内农田灌溉以提灌为主，分三种施灌方式：即以外排为主，结合灌溉，全区10处外排机埠10835千瓦（百丈口机埠未启动），其中结合灌溉的达7处，超过三分之二；以内排为主，结合灌溉，有内排机埠54处、56台、4272千瓦，均能兼施灌溉；输水距离远的偏僻地方，为节约耕地、减少输水渗漏，就近设立纯灌机埠，全区共136处、137台，装机4174千瓦，灌溉流量40.92立方米/秒，干旱死角可基本覆盖。

2011年屈原管理区排灌机埠情况

表13-8 单位：千瓦、立方米/秒

单位	外排机埠				内排灌机埠				纯灌机埠				累计			
	处	台	装机	流量	处	台	装机	流量	处	台	装机	流量	处	台	装机	流量
营田镇	/	/	/	/	10	11	1055	11.7	37	37	1110	11.1	47	48	2165	228
琴棋乡	/	/	/	/	5	5	435	4.8	8	8	325	3.4	13	13	760	8.2
凤凰乡	/	/	/	/	12	12	775	9.3	42	42	967	9.37	54	54	1742	18.67
黄金乡	/	/	/	/	16	17	1460	16.7	32	32	1215	11.85	48	49	2675	28.55
河市镇	/	/	/	/	9	9	495	5.4	17	18	522	5.1	26	27	1017	10.5
堤防会	/	/	/	/	2	2	52	0.5	/	/	/	/	2	2	52	0.5
排灌总站	10	44	10835	91.8	/	/	/	/	/	/	/	/	/	/	/	/
合　计	10	44	10835	91.8	54	56	4272	48.4	136	137	4139	40.82	200	237	19246	181.02

疏洗排除　（宋政军2011年摄）

三、排灌渠道建设

1993年，境内有垸内排涝干渠16条，长140.6公里。1994～1995年，新开推山咀电排排渠6公里、推山咀高水排渠0.9公里、三星渡电排排渠7公里。2007年冬，由管理区管委会统一筹集资金，选定9条淤塞严重的排涝干渠，用机械进行全面疏挖，疏挖长度74.6公里，完成土方55万立方米，耗资324万元。2007～2009年，结合灭螺，在东西干渠完成2332米砼预制六方块衬砌护坡，验收土方4.98万立方米，铺设砼预制六方块3.04万平方米，耗资225万元。1978～2000年，各分场、生产队每年采取投劳方式，进行水利冬修，对所属沟渠进行疏竣。2001年始，各乡镇（村）采用以资代劳的形式，组织资金，运用机械疏洗渠道，使淤塞渠道逐步畅通。

2011年屈原管理区垸内排涝干渠基本情况

表13–9

渠道名称	起止点		长度（公里）	渠底高程（米）	渠道断面尺寸			设计流量（立方米/秒）
	起点	止点			底宽（米）	顶宽（米）	设计水深（米）	
一撇洪渠	0+000	19+500	19.5	28.6	15	39	5	132
二撇洪渠	0+000	16+500	16.5	27	7	18	2.5	16
东西干渠	0+000	15+000	15	23.5	14	32	3.5	25
四号河渠	0+000	17+000	17	23	30	39	1.6	28
青港电排渠	0+000	5+500	5.5	23	10	22	1.6	14
推山咀电排渠	0+000	6+000	6	23.5	10	22	2.5	16.5
土地港电排渠	0+000	6+600	6.6	23.5	8	22	1.8	5.2
凤凰电排渠	0+000	4+800	4.8	23	6	20	1.6	5.2
小神港电排渠	0+000	5+000	5	23.5	6	22	1.6	5.2
三星渡电排渠	0+000	7+000	7	25.8	7	22	1.6	7.8
丰临电排渠	0+000	5+200	5.2	25	6	20	1.6	5
新南北干渠	0+000	8+500	8.5	23.5	18	30	2.5	20
老南北干渠	0+000	9+000	9	23	10	22	1.6	10
平江河渠	0+000	10+000	10	20	14	30	5	28
灰滩河渠	0+000	7+000	7	23	20	30	3	28
推电进高闸排渠	0+000	0+900	0.9	23.5	10	28	3.5	20
沙玉湖排渠	0+000	4+500	4.5	24.6	3.5	12	1.8	4
黄檀排渠	0+000	4+000	4	27	3.5	12	2	4
公乐垸排渠	0+000	2+500	2.5	27	3	12	2	3

四、改造渍害低产田

区境是洞庭湖区最低的垸区，海拔27米以下的农田约占农田总面积的80%，由于地势低，地下水位过高，浅层滞水，明涝暗渍危害严重。2001年后，国家对管理区农田水利建设投资总额达7535万元，其中农田水利、土地平整、田间道路工程投资4833万元，低产田改造工程投资2702万元，重点加强荞麦湖、古湖、低沙湖、大江湖等低洼农田水利建设，配套排灌设施和田间道路维护改造，兴建排灌衬砌渠94.4公里，纯灌衬砌渠232公里，改造渍害低产田3355公顷。

五、水土保持

区境以平原为主，周边丘陵高地有磊石山、凤凰山、狮子山、小边山、木鱼山、金塘坪，面积约30平方公里。1978年始，磊石山通过多年植树造林，已被茂密森林覆盖；凤凰山经数年土地平整改造，已建成近400公顷梯级茶园。列入水土保持重点监督对象主要有38.14公里一线防洪大堤、19.5公里一道撇洪堤，垸内主干渠道、渍堤坡面，约4.37平方公里，受冲击面已基本得到治理。

第二节　堤防建设

一、大堤加固

1978年，区境有一线防洪大堤37.845公里，其中西大堤（湖堤）19.845公里，八里堤（湖堤）4公里，东大堤（河堤）14公里。1981年，岳阳地委、行署决定，从农场总场机关范围划出部分土地用于汨纺扩建用地，同意农场总场机关傍西大堤起点围洲，修筑防洪大堤680米，完成土石方16.8万立方米，耗资56万元。至此，西大堤延长295米，达20.14公里。

1985年，利用秋季进行东大堤加固　（彪型斌摄）

1983年7月上旬，汨罗江上游普降暴雨，山洪暴发，周家垅洪道卡口阻流，三星渡24小时猛涨1.9米，百丈口最高水位达37.22米，部分堤段靠子堤挡水，东大堤几乎漫溢而溃，西大堤也多处告急。上万名群众扶老携幼涌向高地，全场一片慌乱，生产停顿，直接经济损失1045万元。1984年，农场党委决定，群策群力，大修水利。连续6年掀起以大堤达标为中心的水利建设热潮。至1989年，每年每个农业人口集资60元，城镇职工一个月工资，年均集资330万元，累计投资3584万元，移动土方670万立方米，其中人工完成土方330万立方米，使东大堤0～5.5公里堤顶高程加至38.50米，堤顶面宽达7米；5.5～14公里堤顶高程加至38米，堤顶面宽达8米；西大堤、八里堤高程加至36.60米，堤顶面宽达15米。1990年，省政府、市政府分别授予农场标准堤垸建设先进单位。

1996～2003年，每年集资1000万元，累计完成土石方733万立方米，其中堤防加高加宽土石方281万立方米，使西大堤0～7.6公里堤顶高程加至38.00米，面宽达10米，内坡比1：3，外坡比1：2.5；西大堤7.6～20.14公里堤顶高程38.00米，面宽6.5米，内外坡比1：2.5；八里堤0～4公里，堤顶高程38.00米，面宽10米，内坡比1：3，外坡比1：2.5。东大堤0～14公里，堤顶高程38.00～38.50米，面宽12米，内外坡比1：2.5。

二、涵闸整建

1978年，境域共有穿堤涵闸10处，其中钢筋砼开敞式1处，钢筋砼圆管5处，圬工结构4处。在洞庭湖区一、二期治理工程中，整险接长8处，完成土方3.8万立方米、钢筋砼660立方米、浆砌石2580立方米，耗资185万元。1994年，兴建推山咀电排，新增出水钢筋砼箱涵2.2×2.2米双孔1处。1995年，兴建三星渡电排，新增出水钢筋砼箱涵1.5×2米双孔1处。2处共完成土方7.2万立方米、钢筋砼1160立方米、砌石1680立方米，耗资246万元。1998～2011年，投资1115.17万元，完成土方7.9万立方米，浆砌石和钢筋砼0.967万立方米，拆除重建迎丰高闸、迎丰低闸、翁家港高闸、土地港和小神港电排及外防洪闸等5处大、中型涵闸。

西大堤护坡　（彪型斌2005年摄）

2011年屈原管理区穿堤涵闸基本情况

表13-10　单位：立方米、米、台/千瓦

闸　名	桩号（位置）	设计流量	防洪涵闸			孔数	堤顶高程	涵闸底高程	前池底板高程	电排装机	闸身结构	闸孔型号	兴建年月
			净宽	净高	长度								
翁家港高闸	东堤1+483	5	2	2.5	68	1	38.0	27.5			砼箱涵	潜　孔	1960.03
土地港电排	西堤3+860	5.2	2	2	70	1	38.0	26.22	22.8	4/620	砼箱涵	潜　孔	1963.10
青港电排	西堤11+720	14	2	2	68	2	38.0	27.1	21.65	8/1625	砼圆管	潜　孔	1964.09
营田闸	一撇出口	132	4	4	19	4	37.5	28.5			砼	开敞式	1964.10
小神港电排	东堤12+340	5.2	1.8	1.8	80	1	38.0	27.0	22.0	4/620	砼箱涵	潜　孔	1965.10
万家坝电排	一撇0+800	1.3	1	1	20	1	36.5	34.00	26.5	1/155	石　涵	潜　孔	1966.07
迎丰高闸	西堤1+760	16	2	2	55	1	37.72	27.02			砼箱涵	潜　孔	1969.10
凤凰电排	八里堤0+000	5.2	2	2	80	1	38.0	26.9	21.0	4/620	砼箱涵	潜　孔	1970.10
丰临湖电排	一撇10+000	5	1.5	2.0	13	1	37.0	36.00	24.5	4/620	砖石涵	潜　孔	1971.11
迎丰低闸	西堤1+820	25	1.6	2.0	270	2	37.72	23.72			砼箱涵	潜　孔	1972.11
磊石电排	西堤20+125	28	3.4	3.4	75	2	38.0	22.8	19.5	4/3200	砼箱涵	潜　孔	1976.09
翁家港低闸	东堤1+337	8	2.5	3	70	1	38.0	26.5			石拱涵	潜　孔	1978.12
推山咀电排	西堤2+650	16.5	2.2	2.2	121	2	38.0	26.4	22.8	6/1980	砼箱涵	潜　孔	1993.10
三星渡电排	东堤6+649	7.8	1.6	2	150	2	38.0	28.0	24.5	6/930	砼箱涵	潜　孔	1995.10
百丈口电排	东堤1+175	3.6	1.6	1.6	90	1	38.50	33.50		3/465	砼箱涵	明　流	1996.10
百丈口排污涵	东堤0+800		2.5	2.5	59	1	38.50	27.50			砼箱涵	潜　孔	2011.10

三、护坡防浪

境域38.14公里一线防洪大堤，其中西大堤14.5～20.14公里正当北风浪，最大吹程53公里，属特大风浪险堤。围垦初期采取底层干砌红石，厚0.4米，面层干砌麻石，厚0.4米，1984～1989年加修大堤时，此段未动外坡，加宽内坡。其余32.8公里在培修开工前拆坡，土方完工验收后重新护坡，其中西大堤14.8公里拆护砼预制六方块3.43万立方米，因拆损新增砼预制六方块1.2万立方米。八里堤4公里属干砌红石护坡，拆护干砌红石4.32万立方米，因红石属风化岩，破损率高，新增红石2.7万立方米。东大堤砼预制六方块护坡3.8公里，拆护砼预制六方块0.57万立方米，因拆损新增砼预制六方块0.17万立方米。护坡工程共拆护砼预制六方块3.99万立方米，拆护干砌红石4.32万立方米，添加砼预制六方块1.37万立方米，添加干砌红石2.7万立方米，累计耗资995万元。

四、基础防渗

境域属汨罗江入洞庭湖的冲积平原，地势低，防洪大堤沿线地面高程26米达10公里，地质基础粉细沙层厚达2～3米，渗透压力大，高洪水位时管涌严重。1973年，省水利厅外购2艘挖泥船，在屈原垸试点吹填2年，填平土塅4000米，扩大耕地面积52公顷，完成挖泥抬田土方60万立方米。1978～1995年，争取国家投资379万元，引进挖泥船3艘，完成填塘固脚土方752万立方米，压浸长度32公里，平均每米堤长填土235立方米。

1984年始，实施堤身劈裂灌浆，至1995年，东大堤灌浆11.9公里，西大堤灌浆15.2公里，八里堤灌浆3.6公里，累计灌浆30.7公里，耗资185万元，其中国家投资89万元。

2002年，对东大堤9.975～10.728公里段实施基础防渗墙工程，防渗墙垂直深度达19米，完成投资240万元。

五、周家垅卡口拓宽

周家垅卡口系汨罗江水入白塘湖新开的扩卡河段，设计河床底宽300米、长1050米，进口河底高程28.50米，中间20米宽的河槽底高程24.00米，确保汨罗江设计最大水量5800立方米/秒流量安全通过。

1959年6月3日，汨罗江流域普降暴雨，新市水位上涨到37.41米，实测流量2780立方米/秒（每小时有1000万立方米洪水下泄），翁家港水位高达35.40米，翁家港至周家垅沿线小垸废堤仅毁19.1%，还有84万立方米废堤土方形成14道底坎，节节拦截阻流，三星渡以上河道水位急速上涨，给新堤造成严重威胁，周家垅新劈洪道虽已完成底宽150米，下游白塘湖水位低于26.00米，但因上游阻截了洪水，有力难助。上游新堤在洪水挤压下，加上堤基地质基础细沙层多，遇水液化，导致罗氏屋堤段溃口，新垦区全被淹没，损失极其惨重。是年11月周家垅洪道进行第二次施工，因工程难度大，进展缓慢，至1960年6月底，汛期在即，只好被迫停工。这期施工河底宽度仅挖至244米，完成土方109.35万立方米。1961年始，每临高洪，壅高汨罗江水位，严重危及汨罗江西岸堤垸和京广铁路南渡桥桥身安全。1996年6月16日，省委书记杨正午在汨罗现场指挥防汛时，对此高度关注，随后在华容会议上拍板解决卡口拓宽工程所需资金问题。此后，省、市有关领导多次到现场办公，从根本上解决卡口泄洪困难。1998年特大洪水以后，周家垅卡口拓宽工程经省水电厅批准，于是年10月动工。施工计划将1050米河段的底宽由244米拓宽至310米；河底高程由25.50米降至22.50米。此次施工大量使用机械，进度快，安全系数高，次年3月全面竣工行洪。共移动土石方100万立方米，其中汨罗市完成72.8万立方米，行政区完成27.2万立方米，总耗资1200万元。通过施工，河道泄洪能力有较大改善。1999年6月16日，汨罗江流域山洪暴发，卡口上游水位比拓宽前降低1.7米。主汛期洞庭湖水位产生顶托后，卡口上游水位仍比拓宽前降低0.4米，减轻了卡口上游防洪压力。

六、撇洪干堤

撇洪干堤，从营田泄洪闸至汨罗市红旗水库，全长19.5公里，撇洪控制面积95.4平方公里。1996年7月，因湘江出现特大高洪水位，致使撇洪渠水位达36米，营田镇、黄金办事处等多处地段出现100多米长大面积内滑坡，发险堤长达2420米。是年冬，通过对崩塌堤段临水面实施填充灌浆、铺设沙砾石暗浸沟、加筑戗台、涵管整险等，共完成土石方8.6万立方米；灌浆3.8公里，耗资78万元。

专记　防洪大堤建设

屈原垸于1958年围垦建垸，1965年后，近20年没有重视加修大堤。1979年冬，省农委副主任史杰、省水电厅厅长王明湘到农场视察，路过东堤，发现一段矮堤，当即对陪同视察的农场党委主要领导说：长江流入洞庭湖的泥沙，逐年淤积，湖底抬高，洪水加大，要靠平时修堤，把堤修大、修高。不然的话，可以确保的垸子不能确保，应该分洪的垸子不一定分洪。所有堤垸都要逐年加高加固，不断进行安全建设。为解决此段矮堤加高资金问题，批示由省水电厅投资14万元。农场党委对此高度重视，于1980年加修完成。

1983年7月上旬，由于长江中下游流域普降暴雨，湘、资、沅、澧四水涌入洞庭，导致湘江和洞庭湖水位猛涨。7月6日，湘江青港站已到危险水位（34米）。7～8日，汨罗江上游突降暴雨，山洪暴发，东堤三星渡水文站24小时猛涨1.9米，7月9日，百丈口最高水位达37.22米，部分堤段靠子堤挡水，周家垅洪道卡口阻流，东堤随时有漫溢而溃的危险。当天晚上，上万名群众扶老携幼，涌往高地，屈汨路、沉凤路人车混杂拥挤不通，交通堵塞，全场一片慌乱。7月10日，东堤陶公岔堤腰出现险情，西堤青港以下到处管涌群翻沙鼓浸，险象环生。农场防指紧急动员，全力投入抗洪抢险，出动劳力1万余人，动用车辆1100台次，沿堤突击加筑子堤，处理险情。全场生产停顿，直接经济损失达1045万元。1984年冬，农场党委决定：不等、不靠，群策群力，奋战5年，全面加宽加高一线防洪大堤。至此，总场、分场、生产队分别成立堤防建设指挥机构，采取“核定工日、以资代劳、有劳出劳、无劳出钱、一年一算、张榜公布、上下一致、合理负担”的办法，筹资筹劳。人工移动土方55.2万立方米，春节前基本完成东大堤0～7公里堤段加固任务，38公里防洪大堤全线加修，首战告捷。

防洪大堤　（彭太和2011年摄）

1985年，人工移动土方54.8万立方米，完成东大堤7～14公里堤段加固任务。至此，东大堤0～5.5公里堤顶高程由37.5米加高至38.5米，平均抬高1米，面宽由5米加宽至7米，加宽2米；5.5～14公里堤顶由36.5米加高至38米，加高1.5米，面宽由5米加宽至8米，加宽3米。

1986年，转战西大堤10～14.7公里。是年，挖泥船为填塘固脚，形成一条深沟，加修大堤要过沟取土，运距达200多米，人工每个工日只能完成0.6立方米；机车运土每条车路的培沟土方量达1000立方米，加之沟槽宽、淤泥深，施工难度极大，至次年3月，仅完成47万立方米土方任务。

1987年，加修西堤14.7~20.14公里，设计内坡加宽10米。因两年前挖泥船吹筑平台准备了土源，运距近，工效高，秋修不到40天，完成土方53万立方米任务。是年冬，继续加修八里堤外坡4公里，设计土石方43万立方米。因八里堤两面夹水，加之沿线地面高程只有26米，其中2.1~2.31公里处300米堤长系烂排沟故道，淤泥深达5米，施工时，地下浸水多，搭桥、培路工程艰巨，运土距离远，填筑的土方多次发生大面积滑坡，被迫采取从凤凰山用自卸车运土填筑，工期延长至次年3月完工。

1988年发生特大秋汛，全场有7600多公顷农田遭受严重涝灾，加之连续4年集资投劳修大堤，农户经济承受能力有限，疲劳厌战情绪普遍上升。农场党委没有动摇加固堤防的决心，通过开展大宣传、再动员，统一全场干群思想认识，使大家认识到加强堤防建设的紧迫性和重要性。是年移动土方48万立方米，完成西大堤4~10公里培修加固任务。1989年年底，相继完成培修加固堤段防洪护坡扫尾工程。西大堤、八里堤24公里，堤顶全线加高至36.60米，面宽新增10米，达15米。在抓紧堤防建设的同时，坚持利用挖泥船吹填固基，共争取国家投资379万元，填塘土方752万立方米，吹填长度32公里，平均每米堤长填土235立方米，使原修堤取土水坑填成了旱土。农场党委连续6年发动群众自筹资金修建防洪标准大堤，为洞庭湖区树立了榜样，省政府和市政府分别授予农场标准大堤建设先进单位，并颁发奖金30万元。

1995年和1996年，连续2年出现百年不遇的高洪水位，其中1996年营田水位站7月22日水位达36.54米，超过1995年最高水位1.49米，屈原垸区再一次经受严重考验。由于1984~1989年主要是加宽加固堤身，西堤、八里堤原设计堤顶高程36.60米，通过多年沉陷，实际堤顶高程只有36米左右，特大高洪一到，全线漫溢，全靠修筑子堤临时挡水防浪，险情频出。全区上下众志成城，严防死守，通过近一个月抗争，保住了堤垸。

通过1995~1996年连续抵御特大洪峰，行政区党委、区管委会认真反思，痛定思痛，决定进一步加大投入力度，加快堤防建设，总的原则是“科学规划、分期实施，群策群力、多方集资，治重于防、建管并举”；奋斗目标是“确保抗御37米洪峰水位不漫不溃。”从1996年冬开始至2003年，每年征收资金1000万元，逐步使西大堤0~7.6公里堤顶高程加至38米，面宽10米；西大堤7.6~20.14公里，堤顶高程加至38.00米，面宽6.5米；八里堤0~4公里，堤顶高程加至38.00米，面宽10米；东大堤0~5.5公里堤顶高程加至38.50米，面宽12米；东大堤5.5~14公里堤顶高程加至38.00米，面宽12米。8年培修加高加固完成土石方281万立方米，挖泥铺盖固脚18处，完成土方452万立方米，包括涵闸整险、防浪护坡、堤基水泥土防渗墙、洪道拓宽，共耗资7572万元。

2009年冬开始，国家启动屈原垸堤防加固工程，计划总投资30496万元，主要实施穿堤过水涵闸和外排机埠出水管更新改造；一线防洪大堤全线防浪浆砌石或六方预制砼块护坡；培修堤身欠标土方；挖泥船吹泥铺盖固脚和防汛路面硬化；深层水泥土防渗墙和填充灌浆。至2011年，工程进程顺利。

第三节　防汛抗旱

一、防汛

防汛责任制　1978~2011年，境域防汛执行行政首长负责制和领导干部岗位责任制。

1995年7月5日，一撇洪堤田家岔段缺口，紧急抢险　（宋政军摄）

行政首长负责制。每年汛期，成立管理区（农场）防指。区管委会主任（场长）任指挥长，区（场）党委书记任政委，区（场）党委副书记、区人大政协工委主任、书记、区党委委员任副政委，区管委会主管水利的副主任（副场长）任常务副指挥长，区水利局局长任副指挥长，水利、宣传、农业、建设、财政、公安、交通、卫生、通讯、电力等部门为主要成员单位。下设办公室、处险技术组、抢险突击队、物资供应组、排涝调度组、督查组、后勤组、通讯报道组、安全转移组、生产自救组。指挥部负责全区（场）防汛抗灾工作的决策、汇总水情、雨情、旱情、汛情、灾情及预测预报，审定并监督实施防汛抢险等抗灾方案；现场指挥较大险情的抢护，调度防汛抗灾专用物资、人力、电力、燃料和交通工具，贯彻执行上级指挥部指令，抓好防灾保卫工作。同时，完善防汛会商机制，根据汛情择机召开防指领导和成员单位会议，通报汛情，分析汛情发展趋势，部署重点工作。2004年8月，设立区防汛抗旱办公室（简称区防办），承担区防指日常工作，定编4名，为全额拨款事业单位。2010年，对区防办参照公务员实行管理。至此，区防汛抗灾步入常态化、正规化轨道。各乡镇（分场）成立防汛抗旱指挥所，直接负责辖区内防汛抗灾工作。按照区（场）防汛抗旱方案的要求制订和落实本乡镇（分场）的防汛抗旱方案，落实防守责任，执行区（场）防指命令。

岗位责任制　实行区（场）级领导包乡镇（分场）和相关部门负责人包堤段的岗位责任制。每处责任堤段均明确行政责任人、技术责任人和守护责任人，并树牌公示，接受社会监督。同时，为强化防汛责任，杜绝人为因素溃垸垮堤，区（场）防指严格按照市委、市政府下发的《关于对防汛中查险处险失职行为的处罚决定》和《关于对防汛查险处险失职行为处罚的补充规定》，对失职责任单位、责任人问责。

制订预案　汛前，区（场）、乡镇（分场）两级指挥部（所）根据《防洪法》分别制订防汛抗旱预案，对目标任务、指挥机构、调度方案、特征水位、防汛队伍、部门职责、防汛物资等作详细规定。与此同时，分别制订《屈原管理区蓄洪紧急转移方案》《屈原管理区防汛查险处险预案》《屈原管理区水调度方案》等，以应对突发事件的发生。

1978～2011年屈原管理区（农场）防汛特征水位表

表13-11　　单位：米

流　域	水位控制站	1978～2005年			2006～2011年		
		防汛水位	警戒水位	危险水位	防汛水位	警戒水位	保证水位
湘　江	青　港	32.50	33.00	34.00	32.50	34.00	35.50
汨罗江	三星渡	33.00	34.00	35.00	33.00	34.00	36.00

说明：2006年前为“三防”水位，2006年经省防指批准改为“两防”水位，即警戒水位和保证水位。为强化防汛责任，仍保留防汛水位。水位值采用“吴淞口”高程。

查险处险 1978～2011年，境内查险实行重点观察、专职巡查、群众普查相结合，发现险情，树立标记，专人看守。通常以村为单位组成专职巡查队在所在防汛责任区域实行巡查。同时，对沿堤纵深500米内住户，由其居民负责其房屋内外的查险报险。一般险情，由责任乡镇自行处理，并报区防指备案；重大险情，上报区防指，由区防指制订抢险方案，组织处险，并报市防指备案。

境垸常规险情主要有堤身漫溢、渗水、滑坡、鼓水翻沙、管涌等。

1988年，外河高洪水位持续时间长，西大堤、东大堤、八里堤以及一撇洪堤，总长57.64公里，每5～10米开挖导渗沟一条，分级导渗，控制泥土流失，保护堤身安全。

1996年7月13日始，西堤高洪水位达36.14米，0～15公里全线漫水，上劳力近3万人，用编织袋装土筑子堤，中间用土夯压防渗，形成核心墙。编织袋装土一般5～6成，临水面横着堆，以挡住洪水把土带走，背水面竖着码，起着加撑的作用，编织袋堆砌高度一般为0.8～1米，核心墙中间要求层土层硪，层层夯实，有效地挡住了外河居高不下的高洪水位。

1996年7月20日，因外河高洪水位持续时间长，西堤14～19公里段，大小滑坡20余处，区抢险队采取按5～8米一条开“导浸沟”与筑“土牛”交叉相间的处险办法，将堤身加固筑牢，有效缓解了滑坡造成的险情。是年，西大堤9+500距堤脚50米处，有2000平方米面积出现翻沙鼓水，动用300余名劳力用沙石分级导滤，控制险情。

1998年，西堤15～15.8公里，距内脚30～50米沿线先后出现6处管涌群，其中4处管涌群有软基础散浸面积，区抢险突击队采取铺压鱼鳞编织袋沙石包，使险情有效控制。

器材储备 1978年后，垸区防汛抢险改单纯依靠木材、楠竹、草袋发展到普遍使用沙、砾石、编织袋、编织布和土工织物等新型材料。省、市防指对堤防规定储存标准：一线大堤每公里储砾石400立方米，沙160立方米，编织袋300条，编织布320平方米。1995年后，全区加紧防汛沙、砾石专储点的建设。至2011年，已建成固定沙石围9个。其中达省级标准1个，长100米，宽10米，高5米，容量5000立方米。常年专储砾石2万立方米，沙0.1万立方米，编织布15万平方米，编织袋20万条。有社会大型沙砾石场6个，饲料生产企业34家，预定储备砾石20万立方米，沙0.1万立方米，编织袋40万个，备抢大险紧急征调。

1978～2011年屈原管理区（农场）汛期水位值

表13-12 单位：米

年度	青港		三星渡	
	最高水位	发生月日	最高水位	发生月日
1978	30.52	6.30	30.40	6.29
1979	32.07	6.29	31.20	6.27
1980	33.70	9.10	33.74	9.10
1981	31.97	7.17	31.86	7.17
1982	32.01	9.70	32.48	9.70
1983	34.38	7.10	34.36	7.10
1984	31.77	6.40	32.38	6.40

续表

年　度	青　港		三星渡	
	最高水位	发生月日	最高水位	发生月日
1985	30.66	7.11	31.26	7.11
1986	31.95	7.10	31.89	7.10
1987	32.19	7.27	32.26	7.27
1988	34.32	9.11	34.35	9.11
1989	32.64	7.17	32.70	7.17
1990	33.06	7.60	33.12	7.60
1991	34.28	7.15	34.09	7.15
1992	33.20	9.40	33.15	9.40
1993	33.20	9.40	33.39	9.40
1994	31.92	6.22	32.15	6.22
1995	34.85	7.40	34.91	7.40
1996	36.14	7.22	36.25	7.22
1997	32.87	7.26	33.04	7.26
1998	36.02	8.21	36.02	8.21
1999	35.92	7.23	35.79	7.23
2000	31.98	7.90	33.50	6.70
2001	31.01	5.14	31.08	5.15
2002	35.53	8.23	35.27	8.24
2003	33.69	7.14	33.77	7.14
2004	33.07	7.24	32.83	7.25
2005	31.68	6.40	32.18	6.28
2006	30.76	7.20	30.41	7.20
2007	32.40	8.60	32.55	8.50
2008	31.35	9.60	31.89	9.20
2009	30.68	8.11	30.93	8.11
2010	33.09	7.31	33.29	7.30
2011	33.56	7.30	33.53	8.10

二、蓄洪工程

蓄洪方案 根据长江中下游防洪规划总体安排，遇1954年型洪水，城陵矶附近地区需分蓄320亿立方米的超额洪量，其中湖南省洞庭湖160亿立方米。1983年，水利部确定屈原垸为洞庭湖24个蓄洪垸之一，主要承担东、南洞庭湖的蓄洪任务，缓解城陵矶及整个洞庭湖区防洪紧张局面，减轻洪水对长沙、岳阳等大、中城市及湘滨南湖大堤的威胁。屈原垸设计蓄洪水位为33.10米，相应蓄洪面积213.16平方公里，蓄洪容量11.95亿立方米，占湖南省洞庭湖区蓄洪任务7.5%。

屈原垸系洞庭湖碟形盆地，汨罗江、湘江交汇地带，周边有凤凰山、磊石山、小边山、木鱼山等浅丘高地。汨罗江故道纵横垸内，村镇之间，受河道阻隔，影响交通。人口安置先考虑在防洪大堤边有计划地布设修建顺堤台，3公里内就近转移上山岗、高地或顺堤台；3公里以外在垸中修建安全楼或安全台。为方便人口转移，规划修建安全转移道路和安全转移桥梁。全垸包括管理区5个乡镇和湘阴县、汨罗市5个乡镇，有人口116352人，蓄洪紧急救生方案规定，离大堤、山岗、高地3公里以内86759人上大堤、高地，17821人上安全楼，11772人转移至乡镇丘山区躲水救生。

2011年屈原管理区垸民分布统计表

表13-13

单位	村（居）数（个）	组数（个）	垸民		离堤三公里以内		离堤三公里以外	
			户数（户）	人口（人）	户数（户）	人口（人）	户数（户）	人口（人）
营田镇	19	72	19885	49688	14828	37050	5057	12638
河市镇	12	36	5591	13976	4169	10421	1422	3555
琴棋乡	10	30	4551	11432	3394	8524	1157	2908
黄金乡	14	60	9718	24296	7246	18117	2472	6179
凤凰乡	13	42	6796	16960	5067	12647	1729	4313
合　计	68	240	46541	116352	34704	86759	11837	29593

说明：湘阴县、汨罗市受堤防保护人口合至营田镇、河市镇、黄金乡。

蓄洪安全设施 蓄洪安全设施建设始于1986年，主要历经“七五”期间（1986～1990年）和三年安全设施建设“歼灭战”（1991～1993年）两个阶段。

安全楼。至2001年，共建安全楼241栋，建成安全层面积53464平方米，其中公用楼38栋、23583平方米；民用楼203栋、29881平方米，可安置垸内蓄洪保安人数的60%。

安全台。“七五”期间，国家投资67万元用于农场顺堤安全台建设，共修建顺堤安全台11处。1999～2001年，修筑兔子港顺堤安全台，面积达8.1万平方米。结合加修大堤，沿西大堤、八里堤24公里，增宽10米，以堤作台完成土方230万立方米。至2011年，累计投劳折资1430万元，共完成安全台建设面积25.5万平方米。

安全路桥。至2011年，共修建安全路76条，总长度431.1公里；修建安全桥5座，做到村村通大堤、接高地。

2011年屈原管理区安全楼、台统计表

表13-14　单位：栋、平方米

单位	安全楼						顺堤台	
	合计		公用楼		民用楼			
	栋数	面积	栋数	面积	栋数	面积	处数	面积
营田镇	53	20276	21	15651	32	4625	2	38000
河市镇	54	11108	5	1951	.49	9157	4	81000
琴棋乡	11	3923	4	2107	7	1816	5	13600
黄金乡	106	14230	5	2306	101	11924		
凤凰乡	17	3927	3	1568	14	2359		
合　计	241	53464	38	23583	203	29881	11	255000

三、排涝

涝灾成因　1994年前，因全区排涝负担不平衡，以沉凤路为界，北面集雨面积为6000公顷，排灌装机5445千瓦，千瓦装机负担1.1公顷；南面集雨面积达15900公顷，排涝装机2015千瓦，千瓦装机负担7.9公顷，外排装机负担为北面外排装机负担的7.18倍。同时机埠位置布置不合理，磊石电排站装机3200千瓦，占垸区外排总装机容量7460千瓦的42.9%，而地理位置靠北端，输水距离20.26公里，渠道流水有水面坡降，造成高水淹低田，扬程高、耗电多、排涝效益低，日降雨40毫米，受渍面积600～700公顷。加之总装机容量不够，按10年一遇三日暴雨产水量与撇、排、平衡计算，尚有余水553万立方米在垸内形成渍涝。1994～1995年，相继兴建推山咀、三星渡2处外排机埠，装机2910千瓦，排涝流量24.30立方米/秒。由于机埠位置选定在这2处产水重心交汇处，外排效率高，工程竣工受益后，实现高水高排，高水不淹低田，效益显著。2002年后，由于垸内沟渠淤塞加剧，排水不畅而效益锐减，部分机电设备超期服役，加之洪水水位逐年抬高，高洪水位时缺乏高扬程排水设施而关机停排，给排涝加大了难度。尤其春夏之际，长江、洞庭湖以及湘、资、沅、澧四水极易与规律性暴雨同期相遇，形成外洪内涝、腹背受敌的局面。

排涝目标　1978年始，农场防指把排涝作为抗灾的主要任务之一，坚持统一调度，协调作战，严格执行

1976年西大堤16公里处管涌处置现场　（宋政军摄）

“高水高排、控湖排田、分区抢排、先田后湖和撇、蓄、排相结合”的原则。2003年，区防指出台《屈原管理区管水用水调水规定》，明确提出出现十年一遇暴雨，三日降200毫米不因渍减产的目标。

调度管制 1978年后，凡跨乡镇（分场）调蓄、分区抢排、引水配水，均由区（场）防指统一调度。重点控制河市河、黄金河、三洲河、平江河、灰滩河、东西干渠及吉门光、复兴、吴家坝、春江、永丰水库等节制闸的调度和7座外排机埠运行调度。乡镇（分场）排涝控制闸的启闭，必须接受区（场）防指的统一节制。同时规定，除春季允许在指定水库、蓄水河、大型渠道适当蓄水以备春旱外，在汛期严格按照水位控制标准控制水位。在预报有暴雨时，及时抢排底水，做到空腹待蓄。

2011年屈原管理区调蓄湖泊控制水位表

表13-15

湖泊名称	面积（平方公里）	控制低水位（米）	控制高水位（米）	调蓄深度（米）	调蓄水量（万立方米）
河市河	1.13	28.50	31.00	2.50	282.5
黄金河	0.54	27.00	29.00	2.00	108
三洲河	1.13	27.00	28.50	1.50	169.5
平江河	1.69	25.50	27.50	2.00	338
灰滩河	0.46	25.50	27.50	2.00	92
东西干渠	0.30	26.80	28.00	1.20	36
沟 渠					67
合 计					1427

1978～2011年屈原管理区（农场）主汛期降雨情况

表13-16 单位：毫米

年度	全年降雨量	4～9月降雨量						
		4月	5月	6月	7月	8月	9月	小计
1978	1158.4	122.2	154.2	145.9	39.2	71.5	40.0	573
1979	973.2	131.1	87.2	179.1	150.2	97.7	29.3	674.6
1980	1320.6	164.8	223.8	118.0	134.8	133.2	22.78	797.3
1981	1203.7	143.0	270.8	121.4	7.7	29.0	30.4	601.5
1982	1593.9	140.8	154.6	264.1	44.8	276.0	118.8	999.1
1983	1412.1	203.1	175.5	209.7	287.6	15.8	137.7	1029.4
1984	1389.8	286.9	320.2	165.4	65.8	110.0	21.3	969.6
1985	1237.5	84.0	107.9	142.0	217.9	115.9	37.1	704.8
1986	1238.1	221.2	78.8	248.4	101.0	40.5	71.1	761.0
1987	1346.9	155.2	254.3	184.5	216.7	108.5	42.9	961.6

续表

年度	全年降雨量	4～9月降雨量						
		4月	5月	6月	7月	8月	9月	小计
1988	1221.6	63.0	160	225.4	47.3	260.6	200.9	957.2
1989	1618.5	357.6	136.7	157.3	116.1	127.4	144.4	1039.5
1990	1306.5	117.5	136.9	299.9	163.9	103.8	14.2	836.2
1991	1378.7	148.8	285.7	72.3	200.8	28.5	46.6	782.7
1992	1187.9	121.8	111.8	244.2	142.0	29.0	27.4	676.2
1993	1781.1	91.8	236.0	236.2	584.6	61.3	45.1	1255.0
1994	1383.1	222.5	137.9	150.0	221.3	156.5	186.2	1074.4
1995	1999.2	369.8	274.0	422.8	97.7	264.0	24.5	1452.8
1996	1168.8	69.5	111.7	193.6	288.4	205.6	4.7	873.5
1997	1178.7	193.1	161.3	128.9	76.0	17.9	73.9	651.1
1998	1931.4	119.3	238.6	522.4	216.3	26.8	75.7	1199.1
1999	1600.4	286.6	330.0	178.3	206.3	238.8	70.9	1310.9
2000	1400.5	151.6	171.7	199.1	54.3	149.9	131.8	858.4
2001	1280.2	270.8	79.4	137.3	26.0	196.1	2.8	712.4
2002	2107.2	310.3	375.3	265.4	270.2	186.8	53.6	1461.6
2003	1234	321.4	262.8	144.4	109.3	49.2	15.5	902.6
2004	1191.4	135.1	225.5	181.5	121.0	119.2	17.3	799.6
2005	1260.9	67.3	274.3	90.1	17.8	91.1	77.8	618.4
2006	1206.3	165.1	109.8	164.6	115.7	93.7	28.2	677.1
2007	969.3	76.7	69.7	129.8	117.9	152.4	82.3	628.8
2008	1126.0	122.5	83.7	162.3	48.8	161.4	70.0	648.7
2009	915.6	175.3	99.4	187.8	134.8	12.6	4.7	614.6
2010	1426.2	189.3	271.2	159.8	169.2	98.6	135.1	1023.2
2011	853.4	111.5	80.9	233.4	6.2	134.7	33.8	600.5

四、抗旱

抗旱水源　境域三面临江、临湖，地势自东南向西北东洞庭湖倾斜。外江、外湖高洪水位时，可引水灌溉。另垸内湖洼众多，塘坝棋布，河道回旋，沟渠交错，形成多处调蓄湖泊，蓄积量达1427万立方米。建场初期，为解决抗旱水源，明确一撇洪渠控制保留水位33.50米，河市河控制水位31米。当雨季过后，黄金河、三洲河可蓄28.5～29米，灰滩河、平江河可蓄27.50米。沿丘岗地带还陆续修筑永丰、春江、复兴、吉门光、吴家坝、万家坝、田家岔、黄婆岔、古塘岔、三洲、黄金、黄豆岔、罗城、永兴等14个小型水库，蓄积量1049.10万立方米。特殊干旱年，当外河水位低，垸内河、湖、库、渠空库时，经防指研究批准，可从外河引水抗旱。

2007年春旱，紧缺秧田水，区防指决定，自筹资金226.2万元，分别在迎丰低闸外河兴建提灌机埠，装机4×155千瓦，土地港电排外河兴建提灌机埠，装机1×155千瓦2处，设计进水流量为7立方米/秒，将湘江水引入垸内，解决7800公顷早稻秧田水，缓解农田旱情。2011年秋旱，外河水位低于内渠水位，7月17日，启动迎丰闸提灌机埠，运行27天达2376台时，从湘江引水1060万立方米进东西干渠，解决5个乡镇9700公顷农田旱情。

抗旱机埠 1978～1988年，垸内各分场陆续修建用于排灌小型电排机埠35处，总功率9781千瓦，其中用于灌溉功率5340千瓦，排灌量40立方米/秒。但由于灌溉设施不配套，渠系阻滞，输水线路长，渗漏损失严重，部分旱地地面不平影响灌溉。正常年度，全场旱涝保收耕地仅9200公顷，占耕地总面积87%。1995年后，陆续投资1050万元，加大排灌机埠建设力度。至2011年，全区垸内共有排灌机埠200处、237台，装机19246千瓦，排灌流量181.02立方米/秒。其中纯灌机埠136处、137台，装机4174千瓦，灌溉流量40.92立方米/秒，正常年度全区旱涝保收面积达100%。

附 1996年抗洪纪实

境内是洞庭湖地势最低的垸区，东临汨罗江，西伴湘江，北抵洞庭湖，南有一撇洪堤，三面环水，堤垸十分险要。1996年，屈原人民经历了百年一遇洪涝的洗礼，是极不平凡的一年。主汛期境内普降大到暴雨，6月降雨量193.6毫米，7月降雨量288.4毫米，与此同时，资水、沅水流域长时间、高强度、大范围的降雨，导致资水、沅水暴涨，柘溪水库、凤滩水库、五强溪水库超强度大泄洪，加上长江、湘江、澧水持续上涨，形成洞庭湖水势上压下顶，外洪内涝，从7月15日进入警戒水位，到8月20日水位退至32.5米，高洪水位持续40天之久。7月22日1时，青港水位达36.14米，超历史最高水位（1995年34.66米）1.48米；营田水位36.54米，超1954年水位（35.05米）1.49米。面对百年一遇的特大高洪水位，行政区党委、区管委会以清晰的思路，严格的岗位责任制，过硬的凝聚力、号召力、战斗力，率领全区干群于7月12日奋起抗洪，成功地进行了东堤管涌群围井导滤、一撇洪堤抢险、24公里子堤抢筑、西大堤滑坡抢险和大堤浪坑抢护五大关键性战役。

（一）

7月15日水位：西堤青港33.60米、东堤三星渡33.99米，同时进入警戒水位。16～18日，东堤陶公岔、三星渡、伍家咀相继发生3起严重管涌。

16日7时许，陶公岔上首故道旁离大堤进脚45米处，突然穿孔，孔径约20厘米，孔深4米多，冲出的水柱高近1米。当时内外水头差5.4米。据附近一村民反映，是1994年冬勘探石油炸的炮眼。此段堤由黄金办事处负责防守，巡查员发现后，逐级上报，东线指挥所技术队当即驱车赶到现场判别险情，安排抢护。黄金办事处由主要负责人带队，上80名劳力，6台运输车，抢运沙砾石、编织袋。区指挥部政委陈仲伯、市人大常委会主任刘泗元闻讯后赶赴现场，召集工程技术人员对险情进行分析，商议对策。根据险情系炮眼所致，孔洞上小下大、冒水流速快、险情变化大的情况，指挥部果断决策：通过对险孔采用沙包袋砌筑围井，并彻底清理井内淤泥杂物后，用沙石分级导滤；在险孔周围10米及靠大堤一侧，全部用鱼鳞沙石袋铺盖，采取以上措施并历经险孔三次垮塌后，险情有效得到控制。

17日16时，三星渡渡口平台脚高压电线杆拉线盘底下翻沙鼓黄水约0.1立方米/秒，内外水头差5.8米，属河市镇防守堤段。镇上水利员按照常规办法分级、分层次导浸后，不到20分钟，主孔被控制，而主孔外周土层鼓起面积约300多平方米，高达0.5米，四周散浸齐冒，形势危急。区指挥部工程技术员赶到后与河市镇主要负责人紧急会商，根据该堤段土质情况，采取两步走的抢护方案，首先选定4个土牛位置，间距3～3.5米，每个土牛宽1～1.2米、长7～8米、高4～6层，用编织袋灌土，分层砌筑；第二步清除土牛间的淤泥杂物，分级铺设导滤沙石。通过突击抢险，使险情得到控制。

18日9时许，东堤伍家咀稻田管涌群向堤脚方向位移，东线指挥所指挥长蒋国南迅速带技术队赶到现场，经紧急会商，采取从堤脚向管涌群方向约1200平方米，全部用鱼鳞沙石包铺盖，同时选定一处大的管涌，重新作围井，用沙石分级设导滤层，使险情得到控制。3处险情，同属管涌性质，虽内外水头差不到6米，但来势猛，变化快，冒出的泥沙浓度大。由于发现及时，治小治早，加上处险措施得力，没有酿成大患。3处抢险共上劳力1400人次，填压沙砾石1500吨，耗用编织袋3.6万条，出动车辆95台次。

（二）

17日，境内陡降暴雨139毫米，湘江营田闸水位36.04米，凌晨1时营田镇街口上水，18日下午后，一道撇洪堤营田镇四队段、黄金乡黄豆岔段、节门坝、面前屋段等出现大面积内滑坡，多处滑坡长达100米以上。若营田老街漫水，一撇洪渠倒塌，区境同样将遭灭顶之灾。险情出现后，区党委书记陈仲伯亲自指挥，区级领导汤华保、蔡世平、肖伟成分段负责，老领导廖正湘、余正国协助定点指挥抢险。17～19日，营田老街口子堤“水涨堤高”连筑4次，砌筑子堤高3米、宽4米、长300米，堵水1.84米（营田老街口高34.70米）。7月18～19日，黄豆岔堤段先后2次严重滑坡，19日下午、节门坝大面积滑坡达70米，面前屋段滑坡达110多米，面临前所未有的频繁大险，共出动劳力5000多人次，连续抢险12次，动用编织袋25万余条，填压沙砾石5000多立方米，动用木材100多立方米，20日凌晨有效控制险情。

（三）

18日，外洪水位越过35米，给堤顶平均高程仅为35.8米的西大堤造成极大威胁。面临涨势不衰的洪水，全区紧急动员，开始抢筑24公里子堤，区管委会主任蒋亚雄，区级领导戴耀先、沈立山全线指挥，谢忠厚、肖伟成、蒯正华、周尚文、顾少华分段负责，紧急调度区直企、事业单位所有劳力上堤，抢筑子堤。18～20日，近万名劳力夜以继日，连续三个昼夜，筑起1米高的24公里子堤。20日15时，西堤外河水位超过堤顶高程，6级西北大风夹暴雨突袭，顷刻，滔滔浊浪猛烈冲击刚筑的子堤，部分子堤被浪冲垮，尤其在10公里处，有一段堤最低，被浪涛抬高的洪水向堤内漫溢，陈港村党支部书记顶着狂风暴雨，站在齐膝的水里一声大吼：“党员干部带头上，乡亲们，洪水要吞灭我们的亲人、家产，齐动手啊！我们要誓死保护大堤。”乡亲们有的搬门板，有的搬柜板，有的搬桌子，有的拿棉絮、棉衣，一齐冲向漫溢堤段，用门板、柜板、桌面挡水，用棉絮、棉衣止水，男女老少齐心协力，死死压住挡水板，组成一道人墙，洪水漫溢被控制。然而，狂风卷着巨浪从人墙头顶盖过来，全体抗洪干群众志成城，互相勉励，坚持！坚持！再坚持！一直坚持奋战到解放军队伍赶来支援。此时，青港段同样危急，5000多名干群随着陈仲伯、蒋亚雄、沈立山一声号令全部站在巨浪口上，用身体挡住子堤。在后花园西堤，机关留守干部、家属100多人在区领导田月梅的带领下，义无反顾冲入浪口，手拉手筑成一道人墙。搏斗了一个多小时，全线保住了子堤。21日上午，汨罗900多名干群增援，南线结束战斗的100多名解放军官兵、汨纺500多名职工前来协助参加24公里子堤的加筑工作，一条长24公里、宽1.8米、高1.2米的子堤在各方的协作下重新修复，宛如一条巨龙镇守在西堤全线，锁住了22日凌晨1时高达36.14米的高洪，确保大堤不漫不溃，将屈原垸从灭顶之灾中挽救过来。这次抢筑子堤，共上劳力3万人次，动用编织袋120万条，搬运土方3.6万立方米，出动车辆2000台次，动用沙砾石2000多立方米。

（四）

西大堤15～19公里沿堤一线，地势最低，内外落差达11米，17～22日，全线9处连续出现大滑坡，总长度350多米，指挥部派区领导周尚文、退休老领导张亮联驻守此段，指挥抢险。区技术队36名队员在解除一撇洪堤威胁后，又投入到大滑坡抢险战斗中，通过采取沙石袋筑土牛压脚固基、开沟理水、削坡减负、开杠等办法控制险情。西大堤15+800管涌群距堤脚20米，在200平方米范围内有大小管涌11个，指挥部副指挥长沈立山带领区抢险队赶到现场，选定一处冒水大的管涌群，用编织沙石袋筑围井，使围井内水位抬高，再将井内淤泥杂物掏尽，用沙石分级导滤，对围井周围的小管涌和软基面积采取铺压鱼鳞编织袋沙石包二层后，险情得到控制。滑坡和管涌群抢险战共上劳力2万人次，处险205处，其中特大险22处，中险83处，填压沙砾石1500吨，编织袋10万条，开导浸沟500多条，动用木材60多立方米，出动车辆2000台次。

（五）

8月1日，8号台风影响区境，三天内连续遭遇5～7级西北风和暴雨袭击，全境受巨风袭击26小时，暴雨冲洗了30小时，东西堤堤身久经洪水浸泡，在巨浪的冲击和暴雨的洗劫下，部分堤段迎浪面泥土被淘空，护坡板塌陷。8月1日17时，在6级西北风夹暴雨的袭击下，西大堤不到1个小时，堤身被打烂130多处，最大的浪坑长达20多米，宽达5米。险情就是命令，在区领导肖伟成、周尚文、蒯正华、谢忠厚带领下，1500多名防汛队员迅速投入抢险战斗，抢填沙砾石，通宵奋战近8小时。东堤在区级领导蒋国南、钟胜双，老领导甘根林、汤博仁的指挥下同时进行抢填浪坑的战斗。至8月3日上午全线抢填告捷。8月6日，七级西偏南大风夹暴雨再次突袭西线防洪大堤，滔滔巨浪冲向0～14公里西堤护坡板，毁坏185处，抢险队员们不顾疲劳，发扬连续作战的作风，通宵战斗至7日凌晨5时，有效控制了险情的蔓延。

历经五大保堤战役，已被人们断言保不住的屈原大堤在百年罕见的洪灾中，在洞庭湖众多大垸漫溃的险境中，实现了“水涨堤高，人在堤在，拼死保证外洪水位超36米大堤不漫不溃”的承诺。省长杨正午视察后，称赞“屈原人创造了人间奇迹”。

第四节　水利管理

一、堤防管理

机构　主管堤防单位为区堤防管理总站，原名为农场水利管理委员会（简称水委会），成立于建场初期。至1988年，有干部职工357人，下辖三星渡、青港、磊石3个分站。1992年，站址由青港迁至迎丰闸。2000年，更名为堤防管理总站，为差额拨款事业单位，定编19名。

管理　全区有一线防洪大堤38.14公里，一撇洪堤19.5公里。共设立公里碑40块，防汛责任牌70块，防汛宣传牌52块，架设处险照明电杆40公里。沿堤设置7个防汛器材仓库、6个沙砾石场，栽植4万多株柳树形成防浪林带。为便于平时管理和防汛器材抢运，57.64公里防汛堤段中有55.2公里修筑成水泥路面。

1978年，农场场部颁布《堤防管理条例》，明确规定：不准在防汛大堤堤身、堤脚以及巡逻路上种植树苗和高秆作物；在堤脚下有压浸平台的地段，种植树苗必须留足8米宽的巡逻路；各分场、水委会必须加强堤防管理，及时清除大堤上的存林、高秆作物等以及影响防汛的各种障碍。对堤身管养，采取专业队伍日常养护与汛期集中扫障相结合的办法，有效防止人为破坏和牲畜损坏的现象。每年坚持两次堤防大检查，即汛前和汛后大检查。汛前大检查主要查防汛堤段清障情况、器材储备情况、大堤涵闸、机埠启闭设备运行情况，做到有备无患；汛后大检查主要查看水毁工程或发险处地段情况；涵闸、机埠、险段度汛运行及管理情况；对水毁工程、处险工程、隐患工程作出整治方案。1994年6月，行政区管委会批转区水电局《堤防管理条例》修改稿，对堤防设施、防汛器材管理作出规定，进一步明确堤防设施、防汛器材管理细则。1999年后，堤防总站推行堤路林“三位一体”管理，按堤段量化责任到人，年年初将任务分解到各堤段工程管理人员，逐月检查评分，一季度一小结，年终按总分确定工程管理人员绩效工资，促进堤防管理全面升级。

1991年始，农场场部下文规定，凡境内各独立核算单位，城乡个体户，机关、团体、事业单位、城镇和工矿区非农业建设征用土地单位或个体工商户，每年须缴纳防汛保安资金，其中有销售收入或营业收入的企事业单位和城乡个体工商户，按上年销售收入或营业收入的0.6‰征收；在职职工按个人月工资标准分别征收20～80元；非农业建设征用地的单位和个人按每亩800元标准征收。防汛保安资金主要用于堤防建设。

二、排灌机埠管理

设施　2011年，全区拥有固定电力排灌机埠200处，装机237台套，容量19246千瓦，其中外排机埠（一级机埠）10处，装机44台套，容量10835千瓦；垸内排灌机埠（二级机埠）54处，装机56台套，容量4272千瓦；纯灌基埠136处，装机137台套，容量4139千瓦。

机构　全区机电设备管理实行两级负责制。垸内二级机埠受益跨村的由各乡镇水管站负责运行、维护和管理，乡镇水管站业务上接受区水利局指导；受益范围在一个村组的，由村组负责运行、维护和管理。一级机埠运行与维护以及全区用水调度由区水利局统一管理。设置局属二级机构区电力排灌总站，原名农场电力排灌总站，成立于1985年6月，成立之初设址磊石电排站，1995年后，迁址推山咀电排站，为差额拨款事业单位。

管理　1978年5月，农场场部下发《垸内水利工程管理细则》，对机埠等机电设备的运行、维护和管理作出规定。1994年6月，根据水利电力工程建设发展需要，行政区管委会发文对《垸内水利工程管理细则》作出修改，明确细化机电设备运行、维护、管理规程。机埠运行、维护实行指标量化到岗到人，使工效与个人收益挂钩，加大了管理力度，提升了管理水平。

三、工程建设管理

1978～1999年，农场成立水利建设指挥部，各分场成立水利建设指挥所，实施行政领导负责制。在工程质量管理方面，由农场水利部门主管业务的副职挂帅，水利部门工程管理股、水利工程质量监督站人员分项目进行指导、督促、检查，各有关水委会主任、分管副主任、工程股股长为项目负责人，具体负责工程施工、材料送检、质量自检、工程竣工验收，并为该项目工程质量终身责任人。在具体方法上，实行分级负责、计划管理，对工程建设投资严格按基建程序办事，先审批后投资，包工不包料，按定额结算工资，按施工进度分期付款。在资金使用上，实行审计和监察，施工过程中合理安排施工人员，制订施工与验收制度。

2000～2011年，推行水利建设工程项目法人制度。全区水利工程建设实行项目法人制、招投标制和建设监理制为主体的“三制”管理，加强水利工程建设的行业管理，保证水利工程建设的工期、质量、安全和投资效益。

四、水政执法

执法队伍 2004年，区成立水政监察大队，属区水利局二级机构，为自收自支事业单位，2009年改自收自支为全额拨款事业单位，定编3名。2010年，定编人员参照公务员管理。

2009年，联合区国土、公安等部门对垸内河道采沙开展专项整治行动，历经3个月，规范采沙行为，认定并统一办理执证挖沙船17条，使垸内非法采沙行为得到有效遏制。2011年，根据《全省水上安全综合整治总体方案》《岳阳市水上安全综合整体方案》、市水务局《岳阳市河道采沙专项整治工作方案》精神，联合区国土、公安、工商、监察、安监及相关乡镇，对垸内河道采沙进行专项整治，历时8个月，取缔非法淘金、非法采沙和无证作业船只2条，其中解体上岸1条、整体变卖1条。在湘江屈原段禁采区，处理越禁违法采沙23船次，警告、责令撤离越禁违法采沙128船次。

水资源管理 2004年始，依照国务院《取水许可制度实施办法》，对垸内取水的单位和个人进行取水登记、审批和发证，至2011年，全区登记取水网户5家，取水点28个，审批取水总量20万立方米。

第五节 水利经济

一、综合经营

1985年，农场电排总站与水委会分设。根据湖南省《灌溉工程管理暂行办法（草案）》和《湖南省水利工程管理办法》，场部鼓励水利部门开展经营。水委会利用水利工程权属面积相继成立采石队、运输队、砼构件预制场、农牧水产队。采石队负责防汛沙砾石采运，常年实现产值60万元，农牧水产队常年耕作农田89.3公顷、渔池28公顷，年收入近50万元。2003年后，成立金堤林木公司，利用38公里一线防洪大堤进脚植树造林256公顷，结合培植苗木基地2公顷，安置富余人员17人，林业经济效益达500万元，2008年，被深圳泰森源公司收购。电排总站利用排灌工程权属面积发展农、牧、副、渔以及小工业，耕作农田16.5公顷，精养渔池8.4公顷，栏栅养鱼14公顷，年产值60万元。同时利用闲置设施，于1989年投资37万元，开办地膜、废塑料回轮碎粒厂，年产值过100万元，解决待业人员18人。

二、水利企业

挖泥船队 1978年7月成立，为水委会下属单位。成立初，有益阳造80立方米咬吸式挖泥船1艘。1983年单列，有职工103人，工程船舶3条，防汛沙石码头1个，固定资产306万元。主要经营疏浚、吹填、采挖沙砾石、销售沙石等业务。90年代中期后，由于洞庭湖区吹填固堤投资压缩，挖泥船经营业务萧条，2001年4月完成改制，人员实行身份置换，下岗分流，设备及固定资产划入屈原水利建筑工程公司。

水利建筑工程公司 90年代初期成立屈原水电工程队，1994年，通过改制组成股份制企业，由公司员工参股经营，企业更名为岳阳市屈原水利工程公司，为国家水利建筑四级公司。2001年4月，挖泥船队并入公司后，经营业务范围扩大，企业更名为湖南屈原水利建筑工程有限公司，经省建设厅评估核准，颁发水利三级资质证书，2005年，晋级水利工程国家二级资质。至2011年，有员工218人，其中高级职称9人，中级职称59人，初级职称45人；水利专业人员43人，持有企业三类人员证28人，其中国家级建筑工程造价员7人，二级建造师16人，一级建筑师1人，造价师1人；公司有固定资产2070万元，年产值7000万元。2001年后，连续10年被评为省级守合同重信用先进单位；2009～2011年，连续3年被评为纳税先进单位，并被市建设局评为A级信用企业。

第六章　农机农具

1978～1980年，境内农业机械以国家投资为主体。1980年，农机总动力达到44508马力，农田机械耕作面积11962公顷，占播种面积的63.7%。且甘蔗中耕、茶园复垦进入机械作业试验阶段。1981～1983年，大型农机具一度闲置。随后，农机具折价归私，全场农机固定资产净值120.39万元，折价回收55.95万元，净耗64.45万元。1984～1988年，适合家庭承包的小型农机具得到发展，全场农机总动力70341.7千瓦，平均每亩耕地拥有量0.51千瓦。1994年，基本实现机械化操作的有水利排灌、农产品加工；实现机械化、半机械化操作的有谷物脱粒、植物保护、农业运输；部分操作实现机械化的有农用耕作、栽培等。1995年后，农业机械化进入快速、持续发展阶段。2005年始，国家实行农机购置补贴政策，至2011年，共完成农机购置总额8253万元，购置9044台（辆），争取国家补贴2322万元。私有农业机械成为农业机械的主体。全区80%以上的农业职工拥有一般的农业机械，大多数种田大户有整套的农机设施。全区农机总动力达到252723千瓦，每公顷耕地面积的农机动力达26千瓦，农田机械耕整达98%，水稻机械栽插达50%，水稻机械收割达到95%以上。耕作机具从单纯的耕整到栽插、收获一条龙，植保机具从气压式到手摇式、电动式，排灌机具从内燃动力到电力。

第一节　传统农具

境内人、畜力农具经历引进、推广、改良、革新，种类不断增多，结构更加合理，工效有所提高。1982年始，机械动力农具逐步取代部分传统农具。2011年，部分仍有使用价值的传统农具和改良农具配套日趋完善。

一、畜力农具

大犁　由犁辕（长1600毫米、周长120毫米的圆型杂木、弯曲呈135度）、犁箭（长600毫米、宽100毫米、厚90毫米），操纵把手（长100毫米、直径80毫米）、操纵扎、牵引扎、犁床（俗称犁底，长550毫米、宽100毫米、厚80毫米，前端呈靴形）、麻口生铁铸造的犁头、犁壁组成，是翻耕旱地、水田板坯和荒地的通用犁。正常情况下，一牛一犁一天可翻耕0.13～0.26公顷。

竖齿耙　由耙架（长2200毫米、宽600毫米）、铁质耙齿组成。耙齿分两排，前排8颗，后排9颗，齿长160毫米、宽20毫米、厚12毫米。耙架前端横梁上安装2个牵引扎，后横梁上安装l个拉手环，用于旱地和冬板田翻耕后的碎土、平整及播种后覆盖。湖区有时将耙架翻转来（齿朝天）作平土板用。使用时，由耕牛拖拉，操作者站在耙上加压，山区、丘陵区放石块或土坯配重。正常情况下，一天可耙田1～1.2公顷（两遍）。这种耙的发明无年代可考，但晚清至今，近百年来没有大的改动。

昌耙　分木架、铁齿和铁架、铁齿两个类型，使用效果一样，形状、规格基本相同。铁质造价高，木质材料要求高，由扶手杠、连接把齿的主杠和牵引扎等组成。17个耙齿排列成单行，齿距80毫米，齿呈棱形，长200毫米，围粗12毫米。在耖二遍后的水田纵横耖两道，犁沟垡隙均可填平。使用时，耕牛拖拉，操作者握扶手架，使其起落和加压，一天可耖田0.8公顷。

浪耙 由扶手杠、连接耙齿的主杠（长2800毫米、直径65毫米）、扁齿（29颗，木料制作，长120毫米、宽40毫米、厚15毫米，呈一字形排列）、牵引扎组成。专用于水田后一道平整工序。耕牛拖拉，正常情况下，日工效2.67公顷。

蒲滚 由滚架（长1100毫米、宽600毫米）、蒲滚组成。六组长方形叶齿（叶长110毫米、宽60毫米）装在滚筒（直径140毫米）外圆上，即成扎滚。六块长条形叶片装在滚筒外圆即为蒲滚。框架上装四足凳，操作者坐其上加压和驭牛。蒲滚用于水田翻耕后覆盖绿肥、禾蔸和稻草还田，使之碎土、起浆。所谓打“刮”滚，即将加压重心后倾，框架后板拖泥，使之刮平表层。一天可蒲田0.7～0.9公顷（两遍）。

石滚 用于场子上脱粒的滚压工具，但在旱地耕整中，可发挥其独特的作用。湖、丘区旱地播种前后，可用来碎土、平整、压紧，使翻耕地保持水分。例如：黍、粟、高粱、大小麦、芝麻等作物播前用于滚压，碎土，播后或幼芽期用以镇压，使之土粒密集，得以耐旱。

石碾 由碾架、碾槽组成。碾架用木料制成“丫”形，单端连接在中央固定的地轴芯上，两端连接2个碾滚（直径600毫米，中心厚120毫米），碾槽用弧形条石（内凿凹字形槽，槽宽180毫米、深160毫米，槽底为半圆形），砌成360度圆周，直径300毫米。一天能碾黄谷4槽，约350公斤；碾齐米（砻去谷壳的）6槽，400公斤。这种碾子多为村庄和合作化后的生产队集体架设，一般安装在露天。

油料碾子 用于旧式人力榨油碎籽，碾槽采用弧形条石凿成，槽宽200毫米、深200毫米，砌成360度圆周状，用木支架连接一独石轮（直径1700毫米）碾压，一天可碎原籽300公斤。

牛拖子 是湖区用牛拖拉的一种滑行运输工具，优质杂木料作拖板，前端起翘，在泥泞道路、荒洲沼泽或大田里运输粪土、秸秆作物和耕作农具之用；不适应丘陵沙石路面。随着公路和机械化运输的迅速发展，已被淘汰。

二、人力农具

手摇水车 是龙骨水车中结构简单、体积最小的一种，车筒、叶片没有统一规格。使用时，一人或二人往复推拉手柄，转动车轴镳，带动车筒上的叶片循环往复，使之提水。这种水车不论山丘区，还是湖区都适用，是低落差，小丘块稻田提水的较好工具。二人一天可灌田0.13～0.2公顷。70年代后停止使用。

脚踏水车 二人、三人、四人操作（俗称二人、三人、四人梁或叫踏车），为农家必备的当家农具，由车筒、龙骨、车叶、呈轴镳、水轴镳、车架、车它、扶杠等装配而成。车筒长3～5米。龙骨叶片用优质杂木制成，尺寸要求严格。龙骨呈“丫”形，长230毫米、厚12毫米、宽36毫米，两端有直径12毫米的连接孔，叶片嵌在中间。叶片长180毫米、宽150毫米、厚5毫米，中间凿长方形双孔，使之镶人龙骨，成为一体，俗称“车锁子”。车轴镳起驱动作用，由轴毂和木齿组成，15块扁木齿均匀装在毂上.外径800毫米，每个木齿外端套一龙骨。轴镳轴上装两组（三组、四组）叉形脚踏车它。水轱镳直径286毫米，5齿投入水下。车轱镳、水轱镳与龙骨的作用，近似大小链轮与链条的作用。车架上有轴承座，支撑车轱镳的两端，装上扶杠后，操作者手扶扶杠，脚踏叉形车它，呈站立行走姿势，靠人体重量转动车轱镳，带动龙骨和叶片在车筒内移动，将水提上来，正常情况节，二人踏一天，可灌田0.33公顷（双班），三人0.53公顷，四人0.67公顷。70年代后，脚踏水车被动力排灌设备淘汰。

手推车 由车架、把手、扁担和大小轮各一个组成。一人操作，肩负450毫米长的短扁担，操起把手，所拉货重量由人肩负和大木轮支撑，车的前端距大轮200毫米处安装一小木轮，遇有小沟，用以支撑整个重量，让大木轮顺利跨沟。载重100～200公斤。此工具后被人力胶轮板车所替代。

人力胶轮板车 50年代，见于城镇搬运工人运货。1958年大量推广到水利建设工程拖土。80年代后，土地承包到农户，农村普遍应用，为农家必不可少的运输工具。这种车由木制车床、2个胶轮和铁轴组成，载重量500公斤，1～2人拖拉。

木划子　农村湖汊、沟港中的短途运输工具，湖区农家多数必备，除农事运输外，还用于洪水泛滥成灾时应急。它由杉木制成，一般载量150～250公斤，大的可载1500～2000公斤（江河营运性船只除外）。这种划子头窄尾窄腰部宽，鱼尾叉形，前端翘起。小则篙撑（鸭划子）、大则桨划。双桨并划的叫“双合燕”，两桨一前一后划的，后桨代舵用。后被广泛用于湘莲采摘。

石磨　是加工粉、浆类的传统工具。用岩凿成上下两扇带齿的圆盘，直径350毫米，上扇厚100毫米，中央镶一铁套，下扇稍薄，中央嵌入木磨芯，木磨芯片套在上扇铁套内作旋转轴心。磨盘装在木制架上，上扇外沿装一木柄，操作者以推扒子插入木柄孔内，顺时针方向推转，颗粒状粮食在上下磨齿搓擦下，磨成干粉或水浆。现部分农户仍保存这种工具，用于家庭粉浆加工。

油榨　传统食油加工工具。其加工过程分为炒籽、粉碎、蒸发、压榨4道工序。粉碎蒸发后，以稻草装包放入榨箍，使其成饼状，再装入榨筒里，用木模加压，即以人工推动撞杆击在模上，使榨筒内的油料互相挤压而出油。榨筒采用直径1000毫米的优质杂木，中间挖成直径500毫米、长1500毫米的圆柱孔，用以装油料饼。撞杆用绳索系在中间，吊于屋梁上，3～5人操持撞击，每撞一下，齐呼一声号子“嗨”。榨模选用檀木，用其他木种代替撞击时则会自动退出来。一天可加工原籽150公斤，即纯油45公斤。随着机械液压榨的推广应用，60年代后期被淘汰。

弹棉花弓　用于将皮棉加工成精棉作纺纱、织布、铺棉衣、做被絮等用。所用器械为弓形弹花器，弓弦紧拉一牛筋弹线。弹棉时用一软竹片缚在操作者背上吊挂弹弓，左手擎弓，右手持酒瓶状木锤有节奏地在牛筋线上敲击，使线的弹力将皮棉弹成绒状，一人一天可弹皮棉10～15公斤。

薅锄　有平板锄和鹅颈锄。平板薅锄，锄板刃宽150毫米、长150毫米，加上凹字形铁马口、木模和1800毫米长的毛竹柄装配而成。鹅颈锄头多用于中耕棉花、芝麻等旱作细粮，其特点是颈细且长，不易损苗、锋利轻便。山丘区也有鹅颈锄，但使用不普遍。还有一种专用于湖区黍、粟中耕的窄锄刃，刃宽80毫米，其形状与板锄相似。山丘区中耕除草普遍使用小型薅锄，为红薯培蔸起垅则用二号挖锄。

锄、镐　作挖土、栽培、挖柴蔸、中耕除草用。由于用途不同，形状各有差异。湖区用于水利工程和田间管理挖锄，锄板刃宽160毫米、长200毫米；丘岗地的挖锄，由于土质坚硬，除锄板比湖区厚些，其他都较小，中耕除草用的更小一些。镐常用于山区凿挖风化石（土）。“十”字镐，身长25毫米、宽15毫米，一端铲刃、另一端凿尖，中间一装柄的椭圆形孔，装配1000毫米长的结实木柄。羊角镐，用于采挖坚固的土石，形似大挖锄，以齿代板，两齿如羊角状。

钉耙　又叫粗头，用途有别，形式各异，主要不同在齿上。湖区用于翻粪凼、作田埂的长扁齿耙头，四齿均匀排列成180毫米宽，齿长200毫米、宽18毫米。丘区用于同类耕作，但因土质坚硬，故齿稍短且厚。丁耙用于翻土、翻堆杂肥、掘猪牛栏粪。

锹　是农家常备的小农具，用于水利工程，开沟、挖土、挖藕等。它与锄不同的功能在于将所挖之土物掀扬甩远，而锄头挖的则要靠箢箕担远。由于功能不同、土质硬和软的差别，锹也有多种式样。窝锹（锹板呈凹形）：刃宽120毫米、板长200毫米、柄长900毫米，顶端装一拐子，由于湖区土质松软，用于水利开沟，一人一天可挖土6～8立方米；板锹：刃宽140毫米、身长160毫米，锹板上端卷边10毫米，便于脚踩加压入土，适用于山丘区。泥锹：又叫“指甲锹”，锹板与锹柄用木料制成一体，板上蒙一层薄铁皮，形似指甲，湖区用于挖淤泥，工效高于窝锹，操作省力，适用于湖区。

耥耙　又叫中耕器，操作者手握带长柄的小蒲（轧）滚，在禾苗行间反复推拉，把表层小草压人泥中，适宜划行插秧的水稻田。由于农民多插随手禾，行距不一致，易损苗，同时株间中耕不到又不能翻泥，故使用不广泛。

簸箕 竹篾编织成圆盘形，直径1200毫米，沿周转边40毫米，使用方法即颠簸，杵臼舂米时代就用此法吹糠，现在农户多有这种农具，用于清选少量谷物或晾晒食物等。

麦镰刀 湖区用来割刈秸秆作物，刀片长160毫米、宽30～45毫米，刃口呈半月形。

拌镰刀 专用于打湖草，刀片长180毫米、宽60毫米，装1600毫米长的竹（木）柄。

茅镰刀 山丘区用来割砍毛竹和硬秸作物，刀片长140毫米，刃直，背似半月形，最宽处60毫米。

柴刀 刀尖呈鹰嘴形，长300毫米、宽75毫米、板厚8毫米。“鹰嘴”用来将树枝钩下。

小禾镰 刀片半月状，刃口开细齿（300锤）并淬火，刃口长120毫米，刀片嵌入约180毫米的椭圆木柄中，是割刈蔸禾的专用工具。

扮桶 四方盘形、木料制成，高510毫米，桶口宽1200毫米，装配扮刷、围撮。扮刷用竹片、木框镶嵌而成，高650毫米、刷板面宽480毫米，嵌12块竹片。围撮用板蔑编织，周长3300毫米、宽1800毫米。用时，围住扮桶三方，防止扮桶谷粒溅散。扮禾时，4人编班作业（2人割、2人扮），一天可扮毛谷800公斤。60年代后，被人力打稻机替代。

扫把 用竹枝、高粱穗等捆扎而成。

扒子 有四齿或六齿，扒宽350毫米，收秸渣用，用木制成。山丘区有用6～9根竹片弯成钩形，组装而成的抓扒，用于收集松毛、草屑等。

推板 将脱粒后摊晒的谷物收堆。木制，上端装扶手杠，下端装木板，板长900毫米、宽350毫米。用时，1人扶杠压板，1～2人拖拉。

木掀 优质木刨制成长方形薄板，长260毫米、宽200毫米、嵌装1200毫米长的木柄。用时，以掀板撮谷物向空中抛撒，让风将其中的草屑和瘪壳吹掉。

风车 木料制成，用于晒场清选谷物。由风鼓、叶轮、盛粗料斗、精出料斗组成。用时，操作者手摇轮轴拐柄，转动叶轮，产生风力，吹掉空壳、草屑。现在粮食收购部门、加工厂、个体农户仍多用此法清选谷物。

筛子 其种类繁多，流行的有吊筛、手筛、箩筛、溜筛等。筛网按粗细分成多种规格，网用竹篾或钢丝编织而成，网孔2～10毫米，以适应谷物颗粒大小。吊筛：直径1200毫米，沿周卷边高80毫米，用绳索吊在架上，操作人双手擎住筛边，抖动筛内谷物，使其既作旋转运动又作往复运动，小颗粒从孔中漏出，杂屑集于中央。手筛：也用竹蔑编织而成（方格与吊筛同），直径450毫米，沿周卷边高60毫米。筛时操作者用手托住两边，左右抖动。箩筛：用薄木板卷成圆圈，直径320毫米，周围高100毫米，用蚕丝线织成网状筛面（现用尼纶线），农家常用其筛面粉，漆工也用其筛石灰、石膏。溜筛：在晚清期间就已问世，长方形木框架（长1400毫米、宽800毫米）的一面钉上筛网，筛网用钢丝编织而成，网孔规格与吊筛相同。用时，框架一端置于地上，另一端用一活动木撑住，使之呈45～60度的角度倾斜，操作者用锹将谷物抛上筛网，比重较大的细沙石漏到筛网下层。现在溜筛仍普遍使用，手筛更是频见于农家，而吊筛则很少使用。

匀耙 场坪上翻晒谷物的专用工具。工作部分成篦形，宽600毫米、高220毫米、9～11齿，齿的一端宽50毫米，另一端宽38毫米，装2000毫米长的竹（木）柄。

箩筐 用竹板、竹篾编织而成，两只为一担。可盛大米、蚕豆、或大豆100公斤，稻谷75公斤。

扁担 分竹、木两种材质，为人力挑运工具。

第二节　农业机械

一、耕作机具

拖拉机　1978年前，拖拉机是农场农业耕作及运输的主要动力机械，都是从前苏联及欧洲进口的，如斯大林100号、德特54号等。1978年始，推广使用国产拖拉机，其中链式有东方红75型、东方红60型、东方红54型，轮式有东方红40型、东方红28型、丰收35型等。1988年，拖拉机发展到795混合台、14730千瓦。手扶式拖拉机在20世纪90年代淘汰80%，2000年全部淘汰，广泛使用盘式拖拉机。2008～2011年，有拖拉机混合台1987台、42590千瓦，其中链式拖拉机492台、17872千瓦，轮式拖拉机主要有3种机型，即上海纽荷兰804、754、654，其中最受农民亲睐的是754轮式拖拉机。

缺口重耙、41片圆盘轻耙　主要用于旱土耕整，1958年开始使用。1979～1984年，全场引进149部。1985～1990年，由于旱土减少水田增多，圆盘轻耙减至34部。90年代全部淘汰。1995～2000年，旱土水田全部采用旋耕机作业，至2011年，旋耕机发展到410台。

水田蒲耙器　1978年始，全场只有15部。1978～1980年，发展到112部。1981年，因旱土面积增多，水田面积减少，机车下水田作业相继减少，随着新型机具上市，蒲耙器自然消失。

机滚船　机滚船适应湖区湖田耕整作业，1978年，全场发展机滚船126条，基本取代拖拉机水田作业。1978～1987年，机滚船发展到鼎盛时期，是主要水田作业耕作机具。1988年推广水田耕整机后，机滚船数量下降，仅剩63条。至1995年，境内机滚船全部消失。

水田耕整机　可以从事犁、耙、耥、滚多项作业，适应于湖田耕整，1985年，农户自费从湖北省宜昌市购进耕整机1台，是年完成早中晚稻水田作业20公顷。1988年，全场发展水田耕整机95台，当年完成水田作业面积3957公顷。2011年，全区耕整机增至5879台套，完成耕整面积7800公顷。

二、植保机具

喷雾器　1978年前，全场使用铁筒气压式喷雾器。1978年后，铁筒气压式喷雾器逐渐消失，广泛使用被包手摇式喷雾器。至1988年，被包手摇式喷雾器发展到7445部。2000～2008年，推广被包充电式喷雾器158台，至2011年发展到610台。

喷粉器　1988年前，全场使用的是背包式手摇喷粉器，共508部。1988年，推广动力喷粉器。90年代初，全场有89部，90年代末仅留下4部，后逐渐消失。2000～2008年，推广抬式华辉机动喷雾（粉）机67台。机动喷雾（粉）功率大，射程远，劳动强度小，效率高，一小时可喷杀0.7～1公顷。2011年，抬式机动喷雾（粉）机发展到236台。

三、栽培机具

播种机　1979年有24型点播机、棉播机30部，后由于农场棉花种植逐步被其他作物所取代，1982年仅存3部，1984年消失。水稻点播产量不高，从1970年推广使用至1980年基本淘汰。

插秧机　2002年，省农垦优质水稻生产全程机械化示范项目在管理区实施，年年底从韩国引进东洋PF455S型手扶插秧机和东洋P600型高速插秧机。2011年，区财政安排资金500万元，用于控制直播奖励，农户新购一台插秧机除国家补贴外，区财政再补贴1000元，同时每作业一亩补助50元，农民购买插秧机的积极性空前高涨，至年底，新增插秧机155台，其中福尔沃独轮乘坐式插秧机67台，全年完成插秧面积3333公顷，每公顷产量突破7.5吨。

四、收获机械

1978年前后，电动打稻机在全场推广，至1979年，机动、电动打稻机发展到591台，1988年增至1831台。90年代，自走式全喂入联合收割机引进。2000～2008年，全区收割机增至651台，其中全喂入收割机646台，半喂入收割机5台。至2011年，全区有收割机1110台，其中全喂入收割机982台，半喂入收割机8台，水稻实现95%以上的机械收割。

第三节 农机管理

一、管理机构

1982年前，农场机务科下设8个机务队、1个机务组、1个扬水站、1个农机配件供应站和康拜因收割队。

1983年，农场机务科更名为农业机械化服务总公司，负责全场农机监理和推广服务。内设财务室、农机监理站、推广站、农机服务石油供应站。至1999年，农机经营以专业户为主，各分场（镇）仅配一名农机管理员，主管机车安全和人员培训。

2000年，农业机械总公司从事管理的机构和人员分离，设立区农机局，定编5名，内设办公室、农机监理所、农机推广站。从事经营的企业职工实现身份置换。

二、农机监理

1978～1982年，由汨罗农机监理部门负责全场农机检测、办证、落户、过户、换发牌证、驾驶员考试、考核，拖拉机年度检审、农机安全监理、拖拉机养路费征收。农场机务科只负责组织协调工作。

1983年，农场机务科更名为农业机械化服务总公司，履行农机监理职能。1984年，正式成立农场农机安全监理站，加强农机安全管理，组织安全检查，开展安全教育，负责拖拉机及驾驶员的检审、考核和核发牌证、机车落户过户、驾驶员培训考试，处理安全事故，负责征收养路费和其他有关费用。是年，首次换发农机农用拖拉机牌照。1990年1月1日始，启用全省新的机动车驾驶证编号代码和机动车行车执照及号牌的编码代码。1994年4月20日，实行拖拉机第二次换证工作。1998年6～11月，换发农用拖拉机驾驶员驾驶证，新建驾驶员档案。2000年，换发全国统一的“反光”牌照。2008年后，全区拖拉机换发05式牌照。

1990年5～6月，第一次对全场拖拉机进行技术检测，检测机车362台。1992年，农机监理站购进首台先进电子测功仪，对参加年审的拖拉机进行技术检测，检测769台，测功428台，调修228台。此后，拖拉机及其驾驶人员每年度履行一次检审工作。

1998年，农用运输四轮车的安全监理由公安交警移交农机监理部门。2000年，农机监理站定为事业单位，定编6名。是年，农机安全监理站更名为农机安全监理所。2001～2011年，全区年检农用汽车4157台，合格率100%；年审驾驶员906人，年审率90%；发生大小事故269起，调处率100%。

2008年始，农机部门所履行的农用汽车事故处理、管理职能移交公安交警部门。

三、农机培训

1978～1983年，农机培训工作由农场机务科负责，每年组织对农机员培训一次，共培训管理人员、机务工人831人次。1984年，农机培训工作由农机安全监理站负责组织实施。是年11月，首次举办全场机务工人培训班，为期7天，共培训修理工60人、轮式拖拉机驾驶员100人，手扶及盘式拖拉机驾驶员150人。1985～2004年，操作工、修理工培训一般每年一期，拖拉机驾驶员培训每季度培训一批，时间7～15天，由农机监理部门具体组织进行。

2005年后，农业机械化程度显著提高。至2007年，各类农机人员达3100人，根据省、市有关文件规定，凡购置大型补贴农具，如全喂入、半喂入收割机、自走式旋耕机，不仅要上户建立档案，而且要培训考试考核，合格者才能凭操作证上岗，全区农机人员培训率达95%。2008～2011年，农机监理所与市农机校推广站共同举办各类培训班12期，每年3期，每期5～7天，培训内容有机插秧操作技术、耕田机具的使用与维修、收割机的安全使用和操作维修等，4年共培训插秧机手、收割机手等各类新式农机手1510人。拖拉机驾驶培训，每季度培训一批，每批5～ 7天，每批20～25人，4年共培训380人。

第四节　农机服务

1978～1983年，农场机务科负责机具调配、油料分配、机械配件采购供应、机具维修、人员培训等工作。1984年始，由农场农业机械化服务总公司负责油料、机具及配件的统一调配和销售供应。直至1994年全国取消指标油实行议价后，总公司成为独立核算的经济实体。

2000年，区成立农机局后，其工作职能以农机管理、农机服务为宗旨，主要加快农机推广的步伐，加强农机技术服务和指导。在农忙季节，及时组织农机技术服务小组，分片包干深入乡镇，服务到村组，跟机到田地。现场解决农机技术问题，帮助机手调试机具，每年下乡时间不少于3个月。2005～2011年，累计维修各类机具1752台次。2009年，在全区开展农机大户创建活动，至2011年，创建农机大户10户，每户机具价值在30万元以上，集耕、运、灌、插、种、收等成套农业机械设备于一体，成为全区农机社会化服务的主力军。

一、农机维修、供应

1983年前，农机及其配件由农场机务科统一采购，分配到各分场机务队。农机的维修保养由各分场机务队根据机车作业情况，统一定点定时维修保养，小修由各分场机务队机修车间自行维修，大修统一到农场修配厂进行。1984年农机折价归私后，农机及配件由农场农机服务总公司统一经营，维修实行行业管理。公司主要负责对机修人员进行培训、考核发证和对维修网点进行资质评定与年度检审。农机维修网点分为综合维修和专业维修两类三个等级，机械厂（原名修配厂）为一级综合维修网点，其余个体经营的均为三级网点，由农场农机服务公司核定挂牌。2000年后，对个体农机维修网点的技术资格评审由区农机局审核。至2011年，管理区有农机维修网点23个，从业人员43人。

二、农机油料供应

1978～1983年，农机油料由农场机务科负责，按标准每公顷15公斤发至分场机务队。1984年农机折价归私，用油个人负责，但还有部分指标油由总场控制。1984年，农机油料按计划由农机公司油库组织供应。1985年始，由农机公司根据机车作业量，核定部分计划油指标分配到分场农机站，再由农机站核定到车，不足部分按议价供应，油价实行双轨制。

1989年，农机公司加油站建成营业。1992年，以农机公司油库为平台成立屈原石油公司。1994年后，全国取消指标油，农用油全部按市场化运作，个体加油站迅速发展，形成石油公司与个体加油站并存的格局。1996年，屈原石油公司与岳源石油股份有限公司合股经营（屈原农机公司占股份的49%，岳源占股份的51%），合同期5年，2001年宣告破产。2002年后，区经贸局对全区加油网点实行行业规范管理，对统一规范内的加油网点进行资格核定并报省、市成品油整顿办公室批准统一核发“经营许可证”。

三、农机配件供应

1984年前，农业机械及配件全部由农机公司物资站供应。1988年，农机允许个体经营，形成国营（公司）和个体经营并存的局面。2000年，区直企业改制，农机公司从事经营的员工买断工龄，原有经营场所折价卖给职工。至此，农机主配件全部由个体经营。至2011年，全区有农机配件零售网点12家，从业人员28人。

专记　国家现代农业示范区建设

2009年11月，农业部根据中共中央总书记胡锦涛在考察黑龙江农垦企业时提出的“建设现代化大农业”的要求，出台《关于创建国家现代农业示范区的意见》，并相继印发《国家现代农业示范区认定管理办法》。区党委、区管委会迅速成立由区管委会主任挂帅的屈原管理区创建国家现代农业示范区申报领导小组。

2009年12月5日，区创建国家现代农业示范区申报领导小组办公室成立，从区办公室、区发改局、区农办、区农林局、区畜牧水产局、区水利局、区农机局等部门抽调骨干力量集中办公，负责组织申报材料。通过近一个月的调查研究，形成近5万字的申报材料，包括管理区概况、农业经济发展现状、农业产业规模、现代农业发展潜力、现代农业管理机制及保障条件。2010年2月，正式向省政府呈报《岳阳市屈原管理区关于创建国家现代农业示范区的请示》。是年4月，省农业厅专家组一行8人到管理区实地调研。6月，在湖南省申报的40个县市区中，经专家评审，领导考核，省农业厅最后确定长沙县、屈原管理区为湖南首批申报国家现代农业示范区，并由省政府以文件形式上报农业部。8月4日，农业部公布认定第一批国家现代农业示范区，湖南屈原管理区国家现代农业示范区正式命名并授牌。9月，成立由区党委书记任顾问，区管委会主任任组长，相关领导和部门负责人任成员的管理区国家现代农业示范区建设工作领导小组，并设立专门办公室，负责组织、协调各项具体工作。是年，争取市委、市政府出台《岳阳市人民政府关于大力支持屈原管理区国家现代农业示范区建设的意见》，成立由主管农业副市长任组长，相关部门领导为成员的岳阳市屈原管理区国家现代农业示范区建设工作领导小组，一次性减免农场体制下每年400万元上解费用。将示范区建设纳入“十二五”规划和市委、市政府的重点工作，明确市本级每年安排不少于500万元资金支持示范区建设等优惠政策。

2011年2月，区现代农业示范区建设办公室委托省农林工业勘察设计院编制完成《屈原管理区国家现代农业示范区建设“十二五”发展规划》（简称《规划》），通过区党委、区管委会审定，确定“十二五”期间现代农业示范区建设的指导思想、发展目标、空间布局、重点工程、保障措施。确定“三化”统筹、农业优先；立足区情、突出特色；重点突破、梯次推进；强化支撑、转变方式；农民主体、多元参与等五大基本原则。主要发展目标是：建立现代种植生产基地。其中：投资5000万元，建设9200公顷优质稻基地，实行“统一工厂化育秧、统一机械耕整、统一机插抛栽、统一肥水管理、统一病虫害防治、统一机收烘干、统一秸秆还田。”投资4000万元，建设667公顷优质蔬菜生产基地，并将其推向“规模化种植、标准化生产、专业化加工、产业化经营。”投资8000万元，建设667公顷优质水果生产基地，利用现代化的设施贮藏、分级、加工、包装，并建立果品专业化经营市场及国内一流的果蔬专业电子商务体系。建立现代养殖业生产基地。其中：投资1亿元，建设10万头原种猪扩繁场，使全区种猪生产规模达到30万头。投资1.5亿元，建设20万头生猪标准化健康养殖示范基地，按照“相对集中、适度规模、标准化生产、健康养殖、生态平衡、示范推广”的发展模式，打造生猪健康养殖优势产业带。投资1.2亿元，建设730公顷特种水产养殖示范基地，实现良种自给。投资3000万元，建设1万立方米大中型沼气综合利用工程，实现畜禽粪便的资源化利用和环境治理双重目标。投资3000万元，建设以畜禽粪便、沼渣、农作物秸秆、秸秆发电产业的副产品为主料，年生产10万吨有机肥生产线，达到降低农业生产成本、提高农产品品质量、培肥改良土壤、减轻环境污染、发展循环经济的目的。建设现代农产品加工产业园。按照农业加工业强区的目标要求，争取“政府主导、企业主体、统一规划、市场运作”模式，依托现有年加工屠宰生猪100万头的南京雨润——岳阳福润肉类食品加工有限公司，年加工优质大米8万吨的红太阳粮食有限公司及年加工珍珠50吨的普利特种珍珠加工厂，优先建设现代农产品加工产业园。加强133公顷园区各类基础设施和服务设施建设，出台招商引资的优惠政策，引进国内外农产品精深加工的大型企业、先进技术装备和优秀科技人才向园区聚集。

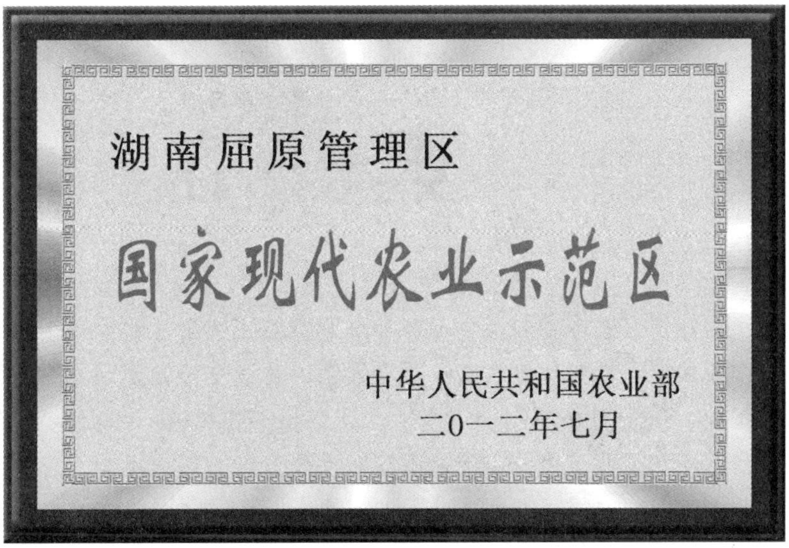

2012年7月，农业部对管理区国家现代农业示范区正式授牌（宋政军摄）

至2011年6月，区党委、区管委会对全区第一批优质生猪、优质大米、优质西瓜、绿色食品、环保养殖、名牌饲料、优质茶叶等十大核心基地正式验收认定。至12月底，示范区按照《规划》要求，借助中央和省、市政策平台，申请基础设施和农业发展项目86个，到位23个，到位资金2亿多元。示范区建设成功纳入“湘江流域综合治理规划”“环洞庭湖生态保护区规划”。承担的隆平高科2个百亩超级稻高产示范片在洞庭湖低海拔地区实现900公斤的历史纪录；完成神农大丰公司承担的农业部晚稻百亩超级稻示范片建设，获得每亩668公斤高产纪录。在提升十大核心基地的同时，发展农民专业合作社17家，涉及农户达70%。推进水稻生产全程机械化，实现农业综合机械化率达93.1%。生猪规模养殖比重达91%，制定养殖业和种植业企业标准47个，技术操作规程12个，基本实现标准化生产管理。农村信息化和农业互联网建设达到“区有中心、乡镇有站、行政村有点”的三级信息服务网络体系。

第十四篇　工　业

1978年，农场工业由农场革委会下设的抓革命、促生产指挥领导小组管理，全场有分场、镇以上工业企业10家。1979年，各级革委会撤销，农场实行党委领导下的场长负责制，场部下设工交科，管理全场工业，负责对企业制定年度生产计划和年底考核，督促企业做好产品质量和生产安全工作，负责新项目论证和企业重大技术改造审核初批等工作。1984年始，总场只对企业产、供、销作指导，在“围绕农业办工业、办好工业促农业”的思想指导下，引导企业外引内联，实现总场、分场、联产、个体工业“四个轮子”一起转。至1988年，分场、镇及以上企业32家，完成工业增加值1950万元。是年，将总场工交科更名为经济委员会（简称经委）。1996年，行政区党委、管委会决定实行“抓大、放小、破倒”分类改革求突破的方针，促进企业向股份制、市场化、产业化方向发展。1997年，行政区经委增设饲料办公室，统一协调管理全区饲料产业，是年饲料生产企业有43家，年产量突破10万吨，成为行政区重要经济支柱产业。1998年，实行“企业与区党委，职工与企业”两个关系置换（即置换企业的国有性质，置换职工的全民制身份）改制试点。2000年6月，区经委更名为区经济贸易局，加挂区乡镇企业局牌子。2001年6月，管理区党委、区管委会决定正式启动对区直企业以两个关系置换为重点的企业改制，同时，出台《关于大力发展民营企业的若干意见》，加快民营经济的发展步伐。2003年，全区工业实现增加值72487万元，42家规模以上民营企业中有4家进入全省民营企业500强行业。2004年3月，管理区党委、区管委会提出“开放兴区、民营主体”的战略，出台《关于进一步优化环境，促进企业发展的十条规定》。是年，全区工业完成增加值7.6112亿元，比上年增长8.7%；创利税8937万元，比上年增长5.6%。红太阳粮油有限公司被评为全市唯一一家民营粮食加工龙头企业。营田镇、黄金乡跻身全省34个专业乡镇之列。引进普利珍珠养殖加工、凯迪生物质能发电等知名企业。2005年，区经济贸易局更名为区工业经济发展局，撤销区乡镇企业局牌子。是年，全区有工业企业150家，比2004年新增30家。至2011年，全区工业企业196家，完成增加值407369万元，是1988年1950万元的208.9倍。是年，区工业经济发展局更名为区工贸金融和信息化局。

第一章　工业结构

第一节　所有制结构

1978年，农场有场属企业6家，完成年产值379万元。工业生产坚持外引内联，发挥优势，场内出现兴工壮农局面。至1988年，场属企业7家，完成工业增加值1950万元。

1989年始，集体、个体私营、联营、外资、股份制等多种所有制形式并存。至1992年，全场有个体民营企业95家，从业人员1430人，年工业增加值3675万元。

1993年2月，农场场部作出《关于对湘甬糖果食品厂、屈原罐头厂转换经营机制，实行国有私营的决定》。2家企业分别由场部委派法人代表主持发包，由私人承包经营。1994年2月，行政区管委会作出《关于加速发展个体私营经济的决定》，鼓励个体工商户、私营业主承包、租赁、兼并、参股和购买区内部分国有企业。是年，屈原水泥厂以土地和设备作股与港商李红合作，成立岳阳联发水泥有限公司。1996年，对屈原糖厂实行分块搞活，形成“一厂多制”的混合所有制经济。1997年3月18日，湖南正虹饲料股份有限公司A种股票在深圳交易所正式挂牌上市，成为国有控股上市公司。至1999年，区属国有企业5家，比1990年减少4家，其他所有制企业则有不同程度的增加。

1999～2010年，工业企业全面推行以“两个置换”为主要内容的产权制度改革，国有（不含国有控股）、集体工业逐步退出区域经济舞台。1998年8月，对岳阳联发水泥有限公司实行“企业与区管委会、职工与企业”两个关系的置换改制试点后，于2000年后相继完成屈原糖厂、机砖厂、机械厂、建材公司、油脂厂等区属企业改制，至2003年，成为全市率先全面完成企业改制单位。2004年3月，按照市委、市政府实施“民本岳阳”九项工程，区党委、区管委会出台《关于进一步优化经济环境，促进企业发展的十条规定》，放宽各种所有制民营企业的市场准入和投资领域，鼓励民间投资兴办工业和外来投资发展工业。2011年，全区工业企业196家，非公有制企业占99%。整个企业中，有36家为规模以上企业，其中有34家为个体私营、联营、股份制等非公有制企业，占规模企业总数的94.4%。各种非公有制工业企业完成增加值39.3亿元，占全区工业增加值的96.5%。

第二节　行业结构

1978～1988年，全场工业以食糖、食品、饲料、建材为主体，以机械加工、纺织、造纸、印刷、化工为辅的行业结构。1988年，生产食糖5897.7吨，产干茶785吨，产菜籽油1412.78吨，大米加工2600吨，糖果848吨，罐头1070吨，酱油197.39吨，莲蓉健儿粉40吨，红砖8200万块，平瓦500万片，水泥10138吨，水泥构件5.79万件，涂料565.4吨，各种饲料10818吨，农机配件3368件，铸钢158吨，短绒加工2100吨，丝绸4.23万米，精干麻815.6吨，造纸1013吨，氧化锌240.7吨，604环氧树脂胶31.2吨。

1988年后，饲料产业异军突起，至1994年，境内大小饲料生产企业34家，年产各种饲料19.38万吨。传统建材、化工、造纸等企业因原料缺失和污染环境等因素陆续关停。

1996年始，全区立足现有基础，按照“以资源为依托、以市场为导向”的思路，实行“抓大、放小、破倒、分类改革求发展”的方针，做大做强优势产业，大力发展资源型产业，淘汰产能过剩、污染环境、影响生态的行业，逐步建立符合资源条件、具有一定比较优势、适应市场需求变化和技术条件变化、达到较高经济效益水平的新型工业行业结构。1997年始，利用湖南正虹科技股份有限公司的品牌优势和带动作用，2001年新建年产能力达40万吨的营田饲料生产中心；通过招商引资先后引进具有自主知识产权和品牌优势的内蒙古正地饲料有限公司、江西双胞胎饲料有限公司、湖南湘天饲料有限公司、岳阳长江饲料有限公司、广东旺达饲料公司、岳阳强神饲料公司等6家规模以上饲料企业。全区饲料企业达40家，资产总值13.4亿元，生产规模达200万吨，年产饲料150万吨。农副产品加工除屈原糖厂、大米加工厂外，2003年后，兴建正虹海源肉类加工厂（后由南京雨润集团租赁更名为岳阳福润肉类加工有限公司）、岳阳市红太阳粮油有限公司、湖南昕祺生物科技有限公司、岳阳市屈凤春茶叶有限公司等8家规模企业，资产总值3.5亿元，年生产大米6万吨，屠宰生猪30万头，生产葡萄糖4.5万吨、植物油3000吨、干茶250吨，加工珍珠30吨。是年6月，深圳德科实业有限公司收购汨纺后落户管理区，通过三期工程改造，资产总值达1.7亿元。年产纱线5万锭。2004年始，通过承接沿海地区电子制造产业的转移，发展电子规模制造企业3家，资产总值3600万元。2006年，废铜、废铝冶炼加工业在境内兴起，有规模企业8家，资产总值4.428亿元，年完成增加值10.1138亿元。

2011年，饲料、食品、电子、冶炼、纺织等五大支柱产业占规模以上企业个数的77.7%，年工业增加值占全部工业增加值的85%。

第三节 质量技术结构

1978年，境内工业企业不多，企业对产品质量和技术指标要求还处在接触熟悉有关标准阶段。1979年，农场场部下发《关于加强企业管理，开展社会主义劳动竞赛和奖励的暂行规定》，对场内所生产的12种工业产品的质量和所用原材料，按照国家有关标准提出明确的要求。如制糖：产品按国家二级白砂塘验收，压榨抽出率在90%以上，压榨量95%，安全生产率95%；白酒：废蜜出酒率在40%以上，酒质60度，无杂质、色清芳香；红砖：呈8角12线6面光，压力拉力符合国家标准，一级率要求70%以上，合格率95%以上。

1984年，为加强产品质量，学习先进管理经验，企业成立QC质量管理领导小组，对产品质量高度重视。建材公司QC小组，通过对产品实行全过程、全员质量管理，做好每道环节的产品质量工作和技术攻关，所产机砖、机瓦当年通过国家建筑建材部鉴定，被评为部优产品，其中机砖连续三年获省优产品。

1986年，场部下发《工交生产实行目标管理的意见》，11项考核指标中，有4项涉及质量考核内容。特别提出对省、部优产品、新产品采取奖分措施。鞭策和督促企业把产品质量和技术进步放在首要位置。1987年，屈原茶厂的“屈原毛尖”“屈原炒青”获市优质名茶二等奖，八分场土地港建材厂红砖获国家优质产品奖。糖厂通过对锅炉、制糖、压榨三大系统的改造，出糖率达9.8%，比1985年提高2.6个百分点，创建厂后的最高纪录。

农场饲料生产始于1986年7月，生产初期，企业就把产品质量和科技进步作为生存的头等大事来抓，并以高、新技术含量获得用户的认可。1991年，正虹饲料厂生产的“正虹”牌QF-001猪高蛋白营养添加料经国家质量奖审定委员会审定批准获银质奖章，为全国饲料行业唯一最高质量奖。后又获国家科技博览会、全国饲料工业博览会、墨西哥国际实用技术展览会等多项金奖和多项省部级以上奖励；“猪优质高效饲料产业化关键技术研究与推广”和“猪健康养殖的营养调控技术研究和示范推广”2项研究成果，获国家科技进步二等奖。“正虹”牌猪饲料为国家质量监督检验检疫总局批准为免检产品。

1994年，区内饲料企业发展较快，但产品标准不一，有的甚至不按标准生产，产品一上市就被查封，严重扰乱了饲料产业的正常发展。在国家标准尚未完善的情况下，区经委制定饲料标准：Q/JAGJ001-94。

1998年，在开展中国质量万里行活动中，围绕打假扶优、规范市场、引导消费、服务企业等方面开展工作，帮助企业进行产品质量管理体系认证、环境管理体系认证和争创名牌工作。先后有6家企业通过产品质量管理体系认证，3家企业通过环境管理体系认证。2001年，民营企业屈原科技发展有限公司生产的的“屈原”牌猪饲料，获省著名商标，并认定为湖南省名牌产品称号。2002年，湖南三仁科技发展有限公司生产的“高麦芽糖浆”获湖南省首届乡镇企业科技产品博览会金质奖。2004年，屈凤春茶叶有限公司生产的“屈凤春”牌茶叶获湖南省著名商标。2006年，岳阳长江饲料有限公司生产的“岳长”牌猪饲料被认定为湖南省著名商标，并获得湖南省名牌产品称号。外省名牌企业如内蒙古著名商标“正地”饲料、江西省著名商标“双胞胎”饲料先后到管理区落户。2011年，湖南湘天科技发展有限公司生产的“湘天”牌猪饲料认定为湖南省著名商标，并获湖南省名牌产品称号。区内共有省部级以上名牌产品6个，占规模以上企业产品的17%。

第二章　工业生产

第一节　饲　料

1984年，农场高级畜牧师楼盛涛与北京农业大学教授杨胜合作，研制成功“203”“204”生猪混合喂养料。1986年，QF-001生猪高蛋白营养添加料研制成功，7月，该产品由楼盛涛监制并负责配方，在农场七分场禾鸡山建厂投产，拟注册为“正虹”牌商标。1987年年初，该厂和市经委合作在岳阳市郊胥家桥扩建分厂。产品通过湖南衡山养殖场对比实验，瘦肉率、料肉比都与泰国名牌“正大”饲料相当，有的技术指标甚至还优于“正大”。是年7月，省科委、省经委等部门组织专家对“QF-001”产品鉴定，年底获省优秀新产品四等奖、市优秀新产品一等奖。“正虹”牌商标在国家工商局正式注册。随后，产品市场深得用户的亲睐。禾鸡山饲料厂由于设备、生产能力、流动资金周转等方面的制约，生产的饲料难以满足客户需求。1988年，农场场部批准糖厂、综合加工厂、六分场兴建饲料厂，统一由楼盛涛负责配方并监制。1989年后，厂与厂之间出现相互压价、抵制、争抢市场等现象，加之个体、联户的饲料蜂拥而上，假冒品牌、以次充好、扰乱市场的行为时有发生。1990年，场部为整合资源、规范管理、消除内耗、做大做强饲料优势产业，决定四厂合一，以稳定市场秩序，规范饲料生产管理。后在正虹饲料利好的带动下，股份合作制、个体制、联户制饲料企业纷纷兴起，各种品牌不断涌现，农场饲料产业进

湖南正虹科技股份有限公司营田生产中心饲料成品　（宋政军2005年摄）

入快速发展时期。至1994年，全区各种品牌的饲料企业达34家，全年生产饲料19.38万吨，实现产值4.74亿元，实现利税2000多万元。

1996年后，相继投产的规模饲料企业有屈原科技发展有限公司、正地饲料有限公司、长江饲料有限公司、湖南双胞胎饲料有限公司、湘天饲料发展有限公司、强神饲料有限公司、旺大饲料有限公司。至2011年，全区有饲料企业40家，其中规模以上企业8家，有6家获省级以上著名商标和名牌产品称号。年产饲料150万吨，实现增加值14.67亿元，占全区工业增加值的36%，从业人员3032人，资产总值13.4亿元，占全区规模工业的49%。

附　企业选介

湖南双胞胎饲料有限责任公司　2005年8月出资4000万元收购正地饲料厂生产场地，是一家台港澳与境内客商合资兴办的饲料加工企业。该公司资产总额5400万元，占地面积23310平方米，其中建筑面积1.51万平方米。从业人员72人，年加工生产能力12万吨。该公司控股总公司为中国制造业500强，主要产品“双胞胎”牌猪饲料，为江西省名牌产品，其科研成果获国家科技进步二等奖，属高新科技产业。2011年年产饲料11.5万吨。

湖南湘天科技发展有限公司　始建于2006年12月，位于营田镇正虹东路，是一家生产销售猪用、鱼用系列饲料的规模型专业化生产企业。公司占地面积3万平方米，其中建筑面积21500平方米，固定资产5000万元，拥有2条国内先进的600型数控饲料生产线，年生产能力20万吨，产品遍销湖南、湖北、广西、江西、安徽、贵州等省区90多个市县。公司生产的“湘天”牌猪饲料为湖南省著名商标和名牌产品，“湘天及图”注册商标被评为中国驰名商标。公司有员工150人，其中技术人员30人，是省级农业产业化龙头企业、湖南省饲料行业协会副会长单位。2011年产销饲料12万吨。

第二节　食　品

1978年，境内农副产品加工和制造企业主要有屈原糖厂、古塘岔米厂和油脂厂。1982年，水泥厂增设糖果车间。1985年，屈原罐头厂投产；糖果车间从水泥厂分离出来，与浙江宁波糖果食品厂联营，成立湘甬糖果食品厂。至此，境内食品加工有食用植物油、甘蔗制糖、白酒酿制、糖果、大米加工、制茶、湘莲罐头、糕点制作、蛋制品等食品企业7家，年生产植物油70吨，加工大米4000吨，干茶785吨，梨子、橘子等水果罐头1070吨，糖果糕点900吨，莲蓉健儿粉40吨，咸蛋50万枚，白赤砂糖5898吨，酿酒2476吨。1990年始，国有农副产品加工和食品制造行业，有的被私营企业所取代，有的因原料、技术等因素关停并转。1994～1995年，场办企业罐头食品厂、轻工制品厂（前身为湘甬糖果食品厂）实行破产。2001年，区属骨干企业糖厂改制。是年，相继有“三仁”科技、“朝阳”科技、“晶穗”科技等3家大米加工葡萄糖厂投产。2003年4月8日，由正虹科技、河南双汇集团、荷兰圣福特3家上市公司联合投资2.5亿元的年屠宰100万头生猪肉食品加工项目投产。10月，“红太阳”米业加工项目落户境内。2004年始，因市场原因3家大米加工葡萄糖厂有2家关闭。至2011年，该行业还有大米生产、肉类加工、制茶、大米加工葡萄糖、糕点制作等企业存在。有规模以上企业8家，从业人员1281人，占全区规模工业的

13%；资产总值3.46亿元，占全区规模工业的13%；年完成工业增加值7.33亿元，占全区规模工业增加值的18%；年生产大米6万吨、屠宰生猪30万头、生产葡萄糖4.5万吨、植物油3000吨、茶叶250吨。

附　企业选介

岳阳福润肉类加工有限公司　2009年10月，租赁湖南正虹海原绿色食品有限公司生产场地进行生猪屠宰加工，是南京雨润集团下属企业，位于营田镇余家坪社区。公司占地面积7.992万平方米，建筑面积3万平方米，固定资产达2亿元，拥有6500吨冷库1座，现代化生猪屠宰线1条，分割自动控制线4条，采用目前世界最先进的三点式低压麻电、真空放血回收、蒸汽烫毛、超声波清洗、二段排酸冷却、同步卫检、真空包装、全过程冷链控制等先进工艺，严格按照美国农业部标准和出口注册标准组织生产。整个生产过程通过HACCP、ISO9000、ISO14000质量管理和控制模式进行全面监控。形成冷鲜肉、冷冻肉、腌腊制品、高温肉制品、低温肉制品五大系列300多个品种。生产加工能力100万头，是市级农业产业化重点龙头企业。2011年屠宰生猪50万头。

湖南昕祺生物科技有限公司　2007年，由岳阳朝阳生物科技发展有限公司转让创立，是一家私营农副产品加工企业。公司位于营田镇尚林村，占地面积1.998万平方米，建筑面积8700平方米，从业人员110人。现有生产线2条，主要采用大米生化生产生物葡萄糖，其生产工艺为国际先进的DDS工艺，新生产的高麦芽糖浆、淀粉糖、葡萄糖粉广泛用手糖果、糕点、饮料、医药、卷烟、牙膏等产品的生产，年生产加工能力3.6万吨。产品通过ISO9001认证，获国家科技进步二等奖，公司为市级农业产业化龙头企业。2011年产销产品3万吨。

第三节　纺　织

1978年，境内有纺织企业2家，主要从事轧花和短绒棉加工。1988年，纺织企业发展到10家，产品有丝绸织品、化纤布、短绒棉、长短绒精制麻、编织袋等。1992年后，大小精麻厂陆续关停，新增2家制衣企业。2003年6月，深圳德科实业有限公司出资2650万元收购汨纺。2005年，德科公司二期工程投资1500万元，新上纱线3万锭。至2011年，纺织规模企业仅存湖南德科纺织印染有限公司，从业人员2400人，资产达1.7亿元，占全区规模工业的6.3%；年工业增加值0.36亿元，占全区规模工业增加值0.8%。

附　企业选介

湖南德科纺织印染有限公司　前身为湖南省汨纺。1966年6月，省轻化工业厅选址屈原农场营田小边山筹建汨罗帆布厂，是年9月，经国家计委批准定为省属企业。1968年11月，更名为汨罗纺织厂，归口省轻工业厅管理。1969年8月纺部试车投产，1970年4月工厂正式建成投产。1972年12月，下放为岳阳地区所属企业。80年代，在扩建2万锭纺织生产线基础上，形成纺织印染全能企业。1983年5月，更名为湖南省汨罗纺织印染厂，归口岳阳市管理。1985年2月，先后建立2万锭专纺车间、第一、二纺布车间、帘子布车间、染整车间、气流纺车间，有员工5470人。1990年，产品品种由投产初期的8个发展到78个，列入“七五”重大攻关项目的高速平幅炼漂线于是年12月通过部级鉴定。至1994年，工业总产值达12.28亿元，上交利税2.28亿元。1997年，因国内纺织企业增多，市场竞争激烈，加上管理机制不能适应市场经济要求，工厂进行改制，成立华晨股份有限公司，经过2年的经营，亏损进一步加剧。2003年7月，市政府正式宣布华晨公司破产，并由广东个体老板陈汉标出资收购，成立湖南德科纺织印染公司。该公司占地面积23.8万平方米，建筑面积5.1万平方米，总资产2亿元，从业人员2400人。主要生产经营纺织品印染产品、化纤原料、服装制品。年加工生产能力12万锭纱线。

第四节　有色金属冶炼

1978年，屈原机械厂建有铸钢、铸铁车间，年生产量在200吨左右，产值近100万元，2002年企业改制后停产。2006年始，利用废铜、废铝冶炼成原材料和粗坯产品，冶炼碳素材料的企业在境内兴起，高峰期有24家，后因环保技术未过关大部分陆续关闭。至2011年，该行业有规模以上企业8家，从业人员1573人，资产总计4.4亿元，占全区规模工业的16%；年完成工业增加值8.96亿元，占全区规模工业增加值的35%。

附　企业选介

岳阳市金渊铜业有限公司　建立于2006年11月，位于黄金乡联兴村，是一家私营金属回收加工企业。该公司利用再生资源，采用国内先进的环保型加工技术生产有色金属、不锈钢新产品等，主要产品有铝锭、铜棒，年生产能力2万吨。公司固定资产2000万元，占地面积1.2万平方米，建筑面积8000平方米，从业人员260人。2009年被评为岳阳市非公有制企业纳税十强企业。

岳阳市鑫源科技有限公司　建立于2009年10月，位于营田镇虎形山社区，是一家有色金属材料加工制造企业，为非上市股份有限公司。公司占地面积3万平方米，建筑面积1万平方米，固定资产2500万元，从业人员90人。主要生产石墨制品、炭/炭复合材料、结构保温材料。年产炭/炭复合材料200吨、石墨4000吨。

第五节　电子产品

2004年始，随着沿海发达地区电子产品产能转移，境内先后建起城枫、斯迈特等5家电子产品加工厂，主要从事电子产品的来料加工制造。2011年，该行业有规模工业企业3家，从业人员890人。资产总计3600万元，占全区规模工业的1.3%；年完成工业增加值1.06亿元，占全区规模工业增加值2.6%。

附　企业选介

岳阳市城枫电子制品有限公司　位于营田镇余家坪社区，2005年创立，原址河市镇蚕场，2009年9月扩建搬迁至现址。公司占地面积1.8086万平方米，建筑面积8292平方米，总投资8000万元，建有现代化标准厂房和办公楼，拥有装配、塑胶、丝印喷渍和检验4个生产车间，可完成CD机从电子元件到整机的全部生产。公司于2007年通过ISO9001体系认证，有从业人员500人。

第六节　矿产·建材

1978年始，境内建材业蓬勃发展，先后办有水泥厂、轮窑砖厂和预制构件厂，生产红砖、地板砖、平瓦、水泥、涂料、预制构件等建材产品。1979年，农场基建队（后更名为屈原建材建筑工程公司）有一座18门和一座10门轮窑，年产红砖1134万块，平瓦210万片。1986年，屈原建材建筑工程公司与深圳市联营的长安机砖厂24门轮窑在深圳投产。至1988年，有砖瓦生产轮窑9座、226门，年可生产红砖1亿块，红瓦500万片。是年，实际生产红砖8200万块，红瓦477万片。砖瓦跨入国内优质产品行列，长安机砖厂的红砖被列为免检出口产品。年产值1154.9万元（当年价），占工业总产值的22.3%。

1978年前，屈原水泥厂有土立窑1座，0.96米球磨机和1.2米球磨机各1台，年产量1000吨。1984年改土立窑为机立窑，生产规模扩大到年产7000吨。1986年和1988年先后进行厂房扩建和设备更新改造，年生产能力达到2.2万吨。

80年代初，水泥预制构件在各建材企业均设有预制构件厂或车间。1982年，个体、联户预制构件加工业兴起，产品以空心楼板、丁字板、挑、花格、脊瓦为主。1984年，屈原建材建筑工程公司与广州市建材一厂联营，建成年产200万块彩色水泥地板砖生产线一条。1985年，屈原建材建筑工程公司从省装饰装修公司引进生产技术，兴建年产1000吨建筑涂料厂。至1988年，全场有预制构件企业5家，年生产预制构件5.79万件、4494立方米，地板砖3508平方米，“106”涂料、“801”建筑胶、“853”耐湿擦涂料、“505”有色地面涂料和乳胶漆565.4吨。

80年代始，随着建筑业的发展，河市河、黄金河、灰滩河一线建有采沙场，临场的汨罗江、湘江河段的沙砾石则由汨罗水运公司开采。

1989～1994年，建材业平稳发展，为境内工业生产支柱产业，年产值8700万元，占全域工业产值12%。1995年后，随着耕地保护政策的严格执行和环境治理，以及新型建筑材料的大量投入市场，境内传统建材企业相继停产，行业生产出现萎缩。2005年始，利用煤渣、废渣、谷壳等再生能源生产建筑材料开始兴起。沙砾石矿产开采进入黄金期。至2011年，全区有民营、联户预制构件厂5家，再生能源生产建筑材料企业2家，彩色水泥瓦生产企业2家，水泥沙石混凝土企业3家，沙砾石采挖公司4家。其中伟业公司经竞标，获得湘江屈原段沙砾石开采权。全区年生产水泥预制构件1.2万立方米，节土砖500万块，彩色水泥平瓦100万片，混泥土30万立方米，沙砾石1200万立方米。年工业增加值3.46亿元，占全区工业增加值8.5%。

第七节　其他工业

1978年，屈原糖厂以蔗渣为原料兴建纤维板车间，年产硬质纤维板2000吨。1982年、1988年分别建第二和第三条生产线，年生产能力达6000吨。同时配套以纤维板为原料的装饰板生产线，年生产单面和双面装饰板80万平方米。至1988年，生产成品装饰板32万平方米。1993年后，相继淘汰装饰板和纤维板生产，新上高强度碎粒板。至1999年，年生产碎粒板2.32万立方米。2001年屈原糖厂改制后，因原材料短缺，生产线关闭。

1997年，新建细木板厂，年生产细木板达80万张。改制时出租给个体老板经营。

1981年，屈原建材建筑工程公司设有木业车间，主要为建筑服务，也承接家具制造。是年，生产家具380件，后因市场销售不畅停产。2004年，私营企业六和木业有限公司租赁原古塘岔米厂仓库利用木材加工胶合板。2007年，湖南凯润家具制造有限公司受让原屈原建材建筑公司厂房制造高中档家具。至2011年，全区有木材加工及家具制造企业6家，从业人员158人。年生产胶合板1.3万立方米，家具12万件。

2006年，湖南灏东船舶科技有限公司利用原营田机砖厂场地，新建船舶制造企业，总投资3500万元，有中小型船舶制造平台2个，主要从事船舶制造、船舶维修、农用船舶研发。占地面积9.1万平方米，建筑面积27374平方米。2007年建成投产，从业人员240人。至2011年，已完成造船6条，总吨位8万吨。

2008年，引进武汉凯迪电力有限公司在营田镇尚林村征地23.31万平方米，投资2.1亿元，兴建以稻壳、稻草、树枝、废弃木料等为原料的生物质能发电厂。第一期工程建有65吨循环硫化床锅炉1台，次高压中温抽气凝汽式汽轮发电机2台，31.5千瓦主变1台。2009年正式投产，从业人员113人，年发电2.88亿千瓦时。

附　企业选介

湖南伟业农牧集团有限公司　始建于1989年，位于营田镇余家坪社区，是一家民营企业。至2011年，有固定资产3.2亿元，下辖湖南灏东船舶科技有限公司、湖南灏东房地产开发有限公司、湖南灏东水利水电建筑有限公司、岳阳市百川物流有限公司、汨罗长江沙石有限公司、伟业小额贷款有限公司。

岳阳凯迪生物质能发电厂　2009年9月建成投产发电，位于营田镇尚林村，是一家由武汉凯迪控股投资有限公司独资的高新技术企业。该公司占地20公顷，总投资2.5亿元，主要利用稻壳、秸秆等“再生能源”作为燃料发电，拥有2台发电机组，年发电量2.88亿千瓦时。

岳阳景达生物原料有限公司　位于营田镇正虹东路，成立于2004年10月，系湖南景达生物工程有限公司下属分公司，主要从事动物抗人T淋巴细胞免疫血清、血浆的生产及国家“十五”重大科技项目、863血防科研重点项目——血吸虫病疫苗的研发实验。公司占地面积1.2万平方米，建筑面积6000平方米，总投资1000万元。公司设有综合科、检验科、养殖科、质控科四大职能科室及一个科研室。拥有各类专业技术人员38人，其中大专以上学历29人，占76%。其中血吸虫病疫苗的研发已卓有成效，得到国内及省市专家的充分肯定。

湖南普利科技公司珍珠加工厂　创立于2010年8月，位于营田镇余家坪社区，是由北京戴梦德珠宝有限公司和湖南普利农业综合开发有限公司合资的珠宝加工企业。企业占地面积1.334万平方米，建筑面积

6500平方米，第一期投资8000万元，设计年生产加工各类珍珠产品50吨。主要产品有珍珠项链、手链、戒指、领架、胸针、头饰、手机链、钥匙扣等。2011年，加工生产各类珠宝12吨。

第三章　工业企业改革

第一节　经营体制改革

1978年，场直各企业开始建立各种规章制度，包括班组原始记录、工艺操作规程等，研究制定各工种劳动定额、工时产量、保证产品质量的技术参数等工作。是年6月，农场革委会下发《经营管理四十条》，对各工业企业明确产量、品种、质量、原材料消耗、燃料和动力消耗、成本利润、资金占用等8项经济考核指标，其中利润为核心指标。考核的办法是，以厂为单位，凡是超额完成计划利润的单位从超利润部分提取30%进行奖励，其中20%留作单位扩大再生产和改善集体福利事业，动用时须经总场批准；10%奖励给职工，但个人所获最高奖金不得超过本人1月的工资。通过考核，场直企业家家赢利，与1977年比较，总利润增长16%，其中建材公司利润增长129%，修配厂增长100%。

1979年，农场场部下发《关于加强企业管理，开展社会主义劳动竞赛和奖励的暂行规定（试行稿）》，在《经营管理四十条》的基础上，增加计划管理、财务管理、劳动管理、设备管理、产品和仓库物资管理等内容。健全产品质量的检验制度，加强文明生产和厂容卫生管理等工作。考核为百分制，具体细化为五项内容，即：按月完成生产计划、按规定达到产品质量要求、企业安全生产率指标、出勤和有效工时指标、设备完好率达标指标。通过考核计分达95分以上者，给予奖励。在一定程度上促进了企业和职工的生产积极性，改变了企业只抓生产，不讲效益；职工只拿级别工资，不管做事多少的现象。是年，全场企业盈利58万元，比1978年增加21万元，增长57%，其中屈原糖厂为盈利大户，盈利31万元。

1980年，根据中央有关工作会议精神，执行以计划经济为主，市场经济为辅的方针，企业经营自主权逐步扩大，农场场部对企业实行"四定一奖"（即定产品产量、定综合产值、定工资成本、定上交利润，超计划利润按比例分成奖）的管理制度。各企业纷纷亮出实招。屈原糖厂从与职工利益相关的工资改革入手，推出"计件、浮动、产值、利润"4种工资形式，实行车间单独核算，同厂同级别不同车间的工人工资第一次出现差别。建材公司打破分配上的"吃大锅饭"，取消工资固定发放，工资与班时、产量、质量挂钩，极大地调动了职工劳动生产积极性。原捣制3.6×0.4米空心板预制件，每工日只能完成4块，改变分配制度后提高到每工日5.2块；32门轮窑原每工日出砖1640块，出瓦483块，后提高到每工日出砖2191块，出瓦821块。经过一年多时间的整顿，企业生产出现可喜局面，1981年年底，糖厂产糖5134吨、白酒792吨、纤维板2647吨，分别比1980年增加1354吨、113吨、619吨。水泥厂生产水泥3500吨，比1980年增加500吨。场直6个厂，厂厂盈利。

1982～1984年，在整顿、搞好场直工业的基础上，积极发展分场工业，大力扶持发展联办工业，实行四个轮子一齐转。场直工业成为实现翻番的主力军，在办好8个场直企业的同时，积极投资改造建材、食品等重点企业。按照政企分开，所有权与经营权适当分离的原则，进一步扩大企业在内部机构设置、劳动人事、生产营销和资金调度使用以及产品开发等方面的自主权。至1984年，全场工业实现产量、产值、利润3个同步增长。12项主产品产量除预制构件有所减少外，其余各项比1981年都有大幅度增长。其中：食糖7654吨，增长49.01%；白酒1800吨，增长127.27%；纤维板4846吨，增长83.08%；水泥6250吨，增长39%；红砖1000万块，增长31.%；红瓦200万块，增长29.4%；分场工业总产值达323万元，增长78.57%。

1986年，农场场部下发《关于全场工业生产实行目标管理的意见》，从生产、销售、利润、质量、新产品开发、能源消耗、安全等11个方面对企业实行计分考核，按得分多少进行奖罚。是年8月，农场场部召开工业会议，改革工业企业领导体制，进一步落实政企分离，实行厂长负责制。给企业松绑放权后，生产经营活力得到极大的提高。是年，屈原糖厂进行第三次技术改造，锅炉燃料改为以烧蔗渣为主，极大地节约了成本。同时完善纤维板、酿酒、装饰板、蔗蜡、饲料、精干麻、编织袋、动力机修等分厂的设备技术改造工作。改造后，形成年产食糖1万吨、纤维板6000吨、装饰板80万平方米、蔗蜡100吨、饲料1万吨、精干麻800吨、饮料酒2000吨和年发电800万千瓦时的生产能力。全年完成总产值2421万元，利税612万元，成为农场经济的主要支柱，1988年4月，经市经委批准，晋升为国家中型二档企业，步入全国大型糖厂行列。水泥厂通过土立窑改机立窑，完善工艺设备配套，年生产能力提高到2.2万吨，产品质量显著提高。

1988年始，饲料产业在境内发展迅速，形成国有、个体、联户多种所有制格局，且规模不等。这种现象，一方面有力地促进了农场工业和经济的发展，另一方面假冒品牌、无序竞争、以次充好甚至相互拆台的现象时有发生。1990年7月，农场场部决定将七分场禾鸡山饲料厂、糖厂饲料分厂、加工厂饲料车间、河市饲料厂等4厂合并成立农场饲料厂，由主管工业副场长兼任厂长，保障饲料产业的健康发展。合厂后的屈原饲料厂，是年实现销售“QF—001”饲料3.5万吨，产值6475万元，占全场工业产值的53%，创利税518万元，产品获部优，成为农场又一重要经济支柱产业。

1991年，农场场部印发《关于工交企业分配制度改革具体实施意见》，实行企业全员风险抵押承包，按照“抵押现金、确保任务、利益共享、风险共担”的原则，实施企业经营效益和内部岗位经济责任紧密挂钩。1992年2月，场部下发《关于搞好农场工业的决定》，按照《企业法》落实企业自主权，包括企业人事、用工、分配、机构设置以及产品作价权。进一步完善承包经营责任制，打破企业存在的“铁交椅、铁饭碗、铁工资”制度，在场直企业、分场（镇）属企业和部分企业中完善全员风险抵押承包。总场对场直8厂实行“两保一挂、三年滚动承包”，即企业保证完成上交总场各项利、费、税，保证按场部提出的技术改革任务，实现技改资金投放到位和固定资金及流动资金保值、增值，企业工资总额与企业的效益挂钩。企业有权按自己的生产方式和经营特点，实行多种形式并存的用工制度。

第二节　产权制度改革

1995年始，实行企业产权制度改革，企业建立、健全产权明晰、权责明确、管理科学的现代企业制度，形成投资主体多元化，融资渠道市场化，自主经营，自负盈亏的经营机制。

1995年，行政区管委会采取“一厂一策、分块搞活”的办法，重点抓好屈原饲料厂和屈原糖厂2家支柱企业，对其他区直企业和办事处（镇）企业进一步放开，实行转体承包、分离嫁接、租赁或拍卖等形式搞活企业。建立分流企业富余人员，分离企业社会职能等机制。

1996年，行政区党委、区管委会决定实行“抓大、放小、破倒”分类改革求突破的方针，推进正虹饲料厂上市，促进企业向股份制、市场化、产业化方向发展，使之做大做强；对屈原糖厂实行分块搞活，将独立的生产线分别设立一级法人挂牌经营、独立核算；对产品有市场且规模较小的区直企业和办事处（镇）属企业实行租赁经营或转包制；对资不抵债、扭亏无望的企业，如蚕丝厂、罐头厂、轻工制品厂实行破产。通过破产，是年甩掉亏损包袱2500万元。1998年8月，对岳阳联发水泥有限公司实行"企业与区管委会、职工与企业"两个关系置换改制试点。"两个置换"是指置换企业的国有性质，解除企业对政府的依赖关系，让企业走向市场；通过一次性补偿，置换职工的全民制身份，解除职工对企业的依赖关系，让职工走向市场。2001年6月，正式启动对区直企业以两个置换为重点的企业改制。推进全区国有、集体工商企业转变为私营、股份制、股份合作制等多种经营形式并存。同时，出台《关于大力发展民营企业的若干意见》，将民营企业作为工业主干力量，在资金周转、经营管理、技术创新、市场策划、政策环境等方面给予全方位的支持，加快民营经济的发展步伐。2003年，42家规模以上民营企业中，屈原科技、朝阳科技、正地饲料、伟业农牧等公司进入全省民营企业500强行列，并分别位居岳阳市进入省强500家民营企业11个行业的前10位。湖南三仁科技公司、岳阳晶穗科技公司、岳阳朝阳科技公司等企业利用"稻谷——生物加工生产糖浆"成为境内一条新的产业链。2003年2月25日，《湖南日报》头版头条以《屈原区壮大产业、促进强区富民》为题，对管理区食品加工产业进行详细报道。2005年，全区有工业企业150家，其中年增加值过1000万元的有10家。至2011年，全区规模以上企业36家，其中民营企业34家，占94.4%。

专记　湖南正虹科技发展股份有限公司

湖南正虹科技发展股份有限公司前身为七分场饲料厂，原址位于七分场禾鸡山，属七分场骨干企业。1986年1月建厂。该厂占地面积5400平方米，有各种电动机14台，计65千瓦；变压器1台，240千伏安；STZ—2000型饲料机1台；QF-50型钟片式饲料粉碎机1台，80马力发电机组1台，化验设备1套，共16台（件）。是年，QF-001猪高蛋白营养添加剂研制成功，7月，该产品在七分场饲料厂投产，产品通过与"正大800"分别喂养生猪对比试验，前者日增重、饲料换肉率、胴体瘦肉率三项指标综合评分比后者高出3.97个百分点，而成本低25%～30%。1987年7月30日通过省级专家组鉴定，填补湖南省国产浓缩料的空白。是年，该厂与市经委联营，在岳阳市胥家桥扩建分厂。1988年4月10日，正虹商标在

正虹科技大楼　（宋政军2000年摄）

国家工商局获准注册。是年5月，综合加工厂QF-001猪高蛋白营养添加料饲料分厂投产，至年底，全场有QF-001猪高蛋白营养添加料生产厂2家，生产该饲料9836.5吨。1989年，六分场、糖厂分别建成生产QF-001猪高蛋白营养料的饲料厂和饲料车间。

1990年7月，农场党委决定，为整合QF-001猪高蛋白营养添加料生产规模，促进饲料生产做大做强，将七分场、加工厂、糖厂、六分场4家饲料厂合并为屈原饲料厂，由农场主管工业的副场长兼任厂长，厂部设禾鸡山，下设5个车间。七分场饲料厂为一车间，六分场饲料厂为二车间，糖厂饲料厂为三车间，加工厂饲料车间为四车间，新组建添加剂车间。在厂部的统一管理下，产品质量稳步提升，产品数量快速增长，畅销北京、河南、河北、湖北、广东、广西等省、市、自治区。1994年10月，著名经济学家厉以宁到屈原饲料厂实地考察，对该厂“国营企业的管理模式、外资企业的管理办法、乡镇企业的经营机制”给予充分肯定。为了提高企业的知名度，该厂以“正虹”饲料商标获岳阳市首家著名商标为契机，11月将国营屈原饲料厂更名为湖南正虹饲料厂。至1995年，正虹饲料由1990年的1.3万吨猛增至15万吨，成为国内饲料行业的领跑者。

1996年9月26日，湖南正虹饲料有限公司召开第一届董事会，选举产生第一届董事会成员和监事会成员。次日，湖南正虹饲料厂更名为湖南正虹饲料有限公司。是年11月，正虹A股获准发行13000万股，其中法人股8000万股，社会公众股5000万股（内部职工股500万股），募集资金3.53亿元。1997年2月25～27日，湖南正虹饲料股份有限公司5000万A股在长沙、岳阳两地公开发行，发行价每股7.06元。3月18日，市委副书记苏仁华、正虹公司董事长吴明夏在深圳证券交易所共同敲响“正虹饲料”上市的钟声，当天开盘价17.88元，收盘价18.98元，为当日深市涨幅最大的股票。是年3月8日，湖南正虹饲料股份有限公司创立大会暨第一次股东大会在屈原影剧院召开，从此，正虹公司引入现代企业管理模式，步入企业发展的快车道。是年4月，正虹公司生产的蛋鸭、蛋鸡全价颗粒饲料通过省级鉴定，9名参评专家认为其技术居国内领先水平。5月8日，正虹公司在黑龙江省宁安县创办的第一家独资企业——宁安正虹破土动工，6月23日，正虹公司与安徽省淮北市联营公司签订合同，投资扩大淮北正虹规模。10月，新一代乳猪料——正虹“乳猪花”问世。1998～2010年，又有江苏江阴正虹、湖北武汉正虹、江苏沭阳正虹、北京正虹、广西南宁正虹、唐山正虹等26家企业相继投产，投资33000万元，遍及全国16个省、市、自治区。

正虹饲料在以研发生产销售饲料为主营业务的同时，注重饲料产业的上下延伸。1997年11月，正虹公司启动现代种猪场建设工程，该项目投资3378万元，占地20公顷，年提供种猪1.5万头，采用国际先进水平装备，是湖南省最大的现代种猪场。1998年3月15日，种猪场从丹麦引进第一批92头原种大白、长白、杜洛克3个品种组成核心群。7月11日，正虹公司全额收购岳阳正飞饲料厂。是年10月19日，正虹公司为配合区百万头生猪工程，创办岳阳市兴农实业有限公司，采用“公司+农户”的模式进行运作，注册资金6000万元，辖3个经济实体：生猪发展中心、万头良种猪场、饲料开发中心，从原猪供养、饲料供给到生猪销售，实行一条龙服务。

1999年6月25日，公司通过“吸收合并湖南城陵矶实业股份有限公司（即湘诚实业）议案”，即向湘诚实业股东发行正虹饲料普通股，并按1：3的比例折股。是年9月2日，第一届董事会第一次会议审议通过《关于公司投资参股湖南证券有限公司的议案》，同意公司使用资金4700万元参股湖南证券，占该公司总股本的19.9%。2000年1月30日，正虹集团举行科技大楼落成暨总部迁址大典。2001年2月20日，将湖南正虹饲料股份有限公司更名为湖南正虹科技发展股份有限公司。是年6月4日，正虹公司与清华大学签订合作协议，共同建立生物技术研究开发中心。7月6日，年产40万吨现代化饲料生产线工程破土动工，并于2002年竣工投产。2003年4月8日，由湖南正虹、河南双汇、荷兰圣福特3家中外上市公司联合投资2.5

亿元，年屠宰生猪100万头及肉食品加工项目竣工投产。2003年10月29日，首届全国大型饲料企业联谊会由正虹公司在长沙承办，并取得圆满成功。2004年2月10日，人事部批准正虹设立博士后科研工作站。2005年10月25日，中国饲料工业协会公布全国三十强饲料企业，正虹科技榜上有名，名列第五。正虹饲料在2005年12月9日获“国家免检”产品后，2006年9月1日又获“中国名牌产品”称号，并以综合评分第一名，列猪饲料首位。2008年后，正虹科技先后被农业部等八部委联合评定为第一批农业产业化重点龙头企业和第一批全国农产品加工示范企业。

2011年，“正虹”牌QF-001产品优化翻新至第九代。公司拥有数十家全资、控股、参股企业，综合实力位列“全国饲料企业30强”。正虹饲料先后获国家十多项奖项，同时，获“国家免检”产品、“中国名牌”产品称号。

第四章　乡镇企业

第一节　所有制形式

1978年，全场有乡镇（分场）企业19家，从业人员314人，完成年产值308万元。其中乡镇集体工业企业4家，年产值118万元。1985年，七分场八队熊国英开办第一家私营精干麻厂后，至1989年，乡镇企业形成集体、个体私营、联营、股份制等多种所有制并存的局面，全场有乡镇企业109家，从业人员1890人，完成年增加值820万元。其中乡镇集体工业企业25家，年增加值700万元；个体民营企业84家，年增加值120万元。但以集体所有制为主的工业企业，吃大锅饭，政企不分，行政干扰企业的计划、生产、销售等情况突出，严重制约了企业的发展。

1990年始，集体所有的乡镇企业以推行经营责任制为开端，实行“定任务、定提留、定利润、定上缴和超利润按比例分成奖励”的经营责任制。至1994年，全场22家乡镇集体所有制企业全面实行全员风险抵押承包。

1995～2000年，全区集体所有制企业普遍推行厂长、经理负责制，并逐步过渡到企业全面改制。在18家乡镇集体企业中，4家实行股份制改造，14家实行租赁和拍卖。至2002年年底，全区乡镇企业全部实行民营化，集体企业彻底退出。2011年，全区乡镇企业有364家，注册资金72165万元，从业人员2089人，年增加值6.24亿元。其中个人独资企业70家、联营企业13家、专业合作企业15家、股份制企业258家、其他组织形式的8家。

第二节　行业结构

1978～1987年，境内乡镇企业以食品、饲料、建材为主体，以纺织、造纸、印刷、化工为辅的行业结构。1988年，产干茶785吨、菜籽油589吨，大米加工1200吨，莲蓉健儿粉40吨、红砖3500万块、水泥构件2.8万件、各种饲料3800吨、丝绸4.23万米、精干麻815.6吨、造纸1013吨、氧化锌240.7吨。

1988年后，饲料产业异军突起，至1994年，乡镇企业中有个体、联营、股份制饲料生产企业28家，年产饲料5.5万吨。而传统的建材、化工、造纸等企业，如八分场土地港建材2座24门轮窑、七分场黄金建材厂24门轮窑、屈原镇建材厂22门轮窑，河市镇建材厂28门轮窑、茶场凤凰建材厂20门轮窑、五分场轮窑、一分场吊窑，七分场化工厂、营田镇化工厂、五分场化工厂、二分场化工厂等6家化工企业，六分场印刷厂、营田镇教育印刷厂、三分场纸厂等传统建材、化工、造纸、印刷企业因原料缺失和污染环境等因素陆续关停。

1996~2011年，区乡镇企业大多是发展资源型产业，利用正虹饲料的品牌优势和境域的资源优势的带动，联营、个体和股份制乡镇饲料企业25家，年产饲料50万吨；食用植物油、白酒酿制、大米加工、制茶等农副产品加工企业12家，年产植物油30吨、加工大米2500吨、干茶785吨、白酒50吨。新增有色金属企业2家、电子产品制造企业3家、预制构件企业5家、再生能源生产建筑材料企业2家、彩色水泥瓦生产企业2家、水泥沙石混凝土企业3家、沙砾石采挖公司4家、木业加工企业2家。

第三节　企业管理

1978~1994年，农场乡镇企业大多为集体所有制形式，企业管理基本沿袭计划经济时代的管理手段。企业生产计划、原辅材料供应、产品销售、工资奖金分配均实行指令性计划，企业受所属分场、镇乃至农场主管部门的制约，没有自主权。1995年始，乡镇企业开始转换经营机制，各分场、镇及主管部门按照“宏观管理，微观放开”的原则，由直接管理转向运用经济扛杆手段的间接管理，重点是规划、协调、监督、服务，取消不必要的、名目繁多的检查、评比、验收活动。1998年后，随着乡镇企业改制工作的进一步深化，民营企业的蓬勃兴起，企业产权进一步明晰，企业生产经营手段主要靠市场调剂，以销定产、自负盈亏。管理部门的工作重心变为协调、服务。

2000~2011年，区党委、区管委会及各乡镇将民营企业作为乡镇工业主干力量，在政策环境等方面给予全方位支持。有由原营田镇集体企业改制而成的屈原科技、黄金乡本地民营企业伟业农牧等公司进入全省民营企业500强。其间：2003年4月8日，全省乡镇企业工作会议代表400余人在省人大常委会副主任颜永盛、副省长杨泰波、省军区副司令员黄明开等领导带领下到管理区参观考察。

附　企业选介

岳阳屈原科技发展有限公司　1996年创立，系营田镇镇办企业，2001年改制为股份制企业。2010年加盟广东旺大生物科技有限公司，成为旺大集团控股子公司，工商登记注册为私营有限责任公司。公司占地面积3万平方米，建筑面积1.8万平方米，从业人员105人。公司2004年通过ISO9001质量管理体系认证，是市级农业产业化龙头企业，湖南省农业银行HA级信用单位。有猪饲料和鱼饲料2条生产线，有“旺大”“旺得福”“屈原”3个品牌，年加工生产能力20万吨。其中“屈原”牌猪饲料是湖南省著名商标和湖南名牌产品，“旺大”“旺得福”获“中国名优产品”“中国饲料行业信得过好产品”“广东名牌产品”等称号。2011年，产销饲料9万吨。

岳阳市屈凤春茶业有限公司　成立于1995年，位于凤凰乡福星村，是一家私营茶叶生产加工企业。

该公司占地面积9990平方米，建筑面积6660平方米。联系茶农合作种植茶叶面积267公顷，企业有员工50人，主要生产绿茶，年加工生产能力150吨。所生产的“屈凤”牌银针、毛尖、绿茶获国家绿色食品产品证书，为市级农业产业化龙头企业。2011年，产干茶120吨。

岳阳市余家坪食品厂　1988年建厂，位于营田镇余家坪社区，是境内建厂较早的私营食品加工企业。该公司占地面积6660平方米，建筑面积4662平方米，从业人员20人。主要产品有油炸类糕点、烘烤类糕点、蒸煮类糕点、月饼等，在境内、长沙、岳阳等市场享受盛誉。2011年，加工各类产品200吨。

第十五篇　商贸·旅游

1978～1983年，境内主要商贸物资实行集中管理，由农场财供科按计划定量供应。1984年始，随着农村家庭联产承包责任制的不断完善，农业出现连年丰收的可喜局面。但是，经营主体受到准入限制、交易规模受到指标控制、商品价格受到严格管制。这种计划经济流通体制使农民创造的价值难以实现，农产品卖难、增产不增收的问题日趋严峻。1985年始，农场党委、场部从放开经营主体准入、实行国营商贸企业改制、规范市场监管与调控三个方面入手，推进商贸流通体制改革，逐步建立起多种经济成分、多条流通渠道、多种经营形式并存且监管有序、调控有效的社会市场经济流通体制。至1988年，全场拥有不同经济成分的商贸经营机构60个。

1991年，个体经济快速增长，打破了工商业公私合营后长期形成的国营供销合作商业“一统天下”的局面。是年，全场个体私营网点达534个，从业人员1036人，实现社会消费品零售总额7252万元。多种经济成分并存的商贸业，给市场带来了活力，也给呆板的国营商贸业带来了压力。在激烈的市场竞争中，由于国营和集体商贸业体制、机制上的缺陷，市场占有率、社会消费品零售中的比重大幅下降，物资、供销、外贸及贸易公司所属企业均面临经营萎缩、效益下降局面。而个体私营等非公有制商贸业全面发展，市场占有率迅速提高。2001年，国有和集体商贸公司改制后基本退出市场。通过商贸领域经济成分的角色转换，民营经济基本取代国营、集体商贸业。2011年，全区城乡共有商业网点2172个，从业人员5000余人，平均每千人拥有25.4个；文化、休闲娱乐场所网点17个，平均每千人拥有0.2个。全年社会消费品零售总额42048万元，比1991年7262万元增长4.8倍；比2001年增长2.14倍。

第一章　商贸流通体制改革

第一节　商业企业

1978年，境内商业贸易由屈原贸易公司独家经营。1979年，一分场、二分场、农副产品加工厂在屈原镇一带兴建商场，同时，个体商店开始出现。1980年下半年，总场成立农工商联合企业总公司。1981年3月，由地属供销社屈原贸易商店、总场供销科经营的部分商品交由农工商联合企业总公司经营。是年，该公司在全场设有11个商店、63个零售点，固定资产76万元，流动资金75.8万元，年营业额204万元。对搞活境内商贸流通、繁荣市场发挥了积极作用。但由于商品进货渠道不畅，紧俏物资不能按需供应，加之自产自销产品数量有限，经营面临较大困难。1984年，场办商业公司规模进一步扩大，地区供销社为给农场农工商联合企业总公司增强活力，将其所属屈原贸易公司整体移交农场。随之，场部将屈原贸易公司与农工商联合企业总公司合并，成立农场供销贸易公司。1985年8月，农场场部下发《关于改革商业管理体制，下放商业管理权工作会议纪要》，打破商业管理上的“大锅饭”，将供销贸易公司管理的业务分类别部分划到生资公司、畜牧水产公司和农机公司，3个公司均属独立经济实体单位；将分场所辖商业企业全部下放给分场，实行独立经营。90年代，面对三级批发的日渐萎缩和个体私营商业网点的快速发展，国有商业大力扩展零售网点，抢占市场，先后兴建屈贸商城、屈盛商场、营田镇综合商场等。1991年后，在资金紧缺、包袱沉重和交通、运输、水电大幅度涨价的不利因素影响下，国营商业经营举步维艰。1992年，根据市场经济的发展趋势，屈原贸易总公司在管理上引入市场竞争机制，全面推行柜组承包。至1994年，国有商业全面“公退民进”，转入资产经营，企业提供营业场地和相关服务，职工租赁经营，向企业上交租金。

2002年，农场贸易总公司实现“两个置换”。固定资产、门面进行拍卖，安置职工194人，其中补偿安置115人，受偿资金82.8万元。

第二节 物资企业

1984年，农场场部改农机管理站为农业机械化服务公司，下设农机监理站、农机供应站，增加油料、机械设备、零配件采购供应职能。由单一管理型转向经营管理型，成为独立核算的经济实体。1986年，农场增设生资供销公司，主要经营木材、钢材、煤炭、农药、化肥、农膜等物资。各分场、镇设立生资购销站，业务直属农场生资供销公司。随着改革开放的深入，农资、农机市场逐步开放，化肥、农药等生产资料和农机配件出现多渠道经营。由于市场竞争加剧，生资供销公司、农机公司经营体制不适应改革发展步伐的弊端越来越凸现。公司开始实行企业内部管理改革，由经营服务型转向经营创收、自收自支，不再吃管理费的“大锅饭”。公司所有人员实行择优上岗、优化劳动组合。推行国有民营，对公司站、组、门市部实行承包经营。1994年始，实施租赁经营，将有关固定资产租赁给企业职工，实行自负盈亏、独立承担民事责任。2000年，农机服务公司管理职能析出，单独设立农机局。2001年，农机公司、生资供销公司参与全区工商企业改制，对固定资产进行全面处置。农机公司安置职工161人，其中补偿安置87人，受偿资金62.64万元；生资公司安置职工165人，其中补偿安置119人，受偿资金85.68万元。

第三节 粮油企业

1993年，农场场部成立粮油食品公司，负责全场粮油收购、加工、销售工作。业务由场部财务科管理，属独立核算单位。1993～2000年，公司每年收储粮食7500～10000吨，加工销售大米6000吨左右，外销稻谷1500吨左右。2001年，粮油公司实施改制，资产实行分体处置，安置职工117人，其中补偿安置71人，受偿金额51.12万元。改制后，公司承担的粮食管理职能析出单独设立粮食局，下辖粮食管理工作站，负责全区粮食统计报表汇总、制订和上报，对全区粮食流通领域的各企业实行经营监管，对粮食收购的质量、价格，依法进行监管和督察，负责对国有粮食购销企业的管理和指导等。同时，利用古塘岔粮库和二粮库，成立屈原粮食购销公司，承担区内粮食收储工作职能。公司员工以筹资参股定编，原定10名，收编乡镇粮库后增至23名。公司业务由区粮食局直接管理，为一级独立核算单位。2003～2010

年，每年购销粮食1.5万吨左右，其中1000吨为区储备粮，由区财政负责保管费用。2011年，根据省政府关于实施粮油深加工及物流千亿产业工程的意见，争取省粮食局支持，引进战略投资者——湖南天下洞庭粮油集团公司对屈原粮食购销公司进行整合，成立湖南天下洞庭屈原粮食购销有限公司，其中湖南天下洞庭粮油集团公司控股51%，屈原粮食购销公司个人股东全部退出，区国资局独立出资占股49%。

第四节 外贸企业

1988年前，农场为省外贸商品生产基地之一，其中猪、鱼、蛋、禽、湘莲、茶叶、水貂皮等为主要出口产品。1978~1988年，出口活塘鱼1112.1吨、水貂皮6074余张，出口畜禽肉1848.5吨，其中猪肉1831吨、牛肉2.5吨、禽肉15吨，亦有部分小水产、家禽（主要是肥鸡）出口。生猪出口产品，品质优良，于1983年在北京召开的全国出口商品生产基地、专厂建设成果展览会上展出，受到对外经济贸易部的赞誉。是年12月，对外经济贸易部给农场正式颁布荣誉证书。1984年，场部设立畜牧水产公司，除负责管理全场畜牧水产生产外，还负责场内对外贸易业务，1987年2月，省政府确定农场为湖南省出口活大猪生产基地。1988年，筹资20多万元新建屈原外贸大楼。至1988年，共创外汇4833.61万美元，为岳阳市出口创汇主要单位。

1983年，屈原农场外贸出口产品在北京展出，中央领导田纪云、陈慕华参观屈原展厅（彪型斌供）

1989年前，农场无直接出口权，出口途径主要经过市外贸调运站下达出口配额，由农场畜牧水产公司负责收购，按规定日期送市外贸统一组织报关出口。90年代后，国家放开外贸经营权，不再给地方下达配额，出口贸易单位直接与基地、企业订购商品，畜牧水产公司外贸业务逐渐萎缩。由于受经营方式、经营渠道、出口资源等多种因素制约，企业开始调整内部管理方式，划小核算单位，实行分块搞活。1994年8月，公司承担的畜牧水产管理职能划归区农业水电发展局。畜牧水产公司成为经济实体单位，实行独立核算。2001年，畜牧水产公司参与全区工商企业改制，资产实行分体处置，安置职工173人，其中补偿安置58人，受偿资金41.76万元。

2001年，湖南正虹科技发展有限公司在上海设立正虹上海贸易公司，主要负责进口本公司所需的高蛋白鱼粉、豆粕等，贸易额在4亿元左右。2006年，湖南斯迈特环保科技发展有限公司制造的环保餐具向韩国出口，出口额达30万美元。2007年，湖南凯润公司家具出口，创汇101.2万美元。

第二章　市　场

第一节　集贸市场

1979年始，随着农村家庭联产承包责任制的全面推行，农场职工逐步获得经营自主权，加之人均耕地面积较多，大多数农户农副产品自给有余，场内经济逐步活跃，流动摊贩和各种小型集贸市场在场部及汨纺附近开始自发形成。

1982年，汨罗市工商局在农场设立工商所，为规范市场管理和方便当地居民采购生活物资，在汨纺北卫门路边，设立小商贩集贸市场，设1个卖肉点、2～3个鱼摊、1个豆腐摊、10多个小菜摊。后来，摆摊人员逐渐增多，因市场面积小，抢占摊位、占道经营、吵闹纠纷的现象时有发生，市场秩序乱，卫生状况差，影响了汨纺上下班人员及其他行人的正常通行，予以搬迁。1986年5月，在屈原镇中心地域富民街，新建屈原中心集贸市场，与兴盛街东西连通，有固定摊位28个，门面30个，流动摊点100余个。1992年7月，投资210万元，对市场进行改造，改造后，固定摊位达32个，门面140个。

国家工商总局副局长甘霖考察管理区工商管理事业　（宋政军2011年摄）

1987年，为便利职工采购生活物资，汨纺在厂内南区兴建农贸市场，有固定摊位47个，门面10个，流动摊点近100个。各分场场部和大型企业所在地以及居民集中区，个体商贩采取简易搭棚或自建住房带门面等形式，自发连体办起小型集贸市场10个，主要经营肉类、豆制品、蛋品、鱼类、水果和少量反季蔬菜。

至2011年，全区有大小集贸市场14个，固定摊位110个，流动摊点250个。主要经营肉、禽、蛋、水产品、粮油、南杂、豆制品、卤腊制品、冷冻食品、蔬菜、水果等130多个品种，日均交易额约10万元，年成交额3650万元。区工贸金融和信息化局设立市场管理办公室，主要负责维护市场秩序、管理市场资产、蔬菜残留农药检测、生猪定点屠宰和有关规费收取等工作，有工作人员31人。

附　集贸市场选介

富民街农贸市场　原名屈原中心集贸市场，位于富民街、兴盛街垂直相连通道处，呈东西向，距屈汨路约150米。市场始建于1986年5月，由屈原镇和汨罗市屈原工商所投资9.4万元共同兴建。市场占地面积2653平方米，其中建筑面积1642平方米。主要设施有钢架棚顶99.62平方米，木棚顶87.5平方米，砧木棚顶1236.81平方米，固定摊位28个（其中衣摊16个），砍肉凳8条。1992年7月，投资210万元进行改扩建，建筑面积达5568平方米，经营面积4040平方米。2008年，区财政投资60万元进行大规模修缮，翻盖新石棉瓦2800多平方米，地面提高10厘米后重铺水泥地面2700平方米，更新门面16个，拓宽过道120米。改造后有门面140个，固定摊位32个，流动摊位120个。进入市场产品有：日常生活用品、南杂货、蔬菜、肉类，禽类、水产品、海鲜、腊味制品、冷冻食品等，年成交额达4050万元。

纺城集贸市场　位于德科纺织印染有限公司（原汨纺）东卫门路南。1987年5月兴建，建筑面积1285平方米，其中经营面积994平方米，水泥地面。2006年，区财政投资70万元，改修长80米、宽7米大棚1座；长36米、宽4米停车棚1处，并进行下水道拓宽改造。至2011年，市场内有固定摊点47个、早市摊点50个。经营品种有居民日常生活用品、南杂货、肉类、水产海鲜、禽蛋制品、蔬菜、腊味制品、冷冻食品等，年成交额4500万元左右。

第二节　商贸市场

超市　2000年，中心城区营田镇第一家超市鸿天楼超市在屈汨路屈原一中旁边选址，超市营业面积200平方米，员工12人，以经营日杂、副食品、烟酒、电器为主。2001年后，相继有好又多、万顺等超市开业。2005年12月，全区第一家较大规模企业鸿天楼超市旗舰店开业，营业面积6000平方米，经营项目有家电、日用百货、针棉织品、工艺美术品、日用杂货（不含烟花、鞭炮）、政策允许经营的农副产品、文化用品、钟表、通讯器材（不含专控类）、副食、日化洗涤用品、酒类、冷冻食品、糕点、卤制品等。从业人员230人，年营业额1亿元。至2011年，境内注册营业的大小超市12家，其中规模较大的有5家。

专卖市场　1985年前，境内无专卖市场。1986年，屈原镇兴建富民街后，在屈汨中路、富民街逐步形成文化体育用品、生资和种子、燃气炊具等专卖市场；1994年后，随着兴盛街的建设，形成专用灯具、水暖器材、装饰材料等专卖一条街；2000~2011年，专卖品牌皮鞋以及特步、李宁、安踏等知名运动系列品牌在屈原塑像地段形成专卖市场；在屈原塑像以西的街道两旁，形成品牌成衣（如红豆、波司登、杉杉等）专卖市场。鸿天楼、众友、家和、万盛、国泰等电器超市相继建成开业，新感觉、亿客隆等服饰超市专卖市场均形成各自经营特色。

附　商贸市场选介

鸿天楼贸易有限公司　位于屈汨路重要商业路段，为私营有限责任公司。拥有2家生活超市、2家家电城、1家配送中心和156家加盟店。公司建筑面积6000多平方米（其中有部分为租赁），从业人员230人。主营商品有日用百货、日杂用品、日化用品、家用电器、针棉织品、肉类及制品、蔬菜等，年营业额在1亿元左右。

公司于1991年成立，先后获得省诚信私营企业、省重合同守信用单位、省消费者信得过单位、省民营经济典范，市纳税先进单位等称号。

国泰商贸有限公司　位于屈原影剧院斜对面，前身为屈原贸易公司五金交电门市部，为一家私营有限责任公司。公司占地面积2000平方米，其中营业面积500平方米，仓储1400平方米。从业人员10人。主营空调、冰箱、彩电、洗衣机、音响、热水器、自行车、电工配件及各类小家电，年营业额800万元。

新感觉服饰超市　位于屈汨路中心地域，为个体经营企业。超市占地面积850平方米，经营面积750平方米（为租赁经营），从业人员35人。主营服装、鞋帽、针织品、纺织品、皮革用品等，年营业额1200万元。

第三节　农村零售

1978年，境内商品零售业还是计划经济时期国营商业建立起来的网点。屈原贸易公司除在小边山设有总店外，在各分场设有分店，个别偏远生产队设有小卖部。

1979年，一分场率先在边山屈汨路北、屈原贸易公司东侧兴建第一家分场经营的商场，随后各分场、茶场等单位也在场部周边或本分场场部所在地办起商店。1980年下半年，总场成立农工商联合企业公司。1981年，农工商联合企业公司在全场设有11个商店、63个零售点，销售网络覆盖全场，有固定资产76万元，流动资金75.8万元。全年完成营业额204万元，获净利8.6万元，缴纳税金5.1万元。

1984年，岳阳地区将屈原贸易公司移交给农场，农场将屈原贸易公司与农工商联合企业总公司合并，成立屈原农场供销贸易公司。贸易公司辖9个分店人员、财产等划归所在分场管理。至1988年，全场有零售网点358个，从业人员1359人。其中属总场商业网点13个，职工550人；属分场和场直单位商业网点221个，从业人员298人；其他113个，从业人员356人。年销售收入4994.4万元，实现利润49.15万元，上缴税金38.19万元。

1992年后，随着经济的发展和人们对物质生活需求的增长，农村零售业发展加快。营田镇每条街都布满了零售店，主干公路旁都有零售商店，80%的生产队有小卖部。1994年，行政区农村零售户已发展到958户，从业人员2513人，全区社会消费品零售总额达8788万元，上缴税金159.7万元。

1995年，农村零售业户数发展到1275个，比上年增长29.44%；销售总额为9911万元，比上年增长1.26%。

2001年，全区工商企业实行改制，屈原贸易总公司等5家经营性公司，将经营场地、库存物资、仓储设施等大部分拍卖给公司职工。710名职工实行身份“置换”，至此，零售业以个体私营形式存在。

2006年，商务部推行“万村千乡市场工程”。区商务局以鸿天楼超市为主体，历时两年，从人力、物力、财力等方面进行投入，发展乡村两级农家店110家。其中乡镇级店5家、村级店105家，保障和规范了农村生活物资的供应。2007年，所有农家店全部通过省、市验收，并投入运营。

至2011年，全区农村商业零售点1349个，是年新增326个，增长31.8%；社会消费品零售总额达1.83亿元。

第三章　商贸经营

第一节　粮油购销

一、收购

1978年，农场粮油按指令性计划收购，粮食每50公斤收购价9.5元，菜籽每公斤收购价0.12元。农业职工每亩上交7.5公斤菜籽外，其余归己。1983年后，粮食收购价每50公斤提高到15.3元，菜籽收购价每公斤提高到0.3元。职工按总场计划完成种植面积，产品自行处理。至1992年，每年收购粮食24360～43560吨。1993年，粮食实行合同订购。1994～2000年，粮油收购实行国家指令性计划收购（定购）。1995年，境内油料收购放开，由市场自行调节，粮食部门一般不参与经营。1997年，受1996年洪灾影响，粮油价格上涨幅度较大，早籼稻每50公斤56元、中稻62元、晚籼稻66元。是年，行政区收购粮食7500吨。2000年下半年，早籼稻品种退出保护价收购范围，按市场价格收购。2002年，取消中、晚稻收购保护价，粮食收购市场全面放开。由于私商粮贩的加入，境内国有粮食企业收购量减少，每年保持在5000～7500吨。收购价格每50公斤早籼稻为40元，晚籼稻54元。2005年，国家出台粮食最低收购价政策，早籼稻中等价每50公斤为70元，中、晚稻中等价为72元，此价一直保持至2006年。2007～2008年，由于市场价格高于国家最低收购价，国家最低收购价政策没有启动。2009年，国家启动粮食临时性收储政策，实行每50公斤90元价格收储。区粮食购销公司根据国家粮改方针，最低收购价粮主要是中央储备粮管理总公司委托实行地方收购，收购资金、收购粮点、粮食储藏、粮食销售均接受所属分公司的严格管理，是年收储8000吨。2010年、2011年，由于市场价格高于国家最低保护价，粮食购销全是市场行为，收购主体自行进入市场收购和销售。区粮食局下属的粮食收储公司每年购销粮食在1.5万吨左右。国家实行最低保护价和敞开收购后，境内除区粮食收储公司取得收购资质和国家最低保护价收购指定库点外，岳阳市红太阳粮油有限公司获得国家最低保护价收储指定库点资质，另有7家企业、5家自营店获粮食购销资质。

国家农民专业合作示范社——惠众粮油农民专业合作社　（宋政军2011年摄）

二、销售

1978～1996年，境内粮油销售分居民定量供应、流动人口供应（凭粮油票购买）、定量外补助、工商行业用粮、农业种子用粮和向境外销售粮几种。1978~1982年，境内人员从出生儿童到重体力劳动力，每月分配口粮指标7.5~22.5公斤，分9个等级，即3岁以下7.5公斤、4~6岁10公斤、7~10岁12.5公斤、初中生15.5公斤、高中生16.5公斤、特种体力工22.5公斤、重体力工20公斤、轻体力工18公斤、其他人员16.5公斤，后又划分13个等级，按计划价到指定米厂购买；食油每人每月供应0.15公斤。1983年实行农业生产承包责任制后，农业职工口粮自产自给，场直单位和各分场非农业人口仍实行计划供应；总场、分场直属单位非农业人口仍按计划供应食油，一般人均每年3公斤。场内城镇商品粮居民（国家干部、教师、医务人员和岳阳地区供销社人员等）的粮食供应由汨罗县粮食局小边山粮站计划供应，直至1996年国家取消粮油平价供应。这期间粮食内部供应每年在1.2万~1.5万吨，多余粮食向境外销售，每年外销4000~6000吨，主要销往广东、新疆、天津、省内怀化、郴州等地。1997~2004年，国家取消城镇居民粮食定量供应，粮食实行自由贸易，年均销售1.3万吨。2005~2011年，中央储备库委托地方收购粮食实行竞价交易销售，地方流转粮食实行自由贸易。

第二节　肉食水产购销

一、肉食品购销

1978年，肉食产品由岳阳地区屈原贸易公司经营。公司下辖的8个分店，茶场、营田老街商店都设有屠宰点，居民买肉凭票供应。1980年，商贸公司实行议价收购生猪，猪肉零售价由每500克0.77元调至1.00元。1985年，随着生猪养殖快速发展，国家全面取消生猪派购任务，停止生猪奖售粮指标供应，收购实行合同定购，议购议销。是年，市场猪肉敞开供应，价格放开，个体屠商逐渐增多。1986年建立农贸集市时，有猪肉摊位8个，后陆续增加4个集市点，每处有卖肉点1个，分场、镇、村肉食供应由个体摊贩取代。1998年，畜牧水产公司在原轻工食品厂设立定点屠宰场，试行定点屠宰。2004年，鸿天楼超市设有猪肉、腊味品供应处。2006年，市管办接管畜牧水产公司定点屠宰权，在营田镇中心镇区实行生猪定点屠宰，并将屠宰场迁至原水泥厂预制场内。所有卖肉点只能在屠宰场或正虹海原肉类加工厂进白条肉销售，不得自行屠宰。每年境内自销屠宰生猪2300头。2006~2011年，区管委会加大对肉类市场的监管，市管中心、工商、卫生、环保、质监等部门共同参与，集中整治肉食市场300余次，查处病死猪事件23起，集中处置病死猪105头，从源头上控制病死猪肉流入市场。

生猪实行派购任务时，场内派购指标由汨罗外贸公司下达。各分场畜牧队养殖的生猪和后来各家农户自养的生猪，自检认为达标后，由分场收购站集中申报汨罗外贸公司，外贸再派人实地检验，经目测检验过关后，盖上“合格”蓝印，落实车皮后，汨罗外贸通知到单位和农户，集中外运。农场每年外贸出口量3万头左右。1993年始，生猪取消派购任务转向多渠道购销，场内形成企业、个体、联户多元化销售渠道。至2011年，全区有生猪销售公司5家，贩运个体户80多家，其中湖南正虹科技股份有限公司、湖南伟业农牧发展有限公司等规模企业，通过“公司+农户”经营模式，每年销售生猪在30万~150万头（包括从外地收购部分），主要销往广东、深圳或转出口。

二、禽、蛋、水产品购销

水产品、禽、蛋购销主要由农场畜牧水产公司实施。1978~1983年，水产品和禽类养殖，由各分场生产队集体经营。年均销售鲜鱼450吨，其中出口活鱼60吨；鸡、鸭2.6万羽，蛋品10万枚，其中出口80吨。1984年始，水产品和家禽养殖实行责任承包或家户养殖。禽类购销主要有肉鸡、肉鸭，年销售量在

80万羽左右，蛋品销量50吨左右。水产品上市主要品种为草、鲢、鲫、鲤、鲇鱼，也有黄古鱼、才鱼、桂花鱼及乌龟、水鱼、螃蟹、黄鳝、泥鳅、蛙等特色水产品，每年销量约400吨。禽类和水产品除少数用于养殖户自食外，绝大部分均投放市场。规模养殖户将成批产品销往外地市场，也有长途贩运户把本地没有的家禽和水产品调进区内市场销售，调节市场余缺，丰富人们消费需求。

第三节　副食品购销

1978年，境内副食品主要由屈原贸易公司和各分场分店销售。1980年后，一分场、二分场、综合加工厂在贸易公司附近建商店，经营副食品。紧俏副食品如食糖、酒类由贸易公司从省糖酒副食品公司计划调拨。食盐、卷烟实行有计划专卖。农场糖厂生产食糖按平价返销，即每上交1吨甘蔗，返销食糖1公斤，后增至2.5公斤。1982年，返销食糖由场部统一安排，全场每年人均0.5公斤，其余调派使用。1983年后，取消食糖计划供应，返销糖全归蔗农。

1978年前，屈原贸易公司设有副食品加工厂，生产本地传统的副食品，主要有法饼、月饼、麻花、鸡扎、花片、胡椒饼、蛋糕等，由系统内部销售。改革开放初期，由于副食品供应量少且产品单调，顾客到商店购买副食品，要按数量支付一定的国家粮票或本省粮票；顾客购买食糖和市面紧俏一点的物资，如笋干、云耳等食品，须执屈原贸易公司业务主管部门的批条或计划票，方可买到。1980年始，随着改革开放的不断深入，国家经济形势不断好转，副食品市场日趋丰富。1985年，进入市场销售的副食品有100多个品种，特别是糕点、酒类、调味品等逐渐增多，购买时无需粮票和批条。市场的繁荣给副食品加工业带来勃勃生机，境内约20多家国营、集体、私营、个体糖果糕点加工厂从事副食品加工，生产品种达数十种。其中罐头产品是省生产基地，余家坪食品厂生产的麻圆砣、月饼等，在全省小有名气。副食品市场日趋丰富，除传统产品得到巩固和提升外，新产品开发也层出不穷，如小馒头、饺子、松桂肉卷、武临鸭翅、平江腊干、方便面等。1991年始，酒类、饮料、豆制品、调味品、各种水果开始大量充实市场。90年代中期始，时兴各种瓶装酒、礼品装酒等。境内生产的白酒主要是散装，也有瓶装，年销量达20～30吨；啤酒年销量15～40吨。各种饮料随着人们的需求不断增大，成为经销商必备的食品经销门类。听装、盒装、袋装奶粉，钙奶、鲜牛奶以及绿茶、冰红茶和各种品牌的矿泉水成为酒楼、饭店、茶楼和普通居民家庭常用食品。90年代后期，境内国营、集体生产糕点、糖果、罐头等厂家相继停办，私营、个体作坊生产糕点日渐减少，主要靠外地调入。2003年始，外地副食品仍是市场的主体，但也有外地和本地一些个体经营者在临街门面开设炒货店，现炒现卖葵花子、西瓜子、黄豆、蚕豆、南瓜子、花生、烧烤等。至2011年，进入市场销售的副食品有600多个品种，年营业额8000多万元。

第四节　日用百货

一、服装鞋类

1978年，屈原贸易公司设立针织柜台，主营针棉纺织和鞋类。1980年始，一分场、二分场、综合加工厂所属商店亦经营针棉纺织和鞋类。境内居民穿戴较为单一，部分服装以定制为主。1983年后，境内服装和鞋业市场发生变化。传统的自制和定制服装以及请缝纫师傅上门制作服装的现象逐渐减少。成品服装、鞋类成为居民家庭生活重要的消费领域，需求日益增长。1991年后，境内成品服装、鞋业市场发展迅速。90年代中后期，各种品牌服装、品牌皮鞋大量涌入，并实施专卖、连锁的营销方式。服装和鞋类品种繁多、款式多样、规格齐全、档次不一，形成点多面广、品牌专店林立、购销两旺的局面。大批私营个体经销商争相转入服装、鞋业经销，中心城区营田镇屈汨路屈原塑像段形成服装、鞋业一条街。境内除步神制衣公司生产极少部分成品服装上市销售外，服装业主大部分从株洲芦淞和武汉汉正街等服装专业市场购进，少数专店则直接从广州进货。2009年始，网上购物兴起，居民出现大量网上购物，境内服饰和鞋业市场开始受到冲击。至2011年，境内服装市场主要品牌有“圣得西”“富贵鸟”“七匹狼”“杉杉”“雅戈尔”“斯得雅”“金利来”“老爷车”“鄂尔多斯”“步森”“红豆”“雪豹”“爱博尔”“啄木鸟”“以纯”“与狼共舞”“李宁”“利郎”“波司登”“安踏”“特步”“361”等。

80年代至90年代初，境内主要流行男女式西装和牛仔裤，价格分高、中、低档，高档在1000元以上、中档500元左右、低档100～300元不等。服装市场主要款式的流行趋势是：90年代中期时兴各种品牌服装和流行各种休闲服装。2000年始，大量品牌和杂牌服装共存，高、中、低档服装种类齐全，面料年年翻新，款式年年变化，消费者选择余地很大。与服装营销相类似，鞋业的经销也是以名牌带动杂牌，逐步形成各种专门的鞋业专店、连锁店。类别有皮鞋、运动鞋、休闲鞋、布鞋以及拖鞋、凉鞋等。普通皮鞋一般在100元以下，中档皮鞋在100～300元之间，高档皮鞋在500～1000元；运动鞋、休闲鞋在100～600元之间。最低价布鞋、拖鞋在10元左右。至2011年，境内鞋业市场主要品牌有“红蜻蜓”“蜘蛛王”“康奈”“意尔康”“金利来”“森达”“必登高”“奥康”“老人头”“花花公子”“卡丹路”“远足”“芭芭拉”“贵人鸟”“日泰”“富贵鸟”“安踏”“李宁”“特步”等。

二、五金交电

1978年，屈原贸易公司设五金交电柜，销售五金、交电产品，各分场商店有少量配额销售。1980年，一分场、二分场等商店扩大销售。随着国民经济的发展和人民生活水平的提高，单一的五金、交电经营变为五金、交电、家电等多种经营。经营品种有元钉、铁丝、起子、扳手、收音机、录音机、磁带、电风扇、排气扇以及自行车等。

1985年始，流通渠道打破地域封锁和条块分割，商业网点可直接从外地进货，大部分商品由计划价格转向市场价格，买彩电、冰箱、自行车从“批条子、走后门”变为敞开供应。

1991年，个体经营五金、交电的商店增至8家，厂家直销、代理商、连锁店经营等形式以及实行售中、售后服务和保修等服务措施出现。经营品种除常规的五金、交电外，电视机、电风扇、空调、电冰箱、洗衣机等多种品牌家用电器大量涌现。1992年，屈原贸易公司推行柜组承包后，五金交电市场全部由个体、私营业主占领。1997年后，家电销售量增大，档次不断提高，随着鸿天楼电器城开业后，相继出现“众友”“家和”“万盛”等多家家用电器超市。彩色电视机由21英寸到34英寸，由34英寸到50英寸，屏幕逐步增大，纯平、背投、超薄、3D等电视产品不断更新，价格由低到高。市场国产电视以“康佳”“创维”“海信”“海尔”“长虹”“金星”“熊猫”“TCL”为主，进口以“日立”“东芝”“松下”和“飞利浦”等品牌为多，年销量在1000台以上。空调机进入家户后，其销量、档次逐年提高，由窗式到挂壁式再到立式；由单冷到冷暖两用。畅销品牌有“格力”“春兰”“海信”“海尔”“华凌”“科龙”“美的”“松下”等，年销量达2000多台。电冰箱以国产为主，畅销品牌有“海尔”“容声”“万宝”“华凌”“春兰”“远东”“日立”“东芝”“松下”“夏普”等，档次亦逐步提高，由单门、双门到多门，从小容量到大容量，年销300台以上。洗衣机由单缸、双缸波轮式到全自动滚动式，年销量250台以上。还有VCD、功放机、影碟机、音响等。此外，燃气灶、取暖器、饮水机、热水器、抽油烟机、洁具、微波炉、电饭煲等自90年代末进入百姓家，销量不断增加。2000年始，太阳能、空气能热水器等节能产品在区内逐步推广使用。

80~90年代，自行车为居民主要代步工具，五金交电柜台每年销量在400辆左右。90年代末，摩托车开始取代自行车，成为城乡居民出行主要交通工具。中心城区营田镇开办摩托车专营店2家，销售产品为动力和电动摩托，年销售200辆左右。而自行车成为学生上学的代步工具，且年销售量稳定在200辆以上。2008年后，家用轿车逐渐兴起，营田镇设有1家微型小汽车销售店，但居民大多从长沙或岳阳、汨罗、湘阴等地购车，年购进量从30台增至超过100台，档次逐年提高，由微型、小排量到中、高档小车和越野车等。

2010年1月，国家为扩大内需，开展家电下乡活动，区内授权经销网点15个，销售品种为国家规定的电视机、电冰箱、空调、太阳能（空气能）热水器、电脑五大类。至2011年，累计销售15643台，销售总额4115万元，补贴金额700多万元。

三、家具金银首饰

1978~1981年，境内居民所用家具，一般由木匠师傅上门制作或到木业加工作坊定制。1982年后，家具经营迅速发展，境内有10多家家具厂，生产床、桌、椅、柜、梳妆台等五大类几十个品种，每年生产近4万件。家具商还从广州等地进货进入当地销售，销售品种、档次、规格不断翻新。2000年家具专店8家，年销售家具2.5万件。至2011年，境内有家具制作企业3家，家具专店8家，每年销售家具2万~3万件。家具以成套为主，高、中、低档均有，也有散件销售。成套家具包括沙发、床铺、衣柜、茶几、写字台（老板桌）、餐桌、牌桌、老板椅、梳妆台、装饰柜、电视柜等，有木质、皮质、金属、玻璃和塑料制品。档次高、中、低不等，原则上是按顾客要求制作或采购供应。

2000年始，中心城区营田镇金银首饰加工专店出现，主要加工销售黄金、白银、铂金首饰，品种有戒指、项链、耳环、手链等。至2011年，全区有金银首饰加工店、专卖店4家，年销售额在400万元左右。

装饰品经营始于90年代初期。至2011年，全区城乡经营窗帘、玻璃、壁画、门镜及室内装饰品的各类门店30多家。一般是上门服务，价格分高、中、低档不等，以适应不同消费层次的需要。

第五节　生产资料

一、农业生产资料

1978~1983年，农业生产资料由农场场部财供科实行“五统一”（即统一计划、统一采购、统一分配、统一调度、统一管理）和总场、分场、生产队三级设库、三级管理的办法。从上至下建立采购、发运、中转、验收入库、审批领发、凭领料单结算等制度。

1984年始，农业生产资料管理改为总场、分场及场直两级设库、两级管理、现金结算。由农场场部计财科下达指标，供销科（1986年后为供销公司）负责采购、供销。1988年，为农业供应化肥6300吨、农药63吨、农膜74.5吨。

1993年，国家推行“一主两辅”经营政策，即主要农资商品仍由供销部门经营，农业部门及其农技推广站以推广新农药新化肥为辅，农资专营的格局被打破，农业主管部门参与市场竞争，个体经营者乘势而起。至1995年，境内农资经营开始全面放开，农场生资公司因农资赊销款难以回收、人员包袱过重、市场竞争激烈、销售额大幅度下降而举步维艰，各基层生资站也各自为战，采取分线经营、分块承包，但仍难走出困境。2001年，生资公司、种子公司完成改制后，境内农资经营彻底放开。至2011年，全区城乡有个体、私营股份制经营店132家，年销售化肥11000吨、农药200吨、农膜20吨、种子53吨左右。

二、工业生产资料

金属材料 1978～1990年，均由农场生资公司计划供应，年销售500吨。1991年始，计划指标逐年减少，厂家与用户直供增加。物资企业开始分级承包经营，全年销售各类钢材700多吨。1994年后，物资企业经营优势不复存在，开始放开经营，个体私营户从事原由国营物资企业销售的金属材料。至2011年，全区金属材料经营门店12家，年销售量3000吨左右。

建筑材料 1978～1990年，农场生资供销公司负责经营。其中小部分水泥、红砖、平瓦、涂料由农场水泥厂和建材公司生产供应；木材、油毡、石灰及大量高标号水泥由外地调入。1991年始，经营建筑材料的除农场生资公司和生产企业外，个体、私营业主抢占市场。1998年，屈原水泥厂关闭，境内所需水泥全由外地调入。2000年后，随着各种新型建筑材料的上市，地板砖、装饰板材、不锈钢、塑钢、铝合金、涂料等成为城乡居民装修房屋的原材料，个体、私营经销商从厂家直接进货，不锈钢、塑钢、铝合金经销商有的还包加工、安装、维护。至2011年，全区有经营门店40多家，主要集中在营田镇兴盛路和屈汨路。

农机产品 1978～1983年，大型农机具由省、地农机公司供货，农场农机公司经营。小型农机具、农具及配件，则自行采购或农场机械厂制作。电力配件由水电公司经营。1984年始，农机公司所属门市部的农机及农机配件，小型农具转为个体户经营。90年代后，个体户、私营企业逐年增多，主要集中在营田镇，占领全区机电产品销售市场。经营者有公司、销售处、经营门市部等。厂家在区内选择经销商授权经营，经营项目有农用汽车、农用拖拉机、收割机、插秧机、轴承、轮胎等。至2011年，有个体农机推广站、农机配件经销店12家，轴承轮胎店4家，机电产品店15家。

第六节 燃 料

一、煤炭

1978年，城乡居民生活用煤，由农场贸易公司采购，按每年人均20公斤定量供应，年消耗煤炭4000吨左右。除居民生活用煤外，屈原糖厂2台汽轮机锅炉年用烟煤2万～2.5万吨，由省轻工业厅按年度下达计划。屈原水泥厂年工业用煤4000吨，由企业直接申请计划，从宁乡煤炭坝、金竹山以及邵阳等产煤地区调进。1988年，糖厂经技术改造，采用烟煤掺蔗渣作为锅炉燃料，减少用煤量60%，水泥厂改土立窑为机立窑，煤耗明显下降。1993年，取消居民生活用煤补贴后，随着液化气和沼气进入居民家庭，煤炭销售量急剧下降，经营公司出现亏损。1994年，煤炭市场彻底放开。2000年后，由于电取暖方便、无污染，居民冬天85%使用电暖器，只有少数居民煮饭、烧水使用煤。2011年，全区包括20台工业锅炉用煤，年用煤量3.3万吨左右。

二、液化气

80年代初，有少部分居民使用液化气，当时只有场部机关和汨纺各有1家液化气经营点，所有液化气都是用汽车拉钢瓶到岳化总厂、长炼去充装，每年供气量不到20吨，用户约500户。1986年，汨纺建成境内第一家液化气站，主要供应企业内部职工用气。1991年，农场财政投资，场部机关服务公司兴建液化气站，居民用气量达150吨，用户达2000多户。1993年，个体经营户开始进入市场。至2011年，境内有液化气站3个，年供气1700吨，城镇居民用液化气的普及率达100%、乡镇达98%。

第七节　花卉·鞭炮

花卉　1993年，花卉作为新兴行业，开始在境内市面上出现，专营或兼营或出租盆景、礼仪花卉、装饰花卉，还兼装饰婚车、销售根雕等。花卉有纸花、塑料花、鲜花等。至2011年，营田镇区有花草经营公司2家、花卉零售店8家，主要分布在屈汨路边山段。

鞭炮　1978～1984年，境内只有国营商店和分场自办商店有鞭炮出售。1985年始，个体私营经营店开始销售鞭炮。90年代中期，婚丧、乔迁、寿宴、门店开业、重大节日等开始大量使用鞭炮，鞭炮销售量快速增长。个体经营户从浏阳、醴陵调进鞭炮礼花，满足市场消费需求。至2011年，全区有130家经营店和120家农村零售经营户取得烟花爆竹经营许可证，年销售量达50万箱。

第八节　专营专卖

境内专营专卖品主要有石油、烟草、盐业。由于农场体制原因，一直没有石油公司及烟草、盐业专卖管理机构，相关业务由岳阳市或汨罗市代管。

一、石油经营

1978年始，境内石油产品由市农机局根据农场拖拉机、农用动力、农用运输汽车保有量分配指标，每年柴油1300吨、汽油300吨。1984年前由供销公司物资站经营，在推山咀设有柴油库、加油站，在西大堤3公里处建有汽油库。1984年后由农机公司经营，除接管原供销公司的设施外，1989年年底在屈汨路原一分场下坡处新建加油站1处。1992年，成立屈原石油公司。1994年，石油市场放开，柴油、汽油实行议价议销，有个体户陆续在3号路横港处、营田老街一道撇洪沟大堤处、屈汨路黄金乡青竹村段、河市镇复兴村处建加油站，其设备先期用的是机械电动加油，后改为电脑计费加油。1996年，屈原石油公司与岳源石油股份有限公司合股经营。1999年，农机公司推山咀油库、水上加油船等设施被汨罗石油公司收购，一分场下坡处加油站被伟业农牧公司收购。境内公路各主干线上陆续新建6处加油站，基本满足方便全区车辆用油需求。至2011年，区内有中石化、中石油公司所建的加油站3处，个体私营加油站8处，从业人员65人，年营业额在3500万元左右。

二、烟草专卖

1978年，农场烟草由岳阳地区屈原贸易公司负责经营。分场分店由公司供货。品种有“郴州”“常德”“浏阳河”“红橘”等中、低档香烟。80年代初，随着个体零售商业的发展，烟草零售业务迅速扩展。1983年9月，国务院发布《烟草专卖条例》，烟草销售实行申报、审核制度，获得经营许可证的才有配额。至2011年，区内有烟草专卖经营零售许可证者288户（不含分销户）。按A（内分3类）、B（内分5类）、C（内分2类）分等级管理。A级最高，区内零售户中约占七分之一。商户需货时，先备卡预付款，再每月按期向市烟草专卖局申请计划，按高、中、低档搭配，由汨罗市烟草局负责配送，年营业额在4200万元左右。

三、盐业专卖

1978年，境内食盐由屈原贸易公司及分店经营，年销量约200吨。1985年，盐业实行专营，境内盐业由汨罗市盐业公司管理。1987年，农场饲料业迅速发展，工业用盐量逐年递增，1990年，工业用盐量达3200吨。1993年6月，屈原贸易公司盐业经营部根据农场工业用盐量大、多级批发造成销售成本高等实际情况，经申请正式获得市盐业公司经营委托权，是年销售工业盐3400吨。2002年，屈原贸易公司改制后，境内食盐零售由特许经营户从汨罗盐业公司调入，年销量350吨左右；工业用盐由汨罗盐业公司在区内派驻代表，负责饲料及其他企业用盐的情况调查，收集各企业申报工业用盐量，按时制作报表报送，然后，由汨罗盐业公司组织配送。2011年，全区食盐销售量4000吨左右。

第四章　餐饮服务业

第一节　机构与管理

1978～1981年，境内餐饮服务业由贸易公司管理。1982年后，饮食服务业逐步放开，由工商部门管理。1995年，行政区成立个体私营经济领导小组，负责制定发展包括餐饮服务业等非公有制经济相关政策，由一名区委副书记牵头，一名区管委会副主任专管，工商、卫生、财政、税务、贸易、个协等部门和群团组织负责参与，区商务局设立办公室，主持日常工作。

第二节　餐饮业

一、酒店餐馆

1978年，境内营业性餐馆只有屈原贸易公司大饭店能承办酒席，兼营早点。场部设有大招待所，可供400人就餐，主要为场部开会及分场有关人员到场部办事提供就餐服务。

1980年，贸易公司大饭店服务功能不能适应形势发展需求，生意清淡，职工收入低，员工停薪留职自办餐馆，经营酒席、便餐，兼营早餐。

1981年始，随着场办企业、个体商业网点沿小边山一带聚集，屈原镇（后更名为营田镇）临街门面陆续开办餐馆、小吃、冷饮、夜宵店等。1989年，农场场部择址新建小招待所（后更名为誉园宾馆），设有大餐厅1个，可容纳150人就餐，小餐厅7个，接待会议用餐和外来客人，对外承接酒宴。

1995年后，有纺城、兴盛、蝶森、黄金岛、屈原、卢浮宫、明珠等酒店相继开业，其中黄金岛、屈原、明珠、卢浮宫、誉园规模较大，均可一次性承办酒席50桌以上，容纳数百人就餐。这些规模较大的酒店或宾馆，功能配套、设备齐全，餐饮、住宿、茶座、娱乐、休闲融为一体，生意兴隆，年营业收入均在100万元以上。至2011年，全区城乡有餐饮店201家，其中酒店、酒楼、宾馆餐饮84家。每个集镇也有大小不等、档次不同的餐馆2～3家。随着饮食结构的变化和生活水平的提高，酒席标准不断提升。婚宴酒席中高档300～500元，低档次标准也在200元以上。除大中型酒店、宾馆餐饮外，其余为个体私营业主开办的小型餐馆、饭店，主要接待散客，随堂点菜，经济实惠，也可承接2～6桌酒席。营田镇区有40多家早餐店，主要经营面条、米粉、水饺、包子、馒头、豆浆、烤饼、稀饭、油条等。

二、夜市快餐

1991年始，在镇区繁华街道上的夜市快速发展，摆摊者黄昏时上市，下半夜收摊。至2011年，有快餐店6家、糕点店11家、小吃店15家、冷饮店20家、固定夜市店35家。在正虹路与兴盛路交叉处、屈汨路与兴盛路十字路口、汽车站前广场、黄金岛大酒店楼前广场、小边山三角坪等处已形成夜市专营场地，成为青年人或从事夜间工作人员、朋友相聚和休闲的重要场所。每晚夜宵、烧烤、快餐、小吃达100多桌（人数不等）；夏季冰花、冷饮消费人员每晚500人左右。

第三节　服务业

一、旅馆

1978年，境内只有屈原贸易公司大饭店和农场场部招待所2家旅馆，其中贸易公司大饭店设床位60个，总场大招待所有床位120个（1984年后增至176个）。1983年后，旅馆业发展迅速，机关、企业、私营企业和个体户开始改建和兴建宾馆、旅社。陆续建成纺城宾馆、誉园宾馆、糖厂招待所、三间宾馆、天王宾馆、莊翠楼等。所有宾馆都配有卫生间、空调、彩电，有的还配有大小会议室，并且与品茶、餐饮和娱乐配套。2003年后，卢浮宫、黄金岛、明珠大酒店相继开业，其设施配套完善，形成住宿、餐饮、娱乐、休闲、会务一体化。至2011年，境内共有旅馆（含宾馆、旅社、招待所、客栈）23家，从业人员187人，拥有高、中、低档床位360张。

二、休闲、娱乐

1991年，休闲、娱乐业开始盛行，且逐年增多。服务项目有茶座、酒吧、音乐厅、卡拉OK厅、舞厅、旱冰场、电子游戏室、桌球室、乒乓球室、麻将馆、休闲农庄等。全区城乡有200多家，其中尤以歌厅、网吧、麻将馆最多。2008年后，广场休闲、娱乐兴起，晚饭后，人们聚集在广场跳舞、练太极拳、做健身操、打球、散步等，进行各种健身活动。同时休闲农庄陆续兴起，至2011年，已开业5家，集住宿、餐饮、娱乐、种菜、摘果、垂钓于一体，地处农村，空气新鲜，是城镇居民休闲的好去处。

三、理发、美容美发

1978年，一分场副业队在小边山设修理服务部并开设理发店，女性开始学理发。随后各分场场部所在地陆续设立理发店，女性师傅增多，工具从手剪改为电剪，并配有电吹风。1983年后，个体理发店倍增，挑担上门师傅减少。理发工具种类增多，服务内容有剪发、洗发、电烫发、染发等。女性开始进店享受服务，整理发型。1988年，全场有大型理发店3个，从业人员17人；个体理发店83个，从业人员120人。1996年后，理发业由单纯理发向美容美发发展，随后又有洗面、洗头、泡脚、健身按摩、烫发、焗油、纹眉、割双眼皮、护肤、新娘化妆等服务项目。至2011年，境内有理发店190家、美容店15家、足浴店5家、专业按摩店4家，共有从业人员380人。中青年妇女逐步成为美容护肤的消费客户，中青年男士则成为洗脚、保健按摩的消费群体。

四、照像业

1978年，境内只有贸易总公司创办的湘滨照像馆，从业者3人；河市设有照像点，从业者1人。1979年后，农场场部附近出现个体照像馆。至1988年，全场照像馆增至15家，从业人员21人，其中场办3家，个体12家。经营项目有黑白照、彩照、艺术照三大类以及冲洗、放大和代洗照片等。1995年，开始时兴婚纱照、美术照、快照等。2000年，电脑婚纱照像在境内兴起。至2011年，全区有照像馆9家，规模较大的有台北新娘、阳光婚纱、新时代照像馆等。从业人员25人，年营业额235万元左右。从业DV婚事拍摄者10多人。很多家庭每逢结婚、小孩生日、老人祝寿、外出旅游和亲朋好友相聚都喜欢摄影、摄像、制碟，以作留念。

五、其他服务业

打字复印行业始于80年代末。至2011年，全区有打字复印店（社）12家，从业者20多人，主要集中在镇区单位密集处。规模较大的打字复印店还兼营少量书籍、小册子的打印装订和名片制作等业务。

广告装潢和修理业始于90年代初，至2011年，全区有广告装潢专店、公司10多家，从业人员30余人。主要从事广告设计、制作、安装、喷绘、招牌和标识牌制作（含霓虹灯和各种彩灯、彩门）。修理业的门店、摊位在镇区兴起，主要包括生产用具修理和生活用品修理两大类。生产用具修理项目有机具（车辆、农械）、电具（电动机及各种电动工具）；生活用品修理项目有家用电器、高压锅、手机、煤气灶、服装、鞋、铝制品、钟表、单车、摩托车、雨伞、配钥匙和小日用品等。至2011年，全区从事修理业务的有100多家，近200人。主要分布在镇区、农村小集镇及公路旁。还有一些穿街走巷叫卖修理的流动人员，上门维修。从事修理业务的以原机务队、国有企业下岗工人居多。

90年代后，兴起的服务业还有家政服务、疏通管道、干洗、擦鞋、急开锁、灌液化气、送藕煤、拍卖、车辆出租、婚庆策划、搬运、代宰鸡鸭、快递等。至2011年，从业人员800左右。

第五章　旅　游

2005年8月，管理区成立区招商旅游局，主要负责全区旅游业有关规划体系建设、旅游市场管理、旅游景点招商开发、旅游产品宣传推介、市场策划营销等工作。

2006～2010年，区招商旅游局配合文化部门组织对屈子庙等屈子文化遗址、古罗子国遗址、营田江防抗日遗址、磊石山自然风景区、农垦创业特色文化遗址开发利用项目的申报。

2011年，聘请湖南理工学院岳阳汇景旅游文化景观设计有限公司编制完成全区旅游发展整体规划，对罗子国遗址公园开发建设项目进行多次论证，引进投资商进行旅游开发。配合区发改局编制完成“十二五”期间屈原旅游产业发展意见。

第一节　旅游资源

一、自然景观

管理区是龙舟故里、端午节发源地。区境东西承湘、汨两水，北靠浩淼洞庭，内展坦荡湖乡，集湖光、山色、水韵于一体。境内有揽洞庭水色独立于重湖之东，与君山遥相对峙且有诸多神话故事的磊石山；有轩辕黄帝南巡见凤凰十二鸣集此山而得名且风光秀丽的凤凰山；有并蒂荷花荞麦湖湿地保护区。

凤凰山　位于境内东北部，汨罗江故道平江河之东。《湘阴县图志》载："相传轩辕黄帝南巡，张乐洞庭之野，有凤凰十二，鸣集此山，雄雌各六，以应律吕，因名。"凤凰山有屈子庙、钓鱼台、笔架山、河泊潭等名胜古迹，历代不少文人墨客前往登临揽胜，怀古凭吊。《湘阴县图志》载有清人周倬祥诗："朝登磊石岭，暮宿凤凰台。日落愁人泣，天空野鹤哀。轩辕不复返，灵鸟何时来？遗迹茎萧索，临风漫举杯。"凤凰山在历史上是严重的血吸虫疫区，清末诗人周倬祥游凤凰山时，不见灵鸟唱和，唯有哀吟贯耳，慨叹道："古皇巡乐地，遗迹满蒿莱。"1958年，灭螺开垦，辟山开河，堵口截流，彻底改变了昔日荒凉凄惨之状。1977年4月17日，省委书记张平化登山视察，即兴赋《登凤凰山有感》二首。1978年改革开放后，凤凰山上茶园层层，果园成片，树木成荫，成为境内茶叶生产基地和风景秀丽的旅游区。

磊石山　位于境内北端，东西走向，总面积0.5平方公里。又名青草山、五木山、万寿山。古为磊石戍、磊石寨，处营田、漉角之间，形成孤岛，横亘于南洞庭与东洞庭分界处。北靠浩淼洞庭，内展坦荡湖乡，春秋之际，大水茫茫。清人黄湘玉有"不见洞庭水，来登磊石山。谁云八百里，却在举顾间"的诗句描写此山。至2011年，仍留存有清人李其丰所作《重修磊石山洞庭君庙碑记》、刘嗣普所作《磊石山志》序、夏廷越所作《磊石山钟亭记》及多位诗人登山有感诗句。

二、人文景观

境内人文景观主要由名胜古迹、古文化遗址和现代建设景点组成。至2011年，全区有国家级文物保护单位1处、省级文物保护单位2处、区级文物保护单位17处。现代建设景点有天问广场等多处。

罗子国古城遗址　为春秋楚属罗子国都城，秦代的罗县县治，隋代、唐代之初的湘阴县治。位于河市镇古罗村马头槽。1957年，省博物馆派人在此发掘，发现其城垣东西长490米，南北宽400米，墙基宽14米，高3米，黄土夯筑而成。城内西南部有长25米、宽7米的土台，堆积筒瓦、板瓦及绳纹陶片。城址东西皆有文化遗物和墓葬，出土有灰陶绳纹嗝、豆、罐及一些绳纹硬陶片、墙脚砖等。墙脚砖每块长约1.2尺、宽0.5尺、厚0.2尺，刻有斜线细纹，质地坚硬光滑。1956年和1982年被定为省级重点文物保护单位，2011年被定为国家级文物保护单位。

罗子国城遗址考古勘探和规划研究会　（宋政军2011年摄）

屈子庙遗址　位于凤凰山西坡，屈潭东面，坐落在凤凰乡凤凰村。原屈子庙，北锁磊石之咽，南引汨罗之水，西伏河泊潭，东拥凤凰台，前收洞庭一湖万千之景，后聚古木修竹，映翠摇风，水绕山环，景物幽邃，它是近古洞庭东汉一个颇具特色的庙宇。

屈子庙是平江县官商界人士捐款，清同治十二年（1873）修建。当时，平江船商常沿汨罗江上下，来往洞庭、长江之间，便于汨罗江进口处购置屈潭码头，一为纪念屈原，二为中转货物而构筑此庙。建筑材料均由平江县运来，每块砖上刻有“平邑”二字。其建筑规模与构造形式均仿效玉笥山上屈子祠，只不过庙门较屈子祠略高，而其内空较之稍短。庙的正面，分中部和两翼三个门面，中门顶上竖嵌“屈子庙”三个大字，左书“冰清”，右写“玉洁”。两翼庙檐下辟有8幅横排式的堆画，皆雕塑中国古代传统戏剧中的场景，形象精美逼真。

庙分上、中、下3栋。下栋是戏台，其屋面为八角亭，木雕龙凤于其上。戏台前是石铺的晒坪，坪边木栏杆连接戏台和中栋。中栋是平江船商的货物堆楼，名曰“信芳亭”，取屈原《离骚》中“不吾知其亦已兮，苟余情之信芳”之意。信芳亭有4根擎天石柱，镌匾对二，一为湘阴郭嵩焘所撰，一为平江李元度所撰。

郭联云：哀郢矢孤忠，三百篇中，独宗变雅开新路；怀沙沉此地，二千年后，唯有滩声似旧时。

李联云：上官史，彼何人，三户仅存，忍使忠良殓瘁；太史公，真知己，千秋定论，能教日月争光。

上栋为神殿。“楚三闾大夫屈夫子之位”居其中，左为木雕的关公神像，旁立有关平、周仓。右为女媭神像，东西两侧各悬钟鼓。

庙内周围墙壁上留有唐、宋、元、明、清及近代文人的诗赋，大都用毛笔书写，以吊屈原。

玉笥山上有屈子祠，凤凰山坡有屈子庙。虽庙较祠要迟108年所建，而其雄伟、庄严及建筑之精巧，可与之媲美。

1969年，屈子庙被当作“四旧”拆除，庙谱被烧，现仅存遗址。

屈　潭　又名河泊潭，亦即罗洲，位于凤凰乡河泊潭村。《一统志》载：“汨罗江分二水，至屈潭复合，今名河泊潭，去古罗城三十里。”《水经注》载：“汨水又西，为屈原潭，即罗洲也。”《荆州记》载：“汨水西流注湘，去县（湘阴）三十里，名屈原潭，即原自沉处。”据《湘阴县图志》记述，100多年前，屈潭这里是与河塘市、营田、名山（玉笥山）齐名的小集市。街道虽不宽阔，但也依山傍水，热闹异常，是省内外商旅聚集之地。加之山上筑有屈子庙，蜚誉大江南北，历代不少墨客骚人，来此吟诗作赋，以吊屈原。《史记》载：“适长沙、观屈原自沉渊，未尝不垂涕。”三国吴人宜振诗云：“前王西去后王危，一石沉江万古悲。兰菊不知何处荐，断残数桷隐賨蓏。”唐朝诗人张翔曾有“五梦曹兰香易染，一魂湘水渺难招”“风声落日心逾壮，鱼腹终天恨未销”之句。

1981年，屈潭被公布为县级文物保护单位，并竖有花岗岩石碑标志：“战国时代的爱国诗人屈原，目睹楚国危亡，痛不欲生，遂于公元前278年农历五月初五，在此处怀石投江殉国。”2009年，当地百姓自筹资金在此新建“怀仁亭。”

武穆寺　位于营田镇西南靠湘江口附近，建于南宋末年。寺前为一字墙，分三门进，中门顶上书有“岳忠武庙”四字，左书“经天”，右书“纬地”。前栋建有戏台，两边台柱悬有匾对一副：“忠萃一门，笙管有声皆热烈；功成七日，湖湘无处不讴歌。”庙中有麻石铺成的戏场，有木质结构的栏杆科楼，后堂神殿有岳飞的神位，钟鼓悬于东西两侧，具古寺庙建筑特色。1939年，寺庙被烧。2002年，当地百姓集资重建。

营田抗日阵亡烈士墓　（见第七篇第一章“第五节、国防教育”中“国防教育基地”）。

白鱼岐宝塔遗址　位于营田镇西大堤河洲，占地150平方米，现存一块包丘形黄色粘地，高出平地1米许。白鱼岐原乃“白鱼矶”。清末民初营田西山易雨初有文载：白鱼岐之“岐”，乃“矶”之误写，前人因矶头滩水流湍急而建宝塔，以示关收之意。后易雨初见清末《湘阴县志》亦记为“白鱼岐”，便又写诗：“《湘阴县志》多鱼鲁，竟把矶头误作岐”。

白鱼岐宝塔 原名拱极塔，建于清乾隆初年，由营田西山易氏十四世祖灼林公倡议易姓一族所筑。塔为七层，内空三丈七尺五寸，除塔顶为铣铸成外，余皆麻石构筑，质地坚硬，朴实无华，高拱凌云，气势雄伟。塔顶设有一灯，光芒四射，彻夜不熄，远浦归帆，得明方向。从此，上潇湘，下洞庭，商旅赖以导航。宝塔上还刻有一联：西山旺族名千古；北斗文星笔一支。民国30年（1941），湘北会战局势紧张，国民党军队以其塔身高、目标大，易被敌机骚扰为由，用鱼雷炸毁其上五层，剩余基脚两层与平房一般高。1958年围垦时，人们利用它做保管室，囤积建筑防汛器材。60年代末，基脚两层麻石全被当地居民挖走，仅存一处黄泥土包。

黄陵庙 位于营田黄陵山，庙与二妃墓咫尺相依，史称"三湘七泽第一胜迹"。《水经注》载：大舜之涉方也，二妃从征，溺于湘江，民为立祠水侧焉。荆州牧刘表刊石立碑，以旌其不朽之传云。清康熙《湘阴县志》载：舜二妃墓，即营田之黄陵，出斑竹。唐元和十四年（819），韩愈因谏佛骨贬守潮州，"过（黄陵）庙而祷"。翌年九月，回京后，以私钱十万"新其庙"并撰《重修黄陵庙碑记》。尔后，明、清两代曾三度重修。自唐至清，有40多位诗人、学士咏诗为文以志记。

近代，庙墓失修，后崩陷。庙内一度设蒙馆，营田易象离老人曾就读于该庙，当年塾师易雨初为该庙所撰楹联"瑶琴音清，好凭铁板铜琶，去也洞庭秋夜月；荒祠人静，怕值猿啼鹤唳，来矣湘山弟子灵"以及他所授杜甫的《湘夫人祠》诗二首，至今仍在当地居民中留传。

磊石钟亭遗址 位于琴棋乡磊石山。清道光初年，县令徐宏到湘阴赴任，船经磊石，夜幕已临，东西莫辨，官船深为所窘。到任后，召集县境富户，建议在磊石山设立航标，以解舟人危厄。富民纷纷出资，于磊石建一钟亭，募道士，夜间鸣钟，燃灯以导行舟。徐宏离任后，河市邑绅黄方村主动负担钟亭修缮及鸣钟燃灯费用。黄公卒，其子黄其华捐款将钟亭修缮一新，并捐田二十一斗九升，作为钟亭守护人生活及灯油之永久经费。清末（1911），黄公之孙黄世珊继先辈之遗志，对钟亭全面整修一次。1939年，日军两次犯湘，将钟亭摧毁。后因航运发达，失去导航价值，故钟亭陆续拆除。

营田窑遗址 位于营田镇虎形山。据传，这里有"四十八座皇窑"之称。出土器物以碗、碟、杯、钵、壶、盘等陶器为主，胎质灰色，火候高炽，褐绿釉为主，釉下黄彩较多。饰纹有模印堆口何纹、鱼纹、水波纹、莲花纹以及笔绘花卉，构图朴实，线条流畅，工艺水平较高，是难得的珍品。窑址中有"长沙府湘阴县"款式的砖一块。1983年5月，公布为县级文物保护单位。

第二节 旅游经营

2006年8月，区招商旅游局引进投资商在天问社区新建黄金岛大酒店，主楼7层，营业面积5300平方米，有高、中档客房50余间，大、中、小会议室3个，大餐厅1个、包厢7个，休闲娱乐房5间，可同时容纳120人住宿、500人就餐、200人会务，是一家集餐饮、住宿、娱乐、购物、会议、休闲于一体的多功能酒店。2010年，由客商投资，修建明珠大酒店，建筑面积1.1万平方米，设餐饮、茶室、娱乐室，可同时容纳90余人住宿、120人就餐、100人会务。至2011年，全区旅店服务网点达32家，休闲农庄5家，从业人员达180人。

2007年始，境内相继成立5家旅行网点，挂靠省、市旅行社，组织和接待团队、散客开展旅游业务，协助办理港澳通行证，出国护照，预订及代购飞机、火车、高速快车票等业务。至2011年，共组织旅游团队20个、780人次，代购飞机、火车、高铁票2800张。

第十六篇　交通·电力·通信

第一章　交　通

1978～1979年，境内交通设施主要结合农田水利规划和建设，构筑公路路基，形成路网雏型。1980～1995年，为适应汽车运输业和农业机械的发展大铺沙石路面，80%的农业生产队和40%的田间道改造为沙石路。1991年，被省交通厅注册确认的省道、县道、乡道陆续提升等级。2001年10月，市交通局报经省交通厅批准认定区境省道17.9公里、县道71公里、乡道59.6公里、村道215.5公里，总里程364公里纳入国家统一计划管理。2004～2009年，通过争取政策性投资，大力建设农村公路，89%公路硬化成混凝土路面。2008年，争取京珠复线高速公路屈原互通工程项目，2009年，争取二级公路还贷资金3098万元。至2011年纳入"十二五"规划和国家统一计划管理的公路有1条高速公路，境内里程8.75公里；省道4条，里程74.885公里；县道6条，里程66.76公里；乡道68条，里程230.989公里；村道263条，里程230.36公里，总里程达到611.744公里。乡镇、村均通达客运班车。屈原汽车站进入二级车站行列，长途客运延伸至岳阳、长沙、株洲、湘阴、汨罗、安化等地。客货运输和部门专用车、群众私营车迅速发展。全区有客、货汽车735台、1800吨位、1345个客位。码头建设步入正轨，主要港口推山咀码头进入国家"十二五"规划。

1978～1983年，境内交通管理没有设立专门机构，由农场工交科代管。1984年，建立农机监理科，负责境内公路交通安全监理，配安全管理员7人，各分场先后配专职安全员1人，协同负责辖区内交通安全监理工作。1991年成立农场交通科，1993年升格为交通局。2011年更名为管理区交通运输局，内设办公室、财务审计股、计划基建股、安全法制股、交通战备办公室，辖道路运输管理所、地方公路管理所、港口航务管理所、农村公路路政执法大队、交通工程质量与安全监督管理站、屈原客运公司、屈原运输公司。有干部职工126人，其中行政编制6名、事业编制38名。

第一节　公　路

一、设施

道路　国道京珠复线高速公路（又称岳长高速）。途经区境起点为河市镇东大堤，讫点为黄金乡金塘村二道撇洪沟，长8.75公里，跨越河市、黄金2个乡镇。京珠复线高速公路与省道307线互通地点为河市镇复兴村。2009年，区成立高速公路屈原段协调指挥部，着手沿线土地征用、房屋拆迁补偿等工作。2011年始，进入施工准备。

省道307线。线路起点为推山咀码头，终点为汨罗市城西李家坪村。长21公里，其中境内17.9公里，

省道307线风光带　（宋政军2011年摄）

始建于1966年社教运动，又名社教路。1982年加修改造，1991年完成沙改油17.9公里，1995年完成沙改砼3.1公里，1998年实施大修，4次改造共耗资1000万元。该路路基宽10米，面宽6.5米，其中高级路面2.4公里，次高级路面15.5公里。途经区境腹地，跨营田、黄金、河市3个乡镇，担负着全区人流、物流的主要运输任务。2001年，被省交通厅认定为省道，并按二级标准立项投资实施拓改，有效行车路面为2车道16米宽，设计日通车量为5000～6000车次。工程于2002年开工，2003年年底全线通车，总投资1.4亿元。2010年耗资2000多万元实施大中修。

省道217线。由县道048（屈磊）线升级而来。起点为南县，终点为益阳市桃江县，途经区境营田镇、琴棋乡至磊石山，又名西堤路，境内长19.385公里。该路是在防洪大堤基础上修建的沙石路，始铺于1986年，加修于1998年，路面宽12米，有效路面宽5米，是境内防汛抢险和物资运输的重要通道。2008年，全线硬化为水泥混凝土路面，路面等级为4级。2010年纳入国家“十二五”公路路网改造规划。

省道319线。由县道049（翁磊）线升级而来。线路起点为浏阳市黄花洞（湘赣界），终点为琴棋乡磊石山，途经区境河市镇、凤凰乡、琴棋乡至磊石山，又名东大堤路，长19.682公里。该路是在防洪大堤基础上修建的沙石路，始铺于1986年，加修于1998年。路面宽12米，有效路面宽5米，是境内防汛抢险物资运输的重要通道。2009年，全线硬化为水泥混凝土路面，路面等级为4级。2010年纳入“十二五”公路网改造规划。

省道102线。由县道051（尚磊）线升级而来。线路起点为长沙市绕城高速，终点为岳阳县鹿角，途经区境营田镇、凤凰乡、琴棋乡至磊石山，原名南北路，长17.8公里，是境内贯通南北运输的主要通道。该路始建于1966年，1982年始铺沙石，后经2次改造达到4级标准，2005年，全线硬化为水泥混凝土路面。2010年纳入“十二五”公路路网改造规划。

县道056（汨营）线。线路起点汨罗市城郊，终点为营田镇，途经河市、黄金、营田等乡镇。始建于1986年，加修于1995年。1996年，实施沙改油工程9公里（其中汨罗境内4.48公里），路面宽10米，有效路面宽5米，次高级路面6公里，中级路面8.3公里。按等级划分为3级公路6公里，4级公路8.3公里。该路是境内及汨罗、湘阴防汛抢险及其他物资运输的重要通道。2001年划归管理区管养。2005年，全线硬化为水泥混凝土路面，2010年，调整该路段大湾杨至尚荣桥5公里升级为省道。至此，该县道在区境全长12.8公里。

县道170（禾沉）线。线路起点为黄金乡禾鸡山村，终点为琴棋乡沉沙港，途经黄金乡、凤凰乡、琴棋乡、营田镇。由乡道268线升级而来，始建于1964年。2004年，有19公里硬化为水泥混凝土路面，长

20.9公里。

县道171（飞玉）线。线路起点为琴棋乡凤凰村，终点为营田镇三洲村，途经琴棋乡、营田镇。由乡道729线升级而来，始建于1962年。2007年，硬化水泥混凝土路面10公里、沙石路面1.76公里，长11.76公里。

县道172（黄丹）线。线路起点为河市镇古罗城村，终点为黄金乡滨莲村，由乡道735升级而来，始建于1964年。2008年，全线硬化为水泥混凝土路面，长4.6公里。

屈汨路拓宽改造竣工通车典礼　（刘红旗2004年摄）

县道173（杨港）线。线路起点为琴棋乡青港村，终点为营田镇港南村，由乡道261线升级而来，始建于1965年。2007年，全线硬化为水泥混凝土路面，长9.4公里。

县道174（青土）线。线路起点为琴棋乡青港村，终点为营田镇土地港村，由乡道260线升级而来，始建于1968年。2007年，全线硬化为水泥混凝土路面，长7.4公里。

乡道，全区有68条，总里程230.989公里，是各乡镇的主要干线，大都建于60年代中期，为沙石路面。2005～2008年，有104.7公里通过农村公路建设，逐步硬化为水泥混凝土路面。至2011年，剩余126.29公里为沙石路面，由各乡镇负责管养。其中最主要的乡道为：

257（八大）线。线路起点为凤凰乡八里堤，终点为琴棋乡大湾村，长5.75公里，路面等级为四级，已硬化为水泥混凝土路面，是凤凰乡横贯东西的主要运输通道。

258（杨青）线。线路起点为琴棋乡杨林村，终点为青港电排，长3.35公里。

259（三八）线。线路起点为琴棋乡三星村，终点为琴棋乡八港村，长3.85公里，路面等级为四级，已硬化为水泥混凝土路面。

262（沙五）线。线路起点为黄金乡沙湖村，终点为五号桥，长3公里，路面等级为四级，已硬化为水泥混凝土路面。

263（古新）线。线路起点为营田镇古湖村，终点为该镇新民村，长6.7公里，已硬化为水泥混凝土路面。

264（小龙）线。线路起点为黄金乡小江村，终点为该乡龙须村，长2.5公里。

村道，区村道源于纵横交错的田间机耕路，建于60年代中期，村村都能贯通。原有村道198条，通过路网改造有部分升级为乡道。2005～2008年，在农村公路建设中有127.21公里硬化为水泥混凝土路面，其余103.15公里为沙石路面。至2011年，被认定为村道的有263条，总里程230.36公里。

2011年屈原管理区通村公路主干道统计表

表16-1 单位：公里、条、米、万元

乡镇名称	进入省通村公路规划		路面宽度	已硬化		投资	
	数量	里程		数量	里程	国家	自筹
营田镇	11	23.885	3.5	3	8.128	81.28	40.64
河市镇	6	11.488	3.5	1	1.806	18.06	9.03
黄金乡	10	26.302	3.5	4	7.551	75.51	37.755
凤凰乡	13	20.016	3.5	7	12.678	126.78	63.39
琴棋乡	14	19.786	3.5	8	8.058	80.48	40.24

桥梁 全区有中、小型桥45座，大都建于70～80年代。这些桥梁一般建前有论证、有设计、有预算，建后有验收，手续较为完备，安全性能可靠。

2011年屈原管理区主要桥梁统计表

表16-2 单位：米

桥梁名称	桥长度	按跨径分	跨径总长	单孔最大跨径	跨径组合	桥面全宽	桥面净宽	跨越物	修建时间
玉洲桥	17	小桥	12	12	1×12	6	4.5	水渠	1961
春江桥	30	小桥	14.1	4	3×4+1×2.2	5	5	水渠	1964
五号桥	26	小桥	20	6.5	3×6.5	6.5	5	水渠	1964
鱼咀桥	15	小桥	6	6	1×6	6.5	6	河流	1964
横港桥	15	小桥	6	6	1×19	6.5	6	水渠	1964
八尺港桥	21	小桥	8	8	1×12	6.5	6.5	水渠	1964
港风桥	12	小桥	6	6	1×6	6	6	水渠	1966
凤凰一桥	20	小桥	10	5	5×2	6.5	6	河流	1966
古湖二桥	21	小桥	16	4	4×4	6	4.5	水渠	1966
幸福桥	13	小桥	8	4	4×2	6	4.5	水渠	1966
荷花桥	23	中桥	20	20	1×20	6	5	水渠	1966
同洲桥	21	小桥	16	4	5×2	5	4.5	水渠	1966
新风桥	35	小桥	27	9	3×9	6	5	水渠	1966
三联桥	18	小桥	5	5	1×5	5	4.5	水渠	1966
鱼垅桥	20	小桥	15	5	5×3	6.5	4.5	水渠	1966
香游桥	31	小桥	20	5	5×4	4	4	河流	1966
飞玉桥	17	小桥	8	8	1×8	6.5	6	水渠	1966

续表

桥梁名称	桥长度	按跨径分	跨径总长	单孔最大跨径	跨径组合	桥面全宽	桥面净宽	跨越物	修建时间
古湖四桥	24	小桥	20	10	2×10	5	5	水渠	1966
金成桥	10	小桥	8	8	1×8	8	8	水渠	1966
青竹桥	15	小桥	5	5	1×5	5	5	水渠	1966
汨江桥	22	小桥	5	5	1×5	5	3.5	水渠	1966
古湖一桥	24	小桥	20	10	2×10	5	4	河流	1966
凤山桥	20	小桥	9	9	1×9	6	5	水渠	1966
致富桥	30	小桥	12.6	9	4.2×3	6.5	5	水渠	1967
永丰桥	23	中桥	20	20	1×20	4.5	4.5	水渠	1967
余家桥	18	小桥	8	4	4×2	6	5	水渠	1967
新堤桥	30	小桥	12.6	4.1	4×3	6.5	4.5	水渠	1967
万兴桥	27	小桥	21	7	3×7	7.5	6	水渠	1967
莲花桥	27	小桥	18	6	3×6	17	4	河流	1968
兴渡桥	13	小桥	18	6	3×6	6	4.5	河流	1968
港南桥	40	小桥	21	21	1×6	6	4	水渠	1970
磊石桥	55	中桥	42	7	6×7	6	5	水渠	1972
凤凰桥	30	小桥	16	16	1×16	5	5	水渠	1979
荞麦桥	16	小桥	10	5	2×5	6	5	水渠	1980
养殖桥	18	小桥	5	5	2×5+1×3	6.5	5	水渠	1980
古湖桥	35	小桥	27	9	3×9	6	5	水渠	1981
三角洲桥	42	小桥	16.5	5.5	3×5.50	5.5	5	河流	1982
黄金桥	26	小桥	9	9	1×8	6.5	5	水渠	1987
荷花一桥	27	小桥	8	8	1×8	10	8	水渠	1994
金竹桥	31	小桥	16	8	2×8	17	15	水渠	2000
三洲桥	38	小桥	16	8	3×8	6	5	水渠	2000
金凤渡桥	20	小桥	16	8	2×8	6	5	河流	2011
洋湖渡桥	30	小桥	24	8	3×8	7	6	河流	2011
青港桥	30	小桥	24	8	3×8	7	6	河流	2011
三洲桥渡口	20	小桥	16	8	2×8	6	5	河流	2011

车站　1985年，在营田镇屈汨路、兴盛路交岔口修建屈原汽车站，占地面积5000平方米。1999年，经市政府和省交通厅批准立项投资，新建二级车站，择址兴盛南街。2001年动工兴建，2002年5月投入营

运。该站占地面积13348平方米，建筑面积3840平方米，停车场面积8000平方米。日发客班150余个，日纳旅客5000人次以上，总投资720万元。2009～2010年，相继对站内主站楼、修理间、停车棚、车辆检测台等设施进行维修改造，至2011年，各项功能基本完善，可日发班车200趟，年发送旅客150万人次。

农村客运站 2006年始，陆续在凤凰、琴棋、河市3个乡镇建成农村客运站3个，农村招呼站23个。

二、运输

货运 汽车运输业始于60年代。1963年，首批购进2台“跃进”牌汽车，1966年，农场成立汽车队，将农场全部货车集中统一调度，隶属运输大队管理。成立时有3台“跃进”牌、2台“解放”牌货车。1972年，汽车队迁至推山咀运输公司。1980年，汽车货运业迅速发展，主要承担全场生猪和推山砠码头货物及饲料原材料运输。年运输量500万吨以上。1989年年底，货运汽车全部拍卖给个体经营，高峰期达到370台。年运输量550万吨。90年代末，货车受市场经济影响数量减少。由于地域盛产沙砾石，2009年后陆续增加46台沙石运输车。至2011年，全区有大、小货车320台，年运输量1000万吨以上。

客运 1978年，运输队购进首台“红旗”牌客车参与客运，1982年，购进第二批2台“黄河”牌客车，至1988年，全场有客车11台，开通营田——汨罗、营田——湘阴、营田——岳阳和营田——各分场班线，年旅客量7800人次，当时汽车站场多为沙石停车场。1991年成立屈原客运公司，设经理办、站务、车队、治安、财务5个股室，有职工210人。2002年2月，公司迁至营田镇兴盛南街新车站，增设社会站、业务股。2003年，客运公司改制，管理班子由24人减至13人，原有职工身份置换。是年4月，增开屈原——安化班车。至2011年，有客运班车33台，线路11条，从业人员106人。

第二节 水 路

一、航道码头

流经本区的航道主要有湘江航道和汨罗江航道。其中湘江航道境域流长18.87公里，南接营田闸，北抵琴棋乡琴棋望。属设标航道，有白标14座、红标13座。洪水季节河面宽200米，枯水季节宽100～150米。汨罗江航道境域流长20公里，属湘江内河下游支流的季节性航道，自白丈口至磊石山入洞庭湖。

1978年始，境内水运主要依托湘江航道，沿岸设有营田、汨纺、水泥厂、推山咀、青港、磊石码头，其中推山咀码头是华容、常德、益阳等地货物运往区境、平江、汨罗、湘阴的中转港口，年货物吞吐量20万吨，码头置有120吨位的趸船1艘，机械车辆12台，货场总面积4000平方米，专业装卸工100余人。1990年，港口码头设在境内的有9个。沿湘江一线有营田、汨纺、推山咀3个专建码头，土地港、青港、磊石3个为自然及临时使用码头。沿汨罗江一线有凤凰山、三星渡、翁家港3个码头，均为自然临时码头。专建码头中汨纺码头属企业自用，不承运社会物资，该码头始建于1968年，长100米，宽25米，水泥混凝土结构，2个舶位，最大停舶能力1000吨。营田码头由汨罗市港口航务管理所管理，归汨罗航运公司使用。推山咀码头属行政区所建。该码头有深水优势，枯水季节2000吨级的船舶可进港作业，夏秋季节可同时容纳20条船舶作业。推山咀码头始建于1960年，长150米，宽20米，水泥混凝土结构，2个舶位，最大停舶能力500吨。80年代后，经过4次改扩建，建成舶位4个，停舶能力为1000吨级标准。2011年，该码头纳入国家“十二五”规划，规划建成停泊2000吨级船舶，年吞吐货物量300万吨的直立式泊位码头。

二、客运

1978～1990年，机动船、轮船客运均为客籍。客运停靠有营田、汨纺、水泥厂、推山咀码头。营运单位分属长沙、岳阳港务局及湘阴水运公司。航线有营田——青山、汨纺——湘阴、长沙——推山咀——安乡、岳阳——推山咀——益阳。旅客日运输量200人次。90年代后，由于公路客运的发展与汽车的普及，水路客运逐渐减少，2011年，旅客日运输量仅30人次。

三、货运

1978年，农场运输队有木船、水泥船12艘，机驳船3艘，拖轮2艘，总吨位388吨，1320马力。1979年，改装12吨、55马力水泥船1艘，并定制82吨80马力铁质专用油轮1艘。1985年，运输队船舶更新换代，木船、水泥船相继淘汰，铁质机动船取而代之。至1988年，有机动船舶91艘、7295吨、2540马力，货运量3170万吨，周转量5816万吨公里。1990年始，随着公路运输的替代，原依靠码头和水运生存的运输公司效益逐年下降，所经营的6艘货船陆续转卖私人，公司于2003年改制，300多名职工身份置换。推山咀码头于次年承包给个体老板。至2011年，主要承担码头进港货物的上岸装卸、汽车运输及相关港口费用收取，水上货物船运全部转为私营。

第三节　管　理

一、公路养护

1982年，成立养路队，1988年更名为公路段，主要负责公路养护。其经费由农场财政拨款，管养范围为屈汨路、尚磊路、汨营路、禾沉路约80公里，各分场、镇属范围的公路由各分场和生产队自管自养。1991年，成立公路站。2001年，更名为岳阳市屈原管理区地方公路管理所（副科级），作为区交通局下属职能机构，管理范围扩展至全区，但养护公路段保持未变，乡村承担养护占60%。公路管理主要工作职责是集建、管、养于一体。

2002年，实行分级管理后，区管委会对各乡、村公路的维修养护实行定额经费补贴。养护人员一般都实行责任工资制、费用定额制、质量奖罚制。至2011年，全区仅有省道307线、县道056线划设标志和标线。公路绿化最早于1986年，在主要公路两旁植树达15万株，各乡村公路两旁多数为速生林，采取补贴政策，逐年更新补种。

二、规费征稽

1980年，成立公路征费办，挂靠农场农机科。1991年，在农场交通科成立征稽股，为汨罗公路段费用代征代办机构，主要征收汽车和拖拉机养路费，屈原公路交通部门按政策提留30%。1994～2002年，区交通局正式成立征稽所，属市征稽处代征机构，所征汽车养路费和客货附加费100%解缴市征稽处，其中养路费按政策返还40%作为管理区养路费和征稽人员工资。2003年，该所由市征稽处收编直管，2003～2007年，每年征收金额达300万元。2008年，燃油税改革，征稽部门撤销。2010年，组建农村公路路政执法大队，负责区域内农村公路路产、路权及辖区内农村公路管理行政应诉、路政管理、执法监督等工作。

三、交通运输市场管理

1978～1993年，运输市场及运管费收缴由汨罗市运管所管理。1994年，行政区交通局下设运管所，由市运管处授权管理区域内运输市场及运管费征缴。1997年，屈原运管所由市运管处收编成立市直运管五所，是年又划归行政区交通局管理，为交通局下属二级机构。至2007年，每年征收各种交通规费计150万元，其费票由省、市交通主管部门下发，费款实行全额上缴，日清月结，年度总结算，按征费额和人头划拨工作经费。2008年，燃油税改革，运管所主要负责贯彻执行道路运输行业的法律、法规，拟定全区道路运输行业管理的规范性文件，并组织实施；负责全区机动车驾驶员培训和客、货站场行业管理；负责道路运输执法。

四、港航管理

1989年，成立屈原港航所，负责港口航务管理，主要承担港航签证和有关规费收缴，至2007年，年征收各种规费12万元。2008年燃油税改革后，承担收取国家规定的港口费用，负责管理港口装卸、搬运和运输市场，维护港口区域安全生产秩序和环境卫生，组织港区防汛抢险，监督处理港口安全生产等工作。

第二章　电　力

1978～1988年，境内用电属汨罗供电公司分散用户，电网建设相对落后，电力线路迂回，布局不合理；变电设施容量小，电力供需矛盾突出；配电设施陈旧老化，供电故障频发，每年用电高峰期，特别是抗旱排渍非常时期，用电设备不能正常启动。1989年始，省电力公司将农场确定为趸售用户，开始形成独立的供、用管理。电网系统从布点、管网上进行科学规划、扩展和改造。同时建成糖厂余热发电机组补充电源，供电能力有了提高。1998年后，国家启动农网改造工程，电力部门配合区管委会取得上级电力部门的支持，争取资金近2亿元，对全区农网、城网以及变电、配电设施进行全面改造升级，增强电网供电能力。至2011年，全区电网电压质量和供电可靠性有了根本性改善。

1978年前，农场设立水利水电基建科，主管电力工作，下设电力管理所，有员工90人。1984年，电力管理职能从水利水电基建科分离，成立屈原电力排灌公司，下设供电所。1986年，成立水利电力公司，下设供电公司。1994年，水利电力公司更名为水利水电局。2002年3月，水电分离，成立岳阳市屈原电力有限公司（简称屈原电力公司），正式实行注册登记，有干部职工134人。是年7月，实施内部改革后，省电力公司委托岳阳电业局与区管委会签订《岳阳市屈原电力公司代管协议》，区管委会正式将屈原电力公司交由岳阳电业局代管。随后，岳阳电业局授权汨罗电力局履行代管职能。2005年11月，岳阳电业局与区管委会再次签订《岳阳市屈原电力公司代管补充协议》，确定屈原电力公司由省电力公司委托岳阳电业局直接履行代管职能，并将屈原电力公司确定为县级电力公司，定编正式员工78名，农电员工45名。2008年5月，屈原电力公司成功实行股份制改造，由省电力公司与屈原农垦集团总公司共同出资4629.06万元（即省电力公司控股77.16%，屈原农垦集团总公司占股22.84%），组建湖南屈原电力有限责任公司，定编正式员工85名，农电员工45名。下设综合办公室、生产技术部、电力营销部、农电总部、财务部，辖6个班组和1个供电所。

第一节　电网建设

一、变电设施

1978年，境内有35千伏变电站2座。其中35千伏屈原变电站为境内中枢变电站，安装主变压器2台，单机容量1000千伏安，2台主变并列运行，由1台35千伏多油开关保护，由110千伏汨罗变电站414线路供电。

35千伏磊石变电站，安装主变压器2台，1台容量6300千伏安，1台1000千伏安，2台主变压器分别独立运行，6300千伏安主变压器，供农业排灌用电，每年运行9个月；1000千伏安主变压器主要是冬季低荷时运行，每年3个月，主要供生产、照明用电，由汨罗110千伏变电站416线路供电。1982年3月，屈原变电站增容，配有主变压器2台，1台1800千伏安，1台3200千伏安，总容量为5000千伏安，2台主变压器由1台35千伏多油开关保护。1995年，磊石变电站主变改造为安装35千伏/10千伏和35千伏/6.3千伏双圈变压器各1台，单台容量均为4000千伏安，分别由2台35千伏多开关保护。1999～2003年，相继兴建110千伏屈原变电站、35千伏河市变电站和35千伏琴棋变电站。其中110千伏屈原变电站于2000年开始建设，2001年正式投入运行。工程一期投资1800万元，安装主变压器1台，容量为31.5兆伏安，用1台六氟化硫开关保护，由220千伏新市变电站512线路导入。35千伏河市变电站于2002年12月动工兴建，2003年投入运营。工程投资500万元，安装主变压器1台，容量为4000千伏安，由110千伏屈原变电站屈河线导入，备用电源T接35千伏汨楚线。35千伏琴棋变电站于2002年筹建，2003年建成运行。工程投资330万元，安装主变压器1台，容量为4000千伏安，由110千伏屈原变一回35千伏电源T接屈推线供电。110千伏屈原变建成后，于2001年8月将35千伏磊石变改由屈原变通过屈磊线供电。2007年，35千伏河市变电站增容，投资202万元，新增主变压器1台，容量6300千伏安。2008年，35千伏琴棋变电站增容，投资200万元，新增主变压器1台，容量4000千伏安。

至2011年，境内有35千伏和110千伏变电站4座，主变压器8台，总容量58800千伏安；35千伏专用变电站3座，主变压器3台，总容量6500千伏安。

二、输电线路

1978年，境域有35千伏输电线路2条、49千米，其中35千伏汨屈线（汨罗变电站至屈原变电站）全长21千米，杆塔112基，采用LGT-70导线；35千伏汨磊路（汨罗变电站至磊石变电站）全长28千米，杆塔148基，采用LGT-70导线。2001年始，相继建成110千伏新屈线（汨罗新市变电站至屈原变电站）全长26.8千米，采用LGT-240/30钢芯铝绞线，全线装设GJ-35避雷线，共有杆塔101基，其中铁塔11基；35千伏屈推线（屈原变电站至推山咀电排）全长10.1千米，导线采用LGJ-120/25型，杆塔75基，全线T接有推山咀电排专用变电站和琴棋35千伏变电站；35千伏屈磊线（屈原变电站至磊石电排），全长19.3千米，杆塔121基，导线采用LGJ-120/25型，属磊石电排变电站专用；35千伏屈河线（屈原变电站至河市变电站）全长16.8千米，杆塔115基，导线采用LGJ-95/20型[（含列入35千伏配电输出线——河楚线（河市变电站至楚塘变电站）]，全线T接三星渡电排专用变电站和Ⅱ接35千伏河市变电站。2010年建成110千伏屈凯线（屈原变电站至凯迪电厂）和110千伏瞭凯线（汨罗瞭家山至凯迪电厂），使屈原形成110千伏双电源供电。

三、配电设施

1978年，境内10千伏配网、0.4千伏及0.22低压配网初具规模，10千伏主干线及分线总长109.7千米，0.4千伏及0.22千伏低压配网线路总长218.5千米，10千伏配电变压器116台，容量9675千伏安。全域100%的分场和99%的生产队及90%的居民户用上网电。至2001年，拥有10千伏开关站1座，10千伏配电线路增加到153.8千米，10千伏配电变压器达260台，容量为24410千伏安；0.4千伏和0.22千伏低压配电线路426.3千米。2002年7月，投资2005.47万元，实施农网改造，新建和改建10千伏主干线9条，总长108.88千米；改造10千伏配电台区127个，新安装配电变压器127台，容量15235千伏安；新建和改造0.4千伏低压配电线路162.88千米，0.22千伏低压配电线路233.52千米，新装亚长寿命户表和剩余电流动作保护器28530户。至2004年4月，全区实现“同网同价”。是年，启动城网改造，完成投资932.8万元，新建和改造10千伏线路27.1千米，新增配变压器33台，容量9490千伏安，改造配电台区6个，容量1825千伏安；新建和改造0.4千伏及0.22低压线路45.4千米。新增投资279.6万元，对原汨纺居民区实施“两电分离”，新建10千伏线路

2.3千米，新增和改造台区15处，容量4465千伏安；新建0.4千伏和0.22千伏低压配电线路9.3千米，安装亚长寿命户表和剩余电流动作保护器3125户。2007年始，启动新农村电气化工程试点，是年完成投资23.7万元，在黄金乡禾鸡山村新建10千伏线路1.8千米，配电台区2个，容量205千伏安；新建0.4千伏和0.22千伏低压配电线路2.4千米。至2011年，全区共完成新农村电气化村建设8个，总投资187.72万元。

第二节　电力供应

一、电网运行

2006年，岳阳电业局批准屈原电力公司建立县一级调度机构，并将110千伏屈原变电站的开关调度权下放到屈原电力公司。110千伏屈原变电站，河市、琴棋35千伏变电站均采用无人值班模式的典型设计，设备先进，运行安全，均实行有人值守的无人值班模式。其中35千伏河市变电站实行主电源接自110千伏屈原变电站和备用电源接自110千伏汨罗变电站的双电源Ⅱ进接线方式，2台总容量为10300千伏安的主变压器并列运行，并设有一回10千伏线路联络线与110千伏屈原变电站的10千伏母线连接，不但使35千伏河市变电站能可靠运行，同时，110千伏汨罗变电站和110千伏屈原变电站可互为备用。35千伏及以上输电网和10千伏配电网，由公司变压、线路、调度班负责调度、运行和维护管理；10千伏配电台区及低压配电网则由供电所负责运行、维护管理；专用35千伏变电站等受客户委托由公司生产一线班组负责代维。2011年，光纤通讯网、调度通讯基站、110千伏双电源、110千伏双主变和农配网改造等工程的全部完成，使屈原供电网运行更加安全可靠。

二、行业用电

1978～1990年，区域用电缺口大，供需矛盾突出，为了保障农业用电，各分场（镇）主要工业企业、场直机关等单位备有发电设备58台套，装机容量2450千瓦。用电大户屈原糖厂自备小火力发电机组4台，装机容量3000千瓦。工业网上用电仅占全场用电量的10%，80%的电主要用于农业。为了确保农业旱涝保收，80年代后，全场排灌机埠装机容量达到7925千瓦，每平方公里拥有量达50千瓦。90年代后，新增推山咀、三星渡2个大型电排，新增对外排渍装机容量2910千瓦，使区内外排机埠总装机容量达10835千瓦。1991年始，随着电网逐年改造和电量增强，工业用电量快速增长，至2001年，工业用电所占比例接近40%，与农业用电量逐步持平。2001年后，国家对农村电网实施“两改一同价”工程启动后，电压容量和供电可靠性有明显改善，促进了用电结构的调整。境域工业用电超

电力营销大楼　（宋政军2011年摄）

过农业用电比重，至2011年，全区总用电量达9382.88万千瓦时，其中工业用电量达4284.05万千瓦时，占40.04%；农业用电量1592.93万千瓦时，占14.89%；居民生活用电量3505.9万千瓦时，占32.77%。

三、电力调度

1978～1995年，受国家计划经济和发电能力影响，电力供需矛盾十分突出，电力调度责任重大。全域分配负荷与用电所需负荷相差一倍以上，用电缺口相当大。境内采取分时段、分线路、分指标的轮流供电方式。1996年始，供电状况逐年得以缓解，电力调度职能恢复正常。2006年，岳阳电业局赋予屈原电力公司建立县级调度职权后，区域电力调度实现自动化管理，调度部门的职能主要履行对辖区电网运行的测试和设备检修下达停、送电指令，并接受上级调度的有关指令，以确保电网的安全、稳定运行。

第三节 供电管理

一、安全用电

1990年始，电力部门制定《岗位责任制》《安全奖惩实施细则》及其有关规章和考核办法，对各自安全责任作出明确规定。2002年后，推行全员安全风险抵押制度，严格考核。针对安全行为中多种容易发生的违章违纪现象，经常开展反习惯性违章行为的治理，公司安全领导小组对各变电站、生产班组及供电所实行定期或不定期检查、抽查和监督。内容包括员工现场施工作业、线路巡视、设备运行状况、各类安全生产记录、整改措施、劳动纪律及有可能危及安全的隐患问题，依据个人承担安全责任大小，对照有关考核办法，发现一起，处理一起。至2011年，全区未发生一起电力工程人员伤亡和重大安全责任事故。

二、线路维护

1978年始，电力公司实行按地域、按电压等级分类维护管理。其中35千伏及以上的输电线路和中心城区高低压配电线路及供电设施归口区电力公司直接维护管理，农村10千伏及以下配电线路及供电设施按各供电所所辖范围维护管理。在线路维护管理上，争取各乡镇、村全力支持，建立定期协调机制，与公安部门建立警企联防机制，确保电力线路畅通、安全。1999年，农村电网改造后，全区供电可靠性达到98%。至2011年，全区输配电线路达1242.08千米，其中35千伏以上输出输电线路73千米，10千伏高压配电线路292.08千米，400伏及以下低压配电线路877千米。

三、供电服务

2002年始，电力公司相继建立以客户服务中心为纽带的供电服务系统，服务内容包括：24小时专人值守电力“110”，并及时处理电力故障，受理客户需开户用电的察勘及装表接电工作，受理用电客户缴费手续，受理客户有关供电咨询等。先后建成营田、河市、琴棋3个标准化营业窗口，在每个供电所设立“电力110”抢修服务小分队，配备皮卡型抢修车4台。公司专设“95598”座席服务人员，并接入省公司客户服务中心系统。2006年，公司推行和完善首问负责制，实现售电、收费、咨询、报修、抢修无周休和24小时服务制。建立大客户“绿色通道”，定期为客户就安全用电、节约用电实施“诊断”服务。

第四节 电力改革

1978～2001年，境内主管电力的水利电力部门经营权与管理权未分离。责、权、利不明，经营较为粗放，水利电力部门与上级电网企业的关系定性为电网企业的趸售终端客户。购网电价执行趸售分类综合电价，销售只到分场（乡镇）水电站，水电站再分销到村、组、户。售电价格由境内物价部门确定，没有完全执行省目录价。2001年，全区购网电量2925万千伏安，综合线损率17.5%，销售收入1368万元，上缴利税30万元，经营成果由局本部及水利电力局下属单位共享。

2002年，由区管委会主持对区水利电力局实行水电体制改革，成立屈原电力公司，实行企业化管理、市场化运作，独立自主经营。是年5月，公司接轨大网经营管理办法，在公司内部进一步实施改革，将全体人员身份置换，然后定岗定员和全员竞聘上岗。资产经资产评估机构重新评估后，由区管委会赋予公司资产经营权。是年7月，交由省电力公司委托岳阳电业局代管。是年10月，全面启动区内农网改造工程。2004年5月，在只完成全区农网改造面65%的情况下，推行城乡“同网同价”，由公司在全区直接设立3个农村供电所接管乡（镇）水电站的经营管理职能，按一体化的模式管理农电。对农村供电所的农电工由区劳务公司派遣，派遣农电工与公司各供电所签定“上岗责任书”。通过改革，屈原电力公司经营管理逐步朝着精细化、标准化、专业化迈进。至2011年，屈原电力公司固定资产达6415万元，为2001年资产总值的6倍；销售电量达10698.27万千伏安，为2001年的3.66倍；综合线损3.36%，比2001年下降14.14个百分点，全公司售电综合均价突破600元/千千瓦时大关。2007年始，执行的“同网同价”，每年为用电客户减轻电费负担近300万元。农村供电所实行一体化管理后，农电销售电量达3306.98万千伏安，农电销售收入达2182.49万元，农电综合线损为11.23%，农电销售均价为659.96元/千千瓦时。

第三章　邮　政

1978年，营田邮电支局隶属汨罗县邮电局。经营业务主要有信函、包件、汇兑、报刊发行、电话和电报业务。1987年恢复邮政储蓄业务，陆续开办兴盛邮储所、屈原邮储所。1998年，邮电分营，分别成立营田邮政支局和营田电信局，隶属汨罗市邮政局、汨罗市电信局。营田邮政支局内设综合办公室、综合业务办，下设邮政网点1个，邮政储蓄所3个，有员工18人。1988年，邮政业务收入26万元，2011年增至178万元，比1988年增长5.85倍；比1997年的65万元增长1.74倍。2011年，筹备成立岳阳市邮政局屈原管理区局。

第一节　邮政网络和设施

1978年，有汨罗——营田客车托运传递邮件。1981年，开通汨罗——营田自办汽车邮路，邮件、报刊的传递时速进一步提高。1982年，兴建营田邮政大楼，营业厅面积达200平方米。1984年，在分场、生产队建立信报捎转站，利用社会力量进行邮件、报刊投递。1987年始，由步班传递发展到自行车传递，开通总场——一分场、总场——八分场、总场——二分场、总场——三分场、总场——四分场、总场——五分场、总场——河市镇、总场——七分场、总场——茶场等9条邮路，投递路线总长由90公里增至229.7公里。配有乡邮、电报专送员12人。农场场部和屈原镇机关能收到当日邮件，看到当日《湖南日报》《岳阳晚报》；分场、企业邮件、报刊隔日可到；生产队每周3班投递邮件。1997年，办事处、镇投递邮路全部实行委办，配委办乡邮员9人。2003年，随着办事处、镇撤并建立乡、镇，投递邮路全新组合，并全部实行委办。至2011年，设立邮政代办所4个，邮政社区1个，全国联网邮政储蓄网点2个，服务站5个。全区设置投递段7条，其中城投段2条。投递邮路单程总长150公里，有从业人员18人。

第二节　邮政业务

函件　包括信函、明信片、印刷品、邮政快件、汇兑等。1978年前，业务量不大，常年业务收入10万元之内，函件量500件。1984年，函件业务收入增至16.65万元，函件量达900余件。1988年，函件业务收入21.9万元，函件量增至1100件。90年代，随着电信通信崛起，函件增量不大，虽每年加大贺年明信片宣传力度，扩大明信片销售量，但函件仍未上升，常年仍稳定在1300件左右。2000年始，随着区域社会经济的快速发展，函件业务量迅速增加，2007年，函件达2.7万件，其中“邮政贺卡”产品推销占总函件的60%。2008～2011年，月均投递平常函件3000件，给据函件600件。

包裹　包裹分大包（15～30公斤）和小包（10公斤内）以及代收货物包裹、托购货物包裹、快递小包、国际包裹和保价包裹。1978年，进出包裹4000件。1988年后，员工多渠道揽收商包，扩大业务，年出口包裹达8000件。2003年始，随着网上购物业务兴起和外出打工人员增多，包裹量明显增多，至2011年，年出口包裹达1.2万件。

报刊发行　1978年，报刊累计发行4500份，流转额2.5万元。1982年始，发行范围扩大，业务量增多，至1988年，年报刊期发份数达9860份，流转额15万元。1996～1999年，由于不少报社自办发行，故邮发报刊业务下降。2000年始，随着各级党组织重视党报党刊的发行，报刊发行量明显增大。2001年，报刊流转额增至30万元。2011年，流转额增至60万元，10年时间翻了一番。

第三节　邮政储蓄

1987年1月，全国邮政部门恢复邮储业务。种类有活期储蓄、整存整取、零存整取。1988年6月，营田邮政储蓄所开业。至2002年，邮政储蓄余额为3200万元。2005年，开办邮政储蓄代理业务，在全区陆续新建兴盛邮政所、屈原邮储所等3个通存通兑自办网点，15个“三农”服务站，代发各项资金用户2.3万户，年代发资金1.2亿元。至2011年，邮政储蓄额达9400万元，比2002年增加1.94倍。

第四章　通　信

1978年，境内电信通讯业基本以手摇式电话和电报为主。中共十一届三中全会后，电信业有突破性发展，电报传输由人工机改为电传打字机，电话交换机由磁石式、半自动发展到全自动拨号，电话线路单线传输改为多路载波传输、电缆传输、光纤传输。1990年电话进入普通家庭后，电信业发展进入快车道，农话、市话、国际长途相继开通。1994年7月，营田邮电支局在全省农村支局率先开通3000门数字程控电话，并于7月16日启用无线寻呼差转台。1995年6月，境内电话号码由6位升至7位。1999年4月，1万门程控电话扩容工程割接成功，营田邮电支局成为全市第一家农村支局万门程控电话交换局，实现全区范围内电话程控化。

1993年10月，移动通信进入境内。1999年7月，电信与移动分离，成立移动通信汨罗营业处屈原营业厅，移动业务发展迅速。2006年，中国联合网络通信有限公司屈原营销中心成立。

至2011年，全区有固定电话5977户，宽带用户6686户，“天翼”移动电话用户8966户；移动用户4万户，联通用户12992户；年通信营业额4249.1万元。

第一节 机 构

一、电信

1958年前，境内设有湘阴县邮电局营田邮电支局、河市邮电所、磊石总机室。1961年，农场自设通讯网，保留湘阴营田邮电支局，负责农场长途电话、电报等业务。1966年3月，湘阴县营田邮电支局更名为汨罗江邮电支局，隶属汨罗县邮电局。1980年12月，汨罗江邮电支局复名为营田邮电支局。1998年7月15日，汨罗市邮电分家，营田电信支局成立，隶属汨罗市电信局。1998年11月，总投资220万元，占地面积1100平方米的营田电信大楼投入使用。2011年12月，筹建中国电信股份有限公司岳阳屈原分局，下设综合维护中心、城区营销中心、凤凰支局、黄金支局，内设中心营业厅1个，社会代办营业网点12个。

二、移动

1999年7月，电信与移动分离，成立移动通信汨罗营业处屈原营业厅，经营135、136、137、138、139网全球通和模拟移动通信业务。2007年7月，中国移动屈原分公司成立，下设市场部、综合部、集团大客户中心、数据中心，有员工23人。新增150、151、158、GSM网号。在全区有营业网点78个。

三、联通

2006年，中国联通汨罗分公司在境内设立屈原营销中心，主要经营GSM和WCDMA制式移动网络业务。下设市场部、客服部，有员工11人。在全区设有1家自营厅、22家一级合作渠道、35家二级合作渠道。

第二节 通信设施

一、电信

1961年，农场自建通讯网，是年建成通讯线路200对公里，有磁石交换机9台，单机120部。1963年，在场部建起50门磁石电话总机室，建成9个分场总机室，每个分场总机室均有容量为20门的磁石交换机。各分场总机室连通各生产队，每个生产队装有一部磁石电话机。通讯线路增至280对，线路架设全部用树木做支撑杆，传输用铁丝，受设备和气候影响，通讯较慢、较差。1985年，在屈原镇架设2公里电缆线，1987年，集镇电话电缆化。至1988年，全场有总机11台、650门，实用470门，单机达386部；杆路254.2公里，线长467对公里。

1990年11月1日，营田邮电支局500门自动电话开通，屈原镇区实现通讯微波传输。1991年始，农场自办通信业务陆续停办，营田邮电支局正式接管境内通信业务，从营田邮电支局到各分场、镇、企业、街道以及生产队相继架通电缆线路。至1994年7月，境内已形成东南西北4条电缆线路为主干的通信线路网络，共架设电缆线对数500对、95皮长公里。是年7月，营田邮电支局在全省农村支局率先开通3000门数字程控电话、无线寻呼差转台。1999年4月，1万门程控电话扩容工程割接成功，由6302线扩容到11400线，成为全市6县（市）第一个农村支局万门程控电话交换局，实现全区电话程控化。2000年3月13日，汨纺内部电话交换网并入电信公网。2009年10月，实现全区范围内电信移动3G信号全覆盖。

二、移动

境内移动通信网络建设始于1993年7月。在技术上由模拟网络向数字网络转变，形成数模两网并存，覆盖全境，联通国内外的新格局。1999年7月，与电信分离后，移动通信用户不断增多，业务种类不断增加，通信网络不断拓宽。是年，全境开通主叫显示、语音信箱、短信息、传真通信、数据通信业务，新建磊石基站。2000年，在完成GSM5期扩容计划的基础上，投入GSM6期工程建设，按时完成河市等基站建设。2001～2002年，完成GSM6期扩容扫尾工程和7期扩容工程，基站总数达到5个，提高无线接通率。2003～2006年，新建基站2个，改专项基站1个，增加直放站1个，建成11B、12A、12B基站2个。2007～2011年，进一步提升GSM网络覆盖能力，加快TD-SCDMA网络、宽带城域和WLAN的建设，网络达到无缝覆盖。

三、联通

2006年始，中国联通汨罗分公司在境内营田镇建成第一个GSM基站，至2011年，联通GSM基站已达20个，G/C两网覆盖全境所有乡镇99%以上人口。完成覆盖营田镇和乡镇宽带接入网、DSM130/131数字移动电话、CP-MA133数字移动电话、16500拨号及宽带互联网、17911/17910IP电话、193/193300长途等网络建设。

第三节　业　务

一、电信

1989年，境内有手摇磁石电话386部。1990年11月，营田邮电支局500门程控电话开通，为市话（在本地网中开办的电信业务叫市话），安装程控电话495部，电信业务向集体和个人开放。1994年7月，随着营田邮电支局3000门数字程控电话和无线寻呼差转台开通，固话业务进入普通百姓家，固话业务用户达到2900户，通话量198.67万次，年营业收入280多万元。1999年4月，营田电信支局10000门程控电话扩容工程割接成功，境内固话业务用户达5680户，通话量307.26万次，年营业收入达510万元。2000年后，随着移动电话业务迅速发展，固话业务逐年减少。1998年始，在街道、车站、学校、商场等公共场所安装IC卡公用电话。2002年，开办小灵通。至2011年，共安装IC卡电话机21部，小灵通用户780户。来电显示190户，彩铃389户。

1999年，开办宽带上网（163拨号上网）数据业务，至2001年，用户发展2100个。2002年，宽带上网业务兴起。2004年，境内农村远程教育网开通，有远程教育站点71个。2009年10月，实现全区电信移动3G信号全覆盖。“天翼”移动电话年通话费107万元，固定电话年通话费320万元；宽带用户年租用费483万元，其中无线宽带781户，年经营收入达83万元。

二、移动

1993年，营田邮电支局在境内开通移动电话。1994年6月，根据湖南省《关于加强移动电话机管理和调整移动电话资费标准的通知》，对移动电话未经进网审批、颁发进网许可证和进网标志的，一律不予进网使用；同时将基本通话费每月150元调整为50元，本业务区内通话费由每分钟0.5元调整为0.4元，取消长权开户费和月使用费。

1996年，采取手机厂价直销、分期付款、手机租用等方式刺激用户消费。1999年，推出“137”新号码，并开通本地“三湘通”业务。

2000年4月，计费系统开通，使用户享受到1860、1861免费咨询、查询、业务受理、投诉、建议等热线服务；免费提供打印话费详单；免费办理过户改名业务。6月，新开办“数字三湘通”、移动IP长话、呼叫转移、呼叫等待和三方通话、语言信箱、短信服务、神州行储值卡和GPS车载移动电话8种业务。在全境发展移动代办网点12个，开办移动电话放号、代收移动电话话费业务，方便广大用户。

2001～2011年，相继成立集团大客户中心，开展集团客户服务并邀请设立钻卡、金卡、银卡、普通VIP卡3901户，使大客户在网率、保有率、有效服务率、保持率分别达到99.5%、95.8%、25.3%、94%。加强投入实施“村村通”工程建设，新增移动通信基站12个，营业网点18个，村级服务站60个。常年保持移动用户4万户，年营业收入2700万元。

三、联通

2006年始，联通在境内开通长途电话网、IP电话网和16500拨号互联网和其他增值业务。年末G・C两网用户达到5314户，出账收入191.3万元。至2011年，G・C两网用户达12992户，年出账收入746.1万元。

第十七篇　城乡建设·环境保护

1978年前，农场城乡建设较为落后，境内形成小集镇格局的只有营田镇、河市镇，且规模较小。农业单位职工住房大都采用条木为檩、圆木为柱，芦苇或竹片绕稻草糊牛粪或泥浆为墙壁的简易结构。排列形式为兵营式民房，一般每栋10间，每户1~2间。居民集中点选择在沟港、公路或机耕道旁，地势较高、离生产区较近。

1984年始，随着场办工商企业、个体商业网点沿小边山一带呈放射线状发展，屈原镇初具雏形，经岳阳地区行署批准，正式成立场辖屈原镇。农业单位随着大规模农田水利基本建设的进行，各生产队陆续改建旧房和建造一批泥砖红瓦新房。至1989年，自建新房建筑面积达94.4万平方米，为1981年住房总面积的1.65倍，新房结构98%系红砖钢筋水泥结构，且楼房占新建住房的67%，人均居住面积26平方米，是1978年的2.35倍。农村居民实现"茅屋改瓦屋，砖瓦平房改楼房"的目标。

1990年始，境域城乡建设步入历史上发展最快时期。中心城区营田镇基础设施显著改善，城区规模日益扩大。至2011年，城区面积6.3平方公里，常住人口4.9万人，分别比1978年增长5.2倍和2.1倍。小集镇建设步伐加快，区域形成小规模集镇9个。农村新建住房254.53万平方米、17439栋，其中楼房率达85%；小别墅43%。人均居住面积44平方米，比1989年增长69.23%。农村农田水利、道路交通、电力电网、医院学校等基础设施建设加快，农民生产生活水平显著提高。

1978~2005年，随着城乡建设步伐加快，工业化程度提升，交通运输业的迅速发展，区域环境污染加重，工业废水、废气、废渣以及生活污水、各类垃圾成为影响居民身体健康，制约社会和经济可持续发展的重要因素。2006~2011年，围绕"保护蓝天碧水、促进屈原发展"为主题，深入开展环境宣传和环境治理工作，大气环境、水环境、声环境状况有根本性好转，均达到国家标准二级要求。

1978~1988年，农场水电基建科负责全场水利、电力和基本建设。1988年，基建科单列，负责全场基本建设，下设设计室。1994年，设立国土规划城建处。1996年成立建委，下设规划办、城管办、房产办和设计室。2002年更名为区建设局。2003年，增加环保职能，变更为区建设环保局。2006年环保局分立，复名区建设管理局。2011年，区建设管理局更名为管理区住房和城乡建设局，下设城管办、规划办、房产办、建工站、建设综合执法大队和建筑设计院共6个二级机构。1978~2011年，住房建设工作先后被评为市建设系统红旗单位、先进单位、计划生育综合治理先进单位和目标管理先进单位。

第一章　城区建设

1984年建立屈原镇，为农场场部所在地。镇区西起总场机关，东至一分场场部，南起营田老街，北至推山咀码头。镇区建设自当年起，由总场拨款与居民自筹资金相结合，先后修筑富民街、兴盛街、屈原大道。1986年，建成区面积2.5平方公里，常住人口2.8万人。1994年更名为营田镇。1995年、1998年、2001年、2008年，区党委、区管委会4次修编《营田镇总体规划》。最新一轮规划控制面积13平方公里，规划人口6.5万人。至2011年年底，建成区面积6.3平方公里，常住人口4.9万人。

第一节 城区规划

一、总体规划

1992年6月，首次编制《屈原镇总体规划》，几经修改后，1993年10月，由市规划局组成评委进行审编修改定稿。1994年，《屈原镇总体规划》更名为《营田镇总体规划》。1995年3月，委托市规划勘测设计院进行重新编制。规划年限为1995～2015年，其中近期为1995～2000年，远期为2000～2015年。规划区面积11.67平方公里，规划人口4.5万人。发展方向为南北纵向拓展，沿兴盛街、糖粮街向南发展。并确定营田镇为岳阳市现代商品农业基地，集贸、工、商一体的开放型现代化城镇。1998年、2001年，市规划勘测设计院两次对《营田镇总体规划》进行修编。2008年2月，根据营田镇发展需要，再次对《屈原管理区营田镇总体规划》（2010~2030）进行修编。规划范围为西至湘江主航道中心线，北从营田镇水产队沿二道撇洪沟中线至正虹饲料厂五车间东300米，再向南沿撇洪堤外侧，接一道撇洪沟，规划总面积约13平方公里。确定城镇性质为管理区政治、经济、文化、科技中心，以发展饲料和食品工业为主，集贸、工、农一体化且有滨湖特色的新型城镇。规划人口6.5万人，建成区面积13平方公里。发展方向为以正虹路的建设带动屈原大道以北地区的开发和港口建设，沿兴盛街、糖粮街滚动式向南发展，概括为“适度北伸、重点南进、注重提质扩容”。

2009年，获批管理区营田镇72.19平方公里纳入长株潭“两型社会”建设滨湖示范区后，对营田镇功能进行重新定位，明确为打造国家现代农业示范区，重点建好生猪、优质稻2个基地，大力发展绿色农产品加工、航运物流和生态休闲旅游业。规划区用地面积30平方公里，建设用地面积5.5平方公里。并经省“两型办”报省政府获批。

二、详细规划

2010年，首次编制《屈原管理区控制性详细规划》，规划范围为：北接凤山路，西至湘江，东至三洲河，南至汨营路。总规划面积10.89平方公里，规划居住人口10.73万人。规划结构为“一带、一心、四轴、三区、三片”。“一带”，即沿湘江大堤建成湘江风光带；“一心”，即位于规划区中心位置的兴盛路与屈原大道交叉口建成综合商务中心；“四轴”，即沿屈原大道东西向以老城区为基础，建成现代中心商务区和“两型”产业集中区的管理区城市人文景观轴；沿兴盛街南北向建成以航运物流区、综合商务中心、商务副中心为主的城市人文景观轴；沿城区尚磊路南北向分隔建设“两型”产业集中区，展现“两型”产业风貌的景观轴；沿正虹大道东西向建设贯穿航运物流区，体现工业特色的工业风貌轴。“三区”，即以区管委会驻地为基础，建成综合办公区；以推山咀港口区为平台，建设航运物流临港产业区；以现有工业企业为基地，建设两型产业集中区。“三片”，即天问居住片、凤山居住片和尚林居住片。

2009～2011年，先后完成城枫电子、腾飞饲料、万通燃气、无害化垃圾处理场、污水处理工程、营田镇社保服务大楼、区办公楼、金渊铜业、电力公司综合大楼、普利公司珍珠加工厂及管理区廉租房小区、锦绣明珠商住楼、凤凰花园、尚林新村、人民法院审判大楼、屈原中学住宅楼、槐花商住楼等小区规划方案。

第二节　市政建设

一、城区道路

城区主干道形成“四纵五横”。四纵：沿江路、兴盛路、尚磊路和凤山路。五横：天问路、正虹路、屈原大道、岳飞路和汨营路。主要街道有：富民街、青年路、水泥厂路、边山路、糖粮路、农科路。主要巷道有：桂花巷、富民巷、富兴巷、富裕巷、永兴巷等。

屈原大道　东起屈原糖厂，西至屈原影剧院，1986年兴建，1993年改扩建延长至正虹五车间。长2600米，宽28米。2000年投资2100万元，改建成混凝土沥青油面。

富民街　南起边山村，北至屈原大道，长600米，宽12米，1988年兴建，混凝土沥青路面。

水泥厂路　东接屈原大道，西抵原水泥厂，长700米，宽4米，1995年兴建，混凝土沥青路面。

边山路　南起汨营路，北连富民街，长1400米，宽18米，1996年改扩建为水泥路面。

糖粮路　南起屈原大道，北至正虹路，长800米，宽18米，1998年兴建，水泥路面。

农科路　南起岳飞路，北至屈原大道，长600米，宽6米，2005年兴建，水泥路面。

岳飞路　东起尚磊路，西至兴盛路，长1200米，宽10米，2007年兴建，水泥路面。

尚磊路　北起屈原大道，南至天问路，长1100米，宽5米，2005年投资190万元兴建，水泥路面。

兴盛路　北起正虹路，南接边山路，长2000米，宽24米，1993～1995年投资2400万元改扩建，水泥路面。

凤山路　北起凤山村，南至边山路口，长1800米，宽7米，1999年投资400万元兴建，水泥路面。

青年路　北起正虹路，南至屈原大道，长800米，宽7米，1995年投资196万元兴建，水泥路面。

沿江路　北起推山咀码头，南至屈原大道影剧院，长2000米，宽5米，2002年投资350万元兴建，混凝土沥青路面。

天问路　东起尚磊路，西至兴盛街，长900米，宽20米，2006年投资630万元兴建，水泥路面。

正虹路　东起屈原大道，西至沿江路，长3400米，宽36米，分别于1996年和2004年投资3600万元兴建，混凝土沥青路面。

二、路灯

1986年前，镇区路灯建设十分薄弱，建成的3条街道没有安装正规路灯。1999年，路灯仅集中在屈原大

屈原塑像落成　（彪型斌1986年摄）

道、兴盛街等人口较多的街道，较为偏僻的巷道没有路灯，镇区路灯总数不超过50盏。2000年，全镇有路灯81盏，总装机容量26.73千瓦。2001～2011年，城区路灯建设得到长足发展，街道、巷道路灯普及率达95%。至2011年，已安装路灯2500余盏，总装机容量100.65千瓦。

三、防洪排水

城区排水设施建设起步于1986年，主要随屈原大道建设配套排水设施。1987年始，每新建城区街道，均配套下水道建设，但投资量小，标准低，难以达到城市排水标准。1995年后，重视排水设施建设。2011年，城区排水设施总长52公里，下水道22条，建设投资达1800万元。排水设施按城区生产生活使用功能沿道路分布，形成三纵三横主排水道。工农业生产和生活污水沿城区道路雨水管道、暗沟、明沟、盲道进入主排水道，集中排向古塘岔污水处理池，达到国家三类水排放标准。

城区主要排水道分布为：屈原大道，长10千米，1995年，投资200万元更新改造；兴盛路，长8千米，2000年，投资300万元建成；正虹路，长12千米，2003年，投资400万元建成；天问路，长5千米，2007年，投资260万元建成；区机关路及生活区，长9千米，投资320万元建成。

第三节　公用事业

一、供水

20世纪末到21世纪初，镇区居民生活用水主要使用地下水，分别由农场总场机关、屈原糖厂、汨纺、营田镇等机关、企、事业单位深井供应。2003年，区管委会成立屈原供水公司筹备领导小组，引进省水利厅洞庭总公司和湖南水利厅洞庭房地产开发有限公司共同投资兴建岳阳市屈原供水公司。公司选址营田镇花果山，占地2.4公顷，建筑面积3500平方米，总投资3000万元，设计日供水能力3万吨。项目于2003年10月开工，2004年8月竣工。至2011年，月供水量达10万吨，年水费收入达300万元。

二、供气

镇区居民用气1983年开始，主要使用瓶装液化气。1988年，汨纺投资38万元，建成第一家液化气储气站，储气量为80立方米。1994年，由个体老板投资60万元建设屈原气站，储气量为96立方米。1996年，区机关投资93万元建设机关气站，储气量为80立方米。3家气站年销售液化气1700吨，居民燃气普及率达100%。燃气具销售网点8家。2009年开始筹备实施管道燃气项目。至2011年，无燃气安全事故发生。

三、城区客运

1997年前，城区有机动三轮车120辆，2003年发展至210辆。2005年，开始控制客运机动三轮车数量增长，逐步取缔和淘汰无证和报废车辆，规范车辆营运管理。至2010年，机动三轮车保持在419辆，其中有正规手续参与营运车256辆，特殊政策允许参与营运车126辆，残疾人员参与营运车37辆。2011年，城镇客运管理职能移交区交通运输局。

第四节　城区绿化

1999年前，城区绿化较单一，只有主干道屈原大道在人行道有樟树。2000年后，逐步重视城区绿化，采取绿化带与道路同步建设，其中，主干道绿化各具特色。屈原大道栽种行道树林，形成绿化休闲路；兴盛北路形成4～6米临街绿化分车带；区机关生活区为庭院绿地；天问路为绿化风光带与休闲健身于一体；主要道路交叉街心为绿色休闲广场。城区栽植绿化树木品种以大叶香樟、法国梧桐、广玉兰、杜英、国槐为主，大型乔木行道树，以茶花、月桂、红桎木、大叶黄杨、龙柏、红花紫薇等球状灌木点缀，以杜鹃、金叶女贞、红叶石楠等10种小花木作地被满铺，草坪以台湾青草为主要草地植物。2011年，城区建成绿地面积达7.5万平方米，公共绿地面积1.5万平方米，绿地率19.7%，绿化覆盖率达20%，人均公共绿地面积为0.31平方米。

第五节　城区管理

1989年6月，成立农场城镇建设办公室（简称城建办）。1991年1月，归属屈原镇管理，更名为农场城镇管理办公室（简称城管办）。1993年2月，归属农场国土规划城建局管理。2000年6月，归属区建委管理，属事业性单位，主要负责城区市容市貌、园林绿化、城镇客运、城镇燃气、路灯、市政设施、环境卫生等管理。

一、城镇环卫管理

1986年，城区成立环卫机构，由当时营田镇环卫清扫队员12人组成，清扫街道只有富民街、屈原大道屈原雕像处至屈原影剧院，清扫面积1.6万平方米。1995年，成立区城管办，城区环卫管理归属区城管办，营田镇环卫队整体移交区城管办。城管办根据城区特点，门店卫生实行门前“五包”，全面推行垃圾袋装化。环卫清扫保洁工人按区域分街道责任到人，实行严格奖惩制度。至2011年，增设垃圾压缩车2台、塑料移动垃圾桶2000个、摆臂式垃圾车4台、垃圾中转站108个、垃圾铁斗180个、洒水车2台。投资6700万元，兴建生活垃圾无害化处理场，日处理生活垃圾120吨，使用年限15年。垃圾清理实现全区城乡一体化。有环境卫生保洁工人及清运人员165人，清扫面积达80万平方米，人均清扫面积超过6000平方米，每天清理清运生活垃圾达100吨。

二、市容监察

2010年，成立建设综合执法监察大队，负责市容市貌、规划、房产、建筑等执法工作。至2011年，制止违规建设180处；清理乱堆乱放3600处、占地3.3万多平方米；拆除违规建筑240处、面积2100多平方米；制止违章占道经营330余次；督促更新广告牌120块，拆除违规广告牌50块；制止乱涂、乱画、乱贴、乱挂等影响市容事件400余起。对城区落地广告牌、灯箱进行专项治理，取缔500个占道广告灯箱。

专记　长株潭城市群“两型社会”滨湖示范区屈原营田片区建设

2008年12月22日，国务院批复《长株潭城市群资源节约型和环境友好型社会建设综合配套改革试验总体方案》（简称长株潭“两型社会”建设），明确管理区营田片区72.19平方公里面积进入长株潭城市群核心区滨湖示范区。是年，管理区党委、区管委会相继成立长株潭“两型社会”建设滨湖示范区屈原规划建设领导小组及“资源节约型和环境友好型”建设办公室（简称“两型办”），开展与省发改委和长株潭“两型办”的对接工作。2009年1月，启动营田片区有关信息收集、调查研究、规划编制、联络协调、情况上报等工作。是年，在深入学习调研的基础上，结合实际，拿出屈原营田片区滨湖示范区建设总体方案（草案）和实施规划。2010年4月，省政府办公厅下发《关于长株潭城市群两型社会示范区规划编制有关事项的通知》，明确滨湖示范区营田片区功能定位为“航运物流临港产业基地、绿色食品生产加工基地、高新科技电子出口产品加工承接基地”。确定规划区面积20平方公里，规划建设用地控制在5.5平方公里（增量），起步区1.5平方公里。是年6月，长株潭“两型社会”建设滨湖示范区屈原规划建设领导小组委托湖南城市学院和有关部门专家编制完成《滨湖示范区屈原营田片区总体规划》（简称《总体规划》）、《滨湖示范区屈原营田片区“两型”社会建设实施方案（2010~2020年）（简称《建设实施方案》）、《滨湖示范区屈原营田片区“两型”社会改革实施方案》（简称《改革实施方案》）。改革建设实施方案分四部分：综合配套服务的总体要求，规划范围和功能布局，综合配套的主要任务和综合配套改革试验的保障措施。

总体目标是：以“两型”产业为主导的新型工业化基地，逐步形成经济效益、社会和谐、资源节约、环境友好的生态示范区。将营田片区建设成为长株潭城市群新型工业化基地、国家现代农业示范区、两型社会建设的示范窗口。2010~2015年，纵深推进各项改革，在资源节约、生态环境保护、国有土地管理等体制改革方面取得显著成效。全面完善新型工业化、新型城市化的促进机制。初步形成节约资源和保护环境的产业结构、增长方式和销售模式。到2015年，全区生产总值能耗比2010年下降6.3%，高新技术增加值占地区总值比重上升8.9%以上，城市空气达标率为100%，化学需氧量、二氧化硫排放量比2010年分别削减6%和5%。2015~2020年，完善科学发展的体制机制，基本实现现代化，基本建立社会主义市场经济体制，基本形成以生态为主的产业结构和三次产业协调发展的现代产业体系，基本形成湖乡特色绿色公园化城市，基本形成与长株潭“两型社会”滨湖示范区城市群分工合作、优势互补的经济社会体系，使营田镇地区成为长株潭城市群向洞庭湖辐射和延伸的重要节点。管理区在全市乃至全省经济社会发展的地位和作用进一步提升，全力推进国家现代农业示范区的梯次发展，打造“洞庭湖畔的生态明珠”。

规划范围为营田镇所辖九村两社区一渔场，即凤山村、新堤村、荷花村、三洲村、玉湖村、新民村、千秋村、尚林村、义南村、余家坪社区、槐花社区和古湖渔场。改革建设实施方案不但明确了滨湖示范区营田片区的战略定位、发展目标，而且制定了产业支撑、基础设施建设、城市布局、保障措施等切实可行的方案。通过反复征求意见和修改完善，总体规划于10月9日通过市政府专家评审，11月11日通过省“两型办”和省住建厅组织的专家评审，由省“两型办”报送省政府和国务院审批。同时，与之配套的《建设实施方案》和《改革实施方案》已经区管委会审议并通过市“两型办”审批。

2008~2011年，在做好《长株潭城市群“两型社会”滨湖示范区屈原营田片区总体规划》编制工作的同时，按照“一区三基”的定位和总体规划，启动一批项目建设。争取推山咀港口码头建设项目进入长株潭城市群滨湖示范区码头计划，规划面积1.4平方公里，已通过省国土资源厅组织的专家评审，进入省交通厅工可编制；引进湖南灏东船舶制造厂、海丰物流公司入驻临港产业园；启动高新技术电子工业园的规划建设，入驻企业6家；争取国家现代农业示范区建设项目资金3亿元，实现与江苏雨润、湖南唐人神和隆平高科的战略合作；启动占地面积27789平方米，设计规模日处理污水3万吨的城市污水处理项目建设；省道307线加铺建设完工，京珠高速复线以及与管理区互通项目已开工建设，管理区与省道201连接线进入省、市“十二五”发展规划；环洞庭湖基本农田建设启动，涉及全区5个乡镇、3200公顷农田，总投资2.7亿元；淘汰高耗能产能项目9个，关停5处土法炼铅项目、4家塑料加工厂和1家小型电镀企业，湖南省统筹城乡就业示范区建设和岳阳美神种猪育种有限公司获“两型创建示范项目”授牌。

第二章　村镇建设

第一节　小镇建设

2011年，境内有营田镇、河市镇2个建制镇，磊石、黄金、横港、沉沙港、大江、白鱼岐、凤凰山等7个小集镇。除营田镇为区中心城区外，都是农场所属分场驻地，属自然发展而成，普遍存在规划滞后或无规划的现象，道路、供水、供气、排水、卫生、绿化等各项基础设施严重缺乏。小城镇普遍规模小、人口少，经济实力不强。

河市镇　原名河夹塘，位于管理区东南角。明嘉靖年间（1522～1566），河夹塘就是一个商业中心。街道沿罗水（现河市河）而建，东西走向，麻石街面，全长约1公里。1941年8月，日军纵火焚烧河市，房屋、街道被毁。1952年河市成立河市镇，隶属湘阴。1958年，汨罗江尾闾围垦，河市河失去水运优势，商业随之衰落。屈原农场建场后，划归六分场，在河市镇旧址沿河建有居民村落。1988年3月，恢复河市镇。城镇以省道307线为主干道逐步发展，至2011年，有街道4条，形成“两纵两横”格局，建成区面积2.5平方公里，镇区常住人口2400人。

营田镇　位于湘江下游东岸，因南宋名将岳飞扎营屯田于此而得名，历为湘阴至岳阳水路客商、渔民泊居地和该段水路物资集散地。明嘉靖年间，营田镇已具规模，经清代至抗日战争前的发展，已成为辐射方圆百里的重要集镇，街道东西走向，长700米，宽5～6米，麻石街面。该镇有200余家店铺，3000余居民。1939年9月，日军攻陷营田，该镇惨遭浩劫，大部分房屋、店铺被焚毁，无辜百姓800余人被杀害。抗日战争胜利后，历经数年，营田镇得到修复。屈原农场建场前，为湘阴县建制镇，湘阴县第十二区区政府及营田乡乡政府均设该镇。1958年围垦建场后，撤销营田镇，居民部分调入各分场，街道亦逐步被拆除。1984年建立屈原镇后，营田老街逐步兴盛，并与屈原镇合并建立营田镇。

黄金集镇　位于黄金乡南面。该镇为黄金乡政府驻地，沿黄金河而建。至2011年，有街道3条，呈“一纵两横”格局，建成区面积0.8平方公里，常住人口2100人。

大江集镇　位于黄金乡北面，系农场五分场场部所在地，自然发展而成。至2011年，有沙湖街、大江街、小江街，呈“一横两纵”格局，建成区面积0.8平方公里，常住人口1300人。

白鱼岐集镇　位于营田镇西面，系农场八分场场部所在地，沿交通要道自然发展而成。至2011年，有街道2条，呈“十”字格局，建成区面积0.8平方公里，常住人口1500人。

横港集镇　位于凤凰乡中部，系凤凰乡政府驻地，沿沉凤路自然发展而成。至2011年，有主干道2条，呈“T”字格局，建成区面积1.2平方公里，常住人口2600人。

凤凰山集镇　位于凤凰乡东北部，系农场凤凰山茶场场部所在地，沿交通要道自然发展而成。至2011年，有主干道2条，呈“T”字格局，建成区面积0.8平方公里，常住人口1600人。

磊石集镇　位于琴棋乡北部，系琴棋乡政府驻地，沿尚磊路自然发展而成。至2011年，有主干道2条，呈“十”字格局，建成区面积0.8平方公里，常住人口1800人。

沉沙港集镇　位于琴棋乡西南部，系农场二分场场部所在地，因爱国诗人屈原在此怀沙自沉而得名。至2011年，有主干道3条，呈“干”字格局，建成区面积0.6平方公里，常住人口800人。

第二节　村庄建设

管理区村庄多为农场生产队合并组建而成。在计划经济时代，农场均以生产队为单位，对居民点建设实行统一规划，统一建设，统一验收，职工住房实行统一分配。但房屋建设标准不高，以茅草房和土坯房为主，兼有少部分红砖瓦房。中共十一届三中全会后，农场职工私人纷纷建房，由于农业职工多与承包的田地、山林就近而居，农村住房逐步趋向分散，加之缺乏村庄统一规划和用地严格管理，乡村基础设施建设十分薄弱。2001年后，随着农村经济不断发展和社会主义新农村建设不断深入，村庄面貌发生大的变化。为加强村庄规划建设，区管委会出台一系列管理规定。2006~2008年，先后编制完成《凤凰乡横港村社会主义新农村规划》，其中：村域面积2.74平方公里，人口960人。《黄金乡金塘村社会主义新农村规划》，其中：村域面积4.33平方公里，人口945人。《黄金乡禾鸡山社会主义新农村规划》，其中：村域面积2.2平方公里，人口996人。《黄金乡大湾杨村社会主义新农村规划》，其中：村域面积4.65平方公里，人口1560人；《河市镇古罗城村社会主义新农村规划》，其中：村域面积2.54平方公里，人口1030人。2001~2011年，全区居民农村共建房17439栋，其中85%是楼房；43%为小别墅。村庄基础设施建设取得显著成效，完成道路硬化611.7公里，建成自来水厂5座，日供水达1.2万吨，85%的人口用上自来水。完成农村电网改造1242.08公里，村民住宅改水、改厕、改厨、改栏全面完成。形成村村通水泥路，户户通电力、电信、电视。

第三章　房地产业

1978~1991年，农场房地产管理机构职能单一，主要管理农场公房产权。1992年始，随着公房产权制度改革，房产管理部门主要职能拓宽为房地产权属、转让、租赁，房地产价格评估、安全管理、开发管理、物业管理、房地产行政执法监察等，房地产市场逐步步入专业化、规范化、法制化的管理轨道。

1992年7月，成立农场房地产管理科，与房地产开发公司合并办公，一套人马、两块牌子，受市房产局委托对境内房地产实行管理。1994年，归属区国土规划城建局。1996年，隶属区建委。2002年，与国土局合并为区国土资源局，加挂房地产管理局牌子。2005年，归属区建设管理局。

第一节　公有住房商品化

1992年，根据国务院和省政府《关于加快城镇住房制度改革的通知》精神，农场场部下发《原公有住房优惠出售实施细则》（简称《细则》），在全场范围内实施公有住房产权制度改革。《细则》规定：楼房分成4个等级，即每平方米155元、140元、125元、110元；平房按4个等级，即每平方米140元、125元、110元、95元；杂房按2个等级，即每平方米80元、65元折价归住户私有。所有折价归私的房屋均只有部分产权，个人享有80%，单位享有20%，五年后才能转卖。1994年，全区公有住房折价归私全面结束，总户数1650户，总面积5.2万平方米，总价值495万元。

第二节 房地产开发

一、房地产开发企业及商品房开发

1993年，屈原贸易公司在位于屈原大道南侧开发第一栋聚商业、居住、办公于一体的标志性建筑屈贸商城，其楼高4层，有商铺门面22个，商品住房15套，建筑面积3960平方米。1999年，农场建委在位于屈原大道棉检站地段开发商品房1栋，共5层，其中门面13个，住房20套，建筑面积9648平方米。2002年，区建设局在兴盛北路新建集办公、商住于一体的楼房4栋，楼高4层，建筑面积2800平方米，有住房44套，办公室54间，门面23个。2003年，区国土资源局在位于正虹路与兴盛北路交叉处新建集办公、商住于一体的综合大楼，楼高5层，建筑面积2600平方米，有住房25套。

2004年，屈原房地产开发公司成为境内第一家房地产开发公司；2010年，屈原建安公司组建金和福源房地产开发公司；2011年，湖南营田建筑公司组建嘉友房地产开发公司，湖南伟业公司组建湖南灏东房地产开发公司，德科公司组建嘉瑞房地产开发公司。这些公司相继开发建设黄金岛大酒店、锦绣明珠多功能商住楼、电力公司阳光花园、尚林新村住宅小区、晶穗小区、凤凰小区。其中黄金岛大酒店集住宿、餐饮、茶艺、棋牌、KTV、足浴于一体，楼层7层，建筑面积5300平方米；锦绣明珠多功能商住楼4栋，建筑面积1.1万平方米，其中2栋楼层18层，2栋楼层5层，合计62套；电力公司商品住宅楼4栋，楼层8层，共64套，建筑面积11392平方米；尚林新村商品楼2栋，各为5层，30套，建筑面积4960平方米；晶穗小区商品房5栋，均为5层，34套，建筑面积1.5万平方米；凤凰小区A、B2栋，楼层17层，建筑面积2.6万平方米，72套。

二、保障性住房建设

2008年，区管委会成立经济适用住房建设指挥部，并出台一系列优惠政策和经济适用住房有关管理办法，明确享有经济适用房对象及条件。是年，建设廉租房84套，其中新建天问街道廉租房10套，维修教师周转房74套，发放租赁补贴资金45万元，享受补贴家庭808户，新建经济适用房30套。2009年，新增廉租房120套，其中新建天问街道廉租房32套，维修教师周转房88套；发放租赁补贴65万元，享受补贴家庭1050户。2010年，新增廉租房200套，其中新建天问街道廉租房112套，维修教师周转房88套；收购公租房40套，其中河市镇22套、凤凰乡8套、琴棋乡10套；发放租赁补贴资金66.6万元，享受补贴家庭

天问街道保障性住房 （宋政军2011年摄）

1144户。2011年，新增廉租房300套，其中新建推山咀社区廉租房144套，天问街道"妈妈房"加厨房厕所改造174套；收购公租房81套，其中河市镇32套、凤凰乡18套、琴棋乡15套、黄金乡16套；发放租赁补贴资金71.064万元，享受补贴家庭1194户。

第三节　房地产管理

产权产籍管理　1992年开始房屋产权登记、发证工作，1998年，国家统一规定，手工填写的房屋所有权证作废，换发新版房屋所有权证。1998～2011年，全区发放房屋所有权证19890本，建筑总面积2680.5万平方米；房屋他项权证1071本，建筑面积2.5万平方米，抵押价值696.15万元；更换2008年前发放的旧房产证5620本，建筑面积7.587万平方米。所有档案输入微机，纳入网络管理。

房地产交易　1978～2011年，为财政征缴契税300万元，为地税协征营业税和个人所得税1000万元。

房地产测绘　2005年，协助市房产局测绘中心完成营田镇城区6.3平方公里测绘工作，并编出图幅号。

房屋安全鉴定　2000～2009年，区房产局对教师住房及教舍实施安全隐患鉴定，鉴定危房188栋、房屋面积67689平方米，并及时通知其单位予以拆除或进行维修加固。

房屋拆迁　2000～2001年，因省道307线提质改造，配合区公路建设指挥部，拆迁房屋356栋，建筑面积74760平方米。

第四章　建筑业

第一节　建筑施工与装饰

一、建筑工艺

基础　70年代，房屋基础以砖砌条型为主，辅以三合土垫层，夯实部分弱质土层，用钢筋砖带或砖拱基础加固。80年代，房屋向砖混结构发展，砖基础改为片石基础、毛石砼基础。90年代后，基础施工产生混凝土灌注桩（成孔、钢筋笼、清孔、混凝土灌注），在施工时根据不同地质情况，作出不同处理。高层和框架结构基础多采用大孔桩，为人工控孔，钢筋混凝土现浇。承载力的检测由岩土物理性能指标与载荷板原位测试相结合，验证地基承载力。

墙体　70年代，境内始用煤烧制黏土红砖逐渐取代青砖成为墙体材料。墙体工程采用清水墙、空斗墙、眼墙，厚度为半砖墙、一砖墙、二砖墙。1985年后，出现大板墙体结构、装配式车间、后张法预制构件。1990年后，留置大马牙槎，提高梁柱连结效果。微沫剂的运用以提高沙浆和易性。

屋面　1980年前，境内房屋屋面部分采用"V"型拆瓦，小梁拱板，薄壳砖拱，落地双曲砖拱屋面；多数为平顶柔性防水和刚性防水，架空小板隔热。1980年后，有现浇钢筋混凝土防水屋面，轻质纤维隔热的大板屋面，三毡三油防水、水泥珍珠岩隔热屋面等。进入21世纪后，屋面工程有斜屋面、二坡屋面、四坡屋面，广泛采用PVC、SBS防水材料多层防水屋面的设计与施工，屋顶功能朝着综合利用、美化环境的方向发展。

装饰　70~80年代，外墙装饰普遍采用粗沙灰、水刷石、干黏石、马赛克、涂料等工艺。室内装饰应用各种颜色涂料和各色图案纤维板、石膏板、塑料墙布、玻璃纤维布饰面。门窗已有钢、铝合金，胶合板等材料制作。地面有混凝土、彩色水磨石及各种涂料装饰。油漆则为调和漆。90年代后，外墙装饰发展为瓷砖、玻璃幕墙、石材（分贴挂、干挂两类）、石漆、涂料、GRC欧式构件（玻璃纤维加强水泥构件，包括柱子、窗户、檐线等）。室内装饰有仿瓷、乳胶漆、塑料扣板。门窗有塑钢、铜、铝合金卷闸门、防盗门、玻璃门、大理石门、不锈钢电动伸缩门、电梯。地面有瓷砖、玻化砖、大理石、复合木地板、实木地板、地毯（分化纤、纯毛两类）。油漆有硝茎漆、淳酸漆。室内另配多种花样灯具、家具、窗帘、空调。

第二节　建筑设计

区建筑设计院前身为农场基建科设计室，1995年建立。设计资质为丙级，测量资质为丁级。2000年机构改革，区建筑设计院列入企业化管理单位。2010年，区建筑设计院恢复为事业单位，属管理区住房和城乡建设局二级机构。

1998年始，区建筑设计院全部使用计算机绘图，PKPM出图率达到100%。至2011年，总建筑设计面积达127万平方米，设计总投资8.5亿元。其中工业建筑占11%，民用建筑占53%，公共建筑占25%，农业建筑占6%，其他建筑占5%，收取设计费1480万元。设计院有干部职工15人，其中高级工程师2人，工程师10人，助理工程师3人；有注册建筑设计师资格的3人，注册结构工程师1人。主要负责全区建筑工程的设计、勘察、咨询、预决算以及测量工作。

高层建筑　2004年，城区开始高层建筑，相继建成的有黄金岛宾馆、锦锈明珠、电力大厦、德科商业大厦等。18层的锦绣明珠，其立面处理简洁明快，线条流畅，明珠大厦第七层主楼，气势磅礴，主裙楼布置合理，相得益彰。

住宅小区　2004年后，先后建成晶穗小区、凤凰花园、营田佳园、尚林新村等一批住宅小区。其中晶穗小区为最早入住的楼盘，立面以深棕外墙漆为主调，屋顶采用深蓝色坡屋面，其他楼盘以坡屋面形式为主。小区配套设施齐全，环境舒适，交通便利。

工业厂房　1995年后，相继建成正虹饲料五车间、正虹饲料预混料车间、灏东科技、普利公司、斯迈特公司、湘天科技、凯迪电力厂、海源冷库等各种钢结构工厂。其中灏东科技车间为单层多跨钢架厂房，长60米，宽18米，层高12.5米，柱距为6×6米，设有2台10吨工作制桥式吊车，结构采用钢筋混凝土基础，外墙采用砖墙围护。

多元建筑　1997年始，全区建筑风格多元并存，交相辉映。其中突出的有区管委会办公楼、正虹公司科技楼、屈原法院、电力公司办公综合楼，风格现代，线条流畅，构件精致；区国土局办公楼采用仿古建筑风格，呈现一派庄重大方之势。

第三节　建筑业管理

一、管理机构

1996年，组建行政区建工局。2000年，更名为管理区建设工程管理站，属管理区住房和城乡建设局二级机构。主要负责区域内建筑企业的管理及行业中介机构的监督管理，建筑市场的规范与管理，建筑招标投标工作，建设工程项目的质量安全监督管理和建设作业档案管理。

二、建筑企业

1983年，成立屈原建材建筑工程公司、岳阳市营田建筑有限公司2家企业，其中屈原建材建筑工程公司被省建设厅评为国家建筑三级国营企业，有职工1000余人。1997年，屈原建材建筑工程公司改制，联合屈原工程公司、屈原湘源建筑公司组建岳阳市屈原建安有限公司，为国家建筑二级民营企业。注册资本2010万元，有工程技术人员170人，其中二级建造师12人，高级工程师2人。至2011年，先后承建工业与民用建筑800余项，总建筑面积200多万平方米，竣工合格率100%，优质率45%，获省优工程3项，获市安全质量标准化工程项目2项，市优工程14项。2010年，岳阳市营田建筑有限公司更名为湖南营田建筑有限公司，为工业与民用建筑三级的综合施工股份制企业。有员工162人，其中高级工程师2人，工程师28人。公司组建后，获市优工程3项。2001年，湖南屈原水利建筑工程公司成立，2005年，晋级水利工程国家二级公司。2002年，成立湖南建德工程造价咨询有限公司，原名为湖南建德工程造价咨询事务所。公司注册资本200万元，资质等级为乙级，有从业人员26人，其中注册造价师6人，高级工程师1人，工程师12人。2011年，全区从事建筑业的3家公司，有二级建造师45人，有施工技术员58人，专职安全员62人，从业一线员工1000余人。

三、建筑装备

90年代初期，全域建筑企业机械施工与技术力量处于初始阶段，建筑施工以人工为主。90年代中期后，经过建筑企业的兼并重组，大、中型施工设备相继进入建筑施工领域，且各种机械设备成龙配套，机械施工成为工程建设的重要手段。至2011年，境内有混凝土搅拌站3家，拥有大型砼灌车24台，输送泵车（天泵）6台，有大型全自动控制搅拌机8台，有QTZ-50型塔吊2台，物料提升机20台，建筑材料试验室1个，砼搅拌机、沙浆搅拌机等小型设备120台。

四、招标投标

1995年，行政区纪委、区监察局、区建委联合转发市纪委、市监察局、市建委《关于加强建设工程施工招标投标监管的暂行规定》，由区纪委组织全区建设工程招标投标工作，严格按照市规定要求进行建设工程招标投标，并成立建设工程招标投标管理机构，由建工办兼管。按照规定要求，区管委会制订《屈原行政区建设工程招标投标实施细则》（简称《实施细则》）、《屈原行政区建设工程招标投标管理规定》（简称《规定》）。依据规定并结合本区实际，要求建设工程投资超过30万元的项目必须进行公开招投标。《规定》和《实施细则》的实施，使建设工程招标投标的标底制作、送标时限、评标要求和评委选择等工作渐渐进入规范化、程序化和法制化轨道。

2004年，执行全省新的招标投标管理办法，首次采用“经评审的最低报价法”。2005年，招标投标工作按照建设部的工作要求，全区建设工程招标投标项目信息均在湖南省招标投标信息网等传媒上发布，招标形式采用“工程量清单计价法”和“经评审的最低投标价法”。

至2010年，全区完成招投标建设工程项目93个，总建筑面积12万平方米，工程总投资额达2.8亿元，城镇建设工程项目总投资4.88亿元。

2011年，完成建设工程招标投标项目19个，总建筑面积8.9万平方米，工程总投资1.08亿元，实现项目招标率100%，未发生一起招标投诉事件。

五、质量监督

1996年前，区建设工程质量安全监督工作由建工站负责，从业人员5人，全部为建筑工程专业技术人员，具有大专以上学历，中级技术职称。1996年始，在建工办内设质量安全监督岗位。

1996～2011年，建设工程受监面积达到18万平方米，工程质量合格率100%，其中1998年屈原电信大楼获省优质工程奖；1999年，湖南正虹科技办公楼获省优质工程奖；2011年，屈原一中体育馆和屈原电力公司阳光花园获市优质工程奖。

六、安全管理

1996年始，建筑施工脚手架采用钢制，取消竹子、木材脚手架；施工用电由“三相四线”改为“三相五线”制，执行二级配电保护。2003年，施工用电全面执行“三相五线”、二级配电保护和“一机一闸一滤”的施工用电要求，建筑施工全面执行《建筑工程安全生产检查评分标准》（JGJ59-99），对建筑工程项目管理签订安全责任状，执行安全生产一票否决制，确保一线从业人员安全。2004年后，全面推行开工前安全生产条件审查制度，加强对建筑工程项目重大危险源的全面监管。2010年，开展施工现场标准化活动，推行“创建标准化示范工程”，全年申报市级示范工程项目5个，其中屈原建工站被评为市级标准化工程先进单位。

至2011年，全境未发生群伤群死安全事故。

第五章　城市开发

第一节　机　构

2005年1月，区管委会设立管理区城市建设投资管理中心、管理区城市建设投资有限公司，两块牌子，一套人马，隶属区财政局。管理区城市建设投资有限公司为国有独资公司，注册资本460万元。至2011年，注册资本增至3360万元。主要职责是行使管理区管委会授权范围内的城镇国有资产投资主体的职能，依法经营管理授权范围内的城建国有资产，保障国有资产安全，维护国有资产权益；根据管理区管委会城建规划和自身的资本实力，多渠道、多形式地筹措城建资金，管好、用好、盘活城建资金，负责城建资金的统借统还；受区管委会和城建主管部门的委托，负责对授权的城市基础设施的资金投入、有偿使用、有偿服务，确保资金投入的安全和增值；按照城市维护资金的使用计划，落实资金、核拨用款或委托银行发放贷款。

第二节　城建筹资

一、土地拍卖

2006年，为改善原汨纺农贸市场基础设施和筹措城市建设资金，对汨纺市场旁边2宗土地的使用权进行拍卖，募集资金50余万元。其中投入10余万元改造原汨纺市场下水道及厕所，同时对市场道路进行拓宽。2009年始，管理区管委会正式授权对营田镇城区范围的土地进行收储开发。至2011年，先后对湖南德科公司厂门右侧，天问街道希望村、杉树林、渣土场等36宗土地资源进行收储、开发、拍卖，取得土地纯收入1800万元。

二、引进资金

2008年，争取国家开发银行湖南省分行支持，贷款1.15亿元；2009年，利用省政府对县域经济的支持政策，争取银行1820万元的贷款；2010年，利用省政府对县域环境治理政策，争取国家财政补贴资金1800万元，其中垃圾场建设项目1000万元，污水处理建设项目800万元；2011年，争取国家和省政府对县级教育的支持政策，取得教育设施建设财政补贴资金145万元。

第三节 城市投资

2005年，成立城市建设投资管理中心，投入400万元，对正虹东路进行美化、亮化、绿化；投入200多万元新建岳飞路，拉通及亮化岳飞巷；投入90万元，新建农科路；投入100万元，对小边山道路进行维修，新建路灯35盏；投资1500万元，对区办公大楼进行改扩建；投入400万元，建成屈原一中体育馆，对天问街道、余家坪居委会等社区的群众性文化活动场地进行改造；投资700万元建设黄金创业工业园，实现园区“三通一平”；投资100万元修建凤凰乡三角洲垃圾场；投资2800万元，在磊石建设营田镇无害化垃圾处理场。同时，对城乡主干道增设路灯、交通指示牌、交通红绿灯、摄像探头；新建垃圾池和垃圾中转站130个，添购2台垃圾装载车、1台洒水车、100个塑料垃圾桶。

新修的街道 （宋政军2011年摄）

第六章 环境保护

第一节 环境状况

一、大气环境状况

2006~2011年，全区总体大气环境质量均达到国家二级标准。根据监测，空气质量一级天数0天，二级天数365天，达到二级和好于二级的天数占全年天数的100%；空气中二氧化硫、二氧化氮年均浓度值分别为每立方米0.016毫克和0.011毫克，均达到国家环境空气质量二级标准；可吸入颗粒物年均浓度值每立方米0.091毫克，达到国家环境空气质量二级标准，一氧化碳年均浓度值每立方米0.093毫克，达到国家二级标准。

大气环境质量日均浓度随季度变化的整体特征为：一季度＞三季度≧二季度＞四季度。均达环境空气质量二级标准日值每立方米0.30毫克的要求。

2011年屈原管理区营田镇城区环境空气检测情况

表17-1　　单位：毫克/立方米

监测项目		二氧化硫日均浓度	二氧化氮日均浓度	氨气日均浓度	悬浮颗粒物日均度
上风向	浓度范围	0.015∽0.018	0.009∽0.012	0.071∽0.087	0.091
	平均值	0.016	0.011	0.078	
	超标率	0	0	0	0
	最大超标数	0	0	0	0
下风向	浓度范围	0.016∽0.020	0.010∽0.013	0.080∽0.100	0.094
	平均值	0.0177	0.0115	0.0895	
	超标率	0	0	0	0
	最大超标数	0	0	0	0
GB3095-2012二级标准		0.15	0.08	—	0.15

二、水环境状况

境内河湖分属汨罗江水系、湘江水系和洞庭湖区水系，湖洼众多，塘坝棋布，河道回旋，沟渠交错，水系具有饮用、工农业生产、水产养殖等多种功能。由于工业生产所排废水，城镇居民生活污水以及生猪大量养殖所产粪水，引起地表水水质恶化，水质状况不佳。2006年后，区内加强对工业、养殖业污染源治理和居民生活污水的处理，水质状况逐渐得到改善。

根据对境内地表水主要排放口推山咀迎丰高闸和磊石电排出口检测结果，对比《地表水环境质量标准》（GB3838-2002）中III类水质标准，除总磷和粪大肠菌略有超标外，其他5项均达到标准。

2011年屈原管理区地表水环境质量监测情况

表17-2

断面		湘江推山咀迎丰高闸排放口上游500米	湘江磊石电排总渠排放口下游1000米	（GB3838－2002）III类标准
酸碱度（毫克/升）	浓度范围	7.51～7.6	7.56～7.64	6～9
	日　均	7.55	7.6	
	最大值超标倍数	0	0	
	超标率	0	0	

续表

断面		湘江推山咀迎丰高闸排放口上游500米	湘江磊石电排总渠排放口下游1000米	（GB3838－2002）III类标准
悬浮物（毫克/升）	浓度范围	10～11	12	
	日　均	10.5	12	
	最大值超标倍数	0	0	
	超标率	0	0	
溶解氧（毫克/升）	浓度范围	8.94～9.27	7.32～7.52	
	日　均	9.1	7.4	
	最大值超标倍数	0	0	
	超标率	0	0	
需氧量（毫克/升）	浓度范围	1.59～1.62	1.39～1.60	≦4
	日　均	1.6	1.5	
	最大值超标倍数	0	0	
	超标率	0	0	
粪大肠菌群（菌群个/升）	浓度范围	9200～16000	3500～3500	≦1000
	日　均	12600	3500	
	最大值超标倍数	60%	0	
	超标率	50%	0	
总磷（毫克/升）	浓度范围	0.351～0.257	0.183～0.194	≦0.2
	日　均	0.304	0.188	
	最大值超标倍数	75.5%	0	
	超标率	50%	0	
氨氮（毫克/升）	浓度范围	0.155～0.177	0.188～0.216	≦1.0
	日　均	0.166	0.202	
	最大值超标倍数	0	0	
	超标率	0	0	

三、声环境状况

根据中心城区和各乡镇多点监测，城区平均等效声级昼间为53.9分贝，夜间为39.6分贝；农村均低于城区平均等效声级，均达到国家规定标准（交通干线70、工业区65、混合区60、典型居民区55）。各项功能区的噪声值由高到低依次为：交通干线＞工业区＞混合区＞典型居民区。区域环境噪声的主要来源为社会噪声，占70%。

第二节　环境治理

一、废水治理

1978年后，由于工业废水和中心城区生活污水大量排放，特别是1997年实施百万头生猪工程后，境域地表水污染现象越来越突出。2011年，管理区开展第一次污染普查，全区有65家工业源、549家农业源、104家生活源和1家集中式污染治理设施，用水总量为610.18万吨，其中工业用水量313.42万吨，生活用水量296.76万吨；废水排放总量为446.10万吨，其中工业废水排放量207.72万吨，生活污水排放量238.38万吨。废水污染物产生和排放后，化学耗氧量产生3668.69吨，排放量2987.67吨，其中工业产生2477.63吨，排放1937.27吨；生活产生1191.06吨，排放1050.40吨。氨氮产生量148.45吨，排放132.66吨，其中工业产生34.93吨，排放产生21.95吨；生活产生113.52吨，排放110.71吨。

2002年始，管理区管委会逐步加大水污染治理力度。营田镇区域二道撇洪沟为中心城区工业废水和生活污水主要排放渠，为改变其水质发黑、发臭的现状，2005年，投资150万元建成古塘岔污水处理净化池。与有关部门联合编制完成《营田镇污水处理设计方案》，上报省、市发改部门立项。

2007年，由于污染整治及节能减排工作的不断深入，正虹科技公司、福润肉类加工有限公司等企业加大环境治理的投入。是年，为实施省、市关于湘江流域水污染综合整治实事工程，正式关停废水排放大户屈原糖厂、晶穗糖业公司、湖南三仁科技发展有限公司，并督促湖南昕祺生物有限公司投资60万元兴建污水处理设施。2009年，管理区党委、区管委会出台《关于发展生态养殖产业的若干规定》，逐步淘汰畜禽散户养殖，按照"生态化、零排放"标准发展规模化养殖大户。至2011年，全区工业废水处理率21%，畜禽养殖污水处理率达55%，生活污水处理率达56%，全区地表水基本达到国家三级标准。

二、废气治理

境内废气主要来源燃烧锅炉、工业粉尘和尾气。据境域第一次污染源普查，全区原煤年消耗量33209吨，其中工业原煤消耗量22209吨，生活原煤消耗量11000吨。废气排放总量为50848.91万标立方米，其中工业废气排放量41598.61万标立方米（燃烧过程排放量32973.69万立方米），生活废气排放量9250.30万立方米。废气污染物产生和排放情况为：二氧化硫排放量797.81吨，其中工业燃烧排放744.41吨，生活排放53.40吨；烟尘排放182.54吨，其中工业排放117.33吨，生活排放65.21吨；工业粉尘产生量为142.04吨，排放量为139.88吨。2008年，管理区管委会出台《关于加强环境保护工作决定》，责令所有排放废气的工业企业，限期安装或改造消烟除尘设备；新建项目必须有配套的消烟除尘设施。对超标准排放废气的企业，加大整治力度，全区有17家重点企业4吨（含4吨）以下的工业锅炉，因其二氧化硫、烟尘、林格曼黑度等方面难以达到国家相关排放标准，通过区管委会下文，限期改燃煤锅炉为燃油及其他污染物产生量小的清洁能源，控制二氧化硫排放，治理总投资达1000万元。至2011年，化学需氧量、氨氮、二氧化硫及三氧化物较2008年分别减少210吨、40吨、560吨、78吨，分别下降65%、73%、81%、68%，空气质量达到国家二级标准。

三、废渣治理

2008年前，全区固体废物年产生量约110132吨，其中工业固体废物80581吨，生活源固体废物8551吨，城镇生活垃圾21000吨。通过区环保部门的宣传监督，鼓励各企业采用节能措施减少废渣产生量或进行综合利用。是年，建成城区垃圾填埋场。2010年，投资2800万元兴建磊石山生活垃圾无害化处理场，城区垃圾无害化处理率达100%。产生医疗固体废物的区人民医院及单采血浆站等医疗机构，由环保部门牵头督促与方向固废公司签订回收协议，回收率达100%。

2009年后，全区有规模化畜禽养殖场155家，其中养猪场147家，养鸡场3家，养牛场3家，养羊场2家，70%采取湿法或干法对畜禽粪便进行综合处理。同时加强口蹄疫、鸡新城疫、禽流感、猪瘟、布氏杆菌病等疾病的监控。田地秸秆综合利用率由1999年前的50%提高到80%。

四、噪声治理

境内噪声控制区主要为中小学校，医院，重点居民区周边。2007年始，区环保部门加强对噪控区所有噪声排放源的登记，建立台账，加强监控，对噪声严重超标企业下达限期整改通知。

第三节 环保执法

1978~2005年，境内环境保护执法工作因机构不健全，职能不到位，一直未开展正常工作。

2006年12月，屈原环保分局挂牌成立，利用各种宣传渠道，围绕“保护蓝天碧水，促进屈原发展”为主题，深入开展环保法律法规知识宣传，利用每年“6・5”世界环境日，出动宣传车在乡镇巡回播放环境保护相关法律法规，张贴宣传标语、横幅16000条，发放《环保知识宣传手册》3000份、宣传图片1500张，接纳群众咨询102次。2008年，屈原一中创建为省级绿色学校；2010年，营田镇义南村、黄金乡禾鸡山村、河市镇永兴村、琴棋乡三星村均创建为省级生态村；2011年，营田镇八港村创建为省级生态村。

2008年，管理区管委会先后出台《关于加强环境保护工作的决定》《屈原管理区关于贯彻〈中华人民共和国环境保护法〉实施细则》《关于贯彻落实环保第一审批权制度的意见》。屈原环保分局建立健全一系列执法程序和制度，严格环境准入，落实环评制度，坚持“三同步”执行关，对新建项目，做到不符合环保法律法规产业政策的不批；对选址布局不合理的不批；对饮用水源保护区等环境敏感地区产生重大不利影响，群众反映强烈的不批；对超过污染物总量控制指标，生态破坏严重的不批，从源头上控制污染产生。至2011年，审批建设项目104个，投资总额18626万元，其中环保投资731.27万元，占投资总额的3.93%，环评执行率、“三同时”执行率均达100%，否决不符合环保政策的易污染、高排放项目12个。

2007~2011年屈原管理区建设项目审批情况

表17-3 单位：万元、%

年度	项目数	总投资	环保投资	环保投资占总投资
2007	13	1040	10.19	0.98
2008	18	1657	43.91	2.65
2009	28	5216	225.33	4.32
2010	21	3578	187.13	5.23
2011	24	7135	264.71	3.71

2008年始，屈原环保分局环境监察大队采取不定期检查、例行检查、专项行动及污染源外排物抽样监测相结合的方式，督促企业污染治理设施正常运转。每年在区人大及相关职能部门的配合下，开展“打击非法排污，切实保护人民群众身体健康”专项行动，整治违法排污行为，查处企业各类问题100~150处，下达整改通知、限期整改通知20~30份。2011年，在区公安局的配合下，利用夜间突击行动，取缔推山咀电排、黄金乡黄金村、磊石山、荷花闸等地5家小炼铅、小电镀、小造纸等国家明令禁止的“十五小”企业。至2011年，共调处各类污染矛盾和纠纷173起，调处率100%。区管委会及区辖企业对受损户的补偿累计达200多万元，征收企业和“三产业”排污费395万元。

第十八篇　财税・金融

第一章　财　政

1978～2000年，国家对农场实行企业化管理。至2000年，上交税收总额16774.2万元，其中工商税13980.2万元，农业税2794万元，年均729.3万元。其中当年上交税收总额2031万元，比1990年761.3万元增长1.67倍，比1980年140万元增长13.51倍。

2001年建立管理区后，按照县级政府职能，实行分税制财政体制。建立分税制财政体制后，区级财政的利益主体地位得到加强，区党委、区管委会当家理财的积极性提高。在财税体制上，积极探索体制机制改革，推进农村税费改革；在财源培植上，争取上级财政周转金支持项目建设投资，积极招商引资，鼓励发展民营经济；在预算管理上，改进预算外资金管理办法，实行财政综合预算，建立政府采购制度，实行财政工资统发和财务会计统一核算制度，加强乡财区管和村级财务管理。2011年，财政总收入23482万元，比2001年4126万元增长4.69倍；总支出59236万元，比2001年4838万元增长11.24倍。

1978年，场部设财务科。1980年，将计划、统计、财务科合并设立计划财供科。1988年，计划财供科更名为计财粮食科。1991年，更名为计划财经委员会，增加民政工作管理职能。1994年，单独建立财税局，内设会计核算组、机关会计事务组、规费征管组、粮食购销组、税收协征组，辖9个办事处财务组。1996年，增设收费管理局。2001年，建立区财政局，全面行使县级财政管理职能，内设办公室（财源建设股）、预算国库股（财政工资统发股）、经建企业外经股、农业与乡镇财政管理股（农村综合税改股）、财政监督与绩效评价股、社会保障与行政政法股（教科文股）、综合规划与会计管理股（税政法规股）、政府采购与国有资产管理股等8个股室。2002年，成立会计核算中心，后撤销会计核算中心组建国库集中支付局。2005年，设立城市建设投资管理中心，并将区农业局内设的农业综合开发办公室划归区财政局管理。2006年，区收费管理局更名为区非税收入征收管理局，2007年成立乡镇财政管理中心，负责乡镇财政收支管理。至2011年，局机关及二级单位干部职工32人，辖乡镇、街道财政所6个，干部职工24人。

第一节　体制变革

一、财务包干体制

1978年前，农场实行统一经营、统收统发、统负盈亏、三级核算、四级管理的管理体制。总场统管财权，上缴下拨，统一在银行开户，组织领导全场财务会计工作，集中统一安排资金，实行内部划拨结算。1979年，根据财政部、国家农垦总局《关于农垦企业实行财务包干的办法》规定，农场实行财务包干和统分结合的财务管理体制，改统收统支为层层包干；改成本票为现金结算；改按月发基本工资为平时预付、留生产保证金，年终决算兑现；改工业产品按生产量计算收入为按销售量计算收入；改统一银行开户为分场一级在银行开户。1981年，国家对农场采取“以拨改贷”政策，农场内部采取联产计酬承包责任制，资金归口管理，农场场部对企业实行“一打破（即打破大锅饭）、二挂钩（即与工资兑现、经济效益挂钩）、三保证（即保证上交利费税、利润留成扩大再生产、职工生活水平逐年提高）、四控制（即控制人员定额、社会集团购买力、行政管理费、基建规模与能耗物耗），定额上交”体制。事业单位采取“经费包干、节余留用、超过不补、年初核定、分类掌握”的办法。生产经营单位则实行独立核算，并可在银行单独开户，完成上交后可自行处理产品。分场、场直企业形成自主经营、自负盈亏、自我发展、自我约束的经济实体。在场部统一领导下，分级、分业别核算。

1983年，农业生产经营方式进行重大改革，农村实行联产承包到户责任制。农民自主经营、自产自销；农业生产队不再核算农产品的生产成本和销售收入；农户作为家庭农场，自主核算；农场的核算内容和方法相应改变。

1985年后，根据财政部、农牧渔业部《关于“七五”期间国营农垦企业财务包干几项规定》，农场实行“盈利不交、亏损不补、自负盈亏”的财务包干办法。

二、核定基数、超收分成体制

1991年，市政府对农场实行“确定基数、比例递增、超收分成、短收分摊、一定三年”的财政收入管理体制。1991年始，将农场原属县级财政的收入全部上收，纳入市级财政预算。收入基数中，包括工商税、农林特产税、屠宰税、契税和其他收入，递增比例为8%，分成比例为市20%、农场80%。总场对收入基数内的任务，要确保完成。基数以内的短收部分，按短收额比照超收分成比例实行分摊。

1994年，市政府结合新税制，对行政区实行“确定收入范围、核定上缴基数，实行环比递增、增量（上划中央部分）依率计算、短收行政区全赔、一定三年不变”的管理办法，确定递增比例为4%，行政区收入超上缴基数的增量部分，属于市级财政固定收入和分享收入留存部分，由市财政全额返回行政区，属于中央集中上划部分由行政区自行消化。

1996~1997年，市政府对行政区财政管理办法进行再次调整，规定完成市级固定收入实行总额分成，分成比例属财政收入任务内市级得75%、区级得25%；超任务部分市级得40%、区级得60%；短收市财政应得利益由区全赔。

1998~1999年，市政府对行政区下达上缴市财政年收入任务1000万元，其中上划“两税”收入400万元，地方固定收入600万元，1999年始，每年递增10%进行考核。上划“两税”收入超基数部分区级得10%，地方固定收入超基数部分区级得60%。正虹饲料有限公司缴纳企业所得税，市财政与区实行四六分成，即市级40%、区级60%。

2000年，市政府对行政区核定地方固定收入任务400万元，超任务全额返还行政区；上划中央“两税”279万元，超任务返还30%。

1978～1992年屈原农场税收上缴情况

表18-1　　单位：万元

年　度	工商税	农业税	总　计
1978	33	40.6	73.6
1979	99	35.3	134.3
1980	107	33	140
1981	162	49.3	211.3
1982	179	36.3	215.3
1983	170	12.2	182.2
1984	235.2	48.1	283.3
1985	306.5	51.8	358.3
1986	339.5	52.6	392.1
1987	376.6	72.5	449.1
1988	464.9	52.3	517.2
1989	557.8	93.7	651.5
1990	671	75.4	761.3
1991	563	81.1	670.1
1992	1025.4	90.9	1160.4
合　计	5289.9	910.1	6200

1993～2000年屈原农场（行政区）税收上缴情况

表18-2　　单位：万元

年度	中央两税			地方税				农业税				总计
	增值税	消费税	合计	工商税	企业所得税	个人所得税	合计	农业税	农业特产税	其他	合计	
1993	357.5	12	369.5	306.3			306.3	97.4	30.3	5.6	133.3	809.1
1994	546.7	12.5	559.2	144.2			144.2	97.4	33.3	5	135.7	839.1
1995	534	34	568	279			279	163	35	5	203	1050
1996	488.2	4	492.2	259.9			259.9	252.2	40		292.2	1044.3
1997	467	15	482	304			304	252.2	42.7		294.9	1080.9
1998	527	15	542	339.6	605		944.6	221.2	52.8	1	275	1761.6
1999	352	15	367	259.4	686	400	1345.4	193	52.8		245.8	1958.2
2000	368.7	3.5	372.2	431.8	479	444	1354.8	197	106	1	304	2031
合　计	3641.1	111	3752.1	2324.2	1770	844	4938.2	1473.4	392.7	17.6	1883.7	10574.2.2

三、分税制财政体制

2001年，管理区比照县一级建立分税制财政体制，设立相应的财政管理机构、税收征管机构和国库；建立财政预决算制度，将管理区的各项税收、规费、土地承包款、罚没款和其他各项收入纳入财政统一管理；并将管理区的行政性支出、社会事业管理和建设支出等列入财政支出预算，按分税制财政体制确定收入级次。是年，市财政确定管理区体制上缴任务收入679万元（与2000年相同），其中增值税基数为372万元，基数内上划中央75%部分279万元不予返还，超基数部分按0.2的系数返还。

2002年，实行所得税分享改革，确定管理区所得税基数1845万元，基数内全额归区财政，超基数分成比例为中央得50%、省级得15%、区级得35%，2003年，调整为中央得60%、省级得12%、区级得28%。

2004年，实行出口退税机制改革，确定区出口退税基数68万元，基数内全额由中央财政退税，超基数部分实行中央与地方75：25比例分成。2005年调整为92.5：2.5：5，即中央得92.5%、省级得2.5%、区级得5%，由中央财政统一退库，年终结算上解。

2010年，根据湖南省《关于完善财政体制推行“省直管县”改革的通知》精神，省与市、县、区对增值税、营业税和资源税实行25：75分享，土地增值税、城镇土地使用税下放市、县、区，增量部分省财政不参与分享。市、县、区财政体制改革后，增值税分成比例为中央75%、省级6.25%、区级18.75%，上划中央“两税”超收部分按0.3的系数返还。

第二节　财政管理

一、农场财务管理

利费征收管理　1978~1993年，农场的收入来源主要征收管理费用、企业上缴利润和体制结算的税收返还收入。代收项目有农业税、防汛排渍费（统一收取分别设账核算）。其中向农业职工征收的管理费和农业税，按耕种与养殖面积收取，依据水田、旱土的土质优劣、水面的养殖条件以及作物种养品种，确定标准计算征收；排渍费按区域集雨面积确定标准计算收取；按人口收取的管理费，以上年年末公安户籍人口减除五保户、退休职工后的人数确定人年标准收取；工商企业每年核定上缴利润并按自有资产总额和生产用地面积收取费用。1994年，建立行政区后，实行综合预算管理。

财务支出管理　1978~1993年，农场行政机关和事业单位人员根据组织人事部和劳资科定编的实有人数，按照定编人员的档案工资、补贴、养老统筹等标准核定。分场（办事处）机关、所辖学校、医院公职人员费用均由分场（办事处）财政负担。场直单位根据单位性质确定为全额拨款和差额拨款，其中场直中学、小学、党校确定为全额拨款单位，职工医院、血防站确定为差额拨款单位。场部机关公用经费按人头核定，职工福利费、工会经费、职教经费按企业财务会计制度规定标准计算核定。财务费用按借款合同约定利率计算核定。固定资产折旧费按单项折旧法计算的折旧金额核定。1994年始，实行综合预算管理。

固定资产管理　1978~1980年，全场固定资产实行高度集中管理，凡建造、购置、出售、调拨、大修的批准权均属场部，各单位之间实行无偿调拨制度。1981年始，改为“谁使用谁管理”的原则，实行归口分级管理和有偿调拨，逐步健全保管、使用、养护、维修、检查盘点等制度。1984年，全场农业队的房屋、农机具等大部分固定资产折价归私，国家对国营企业的基本建设改变投资形式，农场的固定资产购置费，主要来源于银行贷款和企业自筹资金。1987年，农场内固定资产划分为生产和非生产性固定资产、租出固定资产、未使用固定资产、不需要固定资产五大类。固定资产随着建设规模扩大而不断增加，管理方式随着财务制度的健全而日趋完善，至1993年，农场固定资产原值已增至7715.4万元，折旧额2128万元，净值5587.4万元，其中，国家拨给固定资金374.7万元，企业自筹固定资金5212.7万元。每百元固定资产提供的产值已由1978年122元提高至770.2元，增长5.31倍。

流动资金管理　1978～1982年，流动资金管理实行“统收统支”“收支两条线”的原则，按产、供、销各环节资金占用情况进行核定，实行统一管理，集中使用，择优投放。1983年，改统收统支为按产值和面积分年核定，并以贷款方式到队到户，从而使资金占用逐步合理，周转加快。1987年，国家拨入流动资金采取收占用费的办法管理，收取标准为农业2%、工商业3%。至1988年，国家拨入流动资金1275.8万元。1993年，新旧会计制度衔接全部用于处理财务遗留挂账。

低值易耗品管理　1978年，采取领用时一次摊销办法。1983年始，所有农机具全部折价归私，修添费由承包户自理。1984年，耕牛在到户基础上折价归私。

现金管理　历年采用库存现金限额办法。1980～1983年，分场限额200～300元、生产队50元、场直单位200元以下；1984～1993年，分场限额500元、场直单位限额1000元。

成本管理　1978～1980年，全场统一核算成本。1981～1983年，成本分级核算，分级负担。总场分别给予限额贷款和限额流动资金，并收取间接成本费。1984年始，按照国务院颁发的《国营企业成本管理条例》，农场工业单位理顺内部核算关系，建立厂、车间、组成本核算体系，一般采取“品种法”“分步法”“分批法”计算成本。同时制定成本定额，开展成本分析，实行成本目标管理，减少资源消耗，压缩非生产性费用，坚持奖罚兑现，控制成本；农业采取典型调查和统计核算办法计算成本。

利润管理　1983年始，工商企业实行“独立核算、自负盈亏、节余留用”的管理办法。场部根据企业经营规模、基础、发展情况、经营好坏、内在潜力等核定上交利润指标，并规定各单位利润包干结余，至少要以46%用于还贷和处理财务遗留问题，其余部分可留作发展生产、职工奖金、福利基金之用。

专用拨款管理　1978～1993年，农场采取“统一计划安排，交使用单位实施，基建水利部门检查、验收，平时预付，完成后一次结算”的管理办法。老干部、教育、血防、政法等经费则实行“预算拨款、专款专用、定额包干”的办法。

专用基金管理　折旧基金从1979年起按5%的综合折旧率计算，1985年，国务院《国营企业固定资产折旧试行条例》颁布后，改用“单项折旧法”计算。农业单位固定资产折旧额全部留作自用，工商企业属于国家投资和总场投资的固定资产，其折旧额上缴30%、自留70%。场直事业单位全部上缴。

职工福利基金，来源于按工资总额一定比例提取的资金和按利润包干结余中提取的15%基金，主要用于职工医疗支出、困难补助、托儿所、幼儿园等集体福利事业人员工资、补贴以及集体福利支出。场部对职工医院实行包干补贴，各卫生所由所属分场负担。1978～1986年，职工福利基金，按工资总额10%提取（福利4%、医疗6%），1987年始，按固定工资人员工资总额11%提取。

公费医疗管理　1978～1980年，农场实行公费医疗，凭职工证或工作证免费就医治疗，医疗费用由医院按实际开支向农场场部财务报账。职工家属及子女实行半公费医疗。1981年始，农业职工除地方病、公伤实行公费医疗外，其余自理。工商企业仅职工实行公费医疗，其中门诊药费按工资总额的3%包干使用，住院医疗费用依工龄长短分别报销50%～90%。国家干部、教师、医护人员实行门诊费包干，住院费按工龄长短分别报销70%～100%。

1983～1993年屈原农场经营管理考核效果情况

表18-3

年度	销售利税率（%）	产值利税率（%）	定额资金利税率（%）	定额资金周转天数（次）	百元产值占用定额资金（元）	百元定额资金提供利润（元）	百元固定资产提供利润（元）	百元固定资产提供产值（元）	全部资金利税率（%）
1983	6.64	4.39	12.42	224	46	1.1	0.56	114	4.44
1984	6.18	4.76	18.1	131	25.1	0.06	0.24	175	6.88
1985	7.23	5.78	21.06	107	23.9	6.6	3.49	221	11.49
1986	5.86	5.41	22.02	90	21.3	7.5	4.45	276	14.3
1987	5	6.48	27.25	86	20.1	13.1	9.38	224	15.89
1988	7.75	7.4	30.73	81	20.2	9.8	12.84	325	16.59
1989	2.67	2.65	75.2	107.5	23.8	0	0	377.6	4.62
1990	9.35	7.58	52.8	51.4	15.8	20.2	17.4	455	20.51
1991	5.12	4.82	28.79	54.3	16.8	8.4	7.7	442	14.33
1992	3.48	4.04	23.61	50.6	14.8	4.1	3.12	514	19.16
1993	4.47	3.84	28.77	51	11.26	3.6	2.96	770.2	16.06

二、财政预算管理

综合预算管理　1994年始，严格执行“两个核定”。核定人员编制、核定支出定额标准。各单位人员编制由区编委统一核定，财政部门认定，坚持增人不增经费、减人不减经费的原则。公职人员工资、津补贴等按区人事劳动和社会保障局核定的标准执行；离、退休人员的津补贴和离休人员享受的专项补贴，按国家政策规定核定；实行差额拨款的事业单位按区管委会制定的差额预算单位管理办法核定。行政机关公用经费按人头统一标准核定。

预算外资金管理　1994年始，区财政局对专项规费收入进行管理，确定专人、专户、专用票据，资金所有权与执收权分离，实行收支两条线。2006年，推行“单位开票、银行代收、财政统管、政府统筹”的征管模式，使非税收入征缴分离。非税收入范围为区直所有行政事业单位、社会团体的各项收费收入，包括行政性收费、事业性收费、政府基金、罚没收入、国有资产收益、其他非税收入。非税收入项目，严格执行财政和物价部门审定目录。非税收入票据，一律使用湖南省非税收入一般缴款书和湖南省非税收入专用收费收据，票据由区非税收入征收管理局管理并建立台账。

非税收入的收缴，实行直接征收和委托征收两种方式，收入直接缴纳国库或财政专户，严格执行收支两条线管理，年年初核定收入基数和返还比例，由用款单位分别作出预内、预外拨款计划，非税收入管理局审核后，经财政局审定批准，交预算国库股办理拨款手续。

工资统发　2001年，区财政局成立工资统发中心，负责全区49个行政机关和事业单位1200名干部、教师和职工工资统一发放。统发工资项目包括级别工资、职务工资、薪级工资、岗位工资、技术等级工资、津补贴、绩效工资、特殊岗位津贴等。每月25日前将资金拨入工资统发中心在中国农业银行屈原支行开设的工资专户，直接分发打卡到人。

2009年，成立管理区国库集中支付局，工资统发中心的业务归口国库集中支付局管理。至2011年，全区纳入工资统发单位有101个、1297人，其中机关干部465人、乡镇干部165人、公检法人员111人、教师556人，覆盖按政策实行工资统发的所有对象。

国库集中支付　2009年，全区符合财政国库集中支付改革单位实行国库集中支付管理。屈原国库集中支付是以中国农业银行屈原支行代理国库一级账户体系为基础，资金缴拨以国库集中支付为主要形式的财政管理制度。实行国库集中支付后，对预算单位资金使用进行全程监督。支付包括工资统发在内的直接支付和财政授权支付。2011年，通过国库集中支付单位36家，支付总额15200万元，占区级一般预算支出26%。

政府采购　2001年，区财政局内设政府采购与国有资产管理股，负责政府采购的管理与监督工作。是年，区管委会先后印发《关于进一步规范管理政府采购工作的通知》《关于进一步加强政府投资项目招标投标监督管理的意见》，规范政府机关、事业单位的采购行为。是年，全区行政机关、事业单位80台小车由单位统一参保和定点维修、定点加油。学校、公立医院的设备购置，统一按政府采购规定进行采购。2003～2011年，政府采购资金3602万元，比预算节约财政资金240万元。

财政改革业务培训　（宋政军2011年摄）

医疗费管理　1994年始，对固定工资人员因病住院、转院、医疗费用报销项目、负担比例制定具体规定，明确凡因病在指定医院就诊的，符合报销规定的医药费用，在职人员个人负担20%，退休人员个人负担10%，其余部分由所在单位负担，离休人员由单位全额负担。2003年，推行公费医疗制度改革，实施城镇职工基本医疗保险，同时启动公务员补充医疗保险。全区列入公费医疗的行政事业单位108个，分别从区财政局、乡镇和事业单位划出，归口到区人事劳动和社会保障局管理，区财政年均投入160万元补充医疗保障经费支出。离休干部医疗费用管理，按照《湖南省离休干部医疗保障三个目录实用手册》执行，并根据患者病种确定普通门诊费用和特殊病种门诊费用，每年由区财政预算安排专项资金，由区老干局、区财政局共同审核。

乡镇财政预算　2001年始，乡镇编内在职干部职工、学校教职工的工资、津补贴、养老金、医疗保险金、住房公积金等均由区财政负担。2002年，乡镇建立财政所，实行财政预算管理制度。区对乡镇划分收入范围，确定收入基数和分成比例，实行体制上解（收入任务），并与财政转移支付挂钩。体制上解含2002年农村税费改革核定的上解任务和国税地税净额上解。

2010年后，因在编人员津补贴根据政策相继增加，为缓解区财政压力，实行区乡两级共同负担，其中乡镇干部职工津补贴由乡镇财政年人均负担2000元，2011年增至5000元。乡镇事业单位支出以2009年实际支出数为基数，基数内由乡镇负担，超过部分区、乡两级财政各负担50%。

乡财村账管理 2007年，按照建立公共财政体制和巩固农村税费改革成果的要求，管理区党委、区管委会推行“乡财区管”和“村账乡管区监管”工作。区财政局成立乡镇财政管理中心，实施乡财“核算统一、账户统设、工资统发、采购统办、票据统管”等管理办法。乡财有预算权、资金所有权、使用权、审批权，保持债权债务关系不变。

乡镇财政所加挂村账管理中心牌子，对村级财务不改变现有体制、资产权属（所有权、使用权、审批权）、集体资产性质、以村设账核算方式的前提下，实施乡镇代管，并参与村级财务预、决算方案及财务制度的制订和监督。

2011年，乡镇本级收入合计7531万元，比2007年增加3757万元，增长99.55%；乡镇本级债务余额5428万元，比2007年减少1150万元，减少17.5%；村级收入2290万元，比2007年增加1043万元，增长83.6%；村级债务余额1878万元，比2007年减少774万元，减少29.2%。

第三节 财政收入

一、农场经营盈亏

销售收入 农场销售收入包括销售产品收入、商品收入、劳务收入、服务收入、运输收入等。1978~1993年，累计实现销售收入225015.4万元，年均14063.5万元。1993年实现销售收入45070.9万元，比1978年的3117.5万元，增长13.46倍。

销售成本 包括销售产品、商品成本、销售费用、销售税金及附加。1978~1993年，累计销售成本223044.2万元，年均13940.3万元。

利润总额 包括销售利润、产品价外收入、承包户上交、营业外收入。1978~1993年，累计实现利润3660.2万元，年均228.8万元。1993年实现利润228.6万元，比1978年的26.9万元增长7.5倍。

1978~1993年屈原农场经营盈亏情况

表18-4　　单位：万元

年度	销售总收入	销售成本	销售利润	其他销售利润	产品价外（含投资收益）收入	农业承包户上交	营业外收入	营业外支出	利润总额
1978	3117.5	3034.8	82.7	/	/	/	/	55.8	26.9
1979	3765.5	3468.3	297.2	/	/	/	/	89.9	207.3
1980	3761.5	3500.2	261.3	/	/	/	/	189.3	72
1981	4080	3655.6	424.4	69.3	/	/	/	169.7	324
1982	4103.8	3845	258.8	132.6	/	/	/	187.5	203.9
1983	2847.9	2930.7	-82.9	91.8	88.5	293	/	371.5	18.9
1984	3933	4309.9	-376.9	80.1	66	322.9	/	84.2	7.9
1985	5900.8	5827.6	73.2	32	42.7	78.7	/	106.4	120.2
1986	8558.2	8345.1	213.1	35.1	18.4	22.4	8.8	135.4	162.4
1987	14792.1	14463.1	329	93.8	0	87.7	14.6	162.5	362.7

续表

年度	销售总收入	销售成本	销售利润	其他销售利润	产品价外（含投资收益）收入	农业承包户上交	营业外收入	营业外支出	利润总额
1988	13654.2	13036.5	617.7	39.8	0	94.3	50.6	209.6	592.8
1989	14199	14386.6	–187.6	68.3	0	139.6	65.5	264.5	–178.7
1990	30132.8	29394.1	738.7	160	0	94	88.4	248.8	832.3
1991	28805.8	28720	85.8	304.9	0	90.8	177.3	200.6	458.2
1992	38292.4	38514.7	–222.3	503.1	0	133.7	143.8	337.5	220.8
1993	45070.9	45612	–541.1	467	38.7	940.4	184.6	861	228.6

二、行政区利费收入

利费收入 利费收入包括征收管理费用、企业上缴利润、规费净收入、税收分成收入、上级拨款等五个方面。1994～2000年，利费收入累计37880万元，年均5411万元。2000年利费收入5656万元，比1994年增长63.8%。其中：管理性费用18752万元，占利费总收入的49.5%；企业上缴利润9937万元，占利费总收入的26.2%，年均1420万元；规费净收入1274万元，占利费总收入的3.4%；税收返还收入3007万元，占利费总收入的8%；农场事业费774.2万元，占利费总收入的2%；其他财政拨款1427.8万元，占利费总收入的3.8%；其他收入2708万元，占利费总收入的7.1%。

代收专项费用 1994～2000年，代收排渍费2194万元，年均313万元；防洪保安资金221万元，年均31.7万元；电排集资1368万元，年均195万元。其中排渍费专项用于农田排渍支出，防洪保安资金和电排集资用于堤防和水利排灌设施建设支出。农业税（含特产税等）上缴市财政1751万元，结余216.6万元转入其他收入。

1994～2000年屈原行政区利费收入统计表

表18-5 单位：万元、%

年度	利费总收入									代收专项费用			
	合计	其中							比上年增减	其中			
		征收	企业上缴利润	规费净收入	税收返回	事业费拨款	其他财政拨款	其他		排渍费	防洪保安资金	堤防电排集资	农业及农特税
1994	3453	1710	886	31	150	110.6	267	298.4	30.4	210	/	120	202.6
1995	4731	2600	1420	142	226	110.6	82	150.4	37	245	17	268	213
1996	5200	2781	1300	130	219	110.6	204.4	455	10	280	/	263	310
1997	5501	2888	1600	193	75	110.6	180.4	454	5.8	323	70	/	320
1998	7062	3467	1621	167	418	110.6	487	791.4	28.4	375	94	582	305
1999	6277	2950	1610	375	669	110.6	161	401.4	–11	380	40	135	305
2000	5656	2356	1500	236	1250	110.6	46	157.4	–10	381	/	/	312

三、管理区财政收入

预算内收入 区财政预算内收入包括工商税收、农业税收、企业收入、上级补助收入。2001～2011年，预算收入272175万元，年均24743万元，其中2011年预算内收入66406万元，比2001年4844万元增长12.71倍，年均增幅30%。

工商税收包括增值税、营业税、个人所得税、资源税、城市维护建设税、房产税、印花税、城镇土地使用税、土地增值税、车船使用和牌照税、其他税收收入，是区财政收入主要来源。2001～2011年，工商税收收入24226万元，占财政一般预算收入31.8%，年均收入2202万元。收入最高的2011年达3769万元，比2001年1285万元增长1.93倍。

农业"四税"包括农业税、农业特产税、耕地占用税、契税。2001～2011年，农业"四税"收入11120万元，占财政一般预算收入14.6%，年均收入1011万元。其中2011年达1660万元，比2001年516万元增长2.21倍。

企业收入包括企业所得税、国有企业上交利润、国有企业调节税、国有资产经营收益和国有企业计划亏损补贴。2001～2011年，全区企业收入入库24284万元，占财政总收入21.2%，年均收入2208万元。其中2011年达2911万元，比2001年1716万元增长69%。

上级补助收入包括返还性收入、一般性转移支付收入和专项转移支付收入等。2001～2011年，上级补助收入196088万元，年均17826万元。其中2011年上级补助收入50327万元，比2001年1129万元增长43.58倍。

2001～2011年屈原管理区一般预算收入统计表

表18-6　　单位：万元、%

年度	工商税收	农业税收	专项收入	罚没收入	国资经营收入	其他收入	合计	比上年增减
2001	1285	516	3	65	300	1546	3715	/
2002	1257	756	10	50	600	693	3366	-9.4
2003	1412	772	13	10	600	1012	3819	13.5
2004	1576	355	13	/	600	1914	4458	16.7
2005	1962	304	30	100	311	2149	4856	8.9
2006	1512	468	53	30	304	1126	3493	-28
2007	2809	622	272	/	4505	1187	9395	169
2008	3261	1449	385	13	818	635	6561	-30
2009	2408	2712	557	245	1100	1737	8759	33.5
2010	2975	1506	576	1161	2574	2794	11586	32.3
2011	3769	1660	649	670	2171	7160	16079	38.8

2001～2011年屈原管理区上级补助收入明细表

表18-7　　单位：万元

年度	总计	返还性收入					一般性转移支付收入					专项转移支付收入
		合计	增值税和消费税税收返还收入	所得税基数返还收入	成品油税费改革返还收入	其他税收返还收入	合计	均衡性转移支付补助收入	调整工资转移支付补助收入	农村税费改革补助收入	其他一般性转移支付收入	
2001	1129	27	27	/	/	/	547	/	356	/	191	555
2002	3228	1233	40	1193	/	/	1340	233	485	428	194	655
2003	3952	1376	52	1324	/	/	1592	343	567	428	254	984
2004	8396	1374	50	1324	/	/	2455	528	649	934	344	4567
2005	7411	1380	56	1324	/	/	3220	880	649	1326	365	2811
2006	11348	1604	280	1324	/	/	4899	1202	1110	1326	1261	4845
2007	21084	1935	611	1324	/	/	9252	1445	1571	5240	996	9897
2008	26819	2012	688	1324	/	/	10144	1978	1571	3493	3102	14663
2009	27620	2104	636	1324	144	/	13466	1978	1571	3493	6424	12050
2010	34774	2799	686	1324	258	531	21698	2510	1571	3726	13891	10277
2011	50327	2900	737	1324	308	531	28930	2788	1571	3493	21078	18497

2001～2011年屈原管理区预算内财政收入表

表18-8　　单位：万元、%

年　度	总收入	其中		比上年增减
		一般预算收入	上划“两税”收入	
2001	4126	3715	411	
2002	4939	3366	480	19.7
2003	5756	3819	480	16.5
2004	6307	4458	428	9.6
2005	6576	4856	604	4.3
2006	5581	3493	681	-15
2007	14202	9395	3492	154
2008	13215	6561	5694	-6.9
2009	13146	8759	3564	-0.5
2010	17386	11586	3378	32
2011	23482	16079	5630	38.8

预算外收入 2001年后，非税收入纳入预算管理，统一调度安排。2001～2011年，非税收入26750万元，返还单位18860万元，纳入一般预算净额7890万元。

四、屈原农垦公司收入

屈原农垦有限责任公司成立后，负责管理农场对正虹的股权投资和农场财税局有关债权债务、场直国有企业资产管理工作。2002～2011年，收入累计20817万元，其中正虹股权分利3451万元；国有股减持收益11849万元；处置改制企业资产收益830万元，其中屈原糖厂503万元、油脂厂140万元、电力公司86万元、长沙办事处及糖果厂等单位101万元；区财政局拨款2824万元；其他收入1863万元。

第四节 财政支出

一、行政区财务支出

1994～2000年，财务总支出38944万元，年均5563万元，其中2000年财务支出5741万元，比1994年3528万元增长63%。7年财务总支出高于总收入1064万元，年均财务支出高出财务收入152万元，其中区、办事处（镇）两级行政经费支出11441万元，占总支出29.4%，年均1634万元；教育支出5547万元，占总支出14.2%，年均792万元；医疗卫生支出891万元，占总支出2.3%，年均127万元；基本建设支出4859万元，占总支出12.4%，年均694万元；堤防水利建设及防汛支出3895万元，占总支出10%，年平556万元；利息支出2086万元，占总支出5.4%，年均298万元；村级补助支出2100万元，占总支出5.4%，年均300万元；农业职工退休补贴652万元，占总支出1.7%，年均93万元；其他支出包括稻谷销售价差、甘蔗吨位补贴、食糖亏损支出等7473万元，占总支出19.2%。分项支出占总支出达10%以上的有两级行政经费支出、教育支出、农村产品价差补贴支出、基本建设支出、堤防水利建设及防汛支出等。

1994～2000年屈原行政区财务支出表

表18-9　　单位：万元、%

年度	实际支出	其中									比上年增减
		区乡行政经费支出	教育支出	医疗卫生支出	基本建设支出	水利堤防支出	利息支出	村级补助支出	农业职工退休补贴	其他支出	
1994	3528	1122	552	100	296	50	298	207	76	827	30.2
1995	4624	1374	695	119	660	652	370	227	77	450	31
1996	6139	1570	801	131	1148	840	380	315	77	877	32.8
1997	5374	1850	753	126	408	381	281	336	87	1152	-12
1998	7016	1905	848	133	695	1262	277	320	113	1463	30.6
1999	6522	1888	953	126	800	383	209	350	110	1703	-7
2000	5741	1732	945	156	852	327	271	345	112	1001	-12

二、管理区财政支出

2001～2011年，区级财政支出增长速度与收入增长速度基本均衡。累计支出251336万元，年均支出22848.7万元，其中2011年实际支出58954万元，比2001年增加4402万元，增长12.39倍。支出项目中，教育事业、惠农支出、惠农补贴、社会保障支出、基础设施建设支出显著增加。

农村基础建设　区财政根据管理区是传统农业区和水患区的实际，不断加大对农业基础设施建设、农业产业结构调整、农业综合开发等重点项目的投入。2001年，用于农业基础建设方面的支出212万元，2011年增至5446万元，比2001年增长24.69倍，11年间累计投入15054万元。

惠农补贴　为提高农业产出效益，促进农民增收，逐年加大惠农补贴，形成覆盖粮食、生猪、林业等生产领域。2001年用于惠农补贴支出457万元，2011年增至6904万元，比2001年增长15.11倍，11年累计惠农补贴34815万元。

城镇基础建设　2001～2006年，城镇基础建设累计投入725万元，年均投入145万元。2007年始，区管委会出台一系列城镇开发建设优惠政策，加大城镇建设投入力度，至2011年，共投入7232万元，比前6年之和增长8.98倍。此外，区管委会组建城市建设投资公司，争取国家开发银行贷款指标1.3亿元用于城镇建设。

社会保障　2001年用于社会保障支出770万元，2011年达到23834万元，比2001年增长29.95倍，11年累计用于社会保障支出86138万元，占一般预算支出的34.3%，属财政支出增长速度最快的项目。

教育事业　根据党和国家加大教育投入的指示，区财政逐年增加教育费支出，2001年为855万元，占一般预算收入的23%，2011年增至5173万元，占32.2%，比2001年增长5.05倍。

上解　包括农场体制上解和其他专项上解。农场体制上解自2001年起，每年固定上解市财政400万元，2001～2009年，累计上解3600万元。2010年后，根据省政府《关于完善财政体制、推行“省直管县”改革的通知》，以及“省级因体制调整集中的收入增量，全部用于减免财政困难县市、国家和省扶贫开发重点县、少数民族县的财政体制上解和增加对财政困难县市的转移支付”的精神，省财政考虑到管理区财政困难的实际情况，决定减免管理区原体制上解400万元。其他专项上解包括农业税差价上解、世行贷款本息上解、垫付粮食风险基金上解、国债还本付息上解、援建老少边穷及灾区上解、预备役经费上解、省以下财政体制调整下划收入基数上解、出口退税专项上解、其他专项上解等。至2011年，管理区各类上解总额4998万元，年均454万元，占财政总支出的2%，其中专项上解1398万元。

2001～2011年屈原管理区财政一般预算表

表18-10　　单位：万元、%

年度	行政经费支出	公检法支出	教育事业支出	科技医疗文化事业支出	基础建设支出	城镇建设支出	惠农支出	社会保障支出	其他支出	合计	比上年增减	上解支出
2001	1590	147	855	215	212	83	457	770	73	4402		436
2002	2292	165	951	285	717	85	451	880	305	6131	39.3	456
2003	2302	238	982	399	818	96	767	1432	760	7794	27.1	565
2004	2595	425	1193	470	1240	185	878	4301	1095	12382	58.8	478
2005	2781	281	1250	381	581	143	950	3884	337	10588	–14	513
2006	3603	398	1539	669	180	133	1573	4929	893	13917	31	486
2007	4856	705	2622	1153	1262	1769	5867	6747	738	25719	84.8	403
2008	5248	717	4209	1427	1300	1049	5671	11429	2411	33461	30	456
2009	6062	774	4627	2861	1299	1345	4497	12085	433	33983	1.6	600
2010	6812	1480	4712	1343	1999	2219	6800	15847	2838	44050	29.6	323
2011	8140	2287	5173	1967	5446	850	6904	23834	4353	58954	33.8	282

三、屈原农垦公司支出

屈原农垦公司财务支出主要是工商企业改制支出和上交区财政的国有资产收益、银行贷款利息支出等。2001～2011年，农垦公司财务总支出18823万元，用于改制企业职工置换工龄补助等3682万元，占19.6%；用于乡镇偿还高息借贷的配套资金142万元，占0.75%；上交区财政支出6590万元，占35%；正虹原属单位分利812万元，占4.3%；企业所得税支出1460万元，占7.8%；农业发展支出321万元，占1.7%，其中甘蔗生产补贴176万元，退田还湖145万元；水利支出770万元，占4.1%；利息支出2098万元，占11.1%，年均233万元；基本建设支出1214万元，占6.5%；管理费用支出358万元，占1.9%；其他支出1376万元，占7.3%。

第五节　财政监督

一、综合检查监督

1988～1991年，农场场部每年不定期组织财政、税务、物价等部门联合开展财务、税务、物价大检查，检查对象涵盖全场所有机关、企业和社会团体等单位，对检查中发现乱收乱支、偷税漏税、提高物价等违纪违规问题进行查处。共查出违纪金额1392.2万元，其中罚没抬高物价款16万元；调整虚报盈亏单位8个、147.8万元；纠正乱挤乱摊成本14起、832万元；没收收入不入账、乱设小钱柜7起、47.2万元；收缴偷税漏税金额178万元；取消不合理收费项目21个；收缴违纪金额146.2万元，罚款25万元，给予行政处分3人。

2007年，区管委会相继出台《屈原管理区财政国库集中支付改革实施方案的通知》《关于改革乡镇财政管理方式推行乡财区管乡用、村账乡代管区监管工作意见》，对区机关各局室、区直各事业单位的收费收入集中解缴国库或财政专户，各项经费支出统一由国库部门根据单位年度预算和核定额度拨付，国库集中支付使收入缴库和支出拨付整个过程处在财政的有效监管之下。区财政局成立乡镇财政管理中心，负责乡镇财政收支管理和监督。各乡镇设立村账乡（镇）代管中心，负责村级财务管理和监督。区财政局每年对乡镇、街道办财政所、局内部业务股室的财政管理、预算编制执行、财政收支和会计信息进行检查。同时接受区人大政协工委监督和上级审计部门的不定期检查和审计，同级审计部门每年定期对财政决算审计。

二、专项检查监督

财政投资评审　1995年始，实行财政投资评审制度，至2011年，共完成基本建设项目预决算评审296个，送审金额20608.3万元，审定金额18489.3万元，净核减2119万元，核减率10.28%。

国有资产监管　2000年前，国有资产产权登记单位37个，实有资本金总额21079万元，其中国有资本金总额15925万元（含正虹公司国有资本金10758万元）；1993年，公房折价归私，房屋净值564万元，实际折价到户收回299万元。2002年，实施国有工商企业改制，15家国有工商企业破产2家、改制13家，处置改制企业国有资产收入1684万元，全部用于职工工龄补偿。2002～2003年，减持正虹科技国有法人股1500万股，每股单价3.24元，由浙江传化收购；2007～2011年，出售正虹科技国有法人股15878336股，每股平均溢价收入8.86元。至2011年，屈原农垦公司持有正虹科技国有法人股65903888股，占总股比24.72%。

2001年后，机关、事业单位国有资产全部转入财政账目。至2011年，全区国有企业2家，实收资本

27163万元（含正虹公司26663万元），其中国有资本金7090万元（含正虹6590万元、收储公司500万元）。

高息借贷资金监管 1997年始，银行信贷政策从紧，农业单位年终兑现出现资金缺口，办事处、镇、村开始民间高息拆借资金并愈趋严重。2000年10月，对全区农业单位高息拆借资金进行清理，截至是年9月31日，9个办事处、镇，83个村（占村级数71%）及站、所共向民间1138户拆借资金1591万元，其中办事处、镇借入555万元，村级借入818万元，站所借入218万元。区管委会出台《关于各办事处、镇高息拆借资金清偿及偿还奖励的有关规定》。此后，高息拆借资金逐年减少，至2007年，乡镇及站所高息拆借资金全部还清。

三、财会人员管理

1978年后，农场实施财政部、国家农垦总局颁发的《国营农场五项财务会计制度》。1986年后，实施财政部、农牧渔业部修订后的《国营农场财务会计制度》。1991年，根据全国开展会计达标升级活动的统一部署，农场对所辖39个单位会计达标升级进行检查验收，合格单位24个，占应达标升级单位的61.5%，其中进入一级的13个，进入二级的2个。1993年，实行会计制度改革，建立与社会主义市场经济体制相适应，与国际会计准则接轨的新会计制度。2000年，实施财政部颁发的《企业会计制度》。2004年，实施统一的《企业会计制度》《小企业会计制度》《村集体经济组织会计制度》。

会计技术职称 1988年，开展专业技术人员职称评定工作，1989年，会计系列职称评审通过并经上级发文批准的会计员160人，助理会计师93人，会计师20人，高级会计师1人。至2011年，全区副高会计师1人，会计师159人，助理会计师196人，会计员175人。

会计从业资格 1993年，对会计人员进行考试、考核，统一颁发“会计证”，全区有409人领取“会计证”。2004年，换发全国统一式样的“会计从业资格证书”，并实行网络化管理。至2011年，全区登记在册的会计从业资格人员545人。

会计继续教育 1989年，中央广播电视学校在农场开设会计函授中专班，先后有123名在职财会人员参加学习，取得函授中专文凭。2000～2011年，举办会计人员培训班26期，参训2320人次。

第六节 财源培植

1991年，农场场部组织财政、计划、工业等部门对各分场场办企业进行走访调查，认为七分场禾鸡山饲料厂具有发展潜力，给予财政政策支持，分场当年获得利费税净收入34.1万元。1994年后，市财政对行政区实行“核定收入基数、环比递增、短收全赔、超收分成”的管理体制，全区组织15人专业协征员协税，至2000年，工商税收增至1727万元，增长146%，超税收分成收入3007万元，年均430万元。1992～1998年，行政区（农场）向省、市争取财政农财周转金530万元，扶持饲料企业发展饲料生产。1995～1996年，区管委会对产销初具规模的河市饲料厂、糖厂饲料车间、加工厂饲料车间与禾鸡山饲料厂进行整合，组建正虹饲料厂。1997年，推进正虹饲料公司在深交所上市，发行股票5000万股，募集资金35000万元，为行政区培植了后续财源。1998～2000年，正虹缴纳企业和个人所得税2614万元，上缴区财政和原属单位利润4800万元，为财政增收7414万元。1996年始，行政区被列入全国农业综合开发项目县（挂靠汨罗），至2011年共争取国家财政扶植资金2964.53万元，其中无偿资金2648.18万元，有偿资金316.35万元，为配套中央财政的投入，区财政共配套189万元用于农业综合开发。

第二章 税 务

1978年始，工商各税由汨罗市税务局在境内设立税务所负责征收。1994年，国家实施分税制改革后，汨罗市国家税务局和汨罗市地方税务局分别在境内设立国、地税征收机构。至2000年，区境累计上交税收16774.2万元，年均729.3万元，其中2000年上交税收2031万元，比1980年140万元增长13.5倍。

2001年6月，比照县级分税制财政体制，分别建立国家和地方税务机构。2011年，全区国税收入由2001年551万元增至9593万元，增长16.41倍；地税收入由2002年2795.3万元增至6318万元，增长1.26倍。

第一节 税 制

一、税务机构

国税机构 2001年7月，成立湖南省岳阳市国家税务局屈原分局（前身为湖南省汨罗市国家税务局屈原税务所）。有干职工29人，其中在职25人。2004年3月，更名为管理区国家税务局，内设办公室、人事监察科、政策法规科、收入核算科、税源管理科、稽查局、工会，至2011年，有干部职工35人，其中在职30人。

地税机构 2001年12月26日，岳阳市地税局管理区分局成立，2006年10月，更名为管理区地方税务局，内设办公室、计划征收科、综合业务科，辖稽查局和税务分局，有干部职工25人。

农税机构 农业税、农林特产税、耕地占用税、契税、国土收入、罚没收入由区财政局内设农税局征管。

二、税率调整

分税制改革后的调整 2000年1月1日始，暂停征缴固定资产投资方面调节税。2002年始，取消屠宰环节和收购环节征收的屠宰税。2003年1月1日始，提高营业税起征点，按期纳税的由月营业额500元提高到城镇1500元、农村1000元，按次纳税的由日（次）营业额50元提高到100元。

农村税费调整 2002年，取消农村教育费附加、屠宰税，农业税税率由12.6%降至7%，农村特产税由两道环节改为一道环节征收。2004年，省政府决定农业税税率降3个百分点，免征农林特产税。2005年，省政府决定全部免征农业税。

第二节 税种税收

一、流转税类

增值税和消费税 增值税纳税人分为一般纳税人和小规模纳税人，对一般纳税人征税采用查账征收的办法，对小规模纳税人采用定税的办法。现行增值税的税率分为三档，即17%的基本税率、13%的低税率和零税率。征税对象为：税制改革前缴纳增值税和产品税的工业产品，缴纳营业税的商业批发、零售，公用事业中的供水、供电、供热、供气和缴纳盐税的盐。税制改革前征收产品税的部分奢侈消费品改为征收消费税，包括烟、酒、化妆品、护肤护发品、贵重首饰、汽油、柴油、汽车轮胎、摩托车、小汽车、鞭炮焰火等11个品种。增值税和消费税由国税机构征管。2001～2011年，累计入库48489万元，其中中央分享36367万元，区级分享12122万元。

营业税 税改前缴纳营业税的商业批发零售、公用事业中的水电热气和缴纳盐税的盐改为征收增值税后，营业税的征收范围缩小为交通运输业、建筑安装业、金融保险业、邮政电讯业、出版业、娱乐业和其他各种服务业。营业税的计税依据是纳税人按税法计算的应税收入额，即以其所经营的各项业务所得的实际营业收入作为计税依据。现行营业税税率为3%、10%、20%三档，主要由地税机构征管。伴随着三产业的发展，区内营业税增长较快。2002～2011年，营业税入库额由615万元增至1637万元，10年累计9099万元，年均征收910万元。

城市维护建设税和教育费附加 城市维护建设税和教育费附加，依据应税营业收入额计征。2002～2011年，城市维护建设税额累计1566万元，年均征收156.6万元；教育费附加累计入库额2006万元，年均征收200.6万元。

二、收益税类

企业所得税 2001年始，境内企业相继实行统一的企业所得税，税率为3.3%。

企业所得税主要由国税机构征收，包括中央企业所得税，金融、保险企业所得税，以及从2002年1月1日起，新办的国有、集体、私营、联营、股份制企业和各类事务所、各类有限责任公司的所得税。2001～2011年，区内累计征收入库461万元，年均42万元。地税机构征管的范围仅为2002年前开办的地方企业，2002～2011年，累计入库8819万元，年均881.9万元。

个人所得税 2001年1月1日始，对个人独资企业和合伙企业停止执行企业所得税，统一征收个人所得税。个人所得税主要由地税机构征收，2001～2011年，累计入库6418万元，年均征收640万元。

三、财产资源税类

房产税 只在城镇和工矿区征收，且个人所有的非经营性用房免征。凡自有房用于经营的，按房产余值计征，年税率1.2%；凡出租房屋的，以租金收入为计税依据，税率为12%。2002～2011年，累计征收1483万元，年均征收148.3万元。

城镇土地使用税 城镇土地使用税是以其实际占用的土地面积为计税依据，按照规定税额计算征收。2002～2011年，累计入库1234万元，年均123.4万元。

土地增值税 土地增值额即纳税人转让房地产所得的收入减去规定扣除项目金额的余额。土地增值税适用四级超额累进税率，分别为30%、40%、50%和60%。2002～2011年，累计征缴102万元，年均为10.2万元。

车船使用税 车船使用税是按其种类、吨位大小、乘人多少和使用性质实行定额征收。2002～2011年，累计征收96.7万元，年均9.7万元。

资源税 全区征缴资源税的项目主要为沙砾石、黏土以及水资源。2002～2011年，累计征收332万元，年均33.2万元。

地税机构还承担了区管委会及其部门代收非税经费的责任，如社会保险基金、水利建设基金、工会经费等。

2001～2011年屈原管理区国家税收入库统计表

表18-11 单位：万元

年　度	增值税	企业所得税	个人所得税	合　计
2001	550	/	/	551
2002	640	/	/	640
2003	720	/	/	720
2004	570	/	69	639
2005	806	/	72	878
2006	908	/	102	1010
2007	4658	21	119	4798
2008	7591	40	82	7713
2009	11202	124	38	11364
2010	11469	62	11	11542
2011	9374	214	5	9593

2002～2011年屈原管理区地方税收入库统计表

表18-12 单位：万元

年　度	2002	2003	2004	2005	2006	2007	2008	2009	2010	2011	合计
营业税	615.4	756.1	938	1087	632	1027	592	769	1045	1637	9098.5
个人所得税	723.1	728.9	732.5	537	723	687	596	331	380	481	5919.5
城建税	84.7	101.2	106.5	160	15	243	369	20	217	250	1566.4
车船税	7.4	10.3	10	23	3	5	10	13	9	6	96.7
房产税	26.3	53.1	100.7	185	166	115	103	52	318	364	1483.1
契　税	/	/	/	/	/	/	/	/	15	612	627
资源税	0.6	2	5	8	6	7	16	20	17	250	331.6
土地使用税	59.1	62	66.7	100	105	92	117	104	286	242	1233.8
印花税	96.8	100.1	100	150	99	74	85	64	93	97	958.9
企业所得税	1172.1	1172	1172	939	1122	998	616	650	453	525	8819.1
教育费附加	8.6	13.3	13.2	30	53	271	384	1	566	666	2006.1
土地增值税		2	2.3	4	5	5	13	15	16	40	102.3
文化事业建设费	0.2	0.2	0.3	0	1	1	1	1	3	4	11.7
残疾人就业保障金	/	/	/	/	0	12	13	14	15	16	70
水利建设基金	/	/	/	/	/	/	/	/	42	48	90
社会保险基金	1	2	2	2	2	6	4	5	5	5	34
工会经费	/	/	/	/	/	/	19	21	23	28	91
耕地占用税	/	/	/	/	/	/	/	/	40	1047	1087
合　计	2795.3	3003.2	3249.2	3225	2932	3543	2938	2080	3543	6318	33626.7

第三节　税务管理

一、国税征管

1996年9月，境内开展普通发票换版前期准备，1997年1月，正式使用统一防伪标准的普通发票。1999年12月，对所有纳税户包括已办理税务登记不到3年的纳税户更换新的税务登记证。2004年9月，开展推广应用综合征管软件上线准备工作，对所有纳税人的税务登记进行重新换发和录入计算机进行微机管理，11月正式运行。2007年7月，推广应用税控收款机，使普通发票由手工开票转为机打的税控发票，2008年，全面推广应用税控收款机机打发票。

2001年始，按照《中华人民共和国税收征收管理法》，加大税收违法案件的查处力度。至2007年，共查处案件62起，查补税款683.5万元。2008年，查处各类案件9起，查补税款164.63万元，罚款0.5万元，收取滞纳金1.28万元；2009年，查处各类案件19起，查补税款117.5万元，罚款8.8万元，收取滞纳金1.8万元；2010年，查处各类案件19起，查补税款283.83万元，罚款78.28万元，收取滞纳金34.41万元；2011年，查处各类案件12起，查补税款82.17万元，罚款56.84万元，收取滞纳金18.42万元。

二、地税征管

2001年始，区地税局坚持按照“突出精管细税保增长，突出精练业务强素质，突出精创品牌谋发展，突出精优人文促和谐”的工作思路，做到精细管税、精管细税，采取自主申报与下户巡查双向结合的方式，对全区税源进行摸底测算，完善数据统计，澄清税源底子；规范日常申报管理，严把受审审核关，加大催报催缴力度，督促入库。

2004年，全面落实新个人所得税法，举办培训、发放手册、下户辅导、搭建网络“3+1”宣传套餐，确保纳税人吃透个人所得税新政策，促进补缴个税13.9万元。

2005年，开展综合治税，通过与房产、国土部门协作，对办理房产、土地证实行“先税后证”制度，共办理存量房交易纳税事项97笔，合同记载金额583万元，系统评估金额799万元，入库各项税收34.4万元；开展行政事业新立税收专项清查，入库欠税31.5万元。

2006年，区地税稽查局成立，严格按照稽查操作规程，加强控潜堵漏。2009～2011年，查补收入分别为163.9万元、213.3万元、482万元。2011年，对7户使用手工发票企业和89户个体工商户进行发票检查，发现违法违规行为8起，查补税款3.5万元，并处罚款8000元。

三、纳税服务

2001年始，区国税局、区地税局坚持以“始于纳税人需求、基于纳税人满意、终于纳税人遵从”为目标。2009年，对办税服务厅的窗口进行整合，实现一窗通办，并以“窗口受理、内部流转、限时办结、窗口出单”的一站式服务理念为指导，减少纳税人多头跑、重复跑的次数，节约办税时间和办税成本。是年，均建立《一站式服务考核办法》，坚持一站式服务、免填单服务、预约服务、延时服务等。区国税局成立纳税人权益保护中心，建立纳税人权益保护维权点。在办税服务厅设立“维权服务岗”和纳税服务热线“5722269”，设置“廉政行风投诉箱”和“涉税案件举报箱”。设立纳税人学校，普及纳税知识，按纳税人的要求制定培训计划，举办培训班。区地税局全力建设“和谐地税”，坚持开展“下企业安民心，优服务促发展”主题走访和地税志愿者扶贫助困活动，推行“一机双屏”、服务评价器等阳光办税举措，及时做好企业减免税备案和审批工作。至2011年，区国税局共办班30余次，培训纳税人

1000户次，纳税人满意度达98%以上。通过建立QQ群及时解答纳税人的问题，并推广电子申报和网上办税大厅，使纳税人足不出户就能办理纳税申报等涉税事项；基本实现一般纳税人全部自行电子申报、网上缴纳税款；区地税局受理下岗失业人员再就业税收减免申请29份，审批减免金额12.86万元；企业税收减免6户、9份，申请减免金额125万元。

第三章 金 融

第一节 银行业

一、银行机构

1951年9月，建立中国人民银行（简称人行）湘阴县支行河市营业所。1952年，成立中国人民银行湘阴县支行营田营业所。1956年6月河市营业所改为河市工作组。1958年9月，银行实行政社合一体制，湘阴县人行将营田营业所更名为人行湘阴县屈原信用部及磊石、河市工作组。河市工作组于1962年撤销，磊石工作组1996年后划属汨罗县管辖。1959年6月始，所社分立，屈原信用部更名为人行湘阴县屈原营业所。1964年，人行湘阴县屈原营业所更名为人行湘阴县屈原营业所。1966年1月1日，屈原营业所直属湘阴县人行领导。

1966年1月8日，农行屈原营业所划归汨罗县人行领导，并更名为汨罗县人行屈原营业所。1967年，所址迁入农场总场机关。1969年3月，撤销屈原营业所，建立人行汨罗江营业所。1975年1月2日，恢复人行汨罗县屈原营业所。1975年9月，选址营田小边山社教公路北侧新建两层10间楼房1栋，屈原营业所次年搬迁新址办公。

1980年1月1日，成立中国农业银行（简称农行）汨罗县支行，人行屈原营业所划归汨罗市农行领导，更名为农行汨罗县支行屈原营业所。1982年2月，建立农行汨罗县支行河市营业所。1985年4月，建立农行汨罗县支行营田储蓄所。1986年8月，农行在境内分别建立凤凰山、黄金、横港3个储蓄所。1987年7月，经农行省分行批准，屈原营业所升格为办事处，更名为农行汨罗市支行屈原农场办事处，定为副科级单位。

1988年1月1日，农行汨罗市支行屈原农场办事处更名为农行岳阳市屈原办事处（县支行级），直属岳阳市中心支行领导，将屈原、河市2个营业所及营田、凤凰山、黄金、横港储蓄所随同划归办事处管辖，从汨罗市农行分到屈原办事处的干部职工28人。屈原办事处设主任室、营业部、人秘股、会计股、信贷股、储蓄股等1室4股1部，下设河市营业所及黄金、横港、凤凰山、营田4个储蓄所。

1989年12月，农行屈原办事处在屈汨路南边尚林段兴建4层办公楼、住宿楼各1栋，占地3000多平方米，干部职工增至56人，其中储蓄代办员24人。是年10月，农行凤凰山储蓄所开业。1990年2月建立蚕场储蓄所，10月，农行蚕场储蓄所开业。1991年7月，农行黄金储蓄所开业。是年10月，河市镇农行营业所的原址拆旧竣工开业。

1992年11月27日，农行屈原办事处升格为农行岳阳市屈原支行。支行设行长室、办公室、政工办、监察室、信贷室、会计股、计划股、稽核股、保卫股、储蓄股、工会、营业部等，下设河市营业所和中心储蓄所、黄金储蓄所、横港储蓄所、凤凰山储蓄所。干部职工增至62人，其中储蓄代办员28人。

1993年12月，投资132万元兴建的六层营业和住宅综合楼竣工开业，建立屈原农行中心储蓄所，占地3000平方米，26户干部职工乔迁新居。

至1996年，相继撤销营田储蓄所、横港储蓄所、黄金储蓄所、凤凰山储蓄所、蚕场储蓄所，1997年1月，撤销河市营业所，改为储蓄所（2000年12月，撤销河市储蓄所），2000年4月，将中心储蓄所更名为农行屈原支行中兴分理处。是年12月，屈原支行院内新建第一栋五层集资楼竣工。2000～2004年，农行实行裁员减编、人员分流，内退8人，协议解除劳动关系人员15人。

2009年1月15日，农行实行股份制改造，农行屈原支行更名为农行股份有限公司岳阳屈原支行。2010年7月15～16日，农行A股和E股在上海、香港分别挂牌上市发行。2011年，农行股份有限公司岳阳屈原支行内设行长室、综合管理部、财会运营部、客户部等1室3部，下设营业部和中兴分理处。有员工53人，其中在岗43人，内退6人，退休4人。同时，押运、门卫值班和大堂服务采取外包形式。

二、存款

1987年，年末存款余额为1600万元，其中企业存款737万元，居民储蓄存款863万元。1988～1990年，存款余额为2860万元，比1987年增长78.75%。其中企业存款1100万元，增长49.25%；储蓄存款1750万元，增长1.03倍。1997年3月，农行屈原支行作为湖南正虹饲料有限公司股票上市发行承办行，募集资金3.9亿元。2000年年末，存款余额为28962万元，比1990年增长9.12倍，其中企业存款20386万元，增长17.53倍；储蓄存款8576万元，增长3.9倍。2008年年末，存款余额46230万元，比2000年年末增长59.62%。其中储蓄存款34293万元，增长3倍。2009～2011年，各项存款余额为73492万元，比2008年增长58.97%，其中居民储蓄存款48742万元，增长42.13%。

三、贷款

1979年发放贷款443万元，比1978年增长17.4倍，年末余额72万元，比上年减少14万元，减少16%。1980年，试办国营农业企业中短期设备贷款，当年发放2万元，年末余额1万元。嗣后，此项贷款大增。1984年，农场推行农业联产承包责任制，试办家庭农场，选择10个家庭农场实行贷款支持，发放贷款2万元。另外，支持甘蔗地膜覆盖，发放购地膜贷款15万元。1980～1987年，累计发放农业贷款14482万元（其中中短期设备贷款1367万元），年均发放贷款1810万元，比1979年年均增加1367万元，增长3.09倍，年均增加余额377万元。由于农业贷款大增，影响到1988年农业银行资金周转，是年1月，从汨罗市农行划转屈原办事处贷款余额为2891万元。

1988年，贷款余额为3595万元，其中工商企业贷款2556万元，农业贷款660万元，其他贷款379万元。至1999年，贷款总额为23451万元，增长5.52倍，其中工商和农业企业贷款达22111万元，增长5.88倍；其他贷款1340万元，增长2.54倍。1988～1999年，支持辖区内国有工商企业22家，国营农业企业12家，其他中小企业及个体经营户104家。主要支持以正虹饲料集团为主的饲料工业，发放贷款最高额达1.4亿元，办理银行存兑汇票累计11.3亿元。支持糖业生产贷款3340万元，支持蚕桑生产和蚕丝厂贷款330万元，支持屈原农垦集团及所属农业企业贷款11780万元，支持粮棉油专项收购贷款2430万元。

2000年，由于辖区内经济转体、企业转型，屈原农行对辖区部分工商企业、农业企业的贷款实行剥离。是年6月，已剥离至长城公司的贷款10013万元。年末贷款余额为19930万元，其中发放其他贷款16199万元，支持以正虹集团为主的饲料工业及民营经济发展。2008年12月，根据财政部关于处置部分不良贷款的通知精神，屈原农行对辖区84个工商企业和农业企业贷款户，共处置不良贷款8236万元，年末屈原农行贷款余额为9497万元，其中一般单位贷款9245万元，其他贷款252万元。2011年年末，农行股份有限公司岳阳市屈原支行贷款余额为15152万元，比2008年年末增加5655万元，增长59.55%。其中一般单位贷款10731万元，增加1486万元，增长16.07%；其他贷款4421万元，增加4169万元，增长16.54倍。

四、新业务发展

电子银行 2003年，开办第一个企业网上银行，至2011年，有个人电子银行注册客户13649户。其中个人银行注册客户4566户，个人手机银行注册客户1855户，个人短消息注册客户7228户。

自助银行 2004年，布放第一台ATM自动取款机。至2011年，先后布放ATM自动存、取款一体机、自助查询机、自动转账终端共6台；布放自助电话转账终端112台，其中布放服务“三农”方面的助农取款服务机具50台，布放商场等消费场所的刷卡POS机具38台。

个人住房消费按揭贷款 随着境内房地产开发市场发展迅速，2011年，屈原农行累计营销1000万元以上优质住房按揭贷款楼盘2个，发放个人住房按揭贷款35户，金额525万元，储备住房按揭贷款客户150户。

财政贴息贷款 2011年，屈原农行与财政、劳动部门合作，向全区自主创业、下岗再创业者提供财政贴息贷款148户、794万元，财政累计贴息40万元。

第二节 地方融资

一、机构

1954年，湘阴县在境内建立河市农村信用社，1966年，划归汨罗县信用联社管理。1976年7月，河市信用社撤销。

2008年11月，恢复建立屈原信用社，隶属汨罗市农村信用合作联社。有员工7人。

二、业务

存款 2008年年末，存款余额1200万元，至2011年，存款余额达5100万元，比2008年增长3.25倍，年均增加1300万元。

贷款 2008年年末，各项贷款余额600万元，至2011年年末达1800万元，比2008年年末增长2倍。贷款投放重点支持区域特色农业、农副产品加工业及中小企业发展。

第三节 保险业

一、机构

1986年10月，建立屈原保险站，设址屈原镇，为汨罗县人民保险公司的代办点。1990年，办公地址迁至农场场部机关办公楼。1992年，成立人民保险公司屈原保险站，设站长、副站长、业务员、会计、出纳各1人，隶属人民保险汨罗市支公司。1996年6月，人寿保险与财产保险机构分设，成立中国人民财产保险股份有限公司汨罗市支公司屈原营业所。1998年，更名为中国人民财产保险股份有限公司岳阳分公司屈原营销服务部，设经理1人，有业务员3人。2007年，隶属中国人民财产保险股份有限公司汨罗市支公司。

二、投保理赔

1986~1988年，保险业务以简易人身保险为主，其他险种为辅，有简易人身、家庭财产、团体人身、意外伤害、学生平安、机动车辆、少儿保险等险种。吸收保险资金34万元，为34名遭受意外事故、疾病死亡和意外伤残人员支付理赔3万余元。1989年始，开办险种有人身保险、车辆保险、财产保险、货运险、种养殖业保险，年保险额达100万元。1996年6月，产寿险分设后，中保财产保险股份有限公司屈原保险站开设的险种有财产险、货运险、车辆险、产品质量险、养殖业险等。至2002年，常年保费收入400万元，支付理赔金300万～400万元。其中1997年，一次性支付正虹公司养殖业险理赔金200万元；2001年，支付正虹公司上海商贸公司单笔货运险赔付100万元。2003年始，开设险种有机动车险、短期人身意外险、财产险、政策性农业险，年保费收入300万～400万元，共理赔支付300万元。2011年，开办险种有机动车险、短期人身意外险，是年收取保险费83万元，理赔支付93万元，其中单笔支付机动车险22.5万元。

第十九篇　教育·科技

第一章　教　育

1978～1996年，境域教育事业进入恢复、发展、改革、调整的重要时期。中共十一届三中全会后，农场党委贯彻执行“调整、巩固、充实、提高”八字方针，根据《中共中央教育体制改革的决定》，开始全面整顿教育和教学秩序，改变贫下中农管理学校、否定课堂教学、实行“开门办学”、取消升学考试的现状，恢复正常的教学秩序。及时改变盲目扩大办学规模，重新调整教育布局和学制，学校的课程、教学模式、教学管理步入规范化轨道。

1997年，全区推广素质教育，实行新的《中小学校管理常规条例》，为师生“减负”，严厉禁止办“重点班”、加班补课、滥发资料、脱离教材等违背教育方针的行为，逐步实现由应试教育向素质教育的转轨，各类学校得到均衡发展。是年7月，区党委出台《关于加强社会力量办学管理规定》，鼓励支持社会力量办学，职业教育和学前教育全面放开，实行民营。撤点并校，形成规模办学。核定岗位、紧缩教师编制，实行评聘上岗、定岗定位管理。

2007年，完善和落实“以区为主、分级负责”的农村义务教育管理体制，建立区、乡两级责任明确、财政分级投入、经费稳定增长、教学质量明显提高的农村义务教育管理体制，以保学控流为重点，进一步提高“普九”质量和水平。至2011年，全区有完全中学1所，九年一贯制学校9所，完全小学2所、小学11所，在校学生7585人，在职教师622人，离退休教师308人。适龄儿童入学率100%，小学生毕业升学率100%，初中升学率93.6%。1978～2011年，为大中专院校输送各类人才3002人，为地方经济建设培养7100余名高素质劳动者。

第一节　教育体制改革

一、管理体制改革

1978年，管理全场教育的行政机构为农场场部政治处宣教科。1984年，场部设宣传部，负责全场文教、卫生、宣传、体育等工作。1988年，教育科单列。1992年，教育管理机构升格，教育科更名为教委。1997年，教委更名为教育局。2000年，成立区计生教育卫生文体局，除履行对全区教育管理、人事调整、教育督查职能外，增加对教育经费的统筹、管理、处置和审核的职能，全区教育经费由教育行政部门和区财税部门统一管理。2003年5月，计生、卫生部门单列，教育管理机构更名为管理区教育文体局，主管全区教育、文化、体育、新闻出版工作。2011年，区教育文体局更名为区教育体育局，不再履行文化、新闻出版职能。内设办公室、基教股、计财股、体育和社会事业管理中心、教育督导室、体卫艺股等股室，辖教科所等机构，定编17名。

二、办学体制改革

1978年，农场实行“分级办学、三级管理”模式，总场、分场、生产队均有办学和管理学校的责权。1985年5月，农场党委作出《关于教育体制改革问题的若干规定》，实行总场、分场“两级办学、两级管理”的办学体制。总场成立教育管理委员会，取代教育科管理全场教育工作，由一名党委副书记主管；各分场相应成立教育管理领导小组，由一名分场党委副书记任组长，中学校长、小学校长、教学点主任教师、小教专干为成员。2000年，对屈原中学、屈原小学2所区直属学校和各办事处（原分场）、镇的教育管理机构设置以及人员配备作出明确规定，各办事处、镇设教育办，定编3名，教育办主任兼中学校长，教育专干兼办公室主任，负责辖区内小学的业务事务管理，会计兼总务主任。2004年，全区实行教育人事制度改革，各乡镇教育办撤销改为联校，接受区教育文体局和乡镇双层管理。2006年，乡镇联校更名为乡镇中心学校，乡镇中心学校校长负责全乡镇中小学管理工作。

三、教学体制改革

中共十一届三中全会后，境域改变贫下中农管理学校局面，各级各类学校均实行校长负责制，校长对外代表学校，对内全面负责。1992年7月，农场党委印发《屈原农场教育改革方案》，实行校长选聘制，由总场教委聘任各分场中学校长和教育办主任，中学校长和教育办主任聘任中学其他行政管理人员、小学校长和教师。学校实行校长责任制后，规模较大的学校配备1～2名副校长，协助校长工作。学校设教导处、总务处、政教处，分管教学、后勤、学生思想政治工作，同级基层党组织的政治核心作用予以充分发挥，工会、共青团、学生会、少先队等群团组织成为学生思想政治工作的重要作用平台。班级较多的学校采取年级组、教研组并存。对教职工实行以目标管理为核心的教育教学管理，一年两次按德、能、勤、绩进行任期目标量化考核，考核结果与晋级、评优、奖惩挂钩。学生管理主要依据1988年中共中央颁发的《关于改革和加强中小学德育工作的通知》精神，大力开展德育教育，落实《小学生日常行为规范》《中学生日常行为规范》，对学生进行养成教育。中小学取消留级制，实行学籍制，并实施全区统一管理。

屈原二中　（宋政军2011年摄）

四、学校布局调整

1978年，农场有中小学校145所，其中小学135所，中学10所。1980年，将各分场新办的10个高中点撤并为3个点；小学撤并为91所。1983年，将3个高中点撤并为屈原中学1个点，小学撤并为82所。进入90年代后，随着计划生育基本国策的贯切落实，优生优育的生育理念开始被人们接受，人口出生率逐步下降，对教育带来了生源短缺、师生比例失调、中小学校布局需进一步调整等问题。1996年始，结合“两基”达标，学校布局调整速度进一步加快，是年，撤并糖厂小学、凤山小学、建材小学、场部子弟学校等4所学校，新建屈原小学；2000年，撤并营田荷花小学、三洲小学、琴棋青港小学、河市镇石埠小学、罗城小学、凤凰乡茶场三队小学等6所小学；2001年，撤并凤凰乡横港完小；2002年，撤并营田镇水产队教学点。2003年，随着办事处合并建乡、镇，学校布局和管理相应发生变化，教育部门提出学校布局调整的“1311”工程。琴棋乡磊石三队小学并入磊石中心完小、凤凰乡汨江小学并入凤凰中心小学、茶场中学并入凤凰中学。是年8月，汨纺子弟学校移交管理区，其高中部并入屈原一中，保留初中部和小学部，为一所九年一贯制学校，命名屈原二中。2004年，磊石八里堤小学并入磊石中心小学，春江小学并入凤凰中心小学，白鱼岐中学整体并入营田中学。营田镇辖1所初级中学、3所完全小学、4所村级小学；磊石中学与琴棋中学合并全称琴棋中学，辖磊石、琴棋2所初级中学、2所完全小学；大江中学与黄金中学全称黄金中学，辖大江、黄金2所初级中学、2所完全小学、4所村级小学。2008年，全省第一次两项督导评估后，学校进一步缩减。学校布局由“1311”调整为“1192”。是年年底，营田镇完小并入屈原二中，千秋小学并入营田镇中心小学，新联小学并入大江中心小学；2009年，万兴小学并入大江中心小学，金盆小学并入黄金中心小学；2011年，罗坪小学并入河市中心小学。至2011年，全区共有中小学校23所，其中高中1所，初中9所，小学13所。与1978年对比，中小学减少131所；与1996年对比，中小学减少14所。

第二节　基础教育

一、幼儿教育

园所设置　1978年，农场场部下发《关于办好幼托组织的通知》，成立以农场党委主管教育工作的领导为组长的幼托工作领导小组。各分场幼儿教育基本普及，生产队、工厂、机关都办幼儿园，方便幼儿就近入园。红孩子班改为学前班，由小学统一管理，幼师由基层单位安排，或由小学教师兼任。幼儿园都有固定园舍，高矮合适的桌、椅、凳，有活动场地，并配有幼儿洗脸盆、毛巾、茶杯等生活必须品，还有一些玩具、教具和图片。1981年，农村实行联产承包制，分田到户后，队办幼儿园停办。

1984年，幼儿教育趋向正规化，场直单位办有13所常年性幼儿园，各分场机关亦相继兴办。其幼师选择、课程设置、设备添购、房屋建设都较规范。全场各中心小学办有学前班（对象为5～6岁儿童）。至1988年，全场幼儿园14所，有专任幼师23人，入园幼儿569人；学前班9个，入学儿童285人。

1988年后，入园幼儿人数逐年增加，各分场小学、中心完小和部分中学相继办有学前班。1993年，全场学前班在校人数617人。1995年3月，全区学前教育办班35个，在校学生1239人。2000年，公办幼儿教育转为民办，全区公办性质的幼儿园仅保留区中心幼儿园，由屈原小学代管，2001年后承包给个人经营。此后，学前班逐年递减，至2009年，全区共向5个民办幼儿园核发办园许可证。2010年7月，根据国务院下发的《关于学前教育问题的若干意见》和省、市相继出台的推进学前教育三年行动计划，区教育行政部门将学前教育机构单列，同时制定全区学前教育“十二五”发展规划。2011年，全区共有幼儿园23所，在园幼儿1890人，学前三年幼儿入园率78%。

课程与教法　70～80年代，入班幼儿园年龄控制在5～6岁，学习年限为1～2年。一般设置识字、计算、图画、唱歌、游戏、欣赏等课。教学方法主要是幼师示范、引导幼儿模仿跟进。1990年始，常年性幼儿园招收3～6岁儿童。设有小班、中班、大班，均按省教委颁布的《学前教育计划》开设课程，设有语言、计算、常识、图画、体育、音乐、舞蹈、游戏、阅读、娱乐活动、户外活动等，基本实现教养有场地、幼儿有课椅。幼儿一般会唱歌，用普通话朗诵、背诵儿歌和古诗，会画简单物体图像，能用纸折简单物体模型。1996年始，幼儿园以《幼儿园工作规程》《幼儿园教育纲要》为依据，克服“小学化”倾向，激发儿童潜能，培养儿童兴趣。以爬、翻、跳、跑、队列、律动、体操等形式进行身体锻炼；以听、说、背、唱、判认、区分、比较等形式进行智能锻炼；从自理、自立、习惯、礼貌、合作、创造等方面进行健全人格锻炼。着重培养儿童具有较好的生活卫生习惯、文明礼貌、合作合群、帮助他人的习惯和心理素质，逐步提高儿童生活自理、行为自律能力；着重儿童兴趣爱好全面开发，逐步拓展儿童观察、注意的范围。着重儿童指头与口头训练，提高儿童脑力与表情、表演、表达能力的培养。至2011年，每年“六一”均举办家长参加的一日庆祝活动，并评选“红花幼儿”。

二、小学教育

学校　1978年，全场有小学135所、366个班，在校学生12672人，95%的生产队办有小学。1980年，小学缩减至91所、324个班，在校学生11335人。1984年始，进一步调整小学布局，至1995年，全区小学压减至27所、189个班，在校学生减至6339人。2011年，全区小学13所、班级109个，在校学生4367人，小学入学率、巩固率均达100%。

学制与课程　1978年始，小学一律改为秋季招生，小学毕业升初中的比例74%，学制为5年。按部颁标准设置课程，1～3年级每周课时30节，4～5年级每周课程32节。

1982年，全日制小学恢复为6年制，开设课程有思想品德、语文、数学、体育、音乐、美术、劳动，另外每周安排班会或少先队活动一课时。3年级开设自然课，5年级、6年级开设历史、地理、农业常识。小学毕业升初中的比例提高至99%。在教学和假期安排上，全年寒暑假由8周增至10周，教学时间1～6年级每周分别为31～35课时。

1993年，围绕提高教学质量修订教育管理常规，确定“三算”“小学三阶段式作文教学”等为重点的教学模式。1996年，小学全面实施素质教育。1997年始，小学毕业年级实施“综合检测，按等评估”的办法，打破传统“三卷”（即语文、数学、综合卷）定毕业的作法，研究制定小学毕业年级教学质量综合检测方案，增加考察科目，音乐、体育、美术、劳动等短线学科的成绩列入毕业成绩。1998年，取消小学生学科成绩的分别评定办法，实行等级制，评价内容包括思想品德、学业水平、学习习惯、体育体质、特长发展等项目，评价等级分为优秀、良好、及格、不及格等4个等级。2000年，取消小学毕业升学考试，实行全部免试就近入学。2003年，小学开设英语、信息技术等课。2004年始，按照《湖南省义务教育课程设置计划标准》开课，1～2年级每周26课时，3～6年级每周30课时。

1978～2011年屈原管理区（农场）小学教育情况

表19-1

年　度	学　校（所）	班　级（个）	在校学生（人）	招　生（人）	毕业生（人）	教职工（人）
1978	135	366	12672	1588	1693	543
1979	135	322	11263	1664	1707	583
1980	91	324	11335	1528	1637	560

续表

年　度	学　校（所）	班　级（个）	在校学生（人）	招　生（人）	毕业生（人）	教职工（人）
1981	90	320	11072	1525	1533	565
1982	90	304	9880	1478	1581	553
1983	82	289	8981	1417	1503	556
1984	69	273	8131	1285	1443	536
1985	55	250	7658	1270	1191	514
1986	51	245	7299	1284	1230	464
1987	46	242	7108	1284	1302	479
1988	44	221	6756	1281	1306	470
1989	44	242	7801	1347	1302	471
1990	33	225	7775	1528	1272	460
1991	32	209	7656	1245	1292	458
1992	31	209	7622	1259	1277	440
1993	30	207	5926	1240	1244	436
1994	29	197	6153	1199	1138	427
1995	27	189	6339	1178	1188	426
1996	27	188	6094	1218	1177	437
1997	25	189	6826	1181	1146	419
1998	24	191	6860	1128	1032	411
1999	23	186	6845	1113	987	406
2000	22	173	6709	1044	1045	398
2001	22	160	6261	992	977	378
2002	21	185	6581	1105	1184	370
2003	24	174	7241	1068	1326	347
2004	18	162	6711	989	1173	347
2005	18	148	6295	856	1137	340
2006	18	146	5986	933	1210	342
2007	16	138	5404	849	1060	338
2008	14	118	5029	795	948	323
2009	13	114	4786	746	892	323
2010	13	107	4430	712	798	299
2011	13	109	4367	698	787	296

三、初中教育

促学控流 1978年，全场有9所初中、70个班级，在校学生3668人，其中毕业生1249人，应届毕业生率91.6%。1983年始，农业实行家庭联产承包责任制，学习成绩差的学生厌学，留在家里当辅助劳力，一度辍学现象严重。1985年始，连续三年在全场开展劝学控流活动，386名中途因各种原因辍学和超龄学生得以复课。至1988年，13～15岁少年儿童初等教育普及率97.6%，初中毕业率达97.3%。1991年始，在全场检查初中“四率”（即入学率、辍学率、巩固率、毕业率）情况，走访学生家长，促学控流。初三流失率5.4%、初二为2.8%。2011年，全区初中学校9所、60个班级，在校初中生2502人，初中入学率98.5%、巩固率96.8%，毕业率94.2%，达到“普九”验收标准。

学制与课程 1978年，各中学恢复“文化大革命”前课程设置，均使用全国新编教材，开设政治、语文、数学、外语、物理、化学、历史、地理、音乐、体育、美术、班会以及周会，学制为2年，必修课时初一为30节、初二为31节。1981年，初中改为3年制，按教育部《全日制六年制农村中学教学计划》开设课程。

1989～2003年，初一开设语文、数学、英语、生物、历史、地理、体育、政治、音乐、美术等，初二增开物理，初三增开化学。其间，1993年，体育会考成绩计入升学总分，初中毕业体育会考合格率达96%。2004年始，按《湖南省业务教育课程设置计划标准》开设课程。

1978～2011年屈原管理区（农场）初中教育情况

表19-2

年度	学校（所）	班级（个）	在校学生（人）	招生（人）	毕业生（人）	教职工（人）
1978	9	70	3668	1396	1249	382
1979	9	78	3912	1326	1441	383
1980	9	88	4424	1373	1334	384
1981	9	89	4443	1335	1377	383
1982	9	87	4309	1192	1319	370
1983	9	76	3680	1209	1268	366
1984	9	71	3512	1231	1214	365
1985	9	85	3418	1173	1195	363
1986	9	88	3647	1150	1206	357
1987	9	66	3479	1142	1173	347
1988	9	69	3222	1120	1208	348
1989	9	71	3254	1100	1094	341
1990	9	70	3167	1102	1142	333
1991	9	70	3162	1068	1103	332
1992	9	69	3080	910	1050	331
1993	9	69	3191	964	980	332
1994	9	66	3436	923	998	315

续表

年度	学 校（所）	班 级（个）	在校学生（人）	招 生（人）	毕业生（人）	教职工（人）
1995	9	65	3179	915	952	314
1996	9	65	2668	904	944	308
1997	9	65	2764	878	939	310
1998	9	64	2809	911	909	305
1999	9	63	2773	861	976	298
2000	9	62	2597	932	851	282
2001	9	63	2977	1028	895	289
2002	9	64	2649	1043	720	285
2003	9	72	3726	1324	923	281
2004	9	72	3719	1271	1191	272
2005	9	69	3504	1096	1137	285
2006	9	65	3227	1051	1142	275
2007	9	69	3050	1123	958	269
2008	9	65	2969	983	894	271
2009	9	63	2935	926	1046	264
2010	9	59	2568	816	885	254
2011	9	60	2502	817	873	251

屈原一中40年校庆 （宋政军2011年摄）

三、高中教育

办学规模 1978年，全场各分场均设有高中，共10所，有班级37个，在校学生1761人。1981年，在教育部“充实加强小学，整顿提高初中，调整改革高中，大力发展职业教育，努力办好重点中学”的方针指导下，总场压缩高中，将全场10所中学高中班合并为3个高中点（四分场中学、七分场中学、屈原中学）。1983年，七分场中学、四分场中学高中班相继并入屈原中学，至此，农场仅保留屈原中学一所普通高中。2003年，屈原中学更名为屈原一中，汨纺子弟学校高中部师生并入该校。2005年，屈原一中通过省重点高中评估认定，确认为市普通高中示范性学校。2011年，普高在校学生716人，毕业生201人。

学制与课程　1978年，高中学制2年，均使用全国新编教材。高中毕业生参加全国统一高考，文史类考政治、语文、数学、历史、地理等5科；理工、农医类考政治、语文、数学、物理、化学等5科。1982年始，高中一律改为3年制，统一按教育部《全日制六年制农村中学教学计划》设置课程。

2007年，在义务教育阶段推行新课程改革3年后，高中新课程改革拉开帷幕。5月14～18日，根据省教育厅有关文件精神，各县、市、区教育局局长和基教股股长参加省级高中新课程改革培训。7月，组织屈原一中部分高中教师参加市教育局组织的高中新课程学科和通识培训。秋季，屈原一中如期进入全省高中新课程改革序列。

2009年，普通高中毕业会考正式更名为普通高中学业水平考试，并以全科合格率作为主要评价标准。2009～2011年，屈原一中高中学考全科合格率分别为53.1%、67.2%、72.5%、66.3%，在全市50所普通高中教育质量评估中处于中等水平。

1978～2011年屈原管理区（农场）高中教育情况

表19-3

年度	学校（所）	班级（个）	在校学生（人）	招生（人）	毕业生（人）	教职工（人）
1978	10	37	1761	557	470	168
1979	10	21	1833	445	531	168
1980	3	12	592	389	389	168
1981	3	13	640	272	342	165
1982	3	12	638	254	310	160
1983	1	12	690	439	200	165
1984	1	17	959	294	124	70
1985	1	18	893	376	354	68
1986	1	19	1253	415	339	56
1987	1	20	1440	440	376	58
1988	1	21	1316	422	415	58
1989	1	20	1362	446	494	66
1990	1	20	1182	260	436	66
1991	1	19	929	223	446	63
1992	1	15	678	195	260	63
1993	1	14	592	251	246	58

续表

年度	学校（所）	班级（个）	在校学生（人）	招生（人）	毕业生（人）	教职工（人）
1994	1	13	622	183	288	62
1995	1	11	499	165	151	62
1996	1	14	592	222	205	62
1997	1	14	616	229	165	58
1998	1	15	739	288	222	50
1999	1	14	762	254	220	50
2000	1	15	634	202	213	50
2001	1	13	665	177	276	50
2002	1	16	664	295	188	50
2003	1	18	1047	460	307	61
2004	1	21	1185	532	240	62
2005	1	23	1216	490	242	70
2006	1	23	1192	401	327	76
2007	1	22	1033	396	289	76
2008	1	23	843	280	273	78
2009	1	19	876	360	267	79
2010	1	18	761	285	212	78
2011	1	18	716	262	201	75

1978～2011年屈原管理区（农场）高考录取情况

表19-4　　单位：人

年　度	录　取	本　科			专　科
		重　本	二　本	三　本	
1978	105	27	41	/	37
1979	99	34	33	/	32
1980	72	15	13	/	44
1981	70	9	25	/	36
1982	38	12	6	/	20

续表

年　度	录　取	本　科			专　科
		重　本	二　本	三　本	
1983	30	10	4	/	16
1984	64	12	8	/	44
1985	44	12	8	/	24
1986	28	9	5	/	14
1987	42	8	6	/	28
1988	40	12	6	/	22
1989	25	6	3	/	16
1990	15	4	1	/	10
1991	24	3	2	/	19
1992	12	2	3	/	7
1993	35	4	11	/	20
1994	27	2	7	/	18
1995	25	2	8	/	15
1996	47	1	22	/	24
1997	40		17	/	23
1998	29	2	10	/	17
1999	41	3	16	/	22
2000	67	3	21	/	43
2001	60	4	14	/	42
2002	55	6	10	/	39
2003	70	2	25	/	43
2004	47	2	45	/	/
2005	35	10	25	/	/
2006	254	7	46	/	201
2007	166	9	24	26	107
2008	250	15	22	12	201
2009	270	8	33	31	198
2010	260	6	17	56	181
2011	215	9	23	28	155

附　学校及幼教基地选介

屈原一中　坐落在管理区营田镇，是一所有着40年办学历史的完全中学。学校创建于1971年，定名为汨罗江农场第一中学，1975年更名为汨罗江农场第十中学，1983年更名为湖南省岳阳市屈原中学，2000年更名为屈原一中。

学校占地面积94380平方米，其中教学区面积55039平方米。有32个教学班，其中高中18个，初中14个，在校学生1504人。有教职工132人，其中高中专任教师77人，初中专任教师40人，专任教师学历合格率达98%，其中本科学历98人。在职特级教师1人，中学高级教师40人，中学一级教师73人，专业合格率100%。

学校遵循依法治校、科研兴校、质量强校、特色立校的办学思想，不断拓宽发展空间，成为岳阳市示范性普通高级中学。1977年恢复高考后，学校共有8000名高中毕业生参加高考，有3002人步入高等院校，其中进入北京大学、清华大学、复旦大学等重点名校74人。同时，学校的体育、美术、音乐等专业课程取得较好成绩，共向国家和高等体育院校输送优良体育人才200余人，有400余名学生被音乐、美术、播音与主持、书法、表演等艺术类高等院校录取。

学校共完成市级以上课题研究29篇，其中16篇获优秀论文奖。

建校40年来，先后获全国农垦系统教育工作先进单位、湖南省高考先进单位、湖南省绿色学校、岳阳市文明单位、长郡远程示范学校等称号。

屈原小学　屈原小学是一所高起点、高标准的示范性完全小学。学校创建于1996年3月，坐落在营田镇正虹路南侧，由农场场部子弟学校、建材小学、糖厂小学、凤山小学合并而成。学校占地面积3.47公顷，有16个教学班，学生730人，教职工34人，其中专任教师33人。具有本科、专科和中师学历的分别为12人、14人和7人。教师中有中学高级教师1人、小学高级教师27人。

屈原小学办学条件优越，有教学大楼2栋，综合楼1栋，校园内各种配套设施齐全，教室内全部配备多媒体教学设施，并实现网络班班通，教育资源共享。

至2011年，教师有150多人次在国家、省、市级教学竞赛、教学论文和案例评优中获奖。学生有130多人次在国家、省、市级数学、作文、美术、音乐、英语、体育、信息技术等竞赛活动中获奖。学校参加全区中小学田径运动会，“英雄少年”武术健身操比赛和小学语文老师方阵风采大赛等大型比赛活动中均获团体总分第一名；参加全区小学生英语口语竞赛、“道德的力量”演讲赛、写字比赛、现场作文比赛中分获团体第一名。学校先后被评为岳阳市示范性家长学校、教研教改示范学校、语言文字规划化示范学校、书香校园，区新课程改革先进单位、文明校园。

屈原中心幼儿园　坐落在营田镇青山寺社区青年路西，占地面积4000平方米，建筑面积3325平方米。2011年，有在园幼儿300人，开设8个班，其中大班3个、中班3个、小班2个。有教职员工18人，其中教师8人、保育员8人、后勤管理人员2人。

该园创办于1998年，由区教育局直管，从属于屈原子弟学校，2002年采取民办公助形式办园。区管委会、区教育行政部门先后3次投资70万元，对园舍、设施、设备进行维修改造。“十二五”期间，提出“高质量建设、高标准配置、高水平管理”的发展目标，投入450万元对幼儿园进行全面改造提质，第一期工程已投入200万元，建成园舍1栋，占地面积500平方米。

该园坚持把建设一支师德高尚、业务精良、理念先进、专业过硬的师资队伍作为幼儿园建设的宗旨。先后选派12人次参加省、市幼教专业培训，全园幼师学历合格率、持证上岗率均达100%，2名幼师的教学论文分获市一、二等奖，1名幼师获岳阳市民办教育先进个人称号。

世纪星幼儿园 创办于1979年，前身为汨纺子弟幼儿园，又称纺城幼儿园，2004年转为民办，2010年9月，更名为世纪星幼儿园，占地面积4300平方米，建筑面积1500平方米。2011年，在园幼儿328人，开设9个班，其中大班2个、中班3个、小班4个。

世纪星幼儿园位于天问街道机关西南、德科广场西侧，交通便畅，园区景色优雅。该园坚持服务家长、为幼儿一生幸福奠基的办园理念。2011年，投入150万元，对园舍活动场所进行全面改造提质，扩展幼儿活动空间，优化幼儿教育环境，完善生活配套设施，确保幼儿学习与活动安全、舒适。

该园坚持“名师兴园、质量兴园”的办园目标，打造一支师德高尚、业务能力强、极富爱心和亲和力的幼教队伍。2011年，有教职员工28人，其中幼师14人，保育员10人，后勤管理人员4人。有本科学历1人，专科学历7人，中师学历6人，幼师合格学历达100%，保育员培训合格率达80%。

幼儿园业务管理严格遵循幼儿身心发展规律，摒弃“小教化”倾向，教学环境布置富于童趣，教育活动突出健康、活泼、感知，教育行为体现亲和、爱心、温馨，深受社会、家长喜爱和主管部门的充分肯定。先后被评为管理区和岳阳市示范性幼儿园。

雅韵艺校 创办于2002年。2007年，在营田镇兴盛南街45号选址扩建，投入200万元，占地面积1200平方米。

学校集艺术教育和学前三年教育于一体。艺术教育以艺术培训为主，以普及艺术文化、挖掘艺术人才、开发艺术心机、繁荣和发展艺术教育事业为办学宗旨；坚持“以艺育人，质量立校”的教育理念；立足素质教育，注重促进儿童个性、特长的发展；密切结合市场需求，不断规范办学行为，改善办学条件，创新办学形式。开设20个艺术专业，涉及声乐、舞蹈、器乐、书法、美术、播音主持、武术、编导、影视表演等专业。建有舞蹈室、器乐室、声乐室、美术室和多媒体等专业教室。

学校采取“大课堂教学为主，小课堂辅优为辅”的教学模式。2007年始，组织学生参加全国统一过级考试，合格率达100%。组织学生参加知名院校、附中招生选拔考试，输送40多名专业人才。为屈原一中高考小专业考试培养重点本科100余人。不定期组织学生参加国家级、省级各类大赛，200人次获金、银、优秀奖。学校定期向社会公开举办“雅韵文艺汇演”，为学生提供更多展示平台，成为管理区学生家长和社会普遍认同的一所民办艺术学校。

雅韵小蓓蕾幼儿园是雅韵艺校下设的一个幼儿早期教育培训机构，它利用雅韵的艺术特色，综合国内示范幼儿园最新幼教信息和实用幼教方案，为广大家长、幼儿提供早期服务。2011年，在园幼儿160人，开设小小班1个、小班1个、中班1个、大班2个，在职教师15人，兼职教师5人。

第三节 职业技术教育

1978～1988年，境内职业教育主要为农业、工商企业、卫生系统培训专业技术人员。开设的培训专业有水稻种植、农业病虫测报、司炉、电焊、电工、土农药制作、农业机械维修、医药护士、制糖等。培训的地点主要集中在农科所、党校、职工医院、企业本部。培训时间长则一年，短则3～5天，每期人数多则50～60人，少则15人。培训形式以课堂授课、广播电视讲座、实地操作指导等。至1988年，共培训各类技术人员12598人次。

1988年9月，农场在党校开办职业高中，秋季在应届初中毕业生中招收115名学生，开设2～3个班，课程设置种植、植保、养殖、计算机、服装设计、水电、文秘、机械维修等10个专业。至2001年，累计招收516人。

2001年，退休教师熊运南租赁屈原党校教学场地，创办屈原职业技术培训学校，成为全区第一所民办职业学校。创办初期主要进行学历教育，与富岳外国语学院联合办学，采取“2+1”模式招收初中毕业生，开设全日制英语预科班，主要有外贸英语、日语、计算机应用3个专业。至2002年，招收学生130人。2003年，学校转入职业培训，与湖南纺织职工大学联合办学，通过成人高考录取，招收应届毕业生，主要开设外贸英语、日语、计算机应用、电算会计、电子基础、模具、电焊、电子技术等专业，培训学员305人。学生毕业后，按入学合同分别被推荐到深圳、广州、江苏、珠海、浙江等省、市企业就业。2005年，职业培训对象由初中毕业生转为在职工作人员、下岗人员、社会待业青年、农民工。至2011年，培训6810人次。

第四节　继续教育

一、文化补习

1981年3月，农场成立职工教育管理委员会，职工教育列入农场党委、场部议事日程。1983年，糖厂、建材公司共开办初中文化补习班4个、学员295人。1984年4月，场部成立职工教育办公室，配专职干事1人，并将职工参加文化补习作为职工、干部考核的基本条件，凡未达到规定文化程度的正式工不予调级，学徒工不予转正。是年，水泥厂、加工厂、机械厂、糖厂相继开办文化补习班，全场参加文化补习者达850人。屈原党校增设职工教育培训中心，分别开办初、高中文化补习班1个，学制一年半，学员以分场和总场机关的“两下”（即初中文化以下、年龄45岁以下）干部为主。入校参加文化补习的干部107人次。至1988年，全场参加文化补习的干部、职工3587人，通过补习达到高中文化程度的干部、职工1295人，达到初中文化程度的干部、职工1907人。1989年后，随着农业广播学校、电视教育、远程教育、函授教育等教育形式的兴起，企业开办的文化补习班相继停办。

二、农业广播学校

1985年，创办中央农业广播学校屈原分校，1987年，该校并入屈原党校。1996年12月，农广校升格为事业单位。至2011年，入校学员346人，获中专以上学历112人、大专以上学历13人，毕业率36.1%。

三、电视教育

2009年9月27日，岳阳广播电视大学屈原教学点挂牌成立，利用远程教育平台实行开放教育，学习途径有：自主学习、函授辅导、上网学习、小组活动、作业辅导、实践活动。2010～2011年，共招收“一村一大”学员135人，其中有3人通过村支两委主职录公考试成为国家公务员。

四、函授教育

1984年，华中师大在农场招收五年制政史专业学生3人；湖南师大在农场招收三年制中文、数学、政史专业学员各1人，五年制历史学员1人。1986年，农场教育部门承办辽宁省委《刊授党校》屈原分校，学制4年，招收学员75人，毕业8人。1988年9月，屈原党校开办省委党校大专函授班，招收学员48人，学制3年，毕业25人。1994年7月，屈原党校开办中央党校本科函授班，招收经管专业学员52人，学制2年半，毕业50人。至2008年10月，屈原党校延续20多年的学历函授教授停止招生，共开办8个本科班、8个专科班，毕业专科生178人、本科生210人。向省委党校推荐攻读经济管理、公共管理等专业的在职研究生16人。

2007～2009年，屈原党校以成教中心为依托，根据学员需要，扩展与高校函授学历教育的合作，分别为湖南理工学院、湖北大学、湖南纺织职工大学、湖南省农业广播电视学校的函授班招收汉语言文学、计算机科学与技术、法学、电算会计、工商企业管理、经济管理、会计、计算机应用、模具制造、现代乡村管理等专业学员559人，毕业490人，毕业率87.7%。

第五节　教师队伍

一、教师结构

1978年，全境有教职工1093人，其中小学教职工543人，中学教职工550人。1980年，通过几次考试、考核，对部分不能胜任教学的场办教师、代课教师实行精简和劝退。1988年，全场教职工876人，其中中学教师362人，小学教师366人，行管、后勤人员148人。728名中小学教师中，大学、大专毕业的112人，大专肄业81人，高中毕业328人，高中肄业51人，初中毕业119人，初中以下73人。通过专业职称评定：获高级职称5人，中级职称215人，初级职称508人。2000年8月，全区实行教师改革分流，所有代课教师一律清退；男满52周岁、女满47周岁的185名国编教师内退，共分流304人，清退的场办教师和代课教师根据工作年限给予安置补贴。是年，全区定编598名，机动编制10名，共计608人，教师队伍趋于年轻化，相对稳定。2003年8月因汨纺改制，区接管汨纺子弟学校，将汨纺高中部并入屈原一中高中部，接管教职工65人，至2011年，全区教师总编制为673名。

二、队伍建设

1978年，全境教职工1093人，大致分为国编、场办、以工代教、编内代课教师、临时代课教师、工人、临时工人等类别。1981年经过考核，小学457名教师中，评为一类教师的29人，占6.3%；二类教师332人，占72.9%；三类教师83人，占18.1%；四类教师13人，占2.9%。中学213名教师中，评为一类教师的5人，占2.3%；二类教师141人，占67%；三类教师65人，占30%；四类教师2人，占1%。1982年始，对132名教学有困难的教师分批进行轮训，对70名代课教师，除16名择优录用外，其余予以辞退。1984年，经考试考核，610名场办教师转为公办教师。是年，农场教委对全场中小学教师进行审编定编，698名教师被择优聘用，109名落聘教师除53人参加脱产进修外，其余作分流处理（改行或病休）。至1986年，共调出72人，其中大专以上毕业的28人；骨干教师65人。1989～1996年，农场改善办学条件，提高教师待遇，教师队伍基本稳定。1996年，实施《湖南省教师资格过渡实施办法》，开始启动教师资格过渡认定。1997年，省教育厅下发《关于解决民办教师问题的通知》，1998年、1999年相继有36名场办教师转为公办教师。2001年始，区教育局在全区教师队伍中开展师德规范化教育系列活动，各校组织教职工学习《教育法》《教师法》等法律法规和《中小学教师职业道德规范》。2003年始，为补充教师队伍自然减员，通过管理区人事部门陆续公开招聘中小学教师40人。2007年始，落实国家免费师范生定向培养政策。2008年，全区教师队伍年龄结构开始呈现老化，步入退休高峰期，各中小学校学科专任教师短缺情况严重，区管委会开始逐年补充教师。2009年始，公开招聘教师。至2011年，共送培定向生51人，公开招聘21名教师。是年，全区离退休教师308人，在职教师622人，其中小学教师296人，初中教师251人，高中教师75人；在职教师中高级职称69人，中级职称370人，初级职称183人。全区小学、初中、高中教师学历合格率分别达到100%、99.8%、100%。

三、师资培训

1978年恢复中等函授教育，农场宣教科配2名教师负责辅导工作。1979年，在屈原党校设教师培训站，至1983年，举办小学教师培训班5期，培训教师243人次。1984年，场部拨专款在屈原中学建师训楼。1985年，正式建立中师培训站，后更名为岳阳市教师进修学校屈原分校，配4名教师负责教学管理工作和在籍高师函授学员考籍工作。至1988年，共办2年制小学教师脱产培训班2期，学员54人；各科教师短训班14期，轮训小学教师368人次，中学教师167人次，其中16人获中师文凭，39人获高函文凭；在籍中函学员126人，高函学员37人。除教师进修学校负责函授、培训外，教育科、分场教育组鼓励教师参加自学考试和电大、函大的学习。1988年，参加自学考试的中小学教师有176人，电大学员5人，函大学员35人，至1989年，有3名骨干教师取得北京师大研究生班结业证，32人获小教大专班毕业证。1990年，利用暑假举办为期13天的特长班教师培训，小学教师基本功过关考试合格率比上年增加20%。1995年，教育科组织小学教师“三字一画”基本功训练和过关测试，90%小学教师测试过关。2000年7月，区教育局组织教师普通话全员培训和考试，所有教师取得普通话等级资格证书。2003年10月，全区中小学教师通过信息技术培训与考试。2004年3月，为适应国家新一轮义务教育课程改革的要求，区教育局组织部分学校行政管理人员和骨干教师赴岳阳进行为期一周的新课程理论培训。7月，与全国同步实行新课程改革，教师进行全员培训；11月，组织全区教师进行计算机应用培训和考证，所有教师均取得计算机等级证书；8月，选派4名教师参加岳阳市农村小学英语、计算机骨干教师省级培训。2005年8月，推荐30名教师在汨罗市成教中心参加岳阳市举办的英特尔未来教育培训；选派25名教师参加岳阳市举办的基础教育新课程改革培训；派出11名教师参加市级中小学骨干教师培训。2006年始，取消计算机等级证考试，采用现代信息技术等级证书，全区中小学教师全面进行现代信息技术培训。是年，对全区初中和小学校长进行任职资格培训。

2009年，派出42名班主任参加湖南省“万名班主任远程培训”活动；配合市师训部门送教下乡，全区104名小学语文和数学教师参加全程学习活动。全区高中教师参加市统一测试的业务理论考试。是年，开始申报市语文文字示范学校创建，至2011年，有屈原小学、屈原二中、凤凰学校批准挂牌为岳阳市语言文字示范学校。

2010年，国家加大对教师的培训力度，全区有208人次参加湖南省春季远程班主任培训、岳阳市短缺学科培训、省英特尔培训、省级学科培训、国家远程研修、普通话再培训。8月，全区137名男50岁、女45岁以下的小学教师参加小学教师业务理论考试，合格率98.54%。11月底送交湖南继续教育中心参评论文79篇、75篇获奖。

2011年，有3名教师参加国培计划——骨干教师脱产研修、19名教师参加短期集中培训、92名教师参加国培计划——骨干教师远程（班主任、心理健康、初中和小学学科）培训、6人参加湖南省骨干培训、1人参加湖南省县区师训股长培训、5人参加岳阳市市级骨干教师培训、40人参加省英特尔培训、52人参加普通话培训与测试、162名初中教师参加所教13个科目的业务理论考试，送评省级论文60篇，50篇获优秀论文奖。

四、教师待遇

政治待遇 1978年后，教师由“文化大革命”时期的“臭老九”开始受到人民的尊重，社会地位不断提高。1979年，农场党委对教师队伍中的27起冤假错案给予平反。1981年，利用寒暑假期组织教师代表赴北京、上海、深圳等地旅游观光（至1987年，达316人次）。1982年始，每年召开30年教龄的教师座谈会、联欢会，为30年教龄教师颁发荣誉证书。1984年第一个教师节，农场场部召开庆祝大会，对先进单位、优秀教师分别颁发锦旗和荣誉证书，36位中青年教师在会上集体入党宣誓。2007年，区管委会设立教师奖励基金会，区财政铺底20万元，社会募集资金78万元。至2011年，全区教育系统中有共产党员287人。每年教师节或春节期间，区领导在区教育局领导的陪同下，深入学校看望、慰问老教师和教师家属。每年向省、市推荐优秀教师和优秀教育工作者，先后有8位教师获省级优秀教师和先进个人称号。是年，教师奖励基金总额达350万元，有320名作出突出贡献的教师受到奖励，合计奖金55万元。

工资待遇　1978年后，农场党委对教师工资的普调高度关注，至1981年11月，全场教职工工资除2人因违反计划生育规定而缓调外，调整升级人数达779人。1987年年底，409名小学教师的年工资总额达42.184万元，人均工资1032.39元；323名中学教师的年工资总额达35.4189万元，人均工资1096.56元。1988年4月始，全场教师执行职称工资标准，每两年自然晋升一级。

1988～2001年，教师工资由总场（行政区）和分场（办事处、镇）分块负责、分级负担，区直学校由区财政负担，分场学校由分场负担，当时除一分场、七分场能按月发放教师工资外，大部分分场教师工资在每年端午节、中秋节和春节分3次发放，教师工资待遇存在不均衡现状。2001年7月始，教师工资实行区财政统发，且基本工资提高10%。2006年，实行教师工资制度改革，基本工资增加一番。2009年，除基本工资外，区财政按人均年1.2万元的标准实施教师绩效工资统筹，2011年，基本工资外的绩效工资增至1.5万元。

福利待遇　1981年，实行中小学班主任津贴。1984年，农场场部作出《关于改善教师待遇的若干规定》，明确学校行政人员实行职务津贴；教师发放教学资料费；单身住校无开餐条件的教师，每月补伙食费4元，减免无主要劳力的教师家属社会负担。1985年教师节，农场党委拨款3万元，为750名教师进行传染病、妇科病普查；为102名患有传染病、妇科病的教师进行免费治疗；为全场公办教师配备生活用煤指标。1986年，免除教师负担的堤防建设费；为407名教师子女解决农转非；为52名老、中年教师的子女解决就业；拨款5万元修缮屈原中学教师食堂，为屈原中学六级以上教师解决液化气炉具。1987年教师节，为40岁以上教师提供免费体检。2001年8月始，统筹教师养老保险。2006年7月，按工资总额的6%统筹全区教师住房公积金。2008年始，中学高级教师每两年享受一次由单位承担费用的健康体检，管理区人事部门对全区中学高级教师开展一年一度春节走访慰问活动；全区教师住房公积金统筹标准提高到12%。

附　区教师奖励基金会

区教师奖励基金会成立于2007年9月，2008年9月18日经省民政厅批复，更名为岳阳市教师奖励基金会屈原代表处。其宗旨是：开展学科研究，奖励优秀教师，救助贫困教师和学生，开展“爱烛行动”和“园丁之家”活动。基金会的领导机构为理事会，由区教育体育局、区财政局、区民政局等部门负责人组成。第一届理事长肖伟成。

2007年，利用基金会挂牌成立平台，一次性募集基金40万元。2008～2011年，开展“奉献爱心”活动，搭建干部、学生、家长、企业捐赠平台，每年募集100万元。至2011年，奖励各类优秀教师320人，奖金55万元；开展“园丁之家”活动30批次，救助教师、学生100人，资助资金125万元。

第六节 教改教研

一、教研机构

1978年，农场教研室设主任1人，教研员4人，下设中小学教研、辅导2个组。主要负责组织全场中小学教师开展听课评课活动，进行全场性教学工作大检查。1990～1999年，教研室设主任1人，教研员3人，人员配备较少，一直不能全面承担全境的教研任务，特别是音、体、美等科目没有专职教研员。2000年，教研室定为区教育局二级机构，定编4名，2004年升格为教科所。

二、教研活动

1979年始，农场教研室先后与北京、河北、河南、湖北、江西、贵州、四川、浙江等9个省、市25个地、县、场建立教学研究业务联系，参加教研会议，交流教研资料，引进外地教研成果。是年，各分场成立校区教学辅导站（1984年更名为分场教育组），各中学、中心小学分科成立教研组，组织教学人员举行公开课、实验课及到外地听课等活动。1981年始，农场教研室利用寒暑假组织中小学教师分别钻研教材、教法，参加全岳阳地区教材教法过关考试。1982年，全场438名教师参加全省教材、教法过关考试，中学教师及格率75%，小学教师及格率70%，在全地区名列前茅。1985年，教研室创办《教研通讯》刊物，鼓励全场中小学教师进行教育理论探讨。5月，全场评选“最佳课”活动，400多位教师参加学习评议。是年，教研室收集教学论文47篇，评选优秀教学论文10篇。1986年，组织全场教师开展教育理论竞赛，评选出优胜单位3个、优秀个人13人。是年，组织全场开展系列教研教改实验活动，全场累计上试验课、公开课856堂，上改革课54堂、课外兴趣活动实验课68堂。至1988年，教研室主办的《教研通讯》共发行30期并辅以多种形式选载和推荐有关课堂教学、第二课堂、学校管理等科研论文73篇，其中获省级二等奖2篇、市级二等奖5篇，并在国家、省、市级刊物发表论文20篇。1989年，教研室在抓好常规教学的同时，积极开展课题研究，把课堂教学改革逐步引向深入。重点抓中学教研组的建设，发挥教研组的积极作用，开展优秀教研组评比活动，制定“中学优秀教研组评比方案”“教研工作奖励条例”“课堂教学基本功评比方案”。1990年，组织制定《实验班管理细则》，加强对教育实验的管理，先后在营田完小开办“注音识字提前读写”实验班；在七中、三中开办“中学教学自身辅导法”实验班，主要引进外地先进教学理念，采用先进的教学模式进行实验。实验课题有：目标教学、中学物理“双重反馈教学”、复试

教研活动 （朱瑞年2011年摄）

教学、中学数学自学辅导教学、小学语文《注音识字提前读写》、小学数学《三算结合》教学等。营田完小教师周献云代表农场在全市《注音识字提前读写》实验交流经验。1991年，教研工作以抓好课堂教学改革和课题研究为重点，为全面推广初中“目标教学”实验，首次在七中开展实验班“目标教学”比武活动，全场有40位教师参赛。1992年，“目标教学”在全场全面铺开，“三算结合”实验由1所学校发展到2所学校，“物理双重反馈”实验由1所学校发展到3所学校。1997年，教研室教研员余乐文《启发与举一反三之探源》一文获第二届全国中小学课程教学研讨会一等奖，七中教师徐建军《浅谈双重反馈教学方法模式系统函数》获全国物理教学成果发布暨素质教育研讨会一等奖。90年代后期，教研室突出优化教育教学过程，推进素质教育，坚持把教法与学法、主体与主导、课内与课外、经验与创新相结合，动员、组织全区中小学教师围绕素质教育开展教改实验和科研活动。小学教育采取“查、看、听、问”和研讨的形式，重点对薄弱环节和薄弱学校进行调查研究，推广“愉快教学法”。

2000年，教研机制得到进一步完善，教研网络基本形成。是年9月，教研室对各校的教研组工作进行检查，主要检查计划制定和落实情况，同时进行教研组工作的评估与考核。教研工作建立校与校、组与组的经常性联系。2002年始，教研工作重新修改制定优胜教研组评比方案，连续三年进行考核评比。全区小学开展集体备课制度，是年3月，在屈原小学试点，9月向全区推广。2003年，“字理识字”实验在黄金中心学校、屈原小学实验取得成效后向全区推广，开设小学实验班28个。“课堂教学与学生创新意识的培养”在湖南省“十五”基础教育科研课题立项，为境内第一个真正意义上教育科研课题。2004年，国家级“十五”课题“实施素质教育的基本途径和基本经验的研究”在屈原二中立项。是年10月，岳阳市基础教育新课程改革课题，管理区有5个课题立项。2003～2009年，为义务教育新课程试验阶段，由区教研室牵头成立课程改革专业小组和学科活动小组，组织全区教师参加各种类型和各种级别的新课程培训，对新课程理念进行深入的学习与领会，对传统的教学理念进行改革与创新。2010年，转入高中新课程培训阶段，至2011年，全区承担省级4个教研课题、市级11个教研课题，其中黄金小学湛红伟主持研究的“小学语文中合作性学习品质培养问题与对策研究”获省规划课题中期评估一等奖；教研室余一鸣主持的省教育学会重点课题“运用三环模式，构建和谐课堂”获省科研成果二等奖。易国祥、周京华、湛伟建、刘柳宾、邹峰等51位教师的新课程学术论文获省级奖励。

第七节　教育管理

一、教育经费投入

1983年前，总场按耕地面积每亩征收7元，作为教育经费专用款。1984年，农场党委作出决定，从1985年始，每年集资30万～50万元，办好10所中学和82所小学，并要求各分场、场直各单位增加学校补贴，按人口每人2元征集教育补充经费。至此，农场教育经费的主要来源为总场集资增补、分场利润提留、生产队积累金提留、群众捐款。至1988年，通过四种途径和上级拨款，年均教育经费投入达214.46万元，其中总场集资增补20万元、分场利润提留56.7万元、生产队积累金提留21.9万元、群众捐款57.32万元。

1989年始，教育经费在实行总场、分场两级负责的基础上，场部财政加大教育投入力度，是年财政拨款360万元，占农场财务总收入的12%。至1996年，区财政年拨款教育经费达801万元，占区财政收入15.4%。1997年，行政区管委会召开议教会议，明确全区教育经费实行统筹，按生源、人口、面积从各单位收取相应教育经费，教师工资由区财政局、区教育局统筹安排，奖金福利等由所属单位承担。2000

年，管理区党委作出《关于实行教育改革的决定》，探索多种办学途径，支持鼓励发展民办教育。民办幼儿园、民办学前班、民办特色培训学校相继兴起。黄金办事处寺坪小学以12.5万元整体转让给8名代课教师经营20年。2001年，实行全区教师工资由区财政统发和养老保险统筹。

2007年，管理区党委相继作出《关于加快教育发展的决定》，完善和落实“以区为主、分级负责”的农村义务教育管理体制，区财政教育经费拨款达2622万元，占财政收入的18.5%。

2008年始，为迎接全省“双基”达标验收，全面启动校安工程建设项目，总投资1670万元，其中争取中央资金1215万元。为纪念屈原一中建校40周年，区投入900万元，用于修建体育馆、教学楼及学生食堂亮化、田径场改造、校园绿化。

至2011年，区财政累计（2007年始）拨教育经费21343万元，年均4268万元，其中2011年达5173万元，占区财政可用财力的22%。

二、教育设施

1978～1981年，境内各中小学校基本没有新建校舍。1982年，屈原一中在校园西边新建四层教学楼1栋，16个教学班。1988年，茶场中学新建三层教学楼1栋，12个教学班。1992～1993年，琴棋中学、磊石中学、白鱼歧中学、蚕场学校、营田中学、营田完小、黄金中学、金盆小学、寺坪小学分别新建教学楼1栋。1993年始，全场各校统一从学生中收取部分学校建设费，即高中、初中小学学生每人每期分别收取80元、50元、40元，上缴农场教委统一使用，至1995年，共收取230万元，兴建营田中学四层教学楼。1996年，区财政投资280万元，兴建屈原小学，占地2.87公顷，建筑面积5138平方米，设置24个教学班。是年，行政区党委、管委会召开专题会议，研究教育“双基”达标工作。区财政投入1400万元，用于学校基础设施建设和危房改造，校园环境焕然一新，图书、仪器、实验设备、体育场地得到充实和完善。1998年始，从学生中每人每期收取25元的电脑费，电脑教学全部普及。2001年，全区实现校校通，屈原二中完成班班通建设，实现多媒体教学。屈原一中、屈原小学及各乡镇学校多媒体教学大部分得到普及。至2005年，相继完成琴棋、黄金、磊石、凤凰等中学教学楼建设，总建筑面积达4140平方米。2008年始，全区校安工程项目启动，建设项目7个，包括屈原二中食堂、河市学校东栋教学楼、屈原一中体育馆、琴棋中学南栋教学楼、凤凰中学南栋教学楼、大江中学西栋教学楼、屈原小学风雨活动室。至2011年，完成总投资1688万元，其中中央资金890万元，总建筑面积11842平方米。是年，区财政拨出500万元专款，对全区各学校校舍建筑设施全面进行维修改造。购置课桌椅5500套、教师办公桌椅200套。至2011年，全区有教学楼、实验

屈原一中一角 （宋政军2011年摄）

楼、综合楼、体育馆达7.4094万平方米，建花坛259个、绿化带670米，植树1970株。

三、教育督导

1995年，为迎接省政府“两基”（即基本普及九年义务教育，基本扫除青壮年文盲）达标，教委临时安排一名副主任负责教育督导工作，主要承担迎检“两基”达标任务。1999年5月，正式成立区教育督导室，督导由有丰富教育工作经验的人员担任，其主要职责是对招生考试、教育环境治理、各学校教育工作等方面进行行政督查，有固定的办公场所和经费预算安排。2006年始，管理区教育督导工作职能、职责进一步明确，工作进一步规范，主要承担省、市教育“两基”督导评估任务。评估的指标体系，由教育经费筹措、教育组工作、校园建设、管理水平和教育教学等8项指标构成。在市政府教育“两基”督导评估中，全区各中小学校均取得合格。

2008年5月，组织并完成湖南省教育“两项”（即督政、督学）督导评估任务，成为全省原农垦改制企业第一个获得优秀的单位。至2011年，连续4年获市政府教育“两项”督导评估优秀。

第二章　科　技

中共十一届三中全会和第一届全国科技大会后，农场科技工作进入一个新的发展阶段，相继建立糖料科学研究所、农机研究所。1979年2月，农场成立科技科，加强全场科技管理工作。科技队伍不断壮大，科技投入不断增加，科技管理逐步走上规范化、法制化轨道。至1988年，种植、养殖、食品加工、建材综合利用等方面共承担省科委下达的科研项目6个，市科委下达的项目20多个，争取上级科技部门投资150万元。12项科研成果通过鉴定或验收，其中达国内先进水平的4项、达国家部颁标准的1项、获省科技成果奖的3项、获市科技成果奖的7项、获省科技成果推广奖的1项、获市科技成果推广奖的5项。1989年，农场党委、场部作出《关于依靠科技进步，加速科技兴场的决定》，提出科技兴场战略。1991年，农场党委召开科技兴场表彰大会，有5个科技工作先进单位、10名科技工作者受到表彰。1994年，行政区被国家统计局、中国科技进步评价中心评为首届中国农业企业科技进步100强；1999年，行政区被评为全国农业技术推广先进单位。2001年始，管理区党委、区管委会把科技工作纳入年度工作千分制目标管理考核的重要内容，加强对科技工作的督促和检查。至2011年，全区有各类专业技术人员3735人，其中正高级职称4人，副高级职称149人，中级职称1529人，省级优秀专家2人，市级优秀专家3人。全境获市级以上科技成果奖28项，其中昕祺生物科技的“稻米深加工高效转化与副产物综合利用”等5个项目获国家科技进步奖。正虹科技“猪优质高效饲料产业化关键技术研究与推广”、区农业局“四低资源”调查及农业区域开发规划等3项获省科技进步奖。

第一节　科技机构与组织

1978年前，境内科技管理按系统、分行业由农场场部各部门直接管理，主要科技研究、推广、应用项目以大农业为主体，故统一由农业科主管。1979年2月，农场科技科主管全场科技项目的年度计划，理顺科技项目的应用推广，负责全场科技成果申报、鉴定和奖励，组织领导分场一级的科技攻关和科技活动。1984年，科技管理工作并入农业科，配编4人管理科技业务。1985年5月，设立科技信息组，负责科技管理工作。1986年1月恢复科技科。1993年，科技科与农业科合并成立农委。1994年8月，科技管理工作并入社会发展局。2000年12月，科技管理工作纳入宣教科统一管理。2002年3月，区成立计划统计物价局，加挂区科技局牌子。2005年6月，区计划统计物价局更名为区发展和改革局，加挂区科技局牌子，定编2名。

农业科学研究所 1961年建立良种繁育实验场，1963年更名为农科所。1985年，与糖科学所合并，称农业技术推广中心（后更名为农业技术推广站）。下设水稻、旱粮、棉花科研组，气象站，病虫预测预报站。设有实验室、科技资料档案室，有科技人员7人、管理人员4人、实验场地9.3公顷，为境内最早的农业科研推广中心。至2011年，累计进行134个项目的研究推广，其中水稻63项、旱粮16项、棉花55项。在引进、推广水稻良种育秧、农田化学除草、生物防治病虫害等科研方面成效显著。

糖料科学研究所 1978年2月由一分场甘蔗试验站改建，是湖南省第一家糖科所。是年10月，被吸收为全国甘蔗科研协作组成员，1981年10月，为全国甘蔗科研协作组常设领导小组成员单位。下设栽培、育种、植保、土化等4个科研组和1个档案室。1985年，增设新技术开发组。至1988年，先后与省内外30多个科研所、站、院校建立科研合作关系，积累、收集科研资料1900份，在各级科技报刊和科技年会上发表科研论文30余篇。举办省级甘蔗栽培技术培训班2期，场级技术培训班4期，共培训专业技术人员800余人，取得各项科技成果35项。编印《甘蔗病虫情报》《甘蔗科技动态》等定期油印刊物，深受蔗农喜爱，参加《湖南甘蔗栽培》一书的编纂、修改工作。

农机研究所 1978年10月建所于屈原机械厂。主要研究改革农机具，引进推广新式农具。至1983年，开展15项课题研究，有10项取得成果，其中3项获市级成果推广奖。1983年农村实行联产承包责任制后，农机具折价处理给机务职工，农机研究所随之撤销。

饲料研究所 1987年成立，主要从事生猪饲料研究、推广和应用。1993年，并入湖南正虹科技股份有限公司，下设生猪饲料试验场。饲料研究所共开展多项生猪养殖和饲料课题研发，其中“瘦肉型生猪选育”“生长育肥猪半自由采食与限量饲养试验”“QF—001号猪高蛋白浓缩饲料研究”“高能量高蛋白与低能量低蛋白口粮喂养生猪试验”“QF—201乳猪完全饲料”等课题项目先后获国家、省科技进步奖，其中“QF—001猪高蛋白浓缩饲料”1996年11月被国家科委列为“九五”国家科技成果重点推广计划。2001年，淡水鱼饲料通过省级鉴定。2005年，“康健牌饲料复合制剂”在同类产品研究领域达到国内领先水平。

畜牧水产防疫站 1978～2011年，共开展24项科研课题研究。其中“猪喘气病防治”“草鱼三病防治”“瘦肉型生猪选育”“草鱼孵化”“河蟹流放技术研究”“仔猪痢疾防治”“养貂技术研究”“过氧化钙在水产养殖上的应用”等成效显著，为促进境内畜牧水产业发展发挥了积极作用。

第二节 科技队伍

境内科技人员主要来源于大、中专毕业生分配或聘用；通过各种形式的培训取得大专以上文凭的人员；从境外单位调进；自学成才的人员。

1978年后，随着科技事业的发展，科技队伍不断壮大，至2011年，全区有各类专业技术人员3735人，比1988增长94%，其中工程系列690人，农业系列285人，教育系列1083人，卫生系列371人，经济系列281人，会计系列531人，统计系列45人，群艺系列24人，档案系列16人，新闻播音系列11人，党校系列

7人，政工系列385人，律师公证系列6人。

1990年始，由于市场经济体制改革的进一步深入和人才管理机制的进一步放活，科技人员由单位所有逐步变为社会所有，允许科技人员在全国合理流动。

1992年4月，对楼盛涛、吴明夏在饲料行业所作出的突出贡献，专配小轿车各1台，在全省首开重奖有特殊贡献人物之先河，两人分别享受国务院“特殊贡献”津贴。2000年始，为加快人才交流，更好发挥人才作用，区人事部门建立高、中、低专业技术人员3728人的人才信息和乡土人才库。

至2011年，有200多名科技人员走出机关，以技术讲座、技术咨询、技术承包、创办企业等形式开展科技服务；境内有40多名农、工、教、卫等行业的科技人员及有特长的科技人员离开管理区，就职于长沙、广州、上海、深圳等地。

第三节　科技普及

一、科普宣传

1978年始，科普宣传形式由广播、墙报、标语发展为广播讲座、电影电视宣传、印发科普宣传资料、举办科普知识讲座等。宣传工具有科普知识宣传专用车、音像带、放像机等。至1988年，举办宣传广播讲座20期次，拍摄制作科教电视带2卷，印发科普宣传资料35万份，派员外出考察150人次。1991年，农场召开科技兴场动员大会后，科学技术宣传普及工作得到各级领导的重视。至2011年，出动宣传车160台次，电视科普讲座306场次，播放科教片240部，印发科普宣传资料60万份。

二、科技刊物

1979年，农场科技科创办《汨农科技》，1983年更名为《屈原科技》。1981年，糖科所主持编印《甘蔗科技动态》，印发给全省甘蔗协作组成员单位、各成员单位，并每期印发130份下发到农户，1983年后因资金短缺停刊。1985年，农场教研室创办《教研通讯》（16开铅印不定期刊物），每期印发25份，至1988年，共发行30期，是年，农科所（后更名为农业技术推广中心）定期编印《屈原病虫预报》，至2011年，共印发18760期。

三、科普资料编汇

1978年始，农科所注重科技资料汇集，每年年终均汇编一册科研试验总结资料。1980年，《湖南甘蔗栽培》一书由农科所编纂。是年，实施土壤普查，科技科组织科技人员收集各类统计图表，编汇统计资料98份，整理土壤普查档案34卷。1981年，进行农业区划调查，汇编纂写25万字的《国营屈原农场农业区划报告集》，绘制1：25000农业区划挂图29幅，汇编1：100000《国营屈原农场农业区划图集》，整理54卷农业区划档案。至1988年，共汇编《农业科技总结》材料10本；糖科所编《甘蔗科研总结》9本。2008年始，由农科所土肥站对全区土壤进行检测，至2011年，共整理出土壤检测资料38份。

第四节　科技推广与应用

一、农业科技推广与应用

水稻　1978年，境内开始推广化学除草。1980年后，境内全面推广杂交水稻威优6号、威优64系列并获得成功，粮食连年增产。1989年，水稻种植面积10800公顷，每公顷5835公斤，与1979年对比，每公顷增长10.8%。70～90年代，推广春季深耕灭蛹技术。用盐水、碳水浸种消毒防病。1997年后，大力推广两系杂交和超级杂交稻DS/100。在耕作制度上大力推广早、晚稻软盘抛秧栽培技术。1998年，大面积使用化学除草，占播种面积的90%以上。2000年后，推广物理防治措施，点灯诱蛾、杨树枝诱捕等灭虫方法。大面积推广新型除草剂，如抛秧田使用抛秧灵、抛杰、抛秧苄丁等，直播田使用直播净、阔背尔等，旱地施用草胺磷、农大、旱焚等，化学除草占播种面积的100%。2005年，在凤凰乡春江村水稻田推广频振式诱蛾灯，一年减少施用农药3次，每公顷减少农药成本334.5元。至2007年，抛秧面积达5668公顷，每公顷增产粮食615公斤，共增产粮食348.6万公斤。2010年，全区加快超级杂交稻栽培技术推广，实行工厂化育秧，机械化插秧。是年栽插面积334公顷，每公顷产粮食7680公斤。

甘蔗 1979年，大力推广纳印310，使境内甘蔗实现品种良种化，甘蔗含糖量由8%左右提高到11%～12%，出糖率由6%左右提高到9%左右。1984年，大力推广甘蔗地膜覆盖技术，地膜覆盖蔗比露地蔗提早出苗15～25天，每公顷增产蔗茎7.5～31.5吨，含糖量提高0.8%～1.5%。1987年，洞庭湖甘蔗规范化栽培技术研究与推广在农场实施，通过实验，每公顷增产蔗茎9～15吨。1990年，推广喷施稀土微肥技术，提高产量和糖分，是年甘蔗播种1964公顷，每公顷增产蔗茎3～4.5吨，含糖量提高0.5%～1%。1998年，推广宿根蔗种植技术，每公顷产蔗78吨，比常规种植每公顷增加9吨，增产13%。

在甘蔗贮种方法上，80年代推广平窖浅贮法，90年代推广"四边四带"（即边挖、边贮、边浇水、边盖泥，带叶、带梢、带土、带根）贮种新技术，彻底解决烧种霉变现象。

测土配方施肥 2007年，全区启动测土配方施肥技术推广项目。2010～2011年，全区完成测土配方施肥推广面积9300公顷。通过对比试验，测土配方施肥区每公顷增产180公斤，节肥38.25公斤，增收546.9元。2011年后，境内全面推广测土配方施肥新技术。

猪 1978年前，境内传统饲养方法基本上以稻谷、统糠加青料，水潲熟食。1978年始，推广发酵饲料，1981年，农场种猪场采用含粗蛋白中等水平的配合饲料，饲养生猪，生猪生长速度明显加快。1983年，引进泰国"800"和"311"高蛋白添加料，肥猪日增重由250克升至500克，仔猪转群4个月可出栏。1986年后，境内全面推广"QF-001"浓缩料加玉米、油糠自制混合料或配合料喂养，猪的生长速度和健康状况均有明显改变。1990年，"201"乳猪料研究成功后，在境内广泛推广。1995年后，随着生猪品种改良不断推进，境内农户全面推广喂养良种猪。至2011年，全区生猪饲养量近百万头，出栏近70万头，分别比1978年增长10.61倍、16.86倍，生猪良种率达100%。其中：2002年11月，正虹集团200多头使用自主研发的新型无公害饲料添加剂喂养的绿色风味猪（肉）送往北京，成为中共十六大代表餐桌上的特供产品。2003年，无公害生猪产业化综合技术示范推广项目在全区全面推广，国家农开办、省财政厅和世行农业科技项目贷款考察团给予充分肯定。

水产 1978年前，水产品养殖推广大规格鱼种（50克/尾），以鲢、鳙为主，搭配青、草、鲤，每公顷产量300公斤。1978年后，改单一品种为多种混养，是年，成鱼产量每公顷提高到525公斤。1979年，在养殖场推广池塘精养，26.7公顷精渔池，每公顷产量突破3000公斤。80年代，扩大精养池轮捕轮放，多品种主体混养，并应用化肥养鱼，同时进行稻田养鱼和莲田养鱼试点。90年代，随着养殖新技术的推广和新品种的引进，鱼饲料广泛应用，投饵机、增氧机等渔业机械的使用，养殖产量大幅度提高。1994年，全区养殖面积1448公顷，产上水鲜鱼3350吨，每公顷产2154公斤。2000年后，通过建立种养结合，常规品种与特种养殖，以及生态开发和"三机一料"（即增氧机、投饵机、挖泥机，配合饲料）养殖模式的推广，养殖业效益成倍增长，池塘每公顷产水产品15吨，大水面养殖成效显著。

林业 70年代，农场陆续从外地引进香椿、臭椿、泡桐、水杉、意大利杨、池杉等。2000年后，先后引进罗欧美107、108、111杨树系列品种，南抗杨树品种，苏柳J79、J85品种，湘林89杨树品种。随着长江中下游防护林体系建设项目的实施和“退耕还林”等政策的落实，境内林业生产快速发展。优良林木品种湘林89和国外松分别成为湖区和丘陵地区造林推广的主要品种。

二、工业科技推广与应用

糖厂　1973年，制糖车间采用石灰磷酸法生产赤沙糖，2套磨压机械日榨能力400吨。1975年改用亚硫酸法生产赤白砂塘，1979年改磨压为一条龙的压榨工艺，日榨能力提高到500吨，出糖率每50公斤蔗产糖2.105公斤提高到4.255公斤。1988年再度革新制糖技术，每50公斤蔗料出糖接近5公斤。是年，糖厂动力车间采用烟煤掺烧蔗渣作为锅炉原料，减少用煤量40%，达到节能降耗的目标，为堆积成山的蔗渣找到再利用的价值。

水泥厂　1970年建厂时只有一座土立窑，年生产能力200吨。1984年改土立窑为机立窑，年生产规模扩大到7000吨，是建厂时的35倍。1986年、1988年先后进行厂房扩建和设备更新改造，生产能力进一步提高。1988年，生产水泥10138吨，品种由1个增至4个。

砖瓦厂　建场初期，境内采用传统土窑烧青砖、红瓦。1960年，基建队在推山咀始用围窑烧制红砖、红瓦。1974年，基建队兴建境内第一座轮窑。至1988年，境内砖瓦厂家7个，轮窑91座、226门。年生产红砖1亿块，红瓦500万片。砖瓦跨入国内优质产品行列。

三、卫生科技推广与应用

1983年始，职工医院内科主治医师邹瑞岩，针对有机磷农药中毒时有发生的实际，研究有机磷中毒抢救治疗法，先后用阿托品、美兰等综合法抢救10例重毒病人成功。职工医院主治医师陈振森、汪志良主治的全头皮撕脱伤再植手术广泛应用；妇产科主治医师张景春主刀的输卵管吻合术在节育手术中普遍采用。1988年，境内推广“人畜同步化疗”，有效控制了血吸虫病的发展。

第五节　科技成果

一、农业科技

1978年，糖科所开展的应用性引诱预测第一代甘蔗二点螟发生期、农科所开展的湖南省留种甜菜开花的调节控制、农田化学除草、三熟制丰产栽培、S-2-300松土铲分获岳阳地区科学成果三等奖和荣誉奖。

1980年，杨正庭进行赤眼蜂应用研究、彭彩凤进行金小蜂越夏规律研究，其成果分获岳阳地区科技成果三等奖和荣誉奖。

1981年，杨正庭开展的甘蔗二点螟性引诱的研究与应用获岳阳地区科技成果三等奖，1985年获中国科学院科研成果三等奖。

1982年6月，农科所农艺师王择高研制的籼型杂交稻“四优六四”一度成为岳阳地区杂交稻当家品种，是年获岳阳地区科技成果一等奖。

1985年，杨正庭等人开展的甘蔗二点螟性诱剂田间筛选及应用于预测预报研究获省科技成果四等奖，1989年获国家科技进步三等奖。

1986年，屈原农场土壤普查获省农业厅科技成果三等奖。

1987年，张其义、陈彬初、周从尧、余道云、宋求安开展的洞庭湖区甘蔗规范化栽培技术研究与推广

湖南海泰博农科技有限公司生物组培实验室 （宋政军2011年摄）

获岳阳市科技进步二等奖。

1991年，茶场生产的凤凰绿茶、凤凰毛尖获省优质产品金杯奖。

1993年，农场“四低资源”调查及农业区域开发规划获省农委、省国土局科技进步三等奖。

2007年，正虹科技“猪健康养殖的营养调控技术研究与应用推广”获教育部科技进步一等奖。“三类生物活性物质对猪羊鸭的营养功能及其应用研究”获省科技进步二等奖；2月，正虹原种猪场入选全国猪联合育种协作成员单位。

2008年，正虹科技“优质瘦肉型猪选育及杂优猪配套技术研究”获省科技进步二等奖。“猪健康养殖的营养调控技术研究与应用推广”获国家科技进步二等奖；“仔猪肠道健康及功能性饲料研究与应用”获省科技进步一等奖。正虹科技被农业部评定为国家饲料加工技术研发分中心。

2011年，正虹公司“生猪安全产生物调控关键技术研究与应用”和“猪血多肽的制备工艺及其开发应用”分获省科技进步一等奖、二等奖。

二、工业科技

1978年，农机研究所开发的棉花旋转中耕机、甘蔗剥叶机获岳阳地区科技荣誉奖。

1980年，湛中保研制的锯木滤芯节约机油获岳阳地区科技成果三等奖。

1982年，戴纯仁等开展的糖厂蒸发、加热装备凝水串罐新技术获省科技成果四等奖。

1986～1987年，楼盛涛、杨胜、吴明夏、李德发研制的“QF—001猪高蛋白营养添加剂”获岳阳市科技成果一等奖、省科技成果四等奖；1990年，获农业部优质产品奖；1991年，获国家银质奖和国家“星火奖”；1995年11月，被国家科委列为“九五”国家科技成果重点推广计划；2001年，被评为中国农博会名牌产品。

1989年，曾服君、吴素华开发的糖水梨罐头化学脱皮制罐新技术获岳阳市科技进步二等奖。

1991年，湘甬糖果食品厂生产的水晶软糖获省科技成果奖；糖厂生产的蔗蜡获省科委新产品奖；屈原镇纸箱厂产品获省优质产品奖。正虹猪浓缩料产品质量获中国饲料工业办公室和中国饲料工业协会评比第一名。

1995年，正虹“101”乳猪料、“001”猪高蛋白营养添加剂、“屈牧”牌“858”鱼饲料获省95创新科技奖。

2001年9月，三仁科技利用大米生产葡萄糖其工艺流程获省科委授予科技进步奖；“正虹”牌“乳猪花”乳猪颗粒配合料，被评为中国国际农业博览会名牌产品；淡水鱼饲料通过省级鉴定。

2002年，正虹科技“猪优质高效饲料产业化关键技术研究与推广”获中国高校科学技术奖励委员会颁发的科技进步一等奖，获国家科技进步二等奖。正虹科技被省科技厅认定为湖南省重点高新技术企业。

2003年1月，正虹猪优质高效饲料产业化关键技术研究与推广获国家科技进步二等奖。

2004年，岳阳市景达生物屈原单采血浆通过韩国KFOA认证工作，该产品达到国际标准。

2005年5月，正虹集团参与研制的科研新产品“康健”牌饲料复合酶制剂通过由省科技厅组织的成果鉴定，该成果在同类产品研究领域达到国内领先水平。

2011年，昕祺生物科技有限公司“稻米深加工高效转化与副产物综合利用”获国家科技进步二等奖。

第六节　专利申报

1985年4月1日，正式实施《中华人民共和国专利法》，农场在全市率先启动科技专利申报工作。1986～2011年，共申请专利84项，其中发明专利26项，实用型专利51项，外观设计专利17项。组织实施专利技术75项，开发专利产品115个，创产值20亿元，利税3000万元，其中，正虹科技申请的QF--001系列饲料产品多次获国家、省、市级科技进步奖；凯迪电力、昕祺生物科技、湘天饲料、双胞胎饲料、翼杨科技、鑫源新材料等企业有关产品参与申报并获授权。

第二十篇　卫生·血防

1978～1984年，农场基本形成以职工医院为主体，分场（镇）卫生所为补充的两级医疗格局，全面实施初级卫生保健规划，普遍推行疾病医疗、计划免疫、优生优育三项保障制度。1985年后，个体医疗诊所兴起，全场医疗格局多元化。1994年，全面实施国务院颁发的《医疗机构管理条例》，规定凡从事疾病诊断、治疗活动的医院、卫生院、疗养院、门诊部、诊所、卫生所（室）以及急救站等，均属于医疗机构范畴，为规范医疗执业行为，行政区医政部门加大管理力度，严格按照《执业医师法》《医疗机构管理条例》加强执业医师、护士的培训和管理。2001年，管理区血防卫生工作纳入省、市统一管理。2003年后，随着农村合作医疗和医疗保险制度的实施，管理区加大对卫生的财政投入，2004年投资500万元，完成人民医院门诊大楼兴建、住院大楼装修及医疗机械设施添置；2005年，全面恢复乡镇卫生所、中心卫生院的建设。至2011年，全区卫生机构达90家，其中区级医院卫生机构2家，社区卫生服务中心1家，乡镇卫生院5家，村卫生室20家，个体医疗诊所62家。

管理区属洞庭湖血吸虫病重疫区，1978年后，农场认真贯彻“预防为主、科学防治、依靠群众、综合治理”的方针，坚持以人为本，依靠科技进步，努力控制、减轻疫情，取得新进展。1986年、1987年连续2年获省血防工作目标管理第一名；1988年，被评为全省“人畜同步化疗工作”先进单位；1999年、2002年，均被评为全省血防环改灭螺优胜单位。

第一章　机构·设施

第一节　医疗机构

一、区属医疗单位

区人民医院　1958年，成立农场职工医院。1994年更名为行政区人民医院，是一所集医疗、预防、保健、康复为一体的综合性医院，也是全区医疗救治中心。是年，经严格考核评审，被卫生部评为二级乙等医院。医院占地面积36540平方米，建筑面积1.3万平方米。科室设置齐全，医疗设备先进。2011年，有在职干部职工197人，其中高级专业技术人员69人，床位143张，设有8个临床科室、9个医技科室，拥有飞利浦M×400型双层螺旋CT、美国产“HP”数字化彩超等现代化诊疗设备。先后被评为省、市卫生文明单位，1998年，获卫生部“爱婴医院”称号。

区血防防疫妇幼保健站　成立于1992年，是一所集血防防疫、妇幼保健与临床相结合的副科级事业单位。有在编干部职工13人，其中中级以上职称6人。设有血防科、妇幼保健科、卫生防疫科、医疗科。

至2011年，有心电监护仪、B超仪、X光机、心电图机、妇科微波治疗仪、半自动生化分析仪、制氧机等诊疗设备，开设病床18张。

二、营田镇中心卫生院

营田镇中心卫生院建于2005年10月，属国债建设项目。该院占地面积960平方米，建筑面积480平方米，系在一分场卫生所旧址基础上改扩建，投资24万元。有干部职工16人，其中专业技术人员14人，床位12张，主要开展卫生防疫、血防、妇幼保健和计划生育等工作。

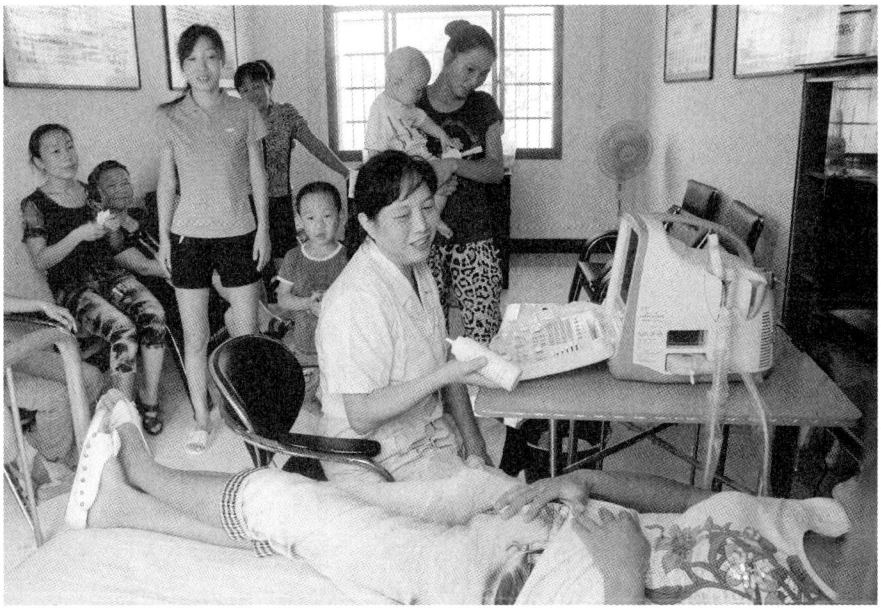

农村卫生院　（宋政军2011年摄）

三、乡镇卫生所

1978年前，农场9个分场均建有卫生所，至1988年，9所卫生所有医务人员105人，其中，主治医师10人，医师17人，有病床60张，除一分场、八分场卫生所外，其余均设门诊部、住院部，二分场、三分场、四分场、五分场、六分场、七分场和茶场卫生所亦有X光室，能做一般胸透。二分场、三分场、四分场、六分场、七分场、八分场卫生所有手术室，可处理一般性腹下部手术及计划生育四大常规手术。二分场、四分场、五分场、七分场、茶场卫生所设有化验室，可做尿、粪生化常规检验。

1985年始，全场个体医疗诊所兴起，至1990年，备案登记个体诊所和医疗机构36家，直接冲击了各分场卫生所医疗服务业的主体地位，业务量锐减，部分卫生所名存实亡，各分场对所辖卫生所以财政差额补贴医疗维持至1999年。2000年始，随着分场撤销合并建立乡、镇，各卫生所相继解散，部分医务人员转入乡镇计生服务所或社区卫生服务中心。

2005年后，利用乡镇卫生所国债项目资金，并争取外援，开启乡镇卫生所建设。至2011年，累计投入资金119.3万元，为乡镇卫生所新、改（扩）建和维修房屋总面积1523平方米，相继完成河市镇、黄金乡、凤凰乡、琴棋乡卫生所建设。全区4个乡镇卫生所有在编职工37人，其中专业技术人员24人。分别设置卫生防疫科、血防科、妇幼保健科。

第二节　医疗设施

一、器械

1989年前，农场职工医院主要设备有日立黑白B超、心电图、脑血流图、X光机、分光光度计、酶标仪、显微镜、胃镜等。1990年后，随着农村卫生建设的发展和群众医疗需求的增长，加上医疗市场的竞争，对医疗仪器设备的投入明显增多。至2000年，区人民医院先后购进生化检验设备，引进进口东芝黑白B超、血液分析仪、电子胃镜、心电监护仪、胎心音监护仪。2001年后，相继淘汰落后设备，增大投入新添飞利浦MX4000型双层螺旋CD、美国产“HP”数字化彩超、美国“博利屋”动态心电图、日本“日立”高档黑白B超、X光机、全自动生化分析仪、电解质分析仪、高压氧包、欧林巴斯电子胃镜、体外碎石机、颅多普勒、呼吸机、麻醉机等先进设备，并建立医院全电脑管理系统。至2011年，全区卫生系统单价2000元以上的医疗仪器有62台件，总价值860万元，其中单价万元以上的21台件，价值390万元。

二、房屋

1983年前，农场职工医院有平房11栋，两层楼房3栋，三层楼房1栋，占地面积26500平方米，建筑面积5380平方米。9所分场卫生所有平房14栋，两层楼房2栋，建筑面积7270平方米。房屋建设实行分级负责，总场承担农场职工医院建设，分场卫生所由各分场负责。1990年，投资30万元，职工医院新建住院大楼。1992年，农场血防防疫妇幼保健站由营田老街搬迁至兴盛南街种子公司。1996年，投资25万元，在兴盛北街新建疾控大楼与血防防疫妇幼保健站，大楼占地面积960平方米，楼高3层。2004年，投资380万元，兴建区人民医院门诊大楼。2005年10月，利用国债项目建设投资48万元建成营田中心卫生院，建筑面积480平方米。2005年后，投资49万元，维修改造琴棋乡、黄金乡卫生所。2008年，投资70万元，新建河市镇卫生所、凤凰乡卫生所，两层楼房，建筑面积1390平方米。2009年，投资270万元，对汨纺职工医院进行维修改造，改造面积5100平方米，其中建筑面积3796平方米，楼高4层，改造后建立天问社区卫生服务中心，并与区血防防疫妇幼保健站合署。至2011年，全区医疗业务用房总面积达17347平方米，其中区人民医院有工作用房10688平方米，血防工作用房760平方米，妇幼保健用房1070平方米，疾控防疫用房1606平方米，中心卫生院和乡镇卫生所用房3223平方米。

三、病床

1978年，全场核定设置病床的医疗单位12个，其中卫生系统11个，血防系统1个，共设置病床308张，其中卫生系统290张。至2011年，全区核定设置病床的医疗单位8个，其中公立医院7个，血防医院1个；共设病床212张，其中公立医院中区人民医院140张，乡镇及中心卫生院42张，血防系统18张，计生系统12张，平均每百人拥有0.27张病床。

第三节　医药卫生队伍

1978年后，农场卫生系统人员进入渠道主要是国家统招统分的大中专毕业生。至1988年，全场卫生系统有在职干部职工316人，其中医务人员262人，行政管理人员21人，后勤人员33人。1992年，总场对卫生系统实施精简人员改革，全场公立医院在职干部职工控制在300人，其中医务人员230人。2000年，实行卫生体制改革，分场（办事处）所辖卫生所全部解散，人员实施分流，部分被安置到分场（办事处）从事卫生防疫、血防和妇幼保健工作，部分下海创办实体。全区公立医院在职干部职工控制为120人，其中医务人员96人。2005年后，随着乡镇卫生机构的恢复，全区公立医院在职干部职工160人，其中医务人员114人。至2011年，全区有公立医疗机构8个，其中区级2个，中心卫生院1个，社区卫生服务中心1个，乡镇卫生所4个，另有标准化村卫生室20个。全区卫生系统共有医务人员258人，其中公立医院168人，有专业技术人员106人，其中高级职称5人，中级职称46人，初级职称55人。

第二章　临床医疗

第一节　中　医

1978年始，农场职工医院设立中医门诊，在内科建立中医病床。同时，加强中医药人才的引进和培养，先后引进12名中医药专业大、中专毕业生到境内工作，并针对部分中医药人员基础较差的情况，采取送出去进修、老中医带徒、集中培训等方法，其中集中培训321人次。至2011年，全区有中医药医师69人，其中中医主治医师24人，主管中药师16人，门诊中医药治疗率32.6%，住院病人中医药治疗率21.3%。村级卫生室以上医疗卫生单位6个设有中药柜，中药品种231种以上，中药处方占处方总数的19.1%。

第二节　西　医

70年代至80年代中期，分场卫生所能做到一般疾病（包括小手术）治疗不出分场，农场职工医院内科、外科、妇产科、五官科、儿科、传染科、血防科、放射科、检验科、手术室、B超室、药剂科、供应室、理疗室、胃镜室、脑电图等医疗、检测设置齐全。全场6个卫生所有X光机，5个卫生所有化验室，能做三大常规检查。此期间，有机磷农药中毒在境内发病者甚多，重度农药中毒病人抢救成功率逐年提高。职工医院内科主治医师邹瑞岩，自1983年研究有机磷农药中毒施救治疗法，先后用阿托品、美兰等综合法抢救10例重度中毒患者成功，并在《中国乡村医生》杂志发表《呋喃丹重度中毒的抢救》论文较有影响。妇产科副主任医师张景春从事妇产科医疗技术研究20多年，由她主持的节育手术1万余例，无一例事故和后遗症。至1988年，职工医院在注重防治常见病、多发病的同时，对难度较大的疾病开展研讨工作，成功地进行2例全头皮撕脱再植手术和1例输卵管吻合术，门静搭桥术、HaSaab、S断流术、胸腰椎病烂清除等难度较大的手术及流行性出血热疾病治疗，均达到较高水平。

1989年后，场职工医院（区人民医院）在内科推广应用非洋地黄制剂和巯甲丙脯酸治疗顽固性心衰，大剂量心得安治疗卧位型心绞痛，β受体阻滞剂预防肝硬化食道静脉曲张破裂出血和心肌梗塞的猝死等成效显著。外科成功开展肝内胆管结石经肝门显露Ⅰ、Ⅱ、Ⅲ级胆管取石并作肝肠吻合术、肝叶切除术、婴儿隔疝修补术、食道癌根治术（经颈胸段）。骨科开展四肢脊柱骨折开放性复位内固定术、全髋置换术、腰椎间盘摘除术、股骨颈骨折带血管蒂骨瓣植骨内固定术。临床科室开展电子腹腔镜微创手术，子宫切除合并淋巴结清扫术及卵巢癌、子宫内膜癌、宫颈癌根治术；肝叶切除、肺叶全切、食管癌、胃癌根治术；体外碎石术、前列腺电切术；内痔套术、痔红外线激光治疗术；白内障摘除加人工晶体植入术等新技术。还有无痛胃镜以及食道静脉套扎、胃次全、阑尾、胆囊、甲状腺囊肿切除手术，内固定针取出术，腘窝囊肿摘除术，肾盂输尿管切开取石术，四肢钢针骨折内固定术，口腔颌面肿块切除术等均获成功。还开展了巨大海绵状血管瘤摘除术，胰腺炎外引流术，胸部开放性挫伤术，开放性骨折内固定术，结肠癌根治术，血管神经挫伤吻合术，肾实质切开取石术。2009年后，开展股骨头置换、颈椎间盘突出摘除、椎管减压融合内固定钉、双侧全髋置换术、股骨髁上粉碎性骨折交锁钉或DCS或踝钢板固定术、甲状腺瘤根治术、输尿管切开取石输尿管内放DT管、前列腺摘除术、腹腔镜技术等。内科开展急性脑梗塞溶栓治疗等。

第三节 护 理

1980年始，农场职工医院强调严格执行三级护理制。1985年5月，开展责任制护理，责任护士对病人的入院接待、生活安排、功能护理、病情观察、思想工作等包干负责，要求填写护理病历，制订护理计划，变单纯功能护理为身心兼顾，变较简单的护理为掌握该病全过程的复杂护理，此护理方式在全场各医疗单位广泛推广。1987年，农场职工医院开展外科护理人员配合医师做好扩大型全胃切除、膀胱癌根治等术后重症病人的全程护理。1994年，加强护理人员对基本理论和基本操作的训练，建立示教室，开展铺床、输血、输液等26个项目的岗位练兵。是年5月，职工医院成立护理质量管理委员会，各科室设质量管理小组，创办《护理通讯》，设立护理部，下设大科护士组长，各临床科室设护士长，形成三级管理体制。是年9月始，在护理人员中，普遍开展徒手心肺复苏训练，参训人员49人，抽检21人，合格率96.4%。2005年后，护理部制定各科应急预案及各项护理管理制度，组织护理员查房，参与大会诊。举办护士长管理知识论坛演讲比赛，对护理专业技术人员进行理论考试和技能考核。2009年5月，在40岁以下的护理人员中进行备用床、麻醉床、鼻导管吸氧等12项护理技术操作考核。是年，急诊科护理人员掌握气管内插管、鞘内注射化疗药物等抢救治疗技术。同时，配合医师做好对休克、心衰、心肌病、肾衰、心脑血管等疾病护理抢救及外科手术病人护理监测工作。

至2011年，全区共有在岗护理人员68人，其中主管护士16人、护师23人、护士14人，区人民医院李玲被评为市优秀护理管理干部，王芬、张贞红被评为市优秀护士。

第三章 疾病控制

第一节 疾病体系建设

一、疾病预防控制体系建设

1984年后，在农场血防卫生科内设立防疫股。1992年，农场成立血防防疫妇幼保健站，内设卫生防疫科。1996年年底，建立卫生防疫站。2003年3月，撤销区卫生防疫站，组建区疾病预防控制中心（简称区疾控中心）。是年，获省拨建设项目资金，在营田镇正虹东路新建疾控中心大楼，定为副科级单位。2004年3月迁入新址办公，7月1日，开通疫情网络直报系统。至2006年，固定资产总值300万元，有救护车1台，在编干部职工25人，其中专业技术人员8人，内设办公室、疾控科、监测科、结防科、检控科，同时开放预防接种科、结核病防治中心。2009年10月，疾控中心搬迁至私立汨纺民爱医院。

二、医疗救治体系建设

2003年，依托区人民医院建立发热门诊与肠道门诊，设立专门诊室，安排专人坐诊，同时建立发热门诊及肠道门诊管理制度、发热病人登记制度、消毒隔离制度、疫情上报制度、传染病病人管理制度。2004年，成立120急救站，配置急救车3台。2005年后，启动中心卫生院和4所乡镇卫生院建设。2011年12月，投资2150万元的区人民医院住院大楼建设项目前期工程启动。

第二节　传染病防治

1978年后，全场对麻疹、痢疾、流感、肝炎、疟疾、百日咳、流脑、乙脑、狂犬病、伤寒等法定传染病预防，严格贯彻执行《中华人民共和国传染病防治法》，加强场（区）、分场（乡镇）、队（村）三级疾病预防控制网络建设，落实对重大传染病防治和突发公共卫生事件应急处置工作，开展计划免疫质量监测和专项检查，依法加强疫情报告与管理，使每万人传染病总发病率由1978年的26例降至2011年的14例。

1993年始，农场相继利用世行贷款等项目开展结核病控制工作。至2011年，共免费接诊可疑肺结核患者2400例，初诊查痰2531人次，摄胸片3662张，免费治疗传染性肺结核患者2375人，治愈率88.1%。

第三节　突发性疾病防治

“非典”预防　2003年3月，全国非典型肺炎（简称“非典”）流行。管理区党委、区管委会成立由主要领导挂帅的“非典”领导小组，启动重大疫病预防应急预案，实行24小时值班制度，各乡镇、村由行政一把手负责，对疫情实行日报告和零（病例）报告制。区卫生局下发《防治“非典”工作纪律》《救灾防病预案》等文件，并就防治“非典”举办专题电视讲座，对全区卫生技术人员实行统一调配，组建12人突击队，抽调医务人员67人，到各监测点进行协助排查；将区人民医院设为防治“非典”定点医院，并划定救治特定区域；成立防疫机动队，在全区主要交通要道设立医学监测点，对6398人进行排查，跟踪随访486人次，全区未发生一例“非典”患者和疑似病例。

人禽流感防治　2004年2月，为防治人禽流感，管理区管委会成立人禽流感防治协调领导小组，区卫生局设立办公室，并启动《应急处理预案》，按照思想认识到位、机构队伍到位、经费物资到位、技术措施到位要求，把防治方案落到实处。同时，加强人禽流感预防知识宣传，落实禽类交易市场检疫和与家禽密切接触人员的流感疫苗接种，以及禽类养殖场及其运输车辆的消毒工作，使人禽流感疫情在区域得到有效预防。

救灾防病　1995年、1996年、1998年，行政区均遭受罕见特大洪涝灾害。为防止疾病流行，区卫生系统共编印《救灾防病简报》12期，派出医疗队4支、132人次，深入防汛堤段，共免费诊治各类病人4392人次，发放药品价值26.9万元，为防洪部队官兵和防汛群众接种钩体菌苗1692人次，为1891人次提供预防药物。

第四节 计划免疫

一、依法管理

1978年始，为贯彻实施国家《计划免疫管理办法》，建立健全计划免疫三级防保网络，加强对流动人口、贫困儿童、弱势群体等特殊人群的常规免疫接种工作，加强计划免疫冷链设施的管理，预防接种卡、证、册不断得到充实和完善。

1992年始，各分场卫生所均设一名防疫人员，专管防疫工作。2000年，分场卫生所相继解散后，在卫生所下岗人员中留一人从事防疫工作。2005年，乡镇、中心卫生院均设置卫生防疫科，加强计划免疫预防和管理工作。至2011年，全区全面落实“一苗一会一课一资料”制度，计划免疫冷链运转每年达6次以上。

二、基础免疫

1991年，境内卡介苗、麻疹疫苗、脊髓灰质炎糖丸、百白破“四苗”免疫实现以场为单位接种率达98%的目标。1992年，卫生部决定将乙肝疫苗接种纳入儿童计划免疫管理，儿童基础免疫接种由“四苗”增至“五苗”。1995年8月，行政区管委会出台《关于加强农村卫生工作的通知》，明确进一步抓好“五苗七病”预防接种工作，是年，85%的村考核达标。2005年6月，国务院《疫苗流通和预防接种管理条例》实施后，国家规定的一类疫苗（即“五苗”）在区内实行免费接种。2011年，完成接种卡介苗484人次，百白破1426人次，脊灰糖丸1426人，麻疹1080人，乙肝疫苗1428人，“五苗”覆盖率达100%。适龄儿童建卡、建证率99.4%。

三、控制疾病流传

疟疾，1978~1986年，全场仅2人发病，1986年后，无病例发生。

麻疹，1978~2011年，无一例患者，麻疹完全得到控制。

流脑，1978~1987年，共发生75例，1988年后，基本控制流脑发生。

乙脑，1979年发生一例，1980年后为零。

百日咳，1978~1984年，共发生186例，1987年偶见一例，尔后，无病例报告。

狂犬病，1978~1988年，发生20例，1989年后无病例报告。

副霍乱、流行性出血、钩端螺旋体病、脊髓灰质炎、天花等境内始终保持零病例报告状态。

第四章 卫生保健

第一节 初级卫生保健

1978年始，农场把初级卫生保健工作纳入经济社会发展计划，8个分场、茶场全部建有卫生所，实现管预防保健、管医疗、管计划生育指导；有办公用房、有相应保健设施、有为病人服务的基本条件。

1993年4月，农场场部印发《关于全面实施初级卫生保健工作的通知》，明确规定，各级各单位把初级保健工作列入重要议事日程。至1999年，医疗卫生支出占年度财政总支出的2.3%。2000年后，管理区党委、区管委会把初级卫生保健工作纳入“十五”“十一五”规划，把新型农村合作医疗、农村卫生基础建设、疾病控制、改水改厕等工作列为为民办实事项目。2005年，恢复建设1所中心医院、4所乡镇卫生所、20个村卫生保健室，医疗保健覆盖率达100%。2009年，投资270万元，兴建天问社区卫生服务中心，开设儿童保健、计划免疫、老年人保健、慢性病管埋、康复医疗等科室，为社区居民初级保健提供方便。至2011年，区财政卫生医疗（2001年起）累计投入11170万元，年均支出1015万元，占财政总支出4.4%。全区城乡居民医疗保险覆盖率达100%。

第二节　妇女保健

一、妇科病查治

1983年，根据中共中央、国务院有关保护妇女儿童合法权益精神，农场场部出台《关于维护妇女儿童合法权益》的规定，实施对全场60岁以内已婚妇女进行妇科病普查，普查14532人，查出患宫颈炎、阴道炎、乳腺增生等各类妇科疾病10229人，治疗5110人，治愈率90.8%。1985年始，建立妇科病普查普治常规机制。2009年后，将妇科病普查普治列入妇幼保健工作，由区人民医院组织骨干力量下乡，进行普查普治。是年，对全区20964名妇女中的4681人进行妇科病普查，筛查率22.3%，其中妇科常见病人数1345人，患病率28.7%，治愈率100%。

二、孕产期保健

1992年，农场成立妇幼保健站，实行孕产妇系统管理。对从事母婴保健技术服务的机构和人员进行考核发证，严格实行依法持证上岗制度。取缔家庭接生，提倡住院分娩。全场8个分场、茶场分别由9名妇幼保健专干负责辖区孕产妇保健工作，规定各妇幼保健专干对孕妇不低于5次产前检查和3次产后探视与检查。区妇幼保健站每月定期下乡督导和指导。2000～2011年，全区孕产妇6396人，孕产妇保健管理率达100%，其中高危孕产妇439人，占6.86%；住院分娩6121人，住院分娩率95.7%；安全分娩6395人，安全分娩率99.98%。

第三节　儿童保健

1979年后，农场妇幼保健站相应建立“体弱儿童登记卡”“儿童死亡登记卡”“新生儿破伤风登记卡”“出生登记卡”“卡介苗接种登记卡”及婴幼儿系统管理制度，为儿童预防接种、疾病治疗提供科学方法。定期对儿童进行健康检查，至1988年，儿童体检8次、21948人次，体检率86.04%，查出患病儿童714人；预防注射55409人次，免费驱蛔27761人次，驱蛔率85%，治疗儿童各类疾病26304人次。至1995年，基本消灭小儿白喉、破伤风、小儿麻痹症。1996年，基本消灭百日咳。2004年始，对7岁以下儿童进行身高、体重、驱蛔虫、护齿、测血色素及乙肝表面抗原等健康体检，并评估儿童生长发育情况。2005年，对全区20家托幼机构1020名儿童进行体检，为幼儿园建立详细的儿童健康档案。至2011年，7岁以下儿童系统管理人数2651人，管理率91.8%；保健覆盖人数2563人，覆盖率98.1%。

第四节　老年保健

2000年后，区卫生部门高度重视老年人身体保健工作，切实加强心脑血管病、糖尿病、高血压、高血脂等老年病的防治宣教工作。在区人民医院、天问社区卫生服务中心分别设立老年病房和老年人管理科，承担区老干局组织的全区老干部健康体检工作。至2011年，完成老年人体检12390人次，老年人体检覆盖率95.6%。配合区老年科协组建老年保健协会，发展会员343人，利用原汨纺老年乐园建立老年保健中心，在区、乡镇建立4个老年科协医疗联系点。

第五章　公共卫生

第一节　卫生体系建设

1987年始，农场卫生科定编1名负责餐饮食品卫生监管。2004年，增加对全区医疗机构、公共场所、饮用水监管职能。2009年，单独设立食品卫生监督监测科，定编3名，并配备专用卫生监督车1台，电脑3台，交换机、数码摄影机、数码照像机及食品卫生、饮（用）水卫生、职业卫生监督采样设备20台件。

第二节　食品卫生

1982年前，境内食品卫生监督管理机构不健全。1983年7月1日，《中华人民共和国食品卫生法（试行）》（简称《食品卫生法》）实施后，农场卫生科组织食品行业人员加强学习，对全场240个生产、经营食品单位进行经常性监督和监测工作，并对824名从业人员进行定期健康检查，发给卫生健康证，对不符合卫生标准的单位和个人予以经济处罚和停业整顿。1987年，查出伪劣掺假食品5种、60公斤，过期变质食品50公斤。1995年《食品卫生法》正式颁布，区卫生部门每年进行1～2次以食品安全为主要内容的食品市场整治活动。至2008年，共监管823户次，落实从业人员法律知识和卫生知识培训和上岗培训1532人次；食品抽样检测121件，合格120件，销毁过期霉变食品105公斤；餐具抽检240件，合格率78.54%。2009年，《中华人民共和国食品安全法》颁布实施，区卫生部门进一步加强餐饮单位卫生监督检查。至2011年，抽查餐饮人员242人，体检合格240人，合格率99.2%；检查153户次，从业人员体检率、“五病”（即病毒性肝炎、活动性肺结核、化脓性渗出性皮炎、伤寒、痢疾）人员调离率、“食品卫生许可证”核发率均达100%；现场检测食品8件，合格8件；累计销毁过期霉变食品113公斤；餐具抽检20件，合格率88.3%。

第三节　饮用水卫生

2005年，区卫生部门坚持开展对屈原自来水厂等集中式供水单位卫生监测分析和卫生学分析，年监测水样达23件以上。指导和督促自来水厂做好水源保护和定期加氯消毒等工作。至2011年，全区有集中供水单位13家，从业人员106人，从业人员体检、培训率、“卫生许可证”核发率均达95%。各自来水厂饮用水合格率达96.3%以上。

第四节　职业卫生

1978年后，境内主要职业危害有水泥尘、煤尘、粉尘、噪声及放射性物质等。1984年始，对7家场直企业1000余名工人进行体检，对500名工人开展三年一次的矽肺普查，对5处有毒有害场所进行一年一次监测。1988年，完善7家场直企业和500名矽肺普查对象建立档案管理。1997年，完成湖南正虹饲料厂720名生产工人体检。1998年，对全区34家饲料企业、4家电子厂生产工人进行全面体检，并重点监测各家企业粉尘、重金属盐、酸雾对生产工人的身体健康影响。2002年，区疾控中心联合区劳动部门，督促湖南德科纺织厂对员工进行一年一度常规体检。2006年，对650名企业员工进行体检建档。至2009年，企业员工体检人数达1.3万人次，发现各类职业病人数105人，督促治疗105人，治疗率100%。

第五节　学校卫生

1998年，国务院《学生卫生条例》颁布实施后，区卫生主管部门在区教育文体局的配合下，认真开展教育卫生、学校营养卫生、学生生长发育等卫生工作指导，对教育人均面积、课桌椅、教室照明、微小气候、环境噪音等每年进行6次监测，平均合格率86%。开设血防卫生课，指导课前眼保健操。开展对各中小学，幼儿园食堂，学校周边南杂店，饮食店卫生监督，定期对学校食堂从业人员进行体检。至2011年，学校食堂持有“卫生许可证”达100%。

第六章　爱国卫生

第一节　公共环境卫生

1979年8月，农场卫生科、教育科、文化站、团委、妇联等部门下发《关于进一步加强爱国卫生宣传工作的联合通知》，强调普及卫生知识，认真贯彻中央爱卫精神。1985年，恢复成立农场爱国卫生运动委员会（简称爱卫会），健全完善卫生章法，制定爱国卫生管理和监督制度。进一步落实“两管”（即管水、管粪）、“五改”（即改造厕所、水源、牲畜栏、环境、炉灶）措施，开始创建卫生文明单位。至1988年，全场有卫生文明单位25个，其中市级7个。1987年始，开展春秋两季突击性灭鼠活动，总场、分场分别成立灭鼠技术班子，印发灭鼠宣传资料，至1988年，投放灭鼠药18公斤、大米1.8万公斤，老鼠密度由1987年的37.5%降至7.3%，达到中央爱卫会对鼠害密度控制要求。1989年始，重点加强中心镇区和农村居民点爱国卫生整治工作。在营田镇依托城市扩容，加强排水设施和绿化建设。在农村开展以创建“三化”（即环境美化、绿化、净化）、推行门前“三包”（即包秩序、包绿化、包卫生）为内容的文明卫生村（队）工作。1995年，在中心城区实施门店门前“五包”（即包卫生、包秩序、包绿化、包美化、包亮化）和城区垃圾袋装化，推行环卫工人分区包干责任制，实行24小时保洁制。2010年，成立城区综合执法监察大队，是年，清理乱堆乱放物品3600处，清除乱涂、乱画、乱贴、乱挂等影响市容环境400起；城区增设垃圾压缩车2台、塑料移动垃圾桶2000个、摇臂式垃圾车4台、垃圾中转站108个、洒水车2台，并投资6700万元，兴建生活垃圾无害化处理场。2011年，管理区党委、区管委会在全区开展“‘五创’提质、秀美屈原”活动，成立由区委书记任政委、区管委会主任任指挥长的“‘五创’提质、秀美屈原”创建活动领导小组，下设由区党委委员、宣传统战部部长任组长的督查领导小组，由分管区领导任组长的8个专项整治工作领导小组，下发《“‘五创’提质、秀美屈原”文明创建活动实施方案》。各乡镇、街道办事处，区直各部门成立由一把手负总责的工作领导小组，村、社区做到有专人抓、有垃圾池、有保洁员、有实施方案、有责任标牌、有专项经费。中心城区改造下水道和供水管道500米，新建钢架大棚和市场停车场840平方米；处理、纠正各种乱堆乱放货物260余处，取缔城区街道沙砾石占道经营、临街洗车站5处；查处造脏车辆28台次；新增移动式垃圾桶50个，增设环卫岗位4个。各乡镇配备农村卫生监督员16人，可用垃圾回收员62人，卫生保洁员78人；清除积存裸露垃圾400多处、1200余车，清淤排水沟5.7万米，清除“牛皮癣”1500余处。

第二节　农村改水改厕

农村安全饮水工程　（宋政军2011年摄）

1978年前，境内居民大都饮用湖水、沟渠水、山塘水、露天井水。80年代，农村各居民点陆续打机井，但饮用水金属物质含量高而无法饮用，1983年，仅有八分场五队、四分场五队实现自来水入户。1986年后，农村普遍使用手摇泵井，至1991年，80%的农村居民饮用自来水和手摇泵井水。2006年始，实施农村改水计划。2008年，进行农村改厕工作。至2011年，改水投资

1671.86万元，新建水源井17个、水塔14个，兴建水厂2座，安装管网268200米，完成50个行政村改水任务，涵盖居民36105人；改厕投入资金168万元，其中中央财政补助资金115万元，地方配套23万元，农户自筹30万元，新（改）建厕所2300个，改厕点分布5个乡镇、62个村。

第七章　血吸虫病防治

第一节　机构设施

1978年前，农场成立血防卫生科，主管全场血防工作。1992年，成立血防防疫妇幼保健站，归口场血防卫生科管理，主要设施有1栋办公楼、1栋住院部，建筑面积1832平方米，有干部职工13人，设病床20张。主要负责全场血吸虫病查、治、灭、管、防和宣传教育工作。1998年，在营田镇兴盛街兴建血防办公综合楼，建筑面积1600平方米，干部职工增至25人，其中专业技术人员16人，设置病床6张，设有B超、心电图、X光机等专业器械，化验室设备齐全。2006年，搬迁至原汨纺职工医院，并投资268.6万元进行维修改造，建成血防综合用地1700平方米，对部分血防设施进行更换。

第二节　疫　情

一、疫区

中华人民共和国成立后，查明境内属湖沼型血吸虫病严重流行区。通过大规模围垦灭螺，境内钉螺分布由面状变为网状。1965年，全面开展围湖造田，平整土地，开沟筑渠，钉螺面积锐减，至1988年，垸内疫区面积36.7公顷，其中一分场、八分场13公顷，五分场4.7公顷，六分场、七分场19公顷，垸外沿堤疫区面积415.4公顷。1991年后，感染地带主要分布在垸外沿西大堤一线，垸内分布于与外河涵闸相通的沟、河、港、渠，有螺面积达475公顷，其中垸内43.7公顷，钉螺最高密度为每框0.887只，钉螺阳性率最高达0.12%。至2011年，因垸外洲滩泥沙淤积抬高，有螺面积达756公顷，垸内有螺面积控制到5公顷，垸内外均无感染性钉螺，活螺密度降至每框0.088只。

二、疫情

血吸虫病的主要传染源是病人、病牛，排野粪污染有螺环境的主要是病牛和带病的流动船民及冬季到江湖洲滩砍伐芦苇的人群。接触疫水是感染血吸虫病的主要途径，至1980年，垸内疫情基本得到控制，但二分场、三分场、八分场、茶场、屈原镇与垸外有螺带仅一堤之隔，放牧、游泳、捕捞、防汛成为一线疫区人畜感染的主要环节。是年，因洪水水位高，持续时间长，群众接触疫水多，暴发小规模急性血吸虫感染，7～10月，先后查出急性感染者158人，其中轻型109人、中型42人、重型7人。至1991年，垸内进行血吸虫病普查，血吸虫感染病人3194人，居民感染率达11.25%；耕牛最高感染率24.5%。至2011年，患血吸虫病1167人，其中晚期病人97人；血吸虫耕牛39头。

第三节 预 防

一、宣传教育

70年代，到垸外湖洲打草砍柴，进入疫区游泳、捕捞鱼虾、放牧者增多，防护工作以落实“三禁”（即禁止下湖打草、禁止到疫区游泳、禁止捕鱼捞虾）为重点，各级成立“三禁”领导小组，明确责任区，制定规章制度，加强宣传教育，设立哨卡，组织联防，较好地控制了入湖人员的急性感染。1980年，因对青少年到疫区玩水管理不到位，暑假期出现110名急性感染者，其中青少年107人，占97.3%。因境内无天然牧场，湖洲放牧现象依然存在，在完善“三禁”管理制度的基础上增加“禁止到垸外放牧”的防护条例。1988年，仅3人急性感染，比1980年下降99.9%。90年代，在中小学开设血防知识课，普及血防知识，降低中小学生血吸虫病感染率。2006年后，区血防办每年进行一次血防义诊活动，发放《血防知识手册》《防治血吸虫病村民须知》《血防读本》及预防血吸虫病宣传画册等，开展全民血防知识宣传。每年4～9月，以屈原电视台为阵地，进行电视宣传，24小时字幕飞播，告示“禁止人畜接触疫水”。在易感染血吸虫病的码头，人、物流集散地设置防护禁牌，设置季节性防护哨，劝阻入湖人群，掌握动态，以便跟踪调查，控制急性血吸虫病的发生。至2011年，累计下发血防宣传桶3500个，血防宣传脸盆1400个，血防宣传围兜5500个，血防年画1.4万张，血防年历3200本，《血防条例》120张，《健康必读》手册150本，《防治血吸虫病村民须知》7.5万份，《血防课本》7.2万册，广播宣传34场次，出动宣传车60台次，刷新禁牌320块，书写固定宣传标语220条，举办电视专题讲座1次，培训乡村干部140人次、乡村医生210人次。

二、查螺灭螺

钉螺是血吸虫的中间宿主，疫区钉螺孳生地为洲滩型，均为肋壳钉螺。1978年始，垸内灭螺主要采取围湖造田，铲草、去淤、清基、药杀、土埋灭螺，钉螺死亡率达80%以上。至1988年，采取血防专业人员与发动群众报螺、查螺相结合的办法，全场累计灭螺14139公顷，有3个分场、49个生产队的螺情达基本消灭标准。1989年后，灭螺与水利建设相结合，通过沟渠硬化、新修渔池、火烧药杀等方法，控制钉螺发生面积。2006年，水利结合灭螺投资227.3万元，完成土方平整9187立方米、浆砌石脚槽2625立方米、沙石垫层6125

查螺灭螺 （宋政军2000年摄）

立方米、预制砼块护坡6120立方米；完成西大堤0～3.5公里临水面护坡3.5公里。2008年，水利结合灭螺投资196.58万元，完成翁家港沉螺池和涵闸外接长工程以及东大堤8～11公里临水面3公里护坡。2009年，利用水利血防经费224.88万元，兴建迎丰闸沉螺池，完成垸内东西干渠预制砼块护坡2332米。至2011年，灭螺面积3905.4公顷，其中垸内746.3公顷，垸外易感地带3159.1公顷。

第四节 治 疗

1980年前，以托网孵化综合查病法和直肠拉网法，查出病人17088人，累计收治患者17990人次，其中晚期患者59人。主要采用锑注三日、七日疗法，锑注加锑片七日疗化、锑片十日疗法，但先后有6人锑剂中毒死亡。1981年后，查病增加“环卵沉淀、间接血凝”血检法。药物先后采用“血防-846”、硝硫氢氨以及吡喹酮，使患者得到及时诊断且治疗疗程短、疗效高、安全度大。1987年后，治疗工作向纵深发展，全场普遍开展人畜同步化疗，对居住在沿堤易感地带200米以内的居民和水上流动人口以及敞放湖洲的耕牛，投放人服吡喹酮、兽用吡喹酮。至1988年，共化疗陆地居民3101人，水上流动人口360人，耕牛1588头。1989年后，查病先期采用粪检，后期为血检，准确率达98%以上。1991～2009年，共收治晚期血吸虫病患者1475人次，内科治疗1440人次，外科行切脾手术35人；治疗慢性血吸虫病人12705人次，治疗急性血吸虫病人17人；人群化疗120766人次，家畜化疗37249头次。1991～2011年，检查163180人次，查出病人13636人次；检查牛36250头，查出病牛9860头。人群免费化疗146150人次，家畜化疗11650头次，78.5%的患者自觉症状基本消失。诊治急性血吸虫病人138人，全部康复出院。救治晚期血吸虫病患者2395人次，其中手术切脾63例，使患者病情得到不同程序缓解或部分恢复劳动能力。

1978～2011年屈原管理区（农场）血吸虫病防治情况

表20-1

单位：公顷、人

年度	有螺面积	其中垸内面积	查出病人	治疗病人
1978	122	1.4	1061	1290
1979	120	0	730	1098
1980	426	5.3	885	902
1981	249	3	685	676
1982	249	3	211	998
1983	248	1.7	331	261
1984	357	1.7	192	439
1985	417	1.7	430	265
1986	441	17	448	888

续表

年度	有螺面积	其中垸内面积	查出病人	治疗病人
1987	432	17	540	413
1988	452	37	272	486
1989	452	37	290	218
1990	452	37	456	684
1991	477	47	779	665
1992	466	34	576	750
1993	452	34	653	523
1994	452	34	672	911
1995	451	20	573	518
1996	451	20	269	343
1997	464	33	383	483
1998	459	28	255	406
1999	456	24	445	438
2000	456	24	643	521
2001	456	24	304	343
2002	456	24	576	421
2003	460	29	1024	408
2004	576	29	541	307
2005	575	29	904	1021
2006	569	22	1048	1371
2007	566	16	800	906
2008	559	12	958	1068
2009	559	12	957	914
2010	556	8	664	994
2011	756	5	612	886

第二十一篇　文化·体育

第一章　文　化

区境是楚文化发源地之一，有丰富的民间文艺和地方传统文化。

1978～2000年，农场党委宣传部主管文化事业，注重组织培训文学、文艺骨干，培育创作人才。1988年，全场加入文学、文艺社团85人，在省、市以上刊物发表作品145件；发表和参展艺术作品403件。1989年后，境内文学、文艺爱好者队伍不断扩大，作者水平显著提高，创作的小说、散文、诗歌、楹联、摄影、美术、书画、戏剧相继在省、市以上刊物发表、参展并获奖。

2001～2011年，境内文化事业进入一个新的发展时期，人民群众的文化生活需求发生明显变化，大多数人不再是仅仅满足于对文化的观赏，而是更加注重参与。相继组建作家协会、摄影协会、书画协会、美术协会、文体协会、舞蹈协会。全区有2000余人先后加入各文化协会，其中加入市协会89人，省以上协会20余人。

2010年12月28日，出版《岳阳文学艺术作品精选·屈原卷》，收录屈原或屈原籍文学艺术爱好者创作的小说、散文、诗歌、古体诗词、书法、摄影作品192篇（幅），大都发表于全国主流报刊。

2002年3月，区成立教育文体局，2003年9月，文化市场稽查大队成立。2011年9月，成立区文化广电新闻出版局（简称区文广新局），加挂区版权局牌子，下辖屈原电视台、文化市场综合执法大队。

第一节　群众文化

一、场地

1978年，农场场部和各分场都有中心会场，可从事群众文化活动。1981年5月，屈原影剧院落成，占地面积2260平方米，院前辟有门卫室、售票室，主建筑有放映楼、机修楼和1528个座位的两层观众厅，厅内有舞台、乐池、化妆室、道具保管室、音响控制室、演员休息室、配电间、放映室。1988年，增建“演员之家”，开设录像厅。2007年，管理区管委会拨专款30万元进行屋面和墙面修缮。

进入21世纪后，歌舞厅、演艺厅、文化广场相继出现。至2011年，全区有各种演艺厅（场）25个，文化广场6处，总面积达2万多平方米；建设乡镇文化站6个，发展学校、社区图书室12个，建筑面积6000多平方米，农家书屋72个，藏书32万册。

二、队伍

1978年前，境内先后组建多支业余剧团，主要有河市镇手工业者筹资组建的和平文工团、河市花鼓戏剧团、先锋花鼓戏团；农场工地文工团、农场业余花鼓戏剧团、湖乡杂技队、农场业余文艺宣传队。

1979～1999年，境内没有专业文艺演出团体，在节日期间，由各单位临时组织文艺爱好者组成演出团队，参加节目演出或农场组织的文艺会演。2000年后，境内相继成立舞蹈、音乐、戏剧协会，会员达1000人，群众性文艺活动丰富多彩。至2011年，全区有民间花鼓戏剧团3个，文艺演出团体5个，舞蹈队120支，秧歌锣鼓队20支，民乐、西洋乐队2支。

三、文艺活动

1978～1989年，全场举行有较大影响的文艺活动26场次。其中：1984年元旦，在屈原影剧院举办第一届“边山之春”文艺晚会，参演代表队10支，是年5月，举办两县一场一厂（湘阴县、汨罗县、屈原农场、汨纺）“五四”联欢晚会，演出人员300人，观看人数达2000余人；1985年5月，农场宣传部组团参加岳阳地区歌咏比赛，获优胜单位；1986年，举行国庆文艺会演，全场组织演员300多人，在屈原影剧院连续演出6场，演出节目140多个，观众达1.7万多人；1988年，农场组织参加全市现代舞大赛，有四人霹雳舞获三等奖，老人迪斯科获纪念奖。1990年后，农场场部相继举办庆祝抗日战争胜利50周年、庆祝抗日战争暨世界反法西斯战争胜利60周年，庆祝香港、澳门回归，庆祝中华人民共和国成立48周年、50周年等大型文艺活动。1993年，为配合举办湖南“屈原杯”自行车越野大赛，在影剧院连续两晚举行大型歌舞文艺晚会，本场文艺爱好者与省武警歌舞团演员同台演出，观众达5000余人。1995年和1996年，连续两年抗御特大洪涝灾害，为动员灾后兴区，行政区党委、管委会分别举行文艺调演，参加演出人员达400多人，观众上万人。

送戏下乡　　（宋政军2011年摄）

2000年后，境内文艺活动既有传统的，也有现代的，春节的玩龙舞狮，端午节的龙舟竞渡，“六一”儿童节的幼儿歌舞、卡拉OK歌手大赛，“独唱、独奏、独舞”大赛，广场文化节，现代歌舞表演赛等各领风骚。2003年，“正虹之光”迎春晚会在屈原影剧院举行，参加演出队伍26支。2007年12月，管理区党委组织十七大精神进农家“五下乡”宣传服务团深入乡镇、村，巡回演出12场，观众达2万多人。2009年，庆祝新中国成立60周年文艺演出在屈原影剧院举行，全区各乡镇、企业分别组队参演。至2011年，分别在天问街道天问广场、营田镇正虹广场、黄金乡现代农业科技示范园连续举行三届广场文化节专场活动，每次参加演出人员达300人，现场观众数千人。

附　协会选介

摄影美术家协会　成立于2011年11月，隶属区文联。由摄影、美术两支队伍合并组成，下设展览部、财务部、组联部。有市级以上会员44人，其中全国会员2人、省级会员4人；女会员4人。第一届理事会设理事20人，谢忠厚、曾兰芝、田荣任顾问，彪型斌任名誉主席，宋政军任主席。

协会成立始，先后举办《荷花摄影赛》《中流砥柱》等建党90周年书画展；屈原一中建校40周年《起凤腾蛟》书画图片展；《职教之光》《农田基本建设》《我是屈原人》《蓓蕾新花》《水利杯》《美丽屈原》等八大摄影图片展，充分展示屈原经济建设、文化建设、生态建设以及社会发展风采。出版《屈原摄影美术作品集》《起凤腾蛟》等摄影作品集4部600册；省、市报刊上稿摄影美术作品60幅、新闻作品100余件。先后举办易伯达、宋政军、湛辉龙、湛中柏等个人美术摄影、根雕作品展。

书法家协会　成立于2010年5月，隶属市书法家协会。第一届理事会理事11人，阳震球任主席。

2010年5月6日，在誉园宾馆举办大型书画展和现场书法表演，出版发行作品集《屈原风韵》。

2010年7月，协助管理区党委组织部举办书画展，出版书画集《求实》；参加市书协举办的文艺精品丛书和岳阳书画作品集展览，阳震球、周光武、姚建平、杨吉美、田光荣、许万国、陆贡贤等人的作品入展。

2011年，先后参加市书协举办的首届临书展、省书协第五届新人展，许万国、杨吉美等人的作品入选临书展并获优秀奖；田光荣、杨自强、郑伟等人的作品入选新人展。

中老年人文化体育协会　成立于2010年4月，隶属区老干局。有会员760人，设理事21人，第一任会长蔡新华。下设长青艺术团、4个乡镇分会、13个广场舞活动片区、120个广场健身舞队、20支腰鼓队，参与人员5000人。

协会成立后，先后举行全区性广场舞观摩表演，参演队伍15支，参演队员2000人；乡级广场舞比赛，参赛队伍30支、1200人。分别参与中国共产党建党90周年专题文艺演出、全区4届广场文化艺术节演出，参演节目20多个，参演人员1500人。长青艺术团3次参加全市广场舞赛和文艺调演，2次获县（市区）组第三名。

屈颂戏曲协会　成立于2011年11月5日，下设曲艺组、戏剧组、创编组、民间艺术开发组、常乐组、财务财产组、办公室后勤组。有事理11人、常务事理5人、正副会长各1人，有会员88人。

协会成立后，经常开展义演活动。

第二节　文艺创作

一、文学创作

1978年始，农场党委宣传部每年组织培训文学骨干班1～2次，参与人员30～50人。至1988年，加入各种文学社团的共85人，在省、市级刊物发表作品145件。1998年后，境内文学爱好者队伍不断壮大。至2011年，全区有作协会员37人，其中市作协会员6人，省以上作协会员4人。

小说、散文、纪实文学　在小说、散文、纪实文学创作中，作品较多的有5位。其中，一级作家、中国作协会员、教育工作者甘苦，1997年始，先后创作散文《想起古老的大师》《书哭》《万花筒里说语言》《认钱》《富贵有病乎》，其中2010年创作的散文《山赏》发表于《湘江·文学》副刊，《客厅的灯光》在《新闻天地》发表。中年业余作家、省作家协会会员易送君创作的散文《洞庭湖，蓝色的问号》入选中国作家出版社重点出版工程《中国治水史诗》。2003年，易送君通过大量采访营田江防抗日见证人与区关工委联合编写《血火营田》，2004年创作的散文《望乡而哭》入选《羊城晚报》花地副刊，2008年短篇小说《老粗的隐私》载于《创作》，2010年创作的散文《家乡的“角色”》发表在《岳阳晚报》。中华楹联文化研究院研究员、市作协会员胡伯勋，1975年开始文学创作，至1988年发表诗歌、散文、文艺评论、杂文、小说、报告文学等80余篇。其中杂文《谈诗偶捡》获市文学大奖赛优秀奖，《广告洋味淡化》《为谁作嫁》分获省文艺评论二等奖。1989年后，陆续创作散文《乡吧村言辑》，散文诗《城市印象一语记》等作品，受到读者赞誉，其中作品《七律·题咏中国茶道》获中国茶文化诗词大赛特等奖。业余文学作者吴玉章2007年后创作的《黄浦外滩上的感动》《这个夜晚不属于我》《徜徉在雨夜的街头》以及《距离》《拒绝悲伤》；文学爱好者唐君辉创作的《我不知道》《无法诉说》《农夫畅想》《夏的怀抱》《秋的厚度》《冬的期盼》等散文诗均获得社会好评。

诗歌 境内古体诗词创作有悠久的历史。老年教育工作者、古体诗词创作爱好者姚家淑，2008年后创作的《凭吊河泊潭》《暮春》《欢度重阳》《秋菊吟》《中秋之夜》等整篇古体诗词作品曾刊载《骚坛诗联》及北京华艺图书编著中心主编的《当代诗坛名家大典》。古典诗词爱好者易中坚创作的《晚晴吟草》；业余文学作者周光武创作的《乡居》《沁园春·营田》；老教育工作者、市老年书协理事易迎祥创作的《七十寿辰抒情》；文学爱好者田建华，1985年开始文学创作，近年所著的《五律·登磊石山》《念奴娇·营田怀古》等在全国多家报刊杂志发表。

现代诗。境内诗歌的主体。省作协会员许平亚，80年代开始发表作品，在《诗神》《青春》《芳草》《羊城晚报》《散文诗》等报刊发表诗歌、散文、散文诗100余首（篇），并出版诗集《岁月的馈赠》，2005年创作的《黄土地（散文诗）》入选中国散文诗集，诗集《岁月的馈赠》《蓝墨水的上游》于2011年花城出版社出版发行。中年业余作家、市作协会员彭仁满，1988年始发表作品，先后在《诗刊》《飞天》《散文诗刊》《湖南文学》《湖南日报》《人家》《羊城晚报》《今日女报》《岳阳文学》《岳阳晚报》等发表诗歌散文400多篇（首），有报告文学、诗歌入选《中国农业功臣传》《青春诗刊》等专辑，2011年由花城出版社出版诗集《一地月光》。中华诗词协会会员、省楹联艺术家协会会员、老教育工作者易俊文自著的《神鼎山揽胜》《过洞庭大桥》《谒营田抗日阵亡烈士塔》等在多家报刊及文学杂志上刊登。

楹联 境域居民每逢红白喜事，均作楹联张贴以增添气氛；酒楼茶社多作楹联挂于厅堂包房；大型会议、专项活动都有悬挂楹联的传统；尤其是春节，家家户户张贴春联，以兆吉祥，机关单位、厂矿企业根据单位性质或行业特点精心制作春联，祈求来年万事如意。

省楹联艺术家协会会员、市楹联学会会员、老教育工作者杨德勋自辑的《竹斋》诗、词、联三卷；省楹联艺术协会会员、市楹联协会会员、教育工作者曹泽文创作的《纪念屈原诞辰2350周年》《卜算子·咏蜡烛》等，在全国多家报刊发表。

二、艺术创作

1978年始，农场党委宣传部注意培养艺术创作人才，戏剧、美术、书画、摄影等多种形式的创作活动得以发展，业余创作队伍不断壮大，加入中国摄影家协会、中国农垦摄影协会、中国农展协会、省摄影家协会、新闻协会各1人；市摄影家协会4人；市美术协会3人。至1988年，全场为大、中专院校输送美术人才12人、音乐人才6人；在省、市级刊物发表、出版艺术作品579件，其中美术作品12件，摄影作品564件，书法作品3件。1989~1999年，境内艺术创作处于自发状态。2000年后，相继成立书法、摄影、美术、舞蹈等协会，协会会员共达1000余人，其中市协会会员200余人，省以上协会会员12人，全区艺术爱好者人数达5000余人。至此，艺术创作在全区形成盛产期，为大、中专输送美术人才1260余人、音乐人才120余人；在省、市以上刊物发表艺术作品1360件，其中美术作品270件、摄影作品980件、书法作品110

余件。

摄影美术　1990年前，境内摄影作品多为人像和生活照片，1991年后，摄影艺术逐渐普及，摄影爱好者大量涌现，摄影水平逐步提高，至2011年，管理区摄影美术家协会有市级以上会员44人。中国摄影家协会会员、中国艺术摄影学会会员、中国农垦摄影家协会常务理事彪型斌，先后创作发表摄影美术作品4000多幅，获奖90多幅，其中《行行出状元》《思》《秋声》《牧归》等作品获全国一、二、三等奖；《也为叔叔加点油》《端午》《灭螺钉》《茧》等参展第一、第二届全国摄影艺术展览；《行行出状元》获市委、市政府首届屈原文学奖；《路》获湘、鄂、赣三省联展一等奖；论文代表作有《摄影构图》《逆光妙用》。2009年，在金秋俱乐部成功举办摄影美术个人展。中国民俗摄影家协会会员、市摄影家协会会员宋政军，1990年学习新闻摄影，至2011年，有500幅作品发表于《光明日报》《湖南日报》《岳阳晚报》，其中《敬老院的集体婚礼》在2005年全国"民生杯"摄影比赛中获三等奖、《岳阳晚报》年度新闻摄影赛中获一等奖；《新农民喜购插秧机》获湖南省地州市摄影作品新闻奖；由他指导创作的电视新闻专题《庄稼汉登上最高领奖台》《我和袁隆平有个约定》于2011年获湖南新闻奖，有近200余幅反映管理区建设的摄影作品为各级画刊、专辑采用。美术爱好者吴忠1984年创作的水粉画《张家界风光》在《湖南日报》发表。美术爱好者韩国平、陆贡贤分别创作的《印象·边山》《丰碑》《春潮》，摄影爱好者刘红旗创作的《洞庭秋色》在社会上获得广泛好评。

书法　书法作为中华民族的传统艺术，1991年后，境内逐渐兴起。至2011年，管理区书法家协会有理事11人。中国炎黄文化出版社特约编审、中国硬笔书法协会会员、省书协会员、市书协理事阳震球，自幼习《多宝塔》《九成宫》清帖，90年代创作的《沁园春·检察官的心愿》获全国检察机关首届书画作品展三等奖；七律《陪颜家龙先生登祝融峰观日出》获中华书画艺术博览会银奖，并被香港东方文化中心收藏；有楹联获1998年中国当代书画艺术大奖赛铜奖，其书画作品被国内博物馆、纪念馆收藏，并部分流入日本、新加坡及中国香港、台湾等地区。市青年书协会员田光荣涉足朱元璋、王右军、颜鲁公、山谷道人等诸家书体；老教育工作者杨吉美创作的《红心献辉》大型书画作品集，省书法家协会终身会员、市书协理事姚建平创作的篆刻，美术爱好者陆贡贤的作品《丰碑》《春潮》等在境域享有盛誉。

第三节　广　播

1978年前，农场场部广播站至各分场采用240伏～480伏高压传输，由开关转换信号，场部广播站为三相整流电源，输出功率2000瓦，有广播专线115对公里，其中铺设广播地埋线81对公里。1979年，广播地埋线因质量差，难以维修，全部报废。1980年后，广播专网由于架设标准低而报废，全场入户舌簧喇叭亦消失，各生产队使用高音喇叭。1984～1985年，部分生产队建立小广播室，设立自办节目，但不与总场、分场广播联网。至1988年，生产队广播增至96个。是年，农场场部向省广播电视厅、市广电局申请建立调频发射台，获批调频发射功率为50瓦，频率为97兆，是年建成开播。至1990年，全场有线广播主要设备有扩音机36台（50瓦），总功率7800瓦，其中总机6台，功率850瓦，有高音喇叭1340只。1992年，境内建立有线广播电视台，广播并入有线电视宣传。1995年6月30日，全区程控电话开通，屈原广播电讯站正式停播，各办事处、镇、生产队有线广播相继淘汰。

1978～1980年，场部广播站全天播出时间225分钟，其中早晚各播出新闻一次，时间各15分钟，文艺节目60分钟。1981年后，场部广播站除转播中央电台、省电台新闻外，相继开设《场内新闻》《科技信息》《生活之友》《学习与教育》《天南海北》《午间文艺》《周末欣赏》《一周时事摘要》等专题节目，每周轮换播出，每次播出15分钟。1985～1996年，全场（区）共有15个优秀广播节目在地市获奖，其中张灵均一篇《泥腿子抱回金娃娃》获1992年市广播好新闻一等奖；1993年，吴益主创的广播消息《省长拍板建电排》获市广播新闻一等奖；1996年，张灵均、田超主创的广播消息《屈原农场启动百万头生猪工程》获市“广播奖”二等奖。1987～1988年，在全市县、区、场广播电视系统目标管理评比中，屈原广播站连续两年被评为广播电视宣传先进单位。

第四节　电　视

一、无线电视

1978年，全场有公用、家用黑白电视机86台，主要播放湖南电视台节目。1980年后，达摩岭电视转播台建立，接收信号增强，家户购买电视机逐年增多，至1983年，全场有彩色、黑白电视机3280台，其中家户拥有1500台，占全场农户总数的10%。1988年，全场电视机达7608台，其中彩电942台，黑白电视机6666台。1990年年底已达10800台，收视频道增至中央电视台一套、二套和湖南电视台。1992年，农场投资30万元，在场部机关办公楼兴建电视差转台，添置1000瓦分米波发射机，建成74米高自立式铁塔，通过省广电厅分配的11频道转播中央一套、二套节目和湖南省电视台节目，使全场无线电视覆盖率达到100%。是年，成立屈原农场广播电视台，于7月1日开播。1996年，耗资26万元新上3000瓦电子管发射机1台。2002年，耗资80余万元，将电视台由机关办公楼整体搬迁至屈原饲料研究所，利用屈原移动公司通信铁塔添置和更新光波发射设施。2009年，投资20万元，新添3000瓦无线电视发射机。至2011年，全区电视机达4.5万台，收视频道达156套。

二、有线电视

1993年年底，屈原有线广播电视台建立地面卫星接收站，在营田镇开通有线电视，输出模拟信号12套电视节目。1997年7月，开通加密频道，输出有线节目增至20套，发展用户4000余户，以营田镇为中心的有线电视网络初步形成。1998年12月，黄金办事处连通有线电视，是年，安装有线电视用户260户。1999年11月，传输有线电视信号的国防光缆工程连通至行政区。2003年6月，区广电局接管汨纺电视台。2004年10月，河市镇连通有线电视，发展用户150户。2005年，对原汨纺电视网络进行全面改造，以材料

1998年12月，黄金办事处无线数字电视开通　（宋政军摄）

商融资方式投资80万元，首次实行可寻址管理，是年改造网络用户2000户。至此，屈原有线电视网络用户数8000户。2007年4月，屈原广电局与省网络总公司开始洽谈有线电视网络合资并网事宜，并经区管委会办公会议研究，同意正式与省电广传媒网络公司开展合作。2008年8月16日，屈原广电局与省电广传媒网络公司在长沙正式签订合作协议，组建屈原电广宽带信息网络有限公司，省网络总公司以现金入股，占股份55%，屈原广电局以资产650万元入股，占股份45%。

2009年1月，屈原经济频道开播。是年，屈原网络公司对屈原有线电视网进行全面改造和数字化平移，数字电视实际用户达到10000户，完成网络收入325万元。

2010年1月，屈原网络公司实施股份制改造。2011年4月，屈原电广宽带信息网络公司股份制改造完成，屈原广电局入股省电广传媒29万股，占省电广传媒总股份0.98%。屈原网络公司作为省网络公司全资子公司，于6月正式挂牌成立。

第五节　文　物

境域依江傍湖，人杰地灵。数千年来，人类的文明、先贤的智慧在此留下了诸多名胜古迹，虽年深日久，时移物非，加之水患兵危，使之大部分已经湮灭，但至今留下的一鳞半爪亦可反映境内文化悠久。1978～2007年，境内文物管理归属汨罗市，据1985年前的4次文物普查鉴定，境内有省级文物保护单位1处，县级文物保护单位11处。2007年11月，成立管理区文物管理所，为文化广播影视局内设机构，正式履行境内文物保护。2008年后，区文物管理所加强各级文物单位保护和新掘文物的申报工作，与文物保护单位所在的乡镇、村和附近居民签订“文物保护责任状”，落实保护要求和责任。至2011年，通过参加全国第三次文物普查，境内文物保护单位20处，新增9处，其中罗子国古城遗址为第七批全国重点文物保护单位，营田江防抗日遗址、营田拱仓库为省级文物保护单位。

屈子庙还原图　（2011年摄，谢运供）

2011年屈原管理区文物保护单位名录

表21-1

名　　称	级别	地　　址	时代	保护范围
罗子国古城遗址	国家级	河市镇古罗城村	春秋至汉代	四周向外延伸30米
营田江防抗日遗址	省级	义南村刘家山 营田镇航运公司院内	近代纪念建筑	
营田拱仓库	省级	营田镇团湖村 推山咀社区	近代纪念建筑	
狮子山遗址	县级	黄金乡寺坪村一组狮子山	商时期	
鸡公滩遗址	县级	河市镇金城村三组	春秋至汉代	
屈子庙遗址	县级	凤凰乡凤凰村	清代	
河泊潭	县级	凤凰乡河泊潭村	战国	
营田窑址	县级	营田镇湘江江岸	宋代	
原四分场机务队车库	县级	凤凰乡横港村	20世纪70年代	
关家坝窑址	县级	凤凰乡凤凰村	明清	
晒尸墩遗址	县级	河市镇三星村	战国	
五手湾窑群	县级	凤凰乡兴隆村灵芝庵五手湾	宋代	
干塘湾墓群	县级	营田镇航运公司	宋代	
杨和潭遗址	县级	河市镇新悦村七组	战国	
磊石电排站	县级	琴棋乡永丰村磊石山南麓	近代	
马头曹遗址	县级	河市镇金城村一组	春秋战国	
宝塔窑址	县级	营田镇宝塔村	汉南朝	
登基斋山遗址	县级	营田镇边山村（白鱼歧遗址）	春秋战国	
熊家咀遗址	县级	河市镇新悦村六组	春秋战国	
谢氏家庙	县级	河市镇新悦村一组	明代	

第六节　图书·电影

一、图书

发行　1978年，农场新华书店为代销点，位于农场贸易公司百货商店中一角。1979年后，除经销毛主席著作及一般政治书刊外，开始发行中小学课本，发行面扩大到汨罗营田水运公司、汨纺以及驻场单位，年营业额达16万元。1986年，代销点搬至屈原镇中心水电大楼，营业厅专设新华书店门市部并开设分类专柜，经营方式有柜台营业、送书上门、征订代购等，同时开辟图书发行代销点14个。至1988年，新华书店有工作人员10人，年发行政治类书籍3万册，科技类书刊5万册，教育类书籍4万册，文艺类书籍2.5万册，中小学课本10.55万册，年画、图片2万张，营业额达60万元，发行单位80多个。1990年，新华书店自筹资金30万元，新建营业楼，占地面积300平方米，一楼设营业厅，分政治类、经济类、教育类、科技类、文艺类、年画图片类、少儿类等专柜。1991年后，随着个体图书经营户进入市场，逐步形成以新华书店为主渠道，集体、个体书店、书摊为补充的图书发行网络。在市场竞争日趋激烈的形势下，新华书店采取多项举措占领市场，通过上门订购、送书下乡、摆摊设点、流动供应等，发挥了图书发行主渠道作用。至2011年，年发行图书5000～7000册，年画、图片1万张，营业额50万～70万元。

馆藏与利用　1978年始，农场党委宣传部、各中学均建立图书室，至1985年，全场有图书室10个，藏书约7.5万册。1986年后，场直企业相继建立图书室，至1988年，全场有图书室19个，藏书达10.02万册。藏书较多的有屈原中学、党校、宣传部、屈原糖厂、建材建筑工程公司，上述单位均设有专用书库、阅览室、专（兼）职图书管理员。1989年，9个分场、镇，38所小学相继设立图书室。1996年后，由于购书经费缺乏，管理困难，分场、镇图书室都转入学校，与教育共管。2000年后，场直企业陆续改制，企业图书室图书相继流失。2008年后，农家书屋兴起，全区共建农家书屋70家，覆盖各村（居），有农家书屋管理员70人，河市镇胡湘江、黄金乡柳俊被评为省优秀农家书屋管理员。2010年，启动屈原图书馆建设。至2011年，全区有图书室80家，藏书32万册，其中规模较大的有：区党委党校图书室，面积120平方米，藏书5万册；屈原一中图书室，面积160平方米，藏书7万册；屈原小学图书室，面积120平方米，藏书4万册；天问街道图书室，面积80平方米，藏书2.2万册。

二、电影

1978年，农场有电影队7个，有16毫米“605”放映机4台，“南京F-4型”放映机3台，“1101型”发电机4台，“750型”发电机3台，放映员16人，主要以露天放映为主。放映费由各分场、生产队集中收缴，每场15元，每年放映2150余场，观众达110万人次。1980年后，放映费每场25～30元。1981年5月，屈原影剧院落成，占地2260平方米，院前辟门卫室、售票室，主建筑有放映楼、机修楼和1528个座位的观众厅。放映设备有“5503松花江”座机2台，“GF-40长江”扩音机2台。至1983年，每年放映380场，观众33万人次，年收入6万元。1984～1986年，每年放映410场，观众22万人次，收入4万元。1987～1988年，每年放映290场，观众10万人次，收入4万元。1988年，影剧院增建“演员之家”，开设录像厅，工作人

1983年11月，电影《一个女人的命运》在河市开拍　（彪型斌摄）

员增至24人。全场电影队增至10个，其中个体电影队1个。有工作人员44人，其中放映师3人、一级放映员7人、二级放映员8人、三级放映员5人、四级放映员3人。

1989～1992年，屈原影剧院坚持每天中午、下午、晚上按时放映，一般每天2～3场，遇有新片，即实行全天滚动放映，多至每天6场。分场电影放映队在各生产队采取轮流放映，一般2周可轮换一次。每年平均放映1500场，观众125万人次。1993年后，由于电视、歌厅、舞厅的兴起，电影观众逐年减少，电影收入下滑，各放映队相继解散。屈原影剧院实行体制改革，人员下岗分流。1994年后，影剧院由区教育文体局管理，实行对外承租，主要承担场（区）大型会议及农场（区）组织的文艺演出，或由承包者引进外来演出团体。2008年后，根据广电总局要求，每月每村放映一场电影，区以屈原影剧院技术人才为依托，组织电影队，定期在乡镇、村开展放映工作，每年800场次。

第七节　文化市场管理

一、审批管理

2003年9月，成立区文化市场稽查大队，行使文化市场稽查管理。是年，区文化市场稽查大队对文化经营市场进行全面摸底，登记造册，逐家审核，报区教育文体局审批，统一发证，统一管理。至2011年，共审核批准各类文化经营项目61家，其中歌舞厅3家，打字复印12家，书店6家，网吧24家，营业性演出场所16家。

二、文化市场清理整顿

2004年，区成立扫除黄色书刊、打击非法出版物和淫秽录像制品领导小组，每年集中行动查处不健康的经营苗头，打击非法经营行为。同时，不定期在文化经营户中举办法制宣传月活动和法律法规培训班，开展评选文明经营单位和遵纪守法先进企业活动。

至2011年，共开展联合执法行动30次，重点对网吧、歌舞娱乐场所、电子游戏室、文印店进行专项整治，共收缴非法物品4000件，盗版教学辅导读物2600册，地下“六合彩”书刊、书报3.2万张，收缴盗版、色情、黄色刊物5600套（张），对严重违法违规的8家经营场所给予经济处罚、停业整顿、行政立案查处、吊销文化经营许可证等处理。

第二章　体　育

1978～1993年，农场党委宣传部负责全场群众性业余体育运动事业的管理工作。1994年，行政区成立教育文体局，主管全区体育业务工作。2003年，文化管理析出，区教育文体局更名为区教育体育局。

中共十一届三中全会后，农村体育工作被列为建设文明村、组的重要内容。各分场、学校、生产队、企业经常性开展群众体育活动。篮球赛、拔河比赛、棋类运动、乒乓球赛等群众爱好的大众化运动较为广泛。90年代，传统体育活动如赛龙舟、民间武术表演、玩龙舞狮等在重大节日较为普及。1993年，农场举办首届湖南“屈原杯”自行车越野大赛。2000年始，全区相继成立各类协会7个，会员540

人，促进了群众体育事业的蓬勃开展。

至2011年，全区有各类体育场馆178个，总面积77011平方米。

第一节　设　施

1978年，农场各分场学校、生产队、场直企业均设有篮球场、排球场，部分条件较好的单位建有乒乓球室。至1988年，全场有中、小型田径运动场6处，篮球场156个，排球场36个，足球场（中、小型）15个，露天乒乓球场25个，乒乓球室8个，乒乓球桌（包括水泥乒乓球台）350个，桌球台75个。除屈原中学运动场较为标准外，大部分运动场所并不规范，设施不完善。1991年后，农场党委把开展群众性体育活动列入两个文明建设目标，根据国家体委发布标准，在完善学校体育设施建设的同时，加快群众体育活动场地建设。乡镇新农村建设示范点相继设置单杠、滑动板及简易健身器材。天问街道完善配套天问广场体育设施，兴建灯光篮球场3个，400米田径跑道1个，单杠、滑动板及简易健身器2处。屈原国税局、屈原地税局、屈原工商局、营田镇义南村、缘江花园陆续建有灯光篮球场和简易体育锻炼区。2011年，投资达480万元的屈原一中体育馆竣工，建筑面积4300平方米，设有篮球场1个，排球场2个，羽毛球场1个。至此，全区建成各类体育场馆178个，其中篮球场103个、排球场36个、足球场8个、门球场1个、乒乓球室27个、乒乓球台（含露天、水泥球台）156个、桌球台52个、旱冰场1个、游泳场1个。

第二节　竞技体育

一、参加市级以上运动会

1981年，农场组团参加全省青少年田径运动会，屈原中学学生柳迪雄获铅球第一名、铁饼第二名。1985年，在岳阳地区第二届田径运动会上，农场由33人组成的代表队，获前6名的有17个名次，其中老年组获第六名；由4人组成的代表队参加岳阳地区第二届举重比赛，余汨江、杨修建分获65公斤级、67.5公斤级第一名；由5人组成的代表队参加岳阳地区象棋赛，获团体第四名；组团参加岳阳地区第二届篮球赛，获第五名。1987年，农场派出河市镇4队和3队龙舟队参加全市龙舟竞渡赛，分获第七名和第十二名。组队参加全市武术散打比赛和平江散打邀请赛，获团体第二名。1988年，组队参加全市“大显杯”象棋赛，5人获市三级棋士；组队参加全市第二届少年举重比赛，蒋红建、易跃云分获52公斤级、48公斤级第一名和第二名。1993年、1997年，两次组队参加全市老年运动会，在健身操、乒乓球等10个项目中获奖。2003年，屈原老干部代表队参加全市第十届市、县（区）委、人大、政府、政协机关老干部门球赛获第一名。2004年，由正虹集团组建的正虹龙舟队，在三峡参加的第二届“屈原”杯全国龙舟锦标赛中，分获混合组250米、500米直道竞赛第二名和第三名，并获道德风尚奖。2007年，区组团参加全市教职工篮球赛获男子组第五名。2011年，区组团参加全市第十届机关篮球赛获男子组第八名。

二、举办全区体育竞赛活动

篮球赛　1980～1985年，在屈原中学、职工医院、屈原糖厂分别举行三届职工篮球赛，参赛队伍累计44支，其中屈原糖厂队获第一和第二届第一名，第三届由屈原糖厂队和五分场队分获场直组、分场组第一名。1996年10月，举行全区职工篮球友谊赛，参赛队伍16支，正虹代表队获第一名。1988年，在屈原机械厂举行首届“金龙杯”篮球赛，17个代表队参赛，机械厂代表队夺得“金龙杯”。2007年10月，“德科杯”篮球赛在边山社区等6个分赛区举行，全区有20支职工篮球代表队参赛，营田镇代表队获第一名。

象棋赛　1983～1987年，连续在农场机关举行5届职工象棋赛，参赛队员达197人，由甘苦、田德华、何志中分获第一名。

龙舟赛　1985年，总场在河市河举行首届龙舟锦标赛，参赛运动员达500余人。

乒乓球赛　1987年，在屈原影剧院举办全场职工团体乒乓球赛，参加队员75人，屈原中学获团体第一名。1997年5月，主办全区职工乒乓球赛，19支队伍参赛，人民医院代表队获第一名。

自行车越野赛　1993年9月30日至10月1日，农场主办首届湖南“屈原杯”自行车越野大赛，有来自全国100多名选手报名参赛，赛程56.2公里，途经屈汨大道、东大堤、凤凰山、八里堤、西大堤，沿途观众达数万人。屈原选手欧阳世军、吴宗辉分获一、二名。

第三节　群众体育

体育协会　1986年，成立农场武术协会，成为境内第一家单项体育协会。1988年后，老年人参加体育活动渐多，农场离退办根据老同志自身特点先后成立老年体育协会、老年门球协会、老年钓鱼协会、老年象棋协会，会员达260余人，其中推荐2名退休老人参加省、市门球裁判培训，取得三级裁判员资格。2003年后，相继成立篮球协会、太极运动协会，会员达920人。

体育活动　境内体育活动源远流长，丰富多彩。农闲或重大节日期间，有划龙舟、玩龙舞狮等；农忙间歇时有掰腕子、扭扁担、摔跤等。2000多年来以纪念屈原为主的龙舟竞渡长盛不衰，最具地方特色。民谚“宁荒一年田，不输五月船”，充分体现了群众的参与热情。从古至今，境内习武蔚然成风。拳以少林拳为主，器械以棍为主，附以刀、枪、钯、凳、鞭、锤等。至1984年，全场有武术教头185人，习武者多达2968人。1987年，举行全场“三级拳师”考核，参试者达60余人，有28人获得“三级拳师”证书。1985年春节，屈原镇、建材建筑工程公司、汨纺联合举办玩龙舞狮活动，出动彩龙30余条、狮子4对、对虾3对、彩蚌4个、彩龙船4条、扎戏10台，活动从正月初二持续到十五元宵。竞技体育于70年代由学校向农村扩展，项目有篮球、乒乓球、拔河、田径、摔跤、棋类等。80年代，自行车遍及农村，自行车竞慢、竞速、负

自行车运动正成为屈原年轻人新的运动方式　　（宋政军2011年摄）

重，成为农民、特别是青年农民喜爱的体育项目。

1978～1989年，机关、企业单位职工以篮球、排球、羽毛球、乒乓球为主。1990年后，气功、自行车、足球、滑冰、武术、门球、象棋、围棋、垂钓、散步、慢跑、广场舞蹈、腰鼓等项目成为城镇和农村居民中不同职业、不同年龄阶段人的新喜爱。各乡镇、区直单位常年举办规模不等的篮球、乒乓球、棋牌、玩龙舞狮、龙舟竞渡等群众体育活动。全区职工篮球赛，中小学生田径运动会，重阳节老年门球赛、钓鱼赛已成为定期不变的体育活动项目。至2011年，共举行各类体育比赛活动40场次，其中篮球赛8次、乒乓球赛6次、象棋赛6次、老年门球赛5次、钓鱼比赛7次、自行车赛、龙舟赛等8次。

附 区太极运动协会

区太极运动协会成立于2009年6月，系从事太极运动、研究且个人自愿组成的专业性非营业性社会组织，有会员160人，业务主管部门区教育体育局。

是年6月28日，召开第一届区太极运动协会会员代表大会，与会代表160人。会议通过《屈原管理区太极运动协会章程》，选举产生由20名代表组成的协会理事会，会长任和宝，并聘请曾兰芝任顾问，谢辉煌任名誉会长。6月30日，在营田镇余家坪社区举行迎“七一”太极拳表演赛，参演人员110人。2010年5月，组团参加全市太极拳比赛，获团体三等奖。是年6月，在天问街道举行太极拳表演赛，参赛人员150人。是年11月，组队参加全省太极拳比赛。

2011年6月和11月，在天问街道参加全区武术、文艺综合表演赛，140人参加表演。是年10月，派人参加全省第二届太极拳运动大会暨第三届太极拳锦标赛，任和宝获武当剑、杨式传统套路太极拳女子D组三等奖。

第四节 学校体育

师资和设施 1978年，全境中小学校有专职体育教师14人，兼职体育教师150人。1979年后，根据教育发展需要陆续调整学校布局，至2011年，全区中小学校有专职体育教师16人，兼职体育教师12人。

1978年后，农场主管教育部门根据体育教学大纲，要求各学校加强体育设施建设。1983年，屈原中学完成400米环形跑道和灯光篮球场建设。1993年，农场10所初、高中建立体育器材室，新建简易体育运动场篮排球场和露天乒乓球台。1994年后，随着中小学校布局的调整，各学校加大体育设施的投入力度。1996年，屈原小学体育设施建设达到省标一级学校标准。是年10月，改扩建屈原中学田径场，使其成为全区中小学生运动会重点赛场。2004年11月，投资32万元的屈原一中校园健身广场投入使用。2008年，配置22套体育器材充实到各中小学校。2011年，区投资480万元，兴建屈原一中体育馆。至2011年，全区中小学校建成田径场12个、篮球场17个、排球场10个、足球场7个、乒乓球室4间、台球室5个，体育器材达标学校20所。

体育教学 中小学校普设体育课，每周2节。教学内容以田径、球类为主，兼教初级武术。1978年后，先后在学校推行第五套至第八套广播体操，学校每周的体育活动形成“两课”（即体育课、文娱活动课）、“两操”（即眼保健操、课间操）、“三活动”（即三节课外活动）制度。是年，农场宣教科对全场中小学进行体育达标督促检查，达标率28%。屈原中学寄宿生开展晨操、晨跑训练，全校学生持续参加一个星期体育达标活动，80%的学生实现达标，1979年，学校被评为全省体育达标先进单位。1982年，全场中小学生普遍实施《国家体育锻炼标准》，规定体育不及格者不得毕业或升入高一级学校学习，各学校体育、艺术项目2+1活动得到全面落实。1991年后，农场教研室重视体育教学研讨，共培训中小学校体育教学骨干教师12人，同时，实施《学生体质健康标准》，不断提高体育教学质量，为中、高等体育院校输送合格人才。至2011年，区内向各类体育院校输送学生200多人，其中，屈原一中毕业生湛超军考入湖南师范大学体育学院，后就读研究生班，再被北京体院博士生班录取后成为留美博士；杨修建、杨志忠体育院校毕业后分别成为省举重队、省摔跤队教练；余汨江为国家一级柔道裁判。

体育活动 1978年始，农场教育部门要求各学校认真贯彻落实《学校体育工作条例》，推行国家体育锻炼标准，从学校实际出发，开展大课间活动。1979年，举行全场中小学生第三届田径运动会，参赛队员300余人，1人破市纪录，66人破场纪录。1984年，举行全场初中生篮球赛，参赛队伍10支；举行第四届中小学生田径运动会，64场单项竞赛有60场在各分场中学进行。1986年10月，举行全场中小学生足球运动会，32个代表队600名中小学运动员参赛，糖厂小学、建材小学分别获小学组第一、二名，屈原中学、一分场中学分获中学组第一、二名。

1987～1988年，根据各中小学校实际，采取分学校举行单项体育竞赛，竞赛项目分别有田径、球类、棋类、举重及中小学生体育达标测试。参赛队员达800余人，其中在田径赛中有46人破场纪录；在中小学体育达标测试中，中学生达标率63.5%，小学生达标率58.2%。其间：1987年，岳阳市指令屈原中学组训少年举重队，经两年艰苦训练，省七运会上获女子44公斤级第四名、女子48公斤级第六名，为名列全省第三名的岳阳市队赢得10分。1990年，举行全场第七届中小学生运动会，参赛队员350人，有31人在单项竞赛中破场纪录，屈原中学获团体第一名。1991年，屈原中学组织学生参加全市中学生田径运动会，获团体第二名，徐丹获个人全能冠军。

1994～2011年，全区各中小学除举办小学生广播体操，中学生第七、八套广播体操比赛外，突出学生体育达标训练，先后组织中小学生田径运动会，球类比赛，棋类比赛12场次，并5次组队参加全市中学生运动会。其间：2005年11月，屈原一中成功举办第八届中学生运动会，参赛队员280人，有12人次打破农场纪录。

第二十二篇　社　会

第一章　居民生活

第一节　居民收入

2000年与1978年相比，农村居民人均纯收入由340元增至2477元，增长6.29倍；城镇居民人均可支配收入由580元增至3230元，增长4.57倍；农村居民与城镇居民收入比为1∶1.3，城乡收入差距不大。2000年后，随着国家增加农民收入的政策出台，区内相继出台一系列惠农政策，大力进行农村产业结构调整，促进农村经济全面发展。其间，农产品产量增加，收购价格不断提高，农民收入增长加快，年均增幅达10.2%；大批国有、集体企业破产改制，许多下岗分流人员转而从事个体经营活动，带动城镇经济发展。2011年，全区农村居民人均纯收入增至11450元，比2000年增长3.62倍；城镇居民人均可支配收入增至21558元，比2000年增长5.67倍。农村居民人均纯收入与城镇居民人均可支配收入比为1∶1.8。

第二节　居民消费

衣　1982年前，国家对棉花、棉布实行统一购买，统一分配，农村人口年均分配布票14尺，棉花0.5～1公斤；城镇居民分配布票14尺，棉花0.25公斤。随着棉花、化纤、羽绒衣服增多，棉花供需日渐缓和。1983年12月，国家取消棉布凭票供应政策，居民衣着的选择开始发生重大变化。1991年后，城乡居民收入的增加，居民衣着由布料加工向购买成衣转变；由经济实惠向注重色彩、款式转变。随着市场化改革的逐步深入和人们消费观念的转变，促使大量国际国内品牌服饰涌入境内市场。2009年后，网上购物兴起，服饰品牌、款式成为城镇居民衣着消费的首选。2011年，农村人均衣着消费支出325元，城镇人均衣着消费支出1570元，分别比1991年增长2.1倍、2.5倍。

食　1978～1988年，境内居民口粮实行计划供应，全场年人均口粮由1978年的276.5公斤提高到1988年的300公斤。农村实行家庭联产承包责任制后，农村居民食品以自产自给为主。1991年后，随着城乡居民收入的增长，食品购买量逐年增加，水产、肉禽、蛋和时鲜蔬菜、鲜果等其他食品的消费比重逐年上升，高蛋白、低热量、低脂肪成为人们追求健康的饮食时尚。随着人们生活节奏的加快和饮食业的发展，城镇居民为追求轻松方便，外出就餐支出增长较快。2011年，农村住户人均食品消费1960元，是1991年484.6元的4倍；城镇居民人均食品消费2840元，是1991年780元的3.64倍。

住　1981年，境内各农业单位有房屋2578栋、57.3万平方米，农村人均住房面积11.1平方米，其中砖瓦

新佳亿购物中心超市一角　（易伯达2011年摄）

结构2132栋、50万平方米，占住房面积的87.3%；茅草房屋444栋、7.2万平方米，占12.7%。房屋排列为兵营式。1981年后，随着农业生产责任制的落实，农村经济迅速发展，由国家投资建造的职工住宅全部折价归私，部分先富裕起来的职工筹资建房，改兵营式排列格局为单家独户田园式组合的整齐划一的街道式。

至1989年，境内有三分之一的职工盖有新房，自建新房总面积94.4万平方米，新房结构多为砖混结构，其中楼房占67%。1990年后，农村居民收入增加，人们把住房投资作为改善生活环境的一项重要内容，加大住房投资力度，红砖瓦房、楼房别墅已普及乡村。至2011年，农村居民人均住房面积达44平方米。农村居民人年均住房消费额由1991年的58元增至480元，住房造价每平方米比1991年增长78%。1992年后，随着住房制度改革，全境公房折价归私，停止住房实物分配，不再允许公建住房，城镇居民自建房屋以及各种安居工程、住宅小区、花园等商品房迅速兴起，极大地改善了城镇居民的居住条件和环境。2011年，城镇居民人均住房消费额增至718元，人均住房使用面积44平方米，住房价格达到每平方米690元。

行　1978～1980年，随着境内干、支线公路沟通，各分场均自购有汽车，居民出行除骑自行车外，还可乘坐拖拉机或汽车。1982年后，个体运输业兴起，车辆增多，家庭添置摩托车的越来越多，居民出行工具可有多种选择。1995年始，全境交通事业发展迅速，城镇、农村公路四通八达。城镇“叭叭车”、出租车给人们外出务工、探亲访友、旅游带来极大方便。1999年后，随着乡村公路建设步伐加快，农村居民交通费用激增，大部分农村家庭购置摩托车，有的买了拖拉机、中巴车、卡车搞运输，部分城镇和农村家庭开始购置小轿车。2011年，每百户居民拥有摩托车65台。城镇

营田镇居民新居　（彭太和2011年摄）

居民人均交通费用达360元，比1991年增加4.8倍；农村居民人均交通费用达290元，比1991年增加3.5倍。

用　70～80年代，手表、缝纫机、自行车、收音机（俗称“三转一响”）为高档生活用品。1991年后，经济快速发展，社会物资供应充足，日用消费品数量大、品种多，居民对日用品的选择空间越来越大。电视机、电冰箱、洗衣机、空调已成为家庭必备用品，取而代之的高档商品有电脑、家用小轿车等。2011年，农村居民人均家庭设备用品服务支出318元，教育文化娱乐用品服务支出280元，医疗保健支出490元，其他用品支出120元；城镇居民人均家庭设备用品支出670元，医疗保健支出560元，教育文化娱乐支出1200元，其他商品和服务用品支出208元。

第二章　婚姻家庭

第一节　婚　姻

据全区第六次人口普查数据反映：2010年，境内人口未婚比17.51%，有偶比82.12%，丧偶比5.13%，离婚比2.20%，与1982年第三次人口普查比较，未婚比下降9.21%，有偶比上升4.81%，丧偶比上升0.12%，离婚比上升0.78%。

1991年后，随着社会的变革和市场经济的建立，境内婚姻状况出现新的特点，旧的婚姻观念和习俗淡化，“父母之命”彻底革除，“媒妁之言”仅具牵线搭桥作用，“寡年不宜结婚”“合八字”等在年轻人中已无市场。2005年无立春节气，旧称“寡年”，结婚登记500对，比2003年、2004年分别增加101对、40对。依法登记成居民自觉行为。2003～2011年，全区办理结婚登记5189对，婚姻登记合格率达100%，晚婚率56%。

80年代后，离婚人数呈上升趋势。1981～1990年，境内调解离婚在10～20对；1991～2003年，扩大到21～67对。2004～2011年增至100～200对。离婚率增大，主要原因有：婚姻价值取向发生偏离，男性外出打工，经济状况有了好转，喜新厌旧；女性中有的追求实惠婚姻，另攀高枝；草率结婚，婚后性格不合；家庭责任感不强；家庭暴力等。2011年，调解离婚的193对中，有45对是夫妻中一方对婚姻不忠诚，或第三者插足，导致感情破裂；有52对是草率结婚，婚后性格不合；有27对是夫妻因经济争吵，家庭不和睦。

第二节　家　庭

家庭规模　据第三次至第六次全国人口普查家庭规模统计资料显示，境内家庭呈逐渐缩小之势。1982年，总户数15933户、户均人口3.82人；1990年，总户数18610户，户均人口3.36人；2000年，总户数22780户，户均人口2.84人；2010年，总户数32343户，户均人口2.57人。

家庭结构　根据第六次全国人口普查有关数据分析，境内家庭结构形式主要有以下六种：核心家庭，由一对夫妇和未婚子女（包括收养的子女）组成，家庭成员里只有一对配偶。境内核心家庭户18785

户，占总户数的58.09%。直系家庭，由一对夫妇和一对已婚子女（包括收养的子女）及其孙儿组成，有三代人生活在一起。境内三代户家庭户4932户，占15.25%。联合家庭，由在一起生活的两对和两对以上的已婚兄弟及其未婚子女组成，一般以长兄或兄弟中的能者为联合家庭户主。这类家庭大多随社会发展而消失。直系联合家庭，由一对夫妇和两对以上的已婚子女（包括已婚的孙辈和重孙辈、曾孙辈），以及已婚子女生育的孩子组成。这类家庭户较少，仅74户，占0.23%。单亲家庭，由父亲或母亲与子女组成的家庭。2000年始，单亲家庭，特别是以女性为户主的单亲家庭虽然少，但呈增长趋势。单身家庭，即一人户家庭，境内为2102户，占6.49%。

家庭关系 1981～1985年，由农场妇联牵头开展“五好家庭”竞赛活动，全场有“五好家庭”1000户，其中好夫妻97对、好妯娌22对，好婆媳93对。1995年，由区文明办牵头，开展创建“带头致富户、科技示范户、遵纪守法户、家庭和睦户”活动。全区评选出“家庭和睦”标兵户20个。2000年始，管理区党委、区管委会把创建“十星级农户”“五好”家庭，作为建设和谐社会的一项经常性、制度化工作来抓，每年表彰“十星级农户”100个、“五好”家庭50个。

第三章 民 俗

第一节 生活习俗

一、饮食

区境居民一般日食三餐，以大米为主食。1990年始，居民早餐多以面食米粉为主，其中有少部分居民有宵夜的习惯。在四时八节，爱吃“应节”食品：如正月十五吃元宵坨子，五月端阳包粽子，七月“双抢”喝绿豆粥，八月中秋吃月饼、包汤圆。菜食方面，除四季“小菜”外，农村喜欢做“坛子菜”（腌菜、泡菜、酱菜等），如辣椒萝卜、萝卜腌菜、酸黄瓜、酸豆角、酸辣椒、腐乳、盐蛋、皮蛋等。熏制腊鱼、腊肉。多数人家无辣椒不成菜。三餐之内，午餐最讲究，小鱼小虾、豆腐、禽蛋加“小荤”。来客或请工，则加“大荤”（鱼、肉）。款待“稀客”，才宰鸡、杀鸭。在吃鱼方面，讲究春鲇、夏鲤、秋鲫、冬鳊。三月泥鳅、四月鳝。三伏天，有逢伏吃姜炒子雄鸡之俗，谓可祛风湿。席间白酒、啤酒、汽酒、葡萄酒、果汁已上餐桌。农村部分居民餐后喜吃姜盐茶，客来则以豆子（或花生米）芝麻姜盐茶款待。

二、居住

建场初期，居民住房千篇一律，都是“村庄化”，一般以“毛蜡烛”（竹片或苇秆缠绕稻草）敷牛粪为墙，以稻草、树皮或芦苇覆盖。70年代，允许私人建房，城乡新房日增。80年代，城镇住房造型向美观、适用、通风、透光、几室一厅、厨、厕配套的形式发展。2005年始，随着“新农村建设”的实施，乡、镇、村新建一大批新潮美观的别墅式建筑。

旧时新建住房，先请“地生”卜吉相宅，摆基石分间。建造期间，“定脚”“树柱”“封龙口”“上梁”均要放鞭炮。尤其“上梁”，木匠手执斧头，向梁头、梁腹、梁尾祭酒作赞，且淋鸡血以避邪，于梁之两端披红后，在鞭炮声中主人向下投掷糕饼，围观群众嬉笑抢闹，以此预兆新屋“人丁兴旺”。破“四旧”时，此习俗被禁止。80年代后期，部分习俗陆续延用。

三、服饰

衣着　建场初期，兴起一阵穿苏联花布衬衣之风，继而被视为“资产阶级生活方式”，衣色复归青、蓝。“文化大革命”时期，“战士服”为城乡青年男女所崇尚，尤以转业、复员军人褪色军衣、军帽、军挎包为时髦。70年代末期，化纤衣料成为畅销货，衣色异彩纷呈，款式千姿百态，夹克、西装、羊毛衫、健美裤、喇叭裤、牛仔裤、超短裙、露胸衫，色彩艳丽，质地华贵，能穿尽穿，各取所爱。特别是进入21世纪，各类服装流进城乡，居民穿着与国内大中城市居民无甚差异。

首饰　戴玉银手镯、金耳环、金戒指的习俗一直流传，一般为定婚或陪嫁礼物。儿童皆兴由外婆或亲友赠送银质项圈、脚圈、手圈、百家圈（锁镌“长命富贵”“吉祥如意”字样），配以链条、铃铛。有钱的男子也戴手镯、戒指。“文化大革命”中，这些装饰被当作“四旧”予以革除。1978年后，除耳环、金戒指、金项链盛于以前外，新增金手链、玉镯、铂金饰物等。

第二节　岁时习俗

一、春节

居民极重春节，每到年关，外出的人们都要回家团圆。年三十，家家贴春联，挂门神，张灯结彩，吃团年饭。河市一带居民将团年饭定在黎明前，营田一带定在中午时分，外来居民有的定在晚餐。团年饭酒菜丰盛，必备菜有鱼、肉、芋头、萝卜、大白菜以祈平安幸福、发财。饭菜上桌，燃放鞭炮，合家开怀畅饮。这顿饭吃的时间越长越好，饭菜剩得越多越好，以示好日子长久，有吃有余。讲究“三十夜里的火，十五晚上的灯”。除夕之夜，旧时，全家人围炉欢聚，由家长给儿孙们分封压岁钱，烤年糕、煮甜酒、嚼柿枣、嗑瓜子，有的通宵达旦，以享天伦之乐，俗名“守岁”。卧室、厨房、牛舍、猪栏均亮灯点烛；儿童结伴提灯笼沿门喊“恭喜”，叫“送恭喜”；临睡前，放鞭炮，关大门，叫“关财门”。90年代后，电视机普及城乡，除夕之夜，全家围炉收看中央电视台现场直播的春节联欢晚会；零时，开门燃放鞭炮、礼花，迎新春。大年初一，事事求吉利，是全民大庆大喜之日，俗称过大年。此日，大部分家庭，特别是农村居户，设香案供品，敬奉天地、家神，开财门，放鞭炮。晚辈给长辈拜年、祝福。是日，有占风向以验岁时丰歉之俗。谓“北（风）主丰收，南主歉和涝”。谚语有“大年初一发南风，屋檐脚下爬虾公”；又有观天气明暗，以测全年晴雨之举，说“明兆多晴，暗兆多雨”。正月初二，亲友交相拜年，俗有“初一崽、初二郎、初三初四拜地方”的规矩。平辈拱手作揖，晚辈有跪拜。往年“拜年”待客，先饮糖茶（荔枝、甜酒蛋），继后设冷盘、饮酒、嗑瓜子、剥糖果、吃饼干、喝豆子芝麻姜盐茶。过初五后，境内城乡开始玩龙、耍狮，直至元宵节。

二、三月三

又名“踏青节”，民间习惯吃地菜（又叫荠菜）煮鸡蛋，传说可以预防很多疾病。

三、立夏

民间流行吃盐鸭蛋和糯米坨，有“立夏吃个坨，双脚跳过河；立夏吃个蛋，鹅卵石踩得烂”的谚语。

四、清明

区内大多数家庭或家族在清明节的前三天、后四天，聚集扫墓，又叫“挂山认祖”。一般由家中长者带队，遍祭先辈坟墓，每到一处，即将“彩球”插在坟顶，然后燃放鞭炮，下跪作揖，叩头行礼。60

年代中期至70年代，强调反封建迷信，除挂扫烈士陵园外，“家祭”几乎绝迹。1980年后，祭扫活动恢复。1991年后，清明祭扫活动更盛。

五、端午

境域是屈原投江之罗子国属地，岁岁端阳。旧时境内有以民间组织形式进行赛龙舟的习惯。竞渡点多集中在河市街、营田街、黄金河等地。龙舟竞渡习俗繁多、有趣。从“偷龙木”到不准女人观看造龙船，从“关头”“掩煞”“开光”“亮相”到“登龙头”“朝庙祭祀”。龙舟下水前，要焚香奠酒祭龙头，用猪油遍擦船底，配备好桡手，于五月初一下水练习，初五大赛。此时，江心争标夺胜，两岸观众颠狂助威。胜方，簇拥艄公擂鼓游街。破“四旧”时，此赛事被禁止。80年代后，有组织的文明竞技之风逐渐形成。此外，家家户户，门悬菖蒲、艾叶避邪；饮雄黄酒、烧蚊香、吃粽子。妇女伴丈夫领儿女去外婆家拜节。此俗历代相传，有纪念屈原之意。

六、中元

又称“七月半”“鬼节”。农历七月十五日前后，部分城乡居民中时兴“烧包认祖”，并有十一金钱，十二银钱，十三十四纸钱之说。

七、中秋

农历八月十五日，城乡习惯合家团圆赏月，亲友互送月饼。80年代后，党政机关和企事业单位中，有举行茶话会以慰问客籍干部职工的，有举行诗词吟唱会以抒情纵怀的。

八、重阳

农历九月初九，重九登高，民间无甚活动。1980年，国家明文确定“重九”为老年节，机关团体多于此日前后组织老人登高揽胜，赋诗唱酬，重阳节之习渐兴。

九、小年

农历十二月二十四日，又称“小除”。民俗于此日大扫除。

90年代后，境内城乡除沿袭发展上述习俗外，又兴起过元旦、妇女节、劳动节、建党节、建军节、国庆节等节日。2001年后，西方的圣诞节、情人节、愚人节、母亲节、父亲节等引入区内居民的生活领域。圣诞节的平安夜，年轻人一起狂欢。情人节这天，情人间互送玫瑰花或相互约会。母亲节、父亲节时，子女向父母问候。工薪层和年轻人时兴在这些现代节日用手机短信互致问候。

第三节　礼仪习俗

一、婚嫁

旧时，当地时兴先议婚、再订婚、后结婚。50~60年代，婚礼陪嫁，较为简朴。70年代后期，彩礼数额渐增，先是“二机一转”（即收音机、缝纫机、手表），后为电视机、收音机、自行车。80年代，讲究彩电、冰箱、名牌自行车。90年代后，境内习俗有新变化，虽有旅游结婚，不讲排场，不做酒席的新方式，但只是少数，大多数的婚嫁活动十分隆重、热闹，讲究排场。选择吉日后，朋友、同事上门送礼，亲戚则先送请柬再送礼，同时精心筹备婚礼。聘礼随着人们生活水平的提高不断增加，从90年代的数千元，上升到数万元。

新房的布置越来越讲究，充分体现热闹喜庆气氛，张贴对联、大红喜字、窗花鸳鸯图案等吉祥装饰物。室内更是全新高档家具、床上用品及家用电器，一般都有彩电、冰箱、电风扇或空调、收录机或音响、VCD、洗衣机、摩托车甚至有轿车等。

青年人结婚前大都去婚纱影楼拍婚纱照。新娘新郎穿各式婚纱礼服，在景点、影楼拍摄数十张照片，少则几千元，多则上万元。结婚之日，新娘到婚纱店由化妆师化好妆，穿上婚纱，男方派出车队（或租或借）迎亲，小车少则几台，多则10多台，且小车档次也越来越豪华。送亲与迎亲时均燃放大量鞭炮。近年来，也时尚在迎亲时，新娘坐花轿，公公、婆婆、叔公都要化妆，公公和叔公或新郎抬花轿，婆婆背着大扇子，唢呐锣鼓，一路欢声笑语。

婚宴主要在酒店或在家举行，宴席一般配有四碟、十大碗，并备有白酒、红酒、啤酒、饮料、香烟、糖果，宴席价格一般在400元以上，力求体现丰盛有余。婚宴前举行结婚仪式，有单位领导证婚的，有请主持人主婚的；还有男女双方一起举行婚宴的。婚宴中，亲友代主家向来宾分发小红包，长辈带着新郎新娘逐桌向来宾敬酒。摄制婚嫁录像也渐成风尚，如此大操大办已成为人们厌而难弃的陋习。

二、生育

旧时，婴儿出生后，有报喜、洗三周（或五周、七周）、出窝、抓周等庆贺习惯。洗三周（或五周、七周）是其中重要活动，也就是小孩出生三日、或五日、或七日，接亲家做客，其他亲友也携礼赴宴。亲家的礼物最丰盛，有摇篮、衣帽、鞋袜、蛋、糖、祝米，其中红蛋为必备之物。满周岁，再送衣服、鞋袜和金、银饰物。此习俗一直延续。90年代后，馈赠越来越讲究，除赠送童装、尿不湿、童床、推车、电子琴、电动玩具等礼物外，还有的打“红包”。

三、寿辰

旧时，“父母在，不庆寿”。庆寿时，有“男做虚（提前一个年头）、女做实”的习惯。从50岁即可开始做寿，邻里亲友为其庆贺。“做”则要接受庆贺，摆筵请客，有的还搭台唱寿戏。60～70年代，做寿一度停止。80年代后开始恢复，但拜寿改为席间祝酒，或在电视台点歌、点戏，也有晚辈在为长辈做寿时行大礼（跪拜）的。2000年后，寿宴日渐讲究，并出现庆贺10岁、20岁、36岁、48岁的陋习。

四、丧葬

旧时丧葬，因贫富而有繁简。

病人弥留之际，家属到场送终。断气，即焚“串钱”（名“倒头钱”）和“轿夫力士”。继之，浴尸（上身抹七下、下身抹八下）、更寿衣（衣层奇数）、穿寿靴；女性手持梳子、手帕，男性手持折扇、手帕，以亡人之女所制寿被覆盖；以“兜尸布”将亡人抬下床，叫“下榻”。按左女右男惯例置于堂屋一侧。头枕三角灰包，靴系7根白线，立亡者灵牌于脚前，燃香烛，点长明灯，敬茶饭、水果如待生前。并向亲友“报丧”。继而，请人入殓，棺中填石膏或陈石灰，叫“踩棺”，待亲人概视遗容后封棺，陈于中堂，朝夕哭奠。礼节多用朱子家礼，孝子择期“成服”，易常服为“凶服”（名孝衫），头顶篾箍孝帽、耳侧吊棉球、身披麻布、腰系稻草绳、脚履草鞋、手执孝杖。开吊：设置灵堂，请僧道（或“儒生”）招魂、祝福、告祖，“封斋”（即“道场”开始）。吊客多馈以挽联、祭幛等物，行跪拜礼。僧道引领孝家到本土地庙奠告（或绕屋场一周），叫“发关”。其后，念经拜忏，常三、五、七日不等。入夜，邻里戚族相聚“坐夜”。安葬前先请地生择期相地、掘墓穴，名开“金井”。出柩之初，先祭龙杠（叫祭舆神）。“抬棺”叫“抬重”，“抬重”者名叫“八大金刚”，又叫“八抬”。绑扎棺材时，孝子领全家跪棺前。“抬重”人数少则8人，多可64人。送葬仪式，以散发纸钱（“买路钱”）者导前，舁影、锣鼓、幡幛相随。富者以白布引柩，谓之“拖丧”。舁棺之后，为孝家匍匐而行。入土叫“下市”。守服：入土3日内，每夜送以稻草结成之火把于墓侧，俗名“送烟包”。逢七烧包，七七而止。破“四旧”时，提倡丧事从简，反对做“道场”等迷信活动，但讣告、吊奠、择日出殡、择地埋坟等习俗仍存。

1991年后，火葬和开追悼会之风兴起，但铺张丧事也引人注目。居民死后，在屋前设置灵堂。其间，孝家亲朋好友、同事前往悼唁，并送花圈、奠仪，在灵堂前燃放鞭炮。死者晚辈向来宾行跪拜礼。吊唁活动一般持续3～7天。吊唁期间的晚上，一般都请管乐队、民乐队、戏班、夜歌队唱歌、唱戏、放电影。“念经拜忏”等习俗也开始流行。然后择日火化、安葬。以前盛行的后辈“穿麻”“戴孝”、拄“孝棍”，以及烧纸屋、送烟包、七七烧包等大都沿袭下来。也有以追悼会取代“道场”。

第四节　生产习俗

一、农业习俗

60～70年代，备耕，讲究“三犁三耙”。年前“犁冬田”叫“翻板坯”，二道三道叫“整田”“耙田”。有种绿肥的传统，所谓“草籽种三年，坯田变好田”。对禾种极为珍惜，有“宁可饿断肠，不可吃种粮”之警句，认为“会种田，勤换种”“种子年年选，产量年年高”。浸种育秧要求：“二月清明迟下种，三月清明早播秧”，对秧田极为重视，有“会作田作一丘，不会作田作一洲”之谚，播种要领在于稀，所谓“稀播秧成片，密播秧成线”。插秧，叫“插田”，推行“拖架子”，3×6寸或4×6寸。收割，叫“扮禾”，通常2人合扮一桶。70年代，打稻机逐渐代替扮桶，特别是变单季稻为双季稻，收早插晚季节性强，从而形成“双抢”，是一年农事极忙的季节。

1978年改革开放后，农业科学技术发展很快，旧时农业习俗大多已被摒弃，在耕作上，继而代之的是农业机械化。至2011年，全区农业机械化率达96%。

二、工商习俗

工商习俗随着社会发展已所剩无几，但新的习俗又逐渐形成。

挂招牌　商店招牌名目繁多，取名越来越讲究，力求新颖、响亮，别具一格。目的是吸引顾客、招揽生意。招牌制作十分精细，图文并茂，并以彩灯装饰。挂牌也有讲究，一般选择吉日吉时，有的还举行一定规模的庆典仪式。

奠基　工厂或商厦动工兴建前，大多做一块奠基石，上书“奠基”二字和奠基年、月、日。奠基，也要选择吉日吉时举行典礼，请领导和嘉宾用锹培土，并燃放鞭炮，然后动工。

开业　工厂、公司、商店、酒店开业一般都择日择时。开业时，要举行隆重的仪式，架上彩虹门，请来歌舞队和礼仪小姐，并邀请领导和嘉宾剪彩。前往祝贺者送花篮、礼花、鞭炮。开业前一般都在电视台或户外做广告，派发请柬。

此外，每年正月开业第一天，一般都燃放鞭炮烟花，以求开门大吉，生意红火。

第五节　社会交往

随着社会的进步和经济的快速发展，人们社会交往越来越频繁，交往方式、范围、频率、地点均发生显著变化。

90年代前，社会交往的方式简单，主要是书信、电话、走访串门及聚会，以书信为主。1991年后，社会交往的方式逐渐增多，书信、电话、聚会、网络、信息、跳舞、唱歌、聚餐、打牌等，以电话、互联网、信息、娱乐为主。

过去社会交往范围主要在亲戚、同事、朋友及工作对象中进行，后范围逐渐扩充到同乡、同学、战友、邻里、工商客户间，有的还成立同乡会、同学会、战友会等，并筹措一定资金，定期举行各种活动。由于玩麻将、扑克、纸牌和跳舞、唱歌等文体活动的盛行，邻里、同事之间的交往也大大增多。

此外，社会交往的地点也发生了变化。商务洽谈、招待活动大多在酒店、宾馆、歌厅、茶座、休闲农庄等场所进行，亲戚之间的礼仪交往也大多在酒店、宾馆进行，由过去在单位或家庭进行社会交往的单一格局已变得丰富多彩。

在亲友、同事交往之际，有的人爱玩麻将、扑克、纸牌，一般输赢不大，仅为娱乐，但也有的发展为赌博行为，对家庭和社会造成不好影响，对此，区管委会已明令禁止。

第四章　宗　教

宗教传入境内，始于东汉末年的佛教。之后，相继传入的有：晋太康年的道教、明洪武二年（1369）的伊斯兰教、清光绪二十九年至三十一年（1903~1905）的基督教循道公会和民国8年（1919）的真耶稣教。1949年，有寺庙、教堂3所，教徒26人。

新中国成立后，党的宗教政策在各地贯彻实施，教徒中开展“三自”（即自传、自治、自养）革新运动，宗教开始恢复活动，教务有所发展。1960年后，经过社会主义教育运动（又称“四清”运动）和“文化大革命”，各宗教团体停止活动。

1978年后，宗教团体又开始活动，特别是基督教，至2011年，正式开始登记的宗教活动场所有2处，教职人员5人，信徒200多人。佛教、道教、基督教发展到近400人。同时，民间亦有领度受戒的和尚。

第一节　佛　教

东汉末年佛教传入，寺庙主要分布在营田、河市、凤凰山、磊石等地。位于河市镇翁家洲的南阳寺，相传屈原流放江南时，曾在寺里居留过，是境内最早的佛寺。营田镇青山寺（现屈原人民医院所在地），北宋时所建，有宋将牛皋在此修行之说。营田老街（湘江口附近）武穆寺，为南宋末年所建。其余有名的还有磊石山洞庭君庙、凤凰乡河泊潭村屈子庙、营田老街街口辖神庙等都是唐宋以后修建的，黄金乡金塘村撞坑庙（现名庄康庙），始建于明洪武年年初，至今600年。自清光绪后，历经军阀混战、日军入侵，寺庙大都毁败。特别是1939年，日军入侵湘北，烧毁了营田武穆寺，住寺僧甘益凡一直居住在还未完全烧毁的观音堂进行佛教研究，直至1957年逝世。新中国成立前夕，境域（1958年之前属湘阴县）寺庙仅存2座。新中国成立后，寺庙或用于生产，或改成学校、商店，“文化大革命”后，境内无寺庙存在。

2001年，营田镇居民集资近30万元，重建武穆寺，住寺僧2人，受戒僧100余人。境内没有尼姑庵，出外当尼姑的3人，其中1人体弱多病，回家休养。

第二节 道 教

道教传入境内已有1000多年历史。虽没有道观，但有道教徒，他们绝大部分属“正一派”。新中国成立前，无论住观与否，道教徒大都不出家，俗称“火居道士”，生活习惯与常人无异。50年代初，有道士80余人，因神庙无存，道教活动逐渐停止。1978年后，有道士180余人，道教场所和活动逐渐恢复。

第三节 基督教

一、循道公会

清光绪二十九年（1903），循道公会英国“差会”派牧师江泮林（湖北人）到湘阴县城关、临资口传教。宣统元年（1909），该会长沙教区牧师吴益堂（益阳人）到湘阴县，于北正街置房屋为会址。民国3年（1914），成立湘阴联区。民国17年（1928），扩建北正街原房，立福音堂，联区在境内营田老街设福音堂堂区。1951年，营田福音堂堂区派人参加在湘阴县召开的“三自”爱国运动大会。1958年，教会活动停止。

二、真耶稣教

民国8年（1919），原基督教教徒李小峰在长沙发起成立真耶稣支会，并派教友苏正台到湘阴县宣传、发动。1958年前，境域属湘阴县范畴，真基督教在境内开始传播。1960年，该教被误认有反党反社会主义的破坏活动，教会理事长及教友被错捕、错管，教产被代管，教徒星散，教会解体。

1980年后，湘阴县东塘、三塘一带的真耶稣教向营田、河市、黄金一带发展教徒。他们每逢周日在固定的地点，或者轮流在教徒家中组织“聚会点”过宗教生活，朗读《圣经》进行祷告。真耶稣教教徒以老年人为主，他们为家人、为亲友祷告，祈盼上帝保佑他们平安、幸福。至2011年，境内真耶稣教教徒发展到200多人。

第五章 方 言

境内人口来自五湖四海，汉族占绝大多数，少数民族有苗族、土家族、侗族、蒙古族、彝族、满族等。人口籍贯遍及全国大多数省、市、自治区。各种方言荟萃一处，复杂生动，各具特色，但大多数属湘阴、汨罗语系，由于因自五代、宋元至明清，江西移民湘阴、汨罗达142族，居民近70%祖籍江西，有江西老表见面亲之说，所以方言有较大的赣语因素。

第一节　词　汇

基本词汇选取方言中使用频率高、词形和发音都较特殊的词语。

一、自然、时令类

日头——太阳
粉亮——天微明
天光——天明
日里——白天
上昼——上午
断黑——傍晚
天狗吃日——日食
冬月——农历十一月
开年——年初
旧年——去年
一年到头——整年
一夜天光——整晚
雁后日——大后天
天狗吃月——月食
扯闪——闪电
一世年——一辈子
麻喷子——小雨
咯阵——现在
恰恰——刚刚
暴脚——雷阵雨
甩亩——湖滩无水利保障田
狗牙凌——地面形如犬牙交错之冰

二、动、植物类

管——稻草
鹰婆——老鹰
草猪——母猪
脚猪——种公猪
江猪——江豚
吊牯——公牛
黄牯——去势公黄牛
水牯——去势公水牛
沙子——未产子之母水牛
线鸡——已阉之公鸡
尿脬——膀胱
老虫——老虎
臭鳝——蚯蚓
旮蟆——蛙
二刀肉——猪颈部位之肉
河团鱼——河豚
禾老虫——螳螂
黄记洞——黄鼠狼
羊咪咪——蜻蜓
土狗子——喽蛄
高笋——茭白
阳鸭——旱鸭子
才鱼——乌鲤
檐皮老鼠——蝙蝠
禾跳跳——蝗虫
绿头虻子——苍蝇
抱鸡婆——孵蛋母鸡
夜虻子——蚊子
癞头旮蟆——蟾蜍
包谷——玉米
夜火虫——萤火虫
荠米——荸荠
洋芋——马铃薯
马屎旱——马齿苋
扯根菜——菠菜
班椒——辣椒
茴砣——红薯
大弯里——蚕豆
番茄——西红柿

三、称谓类

崽——儿子
郎——女婿
丫头——女孩
嗯妈——母亲
伢老子——父亲
娭毑——祖母
丈母娘——岳母
岳老——岳父
堂客——妻
男人——丈夫
我里——我们
他里——他们
我咯——我的
寄崽里——妇女改嫁所带儿女
鬼崽里——小孩
朽崽——狂妄轻浮的人
保崽——笨蛋
媳妇——儿子的妻子
长告化——乞丐
干崽里——干儿子
亲家——夫妻双方父母的对称
都管——操办丧喜之总管
豆子鬼——小孩
红漆马桶——虚有其表之人
断妈——母之姐
娘——母亲

四、指代、方位、量词类

么里——什么东西
禾里——什么原因
得里——这样
格里——这里
格号——这种
咯里——那里
咯号——那种
禾里呐——怎么样呀
禾里咧——怎么样呢
里头——内面
口前——外方边
头前——前面
头——先
一头——这边
咯头——那边
一个——这个
咯个——那个
侧边——旁边
几世——什么时候
近面前——附近
脚下——底下
脑头前——床上忱头边
档头——物件一端
蔸里——底层
一炮个——十个
打弯——转弯
打转身——返回

五、日常生活类

系——打结
挽——舀
欠——挂念
扯炮——说慌
开头——开始
涸口——漱口
丢格——丢人
洒牛——使牛
信估——妄猜
估堆——估计
压锚——了不起
冒风——迎风
扶起——动辄
墩起——将平地物竖立
塌场——事未办好
拐得场——失事
排阵——开始
谈玄——谈话

答白——应声
调摆——调度
相反——相骂
打抱泅——游泳
喊应——提醒
搞信货——所作所为无计划
打背躬——经济拮据受逼
芦碗——粗糙而容量大的碗
霸蛮——不讲理
默神——思考
招呼——提防
扳俏——有意不献出自己才能
筛茶——斟茶
肚子曹——饥饿
涌堂——人多拥挤
做挖周——为满周岁小孩作生日
九九归圆——归根到底

六、说明事理类

来头——人事背景
手位——办事有程序
团转——四周
阶头——客厅
势主——贸易主顾
抹岔缝——裂缝
开山子——斧头
河路——交接面
宜工——时间
屑里——垃圾
茅司——厕所
里褂子——内衣
俏货——销量快的货物
许——水

七、形容比喻类

彪——跑得快
严合——正好
磨何——行动慢
恶死人——烫死人
好槎火——很差劲
令光——无残存
蜡软——极软
绷硬——极硬
下作——不道德、不文明
喷香——很香
津酸——很酸
滑苦——极苦涩
津咸——很咸
怪绿——很绿
棱黄——很黄
打野——不专心
才正——刚才
灵范——灵活
流许——赶快
走绛——机遇好
哑懂——不明事理
蛮——狠
聊别——利索
穿筒——识破
不齿我——不理我
擦脚——赤脚
糊浸——糊涂
镏尖——极锐利
甸重——极重
放势——随便
嘎粗——极粗
喷臭——很臭
沁甜——很甜
漂淡——很淡
通红——很红
嫩白——很白
圆范——圆满、周到
横直——反正
阴毒——阴险
归圆——完了
怪气——聪明
发梦天——做梦

不压锚——不中用
禾得了——怎么办
等哈得——等一下
打屁不拈腿——与事实本身没有关系
包孪台——包办一项工作的各个环节
扯眉眼——男女传情
死洋落气——没精打采
结筋绊筋——纠缠不清
蛇蛇鼠鼠——言行模棱两可
冷火秋烟——寂寞冷落
无期冒事——无缘无故
稀施巴烂——物品败坏不堪
东扯葫芦西扯叶——瞎扯
阿拾动天——太没头脑
摸罗拐——逢迎吹拍
快点潦——快点跑
云里雾里——太不清醒
卧伙喧天——大声喧哗
扯麻纱——惹出了麻烦
划反水挠子——唱反调
猫弹鬼跳——乱蹦乱跳
墨漆洞黑——极黑暗
眼泪巴腮——泪流满面
海式聊天——说话夸张无度
弯头墙角——角落
空脚吊手——走路悠闲，两手空空
麻利——能干而熟练
唆是八非——拨弄是非

第二节　语　法

一、调整法

用于动物性别标志　普通话是前加的，境内方言大都是后附的。如：

普通话：公狗、母狗、公羊、母羊、公马、母马……

屈原话：狗公、狗婆、羊公、羊婆、马公、马婆……

词尾加“头”　名词词根加“头”尾成名词：如鼻头（鼻涕）、阶头（客厅）、档头（物件的一端）；动词加“头”尾成名词：如来头（背景势力）、包头（包工头）、行头（演出服装）；形容词加“头”尾成名词：如弯头（角落）、热头（太阳）。

词尾带“里”　相当于“们”，但只限于人称代词，如我里（我们）、嗯里（你们）、他里（他们）；加在后面略含贬义，如大婆里（妻）、小婆里（妾）、私崽里（私生子）、干崽里（无血缘关系的儿子）；加在后面含有“小义”，如屑里（垃圾）、针抵里（顶针）、泡里（小泡子）；加在单音象声词和形容词后，相当于普通语的“地”，如：（蜜蜂）嗡嗡“里”叫、（鞭子）啪啪“里”响、（戏场）哄哄“里”闹。

词头带“老”　称谓名词前加“老”有亲切感，如老弟（弟弟）、老妹（妹妹）、老哥（哥哥）；另名：老庚（同年同月同日生）、老表（姑表、姨表总称）、老伙计（共事甚久者）。

用“到”代“着”　用“到”作为动词词尾，有“着”的含义，如放到、坐到、捆到、站到等，都不带宾语。

用“紧关”代“正在”　如他“紧关”吃饭（他正在吃饭）、他“紧关”睡觉、他“紧关”说话。

二、词同义别

下述的同词异义现象包括词义扩大、词义缩小、词义转移等几种情况。如路：兼指途径和工作；呷：兼指吃饭、烟、茶等；刀：兼指用刀方法和办事程序；河路：兼指江河航道和交接手腕；巴结：兼指逢迎权贵和苦涩；检场：兼指开始和收拾。

三、义同形别

有如下几种表现形式：

词素相同，次序颠倒。如：人客——客人；劳慰——慰劳；该应——应该。

词素部分相同的。如：叫鸡——公鸡；沤气——憋气；发火——生火。

造词原料和修辞方式的不同。如：精肉——瘦肉；答白——应声；堂客——妻。

第三节　谚语·歇后语

一、谚语

春寒至雨，夏寒天晴。

大年初一发南风，屋檐底下爬虾公。

春南风，雨咚咚；夏南风，一场空。

春罩子（雾）雨，夏罩子晴，秋罩子伴屁股行。

未曾惊蛰鸣雷，四十五日阴雨。

盐罐回潮，大雨一遭。

东一闪，西一闪，闪得麻雨冒一点。

春来一日，水热三分。

先打雷后下雨，赢不上一场大露水。

臭鳝（蚯蚓）地上爬，门前雨哗哗。

云窜东，一场空；云窜西，打马送蓑衣。

东边雨，不润西边田。

久晴西风必有雨，久雨西风必有晴。

有雨团转亮，无雨顶头空。

雷轰天顶，有雨不猛；雷轰天边，大雨连天。

四月八，冻死鸭。

夏至起南风，屋檐吊虾公。

不怕五月涨，只怕五月响（雨）。

五月五，冻死老黄牯。

五月十三滴一滴，洞庭湖里干抹坼。

吃得（了）五月粽，棉衣絮被楼上送。

小暑南风十八朝，日里砍柴夜里烧。

穿秋漏伏（立秋下雨），锅里焙谷。

南风刮到底，北风来送礼。

秋前北风秋后雨，秋后北风干彻底。

三月三、九月九，无事莫到江边走（指大风）。

七月半，看牛伢子伴田坎。

九月重阳，移火进房。

四六开天不久晴，二八开天一早晨。

（雨天）太阳当中现，三天不见面。

有雨山戴帽，无雨云拦腰。

夜晴不是好晴，烧火佬不是好名。

天泛黄，雨寻娘。

蚂蚁搬家，大雨沙沙；蚂蚁满地跑，当天天气好。

鸡不进窝，大雨滂沱。

阴霜冻死狗。

月亮长毛，屋檐沟里装壕。

今天不住点，明天晒破脸。

热在三伏，冷在三九。

二月二十，凌断树枝。

二四八月乱穿衣。

瑞雪兆丰年。

犁田过冬，虫死泥松。

春插日子夏插时。

清明种尽茄瓜苋，谷雨播尽早禾秧。

牛过谷雨，不避风雨。

立夏不下，高田丢耙。

东风禾的病，西风禾的命。

立夏前，种丝棉；立夏开姜，夏至取（姜）娘。

小满（塘）不满，芒种（田间）不管。

芒种禾打苞，夏至要禾交。

庄稼一枝花，全靠肥当家。

种田不巧，深耕肥足种籽好。

清明前后，种瓜种豆。

头伏芝麻，二伏瓜。

不冷不热，五谷不结。

处暑荞麦白露菜；处暑插莳一挂鞭。

九油十麦。
十冬腊月不修塘，五荒六月喊爹娘。
十月无霜，碓臼无糠；十月多霜，谷米满仓。
秧苗插得正，胜过一道粪。
要想虫子少，除净园中草。
早稻水上飘（浅插），晚稻插齐腰。
三月三，蛇出关；九月九，蛇进土。
三九不冷看六九，六九不冷倒春寒。
冬水穿滩，夏水淹山。
涨水三天莫下河，退水三天安排篓。
砌屋先打基，呷蛋先喂鸡。
行要好伴，住要好邻。
走路勤弯腰，不怕冒柴烧。
让人不是怕人，躲路不是呆人。
萝卜菜上街，药铺取招牌。
三十夜里的火，元宵夜的灯。
要得小女安，一身汗不干。
鱼吃跳，猪吃叫。
六月苋，当鸡蛋。
立夏吃个坨，双脚跳过河。
酒肉朋友，无钱分手。
吃饭一屋，主事一人。
柴米夫妻，酒肉朋友。
少来夫妻老来伴。
不到被窝里钻，不晓得被窝有好宽。
聪明齐颈，要人提醒。
牛冷肚皮猪冷嘴，人的寒气从脚起。
娘痛崽路途长，崽痛娘扁担长。
七十不留宿，八十不留餐。
一人见识短，二人见识长。
木匠易学，反眼难凿。
（砌墙）一寸不直，万丈不牢。
便宜莫爱，浪宕（脏物）莫收。
牯牛打架头对头，夫妻吵架不记仇。
赌钱打牌，只有退财。
三天不做手生，三天不念口生。
儿不嫌母丑，狗不怨家贫。
为人活到八十八，莫笑别人跛脚瞎。
火要空心，人要公心。
大锅饭吃得，大话说不得。
草鞋冒样，边打边像。
多一事不如少一事。
不听老人言，吃亏在眼前。
人大分家，树大分叉。
礼多不怪，油多不坏菜。
后来婆婆一把扇，扇得老公团团转。
瞎子把胡琴不要，还怕你抠嗒眼睛。
长子宽矮子的心。
旧的不去，新的不来。
酒肉朋友，难得长久。
青油炒菜，各自喜爱。
心急吃不得热粥。
吃一堑，长一智。
上梁不正下梁歪，中柱不正倒下来。
只要说得明，狗肉敬得神。
当面的锣，对面的鼓。
有钱钱打发，无钱话打发。
盆大刮得粥来。
打蛇打七寸。
人怕出名猪怕壮。
人心不足蛇吞象。
鸡蛋内面挑骨头。
虎死不倒威。
前面乌龟爬坏路，后头乌龟照路爬。
金窝银窝，不如自己的狗窝。
长痛不如短痛。
枪打出头鸟。
稀泥巴糊不上壁。
心记不如默记。
祖宗坟上开了拆。
一粒老鼠屎打坏一锅汤。
家有老，千般好。
家有一老当三宝。
路不走长草，刀不磨生锈。
要得身体好，天天起个早。
饭后百步走，活到九十九。
饭后三百步，不用进药铺。
睡前开开窗，一夜睡得香。

出门看天色，进门观脸色。
病人不禁嘴，医生跑断腿。
气大伤神，酒多伤身，食饱伤心。
夫妻一条心，黄土变成金。
养儿不教父之过，养女不教娘的错。
锣鼓听音，说话听声。
天外有天。
这山望到那山高。
人人为我，我为人人。
要知父母，看你儿郎；要求子顺，先孝爹娘。
聪明逞尽，惹祸招殃。
聪明齐颈，要人提醒。
一个篱笆三个桩，一个好汉三个帮。
教子教孙须教善，栽桑栽柳多栽花。
无药可医相思病，有钱难买子孙贤。
平生只会量人短，何不回头把自量。
先生只是引路人，学问全在自用心。
树靠人修，人靠自修。
读不尽的世间书，走不尽的天下路。
墙里说话，墙外有人；路上说话，草里有人。
鸟无翼，不能飞；人无志，无作为。
秀才不怕衣衫破，只怕肚里没有货。
秀才不出门，能知天下事。
知过改过不为过，知过不改才是过。
歪树会有直木匠，横蛮要遇讲理人。
学好千日不足，学坏一时有余。
让人百步不为痴。
少年金，青年银，错过时光无处寻。
水退石头在，好人说不坏。
人多出韩信，智多出孔明。
人上一千，五业俱全。
解饥解渴家常饭，知冷知热贴心人。
牛要耕田马要骑，伢子不教尽顽皮。
天寒不冻织女手，饥荒不饿苦耕人。
天怕乌云地怕荒，人怕疾病草怕霜。
穷人莫信富人哄，大人莫信小孩言。
路直有人走，人直有人交。
万丈深潭有底，五寸人心难摸。
逢恶莫怕，逢善莫欺。
勤劳节俭样样有，好吃懒做件件无。
勤快勤快，有饭有菜。
输钱只为赢钱起。
毛毛雨，打湿衣；场场赌，卖掉妻。
莫饮过量酒，莫贪意外财。
不听老人言，吃亏在眼前。
小眼不补，撕开尺五。
成家犹如针挑土，败家犹如水推沙。
瞎子不怕黑，聋子不怕雷。
公不离婆，秤不离砣。
新三年，旧三年，缝缝补补又三年。
响鼓不在重捶。
懒人急在嘴上，勤人急在腿上。

六月初一晴，晒谷不用人；六月初六阴，牛草贵如金。

刀不磨生锈，水不流会臭；鼓不打不响，话不说不透。

见人不施礼，枉跑四十里；见人施一礼，少走十来里。

一九、二九，袖子里头不出手；三九二十七，冷得鼻头滴；六九五十四，春风如柘刺；七九六十三，行人路上脱衣衫；八九七十二，黄狗觅荫卧；九九八十一，行人路上汗直滴。

二、歇后语

半天云里吹唢呐——想（响）得高。
老鼠爬秤杆——自称自。
蚂蚁爬筲箕——千条路。
瞎子磨刀——快嗒。
郎中斗法——病人吃亏。
瞎子牵叫驴——松不得手。
顶起碓臼唱戏——吃亏不讨好。
茅厮板子上开铺——离屎（死）不远了。
白布落到染缸里——洗不清。
歪嘴巴说左话——强词夺理。
泥菩萨过河——自身难保。
叫化子捡嗒宝——冒地方放。
叫化子打官司——场场输。
罐子里煨黄鳝——熟一节，吃一节。

叫化子背米——自讨的。
黄瓜打锣——去了大半节。
荞麦田捉乌龟——手到擒拿。
杉木雕菩萨——灵气不大怪气大。
钟馗开饭铺——鬼都不上门。
三人顶芦席——冒人承肩。
屋檐底下挂粪桶——臭名在外。
飞机高头（上面）挂茶瓶——高水平。
六月间的暴雨——一阵子。
戏台上的胡子——假的。
屙屎挑地菜——搞坏一把手。
豆腐掉到灰坑里——吹不掉打不掉。
老鼠子钻风箱——两头受气。
两只手提篮——左右为难。
穿蓑衣救火——引火上身。
剃头师傅拍巴掌——完打。
巷子里扛木头——直来直去。
狗咬刺猬——无法下口。
狗咬皮影子——冇得人味。
空棺材出丧——目（木）中无人。
亲家母的花鞋——借的。
阎王开店——鬼来。
黄泥巴落到裤裆里——不是屎也是屎。
癞哈蟆打哈欠——好大的口气。
腊月的萝卜——动（冻）了心。
满姑娘咳嗽——无谈（痰）。
堂屋里挂稿荐——不是话（画）。
丝茅根打草鞋——假芒（忙）。
水缸里拶茄子——抓了这个跑了那个。
卅夜里猫叫——兆头不好。
鸭婆进秧田——来往有数。
外婆送亲——多余一礼。
水缸里咯泥鳅——起不了大浪。
麻子婆打粉——摸自家底子。
驼子作揖——起手不难。
叫化子烤火——只往自己胯里扒。
蜻蜓咬尾巴——自吃自。
洞庭湖里的麻雀——吓大了胆的。
檀木雕菩萨——稳。
瞎子挂清明——估堆堆儿。
下雨天出太阳——假情（晴）。
三十吃团年饭——赶（拣）好话说。
丈母娘见了郎——屁股不拈床。
打赤脚拜年——自讨苦吃。
松爹拜年——去找别人。
对镜子作揖——自己恭维自己。
竹篮打水——一场空。
肉包子打狗——有去无回。
两个山字打叠——请出。
聋子的耳朵——摆式。
剃头师傅擦慢——有吃无赚。
脚板底擦青油——开溜。
脱裤子打屁——空费力。
矮子上楼梯——步步高升。
鹅卵石落到茅厕里——又硬又臭。
瞎子吃汤圆——心里有数。
桐油灯盏——拨一下亮一下。
猪八戒照镜子——里外不是人。
瞎子放鞭炮——摸不到引（瘾）。
瞎子打老婆——抓打一次是一次。
马桶上贴和合——尽是禁忌。
清水淘白米——你唏我见。
犁辕吹火——一窍不通。
水牛肚子——草包。
黄牛屙泻屎——一身病。
三百斤咯野猪——一把寡嘴。
和尚剃头——尽了法（发）。
王木匠造猪栏——撬口不开。
问客杀鸡——假心假意。
和尚庙里借篦子——找错了门。

人　物

一、传　记

安金铭

安金铭（1916–1989），河北省枣强县人。1945年10月参加革命，1947年2月加入中国共产党。1945年10月至1949年2月，先后任河北省思县县武委会办事员，一区武委会宣传干事，代县武委会机关生产经理，县武委会手榴弹制造工厂会计，思县五区武委会干事、主任委员。1949年3月参加南下工作队到南县。1949年8月至1968年9月，先后任南县一区、五区中队指导员，区委书记，南县县委委员，大通湖特别一区区委副书记，大通湖农场副场长，钱粮湖农场副场长、党委书记，岳阳县湖洲局局长，岳阳县革委会社队企业管理局局长。1968年9月至1979年2月，任汨罗江（屈原）农场革委会副主任、党委副书记，革委会主任、党委书记，岳阳地区行署农村办公室副主任兼农场管理局局长、党组书记，地区行署农办顾问。1984年12月离休，1989年5月逝世，享年73岁。

罗芷生

罗芷生（1926–1996），河市镇河夹塘人。著名画家、书法家、诗人，号晚晴楼主人。曾任中国教育学会书法教育研究会理事，中、日、韩、新书画家联谊会顾问，湖南省美术家协会、书法家协会成员，湖南省书法教育专业委员会名誉理事长等职。1987年，被省政府聘为湖南省文史研究馆馆员并担任诗书画研究会副会长。

他19岁即从事美术教育，培养不少新秀。早年为湘籍辛亥革命老人仇鳌所赏识，并被聘在湖南省文献委员会供职。后进入华中艺专深造，自此，潜心教育，矢志书画，技艺日趋成熟。

罗芷生的书法，以其柳体的深厚根基，进而遍习郑文公碑、王羲之诸家书体，刚劲洒脱，雄浑严谨；绘画则中西并举，涉猎广泛，深受吴昌硕、任伯年、雪涛等人作品影响，崇尚淡雅，追求自然，构思灵巧，笔墨清新。主张重传统而不泥古，求新意而不逾矩。作品多次参加全国及省、市各类展览，有书画作品流入海外和中国香港、台湾地区，为中外和两岸文化交流作出了贡献。编著的《国画入门》《中外美术作品欣赏》《初中写字材料》被广泛采用，备受好评。书法近作被屈原碑林、长沙市博物馆毛泽东诗词碑廊刊石陈列。介绍其辞条已辑入《中国当代艺术界名人录》《中国当代美术家人名录》。1994年，省文史研究馆出版发行《罗芷生书画集》。

张福茂

张福茂（1917-1998），山西省阳曲县人。1941年参加革命工作，同期加入中国共产党。1941年至1949年3月，先后任行政村村长和党支部书记，区民政助理，区武装大队大队长，区长。1949年3月参加南下工作队到湘阴县。1949年8月至1962年，先后任湘阴县河西办事处财粮股股长，白临区、十一区、十七区区委书记，县委组织部副部长、县委委员，省农林水干校组织科科长，办公室主任，道县打鼓坪林场场长、书记，道县县委副书记，国营杨林寨农场党委书记。1966年7月至1968年9月任国营汨罗江农场副场长，1968年9月至1971年5月任国营汨罗江农场革委会副主任、党的核心小组副组长。1971年5月后，先后任岳阳县革委会办事组组长，县计委主任，县革委会副主任，岳阳市（县级）革委会副主任，市委常委，市人大常委会副主任，市政协副主席，党组副书记。1983年3月离休，享受副厅级待遇。

黄　鹤

黄　鹤（1897-2003），字咢楼，又名鹤楼，湘阴县青山乡人，1975年后，定居管理区营田镇青山寺社区。黄埔一期学员，国民党军中将，曾任国民党第二十集团军中将政治部主任等职。

黄鹤出身农民家庭，1924年入广州陆军讲武堂，11月并入黄埔军校第一期第六队，1925年3月毕业后，历任国民党军排长、营长、团长、师政治部主任等职。1937年抗战爆发后，任第二十集团军总司令部政治部中将、主任。1939年任桂林行营政治部秘书长，旋任第一补充师师长。1941年回湘，任第九区政治部督导专员。

抗战胜利后，蒋介石以精简军队为名，将非嫡系和不信任者一律编余，编余军官达18万多人，其中将级军官800余人，集中到南京、重庆、西安三处中央军官训练团。黄鹤亦被编余，进入南京中央军官训练团。1947年7月6日，黄鹤带领600多名国民党高级将领前往中山陵哭陵，以抗议蒋介石的倒行逆施。南京哭陵表明蒋介石众叛亲离，轰动全国，影响极大。黄鹤作为哭陵总指挥，成为当时新闻人物，遭到蒋介石当局密令缉拿，在友人帮助下逃离虎口。

1949年回湖南，任国民党第一兵团高参，8月，在长沙随程潜、陈明仁起义。9月分配去湖南军政大学学习。1951年6月受到错误处理，开始长达24年的铁窗生涯。1975年释放，1976年，出席中央在北京召开的起义人员座谈会。1983年，湖南省高级人民法院正式宣布撤销当年的错误判决，是年，被推荐为省政协委员、省政府参事室参事。

2003年10月逝世，享年106岁。

黄　文

黄　文（1921-2005），又名黄常高，河市镇河夹塘人。1938年8月从湖南汨罗私立初级中学赴延安入抗日军政大学第五期一分校特科营学习，1939年9月加入中国共产党，先后任八路军先遣纵队政治部工作队副队长，河北省馆陶县委武装科科长，肥乡县支队长、教导员。1944年，随王震、王首道到中原地区，任湖北省礼山县武装部部长，兼河西地区工委书记。1946年6月，随李先念部中原突围，受命回原籍开展地下工作，后在湖北省黄安县不幸被捕，关押在武汉行辕军人监狱。7月，通过两湖巡查团团长仇鳌出面交涉，保释回家。1947年，化名黄秀夫以经商为掩护，从事地下革命工作。

1948年9月，在耀家塘创建当地第一个中共地下党组织湘阴人民解放社，任五人委员会主任，并接受黄珏等5人入党。1949年7月，奉命组建湘北人民解放军汨罗支队和湘阴人民临时政治委员会汨罗办事处，任主任兼支队司令。是年8月2日，湘阴县和平解放，任湘阴县人民政府汨罗办事处第一副主任，9月参加中共中央中南局组织部学习。

1950年7月调广西壮族自治区，先后任龙州地区公安处调研科科长，中华人民共和国北海边防检查站站长，公安十二师师部检查科科长。1955年授少校军衔。1956年任广西壮族自治区钟山县人武部部长，1964年转业，任钟山县县长。1966年至1975年被打成“走资派”“叛徒”，在钟山县五七干校受审。1979年恢复工作，任梧州地区商业局副局长（行政14级），1984年离休，2005年病逝于梧州。

田保林

田保林（1919–2008），山西省汾阳县人。1940年6月参加革命工作，是年加入中国共产党。1940年6月至1949年3月，任游击队员、村自卫队队长、村农会秘书、区委书记。1949年3月参加南下工作队到湖南省醴陵县。1949年7月至1961年8月，先后任醴陵县第四区区委书记，县委委员兼四区、八区区委书记，省林业局人事科副科长、科长，省委组织部农业干部处科长，省林业厅干部处副处长、处长，省水产局办公室主任。1961年4月至1962年11月，任国营屈原农场党委书记。1962年12月后，先后任黄盖湖农场党委书记，临湘县革委会副主任，岳阳地区基建局局长，岳阳地区建委党组成员、副主任。1983年7月离休，享受副厅级待遇。2008年7月12日在岳阳逝世，享年89岁。

刘秉谦

刘秉谦（1917–2010），山西省榆社县人。1938年10月参加革命工作，是年加入中国共产党。1938年10月至1949年3月，任村农会秘书、党支部书记，民事主任，财经主任，村长，榆社县四区区委委员、三区区委委员，五区财粮助理，县政府财政科科员、副科长，太行二专署财政科科员，寿阳县财政科副科长、科长。1949年3月参加南下工作队到湘阴县。1949年8月至1954年12月，任湘阴县政府财政科科长，县政府秘书，副县长，县委委员。1955年1月至1964年7月，任湘潭专署财政科科长，专署煤炭局局长，专署财政局局长。1964年8月至1969年11月，任岳阳地委委员，秘书主任，地委工交政治部主任，地区革委会常委。1969年12月至1970年9月，任汨罗江农场革委会主任、党的核心领导小组组长。1970年10月至1983年11月，任岳阳地区革委会生产指挥组副组长，城陵矶粮库主任，地区邮电局局长，地区计委副主任，地区科委主任、党组书记、顾问。1983年12月离休，享受副厅级待遇。2010年2月7日在岳阳市逝世，享年93岁。

刘树堂

刘树堂（1925–2011），黑龙江省哈尔滨市人。1947年10月入伍，1948年7月加入中国共产党。在部队先后任排长、副连长、政治指导员，参加过辽沈、平津两大战役。1949年，随部队南下到湖南参加湘西剿匪，后转至地方工作，先后任耒阳县兵役局副科长、科长，桂东县人武部副部长、部长，双峰县人武部部长，县委常委、党的核心小组组长，县委书记，岳阳化工总厂人武部部长，研究院党委书记。1979年2月至1983年12月，任屈原农场党委书记。1984年离休，享受副厅级待遇。2011年10月21日在岳阳市逝世，享年87岁。

刘树堂离休后，经常关心和支持管理区社会和经济发展，高度重视教育事业，临终前留下遗嘱，从晚年节余的生活费中拿出1万元捐献给管理区教育基金会。

二、简　介

党政军界

（以姓氏笔画为序）

甘　霖

甘　霖，女，汉族，1963年10月出生于管理区营田镇。农学博士、教授，致公党中央常委，第十届、十一届全国人大代表，2011年3月任国家工商总局副局长。

1985年毕业于湖南农业大学农林系果树专业。1988年7月至1991年1月任湖南农学院园艺系助教；1991年2月至1993年12月，华中农业大学园艺系博士研究生，获农学博士学位；1993年12月至1996年12月，任湖南农学院园艺系讲师、副教授、系副主任，湖南农大园艺植物研究所所长，并当选为省妇联常委，其中1995年9月参加世界妇女大会，1996年5月晋升为教授，是年7月被授予“跨世纪人才中青年专家”称号。1996年12月至1999年12月，因在英国诺丁汉大学生命科学系和加拿大农业马铃薯研究中心从事博士后研究，被英国皇家学会和加拿大农业部联合邀请，以高级访问学者身份在国外工作三年，回国后继续担任湖南农业大学教授、博士后导师、系主任。2001年5月至2003年1月，任省农业厅副厅长；2003年1月至2011年2月，任省政府副省长；2011年3月，任国家工商总局副局长。1998年至2002年7月，任致公党湖南省委副主委，2002年7月至12月任致公党湖南省委主委；2002年12月至2011年2月，任致公党中央常委、湖南省委主委；2011年3月后，任致公党中央常委。

1993年，从事的细胞工程研究为当时的国际尖端科学，发表的《桃原生质体培养再生植株》论文获1994年全国优秀论文一等奖；撰写的《柑橘原生质体融合及体细胞杂种的抗性研究》被农业部评为优秀博士论文，运用原生质体融合进行猕猴桃品种改良的研究成果获国际科学基金会颁布的“重大科技成果奖”。

关武平

关武平，男，汉族，1953年9月出生，管理区营田镇人，1972年3月加入中国共产党，研究生学历。现任国家民航局科学技术研究院党委书记、中国民用航空杂志社社长。

1969年12月任四川广汉十四航校学员；1973年4月调新疆民航管理局，先后任指导员、和田机场政委；1990年至1995年任新疆民航管理局副处长、处长；1995年2月任新疆民航管理局党委副书记；2000年任新疆民航管理局党委书记、局长兼新疆航空公司党委书记、局长。2009年11月任国家民航局科学技术研究院党委书记兼中国民用航空杂志社社长。

杨志光

杨志光，男，汉族，1952年9月出生，管理区黄金乡人，教授。

1976年毕业于华中理工大学机械学院，1993年，在美国堪萨大学教育学院进修高等教育管理，2000年，在华中理工大学获西方经济硕士学位，主攻研究高等教育管理；1996年6月，任华中理工大学党委副书记，2000年5月至2011年，任中南财经政法大学党委副书记。

杨治平

杨治平，男，汉族，1958年8月出生，管理区营田镇人。1975年3月参加工作，1982年4月加入中国共产党。生态学博士、副教授，现任省科技厅副厅长。

1975年3月至1976年10月，在屈原农场七分场农科站插队劳动；1976年10月至1978年3月，任屈原农场七分场党委办点工作队队员；1978年3月至1981年12月，就读于湖南农学院园艺系专业；1981年12月至1986年9月，任湖南农学院园艺系干事，办公室主任、助教、讲师；1986年9月至1987年7月，任湖南农学院园艺系主任助理、讲师；1987年7月至1988年9月，任湖南农学院党委办公室副主任、讲师；1988年9月至1989年12月，任湖南农学院教务处副处长、讲师；1989年12月至1991年1月，任湖南农学院驻郴县科技兴农服务队副队长；1991年1月至1994年7月，任湖南农业大学职业技术学院副院长，第一副院长，第一副书记、讲师、副教授；1991年1月至1994年9月，任湖南农业大学产业管理办公室主任、副院长，其中1994年7月至1996年7月，参加湖南大学国际商学院工商管理专业学习；1995年8月至1998年7月，任湖南农业大学食品科技院党总支书记、副教授；1998年7月至2002年10月，任醴陵市委副书记、市政府市长，市委书记；2006年5月始，任省科技厅党组成员、副厅长。

吴松岩

吴松岩，男，汉族，1914年出生，管理区人。曾任国民革命军第八十八师副师长、第七十一军参谋长，少将军衔。1949年起义，后任中国人民解放军汉口高级步兵学校战术教员，湖南省政府参事。

吴鹤鸣

吴鹤鸣，男，汉族，1933年3月出生，湖南省沅江市人。1950年7月参加工作，1953年5月加入中国共产党，大专文化。

1969年前，在湖南省农垦系统工作，先后任省属农场的科长、部长、党委书记。1969年12月任屈原农场革委会副主任、农场党委副书记；1971年年底任省农林局办公室副主任。1973年6月任省林业厅办公室主任。1981年6月至1995年年底，先后任省林业厅副厅长、党组副书记、党组书记。

从省林业厅领导岗位退下来后，毅然选择曾工作过的管理区继续从事林业发展工作。1999年冬，亲自致信管理区党政主要领导，提出发展管理区林业的建议。由于管理区系粮食、生猪主产区，人们对林业重视程度不高，发展林业意识不强，林业生产一直成为管理区大农业中的一条短腿。到管理区后，从思想发动、调查研究、制定规划到完善机构、引进良种、建立苗木基地，理顺管理区与省、市林业部门的关系，争取林业项目资金，帮助落实一项项具体工作。至2011年，争取林业部门项目资金2000多万元，完成造林600万株，其中林果10万株，折合造林面积3870公顷，逐步形成点、线、面、带、网、片相结合的绿化网络，绿化率由6.7%提高到24%。全区62个村，有22个村已建设成为生态文明村，做到了道路林荫化、庭院林果化、村庄园林化。

2011年被省委评为杨善洲式的好党员好干部，其先进事迹报告会在全省各地举行，并在省委书记周强主持的全省负责干部大会上作经验介绍。

陈文理

陈文理，男，汉族，1925年1月出生，河北省三河县人。1943年3月参加革命工作，同期加入中国共产党。1943年3月至1949年3月，任区组织干事，区委委员，区委书记，区武工队政委。1949年3月参加南下工作队到湖南省永顺县。1949年8月至1962年，任永顺县县委副书记，郴州地区工会办事处主任，郴州地委工交部副部长。1962年11月至1966年7月，任国营君山农场党委书记。1966年8月至1968年9月，任国营屈原农场党委书记。1968年10月后，任岳阳县革委会生产指挥组组长，县革委会工交办公室主任，岳阳地区革委会交通局局长、党组书记，地区经委副主任、顾问。1987年3月离休，享受副厅级待遇。

易飞先

易飞先，男，汉族，1963年4月出生，管理区营田镇人。硕士、编辑，现任重庆市委办公厅副主任。

1982年9月就读于湘潭大学历史系党史专业，1986年考入北京大学国际政治系研究生，攻读共产国际与中国革命研究专业。1989年7月到中央文献研究室周恩来研究组工作，编、撰、译（包括与别人合作）有关毛泽东、周恩来等老一辈革命家生平思想及党史研究书籍十余种，主要有：《周恩来传奇》《周恩来的故事》《毛泽东之路》《施拉姆集》《理性与疯狂》等。1995年任国务院新闻办公室副处长，2003年6月，调入重庆市精神文明建设委员会办公室。2005年6月，任重庆市委宣传部副部长。2008年4月，任重庆市委办公厅副主任。

周小青

周小青，女，汉族，1958年3月出生，管理区河市镇人，1978年加入中国共产党，大学学历，高级会计师、注册会计师，任省政府派驻国有重点骨干企业监事会主席（副厅级）。

1974年1月高中毕业后至1976年11月，为宁乡县下放知青。1976年11月至1991年10月，在长沙纺织厂工作，历任企业团总支书记、内部银行行长。1985年8月至1988年7月在省轻工业专科学校学习。1991年10月，经公开招考进入省纺织工业厅工作，历任财务审计处副科长、副处长、处长。1998年取得注册会计师执业资格，2001年被评为高级会计师。是年12月，经公开招考任省委企业工委监事会办事处主任。

2004年4月至2007年9月，任省国资委国有资本经营预算处处长。2007年9月始，任省政府派驻国有重点骨干企业副厅级监事会主席。

周仲阳

周仲阳，男，汉族，1945年1月出生，汨罗市人。1964年7月参加工作，1970年12月加入中国共产党，大学文化。

1964年7月至1968年8月，任屈原农场一分场中学教师；1968年9月至1970年7月，任屈原农场向阳中学革委会第一副主任；1970年8月至1981年1月，任屈原农场场部宣教科干事，副科长（主持全面工作）；1981年2月至1983年8月，任屈原农场党委宣传部副部长；1983年9月至1985年5月，在省委党校学习；1985年7月至1991年8月，任屈原农场副场长，党委副书记；1991年9月至1999年3月，任岳阳第二师范党委书记、校长；1999年4月至2001年12月，任市教委副主任；2001年12月至2002年1月，任市教委调研员；2004年12月，被聘为市政府督学；2005年始，享受副厅级待遇。曾被评为岳阳市十佳校长、"五好"领导干部，全国教育系统劳模。

赵纯烈

赵纯烈，男，汉族，1937年11月出生，华容县人。1954年8月在常德水利学校学习后参加西洞庭湖围垦工作。1954年至1959年，在华容县粮食局、县委会工作，任干事。1959年至1964年，任钱粮湖农场党委办秘书。1964年，调省农垦局工作。1966年，任屈原农场党委副书记、革委会副主任。1971年，任钱粮湖农场党委副书记。1975年，在非洲塞拉利昂任农村组组长。1978年回国后，任钱粮湖农场党委副书记，书记。1980年，任临湘县委书记。1985年年底，任岳阳地委统战部部长。1986年至1997年，任市人大常委会秘书长，副主任、党组副书记。

钟辉煌

钟辉煌，男，汉族，1956年10月出生，管理区营田镇人。国防科大副教育长，少将军衔。

1982年毕业于华中科技大学电力工程系高压电机专业，获学士学位；1984年毕业于华中科技大学电力系电器专业，获硕士学位。曾任国防科技大学光电科学与工程学院院长。2007年7月晋升少将军衔。

黄顺玲

黄顺玲，女，汉族，1956年8月出生，华容县人。1973年12月参加工作，1988年9月加入农工民主党。博士学位、主任医生，省卫生厅副厅长。

1973年12月至1978年3月，屈原农场农科所知青；1978年3月至1982年12月，在湖南医科大学医疗系读书；1982年12月至1984年4月，任长沙市日用铝材厂医务室医师；1984年5月至2004年4月，任长沙市传染病医院医师，主治医师，科副主任，副主任医师、科主任，主任医师、院长助理，义务科科长，肝病科研所主任医师、副所长兼科教科科长；2004年5月至2004年9月，任长沙市卫生局副局长。2002年12月至

2005年9月，任长沙市政协副主席。2004年9月任省卫生厅副厅长。2007年5月，获中南大学湘雅医院内科博士学位。

工商金融界

（以姓氏笔画为序）

王晓光

王晓光，男，汉族，1957年出生，管理区营田镇人。中共党员，研究员，享受国务院特殊津贴。现任湖南海利化工股份有限公司董事长、湖南化工研究院院长、湖南海利高新技术产业集团有限公司党委书记，同时担任中国化学会理事、化学化工会理事长、全国地方化工研究院（所）长协作网理事长，湘潭大学、湖南师大兼职教授与博士生导师，中共湖南省委第八届、第九届委员。

1982年，毕业于浙江大学，曾任湖南化工研究院室主任、副院长，永高化工实业总公司总经理，湖南海利化工股份有限公司董事、副总经理。1995年被评为湖南省优秀中青年专家；2002年，被人事部专家服务中心聘任为专家顾问委员。主持完成科研课题30余项，其中国家级课题9项；发表学术论文40余篇，国家发明专利33项，其中PCI专利9项；获国家发明奖1项、国家科技进步二等奖1项、部省级科技进步奖10项、是湖南省首届科技领军人物、湖南省“121”工程第一层次学术带头人、湖南省光召科技奖、全国化工优秀科技工作者、湖南省劳模。

吴明夏

吴明夏，男，汉族，1946年出生，上海市人，中共党员，社会科学院研究生，高级畜牧师，农业技术推广研究员，享受国务院特殊津贴。曾任湖南正虹集团董事长、总裁兼总工程师，兼任湖南饲料工业学会副会长、中国动物研究会会员、中国养猪协会理事、中国饲料协会理事。

1962年参加工作，一直从事畜牧畜医、动物营养研究、饲料研制开发工作。1986年，参与“QF—001”猪高蛋白营养添加剂实验。后任屈原农场饲料厂副厂长，湖南正虹饲料厂副厂长，湖南正虹饲料有限公司总经理，湖南正虹饲料股份有限公司董事长兼总经理，湖南正虹集团董事长、总裁兼总工程师。在随后10多年的饲料研究和企业发展中，根据市场需要，将其“正虹牌QF—001”名牌产品优化翻新至第九代，先后获得全国十大名牌饲料、全国科技创新金奖、墨西哥国际实用技术展览会金奖等20多项奖项。相继主持研制出“正虹牌001”乳猪全价颗粒料、“正虹王”猪浓缩料和“乳猪花”全价颗粒料等产品，均通过省级科技成果鉴定，获5个省级、国家级奖项。同时，正虹公司上市后，带领一班人致力于正虹的长远发展和猪高蛋白浓缩料技术的应用推广，制定“正虹333发展战略”，通过巩固饲料产业、拓展饲料相关产业、开发高新畜牧产业途径，推进企业做大做强。

先后公开发表学术论文29篇，被国务院、国家科委、省政府授予有突出贡献的农业技术专家、全国星火明星企业家、国家有突出贡献的中青年专家、省优秀中青年专家和湖南科技兴企名人称号。

胡子敬

胡子敬，男，汉族，1950年6月出生，管理区河市镇人，中共党员。研究生学历，高级经济师，2000年始享受国务院特殊津贴，中共十五大、十六大、十七大代表，第十二届全国人大代表。现任友谊阿波罗股份公司董事长、党委书记，家润多商业股份有限公司董事长。

1968年12月参加工作，先后任长沙人民鞋店副经理、南门口百货大楼经理，长沙友谊华侨公司经理，湖南长沙友谊（集团）有限公司董事长、总经理兼党委书记、长沙阿波罗商业城总经理，友谊公司总裁，家润多商业股份公司总裁。1974年始，从事百货零售工作，具有丰富的百货零售业务经验和管理经验，2001年，创造性地提出“经营管理一体化”的商业管理模式，在传统百货内部率先实行“进销分离、统一管理”的科学管理方法，该模式2003年被评为第十届国家级企业管理现代化创新成果一等奖，被中国商业协会作为样板向全国推广。先后获得全国优秀青年企业家、全国劳模、中国商业十大科技创新人物、全国十佳诚信企业家、内贸劳动模范、省优秀企业经营者、长沙市有突出贡献专家等称号。

教育科技界

（以姓氏笔画为序）

许进超

许进超，男，汉族，1961年6月出生，管理区营田镇人，世界知名数学家，美国工业与应用数学学会会长。

1982年毕业于湘潭大学数学系，1984年、1989年分别就读于北京大学数学系、美国康乃尔大学数学系获硕士学位和博士学位。1995年评为美国宾州大学教授，1997年至今，任美国宾州大学计算数学与应用研究中心主任。同时成为湖南省首批“芙蓉学者计划”特聘教授、北京大学长江学者讲座教授、湘潭大学计算与应用数学研究所所长，并担任国内外5个著名计算数学杂志编委。是多层网格法、区域分解法、分层基方法领域的奠基人之一。并将多层网格法理论应用于解决实际问题，先后在地下水渗流、晶格材料、液晶和聚合体材料、电气化学动力装置的数值计算与仿真等领域取得重要应用成果，特别是对锂离子电池组与燃料电池模型的研究取得突出成果，近年与瑞士数学家研究的算法，被美国能源部评为计算科学十大突破之一。先后获湖南省大学生数学竞赛一等奖，中科院自然科学一等奖，苏格兰福克斯奖，SCHLUMBERGER基金奖，中国首届冯康科学计算奖，湘潭大学杰出成就奖，德国“洪堡奖”之美国资深科学家奖。被多位专家评价为“世界数值数学领域中最杰出的科学家之一。”先后应邀到英国、法国、德国、意大利、挪威、保加利亚及中国台湾、香港等地大学讲学访问。其科研论文被引用次数在除统计学家之外的数学家中位居全世界第五位，从而在国际数学界享有盛誉。

2006年至2011年，所承担的重要科研项目有8项，编辑出版专著、文集多部，并多次主持重要国际学术会议。其中主持召开的第七届区域分解法国际学术会议，任大会主席。2001年7月作为科学委员会与组织委员会主席，成功举办张家界计算与应用偏微分方程国际学术会议，引起很大反响。

李　超

李　超，男，汉族，1966年7月出生，管理区河市镇人，国防科大教授、理学院应用数学专业和计算机学院密码学专业博士生导师，兼任中国密码学会理事、湖南省数学学会常务理事、湖南省计算数学与应用软件学会理事。

1983年从屈原一中考入信息工程大学信息研究系，1987年获理学学士学位。1990年在中国科技大学数学系获理学硕士学位，其后，一直在国防科大数学与系统科学系任教。1999年4月至2002年12月，在国防科大系统工程研究所攻读博士学位，其间，2001年1月至2002年1月，在清华大学数学科学系访问；2003年9月至2006年12月，在国防科大网络与信息安全研究所博士后科研工作站工作，2007年4月至2008年1月，在新加坡南洋理工大学数学科学系访问。先后到英国、加拿大、意大利、澳大利亚、日本、韩国和中国香港地区参加国际学术会议或短期学术交流。主持国家自然科学基金和“863”项目等20余项科研任务，在国内外学术刊物和学术会议上合作发表论文100余篇，其中被SCI检索30余篇、被EI检索60余篇、被其他作者引用70余篇次。在Springer出版社和高等教育出版社等合作出版会议录2部、专著2部、教材5部。培养博士研究生16人，硕士研究生36人。获2010年澳洲密码年会最佳论文奖和2010年中国密码年会最佳论文奖。获军队科技进步一等奖1项、三等奖2项，教育部霍英东优秀青年教师奖1项，军队院校育才奖金奖和银奖各1项，2次荣立三等功。

余育和

余育和，男，汉族，1956年3月出生，管理区黄金乡人，中国科学院水生所研究员、博士，中国原生动物学会理事长，享受国务院特殊津贴。

1977年考入中山大学生物系，1982年毕业后入读本校硕士研究生，师从著名鱼病学专家廖翔华教授；1984年12月进湖南师范大学生物系工作，讲授鱼类和鸟类；1987年考取北京大学生物系细胞生物学博士研究生，师从著名原生动物学专家陈阅增教授，博士论文方向系原生动物纤毛虫——四膜虫有性生殖研究，获理学博士学位；1991年进中科院水生生物研究所博士后流动站，从事缘毛目纤毛虫系统发育的研究。出站后留所工作，主要从事浮游生物宏基因组及其环境的关系、原生动物分类学、生态学及分子系统发育研究。1997年至1998年公派到美国IOWa大学做访问学者。

范世和

范世和，男，汉族，1957年8月出生，管理区人，有哲学博士、农学硕士、医学硕士3个学位，博士后导师，是多国合作林业生物技术专利主要发明人。

1978年3月考入中南林业科技大学，1982年获农学学士学位。1983年考入南京林业大学攻读林学专业，并从事森林密度效应对杨树生长影响的研究，1985年获农学硕士学位。1989年进加拿大多伦多大学继续深造，主修森林植物生理学并从事森林植物抗旱机理研究，1994年获哲学博士学位。其后，以博士后身份加盟于温哥华市的不利颠哥伦比亚公司，从事森林植物遗传生态生理研究，相继升研究员和高级研究员，课题组组长。2002年10月，入加拿大联邦自然资源部太平洋林业研究中心，授林务官技术衔，从事山地松树甲壳虫空间生态统计模型研究。2003年年底，随课题转入阿尔伯塔大学可再生资源系，任研究助理，并读该校公共卫生学院研究生，获流行病学医学硕士学位。2006年，以流行病学家身份受聘于阿尔伯塔省卫生服务公司，专事流行病监控并参与建成一实时自动化流行病监控系统。2009年，全球流感肆虐时，该系统因有效地为决策当局提供实时数据而深获好评。2010年3月，改任高级统计师，主事行政管理表现评估、报告及研究，以协作公司提高经营效率，改善服务质量，保证病人安全。

主要研究项目，包括与大学同仁合作的流行病时间空间统计预计预测模型与计算机翻译处理医疗记录等。在多种林学与医学科技杂志上发表论文20余篇。在6项国际与包括美国在内的多国林业生物技术专利中，为主要发明人。

易中天

易中天，男，汉族，祖籍管理区营田镇，1947年出生于湖南省长沙市。厦门大学教授，博士生导师，著名作家，历史学家。

6岁随其父易庭源到湖北省武汉市，并在武汉开始接受教育，在武汉度过小学、初中、高中时期，后因“知识青年上山下乡”运动，到新疆工作数年。1977年恢复高考后，考入武汉大学文学院文学硕士专业，1981年毕业于武汉大学，获文学硕士学位并留校任教。后进厦门大学任人文学院教授、博士生导师，长期从事文学、艺术、美术、心理学、人类学、历史学等研究，著有《美学思想论稿》《艺术人类学》等著作。撰写出版“易中天随笔体学术著作·中国文化系列”四种：《闲话中国》《中国的男人和女人》《读城记》和《品人录》。2005年始，在中央电视台《百家讲坛》节目中讲解历史，品评“汉代风云人物”，因其白话式的幽默分析，受到追捧。2006年始制作《易中天品三国》，一举成名，他以独特的见解和思维为人们讲述了一个个不同于过去观念的人物，摆脱了人们传统平庸的认识，新颖的见解在学术界和广大读者中引起强烈的反响，享有“学术超男”称号。2007年11月，在上海出版新书《帝国的终结》，是年荣登“2007年第二届中国作家富豪榜”，引发广泛关注。2008年与《百家讲坛》再度携手合作，录制播出节目《先秦诸子·百家争鸣》。

易祖洛

易祖洛，男，汉族，字濬源，晚号仪屈翁，管理区营田镇边山人。生于民国2年（1913）5月11日寅时。国立湖南大学毕业，授文学硕士。民国26年从政薛岳将军部，任机要秘书。解放后在湘潭大学历史系任教授。

孟召平

孟召平，男，汉族，1963年出生，管理区河市镇人。博士、教授，博士生导师。

1983年大学毕业后分配到煤炭科学研究总院西安分院从事矿井地址和地下工程地质研究工作，1994年10月晋升为高级工程师，1996年9月考入中国矿业大学（北京）矿产普查与勘察专业攻读博士学位，研究方向为地下工程地质。1999年6月博士毕业后留校在资源与地球科学系工作，2001年12月晋升为教授和博士生导师。主要从事工程地质、岩石（体）力学和煤、油气地质的教学与科研工作。先后主持和参加完成国家、部重点攻关等科研课题15项，获国家科技进步二等奖1项，煤炭部特等奖1项和部级科技进步奖7项。2002年度全国百篇优秀博士学位论文获得者；2003年获中国科技奖励基金会孙越崎青年科技奖。是年，国家公派在德国柏林工业大学进行深部开采地质条件和岩石学实验等方面的研究工作。先后完成专著2部，发表论文60余篇。

柳思维

柳思维，男，1946年农历二月初八出生，汉族，管理区营田镇人。1970年7月毕业于中国人民大学贸易经济专业。1970年8月至1978年5月，在湘西自治州民族贸易局任综合秘书；1978年6月至1985年8月，调入湘西自治州商校从事经济管理学教学，1985年8月，调入湖南商学院任教。1992年始，先后任湖南商学院贸易经济系主任、工商管理系主任、科研处处长、经济管理研究所所长，现任湖南商学院校学术委员会主任、荣誉一级教授、经济与贸易发展研究院院长，中南大学博士生导师，国家级精品课程《贸易经济学》负责人，国家特色专业“市场营销专业”负责人，省级重点学科“企业管理学科”首席责任教授，湖南省现代流通理论研究基地首席专家。

1992年至2002年，任湖南省第七届、第八届政协委员。2002年至2007年，任湖南省社科联副主席，连续三届聘为湖南省政府参事。现兼任国家哲学社会科学规划学科组评委、中国市场学会副会长、全国消费经济教学研究会副会长、中国商业经济学会学术委员会顾问、湖南省市场学会会长、湖南经济学会副理事长，兼任中南大学、湘潭大学、湖南省委党校、湖南省社会主义学院、广西财经学院等10所院校兼职教授，湖南省院士专家咨询委员会委员、湖南省第十次党代会报告起草组顾问、湖南省连锁协会专家委员会主任、湖南省高等教育自学考试专家委员会主任等。

70年代末始，长期致力于市场、流通及经济管理方面研究，先后主持4项国家社科基金项目、5项湖南社科重大项目及20项省级课题研究，公开发表论文300多篇，出版著述、教材20余部，先后10多次获省部级科研成果奖、2次获湖南省教学成果一等奖。

1982年后，先后被评为湘西自治州先进科技工作者、省优秀教师、省优秀理论工作者、省先进工作者、省优秀社会科学专家、省高校首届教学名师、省富民强省活动先进个人（2009年省政府一等功奖励），全国优秀教师、全国师德先进个人、徐特立教育奖获得者、“新中国成立60周年及改革开放30年全国流通产业发展杰出贡献人物奖”等。多项研究成果先后进入党和政府决策参考，被媒体和社会誉为“湖南谋士”，其教书育人、科研创新的事迹先后在《光明日报》《湖南日报》等报刊杂志报道，其学术简历自1991年起被《商业经济专家辞典》《中青年社会科学家辞典》《中青年经济学家辞典》等收录。

黄三文

黄三文，男，汉族，1971年9月出生，管理区黄金乡人。研究员、博士生导师。

1993年9月至1996年7月在中国农业大学学习，获学士和硕士学位；1996年7月至2000年9月，任中国农业科学院蔬菜花卉研究所辣椒遗传育种助理研究员；2000年9月至2005年2月，在荷兰瓦赫宁根大学学习，获博士学位；2005年2月至2011年12月，先后任中国农业科学院蔬菜花卉研究所研究员、博士师导师；生物技术室主任、功能基因课题组组长。曾获国家杰出青年科学基金资助，入选科技部中青年科技创新领军人才，担任国家“973”项目首席科学家；西北农业科技大学兼职教授、中央国家机关青联委员。

主要致力于构建蔬菜全基因组设计的理论和方法体系研究，先后主持科技部、农业部、国家自然科学基金委项目研究10余项，发表论文17篇；2005年获中国国家留学基金管理委员会颁布的国家优秀留学生奖学金；2007年获国家科技进步二等奖；2011年获科技部颁发的“十一五”国家科技计划执行优秀团队奖。在国际植物基因组学界具有较大影响，担任国际黄瓜基因组计划的首席科学家，是国际马铃薯基因组测序协作组执委和国际茄科基因组研究协作组织的共同主席。

黄国满

黄国满，男，汉族，1966年出生，管理区河市镇人。中国测绘科学研究院摄影测量与遥感研究所所长、研究员、博士生导师，享受国务院特殊津贴，并任武汉大学、山东科技大学教授。

1985年9月考入武汉测绘科技大学，就读于摄影测量与遥感专业。1989年7月，获学士学位，毕业后，先后在河北省测绘局大地测量队、航测内业队、研究所和中国测绘科学研究院从事大地测量、摄影测量与遥感的生产与科学研究工作。1993年6月完成学业，获硕士学位，并留校工作，历任助理研究员、研究员，主要从事摄影测量与遥感、地理信息系统方面的科学研究工作。硕士毕业当年，作为在读博士研究生，考取中国科学院地理科学与资源研究所，师从地理信息系统学界著名学者何建邦研究员及杨明辉研究员，攻读地图学与地理信息系统专业博士学位，2001年，获该专业理学博士学位。主要从事遥感数据处理软件、合成孔径雷达处理系统、土地利用动态化监测、遥感数据处理与算法等研究。取得多项国际先进或国际领先的创新成果，被评为全国抗震救灾模范，先后获国家科技进步一等奖、省部级科技进步一等奖各1项，制定行业标准3项，出版专著1部，发表论文80余篇。

董平文

董平文，男，汉族，1967年12月出生，管理区营田镇人，研究生学历，著名箫笛演奏家、音乐理论家、音乐教育家。

自幼酷爱音乐，高中阶段开始，先后师从著名笛子演奏家杨明和俞逊发学习竹笛演奏，兼学作曲以及声乐等；1990年考入武汉音乐学院民乐系，师从著名笛子教育家李协勤。大学时代，因各科成绩优异，获学校甲等奖学金。1994年，以优异的成绩毕业分配到广西艺术学院工作。其学术研究领域视野开阔，除箫笛乐器的演奏教学外，还在音乐史学、乐种学、乐器改革及音乐创作等方面取得丰硕成果。主要科研创作及论文有：《埙的教学与改革》《南方少数民族乐器与生态旅游产品开发》《乐种学教学改革研究》等；音乐作品有《壮乡欢歌》（获省部级作品创作奖并由接力出版社出版）、《霓裳曲》《小白菜》《京岛渔歌》等；音像制品（DVD）、《国乐飘香》中担任笛子独奏《牧民新歌》等。编写的教材有《民族器乐概论》《乐种学》《中外音乐简史》《音乐学基础知识汇编》。

2004年，创建广西艺术学院音乐学专业，为首任音乐学系主任。为国家培养和输送了一大批优秀的专业艺术人才，多次担任国家级、省级专业比赛评委，并获“优秀园丁”称号和“优秀指导教师”奖。2008年，被聘为越南国家歌舞剧院演员进修班笛子导师，受到中越双方领导的肯定和高度评价。曾出访美国、新加坡、韩国、越南、泰国等国家和中国香港地区。

楼盛涛

楼盛涛，男，汉族，1931年12月出生，浙江省义乌市人。1951年参加工作，民主人士，大学文化，高级畜牧师，享受国务院特殊津贴，湖南省第七届、第八届人大代表。

1951年2月至1952年6月在浙江省义乌县从事教育工作；1952年7月至1956年8月，在义乌县畜牧兽医站工作。1956年9月至1961年7月，在北京农业大学畜牧系学习，获大学文凭。1962年7月至1997年4月，先后在屈原农场三分场、五分场、茶场、种猪场、畜牧水产公司、正虹饲料厂、饲料研究所工作，主要从事畜牧畜医、动物营养研究和饲料研究开发。1978年始，进行“生猪限量饲喂与半自由采食”的对比试验获得成功，“半自由采食”使生猪增长快、饲料省、成本低；后又上马“高蛋白能量与低蛋白能量喂养”对比试验取得成效，采用高蛋白高能量饲养的生猪，生长快、成活率高、抗病能力强。1984年后，开始“QF-001猪高蛋白营养添加料”的研制并获得成功，通过采用“QF-001猪高蛋白营养添加料”与“正大800”分别喂养生猪对比试验，前者日增重、饲料换肉率、胴体瘦肉率3项指标综合评分，比“800”高出3.79个百分点，而成本低25%-30%。1987年7月，“QF-001猪高蛋白营养添加料”正式通过省级鉴定，获湖南省科技进步奖，成为国家最早通过省级鉴定的饲料。后相继获全省饲料行业优质产品奖，农业部双优产品和省星火一等奖，全国“七五”星火成果博览会金奖、全国新产品技术特别金杯奖。

湛飞并

湛飞并，男，汉族，1962年1月出生，管理区河市镇人。美国德克萨斯州立大学终身教授，博士生导师。

1979年从屈原一中考入武汉测绘科技大学，1983年毕业后留校任教。1987年赴荷兰留学，1989年获硕士学位，之后在荷兰德尔夫特理工大学工作两年。1991年，获美国国家地理信息与分析中心全额奖学金后赴美深造，1994年在布法罗纽约州立大学获博士学位，之后在田纳西大学商学院做了一年博士后。1995年，在德克萨斯州立大学任教，兼任武汉大学资源与环境学学院长江学者讲座教授、中南大学信息物理工程学院客座教授、中国科学院深圳技术研究院客座教授。

主要在地理信息科学与研究、空间分析方法、环境与健康、交通和网络科学、地震预测以及应急规划和灾害研究等领域进行深入独特具有广泛国际影响的研究。发表学术论文100多篇，其中有5篇先后被38个国家的学者引用700余次。创立了德克萨斯地理信息科学中心，并一直担任该中心主任，曾获德克萨斯州立大学科学研究创新奖，并获教育部长江学者奖励。

湛含辉

湛含辉，男，汉族，1961年10月出生，管理区黄金乡人，中共党员，现任中国矿业大学教授，博士生导师。

1978年考入中国矿业大学，1982年获学士学位，1985年获硕士学位，是年加入中国共产党。1989年中国矿业大学博士毕业后，主要从事环境工程、化学工程、矿物加工工程等领域的研究工作。多次参与国家“七五”“八五”重大项目的研究，主持国家自然科学基金项目3个、“863”项目1个、湖南省重大项目1

个、湖南省重点自然科学基金项目1个、横向项目29个。获省部级奖3个、发明专利9项、实用新型专利8项。出版《二次流原理》《流体力化学原理》2部专著、发表学术论文100余篇，出席国际学术会议10余次。

湛雪辉

湛雪辉，男，汉族，1971年1月出生，管理区黄金乡人。长沙理工大学教授，中南大学博士研究生导师，兼任中国致公党湖南省委直属工委副主委、中国致公党长沙理工大学支部主委，湖南省青联委员，湖南省政府“万企联村、共同发展”专家顾问团专家，长沙理工大学校工会副主席。研究领域主要为有机化工、化学、环境科学与资源利用。先后主持国家自然科学基金2项、湖南省自然科学基金1项、湖南省科技攻关项目8项、横向项目2项。获湖南省科技进步三等奖1项，申请国家发明专利6个，发表论文40余篇。成功开发“以工业双戊烯为原料夜相制备对伞花烃”的新技术，经中科院院士余勇富等专家鉴定认定，该项目的工艺技术为国际先进水平。

熊　伟

熊　伟，男，汉族，1971年出生，管理区琴棋乡人，博士学位，中共党员。武汉大学博士研究生导师、税法研究中心主任、财税法“学术带头人”、湖北省财税法学研究会会长、中国财税法学研究会副会长。

1988年考入云南大学政治系，主修哲学，辅修法学，获哲学、法学双学士学位。1992年毕业后在云南大学任职，1994年考入武汉大学法学院攻读硕士学位，1997年毕业后留校，历任助教、讲师。1999年至2002年在武汉大学攻读法学博士学位，破格晋升为副教授。2002年至2004年在厦门大学经济学博士后流动站从事科研工作；2005年至2006年，受国家留学基金的资助，赴美国密歇根大学法学院访学。2007年晋升为教授，并于4月至6月，应台湾大学法律学院邀请担任访问教授；2008年遴选为博士生导师。2010年，挂职广西壮族自治区梧州市中级人民法院，任副院长。2010年入选教育部新世纪优秀人才计划，2011年被评为湖北省十大杰出中青年法学家。

主要研究领域有财政法、中国税法、国际税法。在专业领域内成绩突出，成果丰硕，曾多次应邀参与全国人大、国务院法制办、财政部、国家税务总局的立法论证会，为国家财税决策及法制建设提供重要参考意见。

熊育群

熊育群，男，汉族，1962年农历五月初五出生，管理区黄金乡人。工程师、高级编辑，广东省作家协会主席团成员，副秘书长、文学院院长，一级作家。

1983年同济大学建筑工程系毕业，分配到湖南建筑设计院从事建筑设计，任工程师；1989年调中国老区报工作，任编辑主任；1992年调湖南省新闻出版局，任湖南新闻图片社副社长、图片新闻报总编辑；1994年调羊城晚报社工作，任文学部副主任，高级编辑；2008年3月调广东省作家协会，任广东文学院副院长，担任过全国鲁迅文学奖评委。1985年开始文学创作，作品散见于全国各报刊及选集，曾获冰心文学奖、郭沫若散文随笔奖、全国报纸副刊年赛奖等。已出版诗集《三只眼睛》，散文集《随花而起》《灵地西藏》《罗马的时光游戏》，长篇作品《西藏的感动》《走不完的西藏》，摄影散文集《探险西藏》，文艺对话录《一直在奔跑》等8部作品。散文集《路上的祖先》获第五届鲁迅文学奖。

全国劳模、全国人大代表

（以姓氏笔画为序）

杨　莉

杨　莉，女，汉族，1963年出生，管理区营田镇人，致公党员。第十一届、十二届全国人大代表。现任屈原管理区凤凰乡凤凰村村委会主任、管理区洋利农民专业合作社理事长、湖南洋利农贸科技有限公司和湖南海泰博农生物科技有限公司总经理。

自2008年当选全国人大代表后，把重视“三农”作为履职的重点。至2011年，向全国人大常委会提交建议15份，关于“三农”问题的建议就有10份，其中《关于加大家电下乡力度，规范完善家电下乡工作的建议》《关于国家要加大对农村水利设施建设投入的建议》《关于修订〈化妆品卫生监督条例〉的建议》《关于要加强对银行信用卡使用监管的建议》《关于疏浚河渠解决农村水利建设难题的建议》《关于修改〈森林法〉让森林经营市场化的建议》《关于加快发展林木经济的建议》《关于加大有机食品认证监管力度的建议》等8条被全国人大列为重点建议。为提出有分量的建议，先后自费到湘、鄂、赣、粤、鲁等省20多个乡镇走访调研，被称为“渔民上岸代言人”。坚持认真研读法律法规，完成近3万字的笔记，出版20万字的《农民代表，忠诚履职》文集。运用书信、短信、博客、电子邮箱等方式收集老百姓最关心的问题及解决问题的建议，组建“人大代表之家”，与各级人大代表开展邀请选民座谈等“六个一”活动。通过这些活动，听真言，知实情。

坚持带领农民走高科技现代农业之路，探索“公司+基地+农民专业合作社+深加工+市场”的产业模式，带动农民增产增收。先后获全国杰出农民创业女性、全国巾帼再就业之星、“希望工程”募捐先进个人，湖南省“三八红旗手”，岳阳市十大杰出青年等称号。

杨　静

杨　静，女，汉族，1972年12月出生，湖南省湘阴县人。中共党员，大专文化，全国“五一”劳动奖章获得者，现任管理区天问街道工委干事。

1988年10月，在汨纺细纱车间从事挡车工作，由一名不懂世事的小女孩，成长为一名光荣的纺织工人。进厂后，在师傅的指导下，苦学技术，扎实工作，经常超额完成工作任务，多次获厂和市“巾帼名星”“岗位能手”“三八红旗手”“优秀团员”称号。1991年、1993年两次被评为厂生产标兵，1994年至2000年连续7年被评为厂劳模，1991年至1992年先后获省级“操作能手”、市“纺织芙蓉花”等称号，1997年4月被中华总工会授予全国“五一”劳动奖章，是年被评为省劳模、市优秀共产党员，2000年被评为“建厂30周年突出贡献者”。2001年11月，当选为湖南省第八次党代会代表。2003年出席共青团岳阳市第四次代表大会，并被选为共青团岳阳市第四届委员会委员。

张艳辉

张艳辉，女，汉族，1972年12月出生，湖南省湘阴县人。中共党员，大学文化，全国劳模，现任管理区天问街道工委干事。

1989年2月，在汨纺细纱车间从事挡车工作，由于工作任劳任怨，苦练技术，多次参加省、市纺织系统技能比赛，分获单项、全能操作能手称号。1994年12月，被评为全国纺织工业部劳模；1995年4月，获全国劳模称号；1995年至1998年，先后被评为省优秀共青团员、省技术能手、省优秀共产党员，全国技术能手。1998年1月当选为省第九届人大代表。

胡伟清

胡伟清，男，汉族，1966年2月出生，管理区黄金乡人。大专文化，高级经济师，全国劳模，现任湖南伟业农牧集团董事长。

1989年创办湖南伟业农牧发展有限公司，实行“公司+基地+农户”的经营模式，从事饲料生产和生猪流通。至2008年，购销生猪1800万头，企业获“湖南省私营企业100强”，湖南省农业产业化龙头企业殊荣。2008年11月，创立湖南灏东船舶科技有限公司，填补境内造船业空白，是湖南省首批获得国家认可定点船舶拆解企业之一。2009年，以3.67亿元竞拍到湘江屈原段26.7公里的三年沙石采挖经营权。2010年后组建湖南伟业农牧集团，至2011年，固定资产4.2亿元，年产值8亿元，成为集物流、房地产开发、水利电力建筑、小额贷款等多产业、跨行业的综合性大型企业集团，系管理区最大的民营企业之一。

创业20多年，一直致力于反哺农业、回报乡亲，先后捐资670多万元用于扶贫济困、捐资助学、修桥铺路等慈善事业。1993年至2011年，先后获市政府个体私营经济标兵、区域经济发展有突出贡献人物和岳阳市十大杰出青年、“香洲名都”杯第六届岳阳十大杰出青年企业家、推动岳阳经济社会发展十大年度人物、岳阳市带动农民致富奔小康十佳领军人物，省劳模、省十大杰出青年农民，全国农垦系统职工自营经济先进个人、全国劳模、全国农村优秀人才等称号。

历任管理区（农场）党委书记

（以任职时间为序）

周金印

周金印，男，汉族，1935年10月出生，湖南省湘阴县人。先后任湘阴县濠河区区委书记；1980年4月至1981年5月任湘阴县政府副县长；1981年5月至1982年2月任湘阴县委副书记、副县长；1982年2月至1983年3月任湘阴县委副书记、代县长；1983年3月至12月任湘阴县委副书记、县长；1983年12月至1984年10月任屈原农场党委书记。后任市委副秘书长。

徐亚雄

徐亚雄，男，汉族，1940年10月出生，浙江省桐乡市人，1965年参加工作，大学文化，高级政工师、高级国际商务师。1965年毕业于浙江大学农机系，是年分配到屈原农场工作，先后任农场机械厂技术员，五分场革委会副主任，农场机务科科长、工程师。1980年到长沙脱产学习，一年后作为农业专家被派往加纳共和国工作二年。1983年12月任屈原农场党委副书记，1984年11月至1988年4月任屈原农场党委书记。后任市外经贸委党组书记、主任，省外商投资服务中心总经理，省农机总公司总经理、党委书记。

晏奇礼

晏奇礼，男，汉族，1937年8月出生，湖南省益阳县人，中专文化。1960年2月参加工作，1966年2月加入中国共产党。先后任屈原农场生产科技术员，分场场长、革委会副主任，党委书记；屈原农场团委书记，政工组组长，政治处主任，党委办公室主任；1971年5月至1981年6月，任屈原农场党委常委、生产科科长，农场党委常委、副场长；1983年12月至1988年4月，任屈原农场党委副书记、场长；1988年4月至1990年7月，任屈原农场党委书记。后任市农机局党组书记、局长。

刘尧臣

刘尧臣，男，汉族，1957年10月出生，湖南省华容县人。1975年高中毕业后任沛树小学教师；1977年考入岳阳师专中文系。1980年毕业后，任华容县万庾镇党委委员、镇团委书记。1983年任岳阳地区团委副书记，1985年10月出席共青团第十一届中央委员会代表大会。1986年任岳阳市团委书记，曾获全国“五四”青年奖。1988年任汨罗市委副书记。1990年7月至1994年12月任屈原农场党委书记，当选为第八届全国人大代表，聘请著名经济学家厉以宁教授指导、创造农垦综合改革模式，在全国农垦系统推广。后调省委政策研究室，先后任处长、副厅级调研员、副主任。2000年8月任娄底市委副书记。2004年后，历任省工商局党组副书记、副局长，省委统战部副部长，省工商联党组书记、副主席。2009年3月任省安监局局长，是年4月任省政府副秘书长、省政府办公厅党组成员、省安监局局长。后任省环保厅党组书记、厅长。

陈仲伯

陈仲伯，男，汉族，1963年9月出生，湖南省临湘市人。1982年7月毕业于岳阳师专，1997年获中南工业大学工学硕士，2003年获中南大学管理工程博士。兼任中南大学知识产权研究院院长，担任中南大学、湖南大学、省委党校兼职教授。被国家知识产权局评为全国首批知识产权领军人才。

1982年7月至1986年11月，任君山农场党委宣传部理论干事，君山农场党委政治处副主任、主任；1986年11月至1989年6月，任君山农场林角分场党委书记；1989年6月至1994年11月，任共青团岳阳市委副书记、书记（1990年参加中国青年政治学院培训）；1994年12月至1997年1月，任行政区党委书记、兼屈原农垦集团公司董事长（其中1993年3月至1995年3月，在中南工业大学管理系学习，获工学硕士）；1997年1月至2000年2月，任省新技术研究开发局局长；2000年2月至2001年4月，任省科技厅副厅长、党组成员兼省科技研究开发院院长；2001年4月至2007年9月，任省科技厅副厅长、党组成员（其中2001年9月至2003年11月，在中南大学商学院攻读管理与工程专业全日制博士研究生；2002年参加外交学院英语培训和美国哈佛大学第一期公共管理高级培训班）；2007年9月始，先后任省知识产权局党组副书记、副局长兼机关党委书记，省知识产权局党组书记、局长（2008年和2009年被国家知识产权局选派到美国专利商标局和日本特许厅参加产权研修），省政府副秘书长、省政府办公厅党组成员。

曾任市政协第二届、第三届常委，中共岳阳市委候补委员；省第七次党代表，第六届省青联委员；第十一届长沙市人大代表。著有区域经济、技术创新、专利信息检索等方面的专著13部，发表相关论文30多篇。曾获省科技进步二等奖2项、三等奖4项。

柴小平

柴小平，男，汉族，1954年11月出生，湖南省岳阳县人。函授本科，1976年1月参加工作，1979年6月加入中国共产党。1980年11月，先后任君山农场君山中学教师，副校长。1983年12月，任君山农场党委委员、宣传部部长。1984年11月，任君山农场党委委员、党委办主任。1985年1月，任君山农场党委委员、新河管理区党委书记。其中1986年9月至1988年7月，在北京农垦管理学院学习，任党支部书记。1988年8月，任君山农场副场长。1990年2月，任君山农场场长。1993年4月，任市畜牧局局长、党委书记。1997年4月至1998年11月，任行政区党委书记。1998年12月，任市纪委副书记。2004年2月，任市委组织部副部长、市人事局局长、党组书记。2008年1月后，任市政协党组副书记、副主席。

钟小汨

钟小汨，男，汉族，1957年12月出生，湖南省湘阴县人，大专文化。1974年2月参加工作，1976年9月加入中国共产党。

1974年2月至1978年4月，下放至湘阴县三塘公社谢坪大队务农。1978年5月至1978年12月，任湘阴县三分之一工作队队员。1979年1月至1980年10月，任湘阴县鹤龙公社秘书。1980年11月至1981年10月，任共青团湘阴县委副书记。1983年4月至1985年9月，任湘阴县茶湖潭乡党委书记。1985年10月至1988年2月，任共青团湘阴县委书记。1988年3月至1990年3月，任湘阴县委宣传部副部长。1990年4月至1991年2月，任湘阴县委组织部副部长。1991年4月至1994年3月，任湘阴县城南区党委书记。1994年4月至1996年2月，任湘阴县副县长。1996年3月至1997年11月，任湘阴县委常委、副县长。1997年11月至1998年11月，任湘阴县委副书记。1998年11月至2006年4月，任管理区党委书记。后任岳阳楼区区委书记，省总工会党组副书记、副主席。

欧江平

欧江平，男，汉族，1964年2月出生，湖南省辰溪县人。1982年7月参加工作，1985年5月加入中国共产党，硕士研究生。

1982年7月任辰溪县畜牧水产局技术员；1985年1月至1991年7月，任辰溪团县委副书记，书记；1991年7月至2000年11月，先后任共青团省委青农部、社会部、办公室、实业部科长、副部长、部长、主任；2000年12月至2004年10月，任湘阴县委副书记；2004年11月至2006年8月，任管理区党委副书记、管委会主任；2006年9月至2007年11月，任管理区党委书记。后任岳阳经济开发区工委书记，市政协副主席。

曾任省第九次党代会代表、省第十一届人大代表。1989年获全国青年绿化突击手称号，先后被省、市政府记二等功3次。

刘铁健

刘铁健，男，汉族，1965年2月出生，湖南省岳阳市人。1983年7月参加工作，1988年8月加入中国共产党，大学文化，水利工程专业高级工程师。历任市防指办公室主任，市水务局党组书记、副局长，平江县委常委、常务副县长。2007年11月至2009年1月，任管理区党委书记。后任市发展和改革委员会党组书记、主任。多次被省、市政府记功。

孔福建

孔福建，男，汉族，1965年1月出生，湖南省华容县人，大学学历。1983年7月参加工作，1985年6月加入中国共产党。历任钱粮湖农场层山学校教师，农场教育科办公室主任，农场党委组织部干事，农场一分场党委副书记，农场蛋品总公司党总支书记、总经理，农场团委书记，农场五分场党委副书记、场长，农场纺织厂党委书记、厂长，农场场长助理，农场党委委员、党委办、场长办主任，农场党委副书记；岳阳市纺织工业总公司党组副书记、副总经理；市港口航务管理局副局长；市地方海事局党委委员、副局长；市口岸办党组书记、主任。2008年2月任管理区党委副书记、管委会主任；2009年3月任管理区党委书记。2011年9月，当选为中共岳阳市委委员，省第十届党代会代表；省第十一届人大代表。

历任管理区（农场）管委会主任（场长）

（以任职时间为序）

李金先

李金先，男，汉族，1932年出生，湖南省长沙市人，中专文化。1951年9月参加工作，1957年7月加入中国共产党。历任君山农场分场场长、书记，君山农场副场长、党委副书记。1979年2月至1981年10月，任屈原农场场长、党委副书记。后任钱粮湖农场党委书记，岳阳地区农场管理局局长。

甘根林

甘根林，男，汉族，1933年出生，湖南省湘阴县人，初中文化。1952年9月参加工作，1955年1月加入中国共产党。历任大通湖农场生产队党支部书记、分场副场长；杨林寨农场革委会副主任；屈原农场分场党委书记，总场革委会副主任，党委副书记。1981年10月至1983年12月，任屈原农场场长、党委副书记。1984年退休。

刘 宏

刘 宏，男，汉族，1952年出生，湖南省华容县人，中共党员，大学文化，经济师，副研究员。历任市行署经济研究室科长，市农业机械化学校副校长，岳阳县政府副县长。1988年4月至1989年8月，任屈原农场党委副书记、场长。后任省社科联秘书长，副主席，巡视员；湖南省洞庭湖区域经济社会发展研究会副会长兼秘书长，从事洞庭湖区域经济社会发展研究和学术组织工作。

司马德坤

司马德坤，男，汉族，1949年2月出生，湖南省湘阴县人，中共党员。1971年4月至1973年10月，任湘阴县电信局党组成员、团总支书记。1973年10月至1981年1月，任湘阴县白泥湖公社革委会副主任、党委副书记、管委会主任兼人武部部长。1981年1月至1982年2月，在岳阳地区干训班学习。1982年2月至1987年5月，任濠河区委书记。1987年5月至1988年9月，任湘阴县委常委、县委办公室主任。1988年10月至1989年12月，任屈原农场副场长，1990年1月至1993年1月，任屈原农场党委副书记、场长。1993年2月至1998年5月，任云溪区区长，区委书记。1998年5月至2000年3月，任市委农村工作部部长兼市政府农村工作办公室主任。2000年3月至2002年2月，任市政府助理巡视员。2002年2月至2008年1月，任市政协副主席。

郑可仗

郑可仗，男，汉族，1948年8月出生，湖南省湘阴县人，高中文化，经济师。1964年10月参加工作，1966年5月加入中国共产党。历任屈原农场二分场十一队政治副队长、统计、会计，畜牧队革委会主任，分场革委会委员，五分场、七分场党委副书记、革委会副主任，农科所党支部书记，八分场、七分场党委书记、革委会主任，总场办公室主任，糖厂党委书记，农场副场长。1993年2月至1996年7月，任屈原农场党委副书记、场长（行政区党委副书记、管委会主任）。后任汨罗市委副书记。

蒋亚雄

蒋亚雄，男，汉族，1958年出生，湖南省湘阴县人，研究生，高级经济师。历任共青团华容县委书记，汨罗市委副书记。1996年7月至1998年11月，任行政区党委副书记、管委会主任。后任湖南省安信企业集团有限公司总经理。

李永丰

李永丰，男，汉族，1964年9月出生，湖南省宁乡县人，研究生学历。1985年8月参加工作，1988年10月加入中国共产党。1985年8月至1989年2月，任岳阳地区、岳阳市粮食局工业饲料公司副经理。1993年6月至1995年6月，任市粮食局工业饲料科科长。1995年7月至1996年8月，任市粮食局局长助理。1996年9月至1998年10月，任市粮食局副局长。1998年11月至2000年12月，任行政区党委副书记、管委会主任。后任市外事侨务办主任，市政协秘书长，湖南城陵矶临港产业新区工委书记。

黄柏良

黄柏良，男，汉族，1954年12月出生，湖南省岳阳县人，大学文化。历任岳阳县政府办公室主任，岳阳县委常委、常务副县长。2001年3月至2004年11月，任管理区党委副书记、管委会主任。后任市委政法委副书记，市安监局局长、党组书记。

谈正红

谈正红，男，汉族，1963年10月出生，湖南省华容县人，大学本科。先后在华容县幸福乡杨林中学、华容县一中、华容县委办、华容县终南乡、华容县治河渡镇工作。2001年1月任汨罗市政府副市长；2005年1月任汨罗市委常委、政法委书记；2005年9月任临湘市委常委、副市长；2006年10月至2008年3月任管理区党委副书记、管委会主任。后任市建设局党组书记、局长，市住房和城乡建设局党组书记、局长，市政府党组成员、秘书长。2008年，被推选为省第十一届人大代表。

许平亚

许平亚，男，汉族，1964年11月出生，湖南省岳阳县人，1983年8月参加工作，1993年4月加入中国共产党，大学本科学历，高级经管策划师，湖南省作协会员，省第十二届人大代表。历任岳阳市郊区洞庭中学、梅溪中学、郊区一中教师，郊区区委组织部干部，岳阳楼区政府办秘书，市委宣传部办公室副主任，党员教育科科长，办公室主任，管理区党委委员、宣传部部长，组织部部长兼湖南正虹科技发展股份有限公司董事。2008年4月，任管理区党委副书记。2009年4月，任管理区党委副书记、管委会主任。

历任屈原管理区人大政协工委主任、书记

（以任职时间为序）

沈立山

沈立山，男，汉族，1950年5月出生，管理区营田镇人。1965年7月参加工作，1971年12月加入中国

共产党，大专文化。1965年7月至1981年10月，先后任农场一分场九队统计，党支部书记。1981年11月至1982年10月，任农场一分场党委宣传委员。1982年11月至1984年9月，先后任三分场、一分场副场长。1984年10月至11月，任一分场场长。1984年12月至1990年6月，任八分场党委书记。1990年7月至1993年1月，任农场水电公司经理、党总支书记。1993年2月至1994年8月，任农场党委常委、办公室主任。1994年8月至2000年12月，任行政区党委常委、管委会副主任。2001年1月至2002年12月，任管理区党委委员、管委会副主任。2002年12月至2006年1月，任管理区党委副书记。2006年2月至2008年4月，任管理区人大政协工委主任。

谢忠厚

谢忠厚，男，汉族，1956年9月出生，管理区河市镇人，1972年3月参加工作，1979年2月加入中国共产党，大学学历。历任屈原农场河市中学教师，中国人民解放军战士、副班长、班长、排长、副连长、连长、参谋、副营长、营长、旅党委常委、装备技术部部长等职。中校军衔，电器工程师专业技术职务。1995年10月转业，历任管理（行政）区党委宣传部常务副部长，检察室主任，政法委书记，组织部部长，区管委会副主任。2006年10月至2008年4月，任管理区党委副书记。2008年4月，任管理区人大政协工委主任。

李德友

李德友，男，汉族，1956年6月出生，管理区河市镇人，1973年12月参加工作，1985年7月加入中国共产党，大学学历。历任屈原农场河市中学教师，农场公安局干警、治安股股长，农场河市镇党委副书记、书记，管理区党委办、管委办主任。2002年3月至2010年1月，任管理区党委委员、区管委会常务副主任。2010年1月，任管理区人大政协工委党组书记。

三、名录·名表

2011年前管理区省以上劳动模范（含享受待遇）名表
（以授奖时间先后为序）

表23-1

姓　名	出生年月	政治面貌	授予称号	授奖时间
王春泉	1935年2月	中共党员	国家级先进工作者	1956年4月
彭爱生	1932年1月	中共党员	湖南省先进工作者	1956年7月
莫佳元	1921年9月	中共党员	湖南省先进工作者	1956年9月
叶雪梅	1935年12月	中共党员	湖南省劳动模范	1958年4月
陈金玉	1942年9月	中共党员	全国工交基财先进工作者	1959年1月
秦东渐	1931年6月		湖南省劳动模范	1960年5月
湛茂桂	1941年4月		湖南省先进工作者	1961年4月
易志红（女）	1949年2月	中共党员	湖南省劳动模范	1979年5月
湛忠保	1946年6月	中共党员	湖南省先进工作者	1982年7月
吴正高	1941年5月	中共党员	湖南省劳动模范	1988年7月
余应忠	1933年8月	中共党员	纺织部劳动模范	1989年5月
吴明夏	1947年7月	中共党员	湖南省优秀科技工作者	1995年4月
张　艳（女）	1971年12月	中共党员	全国劳动模范	1995年4月
杨　静（女）	1972年12月	中共党员	全国“五一”劳动奖章	1997年4月
胡伟清	1966年2月	中共党员	全国劳动模范	2000年4月
朱碧霞（女）	1970年2月	中共党员	湖南省劳动模范	2000年10月
翁陆斌	1964年5月		湖南省劳动模范	2000年4月
曹正平	1969年2月	中共党员	湖南省优秀党员	2011年6月
阳岳球	1970年4月	中共党员	全国种粮大户	2011年12月

2011年年底前寓外部分副县（团）级以上职务人员名表

（以各乡镇提供的名单为主，按姓氏笔画排列）

表23-2

姓　名	工作单位	职　务
马　兵	广东省惠州市环保局	副局长
王志明	长沙师范学院	院长助理
王坚红	军事经济学院	大　校
王国飞	广东省佛山市烟草专卖局	副局长
左跃新	中国有色矿业集团	经　理
田明成	湖南农业大学经济管理学院	党委书记
田建良	长沙烈士公园管理处	党委书记、高级工程师
田宗芝	湖南省卫生厅血液管理中心	主　任
冯胜建	岳阳市总工会	副主席
刘岳进	湖南省林业厅森林防治总站	站　长
刘明春	湖南省委机关事务管理处	处　长
汤卫根	湖南理工学院外国语学院	院长、教授
许京花	财政部预算司地方处	处　长
苏爱军	长江水利规划处	处　长
杨　靖	海南省海口市国资委	副调研员
杨红平	北高农场	副场长
杨振山	岳阳市公安局刑侦支队	副支队长
杨衡芝	岳阳市广播电视局	党组书记、局长
李建国	湖南省教育厅高校后勤服务中心	董事长
吴兴达	湖南省公安厅刑侦总队犯罪政策研究室	副主任
吴克成	首都钢铁总公司技术贸易处	处长、高级工程师
吴伯琦	湖南师范大学法学院	副院长
吴哲民	湖南省电广传媒审计处	处　长
吴益文	湖南省电力局营销部	经　理
余岳雄	岳阳市委督查室	主　任
何　威	广东空军司令部作战处	主　任
何胜华	辽宁大连预备役师	师长、大校
何新科	湖南省人民检察院计财处	处　长

续表

姓　名	工作单位	职　务
宋岳平	广西壮族自治区从化市人防办	主　任
宋德瑞	湖南省军区后勤部供需处	处　长
张志忠	中国石油渤海钻探工程有限公司国际工程部	经　理
张孟康	长沙市信托投资公司	总经理
张效雄	湖南报业集团	副总经理、高级编辑
张跃雄	湖南省人力资源和社会保障厅专家服务中心	主　任
陈文化	岳阳市公安局岳阳楼分局	政　委
陈文善	岳阳市公安局	原副局长
陈凯明	广州市海军陆战学院研究生班	政委、上校
陈续文	岳阳市人力资源和社会保障局	党委副书记
陈焕文	湖南建工集团	经　理
陈德辉	汨罗市人大常委会	原主任
郑　钦	广州汽车集团客车厂	党委副书记
郑　鑫	广州南方医科大学药理学院	党委书记
易　鸣	北京威华特电子有限公司	总经理
易可君	湖南省委党校经济部	主任、教授
易吉辉	深圳华生元基因工程发展有限公司	总经理
易法尧	北京军区	正师级退休干部
易洪斌	吉林省委宣传部	原副部长
易陲安	北京市朝阳区	正厅级退休干部
易继辉	美国Aptina公司全球运营及封装技术中心	副总裁
罗志强	湖南省人口计生委药具物资站	站　长
罗深根	四川武警总队后勤处	原处长
金　辉	岳阳市君山区政府	副区长
周　飞	南京市政府侨务办	处　长
周光斌	原邮电部情报处	处　长
周伦祥	株洲市政协	副秘书长
周波勇	中国银行总行IT系统	经　理
周泰来	广东省统计局农村工作办	副主任
周雄辉	湖南省路桥集团公司	财务总监

续表

姓　名	工作单位	职　务
孟友培	湖南省水利厅工程公司	执行总裁
孟庆杰	岳阳市人防办	副主任
胡光育	湖南省林业厅机关党委	副书记
胡志勇	湖南大学招生就业办	副主任
胡金奇	广西壮族自治区浦北县人武部	政委、上校
柳　怀	岳阳市科技局	副局长
柳　真	湖南商学院招生办	副主任
柳克奇	湖南理工学院南湖学院	院　长
柳汉桥	原铁道部桥梁九局	局　长
柳美景	长沙市人大常委会	秘书长
钟卫期	中国人民解放军云南昆明部队某团	政委、上校
钟建毅	岳阳市委办	副主任
钟辉煌	湖南省警卫局	副参谋长
姚声贤	中国石油集团川庆钻探公司油气合作与工程处	处长、教授、高级工程师
高立献	岳阳市园林绿化管理处	党委书记
夏启文	岳阳市长江修防处	调研员
徐双红	湖南中烟集团原料部	经　理
徐吉明	审计署卫生药品审计局	局　长
徐辛辉	重庆第三军医大学内分泌科	主　任
徐国兵	湖南省交通厅湘江航运建设公司	副总经理
徐艳平	湖南省人力资源和社会保障厅公务员管理处	副处长
徐新楚	湖南省质量技术监督局	副局长
徐德元	汨罗市政协	副主席
顾湘林	长沙市市政管理局	原局长
翁先伟	上海杨浦海军92718部队	教练舰长
殷少富	广州市纪委	副书记
殷辉奇	二炮司令部工程部	总工程师
徐　东	华融湘江银行	副行长
唐　勇	中国人寿保险公司人力资源部	处　长

续表

姓　名	工作单位	职　务
曹正新	广西壮族自治区公安县政府	县　长
曹育林	江西省南昌市委政研室	主　任
黄　飞	中铝集团长沙有色金属设计院	副院长、高级工程师
黄　波	长沙市安监局	副局长
黄　鸣	岳阳市民政局	党组副书记、副局长
黄　检	美国某电气总公司驻北京亚运村	首席代表
黄木春	湖南省司法厅人教处	处　长
黄木新	中国建筑科学研究院分公司	总经理
黄文献	福建省厦门市计生局	副处长
黄时正	岳阳市粮食局	副局长
黄孝英	原冶金学院	党委书记
黄怀文	广西壮族自治区交通厅	原厅长
黄泽南	湖南省委办公厅企业处	处　长
黄建中	湖南对外经济贸易职业学院	党委书记
黄建国	北京同达创业国际贸易公司	总经理
黄建武	国泰君安证券营销部	总　监
盛伟模	西门子（中国）有限公司销售部	经　理
彭　建	湖南省委组织部干部四处	调研员
彭　清	长株潭国际物流公司	总经理
彭文君	中国农业科学院蜂蜜研究所	副所长、研究员
彭建雄	海军通信总站	副主任
彭建群	湖南省编委信息中心	主　任
彭受宗	岳阳市口岸办	副主任
彭展旗	湖南省电网建设公司	副总经理
彭望书	湖南航天医院	院　长
韩孟康	广东省深圳市移动公司	总　裁
湛　峰	兵器工业总公司设计院	副院长
湛后命	国防科工委北方集团公司	总经理
湛建军	岳阳市商务局	原副局长
蔡吉跃	岳阳市委讲师团	副主任、教授

续表

姓　名	工作单位	职　务
谢　岳	湖南省人防办	副处长
谢兵西	河南省人大常委会办公厅宣传处	调研员
谢型祥	中国石化总公司长岭分公司	副总经理
廖加龙	全国人大常委会法制工作委员会研究室三处	副处长
廖社华	岳阳市委党校	副校长
熊　伟	北京航天航空杂志社	社长、总编
黎光明	湖南省人民检察院	巡视员
黎移新	湖南机电技术学院	副院长、教授
戴宏亮	广东省深圳市东方百富投资公司	董事长
戴利旗	中国大唐集团湖南分公司	部门主任

2011年年底前寓外部分副高以上专业技术人员名表
（按姓氏笔画排列）

表23-3

姓　名	工作单位	职　称
甘　来	长沙市博才学校	副教授
龙　理	德国应用物理遥感测控中心	教授、博士
田　真	世界银行集团国际金融公司	教　授
田如庆	北京大学	教　授
田秉璋	湖南省人民医院肝胆外科	主任医师、教授、博士
刘建国	瑞典皇家医学院诺贝尔医研中心	研究员
朱湘军	中铁工程设计院计算机软件工程	高级工程师
汤　旦	华中科技大学计算机软件病毒防控中心	博　士
杨　威	美国卡内基梅隆大学自动化管理系	博　士
杨腊根	湖南大学	教　授
李　波	首都钢铁厂京唐钢铁公司	高级工程师
李　辉	中科院	博士后
吴亦可	解放军广州通信学院	教　授

续表

姓　名	工作单位	职　称
何　丹	北京人富律师事务所	主任、兼职教授、研究员
邵腊庚	长沙理工大学交通运输工程学院	教　授
肖乐明	广州航海学院轮机系	教　授
易岳衡	湖南省广播电台	教　授
易俊飞	中国人民大学	教　授
易魁先	广州军区总医院	主任医师、眼科专家
周　云	上海中山医院	教　授
周世飞	英国伦敦某研究所	教　授
周建辉	中国舰船研究室设计中心	博士、高级工程师
周维方	广东省深圳市莲花中学	高级教师
郑　兵	湖南理工学院美学院	教　授
胡勇军	长春师范学院	教　授
柳　超	武汉海军工程学院	博士生导师
柳雄飞	广东省深圳市某研究所	博士后
钟冬波	国家工业建筑物质量安全检测中心	高级工程师
钟建国	湖南省交通规划勘探设计院	高级工程师
钟洪波	长沙市上海浦发银行	高级会计师
姜宏宇	湖南永州科技学院	教　授
夏启明	武汉大学、湖北省软件评测中心	博士、教授、副主任
翁飞兵	国防科技大学、湖南高等院校电工研究会	教授、秘书长
翁伟兵	总参第61研究所	研究员
徐　乐	韩国浦项工业大学	研究员
徐德保	湖南湘雅附一医院	副教授
曹昔武	美国某医疗器械研究中心	博　士
黄　瑶	云南广电大学	副教授
黄雨满	北京玻璃钢研究设计院	教　授

续表

姓　名	工作单位	职　称
黄建明	岳阳市委党校	教　授
黄雍检	湖南大学	教　授
龚　玲	湖南工业大学	副教授
龚海军	岳阳市农科所	高级农艺师
彭　辉	暨南大学化学工程系	教　授
湛齐英	中南大学	博　士
谢光明	海南工商业学院	副教授
熊　忠	湖南教育报《科学启蒙》杂志社	主　编
谭　宪	岳阳晚报社	副总编辑
黎淳昭	美国伦赛勒大学化学系	博　士
潘东晖	中国建材联合会科技部	主任、高级工程师
霍　雷	湖南湘雅附一医院脑外科	教　授

附　录

一、屈原与端午龙舟文化

公元前278年农历五月初五，流放汨罗江畔的楚国大夫、伟大爱国诗人屈原闻讯楚都被秦军攻破，悲愤交加，毅然写下绝笔作《怀沙》，抱石自沉于境内的屈潭（又名河泊潭，今凤凰乡境内）。沿岸百姓得知后悲痛不已，纷纷行舟抢救，沿水招魂，并将粽子投入江中，以免鱼虾蚕食其身体。此后每年的农历五月初五，当地群众都要在汨罗江上举行这样的活动，表达对屈原的无限崇敬怀念之情。2000多年来，这个驾舟相救场面被沿袭演变，成为每年端午节的“龙舟竞渡”。从屈原投江之日起，端午便与屈原紧紧相联。到公元前250年已由境域向楚地传播，在魏、晋、南北朝时逐渐成为南方尤其是楚国民间纪念屈原的节日，并开始向韩国、日本和东南亚各地区传播。至今已成为全球华人及韩国、日本和东南亚地区人民共有的传统佳节。

1958年屈原农场围垦，拓荒者在为这片围垦地命名时，崇尚屈原求索、进取精神，郑重地选择了“屈原”作为域名。

屈原文化遗迹

境域是屈原晚年生活、创作和投江殉国之处。战国时期，七雄纷争。在秦强楚弱情势下，屈原抱着改革政治、富国强兵的雄心壮志，主张章明法度，举贤授能，东联齐国，西抗强秦，力图楚国一统天下。但楚怀王昏庸无道，再加上遗族令尹子兰、上官大夫靳尚、宠姬郑袖等佞臣小人的围攻，他的政治理想不能实现，在苟且偷安、惧战主降的贵族们打击排斥下，屈原最终因谗言被罢官、放逐。在被放逐汨罗江畔9年多时间内，每日只能披发行吟于江边，有时登上磊石山、凤凰山，北望郢都，思念祖国，愤然写下《离骚》《九歌》《天问》等许多爱国爱民的诗章。现境内还存有屈原写作和消虑时的遗迹笔架山、钓鱼台、南阳寺以及后人为纪念屈原而残留的遗址屈子庙、屈潭、沉沙港、晒尸墩、琴棋望、土星港等。

笔架山　位于凤凰山屈子庙左侧，河泊潭岸边。据传屈原被流放到汨罗的玉笥山后，开始写作《离骚》。一日狂风四起，《离骚》书简被滂沱大雨冲到洞庭湖中，随波漂浮20余里。屈原驾舟紧追，幸好这些书简被洞庭湖东边的凤凰山堵住，方得捡回。上岸后，屈原看到凤凰山僻静优雅，于是就把河泊潭这个地方作为写作的基地。据说，《涉江》《哀郢》《抽思》等都是在这里写作和修改的。他写作兴奋时，便面对洞庭高声吟诵；写作疲倦时，就把笔搁在一个泥捏的笔架上。屈原投江后，人们为了纪念他，便在他放笔的地方堆起一座小山，以防洞庭水浸漫，这座小山不知是风雨浸蚀还是其他缘故，久而久之形成“山”字形，恰似搁笔的笔架，所以人们给它取名笔架山。

钓鱼台　位于凤凰乡凤凰村，清光绪《湘阴县志·舆图志》上标有出处。相传屈原放逐江南游于凤凰山后，看到楚国危在旦夕，焦虑万分，或山而樵以消虑，或水而渔以浇愁，在此钓鱼消遣。后人将他钓鱼的地方名为钓鱼台。

南阳寺　为屈原故宅。《湘阴县图志》载：“屈原故宅，在翁家洲，今为南阳寺”。“大洲一名翁家洲，即故南阳里屈原旧祠地也。”相传屈原流放江南时，曾在寺里居留过。

南阳寺，前、后3栋，成品字形排开。寺前右方一水井，左方一土凼，正中一古樟，樟高三十余米，树干有大洞，人可直立出入其间，相传为屈原亲手所栽，现已被毁。

1958年围垦，东大堤纵贯而过，将大洲辟成两部分，西边大部分围进垸内，南阳寺所在的东面则被围在大堤之外，因此，寺亦被拆，水井被填，现仅存一土凼，乃南阳寺仅存之遗址，今位于河市镇翁家港闸北500米、大堤外300米外的河滩上。

沉沙港　位于琴棋乡。《湘阴县图志》载：“湘水又北出白鱼岐十五里，至沉沙港，东会汨水入洞庭。”由此可见，沉沙港当时是东连汨罗、平江，西通洞庭、湘水的要港。

相传屈原放逐江南后，行吟泽畔，颂《离骚》以答渔父，喧《天问》以对江河，慨叹国势之危急，哀怜民生之涂炭，每念及亡国之耻，遂起自尽之意。公元前278年五月初五便和衣葬身于河泊潭中，但浮于水上溺而未死。屈原爬上岸后，又信步往西，来至沉沙港口。徘徊中，他见岸边一簇枯草浮于水上，便发泄道：“你为什么不沉下去？”边说边用手捧着泥沙砸这簇枯草，枯草即被泥沙压沉了。屈原由此得到启示，决定怀沙沉江。于是将裤脚和上衣扎紧，灌满沙石，再次投江，便沉入水底。后人为纪念屈原，就将此地名为沉沙港。

晒尸墩　又名三尺墩、摊尸墩。位于今河市镇三合村。相传屈原在河泊潭投江后，恰逢洞庭湖涨水，湖水倒注汨罗江，托其尸骸逆流而上，经三十里浮至名山河，渔民打捞上岸，陈尸于此地。后人为纪念屈原，遂将此墩名为晒尸墩。

琴棋望　又名金鸡望，位于琴棋乡凤凰村对面河洲上。《湘阴县图志》载：“湘水北经磊石山，东北对青草湖，西对县城口。”巴陵吴舍人云：琴棋望当为城基望，刘宋故城在此，因名。

相传，屈原投江后，女媭闻信，沿汨罗江寻找打捞。寻至湘水琴棋望，仍不见屈原，便掷一金钗于河中，以祭河神，求其助打捞屈原尸体，故又名金鸡望。

土星港　又名土仙港，位于营田镇青山寺社区缘江花园至推山咀一带。《湘阴县图志》载：“湘水又北，经营田七里，东受土星港水。”“北有磊石山，南有土星港。”《石矶图说》载：“土星港，大水时，下水船渡湖者必泊此，以审度风信，畏鼓湖之险也。冬春则涸。咸丰二年冬，发逆攻长沙北，省设防土星港，两岸多排木椿，以扼湘资二水之冲。国治以后木椿拔洗已尽。”土星港最早叫读诔港。“读涞”旧丧中宣读祭文，为吊唁仪式中的一项程序，屈原投江后，当地人们和过往迁客骚人，常在土星港赋诗投书，举行祭江仪式以悼屈原，因此地名为读诔港。《湘阴县图志》载“有贾谊舟行之长沙，停帆湘口，为赋以吊屈原”之说。土星港，亦是古战场之一。据《湘阴县图志》记载；咸丰二年（1852）农历十月，洪秀全领导的太平军，曾由资水经土星港，遍留足迹。据传，岳飞镇杨幺，也在土星港摆过战场。抗日战争后期，国民党军队亦在此港与日军交过火。

屈子庙　（参见第十四篇第六章第一节“旅游资源”）

屈　潭　（参见第十四篇第六章第一节“旅游资源”）

凭吊三闾大夫

屈原投江100多年后，西汉著名政治家贾谊被汉文帝外放为长沙王太傅，在赴任途中，从洞庭湖转渡湘水时，路过磊石山，自然想起屈原。他吟《吊屈原赋》，并“投书以吊屈原”“因以自喻”。面对馋谀得志、方正倒植的时世，贾谊在祭诗中表示，“当追随先生，神龙潜渊，凤凰高逝，览德辉而下之，摇增翮而去之。”唐大历三年（768），诗圣杜甫为追随屈原足迹，把汨罗江作为人生最后的驿站。途中，经过磊石山，有幸投诗赠当地，他追思屈原，对着一江春水感叹：“湖南清绝地，万古一长嗟”。然后乘一叶孤舟入汨罗江，在船中咽下最后一口气。“远移工部死，来伴大夫魂。”成就了杜甫一生最后意愿。

此后，历代不少政治家和文人墨客怀着对屈原无限崇敬怀念之情，前往凭吊，留下了诸多不朽诗篇。

罗　渊

谗胜祸难防，沉冤信可伤。
本图安楚国，不是怨怀王。
古庙碑无字，洲晴蕙有香。
独醒人尚少，谁与奠椒浆。

——唐·崔涂

烟痕漾秋色，高吟似有邻。
一轮湘渚月，万古独醒人。
岸湿穿花过，风香祈庙频。
祇应谀佞者，到此不伤神。

——唐·贯休

前王西去后王危。一石沉江万古悲。
兰菊不知何处荐，断残数桷隐□□。

——唐·吴宜振

谠言忠谏阻清霄，放逐南荒泽国遥。
午梦楚兰香易染，一魂湘水渺难招。
风声落日心逾壮，鱼腹终天恨未销。
却借微香荐蘋藻，海门何处问渔樵?

——唐·张翔

洞庭南畔逼汀洲，渺矣予怀帝子邱。
清绝长沙鸥得地，萧条泽国壑容舟。

蜃楼避雪光初敛，鱼市停云网未收。
记得昔年芳草路，于今羞涩悔重游。

——明·朱之宣

羽人揖别望江南，遥漱朝霞正气含。
节弭闻风骐骥驾，旌回悬圃凤鸾骖。
临渊继月抽思并，绝笔终篇致意三。
千载史公流涕处，至今无草怆江潭。

——清·戴文炽

武关旧事已千秋，云雨巫山尽古邱。
怅望雄风三户邈，时闻竞渡九歌讴。
揭车露浥芝兰浦，喜橘霜含杜若洲。
家在汨罗江上住，每寻芳草每低留。

——清·戴文炽

山齐春半不知春，结伴寻芳一问津。
怕作百年多病客，常怀千古独醒人。
夹堤老树双龙吼，隔岸谗岩众虎蹲。
仙景凭谁夸阆苑，骚乡风月莫教贫。

——清·徐柱

帆悬直泛洞庭波，暂驻兰桡访汨罗。
郢曲高低怜楚客，江云缥缈接湘娥。
兴亡事迹悲三户，哀怨文章系九歌。
惆怅美人无限憾，濯缨桥畔几回过。

——清·吴添明

怀王去不返，屈子怨何穷。
居卜寒江雨，魂招古庙风。
河山存楚域，烟火失秦宫。
尚有孤臣泣，凄然落照红。

——清·楚迪信

古墟凭吊最关心，江上芙蓉发故林。
秋草路迷詹尹宅，西风魂断女嬃砧。
娥目见嫉情无奈，鸩鸟为媒憾转深。
谁读招魂能作赋，长沙太傅是知音。

——清·李得春

扁舟乘兴入江口，欲饮村醪趁夕曛。
词客有灵应识我，万方多难更思君。
茎蘅寂寞山中雨，鸥鹭栖迟水上云。
夜静《离骚》歌一曲，凄凉山鬼啸如闻。

——清·郭昌猷

灵均当日憾如何，孰与题诗寄汨罗？
清影自随湘浦月，忠魂不返洞庭波。
美人江上思芳草，渔父丛中听棹歌。
酒熟桑柑空致奠，独醒还让大夫多。

——清·胡家熊

欲采蘅芜荐屈平，三间祠畔夕阳明。
骚经一卷怀孤愤，鱼腹千秋吊独醒。
江上美人悲缥缈，灯前山鬼泣纵横。
游人散后波如镜，不似胥涛挟怒声。

——清·蔡梯

晓风截江起，吹雨不成丝。
日出云吞吐，江空石陆离。
才行数十里，忽动百年思。
屈子祠堂近，停舟读楚辞。

——清·鹤傭

沉沙港

万古汨罗深，骚人道不沉。
明明唐日月，应见楚人心。

——唐·王馥

襄王不用直臣筹，放逐南来泽国秋。
自向波间葬鱼腹，楚人徒倚渡川舟。

——唐·胡曾

贾谊投文吊屈原，瑶琴能写此时情。
秋风一奏《沉湘曲》，流水千年作恨声。

——唐·雍裕之

猿愁鱼涌水翻波，自古流传是汨罗。
蘋藻满盘无奠处，空闻渔父扣舷歌。
——唐·韩愈

怀沙一死固堪伤，千载修名实未亡。
举国无人君不悟，斯文有幸日争光。
——宋·赵希鄂

怀沙元不为馋嚣，要与江山作美谣。
千载孤忠动神物，三湖今向汨罗朝。
——宋·袁说友

往恨湘累远，他乡楚俗同。
流传存吊祭，汨没见英雄。
竹叶于人缘，榴花此日红。
未须嗟旅泊，吾道岂终穷。
——元·袁易

涵空一碧漾层波，有客临流吊汨罗。
憾煞怀沙千古事，倚栏惆怅听渔歌。
——清·唐赞

我亦遭离乱，沉吟泽畔行。
斯人渺何处？湘水碧无情。
鱼腹悲今古，鸿毛孰重轻？
风波如写怨，长作楚骚声。
——清·刘泽

怀沙千古恨，弭楫吊灵均。
眇眇思公子，依依向楚人。
招魂龙贝阙，遗恨虎狼秦。
愁绝涔阳浦，年年杜若春。
——清·王士祯

屈子行吟处，今余跨马过。
晨曦映江渚，朝气涤胸科。
揽辔忧天下，投鞭问汨罗。
楚犹有三户，怀石理则耶。
——郭沫若1928年春

屈子庙联

江上峰青，九歌遥和湘灵曲；
湖南草绿，三叠重招宋玉魂。
——清·李元度

万顷重湖悲故国；一江千古属斯人。
——清·张文敏

端午民间习俗

从屈原投江之日起，端午便与屈原紧紧相联。由此丰富了端午习俗原有的文化内涵和派生了一项龙舟竞渡运动，使境域成为蓝墨水的起源地、龙舟竞渡的发祥地。

境域端午节一般从农历五月初一开始到十五日止，整个节日活动具有悠久的历史性、广泛的群众性、丰富的多样性、浓郁的文化性、狂热的参与性和深远的影响。民间端午习俗除办盛宴、吃粽子、插艾挂菖、喝雄黄酒、赛龙舟外，雕龙头、偷神木、唱赞词、龙舟下水、龙头上红、朝庙、祭龙、祭屈等都有神秘的仪式和独特的文化内涵，还留下了“宁荒一年田，不输五月船”等许多端午民谣。观龙舟、回娘家、辞端阳、插艾叶、喝雄黄酒更有浓郁的地方含义。而且上述这些习俗和文化场景，自汉以来就有零散的文字记载，如在南朝宋景平二年（424）颜延之的《祭屈原文》、6世纪初吴均的《续齐谐记》《荆楚岁时记》《隋书·地理志》等均有描述。

在这些日子里，从节日期盼、准备、参与、狂欢到回忆的全过程中，人们无不充满一种内在的情感冲动。如一家之主分工摘粽叶、打艾叶和采菖莆以及浸糯米的那份期待，一家几代围着堂屋包粽子时那份团聚的浓浓亲情，女儿女婿背着儿女带上粽子、鸡蛋、包子回娘家时的那份温馨，十里八乡老百姓争相观龙舟竞渡时的那份狂热，无不显示人们在这个喜庆节日里洋溢着的快乐。节日让一代又一代劳作的人们感受到传统文化的浸染，激起人们对美好生活的向往、对国富民安的祈求、对屈老夫子的深深怀念。还有青年男女和他们的父母，则把这个节日当成相亲招亲的极好机会。80年代初，端午习俗更受到世界的关注。每年端午，中国台湾、香港、澳门和日本的新闻媒体常常以整版的篇幅进行专题报道，德国、美国、澳大利亚、意大利、英国、俄罗斯、韩国等多家电视台还以专题形式推介龙舟竞渡。

吃粽子 屈原投江后，汨罗江边的人们除驾舟打捞屈原的尸首外，还纷纷将正在祭龙用的竹筒饭、麦面坨丢到河里，祭祀屈原，以示怀念和敬意。相传有一年的端午节，人们又将准备好的竹筒饭和桃、李等鲜果，分发给各竞渡渔船，准备投放河里，忽然，西南方向一阵香风吹来，只见屈大夫神采昂然，面带微笑，头戴切云冠，身穿朝服，脚踏朝靴，锦带上佩着珍珠美玉，腰挎陆离长剑，来到人群当中。众人问：“庶民每年向您祭祀的粗食顺乎?”屈原曰：“其意甚善，可惜祭品多为鱼虾所食。”众人闻知，心生怨恨，说：“捕尽江中鱼，杀尽水中虾。”屈原答曰：“不可也。”众人问：“何以为妙?”“可用竹叶裹饭，呈尖角，鱼虾误视为菱角，再系五色丝线，可镇蛟龙。”屈原答后忽然不见。众人叹为奇事，于是望空朝拜，依其言而为之。所以民间出现以角粽代替了竹筒饭。此后，每年端午节便向河里丢粽子，以祭屈原、慰忠魂、镇蛟龙。这一习俗由此向华夏各民族传播，相沿成为各地吃粽子纪念屈原的端午习俗。

龙舟竞渡 龙舟竞渡是汨罗江畔一带人民的伟大发明。相传屈原投江那天，两岸数百条渔船争相打捞尸首，直至十五方将尸首捞上岸。此后，人们每年都用龙舟竞渡的形式为屈原招魂，并慢慢形成了劳动人民一项十分喜爱的富有文化内涵的独特习俗，包括从造龙舟到竞渡。

偷神木 本地人造龙舟，船底那根主木一定要在半夜去偷。因为偷来的木叫神木，通过偷神木过程中你追我赶的情形，寓意所造龙舟会划得更快。

雕龙头 雕龙头要选一根优质樟木，然后由龙舟首司请来的雕匠沐浴焚香，对苍天朝拜后开始雕刻。龙头完工后，举行相应的庆祝仪式，首司召集全境人员设香案、摆果品，以茶代酒，大锣大鼓，铳炮喧天，由4名儒生，俗称礼生，举行一堂儒礼，称之为行黄龙礼。庆祝仪式后，由首司负责敬奉龙头，摆设茶酒果品，一天到晚香火不断。

关头 龙舟制作成功后，用桐油涂擦，晒干后，画好龙鳞，安上龙头和凤尾（用竹片制成羽毛状后涂有彩色油漆），旌旗、锣鼓、挠子、长招则安放在舟上，一切准备妥当后，举行龙舟制作竣工的关头仪式。

亮舟 龙舟关头后，当天晚上就要亮舟，即举行龙舟竣工仪式。亮舟陈设物品有香案、茶盘、大米、菜油（俗称青油）、灯盏等物。

下水 龙舟下水一般在农历五月初一进行，时间选在辰时之内。背龙头的人一直冲到河中间，抱起龙头五沉五起，参拜五方，称之为龙头洗澡。龙头洗澡后，背龙头的人游回到岸边浅水处，由首司跪拜三叩首，上一块花红，再上岸将龙头安装在龙舟上。

赞龙舟 去朝庙途中，沿河各家各户都放鞭炮、系红绸，有的亲戚还送红包或烟酒。上红时，鞭炮一响，在河中间的龙舟，便以最快的速度冲到河边抢红。赐红之人手捧香盘对着龙舟三作揖后，龙舟上的挠手才能上岸。双方对面作揖，由东转向西、由西转向东、互换位置，互相递交香盘，称之为“把钟”。“把钟”后，赐红者开始赞龙舟。

回赞 龙舟上红后，挠手也要回赞：“小小龙舟，游来贵地，承蒙盛情接待，喜听先生金言，龙游贵地，百草皆青……”。回赞后，龙舟起鼓、摧挠，再在河中划一个圆圈，表示回敬。

朝庙 每年五月初一各龙舟下水，都要划到屈子祠前敬奉屈大夫英灵，故称“朝庙”。

竞渡 龙舟竞渡一直是选在五月初五的上午举行。过去组织人员是地方绅士、大户家主和有名望的人。竞渡前均预先设立起点和终点。参加竞渡龙舟首先抽签，按左东、右西为标准，第一签属东，依次类推。竞渡时辰一到，三声炮响，各龙舟方可起程，各自沿直线逆江奋勇争先。后来，竞渡就只有起点，不要终点，这种竞渡，史料中称之为“飞凫式”竞渡。

插艾叶菖蒲 艾叶本是一种多功能的植物药材，在五月有一种特殊的香味，俗有“粽子香、香厨房；艾叶香、香满堂”的说法，可浸米包粽子、可晒干代香、可煎水洗澡以治皮肤搔痒、可燃烧驱蚊除虫；还可饮用艾叶水，清肝明目、治肠胃病。每年端午，当地各家主人都要清早起来割回许多艾叶，除插在门窗上袪邪除害外，还要晒干以备家用。菖蒲是一种水生草本植物，用途亦如此。故汨罗江流域一直流传着五月五日午，屈原骑艾虎，手持菖蒲剑，驱魔归地府。

饮雄黄酒 至今，境域仍流传几千年的习俗，每年端午节，家家都要饮雄黄酒，并将酒洒在房屋四周。小孩不能饮酒，大人们就蘸上雄黄酒在小孩的额头上划一个王字，或在双眉间点上一点，或在两腮边抹上一片，以避邪镇恶，免生痱子、疖疮。便有端阳“饮了雄黄酒，百魔都远走”之说。

抢龙水 五月初五，天刚刚放亮，家住江边的当家人，便争着到河里挑一担水回来，称之为抢龙水。龙水抢回后，一家老小都要用它洗脸梳头或洗澡沐浴，意味着洗尽一身的病痛。

挂香囊 香囊是用五色碎布做成粽子、桃子、金锁、猴、青蛙等形状的小袋，内藏大米、香料、大蒜、艾叶等。端午节一早，大人便把头天晚上做好的香囊挂在小孩或孕妇胸前，以示避灾。

插栀子花 每年端午，年轻姑娘们不擦雄黄、不挂香袋，而是采摘栀子花插在头上、放在室内。栀子花端午节时特别香，姑娘们插在头上，以示去头屑、防虱子，也使头发青丝柔软，让人感觉清新美丽。传说此俗也源于屈原的女儿女媭娘娘。

抹露珠 端午节，年轻姑娘清早起来，迎着初露晨曦，走到田坎或江边，用事先准备好的手帕放在青草上，吸上晶莹剔透的露珠，蒙在头上擦头发。俗传端午露珠为龙珠，可祛头风、青发丝，也是源于女媭娘娘。

踏露水 端午节，农夫清早起来，都要赤脚去踏露水。据说踏露水可以祛风湿、防疾病、除脚气，下水田不感染病毒，蚂蟥不叮脚。其实这是人们对屈原九年间常常披着晨曦、踩着露水到江畔行吟的一种怀念。

歇端午 “牛歇谷雨马歇社，人不歇端午被人骂”。这是一句在当地流传了两千年且家喻户晓的俗语，足见当地人对端午的重视程度。人逢端午节则不管功夫或工作多忙，都要休息一天，参加纪念屈原的活动。如果只顾自己手头功夫，不顾大局，便会被人骂为不懂世事的小人。

采百草 端午节前后的傍晚时分，各家各户男女齐动手，采集车前草、水灯芯、金银花、葛藤、菖蒲、法夏等各种药材，称之为采百草。人们普遍认为，此季节的百草被屈老夫子点化了，抹了龙水，药性最好，可以治百病，药到病除。

唱老戏 端午唱老戏，是当地民俗中不可缺少的一部分。起初，在端午节要祭龙，而祭龙中载之以歌舞，以娱龙神。随着龙舟竞渡的兴起，江边的人们便弱化了娱龙的成份，取而代之的是下午跳巫舞、唱楚歌。随着历史的变迁，老戏、皮影戏、地花鼓、扇贝舞、踩高跷、样板戏、歌舞会、电影则纷纷登场。这样上午水面上锣鼓喧天，下午江岸边琴瑟和鸣，使观者流连忘返，沉浸在节日的欢乐之中。

回娘家 旧时的妇女，地位较低下，不能随意回娘家。端午节，便让那些饱尝思念之痛的出嫁女们找到回娘家团聚的机会。汨罗江一带一般是初四前，妇女们穿上平日垫箱的最舍不得穿的花衣裳，小孩穿上新做的衣服或布鞋，携着丈夫，带上精心准备的粽子、盐蛋、蒲扇等礼物一路欢歌笑语回娘家看望父母姑舅。传说此俗亦源于女媭娘娘。

二、文 存

中共岳阳市委 岳阳市人民政府
关于撤销屈原农场设立屈原管理区管理委员会的通知

岳委发【2000】18号

各县（市）区委、人民政府，市直机关各单位，中央、省驻岳单位：

根据省委编办《关于岳阳市农场体制改革机构编制有关问题的批复》精神，经研究决定：撤销屈原农场，设立屈原管理区管理委员会，正县级，为岳阳市人民政府的派出机构，全面负责管理区域内的经济社会事务；设立中国共产党屈原管理区委员会，为中共岳阳市委的派出机构，全面领导屈原管理区的工作；同时设立中共屈原管理区纪律检查委员会。

特此通知。

2000年12月26日

中共湖南省委　湖南省人民政府
关于国有大中型农场体制改革的意见

湘发【2000】4号

国有农场是农村经济的重要组成部分。自50年代创建以来，我省国有农场为开发土地资源，扩大社会就业，增加商品供给和国家积累作出了重要贡献。当前，随着改革开放的深化和社会主义市场经济体制的建立，国有农场在计划经济体制下形成的政企合一、高度集中的管理体制越来越不适应区域经济社会发展的要求，不利于深化工商企业改革和多种所有制经济共同发展，不利于减轻企业和职工负担，不利于依法行政和依法办事，必须进行改革。为此，省委、省政府就全省国有大中型农场体制改革提出如下意见。

一、指导思想和基本原则

国有农场体制改革要以党的十五届四中全会精神为指针，从有利于解放和发展生产力，有利于深化国有工商企业改革，有利于减轻企业和职工群众负担，有利于维护社会稳定出发，遵循社会主义市场经济体制的客观要求，按照政企分开、职能配套、权力和责任对等、事权和财权统一的原则，建立健全行政管理体制、司法体制、财政体制和符合现代企业制度要求的企业运行机制。通过改革，理顺体制，转换机制，加强管理，增强发展活力。

二、建立健全行政管理体制和司法体制

区分不同情况，建立健全行政管理体制。在规模较大的农场设立管理区，规模较小且地理位置毗邻的合并设立。管理区设管理委员会，作为上一级人民政府的派出机构，比照县政府赋予职能职权，全面负责管理区域内的经济社会事务。规模较小又单个存在的农场改为乡镇建制，并入所在县市区。其干部管理按“老人老办法、新人新办法”的原则逐步过渡。管理区建立相应的司法机构，健全司法管理职能，其机构设置按法定程序报批。

三、建立健全财政体制

管理区比照县一级建立分税制财政体制。设立相应的财政管理机构、税收征管机构和国库；建立财政预算决算制度，将管理区的各项税收、规费、土地承包费、罚没款和其它各项收入纳入财政统一管理，同时将管理区的行政性支出、社会事业管理和建设支出等列入财政支出预算；按分税制财政体制确定收入级次，省、市州对管理区执行与县市区相同的财政政策。各市州要在确定农场财政管理体制时给予让利照顾。考虑到国有大中型农场主要集中在岳阳、益阳、常德三市，省对三市适当调减财政上解基数，管理区的财政基数确定后，地方税收增长部分、共享税分成部分及上划中央两税系数返还部分，在5年内由管理区全额留用，以调动其深化企业改革，大力发展多种所有制经济和加强税收征管的积极性。

四、理顺省、市州政府及其各部门与管理区的关系

设立管理区后，省、市州政府及其各部门要比照县市区一级，将其经济社会发展纳入统一规划。计划、经贸、财贸、财政、文化、教育、卫生、交通、水利、农业、林业、电力、国土、城建、规划、民政、劳动和社会保障、环保、血防、公安等各部门和检察院、法院在项目安排、资金投入、政策扶植、行业管理等方面，应将管理区与县市区一视同仁，统筹安排。各级财政原来预算中支持农场发展的“小农水”等经费要继续安排，并逐年增加。

五、深化内部改革

大力精简行政事业机构和人员。管理区党政机构和司法机构要按照精干高效的原则设置，不要攀比县市区，不要强求上下对口。具体方案由所在市州与管理区根据实际情况研究提出，并报省编委批准后执行。同时，对现有分场和生产队进行撤并，改设乡镇或办事处和村，有的可实行管理区和办事处（村）两级管理。对现有教育和医疗网点进行调整集中，并切实抓好人员分流工作。清理清退代干、代教人员和各类临时工；对各类后勤和生产服务体系实行企业化经营。要通过精简机构和分流人员，使管理区由财政负担的人员有较大幅度的减少。

加快农场所属国有工商企业改革。在设立管理区的同时，可组建国有资产经营公司或农垦集团公司，由市州人民政府授权其管理和运营农场国有资产。农场所属工商企业要加快进行股份制改造，改组为农垦（集团）公司的控股、参股企业，登记为独立法人。其工商企业改制时享受县市区国有企业相同的政策待遇，省、市州有关部门和金融机构要一视同仁给予支持。

深化农业改革。要进一步完善土地承包责任制和统分结合的双层经营体制。试行土地使用权有偿转让，促进土地向经营能手集中，大力扶持发展家庭农场、股份制农场，积极推进农业产业化经营。同时大力发展非公有制经济，鼓励非公有制经济投资主体参与农业资源开发、小城镇建设和发展二三产业。

六、积极推进社会保障体系建设

在国有农场体制改革过程中，要积极探索建立社会保障体制的有效途径。要按照中央和省里的有关文件精神，将农场的干部、教师、医务人员和国有工商企业职工的养老保险、医疗保险和失业保险逐步纳入社会统筹。要根据农场的特殊性，从实际出发，妥善研究目前普遍存在的农业职工退休养老问题的处理办法。具体方案由各市州专题调查研究后制订。

七、切实加强对农场体制改革工作的领导

这次国有农场体制改革工作由所在市州党委、政府负责组织实施。这项工作涉及面广，情况复杂，政策性很强，各有关市州党委、政府要切实加强领导，由一把手负总责，分管农村工作的副书记、副市（州）长具体负责抓，成立专门班子，指导和帮助农场结合本地实际研究制订具体方案，并精心部署，严密组织实施。要广泛深入地做好思想政治工作，教育、引导农场广大干部职工积极支持和参与农场体制改革。要稳妥处理改革、发展和稳定的关系，注意研究改革中出现的新情况、新问题，对各种不利于稳定的因素要及时发现、及早化解，以保证国有农场体制改革的顺利进行。

全省国有大中型农场体制改革的指导工作，由省委副书记胡彪、省委常委、省政府常务副省长周伯华，省政府副省长庞道沐，省政府秘书长谢康生负责；省委政研室、省委政法委、省体改委、省编办、省农办、省农业厅、省财政厅、省民政厅、省劳动和社会保障厅、省农垦局等部门安排力量参与指导督促。其他各部门都要根据各自的职责范围，大力支持配合。

国有小型农场的改革，由各市州、县市区参照本意见，结合各地实际制定具体方案，并负责组织实施。

2000年1月24日

湖南省民政厅关于屈原管理区设立两镇三乡的批复

湘民行发〔2003〕2号

岳阳市人民政府：

你市《关于要求批准我市屈原管理区设置两镇三乡的请示》收悉。经研究、并经省人民政府批准，同意撤销屈原管理区原9个分场，设立营田镇、河市镇、黄金乡、凤凰乡、琴棋乡。具体情况如下：

营田镇以原一分场、八分场区域为行政区域。营田镇辖5个居委会、9个村委会，总面积77.9平方公里，总人口4.82万人，镇人民政府驻青山寺。

河市镇以原六分场区域为行政区域。河市镇辖1个居委会、8个村委会，总面积23.1平方公里，总人口1.87万人，镇人民政府驻河夹塘。

黄金乡以原五分场、七分场区域为行政区域。黄金乡辖14个村委会，总面积46.6平方公里，总人口2.01万人，乡人民政府驻黄金。

凤凰乡以原四分场、茶场区域为行政区域。凤凰乡辖10个村委会，总面积34.6平方公里，总人口1.66万人，乡人民政府驻横港。

琴棋乡以原二分场、三分场区域为行政区域。琴棋乡辖8个村委会，总面积35.8平方公里，总人口1.70万人，乡人民政府驻磊石。

2003年4月17日

湖南省民政厅关于认定屈原管理区为革命老根据地的批复

屈原管理区：

你管理区《关于解决我区享受老区优惠政策待遇的请示》收悉。根据国家民政部、财政部划定革命老根据地的标准和你们提供的有关史料，经研究审核，并报请省人民政府批准，同意认定你管理区为革命老根据地。

特此批复。

2007年6月5日

三、民间故事

磊石山的神话

磊石山位于今琴棋乡，其东北是屈原怀沙沉江的汨罗江，西面是贾谊凭吊的湘江，北面是浩瀚的洞庭湖，南面是一马平川的管理区。东西走向，总面积0.5平方公里，最高处海拔90.72米。50年代，这一带还是洞庭湖的一个湖洲，1958年围垦后，磊石山屹立湖中，成为屈原管理区长堤连接的焊点，这座名不见经传的小山，几千年来却留下许多神奇的传说。

据传，原洞庭湖东汉水域本无山岗，全是一片汪洋，且常常陡然涨出几尺甚至丈余深的洪水，害得滨湖一带群众民不聊生。当时有人梦见湖中有两条恶龙在打架，互不相让，掀起湖水波翻浪涌。后来秦始皇听说此事，便用赶山鞭从南岳七十三峰中赶了一峰至洞庭湖东汊，才把相斗的恶龙镇压住。恰好这时玉皇大帝微服凡游，他担心泥土山一旦被风浪冲击，就会沉于湖中，恶龙又会出现，于是大喊一声：变!一时三刻，磊石山的泥土全变成了石头。

另传，原来洞庭湖东汊的岸上有一个小山村，叫关山村，这里居住着百来户彭姓人家，终年靠打鱼度日。村中有一户渔霸经常鱼肉百姓，因此这里的渔民过着衣不遮体、食不饱肚的生活。一个寒风刺骨的日子，渔民又下湖打鱼，一渔民驾着一叶轻舟颠簸在湖中劳累了一天，却没有捕到一条鱼，黄昏时，他抱着最后希望撒下一网，可是收网后却发现网里只有一只破旧的陶瓷蒸钵，看似分文不值，然而这位渔民还是把它带回家中。第二天，妻子意外发现这只钵子，于是她便用来做喂鸡的食钵。说来也怪，头天傍晚喂鸡后，食钵里的食物所剩无几，而到第二天早晨却发现钵子里又满满装了一钵鸡食！以后几天，天天如此。如是，他们用来装点钱试试看，果然钵子里面的钱也在一天天的增多。这消息传到村里后，村民们认为这是一个“聚宝盆”。从此以后，关山村的贫苦百姓凭着这个聚宝盆富裕起来。可是好景不长，聚宝盆的事情被当地一个叫彭霸天的渔霸知道，他仗着势力强抢这个盆子。正在渔霸带领一群人到来前，渔民们站在关山的山头将这个盆子抛进洞庭湖中，然而这个盆子却漂浮在水面，为了不让渔霸得到这个聚宝盆，一位年轻的渔民急中生智，拿起一块石头投进盆子，很快盆子就沉下去了。此后，日复一日，年复一年，洞庭湖东汊终于长出了一座雄伟的石头山。

在磊石山顶最高处现留有一块10平方米的石坪，传说这是八仙在这闲聊下棋留下的遗迹，如今称为磊石山棋盘岭。八仙中汉钟离、张果老棋瘾最大，可以连下几天几夜。吕洞宾酒瘾大，一天三次飞到岳阳城买酒喝，长期东倒西歪，醉醺醺的。仙人们相处在一块，蓝采和会吹笛，曹国舅会唱曲，韩湘子会吟诗，何仙姑烧茶递水，吕洞宾酒醒后，会说故事。他们就这样无忧无虑地生活在磊石山顶。当地人常说，神仙也爱磊石山!一个春暖花开的日子，一位排客驾着一个木排自平江沿汨罗江顺流而下。途经凤凰山北面的凤凰嘴时，排客举目远眺，只见磊石山的山头上白云缭绕，春风拂拂，祥光普照。太阳普照下的两道瀑布发出闪闪银光，好一派迷人的仙景，把磊石山装扮得分外妖娆。见此情景，排客便拔了根丝茅草，嘴对着丝茅草，振振有词，喃喃念叨。然后将木排拴住，随后驾着祥云登上了山头。只见绿荫下瀑布间，八位长袍褂者席地而坐，其中两位老者正在凝神对弈。双方鏖战，十分激烈。棋盘上红方之帅两面受敌于对方马与卒，无法退守。所幸双车双炮默契配合，巧妙进攻转败为胜。又一局一番厮杀，红方车马炮联合，既攻又守，黑方岌岌可危，然而黑方危急中，突显奇招，双卒兑换车炮，从而化险为夷，然后左冲右突，出奇制胜。且那位排客也曾多方修炼，寻仙访道，已有半仙之术。此时，对弈者几经互换，几经拼搏，依然是胜负难分，高下难定。这一局“乌龙卧不惊，青鸟飞相逐”；又一局“大路朝阳，有凤来仪”。如此惊险的阵式、高超的棋艺把排客吸引得如痴如醉。他心旷神怡，妙趣横生，如入仙境。此刻，他忘记了世俗红尘，忘记了家人，更忘记了他时下的所操之业。后掐指计算，已七个日夜了。正思索间，排客转身朝南方望去，只见又是另一个世界，好一派迷人的景色映入眼帘。清晨，喷薄而出的太阳冉冉升起；朝阳下，乡村屋顶的炊烟袅袅腾空；树林间，鸟雀自由而欢快地盘旋飞翔。鸟语虫鸣声、鸡鸣狗吠声、欢歌笑语声交织在一起，宛若优美动听的交响曲；小路上，阡陌边，红男绿女来往于市井。啊!这一幕幕景色不正是本人曾享受过且非常熟悉的家乡吗?

此刻，他想起了自己的妻儿，想起了美丽的家乡。世俗的情爱，人间的欢乐触动了他思凡的心弦。排客决定立即下山，当他回首那八位下棋的仙者时，已不见人影。放眼南天，只见那八位仙者驾着祥云，挥动尘帚飘飘而去了。排客惊诧了，那不正是洞庭八神仙吗?他又回到了七天前停排的地方，可是木排不见了。询问当地百姓，村民介绍道："据传数百年前，这里曾停过一个木排，已经腐烂了。从那时起，这里便叫作'烂排沟'"。后来有人题诗曰："凡人不识仙，看棋才几天；洞庭方几日，世上百余年。"

磊石山南麓曾有一栋石墙石瓦的洞庭庙，它就是磊石王爷柳毅的寝庙。很怪，冬季滩干水浅时，庙基离水只不过几尺高的距离，而到春夏间，西水与山洪齐来，湖水上涨丈余甚至几丈时，洞庭庙基永远也不会被湖水淹没。古时称之为磊石王爷住的活龙头地，水涨山高。传说在建庙前，洞庭湖里经常阴风怒号，浊浪排空，翻船的事时有发生。一次东海龙王巡查时，察觉洞庭湖的翻船是水鬼作怪，必须有神在这里坐镇，才能保证行船的安全。于是龙王钦点柳毅来担任，并恳求八仙相助，一昼夜间盖起一栋两进五间的石墙石瓦洞庭庙。封柳毅为洞庭王爷，住宿在庙里，以镇压兴风作浪的水鬼。当柳毅来到庙前，时值春夏之交，湖水茫茫，离庙基不过咫尺。柳毅大惊失色，连忙找到龙王："你叫我镇守洞庭，我自身难保，怎能保佑遇险船民呢?"龙王说："我会交待山神土地做你的保镖，水涨山高，任何漫天洪水也淹不到你的庙基。"可惜洞庭庙早毁于日军的炮火之中，如今庙基上已建起一个水闸。

凤凰山的传说

汨罗江与洞庭湖交汇处有一座凤凰山，位于境域凤凰乡东北面。凤凰山名的由来源于洞庭湖畔龙凤呈祥的传说。

洞庭湖历史上水患频繁，湖区百姓长期面临洪水的威胁。百姓们认为，洞庭龙王掌管着洞庭湖，刮风下雨，湖水涨落，都与洞庭龙王有关，洞庭龙王自然就成了湖区百姓崇拜的神。传说，新春之际，洞庭龙王都要上岸来到凡界，扮成凡人模样看热闹，和老百姓一起过新年。只要洞庭龙王一出现，总有金凤凰飞来，盘旋于洞庭湖之上。湖区百姓不识龙王，但只要看见金凤飞来，就知道龙王已经到来。洞庭湖畔，神龙和金凤同时出现，龙凤呈祥的景象预示着来年将风调雨顺，五谷丰登。于是，崇拜神龙的洞庭湖人就制作金龙，挨家挨户舞龙灯，男女老幼敬奉龙，祈求神龙保佑人民吉祥与幸福。久之，新春正月初一至十五元宵节，挨家挨户舞龙亦成为洞庭湖地区的传统习俗流传至今。而随龙飞临的金凤凰，也在洞庭湖边安家落户，成了凤凰山。

另据清《湘阴县图志》和其他史料载：相传舜帝南巡时，"以乐教化"，完成了《韶乐》的创作。一天，他来到洞庭湖滨的凤凰山，坐在山顶，面向滔滔湖水亲自演奏，弹至韶乐九奏时，只见洞庭龙腾云驾雾而来，湖面上"凤凰来仪"，龙凤和着韶乐节拍迎风起舞，回环逶迤，一派祥和景象。老臣苍舒兴奋地说："这是龙凤呈祥呀！龙至则风调雨顺，五谷丰登；凤来则国家安宁，万民有福。"从那以后，龙凤呈祥便成了祝颂国泰民安的同义语。

话说姜盐豆子芝麻茶

屈原人喜爱用姜盐芝麻豆子茶款待客人是远近闻名的。这五种配料泡出来的茶，五味调合，香脆可口，不仅解渴充饥，还能驱寒祛湿，健胃强脾。传说：南宋绍兴五年（1135），宋高宗令荆湖南路、荆湖北路制置使岳飞领兵二十万，“征剿”驻在洞庭湖一带的杨幺。因岳飞所率兵勇，大都来自北方，不合洞庭湖区水土，胃胀腹泻，大大影响了战斗力。经暗访本地高人，获得指点，让将士们喝一种用姜盐茶叶熬的酽汤，病情便渐渐缓解消除。此后，本地人更佐以芝麻豆子，统称相料，作为家常和待客的茶饮，沿袭至今。

这档茶，在茶具、备料、泡法和筛茶操作上都有许多讲究。先说茶具，最好是能容上十来碗的大肚子陶罐，保温好，肚大口小，便于晃匀茶水里的相料而不致外溢，容量稍大才能满足待客的需要。茶碗则不宜太深，容量约为饭碗二分之一的敞口茶碗最好，这样才容易把茶水底下的相料全部吃干净。还需要一只陶制的、内侧波浪状带棱的姜沙钵，把姜块擦成“姜沙”。相料则要求香脆松酥，如能现炒现吃就更好。盐要根据饮茶对象的口味来定，除搞体力劳动流汗太多的人需要补充盐分可适当咸一点外，其他人喝就不宜太咸。但姜开胃起口，不妨稍多放一些。开水更是关键，水滚才能把所有配料的原汁原味“煎”出来。“水滚姜盐适中，芝麻豆要泡松。”便是煎茶的总诀。筛茶时旋转手腕，使相料在罐中转圈，趁相料充分泛起来时，倒入茶碗（地方话把倒茶称为“筛茶”）。不会筛茶的，往往罐底的沉脚“鱼”多，那就不理想了。敬茶时，按长幼顺序筛过一遍后，主人要留神观察，谁先喝完马上又敬上第二碗，如此循环。客人虽略作推辞，主人却执意多敬，以表热忱。

四、前志补遗

历史上境域重大战事及惨案

南宋绍兴五年岳飞征剿杨幺起义军 南宋绍兴三年（1133），杨幺（又名杨太）立钟相幼子钟义为太子，自号大圣天王，率农民起义军活动于洞庭湖区。绍兴五年（1135），宋高宗令荆湖南路、荆湖北路制置使岳飞领兵20万，进驻洞庭湖区“征剿”杨幺，部分屯兵现营田和磊石山地带。义军驾驶足踏式滚筒动力木船，迎战于洞庭湖上，岳军不谙水性，疲于奔命。后岳飞施用围困、离间计，诱义军黄佐、杨钦等率众投降。同时，伐木割草塞流，杨幺船只处处受阻，战事节节失利。6月，岳军于洞庭湖中湘（阴）、沅（江）两县交界地带（据传在畎口血湖洲），破义军大寨，杨幺和钟义泅水突围，被岳部将牛皋所擒。后就义于青山，今青山尚有一地名谓“杨幺头”。

磊石阻击战 民国5年（1916）7月初，护国军湖南总司令程潜击败北军于宁乡道林，湘督汤芗铭（北军）闻讯由湘阴乘轮船向岳阳方向逃跑。5日，驻湘阴的湖南陆军步兵师第三旅旅长李佑文奉命堵截汤军，并命磊石炮兵先阻击。8日，李部追至归义，逼近汤部，从清晨至午后，酣战10小时，击毙汤兵100余人，俘1000余人，伤者无数，并夺得枪支数百。

红十六军突袭驻汨罗、河市国民党军 1930年8月，湘鄂独立师改编为中国工农红军第十六军，活动于长乐、新市、汨罗、河市一带。月底，该部在赤卫队配合下，由新市向汨罗车站、河市进发，突袭驻南渡桥和河市等地国民党军教导第三师三团，激战3小时，击败敌1个营，其团长张干承仓皇逃跑，坠河毙命。后国民党军增援部队到达，红军和赤卫队安全转移。

营田反登陆战　1938年11月，岳阳遭日军沦陷后，为阻击日军溯湘江南下，国民政府在区境琴棋望、白鱼岐、营田等处布设水雷封锁，并调海军“顺胜”号等7艘船艇沉于营田附近以堵塞河道。1939年9月23日晨，日军第三师团第五旅团上村干男少将率部7800余人，从白鱼岐、推山咀同时登陆，偷袭国民党第三十七军九十五师五六九团驻防推山咀的一个排和白鱼岐的一个连，连长被俘，其余全部遇难。驻营田街、大边山、小边山、山塘湾一带的五六九团及大洪山一带的五七O团，同日军激战一昼夜。驻山塘湾的步兵连，在连长钟望学的率领下，与日军白刃格斗，毙敌50余人，撤退时仅9人幸存。在反登陆战中，击沉日军汽艇10艘，毙敌300余人，守军阵亡600余人。24日，营田沦陷。

营田惨案　1939年9月23日，日军侵占营田后，向手无寸铁的居民和被俘官兵进行极其残暴的杀戳和蹂躏。守军一副团长和另一名军官被日军将头皮剥开盖住双眼，又从胸部剥皮至双膝而死。五六九团一名夏姓营长被日军将四肢钉在门板上，淋上煤油活活烧死。大边山的一名易姓农民被日军推倒在屠凳上，砍成几块，围观的日军拍手狞笑。居民易玉涛见妻反抗日军奸污而遭惨杀，愤怒已极，手持屠刀躲在门侧，连杀日军多人，而自己亦被杀害，其遗体被剁成八块弃于庭前。营田街一少女因反抗日兵强暴，被剜掉脸部肌肉和乳房，剥光衣服活活折磨死后，抛尸野外。白雪塘一少女和3名中年妇女被10多个日军轮奸后，又被剥光衣服，押在村里转游。

此次日军蹂躏营田13天，先后制造“推山咀血案”“相公湾血案”“干塘湾血案”“六房屋血案”“太山屋血案”“田棚柳血案”“余家坪血案”，连同营田各屋场血案，统称“营田惨案”。共杀害国民党官兵1200余人、无辜百姓1000余人，强奸妇女100余人，烧毁房屋300余栋、1700余间。

“营田惨案”与“厂窖惨案”“青山惨案”“洪山惨案”及“常德细菌战”等列为日军在湘制造的五大暴行。

文　存

河市孟家滩清代进士孟启谟为雍正帝赐扇所题《扇子诗》

素扇面，真堪羡，冰肌玉骨无瑕玷。嫦娥携入广寒宫，公侯带进金銮殿。欲画山，山石崎岖不可攀；欲画水，水面平地风波起；欲画竹，窃恐丹山彩凤宿；欲画松，林中鸟雀闹葱葱。山水竹松都可画，难画清风与明月。嗟乎！人皆畏热，我独清凉，人皆却暑，我独相当。我也不言不语，其名自彰；我也不猖不狂，其骨自香；圣天子捧我于掌上，卿大夫宣我于庙廊，可以解除炎热，可以燮理阴阳。噫！用之则行，舍之则藏，唯我与尔有实乎。

中国永不忘

九月廿三日，敌来武穆乡。
将士殊死战，人民纷逃亡。
易君独不去，磨刀待豺狼。
两儿伏后山，妻子倒短墙。
易君隐门后，奋刀歼敌双。
旋敌大队来，血泊沉鸳鸯。

一杯黄土稳，千秋白骨香。

人人易玉涛，中国永不亡。

此诗作系田汉作于1939年12月14日。第一次长沙会战后，到湘北战地采访的戏剧家田汉，遇易玉涛幸免于难之二子，详知其父杀敌故事，甚为感慨。遂捐资将易夫妇合葬于故宅屋后，题树“易玉涛勇士夫妇之墓”碑，并赋此诗。

磊石山钟亭联

深山灯火明潇寺；夜半钟声到客船。

闻到钟声，知此处有先登之岸；

射来灯火，羡长江流不夜之天。

——清·黄万程

河市义舟记

清邑人禀生周蕴祥撰

汨水发源江右，沿昌江达青草汇洞庭，春夏之交，水势泛涨，河塘承其下流，而又为邑通行李过者，昼夜轮蹄，扉屦不息，而皆视为畏途，道光戊子（1828）黄公方村，捐置四义舟，简勤谨渡，夫令埠分守候，无寒暑朔望晨夕，不索渡值，复捐腆田若干亩，熟土若干亩，敛租以维修船费与渡夫庸值，仍立案交宗祠董事者经理，亲属不得干预，惧中废也。

方公之未置义舟也，里民以小划渡取直，以为生计，至是皆废，公虑划民失业，付给三十六户钱，户十千，使别治生，通费钱二千缗有奇，一时徒者、负者、舆者、马者颂声四溢，向之视为畏途者，今则担行如砥焉，予伟乎，黄公好善之诚也，施而能济也，成功变永也，谨手胪其颠末贞诸石。

索 引

说 明

一、本志仅就目与子目、人物、表格、图照制索引，序言、凡例、目录、概述、注释、附录、后记不制索引。人物索引主要收录人物中的传主及简介人物，以事系人，人物表，人物名录，含政治术语中作定语用的人名，以人名命名的地名、单位、纪念场所、帝王纪年、照片说明词和引文中出现的人名均未收录。

二、目与子目索引、表格索引、图照索引均采用分析索引方法，按索引条目第一汉字拼音（同音字按声调）排序排列，第一字相同，按第二字音排列，依次类推；人名按姓氏笔画排列，同笔画的以横（一）、竖（丨）、撇（丿）、点（丶）、折（乚）为序归类，同一姓氏的，按第二字的笔画多寡和起笔笔形顺序排列。

三、标引词后的阿拉伯数字表示内容所在页；图照索引中彩照的标引词在阿拉伯数字前加“彩”字，如彩页第一页标为“彩1”。

四、为使索引简便易读，标引词尽量简化。如“中共屈原管理区委员会”简称“区委”，“屈原管理区人大政协工作委员会”简称“人大政协工委”，表格中如系全场、全区情况，则省略“屈原”二字。

目与子目索引

人物索引

表格索引

图照索引

后 记

本志编修，从2012年6月管理区党委、管委会作出决定成立地方志编纂委员会，召开第二轮修志工作动员大会，正式启动第二轮区志编修，于2014年10月由岳阳市委史志办主持召开区志评审会，至2015年10月，经岳阳市委史志办、湖南省地方志编委会、方志出版社审定、验收，几易其稿，得以成书。

本届修志，适逢盛世，有利条件多，但也遇到诸多实际困难，建管理区前库存史料不多，部门和单位大部分资料散失，大事记载不完整，收集、整理、甄别史料难度大，加上时段跨越34年，要全面记载历史、准确反映时代特征和地方特色，涉及的学科多，内容广，时间紧，工作量大，但在各级党政领导的重视和上级主管部门具体组织指导下，在全区人民及寓外乡友的关心支持下，经全体修志人员艰苦努力，终于完成这一历史使命。

本届修志得益于区党委、区管委会的坚强领导。从启动修志到志稿审定，区党委、区管委会始终把修志工作作为一项重要工程，纳入全区各单位年度工作目标管理考核，成立以党政领导任名誉主任，区管委会常务副主任任主任，区党委委员、办公室主任任副主任，区党史联络组组长任顾问，区直部门及乡镇、街道主要负责人参加的地方志编纂委员会。时任区党委书记孔福建亲自审定编纂方案和志稿篇目，为志书督查通报作专题批示；时任区管委会主任许平亚主持召开专题会议，就修志工作经费、办公场地、组织领导作出具体安排；时任区管委会常务副主任、编委会主任吴奋发，时任区党委委员、办公室主任兼编委会副主任田荣多次召开编修工作会议，就区志篇目，入志人物，入志图片，建置沿革等内容进行审定，定期听取修志工作情况汇报，主持召开修志工作推进会，为修志工作提供良好的工作平台。区党委书记邱虹为区志作序；区管委会主任金晨为区志审稿验收。

本届修志得益于方志出版社、省地方志编委会、市委史志办和一批方志界专家的精心指导。方志出版社专家冀祥德、杨劼恺、何明忠通过初审、复审、终审，为本志提出了很好的修改意见；省地方志编委会领导易介南、邓建平亲临管理区指导修志，杨盛让、杨帆、李章进等专家自始至终参加评审会议，对本志送审稿进行认真点评，提出修改要求；市委史志办领导及专家陈念军、周友珍、易林、曹春友、刘桂兰多次到管理区指导工作，并就本志的篇、章、节、目和内容作了全面修改，对初稿进行细致点评，提出改进意见；市史志专家刘桂兰为本志制索；湘阴县、平江县、华容县、君山区史志办为管理区启动修志提供了多方帮助；在本志评审会上，本市各县（市、区）行家张足生、张凭栏、欧立强、曹瑜、柳会省、蒋海龙、李惠兰、朱颂娥、郭显斌、涂山河、李光健、杨畅辉、任冬姣、曹德光、周小虎、杨希、祝干湘、周达顺、卢盛勇、陈小明、刘国辉、易三军、彭庆海、邓树清等提出了许多中肯意见。

本届修志得益于在管理区工作的老领导和众多寓外乡友的关心和支持，也得益于编纂人员的任劳任怨、无私奉献。曾在屈原工作过的省、市及部门领导和寓外乡友陈仲伯、刘宏、柳思维、欧江平、徐亚雄、刘铁健、郑可仗等为本志修改提出了宝贵意见；退休干部周尚文、朱亮成、张亮联、肖伟成、黄英焕等参加区志评审。志稿成书，更凝聚着修志人员的心血，他们以修志为己任，呕心沥血，辛勤笔耕，特别是一批退休受聘修志工作的老同志，更是不计待遇，任劳任怨，这种吃苦耐劳，无私奉献的敬业精神，实在难能可贵。区摄影美术家协会为本志提供图照做出了积极工作，还有许多支持和帮助本志修编的单位和个人，不能一一记述，在此一并表示感谢。

盛世修志，志载盛世。本次修志，尽管我们力求做到全面性、准确性、系统性，以期更好地发挥资政、存史、育人的作用。但无奈志书横涉百科，内容浩繁，资料缺失，时间紧迫，加之编修水平有限，难免出现纰漏，未尽众意，恳请读者理解与见谅，并敬祈赐教。若读者展卷在手，稍感本志能告昔铭后，鼓其劲，受其诲，增其智，编者则不甚欣慰之至。最后，再次向关心、支持、帮助编志工作的领导、专家、学者和同志们表示真诚的感谢。

编　者

2015年10月